S. FISCHER

Toluse Olorunnipa / Robert Samuels

# »I CAN'T BREATHE«

## George Floyds Leben in einer rassistischen Welt

Aus dem Englischen von Henning Dedekind,
Marlene Fleißig, Katja Hald, Sigrid Schmid, Karin Schuler,
Violeta Topalova und Gabriele Würdinger

S. FISCHER

Aus Verantwortung für die Umwelt hat sich der S. Fischer Verlag zu einer nachhaltigen Buchproduktion verpflichtet. Der bewusste Umgang mit unseren Ressourcen, der Schutz unseres Klimas und der Natur gehören zu unseren obersten Unternehmenszielen.

Gemeinsam mit unseren Partnern und Lieferanten setzen wir uns für eine klimaneutrale Buchproduktion ein, die den Erwerb von Klimazertifikaten zur Kompensation des $CO_2$-Ausstoßes einschließt.

Weitere Informationen finden Sie unter: www.klimaneutralerverlag.de

Deutsche Erstausgabe

Erschienen bei S. FISCHER

Die Originalausgabe erschien 2022 unter dem Titel »His Name Is George Floyd. One Man's Life and the Struggle for Racial Justice« bei Viking.
© 2021 WP Company LLC

Für die deutsche Ausgabe:
© 2022 S. Fischer Verlag GmbH, Hedderichstr. 114,
D-60596 Frankfurt am Main

Satz: Dörlemann Satz, Lemförde
Druck und Bindung: CPI books GmbH, Leck
Printed in Germany
ISBN 978-3-10-397148-4

Triggerwarnung
In diesem Buch wird rassistische Sprache reproduziert.

# INHALT

# Teil III: SAGT SEINEN NAMEN

## EINLEITUNG: BLUMEN

»Ich liebe dich.«

George Perry Floyd Jr. sagte dies zu Männern, Frauen und Kindern, zu Verwandten, alten Freund*innen und Fremden, zu Beziehungspartnerinnen, platonischen Bekannten und den Frauen, die irgendwo dazwischen lagen, zu hartgesottenen Gaunern und obdachlosen Junkies, zu Berühmtheiten und Nobodys aus dem Viertel.

Floyd sagte diesen Satz so oft, dass viele Freund*innen und Familienmitglieder keinen Zweifel an den letzten Worten hegten, die er zu ihnen sprach. Er beendete Telefongespräche mit dieser Redewendung und tippte sie in Großbuchstaben am Schluss von Textnachrichten.

»In Ordnung, meinetwegen, Mann«, sagte De'Kori Lawson, als er Big Floyd, wie er von seinen Freunden genannt wurde, zum ersten Mal diese Worte sagen hörte. »Wir sprechen uns später, Mann.«

Im Laufe der Jahrzehnte lernte er Floyds Ernsthaftigkeit zu schätzen, als die beiden Menschen durch Waffengewalt, Drogenüberdosen, Polizeigewalt und andere Gefahren verloren, die junge Schwarze Männer wie sie erwarteten, die in einer rauen, oft lieblosen Wirklichkeit heranwuchsen.

»D, ich liebe dich, Bro«, sagte Floyd zu seinem Freund bei ihrem letzten Telefonat im Frühjahr 2020.

»Ich liebe dich auch, Mann«, antwortete Lawson daraufhin.

»Wir haben immer gesagt, wir würden einander Blumen schenken, bevor wir sterben«, erinnert sich Lawson. »Und genau das zeigt, was für ein Mensch er war.«

In Floyds letzten Wochen zeigte sich angesichts des zerrütteten Zustands der Welt, wie wichtig es ist, Freund*innen Liebe und Blumen zu schicken, solange sie noch leben. Im Frühjahr 2020 wütete die COVID-19-Pandemie, der jeden Tag Tausende US-Amerikaner*innen zum Opfer fielen, die zahlreiche Unternehmen lahmlegte und Millionen von Menschen arbeitslos machte. Wie viele Schwarze Amerikaner war auch Floyd besonders anfällig für den gnadenlosen Ansturm der Pandemie. Bei ihm war eine asymptomatische Form der Viruserkrankung diagnostiziert worden. Obendrein hatte er seinen Job verloren, als der Club in Minneapolis, in dem er als Wachmann gearbeitet hatte, zwangsweise hatte schließen müssen.

Da sich der größte Teil des Landes im Lockdown befand, verbrachte Floyd einen Großteil seiner Zeit am Telefon, um mit alten Freund*innen zu plaudern und sich bei Verwandten in seiner Heimatstadt Houston zu melden. Er war drei Jahre zuvor von Texas nach Minneapolis gezogen, in der Hoffnung, sein Leben neu zu ordnen und sich von seiner Drogensucht zu befreien, doch hatte er erst kürzlich die Vorwahl seines Mobiltelefons von der 832 für Houston in 612 geändert, ein Zeichen dafür, dass er sich seiner Wahlheimat in den »Twin Cities« nun verbunden fühlte. Eines dieser Telefonate führte er mit seinem Bruder Terrence, dessen zweijährige Tochter ihn an sein eigenes kleines Mädchen Gianna erinnerte.

»Meine kleine Nichte, oh Mann«, sagte Floyd am Telefon und bewunderte die Babyfotos, die Terrence ins Internet gestellt hatte. »Wenn ich wieder okay bin, hole ich Gianna hierher, und du bringst die Kleine mit, und dann können wir uns zum Spielen treffen.«

»Ich bin dabei«, antwortete Terrence.

»Alles klar, Bro, ich liebe dich«, sagte Floyd, bevor er auflegte. Floyds Bemerkung darüber, dass er wieder »okay« werde, hätte sich auf eine ganze Reihe von Dingen in seinem Leben beziehen können. Seine Versuche, in Minnesota wieder auf die Beine zu kommen – mit dem Ziel, endlich das Sorgerecht für Gianna zu bekommen –, endeten oft als arge Fehlschläge. Andauernd stolperte er über seine eigenen Fehler und über Hindernisse, auf die er keinen Einfluss hatte, nicht zuletzt über eine Pandemie, die seine Einkommensquelle versiegen ließ.

Floyds emotionale Bekundungen waren für seine Geschwister nichts Neues. Als Teenager hielt Floyd inne, um seine Schwester Zsa Zsa zu umarmen und ihr zu sagen, dass er sie liebe, bevor er mit seinen Freunden das Haus verließ – gerade leise genug, damit die anderen Kinder es nicht mitbekamen.

Gemeinsam mit seiner Schwester LaTonya hatte Floyd als Kind Liebeslieder im Karaoke-Stil gesungen, und als sie in jenem Mai zum letzten Mal miteinander sprachen, schwelgten sie in Erinnerungen und stimmten ihre Lieblingsmelodie an:[1] »Keep on Loving You« von REO Speedwagon aus dem Jahre 1980 – *And I'm gonna keep on lovin' you / Cause it's the only thing I want to do…*[2] Als junger Mann hatte Perry, wie ihn seine Familie nannte, hochfliegende Ambitionen. Er wollte Richter am Supreme Court, Profisportler oder Rap-Star werden. In den Monaten vor seinem Tod, als seine Welt aus den Fugen geriet, hatte er bescheidenere Ziele verfolgt: ein wenig Stabilität, einen Job als Lastwagenfahrer, eine Krankenversicherung. Doch in den letzten Sekunden seines Lebens, als er unter dem Knie eines *weißen* Polizisten erstickte, gelang es Floyd, noch einmal seine Liebe auszudrücken.

»Mama, ich liebe dich!«, schrie er vom Bürgersteig aus, wo seine Rufe »I can't breathe« (»Ich kann nicht atmen«) auf eine Gleichgültigkeit stießen, die so tödlich war wie Hass.

»Reese, ich liebe dich« – gemeint war sein Freund Maurice Hall, der bei ihm war, als er am Abend des Memorial Day in Handschellen abgeführt wurde.[3]

»Sagt meinen Kindern, dass ich sie liebe!«

Diese Worte markierten das Ende eines Lebens, in dem Floyd immer wieder feststellen musste, dass seine Träume beschnitten, blockiert und zunichte gemacht wurden – nicht zuletzt wegen seiner Hautfarbe.

Wie Millionen anderer Amerikaner*innen sahen wir entsetzt zu, als das Video von Floyds Ermordung im Sommer 2020 in den Nachrichtensendungen und in den sozialen Medien gezeigt wurde. Die erschütternden Aufnahmen weckten in uns den Wunsch, nicht nur etwas über die verhängnisvollen 9 Minuten und 29 Sekunden zu erfahren, in denen er nach Luft rang, sondern auch einen Blick auf das Leben zu lenken, das ihnen vorangegangen war, und den Herzschlag der historischen Bürgerrechtsbewegung zu verstehen, die auf das Ereignis folgte.

Diese Mission führte uns an Orte, die wir ansonsten wohl nie besucht hätten. Dabei gingen wir zwei wesentlichen Fragen nach: Wer war George Floyd? Und wie war es, in seinem Amerika zu leben?

Bei der Beantwortung dieser Fragen mussten wir vor Schüssen in Deckung gehen, als wir mit seinem Mitbewohner am George Floyd Square waren, dem Erinnerungsort in Minneapolis an der Kreuzung, wo man ihn getötet hatte. Wir saßen beim Sonntagsessen mit seiner großen Familie zusammen und genossen den Blaubeerkuchen und die kandierten Süßkartoffeln, die er einst so gern gegessen hatte. Wir ließen uns von seinem Friseur, mit dem er seine tiefsten Ängste und Nöte geteilt hatte, die Haare schneiden. Wir zogen mit Floyds engsten Freunden durch Houstons Third Ward und hörten zu, wie sie über alte Erinnerungen lachten und ein tragisch verkürztes Leben beweinten. Wir besuchten mit seinem Bruder die Kirche und mit seiner Freundin Tarot-Sitzungen, während sie alle versuchten, das Ganze zu verarbeiten, und saßen dann an ihrer Seite, wenn sie zusammenbrachen, weil es ihnen nicht gelang. Floyds Angehörige reagierten mit einer Offenheit und Transparenz, die uns einen lebhaften Eindruck von seiner Menschlichkeit vermitteln. Ihre Erinnerungen verdeutlichten den lähmenden Druck eines Systems, dem Floyd letztlich nicht entkommen konnte, auch wenn er immer wieder versucht hatte, sein Leben neu zu ordnen und seine Vergangenheit zu überwinden.

Insgesamt führten wir mehr als 400 Interviews, um dieses Bild von Floyds persönlicher amerikanischer Erfahrung zu zeichnen. Wir sprachen mit seinen sechs Geschwistern ebenso wie mit seinen Tanten, Onkeln, Vettern, Nichten, Neffen, Geliebten, Freund*innen, Arbeitgeber*innen, Lehrer*innen, Trainern, Mannschaftskameraden, Zellengenossen, Mitbewohner*innen, Berater*innen und vielen anderen mehr. Daneben befragten wir auch zahlreiche Personen, die Floyd nicht persönlich gekannt hatten, die jedoch mit den gesellschaftlichen Kräften vertraut sind, die seinen Weg bestimmten. Dutzende politischer Entscheidungsträger*innen, Professor*innen, Polizeichef*innen und anderer Expert*innen unterstützten uns bei der Darstellung der US-amerikanischen Institutionen, die den Verlauf von Floyds Leben prägten. Unsere Recherchereise führte uns auch zu Augenzeug*innen, Gemeindevertreter*innen, Bürgerrechtler*innen, Stadträt*innen, Bürgermeister*innen, Gouverneur*innen, Senator*innen und zum Präsidenten.

Mehr als ein Jahr waren wir in Houston, Minneapolis, Washington, D.C., und anderswo unterwegs – wir gingen durch die Straßen, in denen Floyd Freunde hatte sterben sehen, wir standen auf den Sportplätzen, auf denen er von sportlichem Ruhm geträumt hatte, wir hörten uns die Mixtapes an, auf denen er über seine Unsicherheiten rappte, wir lasen die Tagebucheinträge, in denen er sich über seine Verfehlungen ärgerte, wir saßen in den Therapiezentren, in denen er Erlösung gesucht hatte. Am Ende bekamen wir einen Eindruck davon, was George Floyd antrieb, von seinen persönlichen Grenzen und von seiner Seele.

Doch je mehr wir über Floyds Weg erfuhren, desto klarer wurde uns, dass sein Leben auch ein anschauliches Beispiel dafür ist, wie Rassismus in den USA funktioniert. Floyds Geschichte und die Geschichte seiner Familie verkörpern viele der sich gegenseitig verstärkenden und unerbittlichen Traumata, welche die Erfahrungen Schwarzer Amerikaner*innen seit vier Jahrhunderten prägen. In diesem Buch haben wir Floyds Kampf dokumentiert, als Schwarzer Mensch in den Staaten zu atmen, ein Kampf, der längst begonnen hatte, als ein Polizeibeamter ihm das Knie in den Nacken drückte.

Als George Floyd 1973 seine ersten Atemzüge tat, war die sogenannte »Jim-Crow-Diskriminierung« (nach dem Stereotyp eines tanzenden, singenden Schwarzen) in den USA einer dauerhafteren und heimtückischeren Form des Rassismus gewichen, einer systemischen Ausprägung, die sich direkt unter der Oberfläche der amerikanischen Gesellschaft abspielte. Die Ursprünge dieser Entwicklung reichen Jahrhunderte vor Floyds Geburt zurück. Generationen seiner Vorfahr*innen hatten unter dem Übel der Sklaverei gelitten, unter ausbeuterischer Teilpacht, legaler Segregation und bitterer Armut vom Bürgerkrieg bis zur Ära der Bürgerrechte. Als er in den 1980er und 1990er Jahren heranwuchs, erlebte Floyd die Überreste dieses offenen Rassismus, der sich in den amerikanischen Institutionen festsetzte und sich auf eine Art und Weise verankerte, die oberflächlich betrachtet zwar weniger auffällig war, aber dennoch zu einer auf race basierenden Schichtung führte, die eher einem Kastensystem als einer leistungsorientierten Demokratie entsprach.

Floyd wuchs in einer der heterogensten Metropolen des Landes auf und lebte dennoch in einem Viertel, in dem rassistische Segregation herrschte, weil die Regierung dies so vorgesehen hatte. Das bröckelnde Wohnprojekt Cuney Homes, das älteste in Houston, war eine moderne Armutsfalle, aus der sich Floyd nur schwer befreien konnte. Er besuchte die Schulen in Houstons Third Ward, wo das öffentliche Bildungssystem Schwarze Jugendliche in unterfinanzierte Klassenzimmer steckte und manche, darunter auch Floyd, zu der Überzeugung brachte, Sport wäre der einzige Weg zum Erfolg.

In Floyds Leben war die Polizei allgegenwärtig. Sie schikanierte, verhaftete und bedrohte ihn von seiner Kindheit an bis zu seinem Tod. Insgesamt wurde er im Laufe seines Lebens mehr als zwanzigmal festgenommen, darunter von mindestens fünf Beamt*innen, die später angeklagt wurden, gegen die Gesetze verstoßen zu haben, mit deren Durchsetzung sie eigentlich betraut waren. Floyd verbrachte fast ein Drittel seines Erwachsenenlebens hinter Gittern, in einer Zeit der Masseninhaftierung, die unverhältnismäßig viele Schwarze Menschen wegen gewaltloser Drogendelikte ins Visier nahm und ganze Gemeinden dezimierte.

Derek Chauvin – der Beamte, der Floyd tötete – war jahrzehntelang Polizist in einem Land, das mehr Menschen einsperrte als jedes andere. Seiner Laufbahn in den USA und der Geschichte der Polizeibehörde, die ihn für die Anwendung tödlicher Gewalt ausbildete, haben wir ein eigenes Kapitel dieses Buches gewidmet.

Schon seit langem hatte Floyd Angst, dass er durch Polizeigewalt sterben müsse, doch nun kämpfte er gleichzeitig an mehreren Fronten ums Überleben. Neben COVID-19 litt er an einer Reihe von Krankheiten, von denen vor allem Schwarze Menschen unverhältnismäßig stark betroffen sind: Klaustrophobie, Bluthochdruck, Angstzustände und Depressionen – Krankheiten, die größtenteils unbehandelt blieben, ganz zu schweigen von seiner Drogenabhängigkeit.

Selbstkritisch räumte Floyd seine eigenen Fehltritte und Fehler ein, die ihm eine Rückkehr in die Gesellschaft erschwerten. Gegenüber Freund*innen beweinte er folgenschwere Entscheidungen und sprach über die Verzweiflung, die er oft verspürte. »Ich habe meine Unzulänglichkeiten und meine Fehler«, sagte er in einem Video, das er in den sozialen Medien veröffentlichte. »Ich bin nicht besser als alle anderen.«[4]

Unser eigenes Leben als Schwarze Amerikaner hat uns dabei geholfen, Floyds Wesen zu verstehen und uns in seine Erfahrungen hineinzuversetzen – seine Unsicherheit wegen seiner Größe und Hautfarbe, sein Bewusstsein, dass seine bloße Anwesenheit bei Fremden manchmal Angst auslöste, seine Nervosität bei Begegnungen mit der Polizei, sein Gefühl, dass, wie er es einmal ausdrückte, »die Leute einen schnell abschreiben, aber sehr streng sind, wenn es darum geht, einen einzubeziehen«.[5] Wir haben versucht, Floyds Erlebnisse im Kontext der zahllosen Kräfte zu sehen, die während seiner 46 Lebensjahre im Hintergrund wirkten, ohne ihn von seiner Verantwortung freizusprechen oder seine Handlungen zu entschuldigen.

Als Journalisten mit zusammen mehr als drei Jahrzehnten Berufserfahrung, die wir überwiegend bei der *Washington Post* sammelten, haben wir den Einfluss von Politik und Verwaltung auf das amerikanische Leben dokumentiert, vom Weißen Haus und dem Kongress bis hin zu Gewerkschaftshäusern, Rinderfarmen, College-Step-Shows und Protesten gegen rassistische Diskriminierung im ganzen Land. Wir hatten Zugang zum riesigen historischen Archiv der *Post* für politischen Journalismus, was uns half, das breite Spektrum politischer Maßnahmen zu analysieren, die Floyds Leben beeinflussten, von den Black Codes des 19. Jahrhunderts, die es seinen versklavten Vorfahr*innen verboten, lesen zu lernen, bis zu den Drogengesetzen des 20. Jahrhunderts, die seine Abhängigkeit kriminalisierten. Darüber hinaus profitierten wir vom wertvollsten Kapital der *Post*: ihren Mitarbeiter*innen. Diese Biographie wäre nicht möglich gewesen ohne die Originalberichte der preisgekrönten *Post*-Serie »George Floyd's America«, die mehr als 150 Interviews über Floyds Leben und dessen Rahmenbedingungen enthielt.

Auf den folgenden Seiten finden einige der journalistischen Beiträge ihren Niederschlag, die unsere Kolleg*innen gemeinsam mit uns für diese sechsteilige Serie verfasst haben: Tracy Jans Reportage über die Wohnungspolitik, Laura Mecklers Geschichte über Floyds Bildungsweg, Arelis R. Hernández' Beitrag über Floyds Begegnungen mit der Polizei, der Artikel von Cleve R. Wootson Jr. über Floyds Erlebnisse im Gefängnis und Griff Wittes Analyse der historischen Hintergründe von Floyds Lebensweg. Dutzende anderer Journalist*innen der *Washington Post*, insbesondere Holly Bailey, die über den Aufstand in Minneapolis und den Mordprozess gegen Chauvin berichtete, trugen ebenfalls zu dem journalistischen Material bei, das die Grundlage für das vorliegende Buch bildete.

Das Bild, das sich aus der Artikelserie und unserer anschließenden einjährigen Recherche ergab, ist das eines Mannes, der sich trotz aller Widrigkeiten Hoffnung und Optimismus bewahrte und dem es gelang, im Tod das zu erreichen, was er im Leben so verzweifelt angestrebt hatte: die Welt zu verändern.

Während des erhitzten, von Aktivismus geprägten Sommers, der auf Floyds Tod folgte, wurde sein Name von Präsident*innen, Premierminister*innen und dem Papst genannt. Sein Bild erschien als Wandmalerei und in Museen auf der ganzen Welt. Aus dem Menschen George Floyd wurde ein Symbol. Seine posthume Bekanntheit zwang sowohl diejenigen, die ihn gut gekannt hatten, als auch Fremde, die ihn nur hatten sterben sehen, dazu, den Menschen, das Symbol und die Systeme, die seine Ambitionen ausgebremst und seine Chancen geschmälert hatten, unter einen Hut zu bringen.

Gesetzgebende Instanzen, Polizeibehörden und Unternehmen beriefen sich auf seinen Namen, wenn sie sich öffentlich mit dem Kampf gegen Rassismus in Verbindung bringen wollten. Kongressabgeordnete hefteten seinen Namen an Gesetze, mit denen die Übel des amerikanischen Rassismus bekämpft werden sollten.

Sein Name wurde zum Schlachtruf einer Bewegung, die erklärte, dass Leben wie das seine zählten.

*Weiße* Mütter aus den Vorstädten gingen zusammen mit armen Schwarzen Jungen auf die Straße, um zu fordern, dass ihr

Land sie gleich behandele. Gemeinsam riefen sie: »Sagt seinen Namen!« Dann kamen sie ihrer eigenen Aufforderung mit Wut, Frustration und Entschlossenheit nach.

Sein Name, so verkündeten sie, ist George Floyd.

# Teil I

# PERRY

# Kapitel 1

## EIN GANZ GEWÖHNLICHER TAG

»Es ist Memorial Day. Habt ihr alle Lust, zu grillen?«

George Perry Floyd Jr. war nicht besonders geschickt im Braten von Burgern, aber er war froh, dass seine Freundin Sylvia Jackson diese Abwechslung vorschlug. Die COVID-19-Pandemie hatte ihn arbeitslos und lustlos gemacht, zu einem Schatten des geselligen Menschen, den seine Freund*innen und Familie einst kannten. Er hatte versucht, nicht noch mehr Zeit in der Dunkelheit zu verbringen und dadurch die Sucht zu nähren, der er scheinbar nicht zu entkommen vermochte.

Jacksons bescheidenes Haus im Norden von Minneapolis diente ihm als familienfreundliche Zuflucht. Im Mai 2020 verbrachte Floyd die meisten Tage auf ihrer Couch und schaute mit ihren drei Mädchen *iCarly* und *Mickey Mouse Clubhouse* im Fernsehen an. Ein anderes Mal half er ihr, TikTok-Videos zu erstellen, in der Hoffnung, dass sie eines Tages viral gehen würden.

»Komm, das filmen wir«, sagte sie, dann tanzte sie in ihrer Küche zur Musik von Mariah Careys »Fantasy«. Floyd blickte mit gespielter Ernsthaftigkeit in die Kamera.

Oft gesellten sich zwei Freunde zu ihnen, die mit ihnen bei der Heilsarmee gearbeitet hatten, ein Quarantänequartier, das sich gegenseitig Gesellschaft leistete, während sie darauf warteten, dass die Welt wieder in Ordnung kam. Die zweiunddreißigjährige Jackson verdrehte die Augen, wenn Floyd mal wieder von Chopped and screwed erzählte, dem Hip-Hop-Genre, das in seiner Heimatstadt Houston entstanden war. Abends redete Floyd während des Films, den sie sich ansahen, und überhäufte sie danach mit Fragen zur Handlung. Ihre Töchter liebten Camping, also bauten sie manchmal Zelte auf und schliefen unter den Sternen. In anderen Nächten warfen sie Hamburger und Hot Dogs auf den Grill und spielten Musik. Das war auch der Plan für den 25. Mai 2020, den Tag, an dem George Floyd sterben würde.

An jenem Tag war Jackson für eine Acht-bis-Zwei-Schicht als Wachpersonal eingeteilt, daher beauftragte sie Floyd damit, etwas Feuerzeugbenzin und Holzkohle zu besorgen. Sie gab ihm die Schlüssel zu ihrem Auto, einem dunkelblauen Mercedes-Benz-SUV von 2001, und 60 Dollar, um das Material zu bezahlen.

»Ich bin um etwa 15 Uhr wieder zu Hause«, sagte sie zu ihm.

Jackson vertraute Floyd; sie hatte ihm das Auto schon einige Male geliehen. Floyd hatte nichts anderes vor, also rief er gegen 10 Uhr morgens seinen Freund Maurice Hall an, um zu fragen, ob er mit ihm abhängen wolle. Viele von Floyds Freund*innen hatten ihn vor dem zweiundvierzigjährigen Hall gewarnt, der mit Drogen handelte und abwechselnd im Hotel und in seinem Auto schlief, um einem Haftbefehl zu entgehen. Floyd hatte jahrelang versucht, von den Drogen loszukommen, aber Hall war in dieser leeren Phase seines Lebens eine Art Seelenverwandter für ihn. Die beiden Männer rauchten Gras oder schluckten Pillen, deren Wirkung Floyd mit dem Schmerzmittel Tylenol milderte.

Das war nicht gerade das Leben, das sich die beiden vorgestellt hatten, als sie Houstons Third Ward verlassen hatten und nach Minneapolis gezogen waren, in der Hoffnung, ihre Sucht zu besiegen und sich etwas aufzubauen. Hall sagte zu Floyd, er habe das Gefühl, seine Möglichkeiten ausgeschöpft zu haben. Offene Haftbefehle hatten ihn in den Untergrund getrieben, und er wollte sich nicht der Polizei stellen – er war jetzt Vater, mit sommersprossigen, lockigen Kindern, und er konnte den Gedanken nicht ertragen, weit weg von ihnen eingesperrt zu sein.

Floyd konnte sich in Halls Lage hineinversetzen: Er fühlte sich schuldig, so weit von seiner kleinen Tochter Gianna entfernt zu sein.

Am anderen Ende der Leitung erzählte Hall seinem Kumpel Floyd, er habe den ganzen Tag lang Besorgungen zu erledigen, und schlug vor, dass sie seine Aufgabenliste gemeinsam abarbeiteten. Hall wollte unbedingt mit dem Mercedes fahren. Er lieh sich gelegentlich den alten Lastwagen eines Freundes, seit eine Frau, mit der er in seinem Hotelzimmer etwas gehabt hatte, mit seinem Auto weggefahren war und seine Kleider, Schuhe und Videospiele mitgenommen hatte.

Hall schlug Floyd vor, sich bei dem Optikergeschäft Lens-Crafters im Einkaufszentrum Rosedale Commons an der Interstate 35 im nahe gelegenen Roseville zu treffen. Floyd könnte ihn dann zu seinem Hotel begleiten, um die Fahrzeuge zu tauschen.

»Was soll das heißen, ich kann nicht reinkommen?«, sagte Floyd zu dem Verkäufer, als er bei LensCrafters eintraf und aufgrund der COVID-19-Regeln des Geschäfts abgewiesen wurde.

Hall kaufte eine Brille mit durchsichtigem Gestell und ging dann nach draußen, wo er Floyd in einem schmutzigen Tanktop und einer blauen Jogginghose sah.

»Was geht, Alter?«, sagte Hall, und die beiden schüttelten sich die Hand.

Es war inzwischen kurz vor Mittag, also hielten sie bei einem Wendy's auf der anderen Straßenseite. Hall bestellte einen Burger mit Zwiebelringen, Floyd einen Dave's Double. Nachdem sie das Essen zum Mercedes getragen und die Sandwiches ausgepackt hatten, zückte Floyd sein Handy, um Hall einen neuen Trend in der Welt des Southern Hip-Hop zu zeigen.

»Kennst du Sassa-Walking?«, fragte Floyd.

Die Männer aßen ihre Burger und sahen sich Musikvideos

zu dem neuen Sound an, der die schweren, düsteren Beats der Chopped-and-screwed-Songs enthielt, aber von den Rapper*innen mit leichteren, schnelleren Reimen versehen wurde. Manche Videos zeigten den Tanz selbst, der Salsaschritte mit Beckenschwüngen kombinierte.

»Das wird ein Riesending«, sagte Floyd.

Als Nächstes brachten sie Halls geliehenen Lastwagen zurück und entspannten sich in seinem Hotelzimmer im Embassy Suites in Brooklyn Center, gleich auf der anderen Seite des Mississippi. Sie aßen Cheetos, während Hall auf einige Käufer*innen wartete, die Drogen abholen wollten.

Nachdem jemand vorbeigeschaut hatte, um sich ein paar Pillen zu besorgen, wollte Hall zeigen, wie erfolgreich er geworden war. Er holte 2000 Dollar in bar heraus und sagte zu Floyd, dass er das ganze Geld in einer einzigen Nacht verdient habe. Dieses Spektakel war mehr als Angeberei. Hall dachte, er hätte eine Lösung für Floyds Dauermalaise gefunden, und hoffte, dass Floyd seine Kontakte in Houston nutzen könnte, um sein Drogengeschäft anzukurbeln. Er sagte, er könne Floyd eine große Chance bieten. Floyd hatte keinen Job; Hall wiederum hatte eine rege Klientel, die bereit war, zu zahlen.

Floyd dachte jedoch nicht lange über diese Idee nach, erinnerte sich Hall. Er wollte nicht, dass das Drogengeschäft jemals wieder zu seinem Leben gehörte. Er wusste, dass er nicht zum Dealer taugte. Zudem war sein letzter Gefängnisaufenthalt so traumatisierend gewesen, dass er Angst vor den möglichen Konsequenzen hatte, sollte er wieder in etwas verwickelt werden.

Hall lieferte auch an Käufer*innen in verschiedenen anderen Stadtteilen Drogen aus, weshalb er besonders froh war, Big Floyd dabeizuhaben. Hall war zu paranoid geworden, um selbst zu den Drogenschäften zu fahren, und er dachte, Floyd könnte das für ihn übernehmen. Sie machten sich auf den Weg zu einem anderen Hotel, das etwa 35 Kilometer südlich in Bloomington lag. Dort aßen sie Sandwiches und tranken Minute Maid Tropical Punch. Hall erinnerte sich, dass Floyd Gras rauchte, Fentanylpulver schnupfte und Tylenol einnahm.

Während Hall Anrufe von potenziellen Kund*innen entgegennahm, war Floyd selbst mit seinem Telefon beschäftigt. Eine der Personen, mit denen Floyd an diesem Tag kommunizierte, war Shawanda Hill, eine ehemalige Geliebte.

»Ich will dich sehen«, schrieb sie ihm. Als Jackson zu ihrem Haus auf der Nordseite zurückkehrte, fand sie dort keine Holzkohle, kein Feuerzeugbenzin, kein Auto und keinen Floyd vor. Besorgt über die Abwesenheit ihres Freundes rief sie ihn an, um sich zu erkundigen.

»Wo bist du?«, fragte Jackson.

»Ich bin unterwegs zu meinem Mädchen«, sagte Floyd. »Ich bin heute Abend zurück.«

Es wurde allmählich Abend, und Hall wollte noch Kleider in der Reinigung abgeben, ein neues Handy besorgen und ein Tablet kaufen. Er dachte, er könne dazu in einem Eckladen auf der Southside von Minneapolis, CUP Foods, vorbeischauen, welcher dafür bekannt war, dass man dort Elektroartikel günstig kaufen und verkaufen konnte. Floyd war ein vertrautes Gesicht bei CUP – die Betreiber sagten, er sei ein- oder zweimal pro Woche vorbeigekommen.

Er sagte seiner Ex-Geliebten, dass er auf dem Weg zum Laden sei. Die fünfundvierzigjährige Hill freute sich über diese Nachricht – sie musste ohnehin eine neue Batterie für ihr Handy kaufen und hoffte, ein wenig Zeit mit Floyd zu haben, bevor sie ihre Enkelin abholte, auf die sie an diesem Tag aufpassen wollte. Hill stieg in einen Bus der Linie 5 ein und fuhr zur Ecke East Thirty-Eight Street und Chicago Avenue.

Hall und Floyd kamen zuerst bei CUP Foods an. Hall begab sich in den hinteren Teil des Ladens, außerhalb der Sichtweite der Sicherheitskameras, und kaufte ein Tablet für 180 Dollar. Der Geschäftsführer sagte, sie bräuchten etwas Zeit, um die Festplatte zu säubern. Anstatt zu warten, fuhren Hall und Floyd etwa anderthalb Kilometer nach Norden, zur Lake Street, wo Hall sich ein iphone 7 kaufte.

Es war kurz vor 19.30 Uhr, als die beiden Freunde zu CUP zurückkehrten. Floyd parkte den Mercedes auf der anderen Straßenseite, und Hall ging hinein, um sein Tablet abzuholen. Er ging durch die langen, schmalen Gänge des Ladens, vorbei an Obst- und Gemüseregalen bis zur Elektronikabteilung, wo in verschlossenen Glasvitrinen Tablets, Laptops und Prepaid-Handys in leuchtend grünen Schachteln ausgestellt waren. Der Verkäufer erklärte Hall, dass er ihm das Geld zurückerstatten müsse, weil er nicht in der Lage gewesen sei, die alten Dateien vollständig zu löschen. Als Floyd ein paar Minuten später hereinkam, überlegte Hall immer noch, ob es vielleicht noch andere Optionen gäbe. Floyd schlenderte durch den Laden, kramte in seiner Tasche nach Bargeld und grüßte fast jeden Angestellten, dem er begegnete.

Floyd bahnte sich seinen Weg durch die Gänge, vorbei an Regalen mit Oreo-Keksen und Little-Debbie-Snacks. Dann schnappte er sich eine halb verfaulte Banane und sagte etwas zu einem jugendlichen Kassierer, bevor er sich in einem Lachanfall krümmte. Der Kassierer, dessen Vater einer der Geschäftsinhaber war, blickte verwirrt drein, zuckte dann aber mit den Schultern und deutete schmunzelnd mit dem Finger auf Floyd, also wollte er sagen, »guckt euch nur diesen Kerl an«.

Christopher Martin, ein anderer Teenager hinter der Kasse, fiel sofort Floyds Statur auf – 2 Meter groß, mehr als 100 Kilogramm schwer, mit ausgeprägtem Bizeps –, die durch das enganliegende schwarze Tanktop, das er trug, noch betont wurde.[1] Martin fragte ihn, ob er Baseball spiele.

Floyd stotterte und brabbelte einen Moment lang vor sich hin, bevor er antwortete, er spiele Football. Martin, groß, schlank und *light skinned*, hatte schon öfter betrunkene und bekiffte Kund\*innen in den Laden kommen sehen, und er dachte, Floyd sei möglicherweise berauscht.

Um diese Zeit betrat Hill den Laden und erblickte Floyds muskulöse Silhouette.

»Oh mein Gott, Floyd«, sagte sie.

»Baby«, sagte Floyd, »gerade habe ich an dich gedacht.« Er schlang seine Arme um sie, und sie küsste ihn dort, wo ihre Lippen seinem Körper begegneten: auf die Brust, im Ausschnitt seines Tanktops. Hill war jedoch überrascht, Floyd in diesem Outfit zu sehen, denn sie wusste, dass seine Mutter ihm eingeschärft hatte, stets ordentlich gekleidet nach draußen zu gehen. Sie fragte, warum er ein Tanktop und weite Hosen trage.

»Ich war unterwegs«, erklärte Floyd. Außerdem habe er vor den ganzen Besorgungen mit Hall Basketball gespielt.

Floyd schlug vor, dass sie vielleicht in einen Park gehen und Neuigkeiten austauschen könnten. Als Hill ihm sagte, dass sie auf ihre Enkelin aufpassen müsse, bot Floyd ihr an, sie dorthin zu fahren. Hill schmunzelte.

»Ich dachte, wir könnten uns ja ein bisschen amüsieren«, erinnerte sie sich.

Hill und Hall waren sich zuvor noch nie begegnet, aber das Trio verließ schließlich gemeinsam den Laden. Bevor sie gingen, kaufte Floyd noch eine Schachtel Mentholzigaretten.

»Er gab ihm das Geld, und ich sah, wie sie das Geld nahmen«, sagte Hill. »Sie gaben ihm die Zigaretten und das Wechselgeld. Wir gingen aus dem Laden, stiegen ins Auto und redeten, ich weiß nicht, gute acht Minuten lang…«

Zurück im CUP Foods hob Martin den 20-Dollar-Schein über seinen Kopf und hielt ihn gegen eine Lampe. Er bemerkte, dass er den bläulichen Farbton eines 100-Dollar-Scheins hatte und vermutete, dass es sich um eine Fälschung handelte. Er nahm den Schein und zeigte ihn seinem Chef, der ihn bat, nach draußen zu gehen und Floyd zurück in den Laden zu rufen. Da Floyd Stammkunde bei CUP war, ging der Manager davon aus, dass es sich um ein Missverständnis handele, das ein alter Bekannter gern ausräumen würde.

Im Mercedes merkten Hill und Hall, dass Floyd von den Aktivitäten des Tages erschöpft war. Während sie sich unterhielten, schlief er auf dem Fahrersitz ein – eine Eigenart, die seiner Clique zufolge typisch für ihn war. Hall wurde nervös. Da die Ecke für Gang-Aktivitäten bekannt war, wollte er nicht die Aufmerksamkeit der Polizei auf sich ziehen.

»Wir müssen hier weg«, sagte Hall.

In diesem Moment näherten sich Martin und ein weiterer junger Mitarbeiter von CUP auf der Beifahrerseite dem Auto. Sie sagten Hall, dass der Chef sie sehen wolle, weil das Geld gefälscht sei.

»Das habe ich ihm nicht gegeben«, sagte Hall.

Die Verkäufer deuteten auf Floyd, der immer noch in sich zusammengesunken war und gegen den Schlaf ankämpfte, als den Schuldigen.

»Floyd, hast du das wirklich getan?«, fragte Hill erstaunt, denn Floyd war nicht dafür bekannt, dass er andere um Geld betrog.

»Warum passiert das ausgerechnet mir?«, sagte Floyd, bevor er die Aufforderung, wieder hineinzugehen, zurückwies. Martin gab auf und ging mit dem anderen Angestellten weg.

Einige Minuten später kehrte Martin mit zwei weiteren Angestellten zum Auto zurück und forderte Floyd erneut auf, in den Laden mitzukommen. Hill und Hall waren jedoch der Meinung, dass Floyd zu erschöpft gewesen war, um zu verstehen, was vor sich ging.

»Wir haben immer wieder versucht, ihn aufzuwecken«, erinnerte sich Hill.

Hill durchsuchte ihre Taschen, hatte aber kein Bargeld mehr bei sich. Sie entschuldigte sich bei den Angestellten und versprach, dass Floyd mit dem Manager sprechen werde, sobald er aufgewacht sei.

Nach ein paar Minuten kam Floyd wieder zu sich. Er schüttelte sich und kramte in seinen Taschen nach den Autoschlüsseln.

»Floyd, hör zu, dieser kleine Junge da hat behauptet, das Geld wäre nicht echt«, sagte Hill zu ihm. »Sie werden gleich die Polizei rufen.«

Das hatten sie bereits getan. Sie warf einen Blick über die Straße und sah zwei Polizisten in den Laden gehen. Minuten später kamen sie wieder heraus.

»Die sind ganz schön nervös«, sagte einer der Beamten zu seinem Partner, als sie sich dem Auto näherten. Er nahm seine Taschenlampe zur Hand.

Im Inneren des Fahrzeugs war Floyd in Panik geraten und suchte immer noch nach den Schlüsseln. Hall geriet ebenfalls in Panik, weil er Drogen im Auto hatte, die er verstecken musste.

»Ich versteckte und verstaute alles«, erinnerte sich Hall. »Das Nächste, was ich weiß, ist, dass der Polizist auf seiner Seite ist, und man hört nur noch *bamm*!«

Als die Taschenlampe gegen das Fenster schlug, wandte sich Floyd dem Polizisten zu – mit dem verängstigten Blick eines Mannes, dessen Mutter ihm erzählt hatte, was passieren kann, wenn ein Schwarzer Mann an den*die falsche*n Polizist*in gerät.

Kapitel 2

# ZU HAUSE

Solange sich irgendjemand erinnern kann, wollte George Perry Floyd Jr., dass die Welt seinen Namen kannte.

Er war jung, arm und Schwarz in Amerika – eine Formel für Bedeutungslosigkeit in einer Gesellschaft, die dazu neigte, Jungen wie ihn an ihren Rand zu drängen. Aber er versicherte allen in seinem Umfeld, dass er eines Tages einen bleibenden Eindruck hinterlassen werde.

Als Kind zeigte er den Menschen auf einfache Weise, wenn er ernstgenommen werden wollte: Er berührte sie am Unterarm und schaute ihnen in die Augen, um sicherzustellen, dass er ihre volle Aufmerksamkeit bekam. Daher hielt auch seine Schwester Zsa Zsa eines Tages inne, als der dreizehnjährige Floyd ihren Arm ergriff.

»Schwesterchen«, sagte er. »Ich will die Welt nicht beherrschen, ich will die Welt nicht regieren. Ich will etwas in der Welt bewegen.«

Zsa Zsa stand fassungslos da, als Floyd wegging, ohne dies näher auszuführen – eine weitere Taktik, die er anwandte, wenn er etwas deutlich machen wollte. Doch es überraschte sie nicht. Floyd schien immer zu versuchen, irgendwohin zu gehen, etwas anderes zu finden, seinen Umständen zu entkommen, um an einen besseren Ort zu gelangen. In den Stunden nach seiner Geburt am 14. Oktober 1973 im Cape Fear Valley Hospital in Fayetteville, North Carolina, bewunderte seine Mutter seine schlaksigen Gliedmaßen und betrachtete die Beine, die im Mutterleib auf der Stelle gelaufen waren. Diese Beine, die sich unter der schlanken Gestalt des Kindes hervorstreckten, schienen schon in den ersten Augenblicken ständig in Bewegung zu sein. Kaum ein Jahr später und nur wenige Tage, nachdem er zu laufen begonnen hatte, war Floyd bereits recht flink auf den Beinen. In der winzigen mobilen Wohneinheit seiner Familie gab es nicht viel Platz zum Herumlaufen, also dachte sich Zsa Zsa ein Spiel aus, um jeden Zentimeter der beengten Unterkunft zu nutzen.

Zsa Zsa, die damals etwa sieben Jahre alt war, nahm ihren nur mit einer Windel bekleideten Bruder auf den Arm und stellte ihn an ein Ende des schmalen Flurs, mit der Aufforderung, stehen zu bleiben. Sie selbst ging zum anderen Ende. Nach ein paar Schritten drehte sie sich mit dramatischem Schwung um die eigene Achse und landete auf den Knien, so dass sie ihrem Bruder ins Gesicht sah. Dann klopfte sie sich mit den Handflächen auf die Oberschenkel, um zu signalisieren, dass es Zeit war, das Spiel zu beginnen.

»Komm, lauf her, komm, lauf her!«, rief sie und signalisierte Floyd, den Flur entlangzurennen.

Lächelnd und übermütig folgte Floyd diesem Kommando, taumelte von einer Seite zur anderen, ohne jedoch seine Vorwärtsbewegung zu unterbrechen, bevor er sich mit der Brust voran in die ausgestreckten Arme seiner Schwester stürzte.

Zsa Zsa fing ihn unter den Achseln auf, lenkte seinen Schwung nach oben, hob ihren kichernden jüngeren Bruder über ihren Kopf und stand auf.

In diesen Augenblicken sah Zsa Zsa die schiere Freude aus dem Gesicht ihres Bruders strahlen.

Damals lebten die Floyds im Sleepy Hollow Mobile Home Park im Norden von Fayetteville. Floyds Mutter Larcenia und sein Vater George Sr. waren nach North Carolina zurückgekehrt, dem Staat, in dem ihre Vorfahr*innen seit Generationen geschuftet hatten, nachdem ihr Versuch, in New York berühmt zu werden, in den frühen 1970er Jahren ein jähes Ende gefunden hatte. Auf der Heiratsurkunde hatte sie als Beruf »Sängerin« angegeben, eine ehrgeizige Formulierung, die über ihre wahre Einkommensquelle hinwegtäuschte: Haushaltsarbeit.[1] Er hatte »Musiker« geschrieben, wenngleich sein musikalisches Talent ebenfalls nicht die erhoffte wirtschaftliche Stabilität gebracht hatte. Mit seinen zwei kleinen Töchtern hatte das Paar in beengten Wohnverhältnissen von Armutsvierteln wie Crown Heights, Brooklyn, und Jamaica, Queens, gehaust.

Durch die Rückkehr nach North Carolina waren die Floyds ihren Wurzeln und ihrer großen Verwandtschaft wieder ein Stück nähergekommen. Die mobile Wohneinheit in Sleepy Hollow bot kaum genug Platz für eine fünfköpfige Familie, vor allem nicht für eine mit einem aktiven einjährigen Kind, das gern mit seinem Spielzeugauto durch die enge Unterkunft flitzte.

Larcenia Floyd, von allen »Cissy« genannt, war in Goldsboro aufgewachsen, als eines von 14 überlebenden Kindern der Eheleute H. B. und Laura Ann Jones, und sie nahm Floyd, Zsa Zsa und ihre sechsjährige Schwester LaTonya gelegentlich mit, um die erweiterte Familie zu besuchen und ihnen einen Eindruck vom Landleben zu vermitteln. Während der Fahrt wich das Stadtbild der belebten Hay Street in Fayetteville beschaulichen Baumwollfeldern, unbefestigten Straßen und Tabakfarmen. Sobald sie an ihrem Ziel eintrafen, erblickten sie dort die Dreizimmerhütte, in der Floyds Mutter aufgewachsen war. Das baufällige Gebäude war nicht viel größer als der Wohnwagen in Fayetteville, stand aber auf einem Stück Ackerland, das Floyds Vorfahr*innen jahrzehntelang als Teilpächter bewirtschaftet hatten, umgeben von Kühen, Schweinen, Hühnern und einer Reihe von Obstbäumen. Wenige Minuten nach seiner Ankunft machte der kleine George Perry es sich bequem und zog sich bis auf eine Windel nackt aus. Er hatte eine leere Milchflasche im Mund, und seine nackten Füße klatschten auf den Holzboden.

»Er war ein lästiger kleiner Schlingel«, erinnerte sich Floyds Tante Kathleen McGee. »Aber wir haben ihn alle geliebt.«

Als Kleinkind schenkte Floyd den Zeichen extremer Armut, die seine Familie seit Generationen prägten, nur wenig Aufmerksamkeit und begeisterte sich stattdessen für die Eigenheiten des Landlebens.

Da es in der Hütte kein fließendes Wasser gab, stellte sich Floyd draußen auf eine kleine Plattform und drückte mit aller Kraft auf eine Pumpe, um Wasser aus dem Boden zu fördern, so, wie Cissy es als Kind getan hatte und wie Laura Ann es als Großmutter mit Mitte 50 immer noch stolz tat. Floyd, der kaum selbst aufs Töpfchen gehen konnte, beschwerte sich nicht, wenn seine Schwestern ihn den schmalen Weg hinunterbrachten, wo anstelle eines modernen Abwassersystems ein schäbiges Plumpsklo als Toilette diente.

In Goldsboro war er von weiblicher Zuneigung umgeben und wurde von seiner Großmutter, seiner Mutter, zwei Schwestern und neun Tanten umsorgt. Zwei von Cissys Schwestern im Teenageralter, Angela und Mahalia Jones, waren ganz besonders in ihren jungen, energischen Neffen vernarrt. Die Zwillingsschwestern fanden, dass er Flip Wilson ähnele, einem Komiker, dessen einstündige Varietéshow auf NBC in den frühen 1970er Jahren kurzzeitig zu den beliebtesten Sendungen des Landes gehörte.[2] Der Publikumsliebling in der *Flip Wilson Show* war Geraldine Jones, eine freche, kokette Südstaatenfrau, die Wilson mit einer Perücke und bunten Kleidern darstellte. Mit seiner hohen Stimme brachte Wilson das Live-Publikum in Hysterie, wenn er die charakteristischen Sätze der Figur vortrug.

Angela brachte ihrem Neffen bei, die Sprüche von Geraldine Jones zu imitieren.

»Was du siehst, ist, was du bekommst!«, rief Floyd und sonnte sich in den Lachsalven, die er damit auslöste. »Der Teufel hat mich dazu gebracht!«

Floyd erkannte, wie leicht er die Menschen um sich herum

zum Lachen bringen konnte, und begann, sich einen Ruf als Spaßvogel zu erarbeiten – eine Eigenschaft, die er bis zum Ende seines Lebens weiter perfektionierte.

Derweil versuchte Selwyn Jones, Cissys jüngster Bruder, der in der Schule wegen seines sommersprossigen Gesichts und seines Stotterns gnadenlos schikaniert worden war, seinen Neffen hart zu machen. Er rang mit Floyd im Hof vor der Hütte und ließ nicht von dem Jungen ab, der im Sommer 1976 nur wenige Monate vor seinem dritten Geburtstag stand.

Die Raufereien änderten jedoch nichts daran, dass Floyd durch und durch ein Muttersöhnchen war. Wenn er vom Herumtollen müde wurde, schlang er einen Arm um das Bein seiner Mutter oder sprang ihr auf den Schoß und überhäufte sie mit Küssen.

»Ach, küss mal die andere Seite«, sagte sie und wandte ihm spielerisch die andere Wange zu. »Diese Seite ist schon ganz taub.«

Nachdem er ihr gehorcht hatte, ließ er seinen Kopf auf ihre Brust sinken und schlief ein. Ein Lächeln huschte über Cissys Gesicht, wenn sie ihren erstgeborenen Sohn betrachtete und ihn im Schlaf wiegte. Der kleine Perry war gesund und wuchs, er war neugierig auf die Welt und liebte seine Mutter auf eine Weise, die der Familie schon damals wie etwas Göttliches vorkam.

Doch als Cissy Floyds Ausflüge nach Goldsboro immer häufiger wurden und sich zu längeren Aufenthalten ausweiteten, merkten ihre Schwestern, dass etwas nicht stimmte. Nach außen hin gab sie sich gesellig, kochte ihre typischen Gerichte und erteilte ihren jüngeren Geschwistern fröhlich Ratschläge, aber im Stillen vertraute sie einigen ihrer Schwestern an, dass es ihr schlecht ging. Floyds Vater war immer seltener zu Hause, er verfolgte seine musikalischen Träume und das damit verbundene unstete Leben.

Mitte der 1970er Jahre verbrachte George Perry Floyd Sr. zunehmend Zeit damit, als Gitarrist der Chocolate Buttermilk

Band aufzutreten, einer in Fayetteville ansässigen Gruppe, die Funk- und R&B-Cover spielte und Teddy Pendergrass, James Brown und andere Künstler*innen begleitete.[3] Cissy Floyd erklärte ihren Geschwistern, sie wolle nicht die leidgeprüfte Ehefrau eines tingelnden Musikers sein. Als ihre Beziehung in die Brüche ging, bereitete sie sich auf ein Leben als alleinerziehende Mutter von drei Kindern vor.

Es dauerte jedoch nicht lange, bis Cissy Floyd – groß, attraktiv und kontaktfreudig – die Liebe wiederfand. Im Jahre 1977 lernte sie einen Mann namens Philonise Hogan kennen, der auf dem Militärstützpunkt Fort Bragg in Fayetteville stationiert war. Als die Beziehung eine Weile andauerte, beschloss das Paar, es sei nun an der Zeit, dass Cissy mit ihm seine Heimatstadt besuchte.

Cissy und ihre Kinder kamen also nach Houston und zogen bald in ein Haus, das nicht viel größer war als die mobile Wohneinheit, die sie verlassen hatten, ein schmales Shotgun House in der Tuam Street, das der Vermieter irgendwie in zwei Einheiten unterteilt hatte.

Die Bewohner*innen hatten dem Viertel den Spitznamen »The Bottoms« gegeben, eine Anspielung sowohl auf seine tiefe Lage im Süden Houstons als auch auf seine Position auf der sozioökonomischen Leiter der segregierten Stadt – es war der ärmste Teil eines der ärmsten Bezirke Houstons.[4] Aufgrund der Verbindung diskriminierender staatlicher Wohnungspolitik, dem fortwirkenden wirtschaftlichen Erbe von Sklaverei und Sharecropping (einer Form der Naturalpacht) sowie der kastenartigen sozialen Ordnung, welche die auf *race* basierenden Verhältnisse in Amerika bestimmte, waren fast alle, die in den Bottoms wohnten, Schwarz.[5]

In den späten 1970er Jahren hatte Houstons Third Ward viel von dem Glanz verloren, der ihn für den größten Teil seiner Geschichte zum Epizentrum Schwarzer Kultur und Wirtschaft in der Stadt gemacht hatte. Als Houston 1837 eingemeindet wurde, hatten sich ehemals versklavte Schwarze im südöstlichen Quadranten niedergelassen, dem dritten der ursprünglich vier Bezirke der Stadt.[6] Nach dem Ersten Weltkrieg strömten Schwarze in die Gegend, deren Bevölkerungszahl sich zwischen 1910 und 1930 verdreifachte und eine Vielzahl florierender Unternehmen entstehen ließ.[7]

Doch als die Familie Floyd dort eintraf, zogen die Schwarzen der Mittelschicht aus dem Third Ward weg und hinterließen ein heruntergekommenes Viertel, das zunehmend von staatlicher Vernachlässigung geprägt war. Das prominenteste Beispiel für diese Vernachlässigung war das Wohnprojekt Cuney Homes, in dem sich die Floyds kurz nach ihrer Ankunft in den Bottoms eine Wohnung sicherten.

Der 564 Wohneinheiten umfassende Komplex aus niedrigen Backsteingebäuden südöstlich des Stadtzentrums von Houston war 1940 eröffnet worden und befand sich in einem baufälligen Zustand, als die Familie Floyd vier Jahrzehnte später dort einzog.[8] Die demographische Zusammensetzung der Cuney Homes hatte sich seit seiner Erbauung kaum verändert – die Bevölkerung war zu 99 Prozent Schwarz, und die meisten Bewohner*innen lebten weit unterhalb der Armutsgrenze.

Im Inneren der Gebäude wurde im Sommer die Hitze eingeschlossen, im Winter kroch die Kälte herein. Daher war es ein gewohnter Anblick, dass die Nachbar*innen unter den Markisen ihrer gemeinschaftlichen Veranden zusammensaßen. Die Veranden öffneten sich zu grasbewachsenen Innenhöfen mit diagonalen Fußwegen, welche die ähnlich aussehenden Wohnhäuser miteinander verbanden.

Die Menschen, die hier lebten, nannten die Siedlung »The Bricks« (die Ziegelsteine), eine Anspielung auf das Mauerwerk der Fassade und, für manche, auf das harte Leben, das sie dort führten. Die Bewohner*innen der Cuney Homes waren misstrauisch gegenüber Außenstehenden, aber untereinander sehr loyal. Sie sahen zu, wie die Kinder der anderen aufwuchsen

und Basketbälle in alte Milchkisten warfen, die man an Telefon-
masten befestigt hatte. An schwülen Sommerabenden gab es oft
spontane Grillfeste, zu denen alle in Hörweite eingeladen waren. Die Kinder fuhren mit ihren Fahrrädern in Trauben durch
das Viertel und zweigten gelegentlich ab, um die University of
Houston oder die Texas Southern University zu erkunden, die
beide nur einen Katzensprung entfernt lagen.

Auf den Betonveranden vor den Wohneinheiten fanden aus-
gelassene Würfelspiele statt, während weiter hinten Mäuse und
Kakerlaken zwischen den Müllcontainern umherhuschten. Als
die 1970er Jahre in die 1980er Jahre übergingen, wurden in den
Gassen und Innenhöfen immer häufiger Dealende, Junkies und
Prostituierte gesichtet, und Schüsse und Polizeisirenen durch-
brachen die nächtliche Stille. Die Crack-Ära war in Houston
angekommen, und die ziegelsteinförmigen Kokainpakete, die
durch die Cuney Homes geschmuggelt wurden, brachten eine
ganze Welle neuer Probleme mit sich.

Trotz der schwierigen Lebensverhältnisse hatten die Floyds begonnen, sich in Houston heimisch zu fühlen. Zsa Zsa – die nach
ihrem Umzug von North Carolina anfangs jeden Tag geweint
und ihrer Mutter erzählt hatte, dass sie ihre Freund*innen, ihre
Tanten und ihre Husky-Schäferhund-Mischung Candy vermisse – hatte sich mit der neuen Umgebung langsam arrangiert.
Sie und LaTonya fanden Freund*innen in der Wohnsiedlung, in
der es Hunderte von Kindern aus ähnlichen Verhältnissen gab.

Floyd war gerade in die Grundschule gekommen und eignete
sich den typisch texanischen Akzent an, den er bis ins Erwachsenenalter beibehalten sollte. Auf der Suche nach seiner eigenen
Identität dauerte es nicht lange, bis er das inoffizielle Mantra
des Viertels zu wiederholen begann, auch wenn er sich dessen
Bedeutung noch nicht ganz bewusst war.

»Ein Dach, eine Familie«, pflegte er zu sagen. Es war das Motto
der älteren Männer in den Bricks, die der gemeinsame Daseins-

kampf und die Gemeinschaftskultur in den Reihenhausprojekten zusammenschweißte.

Unterdessen war die Hausmannskost seiner Mutter in den Cuney Homes zu einem Geheimtipp geworden. Hungrige Nachbar*innen, die ihrem Namen deshalb einen Ehrentitel beigefügt hatten, fielen spontan in die Wohneinheit 112-F ein, wenn sie erfuhren, dass »Miss Cissy« eines ihrer berühmten Soul-Food-Gerichte zubereitete – Reis und Bohnen, Senfgemüse und Putenhälse, Spaghetti mit Schweinekoteletts und selbst gebackenes Maisbrot, das so süß wie Kuchen war. Sie wies nie jemanden ab. Einmal kochte sie sogar für einen betrunkenen Mann, der sich in die Wohnung der Floyds verirrt hatte und glaubte, sie wäre seine eigene.

»Sie müssen erst gehen, wenn Sie sich dazu wieder in der Lage fühlen«, hatte Miss Cissy zu ihm gesagt, während er auf der Couch ausnüchterte.

Trotz dieses Gemeinschaftsgefühls und der Solidarität verspürte Miss Cissy, die im Kreise einer großen Familie aufgewachsen war, immer noch eine bestimmte Art von Einsamkeit, als sie versuchte, sich fast 2000 Kilometer von den Tabakplantagen ihrer Kindheit entfernt ein neues Leben aufzubauen. In der Sorge, dass Zsa Zsa, LaTonya und der siebenjährige Perry Floyd nie die Art von Großfamilie erleben würden, die sie mit ihren zwölf Geschwistern erlebt hatte, suchte sie nach Möglichkeiten, ihre Schwestern in North Carolina zu überzeugen, ebenfalls nach Houston zu ziehen.

Im Herbst 1981 erfuhr Miss Cissy, dass ihre jüngere Schwester Kathleen mit ihrem Mann und ihren beiden Töchtern eine Reise von North Carolina nach Long Beach, Kalifornien, geplant hatte. Sie überredete die Familie zu einem Zwischenstopp in Houston. Dann versuchte Cissy sie dazu bewegen, dass sie ihren Roadtrip dort beendeten und sich im Third Ward niederließen.

Sie stellte Houston als dynamische, schnell wachsende Stadt dar – die Bevölkerungszahl war in den 1970er Jahren um fast

30 Prozent auf 1,6 Millionen gestiegen.[9] Die texanische Golfküste übertreffe den Osten North Carolinas sowohl in ihrer Größe als auch in der Bandbreite ihrer Möglichkeiten, sagte sie. Das Wichtigste aber sei, dass die Kinder alle zusammen aufwachsen könnten.

Als nicht klar war, ob die Werbemaßnahmen fruchteten, sprach Miss Cissy mit ihrer Schwester ganz offen unter vier Augen.

»Ich habe niemanden hier«, sagte sie leise.

»Das war alles, was ich hören musste«, erinnerte sich Kathleen McGee aus Houston, 40 Jahre nachdem sie und ihr Mann ihren Roadtrip durchs Land auf halbem Weg beendet hatten.

Die McGees lebten zunächst bei der Familie Floyd, was Miss Cissy und ihrer Schwester Gelegenheit bot, in Erinnerungen an ihre gemeinsame Zeit in Goldsboro zu schwelgen. Sie lachten über die Schwierigkeiten, in die sie in den 1950er Jahren geraten waren, als sie versucht hatten, ihre Eltern auszutricksen, und über die Prügel, die sie bezogen hatten, wenn ihre Späße schiefgingen.

Kathleens Töchter, Shareeduh und Tera, brachten ebenfalls Geschichten aus North Carolina mit. Shareeduh, die damals etwa zehn Jahre alt war, erzählte ihren Cousinen und ihrem Cousin, wie ihre Großmutter auf dem Farmland, wo sie lebte, einen regelrechten Zoo mit Pfauen, Fasanen, Hühnern und anderen Tieren aufgebaut habe. Es gebe dort sogar einen Affen, obwohl offenbar niemand wisse, wie oder warum dieser angeschafft worden sei.

Der nun achtjährige Floyd lauschte aufmerksam den Geschichten aus der Heimat seiner Vorfahr*innen. Wenn Miss Cissy und seine Tante Kathleen davon erzählten, wie ihr Leben in seinem Alter gewesen war, nutzten sie diese Erinnerungen mitunter dazu, ihm Lektionen für die Gegenwart mit auf den Weg zu geben – Mahnungen ihrer eigenen Mutter, die unter der harten Willkür des Jim-Crow-Rassismus gelitten hatte. Die

Familie Jones war oft von *weißen* Landbesitzer*innen um ihren Lohn betrogen worden, und die Botschaft, die Miss Cissy ihren Kindern vermittelte, spiegelte das wider, was sie selbst als junges Mädchen vernommen hatte: Gib den *Weißen* nicht den geringsten Anlass, zu glauben, dass du etwas falsch gemacht hast, denn sie werden dich dafür bezahlen lassen.

Floyds Großmutter hatte außerdem stets betont, dass Bildung ein Weg aus der Armut sei. Anfang der 1970er Jahre, so erinnerten sie sich, habe Laura Ann ihre Zwillingstöchter aufgefordert, sich einen Platz im Schulbus zu erkämpfen, nachdem *weiße* Schüler*innen versucht hätten, durch Hänseleien und Beleidigungen ihrer Schwarzen potenziellen Klassenkamerad*innen die Integrationsmaßnahmen zu blockieren.

Zsa Zsa, die in den Jahren, nachdem ihre Tanten zum Wandel des Schulsystems beigetragen hatten, in North Carolina gemischte Klassen besucht hatte, fragte ihre Mutter einmal, warum an ihrer neuen Schule in Houston immer noch Segregation herrsche und es dort nur Schwarze Schüler*innen gebe.

»Kindchen«, entgegnete Miss Cissy, »das hier ist das Ghetto.«

»Wenn ich groß bin, werde ich einmal jemand Besonderes sein«, sang Floyd im Februar 1982 zusammen mit seinen Klassenkamerad*innen der zweiten Klasse. »Jemand Besonderes, das werde ich sein.«

Es war der Black History Month an der Frederick Douglass Elementary School, und Waynel Sexton, eine *weiße* Lehrerin, die vor einer Klasse ausschließlich Schwarzer Schüler*innen stand, stimmte im Rahmen einer vierwöchigen Unterrichtseinheit zu afroamerikanischer Kultur und deren Errungenschaften ein optimistisches Lied an.

Sexton, damals Mitte 30, war in Borger, Texas, einer kleinen, überwiegend *weißen* Stadt etwa eine Stunde südlich der Grenze zu Oklahoma, aufgewachsen. Das Teacher Corps, ein Bundesprogramm, das Pädagog*innen auf die Arbeit in einkommensschwachen Gemeinden vorbereiten sollte, hatte sie 1970 in den Third Ward vermittelt, als das öffentliche Schulsystem von Houston gerade Hunderte von *weißen* Lehrkräften in rein Schwarze Schulen entsandte, um die Aufhebung der Segregation zu beschleunigen, wie es laut Gerichtsbeschluss vorgesehen war.[10]

Jeden Februar klärte Sexton ihre Schützlinge über die Jim-Crow-Diskriminierung auf, wobei sie manchmal ihre eigenen Erfahrungen als *weißes* Kind in den 1950er und 1960er Jahren nutzte, um das Konzept zu verdeutlichen. Sie erzählte den Kindern in Floyds Klasse von einem Ausflug, den sie mit ihrer Familie in die Stadt unternommen hatte und bei dem sie in einem Neiman-Marcus-Kaufhaus zum ersten Mal getrennte Trinkbecken gesehen hatte.

»Es gab ein Wasserbecken mit der Aufschrift ›Colored‹ und ein Wasserbecken mit der Aufschrift ›White‹«, sagte sie. »Ich dachte, es wäre buntes Wasser. Ich wollte so gern aus diesem Brunnen trinken. Ich dachte, es wäre wie ein Regenbogen.«

Floyd und die anderen Schüler*innen lachten.

Ihre Naivität als Kind stand im Gegensatz zur Lebenswelt vieler ihrer Schüler*innen, die in ihrem Alltag die Überbleibsel der Jim-Crow-Diskriminierung erlebten, welche noch bis in die 1980er Jahre hinein nachwirkte. Zwar wurde man nicht mehr offen durch »Colored«-Schilder, Polizeihunde und brennende Kreuze auf sie aufmerksam, doch ließ sich kaum leugnen, dass die Douglass-Schüler*innen eine unterfinanzierte, rein Schwarze Schule besuchten, in einem überwiegend Schwarzen Bezirk lebten und mit vielen derselben Demütigungen zu kämpfen hatten, unter denen schon ihre Eltern und Großeltern gelitten hatten.

Im Bestreben, dem Eindruck einer generationenübergreifenden Stagnation entgegenzuwirken, stellte Sexton einen Lehrplan zusammen, der ein Gefühl von Schwarzem Stolz und Potenzial vermitteln sollte. In einer Unterrichtsstunde ermutigte sie die Schüler*innen, sich vorzustellen, wie ihr eigenes Leben nach dem Vorbild historischer afroamerikanischer Ikonen wie Benjamin Banneker, Mary McLeod Bethune und Charles Drew verlaufen könnte.

Sie händigte Floyd und dem Rest der Klasse grünes, schwarzes und rotes Kartonpapier aus – die Farben der panafrikanischen Flagge – und erklärte ihnen die Aufgabe »Künftige berühmte Amerikaner*innen«. Sie sollten einen kurzen Aufsatz schreiben sowie ein Bild malen und damit darstellen, was sie einmal werden wollten, wenn sie erwachsen wären.

Die Antworten gaben einen Einblick in das Selbstverständnis der sieben- und achtjährigen Kinder zu Beginn der 1980er Jahre.[11] Viele Mädchen wollten Pflegerinnen, Ballerinen oder Lehrerinnen werden.

»Wenn die Glocke läutet, gehen die Kinder«, schrieb eine Lehrerin in spe. »Dann kann ich mich ausruhen.«

Unter den Jungen waren Polizisten, Musiker und Profisportler stark vertreten, obwohl Sexton sich bemühte, Schwarze Männer hervorzuheben, die in anderen Bereichen erfolgreich waren.

Ein Junge erklärte, er wolle Präsident werden, und schrieb einen Aufsatz, der sowohl die wirtschaftliche Misere der letzten Jahre von Jimmy Carters Präsidentschaft als auch das regierungsfeindliche Ethos der ersten Amtszeit von Präsident Ronald Reagan widerspiegelte.

»Ich werde die Preise für Lebensmittel senken«, schrieb er. »Ich werde die Benzinpreise senken. Ich werde nicht so viele Haushaltskürzungen vornehmen.«

Floyd war von einer Lektion über Thurgood Marshall fasziniert, der sich als Anwalt für die Abschaffung der Segregation an öffentlichen Schulen eingesetzt hatte und damals als erster Schwarzer Richter Mitglied des Supreme Court gewesen war. In seinem Aufsatz schrieb er, dass er ebenfalls dem höchsten Gericht des Landes angehören wolle.

»Wenn ich groß bin, möchte ich Richter am Supreme Court

werden«, schrieb Floyd.[12] »Wenn die Leute sagen, ›Euer Ehren, er hat die Bank ausgeraubt‹, werde ich sagen, ›Setzen Sie sich‹. Und wenn er das nicht tut, werde ich dem Wachmann sagen, dass er ihn rausbringen soll. Dann schlage ich mit meinem Hammer auf den Tisch. Dann werden alle still sein.«

Er zeichnete das Bild eines Richters in Robe mit brauner Haut und einem lockigen schwarzen Afro, der hinter einem großen Schreibtisch sitzt und einen Hammer in der Hand hält.

In dem Aufsatz, so bemerkte Sexton, habe Floyd Zeichensetzung und Großschreibung korrekt angewandt und eine saubere Handschrift gezeigt. Er habe jedes Wort richtig geschrieben –, wenngleich Radiergummispuren auf der Seite gezeigt hätten, dass er zunächst das d und g in »judge« vertauscht habe, bevor er sich selbst korrigiert habe. Die Arbeit habe dem Eindruck entsprochen, den sie damals von ihrem Schüler gehabt habe, erinnerte sich Sexton vier Jahrzehnte später.

»Er war ein netter Junge«, sagte sie und merkte an, dass an der Schule zwar die Prügelstrafe erlaubt gewesen sei, Floyd sich aber weitgehend aus Schwierigkeiten herausgehalten habe. »Er ging gern nach draußen und rannte und sprang herum, aber er war überhaupt kein ›schwieriges‹ Kind.«

Als Floyd die zweite Klasse abschloss, entsprach sein schulisches Niveau dem landesweiten Standard, eine Leistung an einer Schule, in der fast sämtliche Schüler*innen Anspruch auf ein kostenloses oder bezuschusstes Mittagessen hatten und viele von ihnen seit dem Kindergarten in wichtigen Bereichen zurückgeblieben waren.

In einem gelben Notizbuch notierte Sexton die Ergebnisse, die Floyd und seine 23 Klassenkamerad*innen beim Iowa Test of Basic Skills erzielt hatten, einer standardisierten Prüfung, die sie am Ende des Schuljahres abgelegt hatten. Floyd hatte eine 3,1 im Lesen erreicht, was bedeutete, dass seine Fähigkeiten denen eines durchschnittlichen Schülers im ersten Monat der dritten Klasse entsprachen.[13]

»Er war genau auf demselben Niveau«, sagte sie. In Mathe erreichte er eine 3,1 und im Leseverständnis eine 3,3.

Dennoch hatte Sexton lange genug an der Douglass unterrichtet, um zu sehen, wie selbst die begabtesten Schüler*innen »verloren gingen«, wenn sie älter würden, sagte sie. Sie wurden oft in die Wirren eines Viertels hineingezogen, in dem die Herausforderungen des kurzfristigen Überlebens in vielen Fällen die langfristigen Vorteile einer Ausbildung überlagern konnten.

Sie hatte Grund zur Sorge, dass Perry Floyd als einer dieser Schüler enden könnte. In demselben Notizbuch, in dem sie seinen zweiten Vornamen unterstrichen und seine Testergebnisse und Zensuren notiert hatte, standen auch seine Adresse und eine Telefonnummer, über die sie seine Mutter erreichen konnte. Neben die Telefonnummer hatte sie das Wort »Nachbar« geschrieben. Sexton wusste inzwischen, dass in einer Schule, in der die meisten Schüler*innen arm waren, der Vermerk »Nachbar« auf einen besonders armen Haushalt hindeutete, in dem sich die Familie kein eigenes Telefon leisten konnte.

Die Douglass Elementary – ursprünglich Third Ward School – wurde eröffnet, als die texanische Regierung nach dem Ende des Bürgerkriegs 1870 ein Gesetz zur Einrichtung von Schulen für Schwarze Kinder erließ.[14]

Die Eröffnung der ersten Schule für Schwarze in Houston veranlasste einige Schwarze Familien, in den Third Ward umzuziehen, und die texanischen Behörden begannen schon bald, weitere Einrichtungen im Viertel zu schaffen, um dort eine in Bezug auf *race* homogene Gemeinschaft zu etablieren, die von den *weißen* Vierteln der Stadt abgegrenzt war.[15]

In den 1920er Jahren eröffneten städtische Behörden im Third Ward die Jack Yates Senior High School und das Houston N**ro Hospital, während sie Schulen und Einrichtungen im Westteil der Stadt, die sich zuvor an Schwarze Bürger*innen gerichtet hatten, schlossen oder deren Mittel strichen. All das sollte

Schwarze Familien aus der Mittelschicht, die auf der vorwiegend *weißen* Westseite lebten, dazu bewegen, in den Third Ward umzuziehen.

Als Houston Ende der 1930er Jahre den Bau seines ersten staatlich finanzierten öffentlichen Wohnungsbauprojekts vorbereitete, sahen die Verantwortlichen der Stadt die Gelegenheit, das Konzept der Segregation, das sie für eine vielfältige Stadt entworfen hatten, wo um die Jahrhundertwende verschiedene Gruppen einigermaßen friedlich zusammenlebten, weiter zu festigen. Sie benannten das Projekt nach Norris Wright Cuney, einem prominenten Schwarzen Politiker, der 1846 in die Sklaverei hinein geboren worden war, und platzierten es im Herzen des Third Ward.[16]

Als die Cuney Homes 1940 eröffnet wurden, lebten dort Hunderte Schwarze Lastenträger*innen, Dienstleute, Chauffeur*innen und andere Geringverdienende.[17] Manche Bewohner*innen waren gezwungen gewesen, die älteste Schwarze Gemeinde Houstons zu verlassen, weil die Stadtverwaltung ihre Wohnungen im Fourth Ward abreißen und dort – in begehrter Randlage zum Stadtzentrum – Sozialwohnungen nur für *Weiße* errichten wollte. Eine Folge der sogenannten »Slumräumung« war, dass Hausangestellte und Chauffeur*innen, die in den Cuney Homes wohnten, die Alabama Street – einst die Grenze zwischen den Schwarzen und den *weißen* Vierteln im Third Ward – überqueren mussten, um für *weiße* Familien zu arbeiten, aber bei Sonnenuntergang wieder in ihren Stadtteil zurückkehrten.

Die *weißen* Bewohner*innen des Third Ward wiederum verließen zunehmend das Gebiet, nachdem gegenüber der Cuney Homes 1947 die Texas State University for *N**roes* errichtet worden war.[18] Als Reaktion auf ein Urteil des Supreme Court, das die University of Texas zwingen sollte, einen Schwarzen Bewerber aus dem Third Ward aufzunehmen, beschloss die Gesetzgebung des Bundesstaates stattdessen die Gründung des Historically Black College (später Texas Southern University genannt), um die Segregation im Hochschulwesen aufrechtzuerhalten.[19]

In den 1950er Jahren folgte Houston den meisten anderen amerikanischen Großstädten, die mit Hilfe von Bundesmitteln für den Wohnungsbau und einer entsprechenden Politik die Segregation ihrer Bevölkerung mit anhaltender Effizienz betrieben. Schwarze, die in städtischen Ghettos eingesperrt waren, wurden oft daran gehindert, aus diesen Ghettos zu entkommen, selbst wenn ihnen dies finanziell möglich gewesen wäre. Sogenanntes »Redlining« – die Abgrenzung und Diskriminierung bestimmter Stadtviertel anhand rassistischer Merkmale – und restriktive Vereinbarungen hinderten Schwarze am Zugang zu Wohnungsbaudarlehen und Immobilien, die für ihre weißen Mitbürger*innen die Grundlage für generationenübergreifenden Wohlstand bildeten.[20]

Diese Diskriminierung wurde größtenteils von der Bundesregierung sanktioniert – mit langfristigen Folgen.[21] Seit den 1950er Jahren und bis ins 21. Jahrhundert hinein besteht zwischen den beiden Bevölkerungsgruppen ein Unterschied von fast 30 Punkten bei den Wohneigentumsquoten.[22] Vor allem aufgrund dieser Diskrepanz besaß die typische weiße Familie stets zehnmal so viel Vermögen wie die typische Schwarze Familie, eine Kluft, die sich im Laufe von Floyds Leben noch vergrößerte.[23]

Kurz bevor die Federal Housing Administration die ausschließlich von Weißen bewohnte Levittown-Siedlung mit 17 500 Häusern in Long Island, New York, finanzierte, unterstützte sie 1946 die Oak Forest-Siedlung mit fast 5000 Häusern im Nordwesten von Houston, das erste Projekt dieser Art, das Schwarze Bewerber*innen ausschloss.[24]

Als der Fair Housing Act von 1968 diese Form eklatanter Diskriminierung illegal machte, ergriffen viele Schwarze Familien aus der Mittelschicht die Chance, sich endlich einen bescheidenen Wohlstand aufzubauen. Sie zogen in Viertel mit besseren Möglichkeiten, oft in die Vorstädte, und ließen Orte wie den

46

Third Ward hinter sich. Ihr Weggang zwang viele Geschäfte und Dienstleistende in den Schwarzen Vierteln zur Schließung, so dass dort bald nur noch einkommensschwache Schichten lebten. Der Teufelskreis aus Desinvestition und Niedergang sollte bis ins 21. Jahrhundert andauern, da die Afroamerikaner*innen die am stärksten segregierte Bevölkerungsgruppe des Landes blieben.[25]

Weniger als einen Monat vor George Floyds Geburt prangerte Präsident Richard Nixon viele öffentliche Wohnsiedlungen des Landes als »monströse, deprimierende Orte« an, als »heruntergekommen, überfüllt, vom Verbrechen heimgesucht, verfallen«. Er war weniger besorgt darüber, dass Amerikas Wohnungsbauprojekte größtenteils in rassistisch geprägten Slums angesiedelt waren, und verteidigte stattdessen die Rechte der Vorstadtbewohner*innen, diese Siedlungen möglichst weit von ihnen fernzuhalten.[26]

Als Floyd und seine Familie einige Jahre später in die Cuney Homes zogen, herrschten dort viele der von Nixon beschriebenen Missstände, was die Verantwortlichen auf allen Regierungsebenen aber offenbar gern ignorierten.

In den frühen 1980er Jahren nahmen die Kinder, die in den Cuney Homes aufwuchsen, einen beliebten Jingle aus einer Toys'R'Us-Werbung und machten daraus ihre eigene Version, die das Leben in den Bricks widerspiegelte.

»Ich will nicht erwachsen werden, ich bin ein Cuney-Homes-Kind«, sangen sie. »Hier gibt es so viele Ratten und Kakerlaken, mit denen ich spielen kann…«

Floyd hatte es anfangs schwer, in der abgeschotteten Gemeinde Freund*innen zu finden. Er war ein stiller Junge, und die Bewohner*innen waren dafür bekannt, dass sie Neuankömmlingen gegenüber misstrauisch waren. Es war nicht ungewöhnlich, dass Fremde angefeindet wurden, wenn sie ungefragt erschienen.

Floyd verbrachte Stunden damit, einen Basketball gegen die rote Backsteinfassade seines Hauses zu werfen, als würde er ihn in einen unsichtbaren Korb werfen. Er kaute an seinen Fingernägeln, während er sich allein die Zeit vertrieb.

Als er jedoch größer und sportlicher wurde, luden ihn Kinder und Jugendliche aus der Gegend ein, bei ihren spontanen Spielen mitzumachen. Im Eifer des Gefechts sah Floyd, wie die verhärteten Gesichtsausdrücke seiner jungen Nachbar*innen einem entspannten Lächeln wichen. Bald schon wurde er gefragt, ob er mit ihnen auch abseits des Sportplatzes etwas unternehmen wolle. Eines der Kinder, Gregory Lamont Dotson, fühlte sich zu Floyd hingezogen, weil sie beide groß, flink und besonders begabt beim Basketball waren. Dotson wohnte in den Cuney Homes und kam zu Floyd, wenn es so aussah, als ob bald irgendwo ein Spiel beginnen würde.

Sie spielten oft in derselben Mannschaft und nutzten ihre Größe und Kraft, um das Spielfeld zu beherrschen. Aufgrund ihrer ähnlichen Größe und Hautfarbe nannten die anderen Kinder die beiden »Twin Towers« (Zwillingstürme). Als Floyd und Dotson mehr Zeit miteinander verbrachten, übernahmen sie den Spitznamen auch abseits des Platzes.

»Floyd und ich waren wie Brüder«, erinnerte sich Dotson Jahre später. »Von den Cuney Homes bis zur Schule waren wir nie getrennt.«

Floyd besuchte den örtlichen YMCA, wurde Mitglied im Kinder-Footballteam der Southside Cowboys und meldete sich für eine offizielle Jugend-Basketballliga an, in der er gegen Kinder aus der ganzen Stadt antrat. Die Spiele waren anstrengend, persönlich fordernd und bereiteten die vorpubertären Jungen auf die Highschool-Rivalitäten zwischen den Schüler*innen des Third Ward und des Fifth Ward vor, die in den beiden größten historisch Schwarzen Gemeinden Houstons miteinander um das Recht zu prahlen wetteiferten.

Floyd war der Starting Center und Dotson der Power Forward.

Das Duo besiegte während der Saison mehrfach die Konkurrenten aus dem Fifth Ward und verhalf der YMCA-Mannschaft zum Spitzenplatz in der Fünfte-Klasse-Liga.

Nach dem Training hingen Floyd, Dotson und einige der anderen Basketballspieler im Blue Store ab, dem örtlichen Lebensmittelgeschäft gegenüber der Cuney Homes. Offiziell hieß der Laden eigentlich Scott Food Mart und hatte seinen Spitznamen aufgrund der blauen Farbe seiner Außenwand erhalten, die als Kulisse für Gespräche, Schlägereien und unverhältnismäßig viele Polizeieinsätze diente. Drinnen gab es Snacks, Süßigkeiten, Bier, Tabak, Lottoscheine und andere Waren des täglichen Bedarfs. Obst und Gemüse waren zwar nicht im Angebot, aber für diejenigen Bewohner*innen der Cuney Homes, die kein Auto besaßen, war dies die nächstgelegene Möglichkeit, in der Lebensmittelwüste, die sich um die Bricks gebildet hatte, rasch etwas einzukaufen.

Eines Tages standen Floyd und seine Mannschaftskameraden in dem Laden, als sie einen kleinen und spindeldürren Schwarzen Jungen bemerkten, der ihnen bekannt vorkam.

»Das ist der kleine Kerl aus dem Fifth Ward«, sagte einer der Spieler aus den Cuney Homes und identifizierte den Jungen als Point Guard ihrer örtlichen Rivalen.

Floyds Mannschaftskameraden wollten den Jungen ein wenig aufmischen, um ihm zu zeigen, dass es keine gute Idee war, allein durch ihr Revier zu spazieren. Floyd hatte jedoch etwas dagegen, dass eine Gruppe Zehnjähriger einen wesentlich kleineren Jungen grundlos verprügelte, und stellte sich zwischen seine Freunde und den Jungen.

»Nein, Mann«, sagte er. »Ihr habt sie wohl nicht alle.«

Floyd und Dotson beschlossen, zu dem Jungen hinüberzugehen und ein wenig mit ihm zu plaudern. Als sie erfuhren, dass er gerade vom Fifth Ward in die Cuney Homes umgezogen war, boten sie ihm an, ihn nach Hause zu begleiten. So konnten sie mehr über ihren neuen Nachbarn erfahren und ihn gleichzeitig vor den Jungs schützen, die ihr Vorhaben, ihn zu schikanieren, noch nicht aufgegeben hatten. Er erzählte ihnen, dass sein Name Milton Carney sei, und ergänzte, dass er von allen »PoBoy« genannt werde.

Dieser Spitzname, eine Abkürzung für »Poor Boy« (armer Junge), wurde von den anderen Kindern – die ebenfalls arm waren – gebraucht, um seine besonders auffällige Armut zu unterstreichen. Als sie bei PoBoys Wohneinheit ankamen, versuchte Floyd, ihn für die YMCA-Truppe des Third Ward zu gewinnen. Er versicherte PoBoy, dass die anderen Jungs ihre Meinung ändern würden, wenn er zu ihnen überliefe und ihr Mannschaftskamerad würde. Diejenigen Spieler, die dadurch eigene Spielzeit verlieren würden, würden sich möglicherweise zwar beschweren, räumte Floyd ein, aber das könne man alles später klären.

»Mann, vor denen brauchst du keine Angst zu haben«, sagte Floyd. »Sollen sie sich ruhig aufregen.«

PoBoy stimmte schließlich zu, dem Team beizutreten und wurde Teil einer Gruppe von Jungs, mit denen Floyd in den Bricks und im Blue Store abhing. Gemeinsam besuchten sie die Ryan Middle School, wo sie Basketball spielten, nachdem sie im folgenden Jahr, 1985, als Sechstklässler dort eingeschult wurden.

»Wir reichten ihm buchstäblich nur bis zur Hüfte«, erinnerte sich PoBoy Jahre später. »Er war immer der Größte im Team, und ich war immer der Kleinste.«

PoBoy, der keine leiblichen Geschwister hatte, nannte Floyd bald seinen Bruder, und die beiden verbrachten fast jeden Nachmittag gemeinsam. Er war gesprächiger als Floyd, und obwohl er schmächtig war, nahm er gern einmal den Mund zu voll oder ließ sich auf eine Prügelei mit anderen Kindern ein. Floyd, der als einer der wenigen Schüler an der Ryan Middle School deutlich über 1,80 Meter groß war, musste oft versuchen, das aufbrausende Temperament seines Freundes zu zügeln. Die Allianz funktionierte beiderseitig gut: PoBoys geschmeidige Art half Floyd dabei, Mädchen kennenzulernen, und Floyds ruhigeres Naturell bewahrte seinen Freund vor allzu vielen Auseinandersetzungen. Nur wenige Monate nach Beginn der Mittelschule stand diese Partnerschaft jedoch vor einem Dilemma, als PoBoys Mutter ihm mitteilte, dass sie zurück in den Fifth Ward ziehen würden.

Als ihnen klar wurde, dass der bevorstehende Umzug eine Versetzung von der Ryan Middle School erfordern würde, hatte Floyd eine Idee. Er bat PoBoy, zu ihm nach Hause zu kommen.

Als Miss Cissy den neuen Freund ihres Sohnes kennenlernte, war sie zunächst etwas verwundert über seinen seltsamen Spitznamen, der wie eine Beleidigung klang.

»Warum nennt man ihn PoBoy?«, fragte sie.

»Weil er dünn ist, Mama«, antwortete Floyd. »Schau, wie klein er ist.«

Sie warf dem Jungen einen kurzen Blick zu und akzeptierte die Erklärung.

»Nun, da muss ich ihm wohl etwas von dieser Hausmannskost hier geben.«

Daraufhin schlug Floyd vor, dass sein Freund einen dauerhaften Platz am Esstisch einnehmen solle.

»Wir wollen uns nicht trennen«, sagte Floyd zu seiner Mutter. »Kann Po einfach hier bei uns bleiben, damit er weiterhin auf die Ryan gehen kann?«

Zur Überraschung der Jungen stimmte sie zu. Miss Cissy rief PoBoys Mutter an und vereinbarte, dass er während der Schulzeit bei ihnen übernachten könne.

»Ich hab's dir ja gesagt, Mann«, sagte Floyd zu seinem Freund, als sie sich anschickten, ein Zimmer zu teilen. »Meine Mama hält uns den Rücken frei.«

Zu dieser Zeit war der Floydsche Haushalt bereits übervoll. Miss Cissy hatte nach ihrer Ankunft in Houston zwei weitere Söhne zur Welt gebracht – Philonise Jr. und Rodney –, deren großer Appetit das ohnehin schon knappe Lebensmittelbudget zusätzlich belastete. Ihre Beziehung zum Vater der beiden, mit dem sie nach Houston gezogen war, um bei ihm zu sein, hatte sich als kurzlebig erwiesen, und sie musste als alleinerziehende Mutter von fünf Kindern versuchen, über die Runden zu kommen. Die Kosten für die Versorgung ihrer Familie überstiegen oft das Einkommen, das sie durch ihre Arbeit in Guidry's Fast Food & Game Room verdiente, einem beliebten Burgerladen in der Nähe der Cuney Homes.

Veronica DeBoest, eine Nachbarin, die bemerkte, mit welchen Herausforderungen die Floyds zu kämpfen hatten, brachte gelegentlich Tüten mit Lebensmitteln von einem karitativen Programm vorbei, das die Kinder im Third Ward den Sommer über mit Mittagessen versorgte. Wenn dort etwas übrig blieb, nahm DeBoest einen Rucksack voller Sandwiches, Müsli, Milchpackungen und Obstsnacks mit und schüttete den Inhalt auf den Esstisch von Miss Cissy.

Mitte der 1980er Jahre war die Lage für Miss Cissy besonders angespannt, da Präsident Reagan darauf drängte, die staatliche Hilfe für Bedürftige zu kürzen, einschließlich Kürzungen des staatlichen Schulspeisungsprogramms und anderer Sozialleistungen zur Unterstützung von Kindern aus einkommensschwachen Haushalten.[27] Bei seiner Amtseinführung 1981 hatte Reagan erklärt, dass »die Regierung nicht die Lösung für unser Problem ist; die Regierung ist das Problem« und versprochen, das soziale Sicherheitsnetz für Familien wie die Floyds zu beschneiden.[28]

In den folgenden Jahren hielt er sich an dieses Versprechen und warb im Wahlkampf mit der Feststellung, dass seine Strategie funktioniert habe. Es sei »wieder Morgen in Amerika«, verkündete er 1984 und verwies auf den raschen Anstieg des Wirtschaftswachstums, der seinem Programm von Steuersenkungen und anderen angebotsseitigen Maßnahmen gefolgt war.[29] Die

Wirtschaft des Landes wuchs in jenem Jahr um 7,2 Prozent – der höchste Wert seit mehr als drei Jahrzehnten –, doch an Gemeinden wie den Cuney Homes, wo Miss Cissy weiterhin mit finanziellen Problemen zu kämpfen hatte, ging dieser Boom weitgehend vorbei.[30]

Tatsächlich kam ein Großteil des Wachstums denjenigen zugute, die ohnehin schon wohlhabend waren, während Menschen, die in Sozialwohnungen lebten und öffentliche Unterstützung bezogen, als unberechtigte »Welfare Queens« (Sozialhilfeköniginnen) galten.[31] Reagans Steuergesetzgebung strich die meisten Abzüge für Verbraucherkredite, behielt aber den Abzug für Hypothekenzinsen bei, was die Vorteile des Steuerrechts weiter zugunsten von Eigenheimbesitzenden und nicht zugunsten von Mietenden wie den Floyds verschob.[32] Derweil blieb der Mindestlohn während der 1980er Jahre weitgehend konstant bei 3,35 Dollar,[33] da Reagan sich gegen die Art von Erhöhungen wehrte, von denen Miss Cissy und die anderen Fast-Food-Beschäftigten bei Guidry's hätten profitieren können.[34] Nachdem das Lohngefälle zwischen Schwarzen und *Weißen* in den 1970er Jahren geschrumpft war, nahm es in den 1980er Jahren wieder zu: Laut einer Studie des Urban Institute stieg das durchschnittliche Jahreseinkommen während Reagans erster Amtszeit um 3,5 Prozent, während das Einkommen Schwarzer Familien um 3,7 Prozent sank.[35]

Da Miss Cissy immer mehr arbeitete, um den Haushalt über Wasser zu halten, überließ sie ihrem pubertierenden Sohn oft die Verantwortung für seine jüngeren Brüder. Floyd, der mit der Küche von Zsa Zsa aufgewachsen war, wenn seine Mutter nicht da war, übernahm die Verantwortung für das Essen von Rodney und Philonise, der sich PJ nannte.

Obwohl Floyd wusste, dass er die köstlichen Mahlzeiten, die seine ältere Schwester für ihn zubereitet hatte, als er so alt war wie sie, nicht reproduzieren konnte – gewürzte Kartoffelecken, gebratenes Hühnersteak mit Salat und Miracle Whip und eine

Kanne Kool-Aid mit Zitronenscheiben –, nahm er seine Aufgabe dennoch ernst.

Als seine Brüder Floyds Bananen-Mayonnaise-Sandwiches leid waren, versuchte er sich am Gasherd in der winzigen Küche des Apartments. Er war kein besonders guter Koch, und Rodney und PJ – beide kaum im Grundschulalter – ließen ihn das wissen.

Eines Tages bereitete Floyd ein Frühstück aus Eiern, Toast und Speck zu, als sich in der Wohnung ein Geruch nach verbranntem Fleisch verbreitete. Das verdorbene Essen hielt Floyd aber nicht davon ab, seinen Brüdern selbstbewusst seine Kreation zu präsentieren.

»Hier ist dein Teller«, sagte er und reichte Rodney sein Frühstück.

»Es ist verbrannt«, erwiderte dieser und hob mit der Gabel einen geschwärzten Speckstreifen an. Er nahm einen Bissen, verzog angewidert das Gesicht und warf dann die verkohlten Reste auf den Boden.

»Was machst du da?«, fragte Floyd und bemerkte, dass er sehr viel Zeit in die Zubereitung des Frühstücks investiert hatte.

»Dein Essen ist ekelhaft«, sagte Rodney knapp. Dann wandte er sich an seinen anderen älteren Bruder: »PJ könnte das besser als du.«

Rodney und PJ lachten, ließen das Frühstück unberührt und ihren älteren Bruder verärgert zurück.

»Deshalb passe ich nicht gern auf euch auf«, sagte Floyd.

Als es an der Zeit war, aufzuräumen, appellierte Floyd an den Wettbewerbsgeist seiner Brüder.

»Hey, ihr spült doch das Geschirr, oder? Stoppt eure Zeit.«

Dann leitete er einen Wettstreit im Geschirrspülen und Aufwischen der Küche.

Da sie sich kein Waschmittel leisten konnten, wuschen sie abends vor Schultagen ihre Kleider, Socken und Unterwäsche mit derselben Spülseife im Badezimmerwaschbecken. Wenn sie die Kleidungsstücke gründlich durchgeknetet und den Schmutz herausgepresst hatten, hängten sie sie über den Warmwasserboiler und hofften, dass alles bis zum nächsten Morgen trocknen würde. Wenn das nicht klappte, steckten sie die Kleidung in den Ofen, einen improvisierten Schnelltrockner für Kinder ohne Zugang zu Waschmaschinen.

Floyd, der sich selbst als ›Mann im Haus‹ sah, baute in diese und andere Alltagstätigkeiten manchmal kleine Lektionen fürs Leben ein. Auch wenn PJ zuweilen mit ihm um die Vorherrschaft konkurrierte – wenn er etwa versuchte, seinem älteren Bruder das größte Stück Huhn vom Tisch vor der Nase wegzuschnappen –, wollte Floyd seinen Geschwistern zeigen, wie man sich in einer Welt zurechtfand, in der bereits ihr Körper von außen als Bedrohung angesehen werden konnte.

»Warum tust du das?«, fragte ihn PJ eines Tages, nachdem er beobachtet hatte, wie Floyd einen Raum betrat und alle Menschen dort einzeln begrüßte, ihnen die Hand schüttelte und kurze Höflichkeitsformeln austauschte.

»Ich kann nicht wie du einen Raum betreten, wegen meiner Größe«, antwortete er. »Die Leute starren mich an, werden nervös und haben Angst. Also öffne ich mich ihnen und zeige ihnen, dass ich in Ordnung bin. Dass ich ein guter Mensch bin.«

In der rauen Welt der Houstoner South Side in den 1980er Jahren konnte einem das tägliche Überleben bisweilen wie ein Grund zum Feiern vorkommen. Die verheerende Crack-Kokain-Welle suchte die Bricks mit Drogenabhängigkeit und Gewalt heim. Landesweit hatte sich die Mordrate bei männlichen Schwarzen Jugendlichen im Alter von 14 bis 17 Jahren zwischen 1984 und 1989 mehr als verdoppelt, wie eine Harvard-Studie ergab, die diesen Anstieg mit der Verbreitung von Kokain in Verbindung brachte.[36] In dieser turbulenten Zeit wuchs Floyd von einem elfjährigen Jungen zu einem sechzehnjährigen Jugendlichen heran und entging den Gefahren des Drogenhandels weitgehend, da er sich auf den Sport konzentrierte. Doch abseits von Sportplätzen und Spielfeldern schien an jeder Ecke Ärger zu lauern.

Ende der 1980er Jahre startete Houstons Fox-Fernsehsender KRIV eine Reportagereihe über die wachsenden Probleme der Kriminalität und des Drogenkonsums in der Stadt.[37] Der ominöse Titel *City Under Siege* (Stadt im Belagerungszustand) spiegelte die vorherrschende Meinung über das Leben in der Houstoner Kernstadt während Floyds Teenagerzeit wider. Die KRIV-Mitarbeitenden filmten Portraits von Süchtigen, begleiteten die Polizei zu Drogenrazzien und führten Interviews in Gefängnissen, wobei sich ein Großteil der Aktivitäten auf den Third Ward konzentrierte. In der Zeit vor dem Reality-Fernsehen sahen Floyd und seine Freunde jeden Sonntagabend die Sendung und schauten nach, ob jemand aus der Gegend unter den Belagerten oder den Belagernden war.

Miss Cissy versuchte, ihre Kinder vor einem Lebensstil zu bewahren, der sie in eine solche Sendung bringen könnte, und legte Wert auf Bildung und Etikette. Sie zwang sie, Bücher zu lesen, moderierte improvisierte Rechtschreibwettbewerbe und korrigierte manchmal in aller Öffentlichkeit ihre Grammatik.

»Hey, ihr könnt natürlich diese Ghettosprache gebrauchen, aber ihr solltet lieber das Englisch des Königs sprechen«, sagte sie dann.

Es gab eine Botschaft, die sie ihrem unbekümmerten, leichtlebigen ältesten Sohn, der im Alter von 14 Jahren zu einer beliebten Figur im Viertel geworden war, besonders ans Herz legte: Geh Ärger aus dem Weg und respektiere die Polizei.

Als Reagans Krieg gegen die Drogen verschärft wurde, geriet eine wachsende Zahl junger Männer aus den Bricks ins Fadenkreuz der Drogenfahndung des Houston Police Department. Die Polizisten in Zivil, die von den Bewohner*innen des Third Ward den Spitznamen »Jump Out Boys« erhielten, waren dafür bekannt, dass sie mit hoher Geschwindigkeit durch die Wohnsiedlung rasten, über Bordsteine fuhren und aus ihren Streifenwagen sprangen, um die Taschen aller Jungs zu durchsuchen, die draußen herumhingen.

Diese Art aggressiver Polizeiarbeit, die im ganzen Land stattfand, inspirierte die Rap-Gruppe N.W.A – kurz für *N\*\*\*az Wit Attitudes* – dazu, im Sommer 1988 den Song »Fuck Tha Police« zu veröffentlichen, in welchem sie mit vulgären Worten das rassistische Profiling und die Bestechlichkeit der Strafverfolgungsbehörden anprangerte. Wie Millionen anderer Jungs, die sich mit dem trotzigen Tonfall identifizieren konnten, mochten auch Floyd und seine Clique die Stimmung des Songs. Miss Cissy hatte ihren Söhnen jedoch einen anderen Umgang mit den Behörden beigebracht: Sei immer folgsam und respektvoll und komm lebendig nach Hause.

Sie waren junge Schwarze aus der untersten sozioökonomischen Schicht, ein Status, von dem sie wusste, dass er sie für eine ganze Reihe potenzieller Gefahren anfällig machte. Ein simpler Fehler konnte sie ihre Freiheit kosten, ein Augenblick der Unachtsamkeit das Leben.

»Wenn ihr hier in den Staaten aufwachst, habt ihr es von vornherein doppelt schwer«, sagte sie zu Floyd und seinen Brüdern. »Und ihr müsst dreimal so hart arbeiten wie alle anderen, wenn ihr es in dieser Welt schaffen wollt, denn niemand wird sich um euch kümmern. Ihr müsst auf euch selbst achtgeben.«

Diese Haltung war tief in der Familiengeschichte der Floyds verwurzelt, wo die gnadenlose, restriktive Macht des Rassismus über zwei Jahrhunderte des Missbrauchs und der Ausbeutung einen bleibenden Stachel hinterlassen hatte. Seit ihrer Ankunft in Nordamerika hatten Floyds Vorfahr\*innen über Generationen hinweg unter den vielschichtigen Auswirkungen rassistischer Unterdrückung gelitten.

Miss Cissy wusste besser als die meisten anderen, dass Floyd würde kämpfen müssen, um dieser Geschichte zu entkommen, dass ihn die Geister der Vergangenheit, die ihm seit seiner Geburt auf den Fersen waren, immer wieder heimsuchen würden.

# Kapitel 3

# WURZELN

George Floyds Ururgroßvater Hillery Thomas Stewart wurde im Jahr 1857 in die Sklaverei hineingeboren[1] und verbrachte seine Kindheit mit unbezahlter Arbeit auf den glühend heißen Feldern von Harnett County, North Carolina. Am Ende des 19. Jahrhunderts jedoch hatte er es nach mehr als 30 Jahren Arbeit als freier Mann zu 500 Acres eigenem Farmland gebracht.[2] Stewarts Familie war stolz auf diese große Anbaufläche in Grove Township – ein Symbol dafür, dass hart arbeitende freie Schwarze, wenn man ihnen das Eigentumsrecht an der eigenen Arbeitskraft zugestand, es im amerikanischen Süden zu wirtschaftlicher Unabhängigkeit und Erfolg bringen konnten.

Weder seine Geburt in die Sklaverei noch die Tatsache, dass er nicht lesen konnte, hatten ihn daran gehindert, ebenso wohlhabend zu werden wie viele, die früher Versklavte besessen und einst mit aus Lederstreifen geflochtenen Peitschen über Harnett County geherrscht hatten. Damals, etwa im Jahr 1860, verfügten weniger als 2 Prozent der *weißen* Farmer*innen in North Carolina über mehr als 500 Acres Land.[3] Nach der Emanzipation aus der Sklaverei 1865 begannen Stewart und seine Familie schnell, die soziale Leiter hinaufzusteigen, was ihnen bis dahin verwehrt geblieben war.

Bei der Arbeit Seite an Seite mit seinen zwölf Geschwistern während der kurzen Zeit der »Reconstruction«, in der Schwarze einen gewissen staatlichen Schutz vor rassistischem Terror und

Diskriminierung erhielten, erkannte Stewart, dass der Besitz von Land, wie es seine Familie seit Generationen ohne Lohn bebaut hatte, auf lange Sicht von großem Wert war. In den späten 1860ern und bis in die 1870er hinein bildeten die 15 Mitglieder der Familie Stewart einen Arbeitstrupp, der mit dem von Sklavenbesitzer*innen der oberen Mittelschicht im Osten von North Carolina hätte konkurrieren können. Volkszählungsunterlagen zeigen, dass alle Stewarts, die älter als acht Jahre alt waren, als »Landarbeiter*innen« beschäftigt waren.[4] Die langen Tage, die sie damit verbrachten, der Erde eine Ernte abzuringen, wurden zweifellos dadurch erträglicher, dass die Früchte ihrer Anstrengungen sich jetzt in ihren eigenen Truhen sammelten und nicht mehr in denen der gnadenlosen Landbesitzer*innen.

Als Teenager hatte Stewart, wie seine Nachfahr*innen sagten, Unabhängigkeitsdrang und Fleiß gezeigt. Bei der Arbeit mit seinem Vater lernte er die komplizierte Wissenschaft des Landbaus und entwickelte ein intuitives Gefühl dafür, ob ein Stück Land etwas einbringen konnte oder nicht. 1888 heiratete Stewart eine Achtzehnjährige namens Larcenia, mit der er 22 Kinder haben sollte.[5] Dem Beispiel seines Vaters folgend zog die große Familie einen beständigen Ertrag aus ihrem Ackerland und nutzte diese Einnahmen, um Landstreifen am Ostufer des Black River nahe dem heutigen Coats, North Carolina, zu kaufen. Sein Landbesitz machte ihn nach Auskunft der Besitzeintragungen des Grundbuchs von Harnett County zu einem der größten Schwarzen Landbesitzer in diesem Teil des Staates.

»Er war der erste Schwarze Mann in Harnett County, der 500 Acres Land besaß«, betonte seine Urenkelin Kathleen McGee.

Sein Wohlstand fand eine gewisse Anerkennung und erregte gleichzeitig den kollektiven Zorn seiner *weißen* Nachbar*innen. Hinter seinem Rücken nannten sie ihn laut einer Geschichte, die in der Familie über mehrere Generationen weitergegeben wurde, »den reichen N***er«.[6] Diese Gehässigkeit signalisierte das Unbehagen seiner *weißen* Nachbar*innen mit dem Wohlstand, den er erreicht hatte. Es sollte nicht lange dauern, bis Hillery Thomas Stewart merken sollte, wie gefährlich es sein konnte, sich offen über die *racial* Ordnung hinwegzusetzen, welche die USA mit gnadenloser Effizienz seit den Anfangstagen geprägt hatte.

Im Jahr 1748 ging Charles Stewart, der 20 Jahre alte Sohn eines Geistlichen, in Schottland an Bord eines 15 Meter langen Segelschiffs, das ihn in die Neue Welt brachte.[7] Stewart war als *weißer* presbyterianischer Schotte aufgewachsen und hatte sich, vielleicht weil er in einem von Britannien beherrschten Land für sich wenig Zukunft sah, der Massenmigration von Europäer*innen angeschlossen, die in der Mitte des 18. Jahrhunderts nach Nordamerika aufbrachen.

Wie viele neue Einwander*innen mit beschränkten Mitteln begann Charles Stewart seine Zeit im kolonialen Amerika als Vertragsknecht auf Zeit, der ohne Bezahlung arbeitete, um die Kosten seiner Reise abzustottern. Nachdem er etwa ein Jahr als Viehtreiber geschuftet hatte, wurde er aus der Vertragsknechtschaft entlassen und heiratete der schriftlich dokumentierten wie mündlich überlieferten Familiengeschichte zufolge eine Waliserin namens Hannah Kirk. Das junge Paar hatte nicht viel, doch das Tempo, in dem sie sich ein behagliches Leben aufbauten, bezeugte, dass Amerika tatsächlich das Land der unbegrenzten Möglichkeiten war – zumindest für seine *weißen* Einwohner*innen. Die beiden ließen sich in Neills Creek nahe dem heutigen Coats, North Carolina, nieder und sicherten sich bald billiges Land für den Anbau von Tabak, Getreide, Kartoffeln und anderen Feldfrüchten. Ihre Entscheidung, Familie und Heimat zu verlassen, zahlte sich aus: Sie führten bald ein Mittelschichtleben, das sich durch den Besitz von Land, Möbeln und Menschen auszeichnete.

Der Wohlstand der Familie wuchs noch einmal, als Amerika seine Unabhängigkeit erklärte und einen blutigen Krieg gegen

Britannien führte. Vor seinem Tod übertrug Charles Stewart 1805 den Großteil seines Besitzes an seinen jüngsten Sohn James. Einer Abschrift der Übertragungsurkunde zufolge stand auf der Liste der Besitztümer, die Charles James »Für sein Fortkommen in diesem Leben« schenkte, auch »eine *N\*\*ro* namens Cloe«.[8]

James Stewart, ein US-Amerikaner der ersten Generation, geboren ein Jahr vor der Unterzeichnung der Unabhängigkeitserklärung, stieg schnell zu einem der reichsten Männer im südlichen Wake County auf – seine riesige Plantage lag direkt an der Grenze zum Harnett County. Sein Vermögen wuchs zwischen 1850 und 1860 um das Zehnfache,[9] und in amtlichen Aufzeichnungen wird er als Farmer bezeichnet, obwohl seine Einkommenssprünge mit einer wachsenden Beteiligung am immer gewinnträchtigeren Handel mit Versklavten zusammenfielen.[10] Stewart nutzte sein Vermögen, um seinen Sohn und seine zehn Töchter zu verwöhnen,[11] während er Geld verdiente, indem er Schwarze Eltern bei Auktionen von Versklavten von ihren Kindern trennte.[12]

Die Sklaverei leistete also einen wesentlichen Beitrag zum immer größeren Familienvermögen – der dadurch entstandene Reichtum wurde über mehrere Generationen weitergegeben. 1860 beanspruchte Charles Stewarts Enkel Joseph Stewart das Eigentum an 15 versklavten Schwarzen, wie Zensusangaben zeigen.[13] Die Liste verzeichnet zwar nicht die Namen der Versklavten, doch Geschlecht, Hautfarbe, Alter und Ort eines der dort Aufgeführten passen zu Abram Stewart, dem Vater von Hillery Thomas und Urururgroßvater von George Floyd.

Das Schicksal der beiden Stewart-Familien – der sklavenhaltenden *Weißen* und der versklavten Schwarzen, die den Nachnamen ihrer Besitzer trugen – hing in der Schwebe, als bei der Präsidentschaftswahl von 1860 die nationale Erregung über das brutale System der Sklaverei hochkochte, das die Ökonomie des Südens stützte.

Als Abraham Lincoln, der sich gegen die wachsende Sklaverei gewandt hatte, das Rennen gewann, begannen die *Weißen* des Südens sofort mit den Planungen für einen Umsturz. Joseph Stewart war einer der vielen tausend Sklavenbesitzer, die zu den Waffen griffen und der neuen Konföderation die Treue schworen. 1862 schloss er sich den konföderierten Truppen an[14] und trat als Korporal in das 31. Infantrieregiment von North Carolina ein.[15]

In den nächsten drei Jahren führten die Soldaten der Union und der Konföderation einen erbitterten Krieg mit hohem Blutzoll gegeneinander. Als das konföderierte Heer im Frühjahr 1865 aufgab, war Joseph Stewart einer der vielen tausend *weißen* Sklaventreibenden überall im Süden, die ihren versklavten Namenspatron*innen die Nachricht überbringen mussten, dass sie ihnen nicht länger als Eigentum gehörten.

Seit die ersten Afrikaner*innen 1619 im kolonialen Virginia angekommen waren,[16] hatte man in Amerika etwa 10 Millionen Schwarze Menschen versklavt. Sie hatten mehr als 400 Milliarden Stunden unbezahlter Arbeit zur Wirtschaft der Nation beigetragen. Hillery Thomas Stewart und seine Familie zählten zu den 4 Millionen, die noch am Leben und jetzt plötzlich frei waren.

Die Emanzipation hatte den versklavten Stewarts die Freiheit gebracht, aber ohne Land oder Geld waren ihre Möglichkeiten ziemlich eingeschränkt. Nach Nat Turners brutal niedergeschlagenem Aufstand von Versklavten von 1831 war es durch ein Gesetz des Bundesstaats untersagt, dass versklavte Schwarze Lesen lernten, was ihre Berufsaussichten nach dem Ende der Sklaverei schmälerte. Wie die meisten befreiten Schwarzen der Zeit arbeiteten die Stewarts weiter auf den Farmen von *Weißen*, jetzt allerdings als sogenannte »Sharecroppers«, die für ihre Arbeit mit Geld und einem Dach über dem Kopf entlohnt wurden.

In Anbetracht der Umstände und der kaum vorhandenen

Unterstützung für frühere versklavte Menschen im Süden war es beachtlich, dass die Stewarts es zu einem solchen Wohlstand brachten. Der Kongress, dem bewusst war, dass befreite Schwarze nach dem Bürgerkrieg eine gewisse Unterstützung brauchen würden, hatte das Freedmen's Bureau aufgebaut, das angeblich das Ziel verfolgte, befreiten Schwarzen beim Übergang aus der Sklaverei zu helfen, indem es juristischen Beistand und sonstigen Schutz bot, doch in North Carolina erwies es sich für Schwarze Familien wie die Stewarts als wenig hilfreich.

Nach dem Krieg, der im ganzen Bundesstaat die Ernte geschmälert hatte, waren *Weiße* wie Schwarze mit Armut und Hunger konfrontiert. Das Freedmen's Bureau in North Carolina gab zwischen Juli und September 1865 mehr als 500 000 von der Regierung finanzierte Rationen aus, doch sie gingen den Unterlagen des US-Nationalarchivs zufolge selten an die aus der Sklaverei Befreiten, sondern vor allem an die *weißen* Verwandten der gefallenen konföderierten Soldaten.[17] Nicht einmal 1 Prozent der Hilfe kam befreiten Schwarzen zugute – etwa 5000 Rationen für mehr als 300 000 Menschen.

Trotz dieses Mangels an staatlicher Hilfe hatten Hillery Thomas Stewart und seine Familie 1870 persönliches Eigentum im Wert von 100 Dollar und Land im Wert von 70 Dollar angesammelt,[18] ein Nettogegenwert von etwa 3500 Dollar in heutiger Währung. Das war keine große Summe, doch 1870 zählten die Stewarts damit schon zu den obersten 5 Prozent der Schwarzen Familien im Süden, wie man einer Auswertung der Zensusunterlagen durch Loren Schweninger, emeritierter Professor an der University of North Carolina–Greensboro, entnehmen kann. In seinem Buch *Black Property Owners in the South: 1790–1915* hat Schweninger belegt, dass 1870 überhaupt nur 4,8 Prozent der Schwarzen Familien Land besaßen[19] und nur 41 000 der insgesamt 900 000 Schwarzen Familien des Südens[20] – also nicht einmal 5 Prozent – einen Nettobesitz von mehr als 100 Dollar ihr Eigen nennen konnten.[21] Fünf Jahre nach dem Bürgerkrieg verfügte die durchschnittliche Schwarze Person im Süden über 76 Dollar, verglichen mit 2034 Dollar bei den *Weißen*.

Gegen Ende des 19. Jahrhunderts begann sich die Kluft durch eine steigende Anzahl Schwarzer Landbesitzer*innen zu schließen.[22] Hillery Thomas Stewart war ein herausragendes Beispiel dafür, und sein Erwerb von mehreren hundert Acres Land wurde in Harnett County misstrauisch beäugt, gerade als das politische Pendel der Nation wieder zur Hegemonie der *Weißen* zurückschwang.

Die »Reconstruction« hatte im Grunde ihr Ende gefunden, nachdem der Republikaner Rutherford B. Hayes zugestimmt hatte, im Austausch gegen seine Anerkennung als Präsident nach der Wahl von 1876, die mit einem Patt geendet hatte, die letzten US-Truppen aus dem Süden abzuziehen. North Carolina und andere Südstaaten hatten jetzt die Möglichkeit, restriktive Jim-Crow-Gesetze zu erlassen, die ein ganzes Spektrum von Verhaltensweisen Schwarzer Einwohner*innen kriminalisierten, von Mischehen bis hin zum Sitzen in den *Weißen* vorbehaltenen Eisenbahnwaggons.

Vor diesem Hintergrund geriet Stewarts Landbesitz ins Visier skrupelloser Geschäftsleute und lokaler Beamt*innen, wenn man der mündlichen Familienüberlieferung und der Berichterstattung der Lokalzeitungen der Zeit glauben darf. Stewart hatte das Land seinen Nachkommen weiterreichen und die Art generationenübergreifendes Vermögen schaffen wollen, von dem seine Vorfahr*innen nur hatten träumen können. Stattdessen wurde ihm das Land genommen, bevor er es auch nur an seine Kinder übergeben konnte.

In einer Reihe von Transaktionen, bei denen komplizierte Finanzinstrumente eine Rolle spielten, unter die Hillery und Larcenia Stewart angeblich ihre Namen gesetzt hatten, wurde George Floyds Ururgroßeltern Anfang der 1900er Jahre ihr Land genommen.[23] Sie konnten die Verträge nicht lesen, und es ist unklar, ob sie ihre Auswirkungen in allen Einzelheiten verstanden. Einige Dokumente schlossen technische Klauseln ein, die eine Versteigerung ihres Besitzes ermöglichten, wenn die Stewarts die Abmachungen nicht bis aufs letzte i-Tüpfelchen erfüllten.

»Wenn aber die Bezahlung dieses Schuldscheins oder der Zinsen desselben oder jeglichen Teils davon bei Fälligkeit in Verzug gerät, dann und in dem Falle ist es rechtmäßig ... besagtes, oben beschriebenes Land an den Höchstbietenden gegen bar zu verkaufen«, heißt es in einem Dokument.[24]

Um den Hundert-Acres-Streifen Land, um den es bei diesem Vertrag ging, zu behalten, hätte Hillery Thomas Stewart den 350-Dollar-Schuldschein, den es besicherte – mehr als 10000 Dollar nach heutiger Kaufkraft – bis zum 1. Januar 1905 zurückzahlen müssen, nicht einmal neun Monate nach Vertragsschluss. Er tat dies nie, und das Farmland wurde vom Amtsgericht versteigert. Damit ging es den Weg von wenigstens vier anderen Äckern, die ihm entzogen wurden, bis er kein Landeigentum mehr hatte.

Im Jahr 1920 verkaufte die Kreisverwaltung von Harnett County die Reste von Stewarts Landbesitz. Die Ausgabe der *Harnett County News* vom 15. April 1920 wusste zu berichten, dass das 24-Acres-Grundstück in Grove Township wegen unbezahlter Steuern zur Versteigerung stand.[25] Hillery Thomas Stewart, so war dort zu lesen, hatte die Steuern für diesen Grundbesitz in Höhe von 18,83 Dollar für das vorausgehende Jahr nicht bezahlt. Seine Nachfahr*innen haben diese Unterstellung bestritten und dabei auf die Geschichte des Schwarzen Landverlustes durch betrügerische Steuerauktionen verwiesen.[26]

Das Land war sicherlich mehr wert als die Steuern, um die es ging. In einer Werbeanzeige von *England Realty and Auction Co.* in derselben Ausgabe der Zeitung hieß es: »Gesucht: landwirtschaftliche Flächen«[27] – eine Bestätigung für die starke Nachfrage nach Ackerland zu dieser Zeit.

»Wenn Sie eine Farm oder anderen Grundbesitz haben, den

Sie schnell in Geld verwandeln wollen, würden wir gern von Ihnen hören«, heißt es in der Anzeige. »Ackerland verkauft sich heute besser denn je. Je schneller Sie verkaufen, desto mehr werden Sie bekommen.«

Der Durchschnittspreis eines Acre Farmland in Harnett County erreichte laut einer Erhebung des US-Landwirtschaftsministeriums 1920 einen Rekordwert von 62 Dollar,[28] eine Steigerung um 240 Prozent zum Jahrzehnt zuvor. Die 24 Acres, die Stewart in jenem Jahr wegen 18,83 Dollar angeblich nicht bezahlter Steuern verlor, wären etwa 1488 Dollar wert gewesen, heutzutage entspräche das einer Kaufkraft von mehr als 20 000 Dollar. Wenn Stewart seinen anderen Landbesitz, darunter mehr als 200 Acres, die der Sheriff des Ortes schon bei einer früheren Steuerauktion verkauft hatte,[29] nicht verloren hätte, hätte er 1920 Land im Wert von mehr als 30 000 Dollar sein Eigen nennen können – etwa 400 000 Dollar nach heutigem Wert.

Der Landverlust der Stewarts stand emblematisch für die Vorgänge im Süden damals. Zwischen 1910 und 1997 verloren Schwarze Farmer*innen laut Landwirtschaftsministerium die Verfügungsgewalt über mehr als 90 Prozent ihres Farmlandes.[30] Ein großer Teil davon wurde ihnen durch Betrug, Vortäuschung falscher Tatsachen und Gewalt genommen und kam fast immer schließlich in *weißen* Besitz – bis heute.

In North Carolina und im ganzen Süden war die Aneignung von Schwarzem Land Teil einer breiten Bewegung politischer und wirtschaftlicher Vergeltung, die zwischen dem Ende des 19. und den frühen Jahren des 20. Jahrhunderts Fuß fasste. Von der Entscheidung des Supreme Court im Fall *Plessy v. Ferguson* 1896, die rassistische Diskriminierung duldete, bis zum Massaker in Tulsas Black Wall Street im Jahr 1921 war die Botschaft an die Schwarzen klar: Amerika war ein Land des *weißen* Mannes und sollte es auf immer bleiben.

Mehr als 2000 Menschen hatten sich am Freitag, dem 4. November 1898, in Grove Township versammelt,[31] nur vier Tage vor den Wahlen in den Bundesstaaten und Kommunen, die die Demokraten der Südstaaten explizit an der Frage der Hautfarbe ausgerichtet hatten. Eine große amerikanische Flagge wehte hoch über ihnen – die Worte »White Government« prangten in fetten Buchstaben über den Stars and Stripes.

Joseph Stewart, der frühere konföderierte Soldat und Besitzer seiner Schwarzen Namensvettern, hatte bei der Organisation der Versammlung mitgewirkt, mit der man das »White man's ticket« der Demokraten unterstützen und gegen einige politische und wirtschaftliche Zugewinne, die die Schwarzen in der Region gemacht hatten, vorgehen wollte. Während der »Reconstruction« hatte sich Stewart der Politik zugewandt und wie viele seiner Kameraden den Kampf um die *weiße* Überlegenheit vom Schlachtfeld an die Wahlurne verlegt.

»Wann immer sich jemand fand, der für *N\*\*roes* oder ein Regiment der Nordstaaten eintrat, traf er in Joe Stewart auf einen unversöhnlichen Feind«, schrieb sein Freund D. H. McLean in einem kurzen Abriss seines Lebens einige Jahrzehnte später.[32]

Fest entschlossen, den wachsenden politischen Einfluss der Schwarzen nach dem Krieg zurückzudrängen, sah Stewart in den Wahlen des Jahres 1898 eine entscheidende Gelegenheit, seine rassistischen Ansichten mit handfester politischer Macht auszustatten. Jetzt 57 Jahre alt, mit einem langen Bart und schütterem Haar, blickte er mit stechenden blauen Augen auf die vor ihm versammelte Menge hinunter. Er hatte sogar eine Hymne eigens für die Wahlkampfkundgebung geschrieben.

Zwei Dutzend junge *weiße* Männer und Frauen begannen, wie ein Zeitungsartikel berichtet, unter lautem Beifall seinen Text zur Melodie von »Rally 'Round the Flag, Boys« zu singen:

Gegen *N\*\*ro* und Chaos geht es jetzt,
Singt, singt laut die freudigen Klänge der Freiheit
Mit dem jungen Oliver und dem alten Dr. Cy,
Singt, singt laut die freudigen Klänge der Freiheit.

Unsere Rechte auf immer, hurra! Hurra!
Nieder mit dem *N\*\*ro*, hoch die Stars and Stripes.
Oh, wir sammeln uns um die Fahne, Jungs,
Wir sammeln uns wieder …

Wir werden die *N\*\*s* in Newbern vertreiben
Und genauso in Wilmington.
Singt, singt laut die freudigen Klänge der Freiheit,
Auch Greenville und Kinston sind an der Reihe,
Singt, singt laut die freudigen Klänge der Freiheit …[33]

Das rassistische Lied machte noch weitere Anspielungen auf Kandidaten in den bevorstehenden Wahlen und verspritzte Gift gegen Schwarze Bewerber für North Carolina und jene, die sie unterstützten.

Der Hinweis darauf, dass man Schwarze politische Führer aus Wilmington vertreiben wolle, war mehr als eine skurrile Ausschmückung. Wilmingtons Kommunalwahlen waren erst für das folgende Jahr angesetzt, doch genau in derselben Woche planten *weiße* Männer in der Stadt einen Aufstand gegen die *biracial* republikanisch-populistische Stadtregierung, die sich aus der politischen Allianz von kleinen Farmern, Schwarzen Wählern und *weißen* Zugewanderten aus dem Norden ergeben hatte.[34]

Wilmington war rassistischen *Weißen* ein Dorn im Auge, auch weil es ein Symbol für Schwarzen kulturellen und politischen Fortschritt geworden war. In jenem Teil des östlichen Carolina arbeiteten Schwarze frei als Ärzte, Geschäftsleute, Stadträte, Amtsträger und in anderen Spitzenpositionen – zum wachsenden Ärger reicher *Weißer*, die einst den exklusiven Zugang zur gesellschaftlichen Elite für sich beansprucht hatten.

Eine Gruppe *weißer* Männer in der Stadt hatte eine »Erklärung *weißer* Unabhängigkeit« entworfen, in der es unter anderem hieß, sie würden sich nicht länger der politischen Macht von »N**roes« unterwerfen und die *Weißen* sollten die Jobs bekommen, die gegenwärtig Schwarze innehatten.[35]

Am 10. November 1898 starteten sie einen blutigen Angriff auf Wilmingtons historisch gewachsene afroamerikanische Stadtviertel, bei dem sie stundenlang auf die Bewohner*innen schossen oder auf sie einprügelten. Bei dem Aufstand kamen mindestens ein Dutzend Schwarze ums Leben, Tausende wurden terrorisiert. Die Aufständischen forderten, dass die Leichen der Erschlagenen als Warnung für die anderen auf den Straßen liegen bleiben sollten.

Um 16 Uhr hatten der republikanische Bürgermeister der Stadt, der Polizeichef, der gesamte Stadtrat und andere gewählte Amtsträger der *biracial* regierenden Koalition ihren Rücktritt eingereicht, aus Angst um ihr Leben und in der Hoffnung, das Blutvergießen zu beenden. Zu der Zeit streiften mehr als 100 Bewaffnete durch die Gänge des Rathauses. Um den Putsch zu vollenden, wählten die Männer, die die »Erklärung *weißer* Unabhängigkeit« aufgesetzt hatten, eine neue Stadtführung aus ihren eigenen Reihen.

Noch vor dem Ende des Aufstandes sammelten Tausende Schwarze Einwohner*innen, die das Massaker mitangesehen hatten, ihre Habe zusammen und flohen aus Wilmington – sie verstopften die Straßen, die aus der Stadt führten, und flüchteten sich in die Sümpfe außerhalb. Andere, darunter Schwarze Geschäftsleute und Führungspersönlichkeiten, wurden von der neuen Stadtregierung verbannt.

Wilmington, vor dem Putsch eine überwiegend Schwarze Stadt, musste erleben, dass die *Weißen* praktisch über Nacht die Mehrheit zurückeroberten. Es sollte Jahrzehnte dauern, bis die

Stadt wieder eine Schwarze Person in ein Amt wählte. Der Aufstand, über den in ganz North Carolina ausführlich berichtet wurde, diente Hillery Thomas Stewart und anderen erfolgreichen Schwarzen sicherlich als Warnung; er zeigte, wie sinnlos der Versuch war, auf Augenhöhe mit ihren *weißen* Nachbar*innen zu leben.

In der Hauptstadt von North Carolina zeigten die Gesetzgeber des Bundesstaats unterdessen, was man mit der politischen Macht anfangen konnte, die die Putschisten in Wilmington gerade erobert hatten. Nachdem die Demokraten in den Wahlen von 1898 die Mehrheit in beiden Kammern gewonnen hatten, setzten sie schnell die Agenda der *weißen* Überlegenheit um, mit der sie in den Wahlkampf gezogen waren. Im Gefolge anderer Südstaaten verabschiedeten sie Jim-Crow-Gesetze mit strengerer Segregation und schränkten die Wahlberechtigung so ein, dass sie den Zugang der Schwarzen zur politischen Macht für Generationen abschnitten.

Angeführt von einem Abgeordneten aus Wilmington, der nach dem Coup eingesetzt worden war,[36] verabschiedete North Carolina 1899 ein neues Wahlgesetz, das auch eine Wahlsteuer beinhaltete, und ein Verfassungszusatz forderte 1900 einen Lese- und Schreibtest für alle, die wählen wollten. Um die Rechte armer *Weißer*, die nicht lesen konnten, zu schützen, enthielt der Zusatz eine »Großvater-Klausel« für analphabetische Wähler, deren Vorfahren in direkter Linie schon am 1. Januar 1867 das Wahlrecht besessen hatten.

Diese Änderungen trugen dazu bei, die *weiße* Hegemonie im Süden für die nächsten Jahrzehnte zu sichern. George Henry White aus North Carolina, der einzige Schwarze Kongressabgeordnete zu Beginn des 20. Jahrhunderts, beklagte die Entwicklung in einer seiner letzten Reden vor dem Repräsentantenhaus: »Dies, Herr Vorsitzender, ist vielleicht der vorläufige Abschied der *N\*\*roes* aus dem amerikanischen Kongress«, erklärte White am 29. Januar 1901, ein paar Wochen, bevor er aus dem Amt schied. »Aber lassen Sie mich sagen, phönixgleich werden sie eines Tages auferstehen und zurückkommen.«[37]

Bis 1973, das Jahr, in dem George Floyd geboren wurde, sollte keine Schwarze Person aus dem Süden in den Kongress kommen.[38]

Als Hillery Thomas Stewart sein Land und sein Geld in dieser Zeit des *weißen* Backlash zu Beginn des 20. Jahrhunderts verlor, fehlte ihm körperlich, politisch und rechtlich die Kraft, gegen den historisch gewachsenen Rassismus anzugehen. Als analphabetischer Schwarzer war er von der Wahl der Richter, der Amtsträger des County und der lokalen Polizei ausgeschlossen, die für die Durchsetzung der Gesetze, die das Grundeigentum betrafen, und für die Wahrung von Eigentumsrechten verantwortlich waren.

Joseph Stewart, der von der umgekehrten Machtdynamik jener Zeit profitierte, hatte 1898 bei der Wahl zum Grundbuchbeamten von Harnett County kandidiert, eine Position, die ihm die Autorität gegeben hätte, Landverkäufe zu genehmigen und Streitigkeiten um Landbesitzrechte zu entscheiden.[39] Er musste sich einem anderen Anhänger eines *weißen* Überlegensheitsdenkens geschlagen geben, der in der Folge den republikanischen Amtsinhaber verdrängte und eben jene Urkunde unterschrieb, die Hillery Thomas Stewart seinen Landbesitz entzog.[40]

Joseph Stewart kehrte nach der Wahlniederlage in sein Amt als lokaler Postmeister zurück und kümmerte sich weiter intensiv um die Politik der Demokraten in Harnett County.[41] Seine Nachkommen und Verwandten wurden Geschäftsleute und Gemeindevorstände.[42]

Während die *weißen* Stewarts in den nachfolgenden Generationen weiterhin an Vermögen und Einfluss gewannen, waren ihre Schwarzen Namensvettern gezwungen, praktisch noch einmal von Null anzufangen. Nachdem Hillery Thomas Stewart sein Land verloren hatte, erkrankte er und verbrachte seinen Lebensabend in Armut.[43] Er hatte mit Arteriosklerose zu kämpfen und bekam 1927 eine Herz-Nieren-Erkrankung diagnostiziert. Zehn Jahre später, am 20. Oktober 1937, starb er im Alter von 80 Jahren.

Seine Kinder erzählten ihren Kindern, er habe an einer weiteren, unbehandelten Krankheit gelitten: Depressionen. Die letzten Jahrzehnte seines Lebens verbrachte er entmutigt und traurig über den Verlust seines Landes und das Unvermögen, seinen Nachkommen etwas zu hinterlassen.

Auf dem Totenschein stand, er sei 65 Jahre lang einer einzigen Beschäftigung nachgegangen: »Kleinbauer«. Er hinterließ seinen Kindern nichts als das warnende Beispiel seines Lebens als ehemaliger Sklave, der einst Wohlstand gekannt hatte, aber in Armut gestorben war.

Hillery Thomas Stewart Jr. hatte nach dem Tod seines Vaters im Herbst 1937 kaum eine andere Wahl, als sich für einen dürftigen Lohn auf den Farmen von *Weißen* zu verdingen. Das Sharecropper-System, das sich in den Jahrzehnten nach dem Bürgerkrieg im Süden entwickelt hatte, bewahrte einen Großteil der Wirtschaftsstruktur aus der Zeit der Sklaverei. Im ländlichen North Carolina war dies eine der wenigen Arbeitsmöglichkeiten für landlose Schwarze, und für die Nachkommen von Hillery Thomas Stewart Sr. wurde es in den Jahrzehnten nach dem Verlust seines Landes eine Art Familiengeschäft.

In diesem System verpachteten *weiße* Landbesitzer*innen jeweils kleine Teile ihrer Farmen an Schwarze Pächter*innen, zusammen mit dem nötigen Saatgut, den Arbeitsgeräten und Nahrungsmitteln. Die Pächtenden begannen das Jahr verschuldet und verbrachten die nächsten Monate damit, Feldfrüchte anzubauen, um damit die Schulden abzubezahlen und womöglich noch etwas zu verdienen. Am Ende des Erntejahres verkauften die pächtenden Familien ihren Ertrag üblicherweise zum von ihm festgelegten Preis an den*die Landbesitzer*in und erfuhren dann, ob sie hart genug gearbeitet hatten, um die Ausgaben zu decken – die ebenfalls der*die Landbesitzer*in festlegte.

Beim Sharecropping waren der Ausnutzung Tür und Tor geöffnet, und viele Schwarze Familien gerieten in eine ökonomische Falle, so dass sie kaum besser dastanden als ihre versklavten Vorfahr*innen. Gegen Ende der Ernte erklärten die weißen Landbesitzer*innen ihren Pächter*innen oft, dass sie nach der Gegenrechnung der Ausgaben gerade so auf Null herausgekommen seien – oder, schlimmer noch, tiefer in die Schulden hineingerutscht seien. Schwarze Pächtende verfügten bis zur Mitte des 20. Jahrhunderts kaum über rechtliche Mittel gegen ihre Arbeitgeber*innen und sahen sich oft gezwungen, die Ausbeutung entweder zu akzeptieren oder aber ihre Sachen zu packen und mit ihren Familien auf eine andere Farm umzuziehen.

Am 14. September 1924 heiratete Hillery Thomas Stewart Jr. Sophell Suggs, eine toughe Frau und eifrige Kirchgängerin, die bei weißen Familien zum Lohn von 50 Cents pro Stunde putzte.

Wenn sie nicht in der Kirche war, kümmerte sich Sophell meist um die Kinder ihrer weißen Arbeitgeberin. An manchen Abenden flocht sie ihrer Tochter das Haar zu einem französischen Zopf, zog ihr eine Mütze darüber, küsste sie und sagte, die Frisur müsse jetzt die nächste Woche halten. Dann ging sie noch vor Tagesanbruch aus dem Haus und bereitete das Frühstück für die Familie, für die sie arbeitete, wobei sie immer durch die Hintertür kam. Bis zum nächsten Wochenende erfüllte sie ihre häuslichen Pflichten dann dort als Dienstmagd und Kindermädchen.

Hillery Thomas Stewart Jr., ein ruhiger Mann, den man in der Familie nur Tom nannte, verbrachte fast sein ganzes Leben als Sharecropper und Schweinezüchter auf Farmen, die anderen gehörten. Da die Pflichten des Paares die beiden oft so lange von zu Hause fernhielten, war kaum jemand überrascht, als ihre einzige Tochter, Laura Ann, der Familie als Vierzehnjährige eröffnete, dass sie schwanger war.

Als sie davon erfuhren, machten sich Laura Anns Vater und ihre beiden Halbbrüder John und Lawyer Stewart auf die Suche nach dem dafür Verantwortlichen. Als sie den zwanzigjährigen Henry »H. B.« Jones zu fassen bekamen, erklärten sie ihm, dass seine Anwesenheit in der Kirche an der Millers Chapel Road erwartet werde, zu einer Zeit und an einem Tag ihrer Wahl. Drohend umringten sie den nur 1,72 Meter großen Jones[44] und ließen ihn wissen, dass er ganz sicher nicht herausfinden wolle, was passieren würde, wenn er nicht auftauche.

»Du hast das Mädchen geschwängert, du wirst sie auch heiraten«, erklärten sie ihm.[45]

Und so heirateten George Floyds Großeltern H. B. und Laura Ann am 8. März 1940 in der Millers Chapel African Methodist Episcopal Zion Church in Goldsboro. Es war die erste Mussehe in der Familiengeschichte. Ihre Tochter Mildred wurde genau zwei Monate später geboren.

Laura Ann Jones musste die Schule in der siebten Klasse verlassen. In Bezug auf Fleiß, Demut und Fruchtbarkeit schlug sie ihrer Großmutter väterlicherseits nach. Es passte deshalb, dass sie eine ihrer zehn Töchter Larcenia nannte, nach der Frau, die einst mehrere hundert Acres Farmland in North Carolina besessen hatte, zusammen mit ihrem aus der Sklaverei befreiten Ehemann und ihren 22 Kindern.

Das Land jedoch war der Familie verloren gegangen, lange bevor H. B. und Laura Ann Jones den heiligen Bund der Ehe schlossen. Mit einer Ausbildung, die nicht über die Mittelschule hinausreichte, waren ihre Optionen, ihre wachsende Familie zu versorgen, beschränkt. Kurz nach ihrer Heirat begannen sie, als Sharecropper zu arbeiten.

Das Paar, das in 26 Jahren 14 Kinder in die Welt setzte, war ein attraktives Ziel für skrupellose Landbesitzer*innen, die Geld mit dem gewinnträchtigen, aber arbeitsintensiven Tabakanbau verdienen wollten. Eine so große Familie bildete einen potenziell produktiven Arbeitstrupp mit großem Zusammenhalt und konnte zudem nicht so einfach umziehen, wenn sie nicht mit den Regeln oder Berechnungen der Landbesitzenden einverstanden war.

Auf den Farmen der *Weißen* in Goldsboro sah man also in den 1950er-Jahren schon fünfjährige Angehörige der Jones-Familie bei Sonnenaufgang auf den Feldern.[46] Sie liefen hinter einem Tabakernter her – einer vierrädrigen Maschine, die die Reihen der Tabakpflanzen entblätterte – und sammelten die heruntergefallenen Blätter auf. Bei Regen lief ihnen der Saft aus den Tabakblättern über das Gesicht und brannte in den Augen. Andererseits brachten die Regenwolken wenigstens eine kurze Erholung von der glühenden Sonne in Carolina.

Die Arbeit begann vor Tagesanbruch: Die älteren Jones-Kinder holten die Tabakblätter aus der Scheune, wo sie über Nacht aufgehängt worden waren. Bevor sie zur Schule gingen, verteilten sie die Blätter auf dem Boden, damit sie die Feuchtigkeit des Morgentaus aufnehmen konnten. Dann packten sie den weichgewordenen Tabak zur weiteren Verarbeitung in ein Nebengebäude, bevor sie ihn in Tücher wickelten und zum Verkauf einlagerten.

Nach der Schule versuchten sie oft, ihre Hausaufgaben lange hinzuziehen, um die nachmittägliche Rückkehr auf die jetzt glühendheißen Felder hinauszuzögern. Ein kollektiver Seufzer war in der Hütte zu hören, wenn ihr Vater den Kopf zur Tür hinein streckte, um zu sehen, wie sie vorankamen.

»Fertig mit den Hausaufgaben?«, hieß es dann. »Okay, ihr habt noch fünf Minuten!«

An den langen Nachmittagen auf dem Feld begann die Jones-Familie mit den ersten Phasen des anstrengenden Ernteprozesses – sie pflückten die Blätter einzeln von den scheinbar endlosen Reihen der Tabakstängel, banden sie zu Bündeln zusammen und hängten sie an einen langen Stock. Ihre Hände wiederholten die Bewegungen schnell und automatisiert tausendfach. Erwachsene Arbeiter*innen nahmen die gebündelten Blätter und hängten sie in mehreren Etagen in der Scheune auf, wo sie an der Luft trockneten. Die Blätter hingen dort, bis sie nicht mehr dunkelgrün, sondern goldbraun waren.

In den gelegentlichen halbstündigen Pausen aßen die Jones-Kinder Erdnüsse oder ein Honigbrötchen und tranken Pepsi. Dann ging es zurück aufs Feld. Wenn Laura Ann sah, dass ihre Kinder müde oder erschöpft waren, erzählte sie ihnen Geschichten über ihren Großvater und andere Familienmitglieder, damit die Zeit schneller verging. Sie erzählte ihnen auch von ihrem eigenen Leben und wie sehr die frühe Schwangerschaft und die Tatsache, dass sie mit 14 die Schule abgebrochen hatte, ihre Möglichkeiten beschränkt hatten, so dass sie jetzt als Vierzigjährige hier unter der glühenden Sonne schuften musste. Sie mahnte ihre 13 überlebenden Kinder, ihrem Wunsch entsprechend die High School abzuschließen, und ermutigte sie, das zu erreichen, was ihr verwehrt geblieben war.

H.B. und Laura Ann trafen manchmal vor der Ernte Abmachungen mit den Landbesitzer*innen: Wenn die Familie besonders hart arbeitete und eine höher angesetzte Quote übertraf, durfte sie einen Teil des zusätzlichen Tabaks behalten. Die Einnahmen aus dem Verkauf dieses Tabaks gaben sie ihren Kindern als kleine Belohnung – Anreize, um sie zu harter Arbeit zu ermuntern.

Die Jones-Kinder kauften mit dem Geld Schulkleidung, ein krasser Unterschied zu ihren Altersgenoss*innen aus der Mittelschicht, die damals Elvis Presley, Autokinos und andere Annehmlichkeiten des Wohlstands der Nachkriegszeit genossen.

Irgendwann in den 1960ern rief H.B. Jones seine Kinder zusammen und erzählte ihnen von einer besonders vielversprechenden Abmachung, die er mit dem *weißen* Landbesitzer ausgehandelt hatte. Dazu mussten sie eine gewaltige Menge Tabak für ihren Arbeitgeber ernten, erklärte er. Aber wenn das geschafft war, durften sie zusätzlich so viel Tabak pflücken, wie sie konnten, und alle Erträge selbst behalten.

Die ganze Familie arbeitete in der Saison bis zur Erschöpfung; sie setzten alles daran, die Abmachung ihres Vaters zu erfüllen. Gegen Ende der Erntezeit schienen sich die vielen hundert Stunden auf den Feldern bezahlt zu machen – sie hatten ihre Quote geschafft. Die Jones-Kinder gingen an jenem Abend ins Bett mit den Gedanken an all das, was sie von ihrem bescheidenen Profit kaufen würden.

Am nächsten Morgen erwachten sie vom Brandgeruch. Sie schauten hinaus und sahen nur noch die in Flammen stehenden Reste des Holzgerüsts der Tabakscheune. Die Familie musste entsetzt zusehen, wie die Scheune zu Asche zerfiel, und dachte dabei an all das Geld, das sie in Gedanken schon ausgegeben hatten – für Schulgeld, unbezahlte Schulden und längst fällige Reparaturen am Haus.

»Wir hatten das ganze Jahr vergeudet«, erinnerte sich Selwyn Jones, das jüngste Kind von Laura Ann.

Er sagte, Jahre später habe ihm der Sohn des Landbesitzers gesagt, dass die Scheune versichert gewesen sei, obwohl der Mann der Familie damals etwas anderes erzählt hatte. Der Landbesitzer war zu dem Schluss gekommen, dass er mit dem Niederbrennen seiner eigenen Scheune mehr verdienen konnte als damit, dass er seinen Arbeiter*innen ein Jahr mit zusätzlichem Taschengeld ermöglichte.

»Er vervielfachte sein Geld«, sagte Selwyn Jones. »Er bekam sein Geld für seinen Tabak. Dann bekam er die Versicherungssumme für die Scheune voll Tabak. Und dann ließ er sich von meiner Mama und meinem Daddy die Tabakscheune in den nächsten fünf Jahren zurückzahlen.«

Obwohl sie härter als je zuvor gearbeitet hatten, endete dieses Jahr für die Familie Jones also mit noch mehr Schulden. Sie waren gefangen in einem Kreislauf aus mühsamer Knochenarbeit und erdrückender Verschuldung, sie produzierten immer mehr, doch die Früchte ihrer Arbeit schienen im reichhaltigen, dunklen Boden zu verschwinden.

Wie schon ein Jahrhundert zuvor flossen die Erträge ihrer harten Arbeit hinauf zu den Familien, die sich an der Spitze der Gesellschaftspyramide festgesetzt hatten. Den *weißen* Farmleuten und Führungskräften der Tabakindustrie von North Carolina ging es so gut wie nie zuvor.

Die Phase zwischen dem Zweiten Weltkrieg und den frühen 1970er Jahren war eine Hochzeit für Zigarettenproduzent*innen. Als Reaktion auf wissenschaftliche Untersuchungen und einen Bericht des US-amerikanischen Gesundheitsdienstes von 1964, der das Rauchen eindeutig mit Lungenkrebs in Verbindung brachte,[47] starteten die großen Tabakfirmen eine gemeinsame PR-Kampagne, mit der sie Zweifel an der Wissenschaft säten und eine wachsende Zahl von Amerikaner*innen davon überzeugte, dass Rauchen cool sei. Später wurde festgestellt, dass die Tabakindustrie einen unverhältnismäßig großen Anteil ihrer Marketing-Bemühungen auf Schwarze Amerikaner*innen ausrichtete und Werbeanzeigen für Mentholzigaretten in Zeitschriften schaltete, die wie *Ebony* und *Jet* Schwarzen gehörten.[48]

Tabak wurde nicht nur als statussteigerndes Genussmittel beworben, sondern auch als entspannend, und nur wenige Gruppen waren dafür empfänglicher als Schwarze Amerikaner*innen während der Zeit der Jim-Crow-Diskriminierung. Mehr als 60 Prozent aller Schwarzen Männer waren 1963 Raucher, der höchste Anteil aller demographischen Gruppen.[49] Das stark abhängig machende Produkt bot Menschen, deren psychische Gesundheit bedroht war, eine kurzfristige Flucht aus ihren Ängsten, während es ihre Körper vergiftete.

Es stand eine Menge Geld auf dem Spiel. 1950 lieferten die Farmen in North Carolina 850 Millionen Pfund Tabak.[50] Amerikaner*innen rauchten in jenem Jahr mehr als 350 Milliarden Zigaretten[51] – ein Durchschnitt von mehr als 3500 Stück pro erwachsener Person – und gaben mehr als 3,5 Milliarden Dollar dafür aus.[52] 1963, als mehr als 40 Prozent aller Menschen in den USA rauchten, verkauften die Produzent*innen mehr als

500 Milliarden Zigaretten[53] oder mehr als 4300 für jede*n Erwachsene*n im Land.[54]

Die durch die Arbeit von Tausenden Schwarzen Sharecroppern in North Carolina und anderswo am Leben gehaltene Tabakindustrie war ein wichtiger Motor für das Wirtschaftswachstum in vielen Teilen des Landes. Sie war politisch so einflussreich, dass der Kongress ein Preis-Stützungsprogramm schuf, um den Anbauenden Mindesteinnahmen zu garantieren.[55] Die Schwarzen im Süden jedoch blieben politisch weitgehend außen vor, wie schon in den 50 Jahren zuvor. Sie hatten kaum Möglichkeiten, eine gerechtere Behandlung auszuhandeln, und wenige Verbündete mit Einfluss, die bereit waren, sich für sie einzusetzen.

Die Tabakbaron*innen dagegen pflegten ihren Einfluss, so gut sie konnten. 1924 spendete James Buchanan »Buck« Duke – der Gründer der American Tobacco Company, des weltgrößten Produzenten – 40 Millionen Dollar an das Trinity College in Durham, North Carolina, das sich schleunigst in Duke University umbenannte.[56] Ein Jahr später erhielt es noch einmal 67 Millionen Dollar, als Duke starb und die Hälfte seines Besitzes der Hochschule hinterließ. Die Spenden, die heute einen Wert von mehr als 1,4 Milliarden Dollar hätten, gingen in eine Stiftung ein, die zu einer der größten des Landes wurde.

Selbst wenn die Schwarzen Joneses versucht hätten, sich über ihre Behandlung an der untersten Sprosse des Tabakgeschäfts zu beschweren, wären nur wenige Mächtige damals bereit gewesen, sich mit einer Industrie anzulegen, die so entscheidenden Einfluss auf die wirtschaftlichen, kulturellen und politischen Sphären ausübte.

George Floyds Großeltern blieb nur die Möglichkeit, umzuziehen – mehrmals packten sie ihre Sachen und zogen in eine andere schäbige Hütte auf der Farm eines anderen *weißen* Mannes, in der immer wieder enttäuschten Hoffnung, dass er ihnen gegenüber ehrlich sein möge.

Das Haus, in dem sich die Familie Jones schließlich niederließ, bestand aus einem Eingangszimmer, einem Hinterzimmer und einem Hauptzimmer. Es hatte keine Toilette oder fließendes Wasser und nur hin und wieder mal Strom.

Das übelriechende Klohäuschen, das mehr als 30 Meter vom Haus selbst entfernt lag, erforderte eine Entscheidung, sobald die Natur rief. Manche Kinder wählten lieber den Eimer in der Nähe, als den unbeleuchteten, von Mosquitos belagerten Weg auf sich zu nehmen. Und weil das eine Häuschen von nicht weniger als 15 Personen benutzt wurde und deshalb natürlich manchmal schon besetzt war, hatte H. B. Jones einen Zweisitzer für die gleichzeitige Benutzung daraus gemacht.

Das Haus selbst verriet den Stillstand in den wirtschaftlichen Verhältnissen der Familie, seit Hillery Thomas Stewart Sr. vor mehr als einem Jahrhundert in einem nur wenig schlichteren Schuppen in einem Sklavenquartier zur Welt gekommen war.

»Es war nicht mal eine richtige Hütte«, erinnerte sich Selwyn Jones. »Es war nur eine Bodenplatte mit Holz drumherum.«

In den kältesten Winternächten schnitten sie Holzstücke aus dem Rahmen des Baus, um ein Feuer damit zum Brennen zu bringen. Selbst der *weiße* Landbesitzer hatte diesen Besitz schon abgeschrieben.

»Wenn je etwas passiert, lasst es einfach abbrennen«, hatte er dem Paar beim Einzug gesagt, wie sich ihre Nachkommen später erinnerten.

Alle 13 Kinder in einem Haus ohne Wasserleitungen zu baden war mühsame, zeitraubende Arbeit vor einem langen Tag auf den Feldern. Laura Ann weckte ihre Kinder vor Tagesanbruch und ließ sie Wasser mit der Handpumpe aus dem Brunnen pumpen, das sie dann für ihr Bad in eine Zinkwanne füllte und erhitzte. Manchmal, wenn es draußen besonders heiß oder kalt war, baten die Jungen ihre Schwestern, ihr Badewasser nicht abzulassen, wenn sie fertig waren. Da die Mädchen gewöhnlich sauberer waren, wollten sie das Wasser noch einmal verwenden und sich so den Weg zur Handpumpe sparen.

Die Kinder teilten sich auch die Matratzen – bis zu fünf Personen schliefen eng aneinandergedrängt in einem Bett. Dies führte zwar regelmäßig zu Auseinandersetzungen um den knappen Freiraum, aber es lieferte auch Körperwärme in einer Unterkunft ohne richtige Heizung. An einem besonders kalten Wintertag im Januar 1958 hatte der Landbesitzer die Familie davor gewarnt, Feuer zu machen – er drohte damit, sie rauszuwerfen, wenn er auch nur die kleinste Rauchfahne erspähte.

Laura Ann hatte gerade einen Sohn zur Welt gebracht, den sie Frank nannte, und die Familie versuchte alles, um sich und ihn mit ihren Körpern warmzuhalten.

Frank Jones überlebte die Nacht nicht.

Auf dem Totenschein stand, er habe sich eine Lungenentzündung zugezogen. Er war 35 Tage alt.[57]

In dieser bedrückenden Armut musste Laura Ann Jones mit dem lähmenden Schmerz dieser Tragödie wie auch mit den alltäglichen Feindseligkeiten zurechtkommen, die sie immer stärker belasteten. Im Lebensmittelladen verkauften ihr *weiße* Händler\*innen immer Fleisch, das schon fast nicht mehr genießbar war, und Gemüse, das sie *Weißen* nicht mehr angeboten hätten – ein beiläufiger Rassismus, bei dem Beschwerden, wie sie gemerkt hatte, nie der Mühe wert waren.

Stattdessen legte sie einen Sommer- und einen Wintergarten in dem fruchtbaren Boden hinter ihrer Hütte an und kochte mit den frischen Gemüsen Leckereien, die ihre Kinder liebten. Im Laufe der Zeit baute sie einen Hühnerstall und kaufte eine Milchkuh, so dass sie immer Zutaten für gesunde Mahlzeiten hatte. Sie sammelte die Eier und lagerte sie neben den Einmachgläsern, die sie mit bunten Konserven gefüllt hatte. Die Obstbäume auf dem Land boten eine große Palette für jeden Geschmack.

»Pfirsiche, Birnen, Pflaumen, Äpfel, Weintrauben«, erinnert sich ihre Enkelin Shareeduh McGee Tate. »Sie machte Gelee und Kompotte aus all diesen Dingen.«

Laura Ann brachte ihren Töchtern die Rezepte für die afro-amerikanische Südstaatenküche bei, mit uralten Techniken, um billige oder nicht so beliebte Zutaten in leckere Mahlzeiten für viele Menschen zu verwandeln.

Vor allem Larcenia lernte schnell. Bald konnte sie die Rezepte ihrer Mutter für Dinge wie Innereien, Brötchen und Restepasteten auswendig und kreierte daraus ihre eigene, ganz besondere Cuisine, bei der ihre Geschwister als Testesser*innen dienten.

Eines Tages rief Larcenia ihre Schwester Angela und ein paar andere Geschwister zu sich, um eine neue »Delikatesse« zu probieren, die sie aus Eiern, grünen Paprika und Hot Sauce gezaubert hatte. Als ihr gespanntes Publikum versammelt war, präsentierte sie die Kreation wie die bekannte TV-Köchin Julia Child, die ein Boeuf Bourguignon beschreibt.

»Es war wahrscheinlich einfach ein Omelett«, erinnerte sich Angela Jones Harrelson Jahrzehnte später an Cissys Werk. »Aber wir bestaunten es fasziniert. Wissen Sie, wir kannten so etwas damals nicht.«


»Oh, ich verbrenne dich schon nicht«, sagte Laura Ann, die ihre Tochter dazu bringen wollte, still zu stehen, während sie sie mit einem heißen Kamm traktierte.

Die sieben anderen Mädchen warteten schon, bis sie dran waren bei diesem Ritual, in dem dicht gekräuselte Afros in geglättetes Haar verwandelt wurden, das sich der Schwerkraft ergab.

Für die Jones-Schwestern waren dabei ein Herd, Pomade und ein glühendheißer Metallkamm im Einsatz, der vom Haaransatz bis zu den Spitzen ihrer Löckchen gezogen wurde. Instinktiv zuckten die Mädchen zurück, wenn der erhitzte Kamm ihnen nahe kam, und machten so die Bemühungen ihrer Mutter zunichte.

»Halt den Kopf hoch!«, zischte sie dann. »Ich habe gesagt, du sollst stillsitzen. Ich werde dich nicht verbrennen.«

Während sie die Haare der Mädchen frisierte, erinnerte Laura Ann ihre Töchter daran, wie sie sich gegenüber *weißen* Menschen verhalten sollten.

Sie wiederholte die Regeln, die sie schon so oft gehört hatten: Redet sie immer als Mister oder Missus an, und mit Nachnamen. Geht nie an ihre Vordertür. Werdet nie laut ihnen gegenüber. Und vergesst nicht, nach jeder Antwort ein »Sir« oder »Ma'am« anzuhängen.

Diese Lektionen in Unterwürfigkeit waren alles, was sie tun konnte, um ihre Kinder vor dem Rassismus zu schützen, der in den 1960ern im ländlichen Süden herrschte. Falls die Werbetafel am Highway vor der Stadt, die Besuchende mit »Willkommen im Ku-Klux-Klan-Land«[58] begrüßte, nicht reichen sollte, sorgte Laura Ann Jones persönlich dafür, dass ihre Kinder die Gefahren wahrnahmen, denen sie wegen ihrer Hautfarbe und ihres Afrohaars ausgesetzt waren.

»Im Rückblick versuchte sie nur, uns zu beschützen, weil sie nicht wollte, dass wir in Schwierigkeiten gerieten«, erinnerte sich ihre Tochter Angela. »Weil sie kein Geld hatte, um irgendwie für uns zu kämpfen oder vor Gericht zu gehen. Weil wir wussten, dass wir sowieso nicht gewinnen würden.«

Laura Ann gab sich auch alle Mühe, der Bestrafung zu entgehen, mit der *weiße* Landbesitzende oft drohten, wenn sie das Gefühl hatten, dass ihre Pächter*innen frech wurden: der Vertreibung. Unter den gegebenen Umständen konnten sich die Jones kaum ihre Hütte mit den drei Zimmern leisten.

Nachdem sich die finanzielle Lage der Familie auch nach mehreren Tabakernten hintereinander nicht gebessert hatte, beschloss H. B. Jones, einen zweiten Job als Koch in einem beliebten Barbecue-Restaurant anzunehmen. Im Koreakrieg hatte er in der Army gedient und dachte, er könne die Kochkünste, die er dort aufgeschnappt hatte, nutzen, um ein bisschen Geld nebenbei zu verdienen. Bei Wilber's Barbecue, das noch bis weit in die 1960er Jahre allein *weißen* Gästen vorbehalten war, gehörte H.B. zu einem rein Schwarzen Team von Köchen. Die Gäste, die ausschließlich von *weißen* Kellnerinnen bedient wurden, bekamen sie nie zu sehen.

Wenn er vom Highway 70 abfuhr und für seine 18-Uhr-Schicht bei Wilber's ankam, grüßte ihn ein verblasstes »*Whites Only*«-Schild an der Fassade des Gebäudes. Er ging an der Vordertür vorbei und betrat die Küche durch die Hintertür, wo er die nächsten zwölf Stunden damit verbrachte, Schweinefleisch zu braten.

Das zusätzliche Einkommen half ein bisschen, doch die Lage blieb finanziell angespannt. Oft musste Laura Ann ihre *weißen* Arbeitgeber um kleine Vorschüsse bitten, um die täglichen Ausgaben zu decken und mit unerwarteten Notfällen fertigzuwerden. Sie hatte sich selbst das Klavierspielen beigebracht und bot ihre Dienste sonntags bei den Kirchen am Ort an – wofür sie gewöhnlich ein bisschen Geld bekam.

Obwohl Laura Ann von Jugend an mehr als Vollzeit gearbeitet hatte, verdiente sie im Jim-Crow-Süden selten mehr als 60 Dollar die Woche. Die Familie rutschte jedes Jahr tiefer in die Schulden, egal wie hart alle arbeiteten. Manchmal dauerte es vier oder fünf Jahre, bis sie einen Kredit von 200 oder 300 Dollar an *weiße* Landbesitzer*innen zurückbezahlen konnten, die ohne Ausnahme Zinsen forderten, die denen heutiger Kredithaie kaum nachstanden.

Wenn Laura Ann keine Weihnachtsgeschenke für die Kinder kaufen konnte, nahm sie sie mit auf eine Ausfahrt durch die schönen Viertel der Stadt, wo sie in die Fenster der hübsch eingerichteten und festlich beleuchteten Häuser schauten. Manchmal sahen ihre Kinder eine Träne in ihren Augen glänzen, während sie den dort zur Schau gestellten Wohlstand, den sie nie selbst genießen sollte, bewunderte.

»Meine Mama hat sich den Arsch abgearbeitet«, sagte Selwyn

Jones Jahrzehnte später und versuchte selbst, die Tränen zurückzuhalten. »Und starb mit nichts.«

Laura Anns Kinder schlossen die High School ab und erfüllten damit den Traum ihrer Mutter. Als sie ihre Abschlusszeugnisse in Händen hielten, war einigen von ihnen klar, dass in Goldsboro nur ein Leben voller harter Arbeit und Armut auf sie wartete.

Zu der Zeit faszinierte Dr. Martin Luther King Jr. landesweit viele Menschen mit seinem Traum von gleicher Behandlung für die Schwarzen US-Amerikaner*innen, doch den Jones-Kindern war klar, dass es noch lange dauern würde, bis ihre Kleinstadt in Wayne County, North Carolina, ihre rassistischen Wurzeln kappen und sich in eine »Oase der Freiheit und Gerechtigkeit« verwandeln würde, wie King es erträumte. Wenigstens drei von ihnen gingen zum Militär, mehr als bereit, fern von ihrer Heimatstadt stationiert zu werden. Andere fühlten sich vom kühleren Norden angezogen und nahmen Stellen als Bedienstete an Orten wie New York, New Jersey und Washington, D.C., an. Larcenia folgte einigen ihrer älteren Schwestern in den Norden – sie waren damit Nachzüglerinnen der »Great Migration« von etwa 6 Millionen Schwarzen aus dem ländlichen Süden in den städtischen Norden und Westen im 20. Jahrhundert. Ende der 1960er Jahre trat sie eine Stelle als Dienstmädchen in New York an, wo sie sich für etwa 3 Dollar die Stunde um das Wohlergehen einer *weißen* Familie kümmerte.

Dort, 800 Kilometer von zu Hause entfernt, lernte sie einen Musiker kennen, der aus Clinton, North Carolina, stammte – dem Nachbarkreis von Goldsboro. In einer Metropole mit fast 8 Millionen Einwohner*innen[59] schien es fast ein Akt der Vorsehung, der sie zu George Perry Floyd Sr. führte, einem Mann, dessen Familiengeschichte der ihren so sehr ähnelte.[60]

Floyds Urgroßvater Carlyle Floyd wurde um das Jahr 1854 in die Sklaverei hineingeboren und verbrachte seine ersten elf Jahre als Sklave auf der Floyd-Plantage in Robeson County,

North Carolina. Sein Besitzer, ein reicher Mann namens Francis Floyd, starb 1856 und hinterließ seinen gewaltigen Grundbesitz seiner Frau und zwölf Kindern.[61]

Weil Francis Floyds 32 Sklav*innen nicht so gerecht aufgeteilt werden konnten wie seine 1500 Acres Grundbesitz, beschlossen seine Erben, einige von ihnen zu verkaufen und den Ertrag gleichmäßig auf alle aufzuteilen.[62]

Fünf Jahre nach dem Ende des Bürgerkriegs arbeitete Carlyle als Landarbeiter für Francis Floyd Jr. in White House, North Carolina.[63] Zwei Jahre später heiratete er eine gewisse Kitty Pittman.[64] Ihre Nachkommen arbeiteten, dem Familienschicksal folgend, in den nächsten 70 Jahren auf den Farmen von *Weißen*.

Mitte des 20. Jahrhunderts waren die Schwarzen Floyds tragende Säulen der African Methodist Episcopal Church in Robeson County und dort bekannt für ihre musikalischen Begabungen.[65] Als Carlyles Urenkel George acht Jahre alt war, sah man ihn fast immer mit einer Gitarre auf dem Rücken; er spielte regelmäßig Gospelmusik mit seinen Geschwistern. Die große Familie trat gemeinsam bei Sonntagsgottesdiensten auf und verkaufte ihre Musik später auf Kassette unter dem Namen *The Gospel Souls*.

George konnte Melodien nach Gehör auf der Gitarre nachspielen, wie sich seine Tochter Zsa Zsa erinnerte.

»Seine Schwester Annie McLaurin sang dazu, dass der Kirche das Dach wegwehte«, erzählte sie.

Georges jüngster Bruder, Ike Floyd, beeindruckte die versammelte Gemeinde ebenfalls mit einer gefühlvollen Stimme, die gar nicht zu seinem jugendlichen Alter passte. Später wurde er ein Leadsänger der vom Disco-Stil inspirierten *Brooklyn, Bronx & Queens Band* und sang kurz im Hintergrund für die R&B-Band *The Manhattans*, eine Bandbreite, die die Vielfalt seiner Wahlheimat New York City widerspiegelt.

Auch George Perry Floyd Sr. wollte seine musikalischen Träume verwirklichen, als er auf dem Höhepunkt der Motown-

Ära North Carolina in Richtung New York verließ. Die hochgewachsene, beeindruckende Frau, die ihm dort auffiel, hätte man für ein Mitglied der Soul-Pop-Girlgroup *The Supremes* halten können. Sofort erkannte er ihren Akzent und ihre Anziehungskraft. Und schnell merkte er auch, wie gut sie kochen konnte. Sie wiederum fühlte sich angezogen von dem großen, chic gekleideten Musiker mit den großen Händen und dem ebenso großen Appetit.

Beide hatten ihr Leben lang in North Carolina gelebt und versuchten ihr Glück jetzt in New York. Sie verstanden sich sofort und begannen eine intensive Beziehung.

Am 28. März 1969 heirateten sie in Brooklyn, wo Larcenia schon zwei Töchter zur Welt gebracht hatte. Der Erstgeborenen gab sie den Vornamen der glamourösen ungarisch-amerikanischen Schauspielerin Zsa Zsa Gabor. Die zweite, die etwas mehr als ein Jahr später zur Welt kam, hieß LaTonya.

Larcenia war schon nach North Carolina zurückgekehrt, als ihr drittes Kind, George Perry Floyd Jr., 1973 geboren wurde.

Die Ankunft eines Sohnes, der seinen Namen trug, konnte die Risse, die sich allmählich in der Beziehung des älteren George zu Larcenia gezeigt hatten, nicht mehr kitten. Seine musikalische Karriere war stecken geblieben, doch er blieb ein Herumtreiber, wie seine Kinder sich später erinnerten. Selwyn Jones sagte, sein Schwager habe zu trinken begonnen und das Leben eines jungen, alleinstehenden Mannes geführt, nicht das eines Vaters von drei Kindern.

»Er wollte all das machen, was der eigene Ehemann lieber nicht machen sollte«, erinnerte er sich. »Deshalb hatte meine Schwester irgendwann genug von ihm. Und sie zog weiter.«

Als Larcenia ihre Kinder im Jahr 1977 für ihre Reise nach Houston ins Auto packte, erzählte sie ihnen, sie sollten dort die Eltern ihres neuen Mannes kennenlernen – sie war allerdings nicht sicher, ob sie je nach North Carolina zurückkommen würden. Sie ließ einen Bundesstaat zurück, in dem ihre Vorfahr*innen Jahrzehnte unter einer gnadenlosen Sonne geschuftet und Getreide, Baumwolle und Tabak im Wert von ungezählten Millionen Dollar geerntet hatten. Sie hatten nie luxuriös gelebt, waren durch eine Fügung Gottes nie völlig bankrott gegangen, hatten nie irgendwelche gerechten Gesetze gebrochen und ihrem Land sogar im Militär gedient – und doch blieben ihre Nachkommen arm.

Die *weiße* Familie, die sie besessen und ausgebeutet hatte, brachte dagegen eine Reihe von Unternehmensführer*innen, Politiker*innen, Landrät*innen und Gelehrten hervor. Wie Larcenias Vorfahr*innen waren auch die *weißen* Stewarts Jahrhunderte zuvor ohne einen Cent in der Tasche nach North Carolina gekommen. Doch während sie über Generationen hinweg Geld und Einfluss angehäuft hatten, hatte Larcenia damit zu kämpfen, dass sie den Staat als dreißigjährige alleinerziehende Mutter von drei Kindern und mit leeren Händen verließ.

Als sie den Carolina-Highway kreuzte, gesäumt von Tabakfeldern wie denen, auf denen sie ihre Kindheit verbracht hatte, freute sie sich auf einen Neustart in einer neuen Stadt. Sie schaute zu ihrem dreijährigen Sohn hinüber, dem Ururenkel von Hillery Thomas Stewart Sr., einem Jungen, der als erwachsener Mann eines Tages seine eigene Reise in eine ihm nicht vertraute Stadt antreten würde, auf der Suche nach Befreiung von einer problembelasteten Vergangenheit; ein Mann, der nach ihr, nach der dahingeschiedenen Seele seiner Mutter rief, während er in jener neuen Stadt von einem *weißen* Polizeibeamten ermordet wurde.

Sein vermeintliches Verbrechen bestand darin, dass er Tabak mit einer gefälschten 20-Dollar-Note hatte kaufen wollen.

# Kapitel 4

# SCHULE

An einem kühlen Tag Mitte Dezember im Jahr 1992 spazierten die Spieler des Footballteams der Jack Yates Senior Highschool über den Campus der University of Texas in Austin und bewunderten die Postkartenansichten des Campuslebens: die ausladenden Springbrunnen, die akkurat geschnittenen Bäume, die sonnendurchfluteten Gebäude und den 94 Meter hohen UT-Tower. Es war ruhig in der Minimetropole der größten staatlichen Universität Texas', da die meisten der 49250 Studierenden ihre Winterferien genossen.[1]

George Floyd war mit dem Rest der Yates Lions auf dem Weg ins Texas Memorial Stadium, wo sie in den texanischen Class-5A-Division-II-Meisterschaften um den Titel spielen würden – der finale Höhepunkt einer vom Sport beherrschten Highschoolkarriere.

Für Floyd, 19 Jahre alt, waren die Campusse und Arenen der Colleges kein Neuland. Aufgrund seiner guten Leistungen war er Letterman im Basketball und Football und hatte in seinem letzten Highschooljahr eine beeindruckende Größe von zwei Metern erreicht, bei einem Gewicht von 90 Kilo. Er hatte schon vor Zehntausenden Fans im Astrodome in Houston Football gespielt und den Basketball über die Felder der Texas Southern University gedribbelt – aber das Stadion der UT und das Collegegelände, auf dem es sich befand, waren eine ganz andere Nummer, wie er gegenüber seinen Teamkameraden bemerkte, als sie sich das Spielfeld ansahen. Floyd stand auf der größten Sportbühne, die er je betreten hatte.

Staunend ließ er den Blick über die 87 000 Plätze und die schwindelerregend hohen Torbögen der Eingänge schweifen, die das Memorial Stadium wie ein texanisches Kolosseum aussehen ließen.[2] In diesem Stadion war auch schon Präsident George H. W. Bush zu Gast, als er 1990 an der University of Texas die Abschlussrede hielt. In seiner Ansprache damals lobte er die erstklassige Ausstattung der Universität und ermutigte mehrere tausend Absolvent*innen, die Chancen, die ihnen das Privileg ihrer Ausbildung eröffnete, auch zu nutzen.

»Kurz, Sie stehen vor dem besten Dilemma, das man sich denken kann, vor einer Unzahl von Möglichkeiten – Möglichkeiten, die aus der Demokratie geboren wurden«, erklärte er seinem überwiegend *weißen* Publikum.[3] »Ein Collegeabschluss in Amerika bedeutet, frei zu sein, so frei wie ein Mann oder eine Frau nur sein kann.«

Floyd und die anderen Schüler*innen seiner überwiegend Schwarzen Highschool hatten eine völlig andere Botschaft erhalten, was die unbegrenzten Möglichkeiten auf ihrem Weg zu Wohlstand und Freiheit anging. An der Yates High, die unter veralteten Büchern, heruntergekommenen Räumlichkeiten und den Überbleibseln der Segregation litt, lernten talentierte Sportler wie Floyd vor allem eines, nämlich dass ihre einzige Chance, der Armut zu entkommen, ihr Körper war. Yates' sportliche Leistungen waren herausragend und fanden im gesamten Bundesstaat große Beachtung, auch dann noch, als der akademische Ruf der Schule immer schlechter wurde – die Konsequenz eines Systems, das Schüler*innen aus ärmlichen Verhältnissen und mit besonderen Bedürfnissen in schlecht ausgestattete Klassenzimmer sperrte.

Deshalb war für Floyd der Höhepunkt seiner Zeit an der Highschool ein Ausflug an eine Universität, die ihn zwar in ihrem Stadion willkommen hieß, nicht aber als eingeschriebenen Studenten in ihren Kursen. Dafür war er nicht qualifiziert. Dieser Widerspruch ging ihm wohl auch durch den Kopf, als er in den Minuten kurz vor dem letzten Footballspiel seiner Highschool-karriere auf dem Stadionrasen seine Dehn- und Aufwärmübungen machte. Ralph Cooper, ein Radiomoderator aus Houston, der für das Spiel nach Austin gekommen war, entdeckte Floyd von der Seitenlinie aus und ging zu ihm, um herauszufinden, was ihn so nachdenklich stimmte.

»Was habt ihr heute vor?«, fragte Cooper ihn.

»Mein Team und ich werden heute das Spiel gewinnen«, entgegnete Floyd.

Das Gespräch wechselte vom Football schnell zu anderen Themen. Floyd erzählte Cooper, wie beeindruckt er von der Universität, ihren Gebäuden und Einrichtungen war, und wie frustriert, dass er für eine Uni wie diese kein Sportstipendium bekommen konnte.

»Ich hab jetzt kapiert, wovon ihr alle die ganze Zeit redet«, sagte Floyd und bezog sich damit auf Coopers hartnäckige, aber weitgehend erfolglosen Versuche, die er im Laufe der Jahre immer wieder unternommen hatte, ein paar der Yates-Spieler dazu zu bewegen, sich mehr auf ihre schulische Laufbahn zu konzentrieren.

Cooper hatte Floyd in seiner lokalen Sportsendung im Radio ein paarmal interviewt und wusste, dass er Probleme in der Schule hatte. Floyd war beim TAAS (Texas Assessment of Academic Skills) schon zweimal durchgefallen und hatte nur noch eine Chance, die dreiteilige Prüfung zu bestehen, wenn er die Highschool nicht ohne einen Abschluss verlassen wollte.

Verglichen mit seinem sonst so sonnigen Gemüt wirkte Floyd bedrückt und fast ein wenig verzweifelt, als er mit Cooper sprach, während seine Mitspieler sich fast alle mit verbissenen Gesichtern mental auf das bevorstehende Spiel vorbereiteten oder mit repetitiven Ritualen ihre Nerven in Schach hielten. Nur ein paar Neulinge, die wussten, dass sie ohnehin nicht spielen würden, standen unbeeindruckt von der Verantwortung, die auf den erfahreneren Spielern lastete, faul herum. Floyd sah aus, als wäre das Spiel bereits gelaufen und er hätte seine Chancen verspielt.

»Du kannst es immer noch schaffen«, versicherte Cooper Floyd, teils um ihn aufzumuntern, teils um ihn gedanklich wieder zurück aufs Spielfeld zu holen. Nach zwei Jahren auf einem Junior College, meinte er, könnte er immer noch ein Stipendium für eine Divison-I-Schule bekommen.

Floyd ließ sich Coopers Bemerkung durch den Kopf gehen, bedankte sich und kehrte wieder zurück zu seinen Dehnübungen, für die ihm vor dem Kickoff nur noch wenige Minuten blieben.

In sieben Metern Entfernung konnte Floyd die Gegner seiner Mannschaft sehen, die sich am anderen Ende des Spielfelds aufwärmten. Die Temple High School Wildcats waren aus dem eine Stunde entfernten Temple angereist, einer mittelständischen Stadt in Texas mit rund 50 000 überwiegend *weißen* Einwohner*innen.[4]

Die Temple-Spieler trugen glänzende blaue Hosen und weiße Shirts, die perfekt auf ihren modernen Schulterpolstern saßen – ein echter Kontrast zu den gebrauchten, weiten Trikots der Yates-Spieler, die ihnen um den Körper schlackerten. Angesichts des rutschigen Kunstrasens und des angekündigten Regens wechselten einige Wildcats die Schuhe und tauschten ihre All-Terrain-Cleats gegen knöchelhohe Nikes mit einer besseren Bodenhaftung. Die Yates-Spieler hatten alle nur ein Paar Schuhe – abgenutzte Rasenschuhe der Marke PONY, die sie schon seit Jahren trugen.

Kurz vor dem Anspiel setzte Floyd den Helm auf, schloss den Klettverschluss seiner kastanienbraunen Footballhandschuhe und kam vor geschätzten 25 000 Zuschauer*innen – darunter Trainer*innen und College-Scouts, Fernsehteams und nahezu der komplette Third Ward – mit seinem Team zu einem Huddle zusammen.

»Was ruft man, wenn man auf die Yates geht?«, schrie einer der Spieler seiner Mannschaft zu.

Und 60 Teenager brüllten im Chor zurück: »State! State!«

Als Floyd 1989 als schlaksiger Fünfzehnjähriger auf die Jack Yates Senior High School kam, waren seine schulischen Leistungen durchschnittlich. In der Waynel-Sexton-Schule, die er in der zweiten Klasse verließ, erreichte er noch ganz akzeptable Zensuren, aber in den darauffolgenden Jahren, in denen er verschiedene, schlecht ausgestattete Schulen in der fast ausschließlich von Schwarzen bewohnten Innenstadt Houstons besuchte, fiel sein Notendurchschnitt immer weiter ab. Doch die Lehrkräfte der Yates schätzten ihn als einen höflichen, respektvollen Schüler, der pünktlich zum Unterricht erschien. Morgens vor der Schule nahm er seine Lehrerinnen häufig in den Arm und bezirzte sie mit einem »Ma'am« am Ende seiner Sätze.

Floyd war ein eher ruhiger Schüler, der seine spitzbübische Seite im Klassenzimmer eigentlich nur ab und an zeigte. In einem seiner Kurse alberten Floyd und andere Spieler aus dem Footballteam aber so viel herum, dass der Lehrer einen Deal mit ihnen aushandelte, um die Klasse wieder unter Kontrolle zu bringen.

»Hey, ihr Footballspieler«, begrüßte er Floyd und seine Freunde eines Morgens, als sie in die Klasse kamen. »Wenn ihr euch ab heute einfach nach hinten setzt und still seid, lasse ich euch nicht durchfallen.«

Die Jungs konnten ihr Glück kaum fassen, schnappten sich ihre Tische und schoben sie in die hinterste Reihe. Am Ende des Schuljahres bekam sie alle Noten, die gerade gut genug waren, dass sie nicht sitzenblieben. Es war ein Privileg, das an der Yates nur die Sportler*innen genossen, und einer der zahlreichen Anreize, die Floyd und seine Freunde dazu ermutigten, den Sport wichtiger zu nehmen als den Unterricht.

Während viele der Lehrkräfte, die mit der Flut von Schüler*innen mit schwerwiegenden finanziellen sowie schulischen Problemen überfordert waren, sich damit zufriedengaben, wenn ruhige Sportler wie Floyd nur das Allernötigste taten, war Bertha Dinkins fest entschlossen, sie mit der Realität zu konfrontieren und ihnen klarzumachen, wie riskant ihr unbedingtes Vertrauen in die eigenen sportlichen Leistungen war.

»Kaum einer von euch wird es in die Profiliga schaffen«, erklärte Dinkins, die an der Yates Staatskunde unterrichtete, Floyd und seinen Teamkameraden und führte ihnen vor Augen, wie verschwindend gering die statistische Wahrscheinlichkeit war, dass einer ihrer Schützlinge später in der NFL oder NBA spielen würde.

Floyd lag Dinkins besonders am Herzen, teils, weil er nicht dem Klischee eines ungehobelten Sportlers entsprach, und teils, weil sie selbst einmal in den Cuney Homes gewohnt hatte. Sie hielt Floyd für einen klugen Jungen, der sich mit Prüfungssituationen schwertat und den langfristigen Wert einer guten Schulbildung oftmals nicht erkannte. Daher ermutigte sie ihn, über die Mauern der Yates High und die Seitenlinien ihrer Spielfelder hinauszuschauen. Sie selbst hatte in den 1950er Jahren die Booker T. Washington High School besucht und wusste, was es bedeutet, eine rein Schwarze Schule mit einer alles beherrschenden Sporttradition zu besuchen.

»Ich möchte über euch in der Zeitung lesen«, sagte sie Floyd und den anderen Schüler*innen ihrer Klasse. »Wahrscheinlich werde ich dann alt sein. Aber ich möchte in der Zeitung lesen, dass ihr Geschichte geschrieben und etwas zur Gesellschaft beigetragen habt.«

Floyd hörte schweigend zu, als sie das sagte. Obwohl Dinkins' Ansichten überzeugend waren, standen sie in krassem Widerspruch zu dem, was man ihm auf der Highschool Tag für Tag einbläute: dass für ihn die effektivste Art etwas zur Gesellschaft beizutragen darin bestand, seinen Körper zu trainieren, nicht seinen Verstand.

An einer Schule, an der die Leistungen nur weniger Schüler*innen den Anforderungen der standardisierten Prüfungen
genügten und deren erfolgreichste Absolvent*innen nicht in
den Aufsichtsräten großer Firmen, sondern in Stadien glänzten,
verinnerlichte man diese Botschaft sehr schnell. Und die Männer, die an die Yates kamen, um Studierende für ihre Colleges
zu rekrutieren, waren meist auch keine Professoren oder Uni-
beauftragte, die kluge Köpfe suchten, sondern Scouts der Sport-
fakultäten auf der Jagd nach neuen Talenten.

Während Floyds Zeit auf der Highschool spielten zahlreiche ehemalige Yates-Schüler in der NFL, allein drei von ihnen
zählten 1990 zu den 45 Spielern im Kader der Chicago Bears.[5]
Das konnten sich nicht viele Highschools im Land auf die Fahne
schreiben.

Und Floyd erzählte allen seinen Freunden, dass er bald auch
einer von ihnen sein würde. Während er auf der Junior Highschool noch als Basketballer glänzte, dauerte es nicht lange, bis
er erkannte, dass an der Yates Football die beliebtere Sportart
war, und er sich auch darin versuchte.

Als er bereits im ersten Jahr in die Schulauswahl berufen
wurde, war er enthusiastisch. Er sah das als Zeichen für eine realistische Chance, seine Prahlereien wahr zu machen und eines
Tages mit den anderen Yates-Absolventen in der NFL zu spielen.
Schließlich war es erst ein paar Jahre her, dass man sie als Fresh-
men in die Schulauswahl geholt hatte.

Das Geschehen auf dem Footballfeld war für Yates-Schüler*innen und das gesamte Viertel von sehr viel größerer Bedeutung
als das, was in den Klassenzimmern passierte. Jahrelang hatte
Floyd an Freitagabenden zugesehen, wie die Marschkapelle der
Yates die Parade der Lions von der Schule ins Stadion anführte.
Nun war er selbst einer der Spieler, denen das gesamte Viertel
hinterherlief, mit einem Stolz, wie er in den Bricks nur selten zu
finden war. In den wichtigsten Stunden der Schulwoche, wenn
sich Schwarze Jungs aus den ärmsten Gegenden Houstons auf

dem Spielfeld mit wohlhabenderen Gleichaltrigen aus der ganzen Stadt auf Augenhöhe maßen, stand er nun im Mittelpunkt. An Spielabenden, an denen die Lions ihren Gegnern überlegen waren, was nicht selten der Fall war, und Tausende Fans aus seiner Schwarzen Community »Third Ward High!« skandierten, sog er ihre Begeisterung in sich auf wie ein Schwamm.

Die Jack Yates Senior High School, 1926 gegründet und nach einem freigelassenen Sklaven und späteren Minister benannt, war in Houston die zweite Schule für Schwarze – die ihre 600 Schüler*innen von den *weißen* Schüler*innen der Stadt trennte.[6] Nach einem Urteil des Supreme Court im Jahr 1896 im Fall *Plessy vs. Ferguson* waren Schulen, die in Schwarz und *weiß* trennten, offiziell zugelassen, mit der Begründung, dass öffentliche Einrichtungen, die getrennt, ansonsten aber gleichgestellt waren, nicht gegen den 14. Zusatzartikel der US-amerikanischen Verfassung verstießen.[7] Wie viele andere Südstaaten setzte Texas den »Getrennt«-Teil des Urteils geflissentlich um, während es das »Gleichgestellt« konsequent missachtete. Im gesamten Bundestaat, wie auch anderenorts in den Vereinigten Staaten, waren Schulen mit mehrheitlich Schwarzen oder Schüler*innen of Color schlecht ausgestattet und ihre Lehrkräfte unterbezahlt, wodurch ihnen die Möglichkeit, ihr schulisches Potenzial auszuschöpfen, systematisch vorenthalten wurde.

Dass die Yates High, als Floyd 1989 zum ersten Mal durch ihre Tore ging, noch immer nicht gleichgestellt und ausschließlich Schwarz war, zeugte von der anhaltenden Macht einer rassistischen Hierarchie, die im gesamten Land tief verwurzelt war, am offensichtlichsten in den Südstaaten wie beispielsweise Texas.

Nachdem der Supreme Court das *Plessy*-Urteil 1954 im Fall *Brown vs. Board of Education of Topeka* widerrufen und entschieden hatte, dass segregierte Schulen im Widerspruch zur Gleichstellungsklausel des 14. Zusatzartikels stehen, widersetzten sich texanische Amtsträger*innen dieser Entscheidung über Jahre hinweg mit einer langen Reihe gesetzlicher Regelungen und Rechtfertigungen, die dafür sorgten, dass Schulen wie Yates dauerhaft Schwarz blieben.[8]

Im Jahr 1955 setzte der Gouverneur von Texas, Allan Shivers, ein Demokrat und Anhänger der Segregation, ein Komitee ein, das Wege finden sollte, gegen die erzwungene Integration vorzugehen. In seinem Abschlussbericht 1956 prangerte dieses Komitee das *Brown*-Urteil an und blies zu einem »großen Gegenangriff«[9], wie er in anderen Bundesstaaten bereits in vollem Gange war. Gesetzgeber*innen und Schulbehörden im gesamten Süden hatten auf das *Brown*-Urteil mit Gegenmaßnahmen reagiert, darunter die Abschaffung der Schulpflicht, Angebote zur finanziellen Unterstützung des Besuchs von Privatschulen und Drohungen, bestimmte Schulen lieber zu schließen, als einen Integrationsplan umzusetzen. 1957 verabschiedeten texanische Abgeordnete eine Reihe von Gesetzen, die Schulbezirke dazu ermutigten, sich dem Vorstoß der Regierung gegen Segregation zu widersetzen.[10] Schulbehörden und lokale Politiker*innen in Houston schlossen sich dieser Initiative an und taten in den darauffolgenden 15 Jahren alles, um die vorgeschriebene Integration zu unterminieren.[11] Fest entschlossen, die Desegregation per Schulbus[12] und durch andere Regierungsmaßnahmen zu verhindern, unterstützte der Houston Independent School District stattdessen eine Reihe freiwilliger Integrationsprogramme, die das Problem der Segregation im Schulsystem langfristig gesehen aber nur verstärkten.[13] Die Gerichte lehnten die vorgeschlagenen Maßnahmen als unzureichend ab – ein Richter stellte sogar in Frage, ob die Vorstöße nicht absichtlich so gestaltet waren, dass sie scheitern mussten.[14] 1970, als Houston noch immer der größte Schulbezirk des Landes mit getrennten Schulen war,[15] hatten die Richter*innen genug von den Verzögerungstaktiken und ordneten eine entschlossenere Umsetzung der Desegregation von Schulen an.[16] Aber da war es für die Jack Yates Senior High School bereits zu spät.

In den darauffolgen Jahrzehnten ging die Zahl der Schüler*innen an der Yates, die nur ein paar Blocks von den Cuney Homes entfernt war, kontinuierlich zurück, und sie verlor ihre besten Schüler*innen an andere Schulen. Nur sehr wenige *weiße* Eltern waren bereit, ihre Kinder auf eine schlecht ausgestattete Schule in einer Schwarzen Gegend wie dem Third Ward zu schicken, weshalb die Integration an der Yates High nie gelang. Als Floyd dort Schüler war, war Yates noch immer zu fast 100 Prozent Schwarz.[17]

Wenige Monate bevor Floyd sich dort einschrieb, machte Yates landesweit Schlagzeilen, als der Schuldirektor der Schülerzeitung verbot, über die Jahrgangsbeste zu schreiben, eine minderjährige Mutter, die mit ihrem zweiten Kind schwanger war.[18] In ihrer Abschlussrede beklagte die Absolventin, dass über die Hälfte der Schüler*innen, die vor vier Jahren an die Yates gekommen waren, keinen Abschluss gemacht hätten.

»Wo sind sie hin?«, fragte sie ihre Mitabsolvent*innen.[19] »Ihr und ich, wir sind etwas Besonderes. Besonders deshalb, weil wir den Drogen, dem Alkohol und dem Gruppenzwang standgehalten haben.«

Ihre Rede spiegelte eine Schule wider, die bekannt war für einen hohen Anteil an Schulabbrecher*innen, eine heruntergekommene Infrastruktur und sehr viele gefährdete Schüler*innen. Aber obwohl die akademische Reputation der Schule sukzessive schlechter geworden war, war ihr Ruf, was den Sport anging, besser denn je, als Floyd in den 1990er Jahren als schlaksiger Teenager mit riesigen Händen und flinken Beinen in ihren Korridoren unterwegs war.

Beeindruckt von Floyds sportlichem Potenzial entschied sich Coach Maurice McGowan dazu, ihn und ein paar der anderen Neuzugänge am Ende des Schuljahrs in die Schulauswahl zu holen. Floyd als Spieler einzusetzen, war jedoch nicht unproblematisch – er hatte zwar eine gute Größe und war extrem schnell, es fehlte ihm jedoch der für die körperbetonte Spielweise der Lions entscheidende Kampfgeist.

»Er war groß, aber eine Bohnenstange«, erinnerte sich McGowan, als er seine schwierigen Überlegungen schilderte, auf welcher Position er den vielversprechenden Sportler spielen lassen sollte.

Seine Größe stach den Spielern gegnerischer Mannschaften sofort ins Auge, wenn er aufs Spielfeld lief, und manche schrien, »Nehmt euch in Acht vor Tree Branch!«

McGowan beschloss, ihn auf der Position des Tight End spielen zu lassen, wo Floyds Größe von Vorteil sein konnte, auch wenn er häufig einfach nur nickte, wenn die Coaches ihm zuriefen, er solle mehr Körpereinsatz zeigen.

Seine Zurückhaltung auf dem Feld sorgte gelegentlich für komische Situationen. Einmal hatte Floyd im Training gerade einen Pass gefangen, als ein deutlich über hundert Kilo schwerer Linebacker namens Oscar Smallwood auf ihn zurannte, um ihn anzugreifen. Aber Floyd, der zu groß war, um seinen Schwerpunkt so weit nach unten verlagern zu können, dass er dem kompakten Verteidiger standhielt, hatte keine Lust, den Gesetzen der Physik zu trotzen. Kurz vor dem Zusammenprall blieb er abrupt stehen und warf den Ball zu Smallwood – quasi ein freiwilliger Turnover.

Wenn irgendein anderer Spieler das getan hätte, wäre es als Feigheit ausgelegt worden, und man hätte ihm erklärt, dass er nicht die nötige Leidenschaft mitbringe, um für die Lions spielen zu können. Aber es war Floyd. Floyd, der auf dem Spielfeld öfter mal herumblödelte, weshalb das Gelächter, das folgte, auch kein Auslachen war. Und falls doch noch Zweifel bestanden, lösten sich diese in Luft auf, sobald er ebenfalls in lautes Lachen ausbrach.

Wenn das Team mit der drückenden Hitze oder anderen widrigen Bedingungen zu kämpfen hatte, sorgten Floyds Scherze häufig für bessere Stimmung. Manchmal begann er völlig unerwartet, die theatralischen Auftritte des Tambourmajors der Marschkapelle zu imitieren, indem er den Kopf in den Nacken warf, übertrieben die Knie hob und seine Stollen in den Rasen rammte. Und egal wie müde die Spieler waren, die manchmal nach dem Training auf den Veranden ihrer Wohnungen in den Cuney Homes im Trikot einschliefen – Floyds albernes Marschieren sorgte stets für Lachsalven.

In diesen Momenten ausgelassener Heiterkeit konnten die Spieler der Armut, der Gewalt, der Polizei und dem im Viertel grassierenden Drogenhandel für kurze Zeit entfliehen. Aber sobald sie den Schulhof und das Spielfeld am Abend verließen, fanden sich die meisten von ihnen in der bitteren Realität armer Schwarzer Jugendlicher im Third Ward wieder.

Der 8. August 1991 war einer dieser dämpfig heißen Sommertage, an denen der Unterschied zwischen ambitionierten Yates-Spielern und Möchtegernfootballern deutlich zutage trat.[20] Die texanische Hitze in Kombination mit der Tatsache, dass das Footballtraining freiwillig war, half den Coaches nicht selten herauszufinden, welche Spieler sich der Mannschaft wirklich voll und ganz verschrieben hatten. Floyd, der gerade sein zweites Highschooljahr hinter sich hatte, freute sich darauf, den Sommer über mit seinen Freunden Sport zu treiben, ohne sich um die Schule sorgen zu müssen.

Floyds Freund Carl Owens, ein herausragender Athlet, der Quarterback und Safety spielte, war in der Regel einer der Letzten, der den Kraftraum nach dem Training verließ. Er hatte sich sein Können auf den Hinterhöfen und Sportplätzen des Cuney-Homes-Wohnprojekts angeeignet und war nicht nur der schnellste Spieler im Team, sondern auch eines der vielversprechendsten Talente der Stadt. Mit seinen 19 Jahren bereitete er sich auf seine Senior-Saison vor, für die man ihn zum Mannschaftskapitän erkoren hatte, und er wurde bereits von den Division-I-Programmen diverser Colleges umworben. In den

Bricks wurde viel darüber diskutiert, wie lange es noch dauern würde, bis er es ins Profilager geschafft hätte und ob im Basketball oder Football.

Vaughn Dickerson hingegen verließ den Kraftraum immer als einer der Ersten. 1,72 Meter groß und 75 Kilo schwer, wusste der sechzehnjährige Receiver, dass sein Wert für das Team in seiner Schnelligkeit und Agilität lag, nicht in seiner geballten Kraft.

»Scheiß auf die Gewichte«, hörte man Dickerson oft sagen, wenn er sich nach ein paar Minuten schon wieder aus dem Kraftraum verabschiedete.

Aber an jenem Donnertag hing Dickerson dort herum, bis die meisten seiner Mitspieler gegangen waren. Der Nachmittag ging bereits in den Abend über, und Owens war der Einzige, der außer ihm noch in der Umkleidekabine war. Ein paar ältere Jungs aus der Gegend hatten Owens an diesem Abend zu einer Party eingeladen, und einzelne Yates-Spieler hatten darüber gesprochen, ebenfalls hinzugehen.

Owens hatte ein Auge auf die schwarzen Nike-Schuhe geworfen, die Dickerson kurz davor unter großem Hallo in der Schule präsentiert hatte. Owens hatte das perfekte Outfit dazu im Kopf und wollte damit auf die Party gehen. Dickerson erklärte sich bereit, sie ihm auszuleihen. Unter den Spielern des Teams war das gang und gäbe. Mit den Schuhen in der Hand schon auf dem Weg nach draußen, schlug Owens, der mit Dickersons älterem Bruder Van auf die Party gehen wollte, Dickerson vor, doch ebenfalls vorbeizuschauen.

Drüben in den Cuney Homes waren Floyd, PoBoy und ein paar andere Freunde bereits zu Fuß unterwegs zu derselben Party, die im Finish Line Club ungefähr eine Meile außerhalb des Viertels in der Pierce Street stattfand. Der Club in einem unscheinbaren zweistöckigen Gebäude war ein Treffpunkt von Kriminellen aus dem Third Ward, die dort vor dem Hintergrund der Skyline von Houston ihre fetten Autos und ihren Schmuck zur Schau stellten.

Dickerson und ein anderer Spieler aus dem Team hatten sich bei ihm zu Hause umgezogen und wollten gerade aus der Tür, als eine Stimme sie aufhielt.

»Wo wollt ihr hin?«

Dickersons Mutter stand hinter ihnen und sah sie streng an.

»Nur zu einer kleinen Party um die Ecke, Mama, die anderen Kids ...«

»Nein«, schnitt sie ihm das Wort ab. »Du schiebst deinen Hintern sofort zurück ins Haus.«

Dickerson wusste, dass seine Mutter nicht mit sich verhandeln lassen würde, nicht an diesem Abend.

»Wenn du jetzt das Haus verlässt, brauchst du nie wieder zurückzukommen«, fügte sie hinzu, um ihren Standpunkt absolut klarzumachen.

»Scheiße Mann, meine Mama macht mir wieder einen Strich durch die Rechnung«, murmelte Dickerson, nachdem seine Mutter den Raum verlassen hatte, und dachte dabei an all den Spaß, den er jetzt mit Sicherheit verpassen würde.

Aber keine zwei Stunden später holte ihn ein lautes Hämmern gegen die Tür aus seinem trübseligen Selbstmitleid.

»Dein Bruder wurde angeschossen, und Carl ist tot!«, schrie eines der Nachbarskinder.

Dickerson rannte los. Als er in der Pierce Street ankam, sah er jemanden auf dem Boden liegen, dessen ausgebreitete Arme in einem unnatürlichen Winkel vom Körper abstanden. Da eine Plane über Kopf, Oberkörper und Beine ausgebreitet war, blieb zunächst unklar, um wen es sich bei der Leiche handelte. Dann sah Dickerson die schwarzen Nike-Schuhe unter der Plane hervorragen, und es gab keinen Zweifel mehr.

Noch vor ein paar Minuten hatten Owens und Van mit ein paar älteren Typen Seven Eleven gespielt, als sie bemerkten, dass einer von ihnen gezinkte Würfel benutzte. Der Streit eskalierte. Es wurden Waffen gezogen.

Dann fielen Schüsse, und Owens und Van, beide unbewaffnet, gingen hinter einem Auto in Deckung. Als Owens den Kopf hob, um zu sehen, woher die Schüsse kamen, zuckte er zusammen. Eine Kugel hatte ihn an der Seite getroffen. Dann kam der Schütze auf ihn zu und schoss aus nächster Nähe mindestens noch ein weiteres Mal, bis Owens still liegen blieb. Van, der versucht hatte wegzulaufen und am unteren Rücken getroffen worden war, wurde im Bezirkskrankenhaus behandelt. Seine Wunde war nicht lebensbedrohlich.

Als Floyd, PoBoy und die anderen Cuney-Homes-Kids, die im Club waren, als die Schüsse fielen, später rauskamen, sahen sie Owens' blutige Leiche auf dem Asphalt liegen.

An diesem Abend weinten Floyd und seine Mitspieler nicht nur, weil sie einen Freund verloren hatten, sondern auch, weil sie schonungslos daran erinnert wurden, wie dünn der Faden war, an dem ihr eigenes Leben hing. Gerade noch war Carl Owens einer von ihnen gewesen, voller Leben, wenn er durch die gegnerische Offensive Line brach, Gewichte stemmte oder in einem Team-Huddle die richtigen Worte fand. Er war für die Bewohner*innen der Cuney Homes ein Vorbild, wie man den erdrückenden Verhältnissen des Wohnprojekts entkommen konnte. Und nun gab es ihn nicht mehr, einfach so.

»Carl hat uns aufgebaut«, sagte PoBoy Jahrzehnte später, als er sich um Worte ringend erinnerte, wie sicher sich alle waren, dass Carl Owens dazu bestimmt war, berühmt zu werden. »Wir wussten, dass Carl es schaffen würde.«

Owens Tod lastete schwer auf Floyd. Für ihn war er eine Art großer Bruder, ein Beispiel, wie er sein eigenes sportliches Talent nutzen konnte. Es sollte nicht das letzte Mal sein, dass jemand, den er bewunderte – der ihn an sich selbst erinnerte oder ihm ein Vorbild war –, tot vor ihm lag.

»MORD AN YATES-SPIELER SCHOCKIERT
TRAINER UND FREUNDE, GEMEINDE BETRAUERT
SINNLOSE TRAGÖDIE«[21]

Die beiden letzten Worte der Schlagzeile im *Houston Chronicle* fassten zusammen, was in Floyds Viertel immer alltäglicher wurde. Der Bericht über Owens' Tod, der im Mantelteil der Zeitung erschien und von sehr vielen Menschen, angefangen bei führenden Houstoner Geschäftsleuten bis hin zu Hausfrauen und Müttern, gelesen wurde, war nur der jüngste in einer langen Reihe von Artikeln, die den schlechten Ruf des Third Ward im Allgemeinen und den der Yates High im Besonderen, die Außenstehende für gefährlich und gewalttätig hielten, noch untermauerten. Houstons *weiße* Familien, die diese Schlagzeilen lasen und sich im Fernsehen True-Crime-Serien wie *City Under Siege* ansahen, unternahmen immer größere Anstrengungen, ihren Nachwuchs von Schwarzen Wohnvierteln und Schwarzen Schüler*innen fernzuhalten.

Schon lange vor Owens' Ermordung sahen viele *weiße* Houstoner Bürger*innen in der Integration staatlicher Schulen eine massive Bedrohung für die soziale und körperliche Sicherheit ihrer Kinder und taten dies auch öffentlich kund. In den frühen 1970er Jahren waren die Sitzungen der Schulausschüsse voll von wütenden *weißen* Eltern, die gegen den neuen Integrationsplan des Bezirks protestierten.[22]

Die meisten von ihnen machten ihre Ansichten jedoch durch ihre Taten deutlich. Ihre ablehnende Haltung gegenüber integrierten Schulen – und die Entschlossenheit, ihre Kinder um jeden Preis davor zu bewahren – sollte alle aktuellen und auch zukünftigen Integrationsanstrengungen dauerhaft Schachmatt setzen.

Im Jahr 1970 forderten Bundesrichter von den staatlichen Schulen Houstons, die Segregation an Schulen nach jahrelangen Verzögerungstaktiken und bürokratischem Widerstand endlich zu beenden und sich dem *Brown*-Urteil zu fügen. Als Reaktion darauf entwickelte der Bezirk ein Programm, das mehr *weiße* Schüler*innen auf Schulen wie Yates schicken sollte und mehr Schwarze Schüler*innen in überwiegend *weiße* Klassenzimmer.

Angesichts der Aussicht, dass ihre Kinder Seite an Seite mit Jugendlichen, die einer Minderheit angehören, lernen würden, zogen es viele *weiße* Eltern vor, entweder für eine Privatschule zu bezahlen oder den Schulbezirk Houston zu verlassen und in eine *weißere* und wohlhabendere Gegend außerhalb der Grenzen des Schulbezirks zu ziehen. Die staatlichen Schulen der Stadt, 1970 noch zu 53,1 Prozent *weiß*, verzeichneten in den darauffolgenden Jahren einen kontinuierlichen Rückgang an *weißen* Schüler*innen.[23] 1978 betrug der Anteil *weißer* Schüler*innen in den Klassenzimmern der staatlichen Schulen in Houston bereits nur noch 30,8 Prozent. Und als Floyd 1989 nach Yates kam, war er sogar auf 15 Prozent zusammengeschrumpft.

Sobald einer größeren Anzahl Schwarzer Schüler*innen gestattet war, sich an ausschließlich *weißen* Schulen einzuschreiben, wurden diese für *weiße* Eltern unattraktiv. Zwischen 1970 und 1983 veränderte sich zum großen Ärger der Integrationsbefürworter*innen die Zusammensetzung an 16 Houstoner Schulen von 90 Prozent *weiß* zu 90 Prozent Schwarz.[24]

Die Leute sagten: »Nein, meine Kinder werden auf keinen Fall auf diese Schule gehen. Wir ziehen um«, erinnerte sich der Anwalt Kelly Frels, der die städtischen Schulen in dem langwierigen Prozess um das Vorgehen gegen Segregation vertrat.

Während die einen in die Vorstädte zogen, versuchten andere, ihren Stadtteil vor der Integration zu schützen. Im Westen Houstons versuchten die Eltern des überwiegend *weißen* Westheimer-Viertels, sich abzuspalten und einen neuen Schulbezirk zu gründen.[25] Nach einem Rechtsstreit, der sich fast die gesamten 1970er Jahre hindurch zog, stoppten die Gerichte das Vorhaben letztendlich als einen bewussten Versuch, das *Brown*-Urteil zu untergraben.

Andere Bemühungen, eine getrennte Beschulung aufrechtzuerhalten, indem man sich die bereits existierende systemische Ungleichheit zunutze machte, waren hingegen erfolgreicher – nicht nur in Houston, sondern im ganzen Land. Genau wie in

Detroit, Atlanta, St. Louis, Wilmington und diversen anderen Städten war der von marginalisierten Menschen dominierte Schulbezirk Houston im urbanen Zentrum angesiedelt, umgeben von nahezu komplett *weißen* Vorstädten.[26] Die lokalen Behörden hatten die Bezirksgrenzen so gezogen, dass die Vororte von der *weißen* Stadtflucht profitierten. Mit diesem System schotteten die Schulbezirke in den Vorstädten – die sich ansonsten in nichts vom Schulbezirk Houston unterschieden – die reichsten Kinder von den Schulen im Zentrum ab, sicherten sich die Steuergelder und vereitelten die Integrationsbemühungen.

Im Jahr 1980 unternahm das Justizministerium dann den ungewöhnlichen Schritt, einen Bundesrichter zu bitten, den Schulbezirk Houston und 22 vorstädtische Bezirke zu einem Zusammenschluss zu zwingen. Im ersten Prozess dieser Art in der Geschichte der Vereinigten Staaten erhob der Generalstaatsanwalt Benjamin Civiletti Anklage mit der Begründung, dass in Houston Schüler*innen of Color in einem »radikalen« Versuch, ein »rassistisch segregierendes System« zu schaffen, absichtlich und systematisch konzentriert worden seien.[27] Der Fall brachte auch politische Entscheidungen der Regierung außerhalb des Schulsystems zur Sprache, unter anderem die diskriminierende Wohnungspolitik. Bürgerrechtsorganisationen begrüßten die Klage, während die Schulbezirke sowie viele Eltern in den Vorstädten sich ihr entgegenstellten.

Ein Bundesrichter schlug sich auf die Seite der vorstädtischen Schulbezirke.[28]

Mitte der 1980er Jahre, nach einem jahrelangen Rechtsstreit und als ohnehin nur noch sehr wenige *weiße* Schüler*innen die Schulen im Zentrum besuchten, befanden die Bundesrichter*innen schließlich, dass auf juristischem Wege kaum noch etwas unternommen werden könne, um eine Integration zu erzwingen. Einer von ihnen erklärte, Houston habe einen »Sonderstatus« erreicht, womit er sagen wollte, die Regierung habe »alle ihr zur Verfügung stehenden Mittel« ausgeschöpft, um die Unterteilung des Schulsystems in *weiße* und Schwarze Schulen zu beenden.[29] Der Richter führte die rasante Abwanderung *weißer* Schüler*innen in Folge früherer Integrationsprogramme an und befand, dass noch aggressivere Maßnahmen – wie die Desegregation per Schulbus – nicht praktikabel, ja sogar kontraproduktiv wären.

»Es gibt im Bezirk nicht mehr genügend *weiße* Schüler*innen, um eine bessere Integration zu erwirken, ohne dass den Schüler*innen selbst dadurch unzumutbare Kosten entstehen würden«, urteilte ein Bundesrichter 1983 und bestätigte damit die Entscheidung eines Bezirksgerichts.

Dieses Bezirksgericht, das sich insbesondere auf die Abwanderung der *Weißen* aus den Innenstädten berief, hatte argumentiert, dass es nicht Pflicht der Schulbezirke sei, »auf die privaten Handlungen derjenigen zu reagieren, die mit den Füßen abstimmen«.[30]

Am Ende trugen auch diese Gerichtsurteile dazu bei, ein System aufrechtzuerhalten, in dem auch 1983 noch 70 Prozent der Schwarzen Schüler*innen in Houston eine rein Schwarze Schule besuchten.[31] Trotz der Versuche der Bundesbehörden, das *Brown*-Urteil durchzusetzen, hatte sich die Zahl der überwiegend von Schwarzen besuchten Schulen seit 1960 fast verdoppelt.

Floyd und den anderen Yates-Footballspielern entging nicht, dass viele der wohlhabenderen *weißen* Spieler, gegen die sie manchmal antraten, ihre schlecht ausgestattete Schule im Third Ward niemals besuchen würden. Diese Ungleichheit nutzten die Yates-Coaches zur Motivation der Mannschaft, indem sie die Gegner aus den Vorstädten als privilegiert und arrogant hinstellten. Vor Spielen gegen reichere Schulen hielt Coach McGowan oft flammende Reden, in denen er die enormen Unterschiede in den Lebensstandards aufzeigte und betonte, dass dies die Chance sei, es diesen Leuten, die über innerstädtische Schulen wie Yates die Nasen rümpften, zu zeigen.

»Hey, Jungs, heute geht es Arm gegen Reich«, feuerte er sie an.

Die Yates-Spieler, die sich an diesem Bild orientierten, nahmen die Rolle als Rächer der Armen gern an und waren stolz auf ihre körperbetonte Spielweise. Die Angst, die ein solcher Ruf erzeuge, versicherten ihnen die Coaches, käme einem Vorsprung von sieben Punkten vor dem Anpfiff gleich.

Ende Herbst 1991, in seinem Abschlussjahr, hatte Floyd, dem es eigentlich lieber war, wenn andere Yates' Ruf als aggressives Team aufrechterhielten, noch ein paar Zentimeter zugelegt und war mittlerweile so schwer, dass er wie ein echter Footballspieler aussah und nicht mehr wie ein Basketballer in einem Footballtrikot.

Und das entging auch den Leuten im Third Ward nicht.

»Oh Mann, wer ist dieser Kerl?«

Robert Fonteno, der ein paar Jahre zuvor von der Yates abgegangen war, um sein Glück außerhalb der Cuney Homes mit Autodiebstahl und dem Verkauf von Kokain zu suchen, war gerade aus dem Gefängnis entlassen worden, als ihn ein Freund zu einem Footballspiel einlud. Dem vierundzwanzigjährigen Fonteno fiel der breitschultrige, agile Spieler, dessen Kombination aus Größe, Kraft und Schnelligkeit ihn extrem effizient machte, sofort auf. Die Nummer 88 schien an jedem großen Spielzug beteiligt zu sein. Wer war dieser Kerl?

»Das ist Big Floyd«, klärte ihn sein Freund auf. »Er ist aus den Bricks. Ein echtes Monster.«

Ein paar Wochen später lungerte Fonteno vor dem Blue Store herum, als ihm ein großer Junge auffiel, der in den Laden ging.

»Der Typ ist echt groß, Mann, oder?«, bemerkte er gegenüber niemandem im Besonderen.

»Ja, das ist Floyd.«

»Das ist Big Floyd? Die Nummer 88?«, fragte Fonteno. »Ich hab den Kerl vor ein paar Wochen spielen sehen. Er war überall auf dem Feld.«

Fonteno ging in den Laden, wo Floyd gerade eine Tüte Chips und eine Dose Limo für 25 Cent kaufte.

»Big Floyd, richtig?«, wollte er wissen und ging auf ihn zu.

»Ja Mann, richtig.«

Fonteno gratulierte Floyd zu seinem beeindruckenden Spiel und gab ihm einen Rat mit auf den Weg – den ersten von vielen, die er ihm in den kommenden 25 Jahren geben sollte.

»Pass auf, dass du nicht in Schwierigkeiten gerätst, Mann. Halt den Ball flach und bleib beim Football, dann wird noch was aus dir.«

»Ja, Mann. Das ist der Plan«, sagte Floyd. »Genau das hab ich vor.«

Floyd bedankte sich, verließ den Laden und ging über die pockennarbige Straße zurück in seinen Wohnblock.

Als er sich kurz darauf mit Vaughn Dickerson traf, spürte sein Freund, dass die immer höheren Erwartungen – seiner Familie, seines Viertels, aber auch die, die er an sich selbst stellte – Floyd zunehmend unter Druck setzten. Nach Carl Owens' Tod hatten die Leute in den Cuney Homes angefangen, auf die Nummer 88 zu setzen. Jetzt war er derjenige, von dem sie glaubten, dass er es schaffen und ganz groß rauskommen würde. Und die finanziellen Probleme zu Hause machten den Druck, auf dem Spielfeld erfolgreich zu sein, nur noch größer.

»Du schuldest niemandem was, Mann. Wir schaffen das, so oder so«, sagte Dickerson, um ihn aufzumuntern.

»Ja, schon klar, V«, entgegnete Floyd.

Seine Worte waren zwar kein großer Trost, aber Dickerson wusste, wie er bei seinem Freund wieder für gute Laune sorgen konnte. An Wochenenden sammelten Floyd und Dickerson meist ein paar Kumpels ein und fuhren mit voll aufgedrehter Stereoanlage, aus der die 2 Live Crew dröhnte, im alten GMC-Truck eines Verwandten durch Houston. Für männliche Teenager, die das Gefühl hatten, von der Gesellschaft bereits abgeschrieben worden zu sein, hatten die eindeutig sexuellen Liedtexte der Rap-Band genau die richtige Mischung aus Respektlosigkeit und Unbekümmertheit.

Erst vor kurzem hatte der Supreme Court die Entscheidung eines lokalen Gerichts, das Album *As Nasty as They Wanna Be* der 2 Live Crew zu verbieten, weil es zu obszön sei, wieder gekippt.[32] Floyd kurbelte das Fenster runter, drehte die Lautstärke hoch und spielte die schlüpfrigen Songs für seine Freunde hinten auf der Ladefläche.

Floyd ließ auch oft »Poor Georgie« laufen, einen Hit der Rapperin MC Lyte von 1991, in dem es um einen gutaussehenden Playboy geht, dessen Leben durch Krankheit und Alkohol ein frühes Ende nimmt.

»If you love someone you should say it often / You'll never know when they'll be layin' in a coffin« (Wenn du jemanden liebst, solltest du das oft sagen / Du kannst nie wissen, wann sie in einem Sarg landen werden), rappte MC Lyte in der letzten Strophe des Songs.[33]

Ein solch qualvolles Ende wollte Floyd auf keinen Fall nehmen.

Wenn Floyd und seine Clique abends losfuhren – manchmal fünf oder sechs Jungs in einem Truck, der nur für drei Personen zugelassen war – , hatten sie meist kein konkretes Ziel. Sie stiegen irgendwo in ein Würfelspiel ein oder hingen vor dem Burger King in der Nähe ihrer Schule herum, wo sie sich Whopper für 99 Cent teilten. Manchmal holten sie auch Cheeseburger bei Dave's, einem Imbiss in den Bottoms, oder schauten bei Guidry's vorbei, wo Floyds Mom arbeitete, die ihnen, wenn sie einen guten Abend hatte, manchmal Pommes oder ein Sandwich zusteckte.

Die Flasche Starkbier, die sie sich bei Freund*innen holten, die alt genug waren, um Alkohol zu kaufen, machten sie erst auf, wenn sie von Guidry's weit genug entfernt waren. Floyd war kein großer Fan von Alkohol, aber wenn sie die Flasche kreisen ließen – ein zeitloses Ritual der Zusammengehörigkeit – , nahm er auch einen Schluck, bevor er sie weiterreichte.

Einmal trank ein Junge, der eigentlich in South Park, einem

anderen Stadtteil Houstons wohnte, mit Floyd und seinen Freunden in den Cuney Homes. Als sie die Flasche kreisen ließen, war plötzlich ein dumpfer Schlag zu hören. Der South-Park-Junge war einfach umgekippt.

Er war sturzbetrunken, was ein ziemliches Problem darstellte, weil er acht Kilometer entfernt wohnte und keiner ein Auto besaß.

»Ich weiß, was wir machen«, brach Floyd das betretene Schweigen. »Wir ziehen ihm eine Kappe auf und setzen ihn in den Bus.«

Sie richteten den Jungen auf, setzten ihm eine Kappe auf den Kopf und warteten mit ihm an der Bushaltestelle. Als der Bus Richtung Süden kam, nahm Floyd ihn hoch, setzte ihn rein und zog ihm, während er schon wieder wegdriftete, die Kappe ins Gesicht.

Lachend stiegen Floyd und die anderen Jungs aus dem Bus und machten sich auf den Weg nach Hause. Alle gingen davon aus, dass ihr betrunkener Freund irgendwann wieder nüchtern werden und dasselbe tun würde.

Am nächsten Tag in der Schule saß Dickerson in seinem Klassenzimmer, als Floyd an die Fensterscheibe klopfte, um seine Aufmerksamkeit zu bekommen.

»Hey, wir haben ein Problem. Der Coach und so – alle wissen es.«

Floyd berichtete, es hätte sich herumgesprochen, dass ein Spieler des Footballteams sich in den Cuney Homes betrunken hat.

Andere erzählten, der junge Mann hätte sich in dem Bus, in den ihn seine Freunde gesetzt hatten, erbrochen, woraufhin die Polizei geholt worden sei, und die Mutter des Jungen, nicht glücklich darüber, dass die Polizei mit ihrem alkoholvergifteten Sohn vor der Tür stand, hatte die Sache dann der Schule gemeldet.

Während des Trainings an diesem Tag, bei dem der Junge aus

dem South End fehlte, sagte Coach McGowan kein Wort, obwohl er wusste, dass ein paar seiner Spieler ebenfalls damit zu tun hatten.

»Schluss für heute«, schrie er am Ende des Trainings und versammelte die Mannschaft um sich. »Ich will euch eine Geschichte erzählen«, fing er an, und dann schilderte er ihnen, wie einer seiner Schulfreunde, nachdem er sich sinnlos betrunken hatte, gestorben war.

Er sprach Floyd und Dickerson nicht persönlich an, aber das musste er auch nicht.

»Wer seine Freunde besoffen macht, ist kein gottverdammter Freund«, sagte er, und seine Stimme wurde lauter, als er sich Floyd und Dickerson zuwandte. »Sondern ein Verbrecher.«

Am letzten Tag des dritten Schuljahrs trafen sich ein paar der Jungs, mit denen Floyd aufgewachsen war, auf einer zwischen zwei Hügeln eingebetteten Wiese in der Nähe des Campus der University of Houston. Nach der Schule holten sie sich manchmal in einem kleinen Laden etwas zu essen und trafen sich an diesem abgelegenen Ort zu einem spontanen Picknick, bei dem sie der Trostlosigkeit ihres Viertels entkamen und über alles sprachen was ihnen so durch den Kopf ging.

An diesem Nachmittag Ende Mai 1992 schien die Sonne, und die Gruppe ließ sich unter einer ausladenden Eiche im Gras nieder. Manche legten sich auf den Rücken und starrten durch die Äste in den blauen Himmel, andere, zu denen auch Floyds Mitspieler Jonathan Veal gehörte, saßen auf dem Boden, futterten Chips und tranken Limo. Kurz vor Beginn ihres letzten Highschooljahres dämmerte ihnen allmählich, dass ihre gemeinsamen Tage in der Mannschaft gezählt waren und sie in nur zwölf Monaten ihre Zukunft als Erwachsene selbst würden in die Hand nehmen müssen.

Wie Floyd waren viele der jungen Männer ohne Vater aufgewachsen und taten sich mit dem Übergang ins Mannesalter schwer. Gemeinsam hatten sie mit ihren sportlichen Heldentaten vollbesetzte Stadien begeistert, Schlägereien gewonnen oder verloren, die Höhen und Tiefen der ersten Liebe durchgestanden und dabei tragischerweise mehr traumatisierende Verluste hautnah miterlebt als die meisten Menschen in ihrem gesamten Leben.

An diesem Tag wechselte das Gespräch schnell von Mädchen und Sport zu ernsteren Themen, und jeder erzählte, wie er sich sein Leben in den Jahren, die vor ihm lagen, vorstellte.

Einer sprach davon, auf ein College zu gehen, vielleicht mit einem Sportstipendium. Ein anderer überlegte, eine militärische Laufbahn einzuschlagen, und wieder andere wollten auf eine Berufsschule oder sich einen Job suchen. Aber obwohl es niemand erwähnte, gab es da auch noch die Möglichkeit, sich seinen Lebensunterhalt mit dem rasant wachsenden Crack- und Kokainhandel zu verdienen, worum die meisten, weil sie Sportler waren, bisher einen großen Bogen gemacht hatten.

Als Floyd an der Reihe war, wunderten sich die anderen nicht nur, dass er sich die Gelegenheit, den Ernst des Themas mit einem Witz zu durchbrechen, entgehen ließ, sondern waren auch überrascht von der tiefen Überzeugung in seiner Stimme, als er ihnen seine große Vision verkündete.

»Ich werde berühmt werden«, sagte er. »Ich will etwas bewegen.«


In Floyds Abschlussjahr verwandelten sich die Korridore der Yates wie immer am ersten Schultag in einen Laufsteg, auf dem alle ihre neuen Outfits und Schuhe präsentierten, die sie in den Ferien erstanden hatten. Nur Floyd und ein paar seiner Freunde aus dem Footballteam waren in schwarzen Jeans und einem einfachen weißen T-Shirt zur Schule gekommen.

Vaughn Dickerson, Jonathan Veal, Jerald Moore, Herbert Mouton und Floyd wollten mit ihrer Kleidung, die geprägt war vom Gangster Rap und dem Cholo-Stil der Westküste, einen

Akzent setzen, der für sie den Zeitgeist widerspiegelte. Damals brachten viele Rap-Bands wie Run-DMC und N.W.A schwarz-weiße Plattencover heraus und setzten auch in ihrem Modestil auf Farblosigkeit.

Floyd und seiner Clique gefiel dieser Jeans-T-Shirt-Look nicht nur, weil er unkompliziert war, sondern auch, weil er ihren Müttern ersparte, ihre mageren Einkünfte für schicke Schulklamotten auszugeben. Aber sie waren Lettermen. Sie spielten in der Schulauswahl von Yates, weshalb ihr bescheidenes Outfit – einschließlich der schlichten schwarz-weißen Champion-Turnschuhe – sie nicht davon abhielt, sich zu benehmen, als ob die Schule ihnen gehörte.

»Wir waren wie Götter, wenn wir dort herumliefen«, erinnerte sich Vaughn Dickerson.

»Es war krass«, sagte Jerald Moore über den Herbst 1992 in Yates. »Wir wussten, dass es ein ganz besonderes Jahr werden würde.«

Als das Yates-Team 1985 gegen die Permian High School aus Odessa den Titel geholt hatte, waren sie alle in der fünften Klasse. Damals schlug Yates die Permian, die später durch die Fernsehserie *Friday Night Lights* berühmt wurde, mit 37:0 und blieb damit die komplette Saison ungeschlagen. Fünf der Spieler aus dieser Mannschaft spielten 1992 als Profis, und einen von ihnen, Santana Dotson, wählte die NFL sogar zum Defense-Rookie des Jahres. Von den 36 Seniors, die 1985 im Yates-Team spielten, erhielten 30 Stipendienangebote von Colleges, eine Tatsache, die die Coaches nicht müde wurden, zu wiederholen, während sie die Mannschaft 1992 darauf vorbereiteten, sich einen weiteren Meisterschaftsring zu holen.[34]

Fest entschlossen, ihre Spielberechtigung für die wichtigen Spiele nicht zu verlieren, taten die Spieler was nötig war, um in den einzelnen Fächern nicht durchzufallen. Floyd blieb vor wichtigen Klausuren nach dem Training manchmal bis spät abends in der Schule, um zusätzliche Nachhilfestunden zu nehmen – aber mindestens genauso häufig schwänzte er den Unterricht oder vernachlässigte seine Hausaufgaben, bis seine Coaches ihn warnten, seine Spielberechtigung nicht zu riskieren.

Trotz der Prahlerei am ersten Schultag begann die Footballsaison eher holprig. Yates verlor sein erstes Spiel gegen die Kraftpakete der Dallas Carter High School mit 18:15, eine Niederlage, die auch dadurch nicht leichter zu verkraften war, dass die Cowboys zu den fünf besten Mannschaften im Land zählten. In ihrem zweiten Spiel besiegten die Lions ihre Rivalen vom anderen Ende der Stadt, die Madison High School, mit einem knappen 26:20.

Im dritten Spiel, Yates gegen die nahe gelegene Ross Shaw Sterling High School, stand es fünf Sekunden vor Schluss 7:7. Yates hatte das Feld von hinten aufgerollt und war an der Five-Yard-Line, als Coach McGowan die Field Goal Unit aufs Feld schickte.

Die Spieler der Offense konnten es nicht glauben. Der Placekicker der Mannschaft war ein gigantischer Defense-Spieler, der die mangelnde Geschicklichkeit mit dem Ball, die für diese Position typisch war, mit schierer Kraft wettmachte. Er hatte in dieser noch jungen Saison schon mehrere Male danebengeschossen.

Dickerson, der neben Wide Receiver auch Holder der Special Teams war, hatte die manchmal fast lächerlichen Versuche des Kickers, den Football zwischen den Uprights zu platzieren, alle aus nächster Nähe mitbekommen.

Und er hatte eine andere Idee, wie sie das Spiel gewinnen konnten. Im Huddle flüsterte er Floyd zu, er solle sich bereit machen.

»Fire! Fire!«, brüllte Dickerson, als die Field Goal Unit sich in Position brachte. Die Coaches, die das von der Seitenlinie aus hörten, wussten, was dieser Ruf bedeutete. Jemand im Team würde sich über den klassischen Spielzug hinwegsetzen und versuchen, das Spiel mit einem riskanten Walk-off Touchdown zu gewinnen. Ihnen blieb nichts anderes übrig, als zuzusehen und zu hoffen, dass der abgewandelte Spielzug, den sie sich ausgedacht hatten, um den Vorteil von Floyds Größe zu nutzen, funktionieren würde.

Der Center warf den Ball nach hinten, Dickerson fing ihn, aber anstatt ihn für den Kick auf den Boden zu stellen, rollte er ihn nach links. Floyd, der am Ende der Formation stand und so tat, als würde er blocken, setzte zum Sprint in eine Ecke der Endzone an. Noch bevor die Defense-Spieler kapierten, was vor sich ging, war er hinter ihnen und wartete auf den Pass von Dickerson. Selbst wenn die Defense geahnt hätte, welchen Plan ihre Gegner verfolgten – Floyd war mindestens zehn Zentimeter größer als der größte Defender und solange Dickerson den Ball hoch genug warf, war der Touchdown eine sichere Sache.

Der Ball war in der Luft, als die Uhr auf Null sprang. Sie hatten diesen Spielzug Dutzende Male trainiert, und normalerweise beherrschte Floyd ihn mit geschlossenen Augen. Aber dieses Mal, wo es um den Sieg ging, ließ ihn seine Auge-Hand-Koordination für den Bruchteil einer Sekunde im Stich. Der Ball rutschte ihm durch die Handschuhe, prallte von seinem Helm ab und sprang auf den Rasen.

Das Spiel endete 7:7, und Yates hatte nach drei Spielen eine Bilanz von einem Sieg, einer Niederlage und einem Unentschieden.

Dickerson und Floyd trotteten genickt an die Seitenlinie, wobei sie es vermieden, ihren Coaches in die Augen zu sehen.

Dickerson meinte zu hören, wie Coach McGowan über ihn schimpfte und zu einem seiner Assistenten sagte: »Diese Gangster machen einfach immer, was sie wollen.«

In der darauffolgenden Woche sperrten die Coaches Dickerson und Floyd für das nächste Spiel.

Als sie ausgebremst an der Seitenlinie saßen, gingen sie den missratenen Spielzug Sekunde für Sekunde noch einmal durch.

»Wie konntest du diesen gottverdammten Ball fallen lassen?«, fragte Dickerson.

»Ich hab das Scheißding einfach nicht gesehen, Mann«, verteidigte sich Floyd. »Die Scheinwerfer haben mich geblendet.« Dann fingen beide an zu lachen.

Aber mit einer eher mittelmäßigen Bilanz und einer Offense, die in drei Spielen nur eine Handvoll Touchdowns erzielt hatte, fing man im Third Ward an, über Yates zu tuscheln. Die Leute fragten sich, ob die Mannschaft von 1992 am Ende das Team sein würde, mit dem Yates' Ruhm als eine der besten Schwarzen Schulmannschaften in Texas endgültig verblassen würde. Vielleicht waren die magischen Zeiten, in denen Yates es fünfzehnmal hintereinander in die Play-offs geschafft hatte, vorüber.[35] Vielleicht war das Team von 1985, das sich mit einem 16:0 verabschiedet hatte – und das manche als die beste Footballmannschaft in der High-School-Geschichte von Texas ansahen –, das letzte, das einen Meisterring für den Third Ward geholt hatte. Vielleicht verlor die Schule, deren Schüler*innenzahl um ein Drittel zurückgegangen war und deren durchschnittliche schulische Leistungen Jahr für Jahr schlechter wurden, nun auch noch ihren letzten Grund, stolz zu sein: ihren Ruf als herausragende sportliche Talentschmiede.

»Ich versuche hier nicht, einen Beliebtheitswettbewerb zu gewinnen. Es ist mir wirklich egal, ob ihr mich mögt oder nicht«, erklärte Bertha Dinkins ihren Yates-Schützlingen mit der besorgten Strenge einer Mutter, die ihre Kinder ermahnt. »Alles, was ich von euch verlange, ist, dass ihr in dieser Klasse euer Bestes gebt. Haben wir uns verstanden?«

Um zu Schülern wie Floyd durchzudringen, die zwar Potenzial hatten, aber nicht bereit waren, mehr in die Schule zu investieren, als unbedingt nötig, war Dinkins strenge, aber liebevolle Art zu unterrichten bestens geeignet. Aber sie konnte sich nicht darauf verlassen, dass die anderen Lehrkräfte an der Schule ebenfalls wussten, wie sie diese Art von Schüler*innen erreichen konnten – zu der Zeit, als Floyd ihr Klassenzimmer betrat, war Dinkins bereits Teil einer immer kleiner werdenden Gruppe erfahrener Schwarzer Lehrkräfte, die in den Stadtvierteln, in denen sie unterrichteten, auch lebten.

Als die Bundesgerichte 1970 das schleppende Vorankommen der Integrationsbemühungen in Houston anprangerten, stimmte die städtische Schulbehörde der Umsetzung einer Parität in den Lehrerkollegien zu, obwohl die Schulen selbst weitgehend in Schwarz und *weiß* getrennt blieben.[36] Der Plan sah vor, zwei Drittel der Schwarzen Lehrkräfte an überwiegend *weiße* Schulen zu schicken und ein Drittel der *weißen* Lehrkräfte an Schwarze Schulen. Diese Neuordnung, die dem lange hinausgezögerten Integrationsprozess auf die Sprünge helfen sollte – oder zumindest den Eindruck erwecken, dass etwas geschah –, brachte jedoch von Anfang an viele Probleme mit sich.[37] Da die Versetzungen freiwillig waren, landeten die jüngsten und unerfahrensten Lehrkräfte an Schulen wie Yates, während die staatlich geprüften Kräfte sich gegen eine Versetzung aus den wohlhabenderen Gegenden des Schulbezirks meist wehrten.

Yates verlor dadurch einen Großteil seiner Schwarzen Lehrkräfte und mit ihnen Jahrzehnte kulturellen Wissens und schulischer Erfahrung. Vielen der Schwarzen Lehrer*innen, die in Yates unterrichteten, war die Bedeutung der akademischen Leistungen einer Schule, wie sie in den 1950er und 1960er Jahren hochgehalten wurde, noch ein Begriff. Trotz Segregation und Unterfinanzierung herrschte unter den Schüler*innen, als sie noch von Menschen unterrichtet wurden, die ihr Leben teilten und wie sie eine Gleichbehandlung forderten, ein Gefühl der Zusammengehörigkeit und des Stolzes. Entsprechend waren unter den Yates-Alumni zu Zeiten der Bürgerrechtsbewegung hohe städtische Beamt*innen, Fernsehleute und nationale Berühmtheiten wie die Schauspielerin Phylicia Rashad und ihre

Schwester, die Choreographin Debbie Allen, von denen Letztere die Yates der 1960er Jahre als die »Highschool ihrer Träume« bezeichnete.

In den 1970er und 1980er Jahren verschwand dieses Gefühl der Zusammengehörigkeit. Viele der *weißen* Lehrkräfte, die sich nach Yates versetzen ließen, waren ignorant, was die Lebensrealität ihres neuen Wirkungsfeldes anging, und kannten im Gegensatz zu den Schwarzen Lehrkräften weder ihre Schüler*innen noch deren Eltern, wie sich Dinkins erinnerte. Viele hatten Schwierigkeiten, sich durchzusetzen, wurden ausgenutzt oder unterrichteten, als wären sie eine dauerhafte Vertretung.

Dinkins war eine der wenigen Schwarzen Lehrerinnen, die blieb, und die einzige, die glaubte, einen Draht zu Floyd und den Sportlern in der letzten Reihe zu haben.

In Dinkins Staatskundeunterricht musste Floyd seine ersten Briefe an Gesetzesvertreter – mindestens 15 Kongressabgeordnete und fünf US-Senator*innen – schreiben. In einer anderen Aufgabe verlangte sie von den Schüler*innen, sich fünf Menschen in ihrem Viertel zu suchen, denen sie helfen sollten, sich für die Wahl zu registrieren. Floyd konnte sich die Klassenausflüge nach Washington, D.C., oder nach Austin, in die texanische Hauptstadt, nicht leisten, erinnerte sich Dinkins. Aber als seine Klassenkammerad*innen sich mit Mitgliedern des Houstoner Stadtrats trafen und das Harris-County-Gericht besichtigten, war er dabei.

»Er kannte sich ganz gut aus mit Staatskunde«, sagte sie. »Die grundlegenden Dinge wusste er, auch wenn es am Ende nur zu einem C reichte.«

Dinkins war zu Zeiten der Jim-Crow-Gesetzte aufgewachsen und hatte Schwarze Schulen besucht. Ihren Klassen in Yates zeigte sie Hefte mit Relikten aus den 1950er und 1960er Jahren – Wahlsteuerquittungen, Bilder von Einrichtungen nur für Schwarze, Zeitungsartikel über gewaltfreie Proteste, die vom Staat brutal niedergeschlagen wurden.

Ihre Familie kam aus der Gegend, aber obwohl sie, solange ihr Mann im Zuge der *GI Bill*[38] die Texas Southern University besuchte, in den Cuney Homes gewohnt hatte – nicht einmal einen Block entfernt von der Wohnung in der Floyd lebte –, gab sie nie vor, die Armut, unter der Floyd und andere Schüler*innen litten, zu kennen. Ihr Vater und Großvater waren Eigentümer des größten Schwarzen Bestattungsunternehmens in ganz Houston. In der Bürgerrechtsbewegung nutzte Dinkins ihre Zugehörigkeit zur Oberschicht, um sich für die Gleichberechtigung einzusetzen, und kämpfte dafür, in den Restaurants und Geschäften der Innenstadt neben den *Weißen* einkaufen und essen zu können. Als das Restaurant im Foley's, einem Houstoner Kaufhaus, den Preis für einen Hamburger von 20 Cent auf 5,50 Dollar erhöhte, um Schwarze davon abzuhalten, dort zu essen, setzte sie sich ins Restaurant, legte einen 20-Dollar-Schein auf den Tisch und verlangte, bedient zu werden.

Als Lehrerin, ein Beruf, für den sie sich Mitte der 1960er Jahre entschieden hatte, ohne zu fragen wie hoch ihr jährliches Einkommen sein würde (es waren 2495 Dollar), wurde sie Zeugin, wie neue Formen des systemischen Rassismus die Ungleichheit, gegen die sie einst auf die Straße gegangen war, noch verfestigten. Sie musste mit ansehen, wie an ihrer Schule aufgrund fehlender Mittel Bücher und Mobiliar auseinanderfielen, die Liste der Programme zur Berufsorientierung immer kürzer wurde, die hohe Fluktuation Unruhe in die Schule brachte, die Schulleitung gefühlt jedes Jahr wechselte und Yates von einer Reihe Reformmaßnahmen und Forderungen gegeißelt wurde, die sich Richter*innen, Gesetzgeber*innen und Schulbehörden ausdachten, die nur sehr selten, wenn überhaupt jemals, einen Fuß in den Third Ward gesetzt hatten.

Um die gesetzlich vorgeschriebene Desegregation per Schulbus zu umgehen, startete die Stadt 1975 ein Programm, das mehr Schüler*innen an integrierte Schulen holen sollte, indem es diese durch besondere Angebote vermeintlich attraktiver machte. Ein paar ließen sich von den damals eingerichteten Kommunikationskursen tatsächlich nach Yates locken, aber sehr viele mehr, insbesondere Schüler*innen aus Schwarzen Mittelklassefamilien, verließen Yates, um andere Angebote in der Stadt zu nutzen.

»Die besten Schüler*innen verloren wir damals«, erinnerte sich Beverly Ratcliff, Archivarin in Yates von 1991 bis 2004. »Und so viele Leute mit Spitzennoten, dass sie all die anderen, die immer schlechter wurden, ausgleichen konnten, gab es nicht.«

So erklärte der Footballstar Dexter Manley 1989, gegen Ende seiner NFL-Karriere, vor dem US-amerikanischen Senat, dass er das College zwölf Jahre zuvor erfolgreich beendet und an der Yates High seinen Abschluss gemacht habe, obwohl er damals nicht lesen konnte. Er hatte ganz offensichtlich Schwierigkeiten, seine Aussage vorzulesen.

»Das Einzige, was mir an der Schule je wirklich gefallen hat, war der Sport«, sagte der All-Pro Defensive End und Super-Bowl-Gewinner. »Darauf gründeten sich die Selbstsicherheit und das Selbstwertgefühl des Dexter Manley. Abgesehen davon hatte ich keine Identität.«

Vier Monate nach dieser Aussage kam Floyd an die Yates High und stand am Anfang desselben Dilemmas.

Als das Footballteam von Yates sich am 12. Dezember 1992 auf das Class-5A-Halbfinalspiel gegen die San Antonio Holmes High School vorbereitete, war der Astrodome mit rund 30000 Fans gut besucht. Nach dem mäßigen Saisonbeginn war es der Mannschaft gelungen, die Sache noch einmal zu drehen. Für den Rest der Saison blieben sie ungeschlagen und standen in den Playoffs bereits kurz vor den State Championships.

Um so weit zu kommen, hatten sie einen zermürbenden Spielplan hinter sich gebracht und waren ein paarmal knapp an einer Niederlage vorbeigeschrammt. Im Viertelfinale gegen die Katy High School lag die Mannschaft zur Halbzeit 22:0 zurück, woraufhin Floyd in der Umkleidekabine tobte und die Offense anschrie, sie solle endlich aufwachen. Die Coaches hatten den Spielern eingebläut, auf keinen Fall zuzulassen, dass die reichen Kids von der Katy – einer Vorstadtschule, die sich später für die Rekordsumme von 70 Millionen Dollar ein Footballstadion baute – ihre Saison beendeten. Der Weckruf in der Halbzeitpause zeigte offenbar Wirkung. In der zweiten Hälfte holte Yates 36 Punkte und gewann schließlich mit 36:22.

Floyd, der entscheidend zu diesem Siegeszug der Lions beigetragen hatte, wurde als bester Tight End der Stadt Houston geehrt. Im dritten Viertel des Regionalfinales hatte der Quarterback Sean Porter einen Third-Down-Pass so nah an die Seitenlinie geworfen, dass er fast nicht zu erreichen war. Aber Floyd brachte seine volle Körpergröße zum Einsatz und fischte den Ball für den entscheidenden ersten Touchdown aus der Luft. Ein Fotograf des *Houston Chronicle* hatte diesen Moment, in dem Floyd schon halb im Aus in der Luft hängt, während ein Verteidiger versucht, ihm den Ball aus der Hand zu reißen, festgehalten.[39]

»Du hast sicher gedacht, ich lass ihn fallen«, sagte Floyd zu Dickerson, nachdem sie das Spiel gewonnen hatten, und spielte damit auf ihren vermasselten Trick beim Field Goal am Anfang der Saison an.

Es gab kaum etwas, das Floyd mehr begeisterte, als sich selbst in der Zeitung zu sehen, und die Texas High School Play-offs waren eine der besten Gelegenheiten, es ins Rampenlicht zu schaffen. Er hatte sich einen Ruf als ambitionierter Feldspieler mit einer Vorliebe für die schillernden Momente des Spiels erarbeitet, für profane Aufgaben wie das Blocken zeigte er aber nach wie vor keine große Begeisterung.

Als Jerald Moore, der brandgefährliche Running Back des Teams, sich Filmaufnahmen von ein paar der frühen Play-off-Spiele ansah, fiel ihm etwas Merkwürdiges auf: Bei einigen von Moores Touchdown-Runs sah man, wie Floyd die Arme in die

Luft riss und vor ihm herrannte. Eigentlich war es seine Aufgabe, den Strong Safety der Offense zu blocken, aber stattdessen rannte er jubelnd über das Feld, davon ausgehend, dass Moore punkten würde.

Moore, der die Mannschaft mit 33 Touchdowns in 15 Spielen in dieser Saison anführte, sprach Floyd auf sein laxes Blockverhalten an.

»Was ist da los?«, wollte er wissen.

»Na ja, du punktest mit einem Touchdown nach dem anderen«, entgegnete Floyd. »Ich will aber auch mal in die Zeitung.«

Floyd hatte sich ausgerechnet, dass ein Kurzauftritt in der Presse oder in den Aufzeichnungen des Spiels am wahrscheinlichsten war, wenn er der Erste war, der Moore nach einem Treffer gratulierte.

»Okay, das macht Sinn«, sagte Moore und lachte. »Aber wenn wir auch weiterhin punkten wollen, musst du für uns den Strong Safety blocken.«

Die Yates-Spieler saßen im Bus und grölten laut und falsch Donny Hathaways Weihnachtshit »This Christmas« von 1970, den sie zu einem Schlachtgesang umgedichtet hatten.

> Hey, ho, the whistle blows,
> We're going to state, don't you know?
> Together … This season.
> Sean Porter's dropping baaack, and Big Floyd's on the caaatch.
> And this season will be, a very special season for me.[40]

Die Schule war aus, es waren nur noch ein paar Tage bis Weihnachten, und sie waren – nachdem sie die San Antonio Holmes High School in einem Shootout 41:39 geschlagen hatten – auf dem Weg nach Austin zum Endspiel der 1992 State Championships. Sie fuhren die US-290 hinauf, und die Stimmung im Bus war bestens. Entgegen aller Erwartung hatte die Third Ward High die Zweifelnden zum Schweigen gebracht, und die Mannschaft war dem Meisterschaftsring näher als je zuvor. Es waren auch für Floyd optimistische Zeiten, der sich im Laufe der Saison eine gute Statistik erspielt hatte und damit rechnen konnte, dass sich die Scouts von den Colleges das Endspiel im Fernsehen anschauen würden. Trotz der Schwierigkeiten, die er in der Schule hatte, sah es so aus, als könnte er endlich ein neues Kapitel aufschlagen.

In der Hauptstadt von Texas angekommen, checkte die Mannschaft in einem Hotel der University of Texas ein. Dickerson und ein paar andere Receiver hatten in ihren Reisetaschen Alkohol ins Hotel geschmuggelt, und es sprach sich schnell herum, dass in ihrem Zimmer eine Party stieg. Als Floyd dort ankam, saßen einige seiner Mitspieler auf dem Bett und spielten Karten, während andere sich um einen kleinen Tisch versammelt hatten, an dem eine lebhafte Partie Domino ausgetragen wurde. Aus den Lautsprechern eines tragbaren CD-Players dröhnte Marvin Gaye.

»Es gibt einen Laden in der Nähe, aber der Coach sagt, wir dürfen nicht hin«, erklärte Floyd den Spielern im Zimmer des Wide Receivers.

Coach McGowan hatte kurz davor ein Mannschaftstreffen einberufen und eine eloquente Rede über die Footballtradition in Yates und das letzte Meisterschaftsteam gehalten, in der er sich an die Spieler von 1985 erinnerte. Diese Jungs hätten in ihren Trikots geschlafen, sie wären morgens um vier Uhr aufgestanden und hätten sich auf nichts anderes als auf Football konzentriert. Die Botschaft war eindeutig – geht früh schlafen, keine Dummheiten und vor allem kein Ärger. Trotzdem hatte McGowan, um sicherzugehen, auch noch eine Ausgangssperre nach 21 Uhr verhängt.

»Also ich geh jetzt in diesen Laden, Mann«, verkündete Dickerson, und eine Minute später schlugen Floyd und ungefähr ein

Dutzend anderer Spieler das Ausgehverbot in den Wind, um Limonade und Chips zu kaufen. Danach schlichen sie sich zurück ins Hotel, und wer konnte – vor dem wichtigsten Spiel seines Lebens – , schlief.

»Bist du bereit?«

Die Spieler waren umgezogen und kurz davor ins Memorial Stadium einzulaufen, als Dickerson noch einmal innehielt, um nachzufragen, ob mit seinem Freund alles in Ordnung war.

»Los jetzt, Mann«, sagte Dickerson. »Wir lassen uns von diesen *weißen* Kids doch nicht in den Arsch treten. Gehen wir raus.«

»Bin bereit, V. Bin bereit.«

Dichter Nebel hing über dem Spielfeld, und es war Regen angekündigt, aber das ungemütliche Wetter hatte die Massen von Schaulustigen auf den Rängen nicht davon abgehalten, sich das letzte Highschoolspiel des Jahres anzusehen.[41]

An einem Ende des Spielfelds hatten sich die Cheerleaderinnen der Temple Highschool positioniert. Sie trugen alle Blauweiß, die Farben ihres Teams, und hielten ein großes Banner hoch, auf dem »Blue Front White Back Magic« stand. Auf der überdachten Tribüne hatten sich vier Jungs die T-Shirts ausgezogen und zeigten ihre bleichen Oberkörper, auf die sie in schwarzen Buchstaben C-A-T-S gemalt hatten. Die eine Stadionhälfte war voll besetzt mit Tausenden Tempel-Fans, die siegessicher kleine blauweiße Plakate in die Luft hielten, auf die der Buchstabe T gedruckt war.

Auf der anderen Seite waren die Ränge mit mindestens genauso vielen Schwarzen Fans gefüllt, von denen ein paar selbst gebastelte Plakate schwenkten, auf denen »Yates to States« zu lesen war, während andere – darunter auch Tanten, Lehrer*innen, Nachbar*innen und Mitschüler*innen von Floyd – der Third Ward High mit braun-gelben Pom-Poms zujubelten.

Der aus Houston angereiste Ralph Cooper war einer von mehreren Journalist*innen an der Seitenlinie. Überall waren

Kameras positioniert, um das Geschehen aus verschiedenen Perspektiven einzufangen. Die Stimmen zweier Sportreporter, die versuchten, das Trompetengeschmetter der Marschkapelle von Yates zu übertönen, wurden immer lauter, und man hätte meinen können, bei einem der College Football Bowl Games zu sein, die in der darauffolgenden Woche im ganzen Land stattfinden würden.

»Temple in Weiß, Yates in Rot. Alle hier sind bereit für den Kickoff«, sagte der Fernsehreporter Ed Biles kurz vor Spielbeginn. »Es geht los!«

Yates erhielt den Kickoff, und die Offense übernahm das Feld. Die Spieler wirkten nervös und machten schon früh Fehler, unter anderem die Aufgabe einer Interception im dritten Play.

Etwas später im ersten Viertel fing Floyd dann einen Pass von Sean Porter, und es lief wieder besser. Er fischte den Ball aus der Luft, schlängelte sich durch die Defense und tauchte nach vorn ab zum ersten First Down der Mannschaft in diesem Spiel.

»George Floyd«, erklärte Biles den Zuschauer*innen nach diesem Spielzug. »Ein Senior, zwei Meter groß und 95 Kilo schwer, mit einer beachtlichen Schnelligkeit.«

Temple ging früh mit 10:0 in Führung, bevor Yates mit zwei Touchdowns konterte und im zweiten Viertel mit 14:10 vorn lag.

In der zweiten Hälfte entglitt das Spiel den Lions jedoch, und die beiden Running Backs von Temple machten mehr als 250 Yards gut.[42] Oscar Smallwood, Yates' All-State Linebacker, hatte sich ein paar Spiele zuvor das Wadenbein gebrochen, und die gegnerischen Runner nutzten seine Abwesenheit.

Alles in allem gelang es Floyd, dreimal zu fangen, und Dickerson fing einen Touchdown, aber am Ende reichte das nicht. Die letzten Sekunden liefen noch, da fing das Team von Temple bereits an, seinen 38:20-Sieg zu feiern. Die Yates-Spieler reichten den Gewinnern die Hand, aber nicht alle konnten ihre Tränen zurückhalten, bis sie vom Spielfeld waren.

McGowan gratulierte dem Coach von Temple, nahm den Pokal für den zweiten Platz entgegen und gab noch auf dem Spielfeld ein paar Interviews.

»Wir sind glücklich, so weit gekommen zu sein«, erklärte er dem Reporter Craig Way. »Wer es in die State Finals schafft, ist für die Leute ein Gewinner. Trotzdem hätten wir das Spiel natürlich gern für uns entschieden.«

Als er danach in die Umkleidekabine kam, brach er in Tränen aus. Er umarmte die Spieler und sagte ihnen, wie stolz er wäre, auf das, was sie erreicht hatten.

»Keiner hat für uns eine Chance gesehen, so weit zu kommen«, sagte er. »Niemand hat an uns geglaubt, nur wir selbst.«

Auch Floyd weinte in der Umkleidekabine, wie der gesamte Rest der Mannschaft, denn plötzlich wurde ihnen klar, dass sie mehr verloren hatten als nur ein Spiel. Im Frühjahr würde es für die Seniors des Teams kein Training mehr geben und auch kein Krafttraining im Sommer, keine neue Saison, in die man gemeinsam startete, vor Zuversicht strotzend, dass man jedes Spiel gewinnt. Es war das letzte Mal, dass sie in dieser Form zusammen waren.

»Es ist vorbei, Mann«, murmelte Jonathan, als es ihm bewusst wurde.

Auf der Heimfahrt nach Houston war die Stimmung gedrückt. Die Spieler saßen im dunklen Bus und haderten mit ihrer Niederlage. Sie hatten den Third Ward enttäuscht und kehrten als Verlierer zurück.

Schließlich brach Floyd das finstere Schweigen mit einer witzigen Bemerkung. Sie hätten das Spiel gewonnen, meinte er ironisch, Porter hätte den Ball nur zur »Big Number 88« passen müssen.

»Der Erste, der es gewagt hat, einen gottverdammten Witz zu reißen, war Floyd«, erinnerte sich Dickerson später. »Er redete Blödsinn, als hätten es dieses Spiel nie gegeben. Und alle mussten lachen, einfach, weil es so typisch für ihn war.«

Als der Schmerz der Niederlage nachließ, feierten die Yates High Lions auf der restlichen Fahrt, als hätten sie den Super Bowl gewonnen.

Die Euphorie der Footballsaison war längst abgeflaut, und auch sein letztes Highschool-Basketballspiel hatte Floyd schon hinter sich, als er sich bei PoBoy über seine Probleme mit dem Lernen beklagte. Im Frühjahr 1993 setzte ihn das bevorstehende Texas Assessment of Academic Skills (TAAS) massiv unter Druck. Anfang des Jahres war Floyd bereits zum dritten Mal durch die Matheprüfung gefallen, und er hatte Schwierigkeiten, sich auf seinen letzten Versuch vor dem Abschluss vorzubereiten. Er machte sich große Sorgen, dass sein Traum von einem Stipendium platzen könnte, wenn er noch einmal durchfiel.

»Das ist, als würde ständig eine schwarze Katze hinter mir herlaufen, Bro«, sagte Floyd. »Ich hab meine riesigen Hände, Mann. Ich hab an meinem Gewicht gearbeitet. Warum muss ich mir das antun?«

Die texanische Regierung hatte die TAAS 1990 ins Leben gerufen, und alle Highschoolschüler*innen in Texas mussten diese dreiteilige Prüfung bestehen, um ihren Abschluss machen zu können.[43] Noch bevor die Texas Education Agency den Test einführte, hatten ihre eigenen Expert*innen davor gewarnt, dass die negativen Auswirkungen auf Schwarze Schüler*innen drastisch sein würden – man ging davon aus, dass 73 Prozent in Mathematik durchfallen würden, 55 Prozent bei der Leseverständnisaufgabe und 65 Prozent bei der Textproduktion. Die erwarteten Durchfallquoten bei *weißen* Schüler*innen lagen im Vergleich dazu bei 50 Prozent, 29 Prozent und 36 Prozent.

Im Jahr 1999 reichte die MALDEF, eine Bürgerrechtsorganisation, die sich für die Rechte von Menschen lateinamerikanischer Herkunft in den Vereinigten Staaten einsetzt, eine Klage gegen die hohen Anforderungen dieser Prüfung ein, die Schwarze und

Hispanische Schüler*innen benachteilige.[44] Der Bundestaat Texas, argumentierten die Kläger*innen, festige die bestehende Ungleichheit im Bildungssystem, indem er von marginalisierten Schüler*innen das Bestehen einer Prüfung verlange, auf die sie in ihren unterfinanzierten Schulen nicht angemessen vorbereitet würden.[45] In der Klageschrift wurde zudem unterstrichen, dass von besagten Schüler*innen tatsächlich unverhältnismäßig viele durchfielen, ein Phänomen, das hauptsächlich auf sozioökonomische Faktoren zurückzuführen sei.

Obwohl er mit den Kläger*innen einig war, dass »der TAAS-Test marginalisierte Schüler*innen in signifikanter Zahl benachteiligt«, und diese Diskrepanz »jedem, der sich die Zahlen ansieht, zu denken geben muss«, wies der US-Bezirksrichter Edward C. Prado die Klage zurück, mit der Begründung, Texas habe das Recht, seine Bildungspolitik selbst festzulegen.[46]

Initiiert von Politiker*innen, Wirtschaftsgrößen und Think Tanks, die sich mit Bildungsfragen befassten, gab es damals in den USA einen landesweiten Trend hin zu standardisierten Tests. So veröffentlichte im Jahr 1983 eine staatliche Bildungskommission einen Bericht mit dem Titel »A Nation at Risk« (Eine gefährdete Nation), in dem zu lesen war, dass »die Bildungsgrundlagen der Gesellschaft gegenwärtig durch eine steigende Flut von Mittelmäßigkeit untergraben wird, die eine Gefahr für die Zukunft der Nation darstellt«.[47] Die Empfehlung war, strengere standardisierte Tests einzuführen, was die meisten Bundesstaaten auch rasch umsetzten.[48]

Texas – zu der Zeit auf Platz 40 bei der Höhe der Ausgaben pro Schüler*in für Bildung – war einer jener Bundesstaaten, die daraufhin anspruchsvolle Prüfungen von ihren Lernenden verlangten, ohne jedoch in einen Unterricht zu investieren, der das nötige Wissen vermittelte, um diese auch zu bestehen.[49] Eine vom Civil Rights Project der Harvard University in Auftrag gegebene Studie aus dem Jahr 2000 kam zu dem Ergebnis, dass die Prüfungspolitik in Texas die existierende ethnische und sozioökologische Ungleichheit noch verstärke, indem sie Lehrkräfte dazu zwang, Schüler*innen an überwiegend Schwarzen und Hispanischen Schulen auf das Bestehen der Tests vorzubereiten, anstatt ihnen eine gute schulische Ausbildung zukommen zu lassen.[50] Aufgrund der Studie wurden auch andere Bundesstaaten – von denen viele das texanische Modell, das der damalige Gouverneur von Texas George W. Bush als Vorbild für die Bildungsreform propagiert hatte – dazu aufgefordert, noch einmal zu überdenken, ob ein einziger Test als Voraussetzung für einen Abschluss wirklich sinnvoll sei.

»Verdammt, ich schaff das nicht, V«, gestand Floyd Dickerson als sie eines Tages gemeinsam von der Schule nach Hause gingen. Die Aussicht, wieder durchzufallen und Yates ohne Abschluss zu verlassen, hing über ihm wie ein Damoklesschwert. »Ich hab's versucht, Mann.«

Dickerson, der sah, wie Floyd sich vergeblich bemühte, für die Prüfung zu lernen, schlug ihm vor, zu schummeln.

»Scheiße Mann, du musst irgendwas machen«, sagte er. »Irgendwas.«

Bei sich zu Hause hatte Floyd mit Problemen zu kämpfen, mit denen die meisten seiner Mitschüler*innen nie konfrontiert waren: extrem beengte Wohnverhältnisse, eine ungesunde Ernährung, regelmäßige Schießereien nachts, das allgegenwärtige Trauma der Crack-Epidemie. Seine Schwester Zsa Zsa war in die Fänge der Abhängigkeit geraten, und Floyd hatte die Verantwortung für ihren kleinen Sohn Brandon Williams übernommen.

Auf den enormen Stress, mit dem Tausende marginalisierte Schüler*innen, die wie Floyd in ärmlichen Verhältnissen lebten, außerhalb des Klassenzimmers zu kämpfen hatten, nahmen die TAAS-Tests keine Rücksicht, stellte Lynn Gordon fest. Sie war Lehrerin an der Yates High und hatte versucht, Floyd bei den Vorbereitungen auf die Prüfung zu helfen.

»Er war der Mann im Haus«, erinnerte sich Gordon. »Man musste sich nur anschauen, wo die Kids herkamen. Sie mussten in die Schule, aber hatten sie am Abend davor etwas gegessen?«

Beim Abschlussball wartete Floyd noch auf seine Prüfungsergebnisse, weshalb er die meiste Zeit über unnahbar und abwesend war. Eine Woche später erfuhr er dann, dass er wieder durchgefallen war. Er war untröstlich.

»Er wollte sich mit niemandem mehr treffen«, erinnerte sich Dickerson. »Er kam sich vor wie ein Außenseiter.«

Bei der Abschlussfeier, bei der seine besten Freunde in Umhängen und mit Doktorhüten auf den Köpfen in die Kamera grinsten, war Floyd nicht dabei, aber seine Familie und Freund*innen sollten sich erst Jahrzehnte später fragen, an welchem Punkt Floyds Leben aus der Spur geraten war. PoBoy, der sich mit ihm ein Zimmer teilte und ihn in diesen frustrierenden letzten Frühlingswochen 1993 fast täglich sah, meinte, sein Abstieg hätte wahrscheinlich schon sehr viel früher begonnen, als die meisten ahnten.

»Ich denke, tatsächlich hat ihn sein Kampfgeist verlassen, als er dieses Zeugnis nicht bekam«, erinnerte sich PoBoy nach Floyds Tod. »Dieses Zeugnis nicht zu bekommen, hat ihn gebrochen.«

Obwohl Floyds unglückliche Schullaufbahn ihn davon abhielt, seine eigentlichen Ziele zu verwirklichen, war der Sport immer noch eine Rettungsleine, an der er sich aus den Bricks herausziehen konnte.

George Walker, Cheftrainer der Basketballmannschaft des South Florida Community College in Avon Park, war auf der Suche nach einem Power Forward zur Verstärkung seines Teams. Walker hatte an der University of Houston Basketball gespielt und Floyd auf dem Platz an der Yates High gesehen. Er wusste von seinen schulischen Problemen, aber als Floyd ihm versicherte, er würde die notwendigen Prüfungen vor Saisonbeginn bestehen, glaubte er dem jungen Mann.

Walker hatte sich sicherheitshalber erkundigt und mit dem Schuldirektor von Yates und ein paar anderen Leuten in der Gegend gesprochen.

»Sie haben mich alle gedrängt, ihn mit ans South Florida zu nehmen«, erinnerte sich Walker. »Wenn man einen Jungen ins Team holt, dessen gesamtes Umfeld hinter ihm steht, hat man dabei kein schlechtes Gefühl.«

Im Herbst nach seinem Seniorjahr an der Highschool legte Floyd den TAAS-Test noch einmal ab. Er bestand und erhielt ein paar Monate später ohne viel Tamtam sein Abschlusszeugnis.

Als Kind hatte sich Floyd immer vorgestellt, einmal an der University of Florida für die Gators zu spielen, weshalb er anfangs zögerte, an das sehr viel kleinere South Florida Community College zu gehen, das für professionelle Scouts eher unattraktiv war. Aber da er kaum eine andere Wahl hatte, entschied er sich schließlich, Walkers Angebot für ein Basketballstipendium anzunehmen. Sein Ziel war, von dort auf eine vierjährige Division-I-Schule zu wechseln, von wo aus er die Chance hätte, ins Profilager zu wechseln.

Im Herbst 1993 holte Michael Riggs, ein Freund aus Houston der bereits für South Florida Basketball spielte, Floyd am Greyhound-Busbahnhof in Avon Park ab und brachte ihn zu seinem neuen Schlafplatz – einem Zimmer im Hotel Jacaranda an der Main Street. Danach stellte er ihn dem Rest des Basketballteams vor.

Es dauerte nicht lange, bis Floyd dank seines sportlichen Talents aus seinen Teamkameraden herausstach.

»Ist gar nicht so schlecht hier, Po«, sagte Floyd am Telefon zu seinem alten Zimmergenossen. »Sollte nicht allzu schwer für mich werden, von hier in die D I zu wechseln. Die sind nicht wirklich gut, Po. Keine echt guten Leute hier unten. Sieht so aus, als wäre ich der Mann, den sie brauchen.«

In seinem ersten Jahr am College brach Floyd sich den Fuß, erholte sich aber schnell wieder und erbrachte als Power Forward solide Leistungen für die Panthers.

Schließlich wurden auch einige Colleges auf ihn aufmerksam, die ihn aufgrund seiner Probleme auf der Highschool übergangen hatten. Ein Coach des Texas A&M-Kingsville Football Program fragte Floyd, ob er sich vorstellen könne, als Tight End für die Javelinas zu spielen. Die überwiegend Hispanische Division-II-Schule in Südtexas war bekannt dafür, die Schwarzen Spieler, die sie rekrutierte, zu Dutzenden in die NFL zu schicken. Floyd ergriff die Gelegenheit. Und dass Riggs, der auch aus Houston war, ebenfalls abgeworben wurde, um in Kingsville Basketball zu spielen, war ihm nicht unrecht.

»Ich bin einfach nur froh, hier zu sein, Riggs«, gestand Floyd seinem Freund, als sie in ihrer gemeinsamen Wohnung in der Nähe des Campus beisammensaßen. Es war Herbst 1995, und Floyd hatte es als Erster in seiner Familie doch noch auf ein vierjähriges College geschafft.

Der Campus im Stil der Mission-Revival-Architektur mit seinen roten Ziegeldächern und den raschelnden Palmen, die die Straßen säumten, stand in einem krassen Gegensatz zu der ärmlichen Umgebung der Bricks. Floyd war glücklich, Spieler einer Collegemannschaft zu sein, erinnerte sich Riggs. Jetzt musste er es nur noch aufs Spielfeld schaffen.

»Als er nach Kingsville kam, war er ein *Prop*«, erklärte Marcus Williams, Floyds anderer Mitbewohner. Als *Prop* bezeichnete man einen Spieler, der die schulischen Voraussetzungen, um sich für die Collegemannschaft zu qualifizieren, noch nicht erfüllte.

Floyds Probleme mit dem Lernen waren erneut zu einem Hindernis geworden. Um sich am South Florida für die Mannschaft zu qualifizieren, hatte er berufsorientierte Kurse wie Schweißen und Automechanik belegt, erinnerte sich Riggs.

Aber die meisten dieser Kurse gab es an der neuen Schule

nicht, und sie hatten ihn auch nicht auf die Eingangstests in Fächern wie Mathe und Englisch vorbereitet. Er schnitt so schlecht ab, dass er dazu verdonnert wurde, eine ganze Reihe von Förderkursen zu besuchen. Aber Förderkurse konnte er sich auf die 24 Punkte, die er für eine Aufstellung in der Mannschaft brauchte, nicht anrechnen lassen. Floyd saß an der Seitenlinie fest und hatte das Gefühl, auf der Stelle zu treten. Obwohl er ständig bemüht war, die nötigen regulären Punkte für eine Aufstellung zusammenzubekommen, kam er dem Spielfeld keinen Schritt näher.

Jonathan Veal, der Floyd im Frühling 1996 in Kingsville besuchte, entging nicht, wie sehr die Situation seinen zweiundzwanzigjährigen Freund belastete.

»Die haben hier diese ganzen Vorschriften, Mann, aber ich will spielen«, beschwerte sich Floyd, als sie auf der Tribüne saßen und sich ein Footballspiel ansahen, bei dem er nicht auf dem Feld sein konnte.

Zu Hause im Third Ward kümmerte sich seine Mutter um die Kinder seiner Schwester Zsa Zsa. Miss Cissy, die völlig überfordert war, hatte jedoch gesundheitliche Probleme bekommen, die sie in den Jahren, die ihr noch blieben, stark belasten sollten – ein zu hoher Blutdruck und Schlaganfälle.

Floyd, dem der Weg in die NFL ohnehin versperrt war, fragte seine Freunde, was er tun sollte. Die Monate verstrichen, und es sah immer mehr so aus, als ob er nie für Kingsville auf dem Spielfeld stehen würde.

Im Sommer 1997 traf er eine Entscheidung. Er packte seine wenigen Habseligkeiten zusammen, bat ein paar Freunde aus Houston, ihn abzuholen, und beendete seinen vierjährigen Ausflug in die Welt der höheren Bildung – ohne Abschluss, ohne Profivertrag, ohne Einkommen.

Floyd fuhr nach Hause in den Third Ward.

»Ehrlich Leute, ich bin nur ein Footballspieler, der versucht, ein bisschen Geld zu verdienen«, erklärte Floyd den beiden Männern, die an einer Ecke am Rand der Cuney Homes neben ihm angehalten hatten.[51]

Es war halb sieben abends, der 2. August 1997, und Floyd versuchte, seinen potenziellen Kunden einen etwas größeren Klumpen Crack zu verkaufen, als sie eigentlich verlangt hatten.

Er trug ein blaues T-Shirt, weiße Jogginghosen, und sein Low-Fade-Haarschnitt – mit einer scharfen Kante im Mittelteil – war nicht älter als ein paar Tage. Floyd stand wenige Schritte entfernt von der Wohnung seiner Mutter, in einer Gegend, die dafür bekannt war, dass die Polizei dort häufig junge Schwarze verhaftete.

Wie jeder im Viertel wusste auch Floyd, dass das Dealen an der Ecke Winbern und Tierwester Street riskant war, aber an der belebten Kreuzung hatte man die besten Chancen, Kundschaft zu finden. Außerdem brauchte er das Geld, und der Drogenhandel war ein Geschäft mit kalkuliertem Risiko. Also hatte er sich nichtsdestotrotz an diese Ecke gestellt und ein paar Wachposten positioniert, von denen er hoffte, dass sie das Risiko, verhaftet zu werden, senkten.

»Hört zu, Leute, nur falls ihr das Gesetz seid. Ich nehme das Geld, und dann bringe ich euch den Stoff und lege ihn neben den Müllcontainer«, erklärte Floyd den Männern im Auto, nachdem er sie überzeugt hatte, auf ihren Einkauf über zehn Dollar noch etwas draufzulegen.

Die beiden Beamten hatten darauf geachtet, den richtigen Slang zu benutzen – indem sie beispielsweise nach »Rock« und nicht nach »Crack« fragten –, aber Floyd war argwöhnisch.

»Und ihr seid sicher, dass ihr keine Bullen seid?«, fragte er die Männer, nachdem er 18 Dollar von ihnen entgegengenommen hatte.

Sie versicherten ihm noch einmal, keine Polizisten zu sein, tatsächlich gehörten sie aber dem Squad 23 an, dessen Polizeibeamt*innen an diesem Abend in mehreren Zivilfahrzeugen ihre Runden um die Cuney Homes drehten, wie schon an vielen vorangegangenen Tagen auch. Als Floyd ging, um die Drogen zu holen, funkten sie sofort ihre uniformierten Kolleg*innen an, die um die Ecke in einem Polizeiauto warteten, und baten diese, sie in einer gestellten Verkehrskontrolle an die Seite fahren zu lassen, wie später im Bericht stand.

Der Trick, den sie sich ausgedacht hatten, bestand darin, als Opfer eines aggressiven Polizeieinsatzes aufzutreten. Dadurch hofften sie, eine Beziehung zu den Verdächtigen aufzubauen und den Verdacht, sie könnten Polizisten sein, von sich abzulenken.

Nach der falschen Polizeikontrolle fuhr der Streifenwagen wieder davon, und die Zivilfahnder stellten sich zurück an die Stelle, an der sie mit Floyd gesprochen hatten. Dort kam dann ein Mann mittleren Alters mit einem Kinnbart auf sie zu.

»Ihr habt euren Stoff nicht bekommen?«, fragte der Mann, der um die Ecke wohnte und der laut Polizeiaussagen ebenfalls Drogen verkaufte.

»Nein, du hast die Bullen ja gesehen.«

Der bärtige Mann bat die zivilen Polizisten zu warten und versprach, sich darum zu kümmern, dass sie bekamen, wofür sie bezahlt hatten. Er ging zu Floyd, der nach einem kurzen Wortwechsel zu den Kunden zurückging. Er übergab ihnen den Crackklumpen, den sie gekauft hatten. Die verdeckten Ermittler fuhren davon und informierten über Funk ihre Kolleg*innen, dass sie die nötigen Beweise hätten.

Als Floyd kehrtmachte, um zu den Cuney Homes zurückzugehen, kamen zwei Streifenwagen um die Ecke gerast.

Ein kurzes Aufheulen der Sirenen, und er blieb wie angewurzelt stehen. So viel war klar: Zum Davonlaufen war es zu spät.

Teil II

# BIG FLOYD

# Kapitel 5

# DER STAAT TEXAS GEGEN GEORGE FLOYD

»Was denkst du, Bro? Die sind zu fünft auf mich losgegangen!«
Floyd kämpfte mit den Tränen, als er seinen Freund Travis
Cains aus dem Gefängnis anrief und ihm seine missliche Lage
erklärte.

Als Kautionsagent hatte sich Cains in den zehn Jahren seit
Floyds erster Verurteilung 1997 daran gewöhnt, R-Gespräche
von ihm entgegenzunehmen. Er konnte sich nicht mehr erinnern, wie oft er für Floyd die Kaution gestellt hatte, damit er aus
dem Gefängnis kam. Doch jetzt wollte Cains seinen Freund dazu
bringen, sich mit dem Gedanken anzufreunden, die nächsten
fünf Jahre hinter Gittern zu verbringen.

Floyd wurde 2007 wegen schweren Raubs angeklagt. Angeblich hatte er auf eine junge Frau im Beisein ihrer Kinder eine
Pistole gerichtet, während eine Gruppe von Männern ihr Haus
plünderte. Floyd hatte Cains beteuert, das Haus nicht ausgeraubt
zu haben, doch Monate später hatte ihn die Polizei angehalten,
als er mit dem Fluchtauto unterwegs war, und das Opfer hatte
ihn unter Zögern identifiziert. Er war der einzige Verdächtige,
den die Polizei aufspüren konnte, und die Staatsanwaltschaft
war fest entschlossen, einen klaren Schuldspruch für den dreis-
ten Einbruch zu erreichen.

Cains erklärte Floyd, dass man vor Gericht für ihn als Angeklagten nicht viel Sympathie übrighaben würde. Er war nicht
nur ein junger Schwarzer Mann, sondern ein junger Schwar-

zer Mann mit einem Vorstrafenregister. Floyd hatte im Lauf der vergangenen zehn Jahre eine Reihe von Verhaftungen und Schuldsprüche für kleinere Drogendelikte angesammelt, so dass die Ankläger*innen ihn den Geschworenen mühelos als einen Gewohnheitsverbrecher, der gewalttätig geworden war, präsentieren konnten. Die Staatsanwaltschaft hatte Floyds Pflichtverteidigung wissen lassen, dass sie im Fall einer Verurteilung eine Haftstrafe von 40 Jahren anstrebte. Cains warnte Floyd, dass es sich aller Wahrscheinlichkeit nach um keinen Bluff handelte.

»Wenn du zur Verhandlung gehst, werden die dich fertigmachen. Mann, du nimmst besser die verdammten fünf. Nimm die fünf, dann kannst du weitermachen und wieder nach Hause kommen.«

Floyd war hin- und hergerissen. Seine bisherigen Gefängnisaufenthalte waren Haftstrafen von ein paar Monaten wegen kleiner Drogengeschäfte gewesen. Doch nun erwartete ihn eine richtig lange, harte Zeit als verurteilter Gewaltverbrecher. Dass ihm Cains die Aussicht auf fünf Jahre in einer Zelle als Chance schmackhaft machen wollte, zeigte Floyd, welche Abwärtsspirale sein Leben durchlaufen hatte, seit er vom College zurückgekommen war.

Fünfzehn Jahre war es her, dass er seinen Freunden an der Highschool erklärt hatte, etwas bewegen zu wollen auf dieser Welt. Nun aber schien es, als sei er nur einer von vielen Schwarzen Männern, die in einem Käfig verkümmerten.

Floyd dankte Cains für seinen Ratschlag, legte den Hörer auf und ließ seinen Tränen freien Lauf.

Durch seine Arbeit als Kautionsagent war Cains mit den Launen des Strafjustizsystems vertraut. Er war zu einer Art Rechtsberater für die Bricks geworden, und regelmäßig wandten sich mittellose Angeklagte an ihn, deren Pflichtverteidiger*innen schwer erreichbar waren oder offensichtlich kein Interesse am Schicksal ihrer Mandant*innen hatten.

Als Kind wollte Cains Polizist werden. Doch eine Verhaftung wegen Trunkenheit am Steuer ließ seine Träume noch platzen, bevor er es auf die Polizeiakademie geschafft hatte. Stattdessen meldete er sich auf die Zeitungsannonce eines lokalen Kautionsbüros. Sein klobiger Körperbau, sein furchteinflößendes Gesicht und seine derbe Ausdrucksweise galten in einer Branche, in der man es manchmal mit schwer fassbaren kriminellen Angeklagten zu tun hatte, als Pluspunkte.

Für einen anfänglichen Stundenlohn von 3,35 Dollar stellte Cains Kautionen für Leute, die unbedingt aus dem Gefängnis kommen wollten, während sie auf ihre Gerichtsverhandlungen warteten. Das Kautionsbüro bürgte gegen eine Gebühr für die Kaution der Angeklagten und erklärte sich bereit, sie in voller Höhe zu zahlen, sollten diese nicht zu ihren Gerichtsverhandlungen erscheinen. Nachdem Cains die Kaution für die Freilassung aus dem Gefängnis gestellt hatte, machte er seinen Klient*innen unmissverständlich klar, dass er sie höchstpersönlich aufspüren würde, sollten sie nicht vor Gericht erscheinen. Wenn es doch passierte, fungierte Cains als Kopfgeldjäger, der wie der Polizist, der er einst werden wollte, Verdächtige jagte – nur für ein kleineres Gehalt und mit weniger Vorschriften, was die Anwendung von Gewalt anbelangte.

Ward stand im gesamten Third Ward in dem Ruf, über die Mittel zu verfügen, um Leute aus dem Gefängnis zu bekommen, und oft rissen ihn mitten in der Nacht Anrufe verzweifelter Mütter aus dem Schlaf, die Cains um Hilfe für ihre inhaftierten Söhne anflehten. Von Zeit zu Zeit war auch Miss Cissy am anderen Ende der Leitung, um Cains zu bitten, Floyd zur Freilassung zu verhelfen.

Obwohl Cains Männer ausfindig machte, die die Kaution verfallen ließen, konnte er verstehen, warum es viele vorzogen, auf der Flucht zu sein, anstatt sich den Launen des texanischen Rechtssystems zu unterwerfen. Er selbst hatte es weitgehend geschafft, einen Bogen ums Gefängnis zu machen, obwohl die

Jump Out Boys vom Houston Police Department durchaus versucht hatten, ihn hinter Gitter zu bringen.

Eines Nachts im Jahr 1996 schauten sich Cains und Floyd ein Basketballspiel im Fernsehen an. Collegestudent Floyd war auf einem seiner immer häufiger werdenden Heimatbesuche. Cains hatte etwas Gras im Haus, wobei die Stimmung ohnehin sehr entspannt war. Als das Spiel zu Ende war und sie ihre Blunts ausgedrückt hatten, merkte Floyd, dass er Hunger hatte.

»Lass uns zum Laden fahren und ein paar Snacks kaufen«, schlug er vor.

Es war fast Mitternacht, und Cains war müde, aber auch er hatte nach dem Kiffen einen Fressflash. Außerdem könnte er die Fahrt zum Laden um die Ecke auch gleich nutzen, um sich Ersatz für die Swisher Sweets Zigarren zu kaufen, die sie während des Spiels aufgebraucht hatten.

Sie stiegen in Cains' Cadillac und fuhren zum Laden um die Ecke, wo sich Floyd mit Chips, Limonade und Süßigkeiten eindeckte. Cains kaufte die Zigarren und eine Dose Eiscreme.

Sie waren wieder zu Cains' Haus unterwegs, als sie im Rückspiegel die rotblaue Lichtanlage eines Polizeiautos grell aufleuchten sahen. Leise fluchend fuhr Cains zur Seite.

»Führerschein und Fahrzeugpapiere«, forderte ein *weißer* Polizist mit ernster Miene, nachdem er zum Fenster der Fahrerseite herübergekommen war. Ein weiterer Beamter war auf Floyds Seite gekommen.

»Na, was macht ihr so?«, fragte der erste Beamte, nachdem ihm Cains die geforderten Papiere gereicht hatte.

»Wir machen gar nichts. Wir waren nur kurz beim Laden um die Ecke.«

Die Polizisten forderten Cains und Floyd auf, aus dem Auto zu steigen. Verwirrt sahen sich die beiden Männer an und erstarrten. Die Polizisten agierten blitzschnell und wie abgesprochen. Es handle sich nicht um eine Bitte, sondern einen Befehl, ließen sie die beiden wissen.

Sie zerrten Cains und Floyd aus dem Auto und zwangen sie, sich bäuchlings auf den Boden zu legen. Die Beamten drückten ihre Gesichter so hart zu Boden, dass sie Schotter und Schmutz schmecken konnten. Nachdem sie Cains und Floyd Handschellen angelegt hatten, standen sie auf und platzierten jeweils einen ihrer Stiefel auf dem unteren Rücken der Männer – weswegen sie verdächtigt wurden, wollten die Polizisten ihnen nicht sagen.

Ein Polizeiwagen zur Unterstützung kam herangefahren und hielt an. Zwei weitere Beamte kamen auf direktem Weg auf Cains' Cadillac zu.

»Da ist nix drin«, brüllte Cains vom Seitenstreifen her, als sie die Autotüren öffneten.

Die Beamten wühlten sich einige Minuten lang durch das Auto und schenkten den Männern am Boden keine Beachtung.

»Wir haben keine Drogen!«, schrie Cains, als er den Kopf hob und sah, wie verschiedene Gegenstände aus dem Fahrzeug geschleudert wurden. Die Dose Eiscreme knallte vor seinem Gesicht auf den Boden. Er beobachtete, wie sich das geschmolzene Eis auf den Asphalt ergoss, während die Beamten ihre eifrige Durchsuchung fortsetzten.

Nach einer erfolglosen Suche nach belastendem Material zogen sie Cains und Floyd auf die Füße, nahmen ihnen die Handschellen ab und sagten ihnen, sie könnten gehen. Die beiden Männer gingen zum Wagen zurück und mussten feststellen, dass der komplette Fahrzeuginnenraum durchforstet worden war. Cains Autoradio war herausgerissen und seine Lautsprecher aus der Halterung gelöst worden. Die Snacks, die sie gerade gekauft hatten, lagen auf dem Boden verstreut neben dem geschmolzenen Eis.

»Verdammt, Mann«, murmelte Floyd kopfschüttelnd, als er den Schaden begutachtete.

»Diese Arschlöcher haben mein Auto zerfleddert«, fluchte Cains.

Doch als sie sich ins Auto setzten und wieder nach Hause fuhren, verwandelte sich ihre Wut in Erleichterung. Sie hatten eine Begegnung mit Houstons berüchtigter Einheit gegen Rauschgiftkriminalität überstanden, ohne heftig zusammengeschlagen worden zu sein oder im Bezirksgefängnis zu landen.

Floyd seufzte laut, ehe ihm ein Lächeln übers Gesicht huschte. »Wow, Gott, gütiger«, meinte er mit einem Blick zu Cains. »Wir müssen nicht ins Gefängnis. Mann, heute Nacht fahren wir nicht ein!«

Die Beamten waren ohne eine Entschuldigung für die aggressive Durchsuchung weggefahren, ohne eine Erklärung, warum sie die beiden Männer ins Visier genommen hatten oder ob ein triftiger Grund vorlag, ihr Auto zu durchsuchen. Cains erinnerte sich, dass die Polizisten weder einen Durchsuchungsbeschluss vorgezeigt noch seine Zustimmung als Fahrzeuginhaber erhalten hatten. Der Kautionsagent hatte genug Ahnung vom Justizsystem, um zu wissen, dass an sich wasserdichte Anklagen wegen solcher Verfassungswidrigkeiten abgeschmettert werden konnten.

Doch in Gegenden wie dem Third Ward in Houston war der *Fourth Amendment's Search-and-Seizure Clause* zum Schutz vor willkürlicher Durchsuchung, Festnahme und Beschlagnahme durch die *1994 Crime Bill* und dem als wichtiger eingestuften Kampf gegen Drogenkriminalität mehr oder weniger ausgehöhlt worden. Miss Cissy hatte Floyd seit jeher gewarnt, dass er es als Schwarzer Mann in den USA von Geburt an doppelt schwer haben würde. Davon abgesehen wurde er in eine besonders ungünstige Zeit hineingeboren. Die zuvor über Generationen hinweg stabile Inhaftierungsrate in den USA begann etwa ab Floyds Geburtsjahr 1973 kontinuierlich zu steigen.[1]

1971 hatte Präsident Richard Nixon den Krieg gegen Drogen erklärt, und in den Folgejahrzehnten quollen die Gefängnisse der USA über, da jeder Präsident nach ihm im Kampf gegen

Drogenhandel militaristische Sprache und Taktiken einsetzte.[2] Nixons Ankündigung, Drogen seien der »Staatsfeind Nummer 1«, spiegelte die vorherrschende Stimmung wider, dass Amerikas Drogenproblem mit brachialer Staatsgewalt zu begegnen sei und nicht mit ursachenorientierten Lösungsansätzen.[3] Dieser politische Ansatz aus den 1970er Jahren – als obligatorische Mindeststrafen, neue bundesstaatliche Drogenbehörden und der Einsatz aggressiver polizeilicher Maßnahmen wie No-Knock-Warrants eingeführt wurden – ließ das Land den Weg der Kriminalisierung einschlagen, der sich bis ins 21. Jahrhundert fortsetzte und vernichtende Auswirkungen auf Stadtteile wie den Third Ward hatte. Einer von Nixons Spitzenberatern gab 2016 zu, dass man den Drogenkrieg auch angezettelt hatte, um gegen Schwarze Gemeinden vorzugehen, sie zu diffamieren und zu spalten, da sie damals als politische Bedrohung für den Präsidenten galten.[4] Nach fast einem halben Jahrhundert, in dem republikanische wie demokratische Präsidenten diesen politischen Kurs im Drogenkampf verfolgt hatten, war Nixons Ziel erreicht.

Floyd war gerade an die Mittelschule gekommen, als Präsident Ronald Reagan 1986 im Weißen Haus eine Rede an die Nation hielt, in der er Crack als ein »unkontrolliertes Feuer« bezeichnete und angesichts dieser »neuen Epidemie« die Medien dazu aufrief, »Alarmsignale durchs ganze Land zu senden«.[5]

Einige Tage nachdem sich Floyd im Herbst 1989 als Freshman an der Yates Highschool eingeschrieben hatte, verbrannte Präsident George H. W. Bush während einer im Fernsehen übertragenen Rede eine Plastiktüte voller Crack, mit dem Ziel, die Nation zu schockieren.[6]

In seiner Ansprache im Oval Office betonte Bush: »Wir sind uns alle einig, dass heute die größte inländische Bedrohung für unsere Nation Drogen sind.«[7]

Sowohl Bush als auch Reagan sprachen sich vehement für den verstärkten Einsatz von Bundesmitteln zur Bekämpfung des Problems aus, nachdem der Kongress in den Jahren 1984, 1986 und 1988 weitgreifenden Antidrogengesetzen zugestimmt hatte.[8] Die finanzielle Förderung bundesstaatlicher Drogenbehörden verdreifachte sich, und die angeklagten Verstöße gegen das Betäubungsmittelgesetz verdoppelten sich in einem Antidrogenkrieg von nie dagewesenen Ausmaßen.[9] Während der Regierungszeit der nachfolgenden republikanischen Präsidenten, die sich allesamt auf die Fahnen schrieben, Verbrechen mit aller Härte zu begegnen, verdreifachte sich die Zahl der Gefängnispopulation. Am Ende von Bushs Amtszeit 1993 waren es über 850 000 Insass*innen.

Nachdem es der Republikanischen Partei in den 1980er Jahren gelungen war, das Kriminalitätsproblem in eine einnehmende politische Botschaft umzuwandeln, nahmen sich auch die Demokraten vor, dem Land zu zeigen, dass sie es mit der Drogenmissbrauchsbekämpfung in den Städten ernst meinten. 1994 unterzeichnete Präsident Bill Clinton den *Violent Crime Control and Law Enforcement Act* (kurz *Crime Bill*), unterstützt vom damaligen Senator Joe Biden.[10] Per Gesetz wurden Gelder für hunderttausend neue Stellen bei der Polizei auf den Straßen der USA bereitgestellt,[11] außerdem 9,7 Milliarden Dollar für Gefängnisse – Geld, das den Bundesstaaten Anreize bot, strengere Gesetze zu verabschieden.[12]

Das Strafverfolgungsgesetz wirkte sich unverhältnismäßig stark auf finanzschwache, von marginalisierten Menschen bewohnte Gegenden aus, wo Millionen von Arbeitsplätzen für Arbeiter*innen nach Übersee verlagert wurden, während Millionen Kilo Kokain, Marihuana und andere Drogen den entgegengesetzten Weg nahmen.[13] Die Antwort der Regierung sah auf allen Ebenen hartes Durchgreifen vor, um sowohl abgebrühte Kriminelle als auch Menschen, die ihrer Armut durch den Konsum oder Verkauf von Drogen entfliehen wollten, dingfest zu machen.

Gegenden, wie die, in der George Floyd aufwuchs, gerieten

ins Visier der härtesten Strafaktionen. Obwohl Studien belegen, dass *weiße* und Schwarze Bürger*innen gleichermaßen Drogen konsumierten, ging Houstons Drogenfahndung nur selten in den Korporationshäusern der University of Houston oder den schicken Wohngegenden im Westen der Stadt auf Streife.[14] Als Floyd 1997 vom College in die Cuney Homes zurückkehrte, war die Zahl der Insass*innen in US-Gefängnissen auf 1,2 Millionen geschnellt, wobei vor allem Menschen mit demographischen Merkmalen, die seinen ähnelten, für den Anstieg verantwortlich waren.[15] Ein Großteil der neu Inhaftierten war wegen Drogendelikten im Gefängnis, wobei geringfügige Verstöße durch Schwarze Jugendliche unverhältnismäßig hart geahndet wurden.[16] Laut dem Justice Policy Institute nahm zwischen 1986 und 1999 die Zahl *weißer*, jugendlicher Texaner*innen, die wegen Drogendelikten inhaftiert wurden, um 9 Prozent ab, während die Inhaftierungsrate von Schwarzen Jugendlichen aufgrund von Betäubungsmittelverstößen um 360 Prozent zunahm.[17] Texas lag im Vergleich zu den übrigen Bundesstaaten angesichts der Inhaftierungsrate in den 1990er Jahren weit vorn, wobei die von Schwarzen Bürger*innen im Vergleich zu *weißen* siebenmal höher war.[18] Als sich das texanische Staatsgefängnissystem zwischen 1990 und 2000 verdreifachte,[19] übertraf es selbst das in Kalifornien und lag in Relation zur Einwohnerzahl nur hinter dem in Louisiana.[20] Als Floyd im Alter von 23 Jahren in die Mühlen dieses Systems geriet, befand sich fast ein Drittel der männlichen Schwarzen Einwohner von Texas unter Kontrolle des Texas Department of Criminal Justice – im Gefängnis, in Untersuchungshaft, auf Bewährung oder in Hafturlaub.[21]

Als Athlet an der Highschool und am College hatte es Floyd geschafft, einen Bogen ums Gefängnis zu machen, und zunächst gelang ihm dies auch, als er wieder zu Hause war. Cains verhalf ihm zu einem Job als Türsteher in einem Nachtclub namens Wet Spot, doch schon bald merkte Floyd, dass er mit seinem Gehalt nicht über die Runden kam.

147

In der Gegend rund um die Cuney Homes ließ sich im florierenden Drogengeschäft schnelles Geld verdienen, und Floyds Freunde, die schon seit Jahren Drogen verkauften, führten ihn nur zu gern ins Business ein. Schon nach kurzer Zeit aber mussten sie feststellen, dass Floyd kein besonders guter Dealer war. Es schien, als fehlten ihm sowohl die Motivation als auch die Skrupellosigkeit, um in den Bricks ein Revier zu kontrollieren. Doch Floyds Freunde wussten auch, dass er Geld brauchte. Daher zeigten sie ihm, wie er Unmengen von Geld machen konnte, ohne sich weit von seinem Zuhause zu entfernen.

Es war vorhersehbar, dass Floyds Festnahme bei einer verdeckten Drogenrazzia im Jahr 1997 eine Reihe von Folgen nach sich ziehen würde: einen Abstecher ins Bezirksgefängnis, die Beauftragung einer Pflichtverteidigung, eine rasche Verfahrensabsprache in Austausch für das, was die Staatsanwaltschaft als milde Strafe präsentierte.[22] Laut Staatsanwaltschaft wog das Crack, das Floyd angeblich einem verdeckten Ermittler für 18 Dollar verkauft hatte, etwa 0,3 Gramm. Floyd verweigerte die Aussage und stimmte einer Haftstrafe von sechs Monaten zu.

Es war Floyds erster Schuldspruch, und obwohl es sich um eine relative kurze Haftstrafe handelte, verließ er das Gefängnis mit psychischen Schäden, die aus dem tagtäglichen Eingesperrtsein in einer winzigen Zelle resultierten. Floyd hatte seither nicht nur Zeit seines Lebens mit Panikattacken und Klaustrophobie zu kämpfen, es haftete ihm auch ein Etikett an, das er niemals wieder loswerden würde: verurteilter Verbrecher.

Floyd sah sich nach seinem Gefängnisaufenthalt mit Gerichtsschulden von mehreren Hundert Dollar konfrontiert, doch er hatte nur begrenzte Möglichkeiten, sie abzuzahlen.[23] Freund*innen gegenüber beschwerte er sich, zwar seine Zeit abgesessen, aber immer noch das Gefühl zu haben, sich im eisernen Griff des Texas Department of Criminal Justice zu befinden.

Einer dieser Freunde war Jacob »Fathead« David, der jünger war als Floyd und der Clique der Cuney Homes Kids angehörte, die einst zu dem Starathleten aufgeschaut hatte. Als Teenager hatte Fathead, dessen liebevoller Spitzname von seinen vollen Wangen herrührte, auf dem Sportplatz in den übergroßen Basketballtrikots trainiert, die ihm Floyd von der Schule mitgebracht hatte. Da Fathead Floyd als Kind idolisiert hatte, war Fathead einer der wenigen Menschen, die den Traum des ehemaligen Collegeathleten, Großes zu bewirken, immer noch befeuerten.

»Wir werden die krassesten Macker auf der Welt sein«, schwärmte er Floyd eines Tages Ende 1990 vor. »Alle werden unseren Namen kennen!«

Sie hatten einen kleinen Vorgeschmack auf Ruhm bekommen, als sich Floyd mit dem professionellen Basketballspieler Stephen Jackson anfreundete, dem er verblüffend ähnlich sah. Ein gemeinsamer Freund hatte Floyd und Jackson einander vorgestellt. Jackson war in der Nähe von Houston aufgewachsen und wurde 1997 bei den Phoenix Suns verpflichtet. Floyd hatte Jackson in die Bricks mitgenommen und ihn Fathead und ein paar anderen Freunden vorgestellt. Bald schon fanden die Jungs heraus, wie sie von Floyds berühmtem Doppelgänger profitieren konnten.

»Ich habe Stephen Jackson dabei«, flüsterte Fathead den Türstehern vor den Nachtclubs zu, während er auf Floyd in der Warteschlange deutete.

Nachdem sie an der Warteschlange vorbeispaziert waren, verbrachten die Jungs aus den Cuney Homes die Nacht damit, die VIP-Behandlung zu genießen und Freigetränke zu schlürfen. Danach gingen sie oft zu McDonald's, teilten sich ein Menü für fünf Dollar und lachten sich kaputt, dass ihnen der Streich gelungen war.

Doch immer wieder wurden sie in unbeschwerten Momenten wie diesen von der harten Wirklichkeit eingeholt, erwachsene

Männer zu sein, die sich in Clubs schleichen, Drinks ergaunern und Big Macs teilen mussten, weil sie völlig pleite waren. Wenn Miss Cissy der Strom oder das Kabelfernsehen gekappt worden waren, weil sie die Rechnungen nicht bezahlen konnte, übernachtete Floyd gelegentlich bei Fathead.

Floyd erzählte seinem Freund, wie sehr er finanziell unter Druck stand. Zsa Zsa, Floyds Schwester, kämpfte immer noch mit ihrer Drogensucht. Familienmitglieder berichteten, dass sie sich noch in derselben Nacht, in der sie ein weiteres Kind geboren hatte, aus dem Krankenhaus entließ und das Neugeborene in die Obhut von Miss Cissy gab. Floyds Mutter bat ihn, ihr beim Großziehen ihrer Enkelkinder finanziell unter die Arme zu greifen.

Floyd hatte ihr versprochen, sich zu kümmern, auch wenn es schwer war, als Vorbestrafter ohne Collegeabschluss einen Job zu finden.

Gegen Ende der 1990er Jahre wollte Floyd nicht mehr Sport-, sondern Musikstar werden.

Floyd freundete sich mit Robert Earl Davis Jr. an, einem aus Houstons Süden stammenden, aufstrebenden DJ. Er hatte Chopped and screwed erfunden, eine Remix-Technik, die zur damaligen Zeit die Hip-Hop-Szene der Stadt dominierte. Davis, dessen Künstlername DJ Screw war, war gerade im Begriff, über die Stadtgrenzen hinaus Bekanntheit zu erlangen, als Floyd aus dem College nach Hause zurückkehrte. Floyd fühlte sich vom samtigen Beat des Chopped-and-screwed-Sounds angezogen und war beeindruckt, dass das neue Genre, um das ein immer größerer Hype entstand, nicht nur aus Houston, sondern aus seinem Stadtteil stammte.

Nach DJ Screws Technik wurde ein Track stark verlangsamt abgespielt, was ihm einen schweren, trägen Klang verlieh, der tief und dumpf dahinkroch.[24] Houstons Rapper*innen kreierten neue Fassungen bekannter Soul-, R&B-und Hip-Hop-Songs, die so manipuliert wurden, dass sich die Sänger wie sediert an-

hörten. Davis veröffentlichte seine Musik auf Mixtapes, sogenannten Screw Tapes, die zunächst in Houston und später auch
landesweit Fans gewannen.

Floyd prahlte vor seinen Freunden, wenn er Zeit mit Davis
oder anderen Mitgliedern der Screwed Up Click verbrachte. Sie
war ein locker definiertes Kollektiv aufstrebender Künstler*innen, die sich in einem Aufnahmestudio namens Screw House
zu nächtelangen Sessions trafen. Manchmal nahm Floyd seine
Freunde aus den Cuney Homes mit ins Studio. Eine Einladung
dorthin war heiß begehrt, da sie dort stadtbekannte Rapper trafen und zusehen konnten, wie DJ Screw ihre Freestyles in Tracks
auf seinen Mixtapes verwandelte.

»Das war, wie Michael Jackson oder Jay-Z zu Hause zu besuchen«, erinnerte sich Fathead später.

Für Floyds Kindheitsfreund Cal Wayne bot die Einladung ins
Screw House die Möglichkeit, seine sich anbahnende Karriere
als Rapper voranzutreiben. Wayne, dessen Künstlername Killa
Cal Wayne war, hatte eine natürliche Begabung fürs Texten.
Seine Raps handelten von seiner armen Kindheit in den Cuney
Homes, und mit der Zeit baute er sich eine treue Fangemeinde in
der Gegend des Third Ward auf.

Wayne bat Floyd, der auf mehreren bekannten Screw Tapes
als Big Floyd auftrat, bei seinem neuen Studioalbum mitzuwirken. Floyd sagte zu, war sich aber unschlüssig, wie er es anstellen
sollte. Bisher hatte er ein bisschen herumgespielt und ein paar
Freestyles für DJ Screw gemacht, doch noch nie hatte er einen
Song mit Liedtext vorgetragen.

»Was soll ich da drauf sagen?«, fragte Floyd Wayne.[25]

»Erzähle einfach deine Wahrheit«, antwortete Wayne, der
seinen Freund beruhigen wollte. Wayne versprach, sich um die
Musik zu kümmern, und dem Track den typischen Chopped-
and-screwed-Sound zu verpassen, um den tiefen Klang von
Floyds Stimme zu verstärken.

Während Floyds Freestyles im Screw House gedankenlose

Prahlereien über Geld, Autos und Frauen gewesen waren, spiegelte der Songtext, den er vorbereitet hatte, seine harte Lebensrealität wider:[26]

»Damn, little Wayne, I've been broke for so long / I've been stuck in last place for so long / Loaded (loaded) with potential but I'm still going wrong / Need to get my act together quick, n***a, and start being grown ...«[27]

In dem unveröffentlichten Song klagt Floyd auch darüber, von Freunden dafür gerügt zu werden, »auf meinem Arsch« zu sitzen, anstatt sein wahres Potenzial zu entfalten.

Floyd rappte über sein wahres Leben, und das Resultat war ein lyrischer Tagebucheintrag, der wenig Ähnlichkeit hatte mit den Rap Partysongs von 2 Live Crew, die er auf Spritztouren mit seinen Highschoolkumpels so gern gehört hatte. Im Kontrast dazu beschrieb Floyd sich nun als tragischen Charakter, der an die abschreckende Figur des »Poor Georgie« in einem Rap von MC Lyte aus dem Jahr 1991 erinnerte.

Wayne war klar, dass sein Freund in Schwierigkeiten steckte, doch waren Floyds Probleme in seinen Augen nicht allein mit Geld zu lösen. Wayne dealte schon seit seiner Jugend, nachdem seine Eltern beide inhaftiert worden waren und er sich und seine Geschwister in den Bricks allein durchbringen musste. Er bestritt seinen Lebensunterhalt, indem er Marihuana und Kokain auf der Straße verkaufte. Ende der 1990er, Anfang der 2000er Jahre waren neue Drogen dazugekommen, die für die Leute im Viertel ungeahnte Möglichkeiten boten, es zu Wohlstand zu bringen. Zeitgleich mit dem Erfolg von Chopped and screwed erfreute sich ein illegales Getränk namens *Lean* großer Beliebtheit, das aus einem Mix aus codeinhaltigem Hustensaft und Limonade bestand.[28] Der aus Houston stammende Drink, auch als *Purple Sirup* oder *Drank* bezeichnet, hatte eine sedierende Wirkung und führte zu einer Verlangsamung der Motorik. Auf diese Weise ergänzte er DJ Screws abgefahrene, zäh dahintropfende Tracks perfekt.

Für Wayne bot die Musik eine Möglichkeit, irgendwann dem Straßenleben zu entfliehen, doch solange er keinen Plattenvertrag in der Tasche hatte, wollte er weiter dealen. Er versuchte, Floyd dabei zu helfen, sich ein bisschen Geld zu verdienen, doch Floyd hatte seine Probleme, im boomenden Drogenhandel Fuß zu fassen. Irgendwann begannen die Leute im Viertel sich zuzuraunen, dass Floyd selbst mehr nahm, als er verkaufte, und damit gegen die goldene Regel von Houstons Dealer*innen verstieß: *Never get high on your own supply.* (Sei nicht selbst dein*e beste*r Kund*in.)

Floyds dürftige Qualitäten als Dealer ließen ihn am 29. Oktober 2002 ein zweites Mal auf dem Rücksitz eines Polizeiwagens landen.[29] Beamt*innen vom Houston Police Department hatten ihn im Zuge einer Ermittlung gegen Bandenkriminalität in den Cuney Homes beobachtet. Laut Polizeibericht habe Floyd im Hof der Sozialbausiedlung gestanden, als ein paar Leute auf ihn zugingen, ihm Geld überreichten und darauf warteten, einen kleinen Gegenstand ausgehändigt zu bekommen, den Floyd bei einer Veranda eines unweit entfernten Apartments aus dem Erdboden holte. Nachdem sich dieser Vorgang innerhalb von 15 Minuten mehrere Male wiederholt hatte, kamen die Polizist*innen auf Floyd zu und ließen ihn wissen, dass er verhaftet sei. Einer der Beamten fand bei der Veranda des Appartements eine Plastiktüte mit vier großen Crackklumpen.

Nur Sekunden später wurde Floyd in Handschellen abgeführt. Im Gegensatz zu früheren Begegnungen mit der Polizei gab Floyd auf der Fahrt zur Polizeistation Widerworte. Er warf den Polizist*innen vor, ihn nur deswegen festgenommen zu haben, weil er Schwarz war. Ausgerechnet ihn würden sie drangsalieren, wo doch eine ganze Reihe anderer Leute Drogen verkauften, beschwerte er sich. In jenem Herbst 2002 hatte Floyd das Gefühl, dass die ganze Welt sich gegen ihn verschworen hatte.

Die Aufnahmeformulare, die Floyd bei Ankunft auf der Polizeistation für die Bezirksgesundheitsbehörde ausfüllte, zeugen von seiner panischen Angst, als er nur wenige Tage vor seinem 29. Geburtstag wieder inhaftiert werden sollte.[30]

Er notierte, tieftraurig über den Tod seines Vaters zu sein, der drei Wochen zuvor gestorben war. George Perry Floyd Sr. war in North Carolina zusammengesackt über seinem Lenkrad aufgefunden und ins Cape Fear Valley Medical Center gebracht worden, das Krankenhaus, in dem sein Sohn zur Welt gekommen war. Am 8. Oktober 2002 war er im Alter von 53 Jahren für tot erklärt worden. Floyd hatte als Kind keine Möglichkeit gehabt, seinen Vater näher kennenzulernen, und war tief bestürzt über die Tatsache, nun nie mehr eine engere Beziehung zu ihm aufbauen zu können.

Auf dem Aufnahmeformular kreuzte Floyd an, unter Schlafstörungen, Weinkrämpfen, Schuldgefühlen und Abgeschlagenheit zu leiden. Er vermerkte, täglich missbräuchlich Vicodintabletten einzunehmen. Außerdem gab er an, leicht ablenkbar zu sein, unkluge Investmentgeschäfte zu machen und Vorhaben nicht zu Ende zu bringen.

»Wenn ich rede, hören mir die Leute zu«, schrieb er und merkte an, in der Vergangenheit andere erfolgreich davon überzeugt zu haben, sich an die Gefängnisregeln zu halten.[31] »Ich schreibe mir selbst Briefe. Ich bin ziemlich schlau. Ich schreibe Raps und bringe es nicht zu Ende.«

Bei einem Treffen mit seinem Pflichtverteidiger klagte Floyd darüber, deprimiert zu sein und Stimmen zu hören. Er behauptete, seine verstorbenen Freunde würden zu ihm sprechen. Der Pflichtverteidiger nahm Notiz von Floyds labilem Zustand und beantragte für Floyd ein psychiatrisches Gutachten.

Ein klinischer Bezirkspsychiater kam zum Schluss, dass Floyd eine psychische Erkrankung vortäusche. Er wurde zurück in seine Zelle geschickt und mit seinen Problemen allein gelassen. Später bekannte er sich schuldig und wurde zu einer achtmonatigen Haftstrafe im Staatsgefängnis verurteilt, ohne Anspruch auf medizinische Behandlung oder ein Rehabilitationsprogramm.

Während Floyd in einem beengten Schlafsaal, den er sich mit Hunderten anderen Männern teilte, mit seinen inneren Dämonen zu kämpfen hatte, verzeichnete Texas im Steuerjahr 2003 ein Haushaltsdefizit von 10 Milliarden Dollar.[32] Eine der Ursachen war die Kostenexplosion durch die Inhaftierung von über 160 000 Menschen.[33]

Nachdem man über zehn Jahre lang größere Gefängnisse gebaut und Mindeststrafen beschlossen hatte, weil die Antidrogenpolitik der USA in erster Linie das massenhafte Wegsperren von Menschen vorsah, beschlossen mehrere Staaten zur Jahrhundertwende eine Kursänderung. Auch wenn die Kriminalitätsraten insgesamt sanken, erwies sich der Krieg gegen die Drogen als unverhältnismäßig teuer und ungeeignet zur Bekämpfung von Drogenmissbrauch.

Andere Länder, die den Schwerpunkt auf vorbeugende und therapeutische Maßnahmen gesetzt hatten, konnten eine Abnahme von Drogenmissbrauch und -kriminalität verzeichnen, die öffentliche Sicherheit stärken und die massiven fiskalischen und sozialen Kosten vermeiden, mit denen sich die USA durch ihr beispielloses Masseninhaftierungsprogramm konfrontiert sahen.[34]

Die restriktive Null-Toleranz-Drogenpolitik zog eine ganze Generation junger, Schwarzer Männer in einen Teufelskreis aus wiederholten Inhaftierungen, wachsender Armut durch sich anhäufende Gerichtskosten und schwindenden Jobchancen.[35] Während Floyds Lebenszeit schwoll die Zahl der inhaftierten US-Amerikaner*innen von etwa 200 000 auf mehr als 2 Millionen an.[36]

Im Jahr 2002 gaben die Bundesstaaten fast 40 Milliarden Dollar für den Strafvollzug aus, obwohl sie nach den Terroranschlägen am 11. September 2001 und der Dotcom-Blase massive Einbrüche bei den Steuereinnahmen zu verzeichnen hatten.[37] Abgeordnete standen vor der schwierigen Entscheidung, die knappen Steuergelder entweder für die Inhaftierung nicht gewalttätiger Delinquenten oder frühkindliche Erziehung zu verwenden. Viele Bundesstaaten fingen an, die strengsten Drogengesetze zu revidieren und verstärkt zu therapeutischen Maßnahmen oder anderen weniger kostspieligen Alternativen zur Inhaftierung überzugehen.[38]

Doch Texas blieb auf Kurs. Abgeordnete waren fest entschlossen, Möglichkeiten zur Kostenreduzierung zu finden, um den Ruf des Bundesstaats als Hardliner nicht zu gefährden.[39] Der damalige Gouverneur von Texas, Rick Perry, wies trotz der wachsenden Zahl von Texaner*innen, die in neu errichtete Gefängnisse gesteckt wurden, Beamt*innen an, im Strafvollzug Einsparungen vorzunehmen.

Angesichts der steigenden Inhaftierungsrate nahm Texas zwischen 2001 und 2008 die im Bundesvergleich größte Kürzung um 8 Prozent bei der medizinischen Versorgung von Inhaftierten vor.[40] Texas gab an, in dieser Zeitspanne die Kosten für die Gesundheitsversorgung pro Häftling um fast 13 Prozent gesenkt zu haben – und das zu einer Zeit, als die Preise in der Medizin sowohl in der Gesamtwirtschaft als auch im Strafvollzug sprunghaft angestiegen waren.[41] Um Geld zu sparen, deckelte der Staat auch den Kaloriengehalt der Häftlingsmahlzeiten und reduzierte die tägliche Kalorienzufuhr von 2700 auf 2500 Kalorien.[42]

Gouverneur Perry trat in die Fußstapfen von George W. Bush, der das Amt von 1995 bis 2000 innehatte. Während seiner Amtszeit erwarb sich Bush den Ruf, hart gegen Verbrechen durchzugreifen, indem er die meisten Exekutionen im ganzen Land bewilligte und eine Steigerung des Gefängnisbudgets von 1,4 auf 2,4 Milliarden Dollar verantwortete.[43] Dieser rapide Anstieg machte den Strafvollzug zum am schnellsten wachsenden Sektor des Bundesstaats und schmälerte die Ausgaben für Erziehung, Gesundheitswesen, Wohnungsbau und andere Dienste.

George W. Bush selbst ließ sich zu unüberlegten »Jugendsünden« hinreißen, und auch die Tatsache, dass er im Alter von 40 Jahren exzessive Partys feierte und schwerer Trinker war, konnte ihm als Spross einer gut vernetzten Politikerfamilie nichts anhaben.[44] Seine Zusammenstöße mit der Polizei führten nicht wie bei George Floyd zu einem ellenlangen Vorstrafenregister, das ihm seine Zukunftsaussichten verbaute.[45] Stattdessen ebnete ihm seine Botschaft des »mitfühlenden Konservatismus« den Weg ins Weiße Haus, während sein Namensvetter in einer Zelle des texanischen Staatsgefängnisses eingesperrt war.

Floyd hatte nach seiner Verhaftung im Jahr 2002 keine Möglichkeit, sein Drogenproblem anzugehen. Stattdessen vertrieb es sich die Zeit mit Sport. Jeden Morgen machte er zusammen mit Reginal Smith, einem alten Freund aus dem Third Ward, 500 Push-ups.[46] Smith saß wegen unbefugter Nutzung eines Kraftfahrzeugs in Haft. Floyd arbeitete in der Gefängnisküche, doch wie Hunderte seiner Gefängnisgenossen hatte er mit bohrender Langeweile zu kämpfen und verbrachte seine Tage in der nicht klimatisierten Anlage vor dem Fernseher.

Als Floyd im Sommer 2003 entlassen wurde, hatte ihm seine Zeit im Gefängnis nicht viel mehr als einen weiteren Eintrag in seinem Vorstrafenregister gebracht. Er kehrte in sein altes Viertel zurück, wo nach wie vor Polizist*innen, die auf die Verhaftung von Menschen aus waren, durch die Straßen patrouillierten.

Floyd hatte von Kindesbeinen an gelernt, dass im Third Ward zu leben bedeutete, es mit einer oft feindlich gesinnten, omnipräsenten Polizei zu tun zu haben, die jederzeit auftauchen konnte, um erst zu Gewalt zu greifen und dann Fragen zu stellen. Bis 2013 war Floyd als Erwachsener mindestens zwölfmal von der

Polizei in Houston kontrolliert worden und wusste inzwischen, dass es vieles gab, wofür man festgenommen werden konnte – zu langsames oder schnelles Fahren, ein zu gepflegtes oder ungepflegtes Aussehen, ein zu entschlossener oder schlendernder Gang.[47]

Kurz nachdem Floyds Mutter 2001 von ihrem Appartement in den Bricks in ein Haus auf der gegenüberliegenden Straßenseite gezogen war, wurde Floyd erneut verhaftet. Die Polizei hatte ihn dabei beobachtet, wie er bei strömendem Regen durch sein altes Viertel spaziert war. In ihrem Bericht gaben die Beamten an, Floyd festgenommen zu haben, weil er »nicht so aussah, als würde er irgendwo hingehen«.[48]

Einige Monate später wurde Floyds kleiner Bruder Rodney festgenommen, als er aus dem Haus auf die Nalle Street trat. Laut Polizei befand sich in der Nähe ein gestohlenes Auto. Floyd war gerade auf dem Nachhauseweg, als er Rodney, damals noch ein Teenager, in Handschellen auf dem Boden liegen sah. Es war der Tag der Beerdigung ihres Großvaters, und Rodney hatte sich seine schicken Klamotten angezogen. Floyd eilte zu ihnen und bat die Polizei, ihn anstelle von Rodney zu verhaften.

»Ich übernehme das. Es ist meins«, beteuerte Floyd, ohne den Grund für Rodneys Verhaftung zu kennen. »Lasst ihn gehen. Ich war es, lasst meinen Bruder laufen.«[49]

Rodney war damals nicht vorbestraft, und Floyd wollte seinem Bruder das Stigma und das Trauma einer Verhaftung ersparen.

Doch als die Beamten mitbekamen, dass die beiden Brüder waren, nahmen sie kurzerhand beide fest. Auf dem innerstädtischen Polizeirevier kam der für die Festnahme verantwortliche Polizist zur Arrestzelle, in der die Brüder saßen, und ließ sie wissen, dass die Münze in seiner Hand über ihr Schicksal entscheiden würde.

»Kopf bedeutet, du bleibst, bei Zahl darfst du gehen«, knurrte er mit Blick auf Floyd.

Er warf die Münze, und sie zeigte Kopf.

»Alles klar, kleiner Bruder, ich denke, du darfst gehen«, sagte der Beamte zu Rodney, bevor er ihn aus der Zelle ließ und seinen großen Bruder wieder einschloss. Einige Stunden später wurde auch Floyd entlassen. Es kam nie zu einer Anklage.

Der Third Ward war für Patrouillen ein besonders beliebtes Ziel, da es finanzielle Anreize für Polizeibeamt*innen und -dezernate gab, die Zahl der Verhaftungen hoch zu halten. Etliche Millionen Dollar Bundeszuschüsse und Überstunden ließen sich auf Verhaftungszahlen zurückführen, da in der öffentlichen Wahrnehmung viele Festnahmen bedeuteten, dass die Polizei aktiv etwas gegen Kriminalität unternahm.

»In Houston gab es jede Menge Crack und jede Menge Polizist*innen, die auf viele Dienststunden und eine gute Bilanz aus waren«, erzählte Houstons ehemaliger Polizeichef C.O. Bradford, der das Department von 1996 bis 2003 leitete. »Sie durchkämmten das Viertel und verhafteten, wen sie kriegen konnten, gern auch immer und immer wieder dieselbe Person.«

Einige Beamt*innen führten so viele Verhaftungen durch, dass sie bei den Bewohner*innen der Bricks Bekanntheitsstatus erreichten. Ihnen wurde nachgesagt, manipulierte Strafanzeigen zu stellen oder verdächtige Drogendealer*innen zu bestehlen. Dem Polizisten, der Floyd im Jahr 1997 verhaftet hatte, wurde 2002 die Lizenz entzogen, nachdem gegen ihn Anklage wegen Diebstahls und Strafvereitelung erhoben worden war.[50] Texanische Polizist*innen nahmen es regelmäßig lieber in Kauf, ihre Lizenz zu verlieren, statt wegen Fehlverhaltens angeklagt zu werden.

Am 5. Februar 2004 stand Floyd an der Ecke Winbern und Tierwester Street – derselben Kreuzung, an der er sieben Jahre zuvor verhaftet worden war, weil er einem verdeckten Ermittler Drogen verkauft hatte –, als erneut ein Zivilpolizist anhielt und ihn aus der Ferne beobachtete.[51]

Es war Gerald Goines, ein Schwarzer Drogenfahnder, der seit

15 Jahren für das Houston Police Department Streife fuhr und dafür sorgte, dass Hunderte anderer Schwarzer Männer wegen geringfügiger Drogendelikte ins Gefängnis wanderten.[52] Seine perfide Strategie bestand darin, Informant*innen dafür zu bezahlen, rund um die Cuney Homes Dealer*innen Drogen abzukaufen. Seine Omnipräsenz und Verstohlenheit brachten Goines bei den Bewohner*innen der Cuney Homes den Spitznamen »Batman« ein.

Goines forderte per Funk die Festnahme Floyds durch uniformierte Beamt*innen an und schrieb später in seinem Bericht, einem vertraulichen Informanten zehn Dollar dafür gegeben zu haben, Floyd einen Beutel Crack abzukaufen und Floyd später bei der Aushändigung der Drogen beobachtet zu haben.

Floyd hatte bei seiner Verhaftung kein Geld bei sich, und Goines weigerte sich, den Namen seines anonymen Informanten preiszugeben. Goines, der einzige Zeuge des angeblichen Drogenverkaufs, sollte später von der Bezirksstaatsanwältin von Harris County wegen falscher Anschuldigungen in Hunderten von Drogenfällen, auch in dem von Floyd, angeklagt werden.[53] Laut der Bezirksstaatsanwältin hatte es Goines auch deswegen auf verarmte Männer, die einer Minderheit angehörten, abgesehen, da er wusste, dass viele von ihnen bereits vorbestraft waren.[54] Die meisten konnten sich keine anwaltliche Vertretung leisten, und einige ließen sich auf Deals ein, in der Hoffnung, so jahrelangen Gefängnisstrafen zu entgehen.

Goines' Anwältin, Nicole DeBorde Hochglaube, wies die Anschuldigungen in aller Schärfe zurück und beschrieb ihren Mandanten als einen altgedienten und von seinen Vorgesetzten hochgelobten Beamten. Sie behauptete, es gäbe keinen Grund für die Annahme, dass Goines gezielt gegen Menschen vorgegangen sei, Beweise gefälscht oder Floyd unberechtigterweise beschuldigt habe.

Die Enthüllungen über Goines' mutmaßlich illegale Polizeitaktiken erfolgten lange nachdem Floyd die Konsequenzen dafür zu spüren bekam, an jener Kreuzung in den Bricks gestanden zu haben, als Batman gerade Streife fuhr.

–

»Hallo, dies ist ein R-Gespräch von ›Hey, hier ist Floyd‹, einem Häftling aus dem Harris County Gefängnis ...«

Travis Cains hatte es schon fast erwartet, eine abgehackte, schrille Roboterstimme, unterbrochen vom tiefen Organ eines aufgelöst klingenden George Floyd zu hören, der ihn per R-Gespräch aus dem Gefängnis anrief. Cains war daher alles andere als überrascht, als Floyd ihn nach der Verhaftung durch Goines aus dem Gefängnis anrief.

Er drückte die 3, um den Anruf anzunehmen, sparte sich das Höflichkeitsgeplänkel und kam sofort zum Punkt.

»Was hast du getan?«

»Die Jump Out Boys sind aufgekreuzt und haben mich geschnappt«, erwiderte Floyd.

Zunächst versuchte Floyd, gegen die Anschuldigungen vorzugehen, wodurch sich der Prozess binnen fünf Monaten immer wieder verschob. Die Staatsanwaltschaft bot ihm eine Haftstrafe von zwei Jahren gegen ein Schuldbekenntnis.[55] Floyd lehnte ab. Als man ihm zehn Monate vorschlug, machte sich Floyd klar, wie schwierig es werden würde, vor Gericht seine Unschuld zu beweisen, zumal ihm Cains versichert hatte, dass für Schwarze Männer in Texas das rechtsstaatliche Grundprinzip der Unschuldsvermutung nicht gelte, sondern genau das Gegenteil.

Floyd konnte sich keine private Anwaltsvertretung leisten und realisierte, dass in der Gerichtsverhandlung sein Wort gegen das eines Polizeibeamten stehen würde. Er war bereits wegen Drogenbesitz verurteilt und an einem Ort verhaftet worden, der in Polizeikreisen als Drogenumschlagplatz galt. Die texanische Staatsanwaltschaft war dafür bekannt, Schwarze bei der Geschworenenauswahl unverhältnismäßig selten zu berücksichtigen, und es war sehr wahrscheinlich, dass über Floyds Schicksal Menschen entscheiden würden, die nicht so aussahen wie er.[56] Floyd willigte ein, sich schuldig zu bekennen, und stellte sich darauf ein, eine monatelange Haftstrafe zu verbüßen – wegen eines angeblichen Drogendeals im Wert von zehn Dollar.

Als es Floyd mit dem texanischen Strafjustizsystem zu tun hatte, stand er nie einer *Jury of Peers* (Geschworenenjury aus Ebenbürtigen) gegenüber. Stattdessen ließ er sich auf Deals ein. Letzten Endes setzte er achtmal seinen Namen unter ein Dokument, das sein Schuldeingeständnis festhielt und die Überschrift »Der Staat Texas gegen George Floyd« trug.[57] Die asymmetrische Überschrift spiegelte dabei eindrucksvoll die Widrigkeiten wider, denen Floyd im punitivsten Bundesstaat der USA gegenüberstand.

Als sich Floyd in den Mühlen des Strafjustizsystems befand, war Texas einer der wenigen Bundesstaaten im Land, die kein System aus staatlich bezahlten Verteidiger*innen für Angeklagte bereitstellten, die sich keine*n Anwält*in leisten konnten. Stattdessen setzten Strafrichter*innen eine private Strafverteidigung ein, die vom Gericht dafür bezahlt wurde, zahlungsschwache Mandant*innen zu vertreten. Forscher*innen konnten in einer Untersuchung in Harris County Texas zeigen, dass Richter*innen mit einer höheren Wahrscheinlichkeit solche Anwält*innen mit Fällen betrauten, die zuvor ihre Wahlkampagnen mit Spenden unterstützt hatten.[58] In vielen Fällen wurde zu Ungunsten der Mandant*innen entschieden.

1999 überzeugte der für den Third Ward in Houston zuständige demokratische Staatssenator die texanische Legislative, ein Gesetz zu verabschieden, das die Implementierung eines Pflichtverteidigungsprogramms im ganzen Bundesstaat vorgeschrieben hätte.[59] Acht Tage nach seiner Präsidentschaftskandidatur legte der damalige Gouverneur von Texas, George W. Bush, ein Veto ein.[60]

162

Als Floyd 2005 aus dem Gefängnis entlassen wurde, wartete Becky Sue Johnson auf ihn. Die beiden waren kurz vor seiner Inhaftierung ein Paar geworden.

Johnson und Floyd waren zusammen auf die Yates Highschool gegangen, doch nach ihrem Abschluss hatte Johnson dem Third Ward den Rücken gekehrt und war zum Start ins Berufsleben in einen Vorort Houstons gezogen.

Mit ihrem Jahresgehalt von 80 000 Dollar als Geschäftsführerin eines der größten Gesundheitssysteme der Stadt hatte Johnson sich eine brandneue Immobilie mit vier Schlafzimmern im Südwesten der Stadt kaufen können. Am Wochenende lud sie gern Freund*innen aus ihrem alten Viertel zum Essen ein. Als ein gemeinsamer Freund Floyd auf eines dieser Treffen mitnahm, begann Floyd schon nach kürzester Zeit, mit Johnson zu flirten. Sie signalisierte ihm, kein Interesse zu haben, lud ihn aber weiterhin zu sich ein. Schon bald berücksichtigte sie beim Kochen Floyds Vorlieben und reichte als Zuspeise extra für ihn knusprige Pizza mit dünnem Boden, nachdem er ihr gestanden hatte, dass ihm Pizza mit dickem Rand zu teigig war. Doch seine Avancen wies sie zurück. Dies änderte sich eines Sonntagabends, als er sie in Panik anrief, nachdem ihn die Polizei in der Nähe des Hauses seiner Mutter angehalten hatte. Floyd war mit dem Auto eines Freundes unterwegs, und der Beamte verdächtigte ihn, irgendetwas genommen zu haben, obwohl Floyd keine Drogen bei sich hatte.

Johnson fuhr hin und überreichte dem Polizisten ihren Ausweis. Damals im Third Ward hatte sie zwar ein wenig gedealt, war aber so vorsichtig gewesen, dies stets hinter verschlossenen Türen zu tun, und hatte daher ein sauberes Strafregister.

Sie gab an, für Memorial Hermann Health System zu arbeiten und die Verantwortung für ihren Freund zu übernehmen.

»Überlassen Sie ihn mir, und so etwas wird nie mehr passieren«, versprach sie.

Der Beamte willigte ein, Floyd gehen zu lassen. Johnson sah

dies als Zeichen, dass Floyd und sie sich auf eine ernsthafte Beziehung einlassen sollten.

Sie sagte Floyd, dass sie am nächsten Morgen zur Arbeit gehen müsse, er aber, wenn er wolle, ein paar Klamotten aus dem Haus seiner Mutter zusammenpacken und bei ihr übernachten könne.

»Wenn du mit mir zusammen sein willst, wirst du ein bisschen mehr Struktur in dein Leben bringen müssen«, erklärte sie Floyd, als sie in ihrem schwarzen Ford Explorer 1999 zu ihrem Haus zurückfuhren.

Von dieser Nacht an verbrachten die beiden jeden Tag zusammen. Zwischen ihnen entwickelte sich eine Beziehung, die ihnen beiden guttat. Floyd half seiner Freundin beim Abschalten vom Stress bei der Arbeit, während er dank Johnson den Traumata und lauernden Versuchungen des Third Ward entfliehen konnte.

Bei ihrem ersten Date besuchten sie ein Konzert von Anthony Hamilton. Johnson hatte die Tickets von einem Ex-Freund bekommen, der sie zurückerobern wollte. Als Hamilton seinen R&B Hit »The Truth« sang, war Floyd so begeistert davon, dass er sich in Unterhaltungen mit seiner neuen Freundin von nun an als »The Truth« bezeichnete.

Johnson half Floyd, sich über eine Zeitarbeitsfirma für Jobs zu bewerben, und schon bald hatte Floyd eine Anstellung in einem Warenlager in der Murphy Road, nur wenige Minuten von Johnsons Haus entfernt. Obwohl sein erster Gehaltsscheck weniger als 500 Dollar betrug, konnte sich Floyd in einem Gebrauchtwagenhaus am Stadtrand, das ganz auf Subprime-Kreditnehmer*innen ausgerichtet war, einen silbernen Pontiac Grand Prix kaufen, da Johnson den Autokredit mitunterzeichnete.

Manchmal zwängten sich Floyd, Johnson und ein paar Freund*innen in den Grand Prix, um mitten in der Woche im Nachtclub Club Reminisce abzufeiern. An ruhigen Abenden stellte sich Floyd hinter die Bar, um Drinks für für alle zu mixen, während Johnson für ein paar Minuten das DJ-Pult übernahm.

Eines Mittwochabends war Johnsons neunjährige Tochter Ashli wütend darüber, dass die Erwachsenen sie wieder mit der Babysitterin allein lassen wollten. Sie bettelte sie an, mitkommen zu dürfen. Johnson dachte keine Sekunde daran, darauf einzugehen, doch Floyd hatte eine bessere Idee.

»Lass mich mal machen«, sagte er zu Johnson, ehe er Ashli auftrug, sich anzuziehen. Sie eilte in ihr Zimmer und schlüpfte in ein fließendes Folklorekleid.

Gegen 20 Uhr abends verließen sie das Haus und machten eine Tour durch die Lokale in der Nachbarschaft – Club Reminisce, Turning Point und Carrington's Sports Bar. Floyd bestellte für Ashli alkoholfreie Virgin Daiquiris. Um 22 Uhr war Ashli hundemüde und schlief ein. Sie dachte, betrunken zu sein.

»Nichts da, steh auf«, befahl ihr Floyd lachend auf dem Weg in eine andere Bar. »Du wolltest doch ausgehen, oder?« Das Trio zog noch bis Mitternacht von einer Bar zur nächsten, bis die Kleine die Erwachsenen quasi anflehte, endlich ins Bett gehen zu dürfen.

Ashli hatte ihre Lektion gelernt.

»Ich will nicht ausgehen«, murmelte sie, als sie wieder zu Hause waren.

Nachdem sie ausgegangen waren, lagen Johnson und Floyd im Bett, und sie las ihm aus einem Notizbuch vor, in das sie ihre Tagebucheinträge und Ziele für das neue Jahr schrieb. Für das Jahr 2005 hatte sie sich vorgenommen, ihre Kreditwürdigkeit zu verbessern, mehr Sport zu machen und »den Mann zu heiraten, den Gott für mich vorgesehen hat«. Auf einer anderen Seite in diesem Buch plante sie detailliert ihre Hochzeit, von der Musik (»All My Life« vom R&B-Duo K-Ci & JoJo) über die Location (Good Hope Missionary Baptist Church im Third Ward) bis zum Farbkonzept (platin und gold). Doch neben »Termin« hatte sie noch nichts eingetragen.

Floyd hatte Johnson Freund*innen und Familie als »meine

Frau« vorgestellt, doch der Vorstellung, tatsächlich zu heiraten und ein Leben als Ehemann in der Vorstadt zu führen, konnte er wenig abgewinnen. Im Lauf des Jahres 2005 geriet die Beziehung in Schieflage, da Floyd sich weder verpflichten wollte, eine feste Bindung mit Johnson einzugehen, noch den neuen Lebensstil zu pflegen, den sie sich für ihn vorstellte.

Floyd hatte Probleme, eine dauerhafte Anstellung zu finden, da die Jobs über die Zeitarbeitsfirma oft nur temporäre Anstellungen waren. Und obwohl zwischen ihm und dem Third Ward fast 25 Kilometer lagen, fiel es Floyd schwer, sich von den alten Problemen dort zu fernzuhalten. Oft kehrte er in seine vertraute Umgebung zurück und fuhr mit dem Grand Prix durch sein altes Viertel.

Johnson verdächtigte Floyd, Drogen zu nehmen, und oft war er bis in die frühen Morgenstunden unterwegs, was ihre Frustration befeuerte. Sie strafte ihn dann mit Schweigen und ignorierte ihn, wenn er versuchte, mit ihr zu reden.

Als sie 2006 einen hässlichen Streit hatten, schnappte sich Johnson ihre Decke aus dem Schlafzimmer und schlief auf der Couch.

Sie wechselte kein einziges Wort mit Floyd und behandelte ihn wie Luft.

Nachdem sie am nächsten Morgen zur Arbeit aufgebrochen war, nahm sich Floyd ihr Tagebuch. Wenn sie nicht mit ihm reden wollte, würde er auf diese Weise mit ihr kommunizieren. Er verfasste einen Eintrag, in dem er sich entschuldigte und ihr seine Liebe erklärte.

»Danke Gott für den Segen, den du mir gebracht hast«, schrieb er. »Danke für diese großartige Familie und besonders für meine großartige, zukünftige Frau. Becky-Sue, du bist der Inbegriff einer echten Frau. Du bist mein Leben, mein Glück, die Luft, die ich atme. Ich danke Gott, dass es dich gibt, denn ohne ihn gäbe es auch dich nicht. Bitte vergib mir, dass ich dich verletzt habe.«

Als Johnson nach Hause kam und Floyd in ihr Tagebuch

schreiben sah, musste sie auflachen, und es war ihr unmöglich, ihn weiterhin mit eiserner Mine anzuschweigen.

Als sie Floyds Worte las, verschlug es ihr abermals die Sprache: »Wir waren verheiratet, ehe wir uns sahen ... Du bist mein Herz, für immer.«

Seit sie ein Paar waren, hatte Floyd noch nie so offen seine Gefühle zum Ausdruck gebracht wie in diesem Tagebucheintrag. Sie versöhnten sich wieder, und Johnson schlug Floyd vor, öfter zu schreiben. Floyd nahm sich ihren Ratschlag zu Herzen und brachte seine traumatischen Erfahrungen in ihrem Tagebuch zu Papier. In Briefen an Johnson, sich selbst und Gott schilderte er die Kämpfe, die er austrug und wie sehr sein Glaube auf die Probe gestellt wurde.

»Manchmal müssen wir Dinge durchmachen, um an unser Ziel zu kommen«, schrieb er in einem undatierten Eintrag. »Ich sollte mir keine Sorgen machen, weil ich weiß, dass ich alles in Gottes Hände gelegt habe, aber ich bin nur ein Mensch.«

In anderen Einträgen bat er um Erlösung und drückte vor Gott sein Bedauern über seine immer länger werdende Liste an Sünden und Unzulänglichkeiten aus. Er sprach sich selbst Mut zu, den dunklen Versuchungen aus der Vergangenheit zu widerstehen, und bat Gott um Hilfe und Unterstützung vor Gericht, da ihm weitere Drogenprozesse bevorstanden.

»Oh himmlischer Vater, wir liegen am Boden, bitte hilf uns dabei, uns wieder aufzurichten«, notierte er in einem anderen Eintrag. »Bitte vergib mir ... Es tut mir leid, dass ich mich von dir abgewandt habe.«

Floyd hatte mit einer Reihe von Lastern zu kämpfen, und er hatte Angst, nicht gegen sie anzukommen. Er schrieb, »der Teufel hat es auf mich abgesehen«.

Einige dieser »schlechten Angewohnheiten« waren alte Freunde aus dem Third Ward, die anfingen, Floyd in Johnsons Haus Besuche abzustatten und mit gefährlichen Ideen spielen, wie sie und Floyd ihrer Armut beikommen könnten.

Im Sommer 2007 verbreitete sich in Floyds altem Freundeskreis das Gerücht über »den Mexikaner«, dem nachgesagt wurde, in seinem Haus im Norden der Stadt eine riesige Summe Geld zu horten. Einst waren die Cuney Homes bekannt dafür gewesen, erfolgreiche bewaffnete Räuber hervorzubringen, und eine Gruppe von jungen Männern, die in dieser Zeit in den Bricks aufgewachsen waren, betrachtete es als lukrative Chance, diese Tradition wiederzubeleben.

Am 9. August 2007 bat Floyd Johnson, ihm für einen Tag ihren SUV zu leihen. Er schlug ihr vor, sie zur Arbeit zu fahren und abends wieder abzuholen. Johnson wunderte sich, warum Floyd ihr Auto brauchte, wo er doch den Grand Prix hatte, wollte aber nicht weiter nachbohren.

Auf dem Weg zu ihrer Arbeitsstelle bei Memorial Hermann Health System bat Johnson Floyd, der notorisch zu spät kam, sie pünktlich wieder abzuholen. Als Angestellte hatte sie zwar keinen festen Dienstschluss, doch oft verließ sie das Büro gegen 17 Uhr und arbeitete mit ihrem Laptop von zu Hause aus weiter, wenn sie noch etwas zu erledigen hatte.

Es gibt unterschiedliche Aussagen darüber, was geschah, nachdem Floyd Johnson an jenem Morgen abgesetzt hatte, doch herrscht weitgehend Einigkeit darüber, dass er sich in Johnsons Ford Explorer befand, als dieser gegen 17 Uhr die Auffahrt zu einem Haus in einer Sackgasse im Norden Houstons entlangfuhr und parkte.[61]

Im Haus war Aracely Henriquez, siebenundzwanzigjährige Mutter von zwei Kindern, gerade dabei, zu kochen und mit ihrem Vater in El Salvador zu telefonieren, als es an der Tür klopfte. Sie ging durchs Wohnzimmer, warf einen Blick durch die Jalousien und sah einen Schwarzen Mann in blauer Uniform mit einem Klemmbrett voller Papiere.

»Wer ist da?«, fragte sie durch die geschlossene Haustür.

Der Mann gab an, vom Wasserwerk zu sein. Henriquez erinnerte sich, ein paar Wochen zuvor das Wasserversorgungsamt angerufen zu haben, und vermutete, dass nun, mit einiger Verspätung, die Männer vom Kundendienst da waren. Das Erste, das ihr beim Öffnen der Haustür auffiel, war die Mappe, die der Mann in der Hand hielt. Sie trug das Logo von Aflac, einem Versicherungsunternehmen, das mit Wasser überhaupt nichts zu tun hatte. Henriquez versuchte, die Tür wieder zu schließen, doch der Mann zwängte sich hindurch und hielt sie offen. Binnen Sekunden sprang eine Gruppe von drei bis fünf Männern aus dem SUV und stürmte in das Haus, während der Fahrer hinter dem Lenkrad die Stellung hielt.

Der Größte von ihnen richtete eine Pistole auf den Bauch der Frau und schrie sie an.

»Wo sind die Drogen? Wo ist das Geld?«, brüllte der Mann. Er trug einen kurzen Afro und war mit einer schwarzen Mütze und Hose sowie einem roten Hemd bekleidet.

Henriquez versicherte ihm in gebrochenem Englisch, keine Ahnung zu haben, wovon er spreche.

Die anderen Männer durchwühlten das Haus und pflügten sich auf der Suche nach etwas, das sie nicht finden konnten, durch Kommoden, Vitrinen und Wandschränke.

Ein zweiter, kleinerer Mann ganz in schwarz schlug Henriquez das Telefon aus der Hand und drückte sie mit dem Gesicht nach vorn neben ihren siebenjährigen, schluchzenden Sohn auf das Sofa. Er stand vor ihnen und richtete seine Waffe auf sie herab, während Henriquez' zehn Monate alte Tochter in ihrem Lauflernwägelchen dastand und schrie. Als auch Henriquez versuchte, zu schreien, schlug der Mann sie mit der Pistole.

Bald war klar, dass die Männer das falsche Haus erwischt hatten. Sie fanden weder Geld noch Drogen, sondern nur etwas Schmuck und ein Handy. Sie quetschten sich wieder in den Ford Explorer, wo der Fahrer schon auf sie wartete, und rasten davon. Was sie nicht wussten: Zwei Häuser weiter wohnte eine zweiundfünfzigjährige Schwarze Dame, die gute Sicht auf das Haus hatte und den Vorfall genau beobachten konnte. Sie hatte sofort

Verdacht geschöpft, als sie sah, wie die Männer ins Haus ihrer Nachbarin gingen. Nachdem sie wieder aus dem Haus gerannt kamen, notierte sie sich flink 284CYS – das Kennzeichen des schwarzen SUV.

Als die Polizeibeamt*innen am Haus von Aracely Henriquez eintrafen, konnte die Nachbarin ihnen das Autokennzeichen geben. Sie befragten Henriquez und baten sie, die Männer, die sie überfallen hatten, zu beschreiben.

Sie gab an, die Räuber nicht genau beschreiben zu können, doch habe der größte von ihnen ein »Mondgesicht«, ein hervorstehendes Kinn und große Lippen gehabt. Die anderen Angreifer seien kleiner, aber allesamt Schwarze im Alter zwischen 25 und 30 Jahren gewesen. Den Mann, der im Auto geblieben war, habe sie nicht gut sehen können.

Unterdessen saß Johnson auf einer Bank vor dem Medizinzentrum und fragte sich, wo Floyd mit ihrem SUV steckte. Sie konnte ihn nicht erreichen. Als die Sonne unterging und der Sommerhimmel sich langsam verdunkelte, wurde sie immer verärgerter. Kurz nach 20 Uhr hielt endlich der Explorer neben ihr an.

Auf dem Fahrersitz saß Floyds Jugendfreund PoBoy. Johnson hatte PoBoy nach seiner Haftentlassung 2006 zwar eine Weile lang bei sich wohnen lassen – Floyd hatte beharrlich behauptet, sein Freund habe keine andere Bleibe –, doch war sie sehr überrascht, ihn ihr Auto fahren zu sehen.

»Wo ist Perry?«, fragte sie, nachdem sie eingestiegen war.

»Das sage ich dir, wenn wir zu Hause sind.«

»Geht es ihm gut?«

Während der Fahrt löcherte Johnson PoBoy weiterhin mit Fragen, und er erzählte ihr, was passiert war.

In den darauffolgenden Tagen hinterließ die Polizei für Johnson Nachrichten an ihrem Arbeitsplatz und bei ihrer Mutter. Johnson rief nicht zurück, da ihr klar war, worüber die Beamt*innen mit ihr reden wollten.

Floyd hatte ihr von dem Überfall erzählt, aber versichert, nicht aus dem Auto gestiegen zu sein und nichts davon gewusst zu haben, dass Waffen im Spiel waren.

Sie glaubte ihm. Sie hatte ihre eigenen Nachforschungen angestellt und ihre Kontakte im Third Ward befragt. Es ging das Gerücht um, dass es sich bei dem bewaffneten Mann um einen Bekannten Floyds handelte, der zufällig auch groß gewachsen und *dark skinned* war.

Da im Third Ward der eiserne Grundsatz galt, niemanden zu verpfeifen, drang keines dieser Gerüchte zu den Beamt*innen vor, die nach den Räubern fahndeten. Doch am 15. November 2007 gelang ihnen ein Durchbruch, als die Drogenpolizei Floyd in der Nähe des Hauses seiner Mutter in der Nalle Street anhielt. Damals war eine Truppe Drogenfahnder*innen in Floyds Viertel positioniert worden, da nach einem Mann gefahndet wurde, der des Kokainhandels verdächtigt wurde.

Als die Polizei den Mann observierte, kam Floyd mit Johnsons schwarzem Ford Explorer vorbei, ließ ihn einsteigen und fuhr weiter. Wenige Minuten später hielten die Beamt*innen die Männer an. Da sie bei keinem der beiden Drogen fanden, nahmen sie ihre Personalien auf und ließen sie weiterfahren. Als die Polizist*innen später das Kennzeichen mit den Protokollen des Houston Police Department verglichen, konnten sie eine Verbindung zum Raubüberfall im August herstellen.

Officer Javier Tapia, der die Ermittlungen im Henriquez-Raubüberfall leitete, hatte sich längst anderen Fällen zugewandt, als er die Sprachnachricht erhielt, dass es in einem ruhenden Ermittlungsverfahren einen Tatverdächtigen gab. Frustriert von den erfolglosen Kontaktaufnahmen mit Johnson – die Beamt*innen hatten versucht, sie im Haus ihrer Mutter anzutreffen, mit der sie damals aber zerstritten war –, hatte Tapia am 17. Oktober den Fallstatus auf »inaktiv« gesetzt. Allerdings hatte er den schwarzen Ford Explorer zur Fahndung ausgeschrieben, mit der Bitte an die gesamte Polizei in Houston, das Raubdezernat zu informieren, sollte bei einer Fahrzeugkontrolle die Täterbeschreibung auf einen der Insassen zutreffen.

Am 15. November wurde das Fluchtauto bei einer Verkehrskontrolle entdeckt, und auf einen der Fahrzeuginsassen passte die Täterbeschreibung.

Tapia nahm die Ermittlungen in dem Fall wieder auf, da es einen neuen Verdächtigen gab: George Perry Floyd Jr.

Einige Tage nach Thanksgiving suchte Tapia Henriquez in ihrem Zuhause auf und präsentierte ihr eine Reihe von Fotos mit zwölf Schwarzen Männern.

Als die Bilder ausgebreitet vor ihnen lagen, zeigte Henriquez auf Floyds Fahndungsfoto. Sie erklärte auf Spanisch, die Aufnahme habe Ähnlichkeiten mit dem großen Mann, der mit einer Waffe auf ihren Bauch gezielt hatte. Doch sicher sei sie nicht.

Tapia sagte Henriquez, es gebe drei Wahrscheinlichkeitsstufen, um auszudrücken, wie sicher sie sei: positiv, eventuell, negativ.

Sie entschied sich für eventuell. Henriquez sagte im September 2020 in einem Interview, sich in dem Chaos die Gesichter der Eindringlinge nur vage gemerkt zu haben, obwohl keiner von ihnen eine Maske getragen hatte.

»Es war wirklich schwer, sie voneinander zu unterscheiden«, erinnerte sie sich und beschrieb ihren Angreifer als einen »großen Typen mit vollen Lippen, jung und stark«.

Sie hatte Floyd bei der Gegenüberstellung per Wahllichtbildvorlage ausgesucht, da er dem *grandotote* oder »Hünen« mit eben diesen Merkmalen am ähnlichsten sah.

»Aber ich war mir nicht sicher, ob er es war«, erinnerte sich Henriquez. Ihr siebenjähriger Sohn hatte ebenfalls Floyd identifiziert, doch entkräftete Henriquez die Aussage ihres Sohns, als sie schilderte, dass seine Augen während des Raubüberfalls »tränenverschleiert« gewesen seien.

Doch für die Beamt*innen reichte es für einen hinreichenden

Tatverdacht. Sie erließen Haftbefehl und klagten Floyd wegen schweren Raubs mit einer tödlichen Waffe an.

Die Behörden hatten ganze sechs Monate gebraucht, um Floyd ausfindig zu machen, aber als es ihnen gelungen war, drohten sie, ihn mit Beschuldigungen zu überhäufen. Besonders in Fällen mit dünner Beweislage war dies eine gebräuchliche Verhandlungstaktik der Staatsanwaltschaft. Die Ermittler*innen hatten weder Fingerabdrücke noch DNA gefunden, die Floyd mit dem Raub in Verbindung brachten. Auch fehlten ihnen ein Geständnis, die Waffe sowie geständige Mitangeklagte.

Die Anklage basierte großteils auf Floyds Verbindung zu dem SUV und der Gegenüberstellung per Wahllichtbildvorlage, von der weder eine Video- noch eine Tonaufnahme gemacht worden war. Später sollte das Houston Police Department seine Gegenüberstellungen per Wahllichtbildvorlage durch ein »doubleblinds« Verfahren aufwerten. Laut Beamt*innen setzt eine optimale Vorgehensweise voraus, dass die Bilder nur von Polizist*innen präsentiert werden, die weder in dem Fall ermitteln noch die verdächtige Person kennen. Auf diese Weise werde vermieden, dass die Ermittlung befangen ist und Zeug*innen bei der Identifizierung in Richtung einer bestimmten Person lenkt. Darüber hinaus sollten Aufnahmen von der Gegenüberstellung gemacht werden. In Floyds Fall geschah nichts von alledem.

Die Anklage hatte ein weiteres Problem: Eine »eventuelle« Täteridentifikation durch ein Opfer mit begrenzten Englischkenntnissen würde nicht die gesetzlichen Vorgaben erfüllen, um Floyds Schuld zweifelsfrei zu beweisen und einen Schuldspruch vor Gericht sicherzustellen.

Schon bald kam die Staatsanwaltschaft auf Floyds Pflichtverteidiger zu, um einen Deal auszuhandeln. Gleich zu Beginn der Verhandlungen wurde betont, welche Risiken Floyd im Falle einer Gerichtsverhandlung eingehen würde, und außer Zweifel stünde, dass im Fall einer Verurteilung eine Haftstrafe von bis zu 40 Jahren beantragt würde.

Gegen ein Schuldbekenntnis wurde Floyd eine Haftstrafe von 20 Jahren angeboten. Doch die Aussicht, bis zu seinem 55. Lebensjahr im Gefängnis zu sitzen, ließ ihn sofort ablehnen. Nachdem Floyd weitere Angebote zu Verfahrensabsprachen ausgeschlagen hatte und sich darauf vorbereitete, sein Glück vor Gericht zu versuchen, schlug ihm die Staatsanwaltschaft fünf Jahre vor und betonte, dass dies das letzte Angebot sei. Floyd war klar, dass er vor einer der wichtigsten Entscheidungen seines Lebens stand. Er fing an, Freund*innen anzurufen und sie um Rat zu fragen.

Nachdem Floyd Cains konsultiert hatte, der ihm dazu geraten hatte, sich auf den Deal einzulassen, rief er Vaughn Dickerson, einen alten Freund von der Highschool, an, der ein paar Jahre zuvor vor einer ähnlichen Entscheidung gestanden hatte.

»Die haben fünf Jahre geboten, Mann«, brachte Floyd, der mit den Tränen kämpfte, mühsam hervor und betonte ein weiteres Mal, nicht der Mann mit der Waffe gewesen zu sein. »Ich weiß nicht.«

Dickerson und seinem Bruder war 1999 nach einer Anklage wegen schweren Raubs – der Fall war ähnlich gelagert wie der von Floyd – auch ein Deal angeboten worden. Die Polizei hatte sie und zwei weitere Männer beschuldigt, an die Tür des Opfers geklopft, sich gewaltsam Eintritt verschafft und mit Waffen herumgefuchtelt zu haben, während sie Geld forderten und das Haus plünderten.

Die Brüder waren bei einer Gegenüberstellung per Wahllichtbildvorlage von den Hausbesitzer*innen identifiziert worden, bestanden aber darauf, unschuldig zu sein. Die vom Staat vorgeschlagene Verfahrensabsprache lehnten sie ab. Während ihres dreitägigen Prozesses hatten sie das Gefühl, dass ihr Verteidiger stets betrunken im Gerichtssaal erschienen war.

»Ich weiß nicht, ob die Verteidigung überhaupt ein Plädoyer halten wird«, unterrichtete der Staatsanwalt die Geschworenen in seinem Anfangsplädoyer.[62]

Die Brüder wurden im Jahr 2000 für schuldig befunden und zu zehn Jahren Haft verurteilt. 2005, just in dem Jahr, als Texas einen Versuch unternahm, seine explodierenden Gefängnisausgaben zu drosseln, kam Dickerson vorzeitig auf Bewährung frei.

Da Floyd sich auf eine*n Pflichtverteidiger*in hätte verlassen müssen, riet ihm Dickerson, seine Wahlmöglichkeiten sehr gut abzuwägen: Bei einer Gerichtsverhandlung ginge er das Risiko ein, dass seine kriminelle Vergangenheit vor den Geschworenen ausgebreitet würde, die Staatsanwaltschaft könne ein Exempel an ihm statuieren wollen und ihn für Jahrzehnte wegsperren. Auf der anderen Seite könne er sich aber auch auf den bombensicheren Deal einlassen. Denjenigen zu verpfeifen, von dem Floyd und viele andere aus der Gegend behaupteten, der wahre bewaffnete Räuber gewesen zu sein, wurde noch nicht einmal in Erwägung gezogen.

Menschen, die Floyd kannten und offen über seine kriminelle Vergangenheit sprachen – auch Freund*innen und Familienmitglieder, denen er zur damaligen Zeit sehr nahestand –, waren fest davon überzeugt, dass er kein Räuber war. Auch Dickerson konnte nicht glauben, dass Floyd, der selbst auf dem Footballfeld jede Art von Aggression gemieden hatte, in der Lage war, eine Waffe auf eine völlig verängstigte Mutter zu richten. Dennoch redete er ihm zu, sich schuldig zu bekennen.

»Nimm die fünf«, riet ihm Dickerson und versuchte der misslichen Lage seines Freundes irgendetwas Positives abzugewinnen. »In zwei Jahren wird deine Strafe zur Bewährung ausgesetzt, und in zweieinhalb Jahren bist du wieder zu Hause.«

Floyd hörte schweigend zu, hin- und hergerissen, für welche Option er sich entscheiden sollte.

Dann legte er auf und fasste einen Entschluss: Er wollte seinen Verteidiger anrufen und eine Verfahrensabsprache unterschreiben, in der er ein Verbrechen gestand, das er behauptete, nicht begangen zu haben. Floyd stellte sich darauf ein, die nächsten fünf Jahre als Häftling Nr. 01566124 zu verbringen.

Drei Monate nach der Amtseinführung des ersten Schwarzen Präsidenten saß der fünfunddreißigjährige Floyd in einem Gefangenentransport von Houston nach Bartlett, eine kleine Stadt nördlich von Austin. Es war wohl einer Mischung aus Schicksal und statistischer Wahrscheinlichkeit geschuldet, dass er neben einem Jugendfreund, dem Rapper Cal Wayne, saß, der kurz zuvor wegen Urkundenfälschung und Drogenmissbrauchs verurteilt worden war.

Als Houstons urbane Szenerie langsam weitläufigen Viehweiden und Baumwollfeldern wich, blickte Floyd zu den Fesseln um seine Taille und Füße hinab, die ihn in seinen Bewegungen einschränkten und ihn an die anderen Häftlinge ketteten. Er beobachtete die anderen Gefangenen, die dicht gedrängt in dem Fahrzeug kauerten, dessen Dach so niedrig war, dass Floyd mit dem Kopf dagegenstieß, sobald er sich aufrecht hinsetzte. Vornübergebeugt saß er da und begann, vor Angst zu zittern.

»Wayne, Alter, kannst du deinen Kopf hochnehmen, bitte, nur ein kleines bisschen«, jammerte Floyd stotternd und schwitzend. »Wayne, Wayne, ich habe ... Platzangst.«

»Beruhig dich mal, Mann«, knurrte Wayne. »Verdammt nochmal.«

»Wie lange dauert die Fahrt?«, fragte Floyd, unfähig, seine Panik zu verbergen. »Wie lange dauert's noch, bis wir da sind?«

Wayne riet seinem Freund, sich zu entspannen, doch alle paar Minuten klagte Floyd über seine Klaustrophobie.

Nach etwa drei Stunden erreichten sie zu ihrer beider Erleichterung Bartlett State Jail, eine Einrichtung mit minimaler Sicherheitsstufe, in der über 1000 Häftlinge untergebracht werden konnten. Bei seiner Aufnahme bekam Floyd das *Offender Orientation Handbook* des Department of Criminal Justice in die Hand gedrückt.[63] Auf seinen III Seiten waren Regeln, Restriktionen und Strafmaßnahmen aufgeführt, die in jeder der 105 staatlichen Justizvollzugsanstalten ein geordnetes, sicheres und rehabilitatives Umfeld sicherstellen sollten.

Wie in der Historie vieler anderer Gefängnisse in den USA, hatte es auch in der des privat geführten Bartlett State Jail Profitmodelle wie Sklaverei und *Convict Leasing* (die Verpachtung von Strafgefangenen) gegeben. 1967 wurde ein zweiunddreißigjähriger Farmerssohn namens Terrell Don Hutto Leiter des Ramsey Plantagengefängnisses in Texas, in dem 1500 hauptsächlich Schwarze Häftlinge von früh bis spät ohne Bezahlung Baumwolle ernteten.[64] Zwar war die Sklaverei schon hundert Jahre zuvor abgeschafft worden, doch erfüllte die Plantage in der Größe von Manhattan alle Kriterien: von skrupellosen Aufseher*innen, die auf Pferden umherritten, bis zu einem stattlichen Big House, in dem Hutto mit seiner Familie lebte und sich von unbezahlten Bediensteten bewirten ließ. Die Plantagengefängnisse waren für Texas ein finanzieller Segen, da sie in den 1960er Jahren jährlich 1,7 Millionen Dollar (nach heutiger Kaufkraft über 13 Millionen Dollar) in die Staatskassen schwemmten.

Die brutale Effizienz, mit der Hutto das Ramsey Gefängnis leitete, erregte die Aufmerksamkeit von Beamt*innen außerhalb Texas. In den 1970er Jahren unterstützte Hutto die Staatsregierungen von Texas, Arkansas und Virginia dabei, Inhaftierung in ein lukratives Geschäftsmodell zu verwandeln. Das zeitlose Konzept von Ausgabenkürzung und Ertragssteigerung schien so simpel, dass Hutto beschloss, selbst ins Business einzusteigen. 1983 begründete er die Corrections Corporation of America (CCA) mit, einen der landesweit größten Betreiber profitorientierter Gefängnisse.

Die überlegene Marktstellung des Unternehmens entwickelte sich parallel zu Amerikas explodierender Inhaftierungsrate in den 1980er und 1990er Jahren, in deren Verlauf sich die Gefängnisausgaben vervierfachten.[65] Als die Corrections Corporation of America – nach einem Ausschreibungsverfahren, an dem sich auch andere profitorientierte Gefängnisbetreibende beteiligt hatten – den Zuschlag bekam, Bartlett State Jail zu betreiben, teilte die CCA den zuständigen texanischen Beamt*innen mit, dem Staat durch eine tägliche Ausgabendeckelung von weniger als 30 Dollar pro Häftling Geld sparen zu können.[66]

In Haft lernten Wayne und Floyd schnell, für sich selbst zu sorgen. Sie belegten in einem beengten Schlafsaal, den sie sich mit über 50 anderen Männern teilten, ein Stockbett.

Wayne übernahm oft das Reden und handelte Privilegien aus, die ihnen im Gefängnis etwas mehr Komfort verschafften, während Floyd im Hintergrund seine Muskeln spielen ließ. Floyds stattliche, imposante Erscheinung, an der er im Gefängnis durch tägliche Workouts arbeitete, reichte aus, um Wayne und sich vor der schlimmsten Gewalt zu bewahren. Floyd schloss sich keiner der Gefängnisgangs in Bartlett an, da er den Schutz, den sie ihren Mitgliedern versprachen, nicht nötig hatte. Er war einer der größten Häftlinge, und nur wenige wollten herausfinden, ob der Spitzname »Jolly Green Giant«, den ihm Mitinsassen verpasst hatten, vielleicht doch nicht zutraf.

Aber in ruhigen Momenten abseits der Menge drückte Floyd Unbehagen angesichts der Tatsache aus, dass allein seine äußere Erscheinung anderen Angst einflößte.

»Warum machst du das?«, fragte ihn Wayne eines Tages, weil er nicht verstand, warum Floyd zögerte, seine körperliche Überlegenheit gegenüber anderen Gefangenen stärker auszunutzen.

»Ich mag mich mit niemandem anlegen, weil es immer so aussieht, als würde ich andere schikanieren«, erwiderte Floyd. Er erklärte Wayne, einfach seine Zeit absitzen und heimgehen zu wollen.

Wayne wurde klar, dass sich Floyd in der Rolle des Trösters wohler fühlte als in der des Raufbolds. Als Wayne einen Brief seiner Frau erhielt, in dem sie die Beziehung beendete, versuchte Floyd in den darauffolgenden Tagen, den Liebeskummer seines Freunds zu lindern. Floyd wollte, dass Wayne sich Jay-Z's »Song Cry« anhörte, ein gefühlvolles Stück, in dem der Rapper den Verlust einer langjährigen Liebe betrauert, sich aber schwört, seiner Trauer nicht durch Tränen, sondern durch Musik Ausdruck zu verleihen.

Floyd ermutigte Wayne, seinen Schmerz in Songtexten zu verarbeiten. Wayne träumte davon, nach der Haft als Musiker Karriere zu machen, Floyd als seinen Bodyguard anzustellen und ihn gelegentlich auf seinen Tracks auftreten zu lassen.

Während die Männer von Freiheit träumten, gab es außerhalb der Gefängnismauern etliche Interessengruppen, die von ihrer Inhaftierung profitierten.

Während Floyds Zeit in Bartlett unternahm Texas eine große Privatisierungsaktion des Strafvollzugs, durch die das Department of Criminal Justice in der Lage war, die in den Jahren 2010 und 2011 von Gouverneur Perry eingeforderten Einsparungen von etwa 95 Millionen Dollar vorzunehmen.[67] Nach der Weltwirtschaftskrise sah sich der Staat mit einem prognostizierten Haushaltsdefizit von über 20 Milliarden Dollar konfrontiert und hatte vor, die Inhaftierungskosten durch Ausgabenkürzungen bei der Gesundheitsversorgung zu senken.[68] Darüber hinaus war der Verkauf von Möbeln, Kleidung und anderen von unbezahlten Häftlingen gefertigten Produkten im Wert von 160 Millionen Dollar und weitere Betriebsprivatisierungen geplant.[69]

Der Vertrag mit Bartlett war auch für die wirtschaftliche Zukunft der sich im Abstieg befindlichen, größtenteils von *Weißen* bewohnten Stadt wichtig, in der das Gefängnis lag. Während Floyd in Bartlett einsaß, war die Stadt, die früher vom Baumwollhandel gelebt hatte, stark abhängig von seinem Gefängnis.[70] CCA stellte Ortsansässige als Wachen für Häftlinge an, die größtenteils People of Color waren. Irgendwann war die CCA im 1623 Einwohner*innen zählenden Bartlett größte Arbeitgeberin.[71] Als Hauptsteuerzahler trug der Gefängnisbetreiber ein Drittel des städtischen Gesamtbudgets bei.

James Grant, der während Floyds Inhaftierung Bürgermeister von Bartlett war, erinnerte sich, dass städtische Beamt*innen sich schließlich darauf verließen, dass die CCA die Bürger*innen mit Jobs versorgte und den fortschreitenden wirtschaftlichen Abstieg einer Stadt aufhielt, die mit der voranpreschenden Globalisierung nicht hatte Schritt halten können.

»Sie pumpten beträchtliche Geldsummen in die Wirtschaft«, berichtete Grant.

»Die Stadt umwarb das Gefängnis, investierte 100 000 Dollar, um das benötigte Land zu kaufen, und verabschiedete ein Anleihereferendum in Höhe von 1,9 Millionen Dollar, um die Kosten für Wasser, Elektrizität, Abwasserentsorgung und Straßenerneuerung rund um das Grundstück mitzufinanzieren«, erläuterte Grant.[72]

Schon bald erwuchsen Bartlett daraus Vorteile: Die CCA gab bekannt, dass das Staatsgefängnis über 200 Menschen eingestellt hatte, dem Wasserwerk eine Finanzspritze von 868 000 Dollar hatte zukommen lassen und weitere 166 000 Dollar zur Unterstützung ansässiger Unternehmen ausgegeben hatte.[73] Für die Bewohner*innen von Bartlett sanken die Wasserpreise, und die Stadt begann damit, die veralteten Tonrohre durch beständigere Metallrohre zu ersetzen.

Doch trotz der Aufrüstungsmaßnahmen generierten die Insassen von Bartlett State Jail Betriebskosten, die im innerstaatlichen Vergleich zu den niedrigsten zählten.[74]

Die wirtschaftlichen Vorteile durch das Gefängnis waren so enorm, dass Grant und andere Stadtoberhäupter die Mitarbeitenden im Gefängnis anflehten, Bartlett nicht zu schließen, als Texas Jahre später eine Außerbetriebnahme der Haftanstalt erwog. Das Gefängnis, so schrieb Grant, »war eng mit der Struktur der Gemeinde verwoben. Die Anstalt ist ein elementarer Finanzierungsbaustein der Stadt und sein Verlust hätte enorme Auswirkungen auf unser Budget.«[75]

Während Floyds Haftzeit hatten die Einrichtungen der CCA eine durchschnittliche Belegungsrate von über 90 Prozent.[76] Seine Investoren, darunter auch staatliche Rentenfonds und

Stiftungsfonds verschiedener Hochschulen, wurden reich belohnt, als 2010 der Unternehmenserfolg den Aktienkurs um 30 Prozent nach oben trieb.[77] In jenem Jahr nahm die CCA rund 1,7 Milliarden Dollar ein und meldete fast 1,4 Milliarden an Ausgaben.

Laut der CCA, die ihren Namen 2016 in Core Civic änderte, lag ihr Fokus auf der Bereitstellung von Programmen und Maßnahmen, um Insassen wie Floyd die erfolgreiche Wiedereingliederung in ihre Gemeinden zu erleichtern.[78]

»Als wir das Bartlett State Jail betrieben, stellten wir gemäß unseres Verwaltungsmandats den Personen in unserer Obhut eine vielfältige Auswahl an Programmen und Möglichkeiten zur Verfügung mit dem Ziel, die Insassen darauf vorzubereiten, sich erfolgreich wieder in ihre Familien und die Gesellschaft einzugliedern«, erklärte Pressesprecherin Amanda Gilchrist in einer öffentlichen Stellungnahme. »Wir sind stolz, vielen studierenden Insassen in Bartlett dabei geholfen zu haben, ihr GED sowie von der Industrie anerkannte Zertifikate zu erlangen, die die Wahrscheinlichkeit einer erneuten Inhaftierung verringern und die Chancen auf eine einträgliche Anstellung erhöhen.«

Freund*innen erzählte Floyd, während seiner Haftzeit vor sich hingedümpelt zu haben. Er war als Träger tätig und transportierte Gegenstände und Lieferungen von einem Schlafsaal in den anderen. Wie die meisten texanischen Häftlinge arbeitete er unbezahlt, doch er erhoffte sich, dass die Tätigkeit helfen würde, dass seine Freiheitsstrafe auf Bewährung ausgesetzt und er früher aus dem Gefängnis kommen würde.

Floyd las das Buch *The Purpose Driven Life* des evangelikalen Pastors Rick Warren, das ihm Johnson per Post geschickt hatte.[79] Der motivierende Text zielte darauf ab, seine Leser*innen bei der Beantwortung von Fragen wie »Ist mein Leben von Bedeutung?« oder »Welche Lebensbereiche enthalte ich Gott vor?« zu unterstützen.

Es sei »definitiv lebensverändernd« gewesen, erzählte Floyd Johnson.

Doch betrug die durchschnittliche Lesezeit des Buchs 40 Tage und damit einen Bruchteil von Floyds Haftstrafe, die 1826 Tage andauern sollte. Im zweiten Haftjahr musste sich Floyd damit abfinden, die restliche Zeit ohne seinen Freund Cal Wayne zuzubringen, der auf Bewährung freikam.

Gelegentlich hatte Floyd die Möglichkeit, mit seinen alten Freunden aus dem Third Ward zu telefonieren, sofern sie die Kosten für die R-Gespräche aus dem Gefängnis aufbringen konnten. Er unterhielt einen Briefwechsel mit seinem Neffen Brandon, der kurz zuvor die State Championships mit dem Yates High Basketballteam gewonnen hatte. Während die Monate dahinzogen, erinnerten ihn diese Neuigkeitsfetzen daran, wie viel er verpasste.

Aufgrund der abgelegenen Lage des Bartlett State Jail etwa 265 Kilometer von Houston entfernt, bekam Floyd während seiner Haftzeit nur wenig Besuch. Als er 2011 ins Diboll Correctional Center, eine andere privat betriebene, abgelegene Einrichtung, überführt wurde und in einer beengten Zelle einsaß, hatte sein Jugendfreund Adarryl Hunter das Gefühl, dass die Einsamkeit Floyd noch mehr zu schaffen machte. Sie schrieben sich Briefe, in denen Hunter seinem Freund versprach, ihn alle paar Monate zu besuchen. Um ihre Gespräche nicht durch eine Plexiglasscheibe voneinander getrennt führen zu müssen, hatte Floyd Hunter als seinen Halbbruder registrieren lassen, wodurch ihnen Kontaktbesuche erlaubt waren.

Während ihrer zweistündigen Treffen unterhielten sie sich über Sport, Beziehungen und Klatsch aus dem Third Ward. Als seine Haftstrafe nach Jahren im Gefängnis immer noch nicht auf Bewährung ausgesetzt worden war, wuchs Floyds Frustration, und nur selten hatte er Lust, über das Leben im Gefängnis zu reden. Trotzdem freute er sich, von seinem geschwätzigen Freund auf dem Laufenden gehalten zu werden und Ratschläge zu bekommen. Hunter machte Karriere als Apotheker und erzählte Floyd von seiner Hoffnung, bald eine Apotheke in Houston zu eröffnen.

Die beiden unterhielten sich auch über Floyds Pläne für die Zeit nach seiner Haft und überlegten sich Möglichkeiten, wie Floyd sein Leben bestreiten könnte, ohne zu riskieren, wieder ins Gefängnis zu wandern. Floyd liebäugelte mit der Idee, als Lastwagenfahrer zu arbeiten und nach Jahren in beengten, überfüllten Orten auf offener Strecke unterwegs zu sein.

Hunter war von der Idee nicht überzeugt, da er wusste, dass sein Freund kein sonderlich guter Fahrer und unzählige Male von der Polizei angehalten worden war. Stattdessen schlug er Floyd vor, einen Tabakladen zu eröffnen, in dem er legale Ware verkaufte.

»Es ist dasselbe Prinzip«, stellte Hunter fest, als er regelkonformen Handel mit dem Dealen verglich. »Du hast einen Großhändler, dem du die Ware billig abkaufst –, und dann verkaufst du sie zu einem höheren Preis wieder. Alles, was du tun musst, ist dir einen Kundenstamm aufzubauen.«

Floyd und Hunter schauten beide leidenschaftlich gern Kinofilme, und manchmal gab Hunter Lebensweisheiten zum Besten, die aus Filmen stammten, die sie zusammen gesehen hatten. Während eines Besuchs gegen Ende von Floyds Haftzeit spielte Hunter auf eine Szene aus dem in den 1960er Jahren spielenden Drama *In den Straßen der Bronx* an, in dem ein Busfahrer, verkörpert von Robert De Niro, einen Wutanfall bekommt, weil sein Sohn lieber Gangster anhimmelt als seinen hart arbeitenden Vater.

»Ein harter Bursche ist der, der die Rechnungen bezahlt, jeden Tag zur Arbeit geht und sich um sein Geschäft kümmert – das ist ein harter Bursche!«, zitierte Hunter die von Robert De Niro gespielte Figur. »Der Typ an der Ecke, das ist kein harter Bursche!«

Kurz vor seinem vierzigsten Geburtstag, nach mehr als vier

Jahren in Haft, machte sich Floyd bereit, dem Gefängnis den Rücken zu kehren, fest entschlossen, niemals wieder in einer beengten Zelle zu landen. Doch sein Aufenthalt hatte kaum dazu beigetragen, der verantwortungsbewusste, Rechnungen zahlende, harte Bursche zu werden, den sein Freund Hunter beschrieben hatte. Laut staatlichen Statistiken wurden vielmehr die meisten Menschen, die aus einem texanischen Staatsgefängnis entlassen wurden, schon nach kurzer Zeit wieder verhaftet.[80] Nachdem Floyd fast ein Drittel seines Erwachsenenlebens hinter Gittern verbracht hatte, war alles, das ihm aus dieser Zeit blieb, seine verschlimmerte Klaustrophobie, albtraumhafte Angstattacken und emotionale Dämonen, die ihn aus dem Gefängnis heraus bis zu Miss Cissys Haus im Third Ward verfolgten.

# Kapitel 6

## FIXIERUNG

Am 9. September 2010 griffen zwei Polizisten in einer über 1600 Kilometer nördlich von dem Ort gelegenen Stadt, wo George Floyd sein Dasein in einer Gefängniszelle fristete, einen achtundzwanzigjährigen Schwarzen namens David Cornelius Smith auf. Smith, der unter einer psychischen Krankheit litt, war im Zentrum ins YMCA gegangen, um Basketball zu spielen. Bald darauf gingen bei der Polizei Meldungen ein, wonach er sich seltsam verhalten würde und Teenager auf dem Feld störe. Als die Beamten den Ort des Geschehens erreichten, gab es ein Handgemenge mit Smith, und sie setzten fünfmal den Elektroschocker gegen ihn ein. Sie rangen ihn zu Boden, legten ihm Handschellen an und zwangen ihn in Bauchlage. Dann setzte sich einer der Polizisten, Timothy Callahan, auf Smiths Beine. Sein Kollege, Timothy Gorman, drückte Smith für 4 Minuten und 30 Sekunden das Knie zwischen die Schulterblätter. Smith rief um Hilfe, dann verstummte er. Als die Beamten nach dem Puls tasteten, war nichts zu finden. Smith konnte wiederbelebt werden, verstarb aber acht Tage später. Laut gerichtsmedizinischem Gutachten wäre Smith noch am Leben, wenn die Anwendung externer Kräfte nicht seine Atmung eingeschränkt hätte. Die Ursache fürs Smiths Tod: lagebedingter Erstickungstod. Die Beamten wurden von jeglichem Fehlverhalten freigesprochen. Interne Untersuchungen kamen zu dem Schluss, dass sie sich ans Protokoll gehalten hatten. Dennoch wurde eine Zivilklage der Familie Smith im Mai 2013 durch Zahlung von 3 Millionen Dollar durch die Stadt beigelegt. Außerdem verpflichtete sich die Abteilung, ihre Mitarbeitenden hinsichtlich des Einsatzes von Maßnahmen nachzuschulen, die mit dem Risiko eines Erstickungstodes einhergehen. Zu derlei Techniken mit Gewaltanwendung[1] zählen die Nackenfixierung, bei der Beamt*innen mit ihrem Körpergewicht auf den Nacken Verdächtiger drücken, die Bauchlagenfixierung und die Fixierungstechnik, die beide Vorgehensweisen vereint. In der Führungsriege der Behörde war man dagegen, die Techniken ganz zu verbieten, da man sie als zusätzliche Maßnahmen für Beamt*innen ansah, bevor sie auf tödliche Gewalt zurückgreifen müssten. Man entschied sich daher für Trainings zum sicheren Einsatz der Techniken. Im Jahre 2014 begann eines dieser Trainings mit einer Diskussion zur Nackenfixierung. Die Ausbildenden sollten über Lehrinhalte sprechen wie: »Verdächtige aus dem Gleichgewicht bringen, Körperpositionierung (Brust an Rücken), Verdächtige zu Boden bringen.« Der Griff war nur für den Fall gedacht, dass Verdächtige sich wehrten, nie sollte tödlicher Druck eingesetzt werden. Wenn Verdächtige keinen Widerstand mehr leisteten, sollte der*die Polizist*in sie auf die Seite drehen. Nach der Diskussion mussten die am Seminar Teilnehmenden dreimal die Bauchlagenfixierung üben. Das war es also, was die Polizeibehörde der trauernden Familie von David Smith entgegenzusetzen hatte: ein zwanzigminütiger Trainingskurs. Immerhin jedoch schien das Training effektiv zu sein – jedoch nicht so, wie von der Behörde beabsichtigt. Am 25. Februar 2014 nahm ein altgedienter Cop aus dem Dritten Revier an dem Kurs teil und setzte die Technik danach auffällig häufig ein. Sein Name war Derek Chauvin.[2]

Die Geschichte von Chauvins deutscher Familie in Amerika lässt sich bis ins Jahr 1855 zurückverfolgen, zwei Jahre später wurde Floyds Ururgroßvater Hillery Thomas Stewart als Sohn von versklavten Eltern geboren. Chauvins Urururgroßeltern[3] Anton und Regina Neideck gingen als freie Menschen an Bord der *Antarctic* und traten in der Hoffnung auf ein besseres Leben die Reise in das fremde Land an. Im Gegensatz zu George Floyds Familie[4] konnten die Neidecks Nordamerikas Möglichkeiten voll ausschöpfen. Sie ließen sich in Detroits migrantischen Vierteln nieder, lebten unter Eingewanderten aus Deutschland, Belgien, Frankreich und England und wurden Tischler*innen, Maler*innen, Maschinist*innen oder Soldat*innen. Anton war als Steinmetz[5] tätig und hatte sich mit Regina, die als Wirtschafterin arbeitete, und den Kindern im Mittelstand etabliert. Antons Enkelin Veronica heiratete Richard Chauvin im Jahre 1907. Die Chauvins hatten eine ähnliche Migrationsgeschichte[6], sie kamen Anfang 1700 aus Europa nach Detroit, arbeiteten erst in Handwerksberufen und vollzogen den sozialen Aufstieg. Richards französische Vorfahr*innen waren Landwirte gewesen, doch er hatte die Buchbinderei gelernt und eine Arbeitsstelle in der Stadt gefunden. 1925[7] hatte er genug Kapital und Expertise erlangt, um die Cadillac Book Binding Co. zu gründen (mit diesem Namen erhoffte man sich, auf der Erfolgswelle von Detroits wachsender Autoindustrie mitzuschwingen). Richards Sohn Arthur – Derek Chauvins Großvater – stieg kurz nach dem Highschoolabschluss ins Familiengeschäft am Detroit River ein. Die Firma wuchs mit der Autostadt Detroit[8], deren Bevölkerung sich zwischen 1910 und 1930 verdreifachte. In den 1960er Jahren, als Arthurs Sohn Robert auf die Highschool kam, verließen zahlreiche *Weiße* Detroit, wohingegen der Anteil der Schwarzen Bevölkerung auf dem Zenit des Autobooms[9] anstieg. 1972 heiratete der Buchhalter Robert Chauvin[10] Carolyn Runge. In ihrem Jahrbuch von der in einem Vorort von St. Paul gelegenen Simley Highschool wurde sie als »still« und »gutmütig« beschrieben. Sie war dort im Chor und Mitglied des Clubs Future Homeowners of America (Zukünftige Eigenheimbesitzende Amerikas). Das Paar ließ sich in der Nähe ihrer Heimatstadt im Ramsey County, Minnesota, nieder. Am 19. März 1976 kam Carolyns Sohn Derek Michael zur Welt. Die Ehe ging jedoch in die Brüche und Carolyn nahm bald den Namen ihres neuen Ehemanns, Leroy Jerome Pawlenty, an. Carolyn und Robert teilten sich das Sorgerecht für ihren Sohn, der vier verschiedene Grundschulen besuchte, während sich seine Eltern in ihrem neuen Leben zurechtfanden. Diejenigen, die Derek damals kannten, beschreiben ihn als stillen, ausgeglichen Jungen, der mit Freund*innen im Garten seiner Mutter spielte, im Kunstunterricht Bilder für beide Elternteile zeichnete und Polizei-Shows liebte. Als Teenager war Chauvin[II] ein größtenteils unauffälliger Schüler an der fast ausschließlich *weißen* Park High School in Cottage Grove. Er war in keinem der größeren Clubs oder Sportmannschaften aktiv, nahm nicht am Nachwuchsprogramm des US-Militärs (ROTC) teil und war auch nicht in einer Honor Society, einer Organisation für herausragende Schüler*innen. Nach seinem Highschoolabschluss 1994 versuchte sich Chauvin in der Gastronomie und ging aufs Dakota County Technical College, wo er Kurse zum Thema Backen, Tischservice und Schalentierbestimmung belegte und alles über Brühen, Suppen und Saucen lernte. Außerdem arbeitete er als Vorbereitungskoch bei Tinucci's, einem italienischen Restaurant in lokaler Hand, wo er Spareribs, Hühnchen und Salate zubereitete. Doch nach 1995 gingen Chauvins akademische Interessen in eine andere Richtung. Er schrieb sich am Inver Hills Community College ein und machte dann einen Abschluss im Bereich Strafverfolgung an der Metropolitan State University, der Kurse zum Thema Strafjustiz, Verfassungsrecht und Ethik beinhaltete. Nach Jahren der Unsicherheit, wo es in seinem Leben hingehen sollte, schien Chauvin endlich seine Berufung gefunden zu haben: eine Uniform zu tragen und Gesetze durchzusetzen. Nachdem er auf Militärstützpunkten in Rochester, Minnesota und Alabama stationiert gewesen war, hieß es, er würde im Herbst 1999 in Übersee als Militärpolizist eingesetzt. Sergeant Jerry Obieglo sollte die Seventy-Ninth Military Police Company anführen, die aus ungefähr einem Dutzend Polizist*innen und ein paar anderen Kommandant*innen bestand. Erst war die Rede davon, sie nach Bosnien oder in den Kosovo zu schicken, letztendlich landeten sie jedoch im bayerischen Hohenfels. Im September 1999 kamen sie in dem kleinen Städtchen östlich von Nürnberg an, wo sich zwischen den Hügeln ein amerikanischer Truppenübungsplatz befindet. Dieser war bekannt für Übungsszenarien, bei denen einige Teilnehmenden die »Bösen« spielten und während des taktischen Trainings gegen die Soldat*innen intrigierten. Die Militärbasis unterschied sich nicht wesentlich von denen in den USA, es gab dort Lebensmittelläden, Bars, Bekleidungsgeschäfte und Schulen. Chauvins Team sollte die Ausrüstung bewachen, Straßensperren und Checkpoints aufbauen, den Verkehr im Auge behalten und den Umgang mit Kriegsgefangenen üben. Während ihrer Zeit in der Oberpfalz hatten sie vor allem mit kleineren Verstößen zu tun, doch Obieglo vermittelte seinen Leuten eine strenge Dienstphilosophie: Drückt kein Auge zu, macht einfach euren Job. Geht keine Kompromisse ein oder macht Deals. Wenn jemand zu schnell fährt, stellt ihr dieser Person einen Strafzettel aus. »Die Menschen traten an uns heran und sagten, dass wir etwas bewirkten, dass die Leute wirklich langsamer fuhren«, so Obieglo. »Chauvin hat viele Strafzettel geschrieben.« Und er war auch einer der Männer, die Obieglo die geringsten Sorgen bereiteten. Einige kamen direkt von der Highschool und waren noch nie außerhalb der USA gewesen, vor allen Dingen nicht in einem Land, in dem sie legal in Bars gehen und trinken konnten. Er erinnerte sie daran, wie wichtig es war, sich zu benehmen, dass sie ein gutes Beispiel abgeben mussten. Chauvin sei ein gutes Beispiel gewesen, so Obieglo. Mit seinen 23 Jahren gehörte er zu Obieglos ältesten Schützlingen. Er war zielstrebig, trank keinen Alkohol und hatte kein Problem damit, Fahrer zu sein. Chauvins Mitbewohner war Matthew Peppersack, ein Zwanzigjähriger aus dem ländlichen Minnesota. Ihr

Zimmer war klein und einfach, zwei nebeneinanderstehende Betten, weiße, kahle Wände. Die beiden redeten nicht viel miteinander. Nach Dienstschluss wollte Peppersack mit seinen Freund*innen in Clubs und Bars abhängen. Chauvin sah lieber seine Fernsehshows aus den 1970er Jahren, am liebsten *Starsky & Hutch*, die Buddy-Actionserie mit den beiden heldenhaften Polizisten. Bald schon hatte Chauvin ein neues, einziges Ziel vor Augen: Nach seiner Rückkehr würde er bei der zivilen Polizei anfangen. »Ich wollte nicht über dieses administrative Zeug reden«, so Peppersack, »Ich wollte nicht über sowas reden, sondern mich entspannen.« Nach sechs Monaten fragte er Sergeant Obieglo, ob er ihn bei seiner Rückkehr nach Minnesota als Referenz für Polizeijobs angeben dürfe. Obieglo half gern und sagte, er würde jedem Arbeitgeber zusichern, was für ein gewissenhafter, engagierter und pünktlicher Angestellter Chauvin war. Zurück zu Hause begann Chauvin eine Ausbildung bei der Polizei von Minneapolis. Aus seinen Akten geht hervor[12], dass er einmal aufgrund nicht näher beschriebener »erniedrigender« oder »abfälliger Äußerungen« drei mündliche Verwarnungen erhielt. Trotzdem leistete Chauvin im Januar 2001 unter der Flagge von Minnesota und der der Vereinigten Staaten seinen Diensteid bei der Polizei von Minneapolis. Seine Mutter steckte ihm die Dienstmarke an die Uniform. »Stich mich nicht«[13], flüsterte er. Chauvin wurde dem Dritten Revier zugeteilt, einem in Bezug auf *race* diversen Gebiet, zu dem auch die Sozialwohnungssiedlung Little Earth gehört, die seit langem als Zentrum von Minneapolis' indigener Community gilt, sowie das Viertel Powderhorn, das seit Jahrzehnten unter Ganggewalt leidet. Zu den berüchtigtsten Treffpunkten zählte die Ecke Thirty-Eighth und Chicago, nahe dem Eckladen CUP Foods. Als Chauvin in seiner Anfangszeit einmal mit einem Ausbilder unterwegs war, stellte man ihm Sergeant Gwen Gunter vor, eine der wenigen Schwarzen Polizistinnen der Stadt. »Na, wie geht's?«, sagte Gunter und streckte ihm die Hand zum Gruß entgegen. Doch Chauvin zeigte ihr die kalte Schulte und ging weg, anstatt den Gruß zu erwidern, so erinnerte sich Gunter. Sie war fassungslos. »Wie seltsam«, sagte sie. Der *weiße* Ausbilder versuchte, das Verhalten des Neulings zu erklären. »Nun ja, Gwen«, sagte er, »entweder hat er irgendein Gerücht über dich gehört, oder er ist einfach ein Arschloch.«

Es gab nur eine Handvoll Schwarzer Frauen in der gesamten Truppe, und Gunter war es mittlerweile gewohnt, dass Kolleg*innen sie ignorierten, sie anders betrachteten oder Gerüchte verbreiteten, sie sei aggressiv oder möge keine *Weißen*. Als sie 1992 bei der Behörde anfing, hatten zwei andere Schwarze Polizistinnen sie vor dieser Kultur gewarnt. »Erstens: Halt die Klappe«, rieten sie ihr in der Befürchtung, die Polizist*innen würden sie sich vornehmen, wenn sie zu geradeheraus war. Es war besser für Gunter, unterm Radar zu fliegen und der Gemeinschaft zu helfen. Diejenigen, die ihre Meinung sagten, wurden bei Beförderungen übergangen, mussten sich rassistische oder sexistische Bemerkungen von ihren Kolleg*innen anhören oder wurden in gefährlichen Situationen alleingelassen, bei denen ihnen keine Verstärkung zu Hilfe eilte. Von einigen dieser Praktiken[14] berichteten die indigene Amerikanerin Janeé Harteau und der Schwarze Medaria Arradondo, die später beide zu Polizeiführungskräften befördert werden würden. Gunter wusste genau wie Harteau und Arradondo, dass die toxische Kultur innerhalb der Abteilung unvermeidlich auch nach außen sickern würde und den Umgang von Polizist*innen mit People of Color beeinflusste. Sie verbrachte 20 Jahre damit, zu unterscheiden, ob ihre Kolleg*innen Afroamerikaner*innen anders behandelten, weil sie rassistisch waren, aufgrund einer systembedingten Voreingenommenheit, die von ihrer Ausbildung herrührte, oder weil sie einfach »Arschlöcher« waren.

Doch es war nicht einfach für sie, den besten Weg zu finden, eine Institution zu verändern, in der Rassismus von Anfang an etabliert war. Im Süden der USA lässt sich die moderne Polizeitätigkeit auf Patrouillen zurückverfolgen, die versklavte Menschen jagten und festnahmen. Im Norden gründete sich die Idee einer zentralisierten städtischen Polizei vor allem darauf, Zusammenschlüsse von Arbeiter*innen in irisch-katholischen Vierteln zu unterdrücken. Professor Malcolm Dwight Holmes von der Universität Wyoming, der zur Geschichte der Polizei forscht, sagt dazu: »Dieses neue System entstand nicht zuletzt, um einen Teil der Bevölkerung zu kontrollieren, der als Bedrohung angesehen wurde.«

Und seit die Polizei existiert, gab es auch Forderungen von marginalisierten Menschen nach einem freundlicheren, respektvolleren Umgang mit ihren Stadtteilen. Auch die 1867 gegründete moderne Polizei von Minneapolis bildet hier keine Ausnahme. Bereits 1922 forderte die Ortsgruppe der Schwarzen Bürgerrechtsorganisation NAACP eine Reform der Behörde, nachdem Polizisten vier Schwarze Männer verprügelten und verhafteten, die angeblich ein paar *weiße* Frauen zu einer Party eingeladen hatten. Nur ein kleiner Anteil der Bevölkerung war Schwarz,[15] und dieser verfügte nicht über politische Macht, daher wurden die Forderungen ignoriert.

Zur Zeit der Bürgerrechtsbewegung wurden 1967 erneut Reformaufrufe laut. Am 15. Juli machten sich damals einige Schwarze anlässlich des jährlichen Umzugs im Rahmen des Aquatennial-Fests auf ins Zentrum von Minneapolis, um ihre Stadt zu feiern. Doch jegliches Gefühl von Stolz oder Zusammengehörigkeit war schnell erloschen, als den Schwarzen untersagt wurde, die Stadtbusse zu benutzen, die sie zurück nach North Minneapolis bringen würden. *Weiße* griffen die Schwarzen Feiernden an, bewarfen sie mit Flaschen, und viele Schwarze hatten keine andere Wahl, als die acht oder neun Kilometer nach Hause zu Fuß zu gehen. Die Polizei griff nicht ein.

Später an diesem Tag schaute die Polizei zu, wie vier *weiße* Jungs einen Schwarzen auf der Plymouth Avenue verprügelten.

Als der Junge sie bat, ihn ins Krankenhaus zu fahren, sagte einer der Polizisten: »Geh nach Hause, N***er.« In derselben Woche trug sich ein Vorfall zu, der das Fass zum Überlaufen brachte, als ein *weißer* Barbesitzer auf einen Schwarzen Stammgast schoss und ihn verwundete. Es kam zu Unruhen in der Schwarzen Community und Geschäfte, die den Ruf hatten, Afroamerikaner*innen zu diskriminieren, standen in Flammen. Bürgermeister Art Naftalin versprach daraufhin[16] eine Ausweitung der Bürgerrechtsverordnungen und kündigte an, mehr People of Color als Polizist*innen anzustellen. Ein ähnlicher Ansatz wie er später auf Bundesebene im Bericht der Kerner-Kommission beschrieben wurde, die Präsident Lyndon B. Johnson gegründet hatte, um die Hintergründe der Aufstände in großen amerikanischen Städten zu klären.

Doch diese Lösungsansätze griffen nicht lange, und in den 1980er Jahren setzte die Polizei auf noch aggressivere Methoden im Kampf gegen Drogenhandel und Verbrechen. Am 25. Januar 1989 warfen Polizist*innen bei einer nicht angekündigten Drogenrazzia eine Blendgranate durchs Fenster einer Wohnung. Die Granate traf einen Wohnzimmerstuhl und setzte die Wohnung in Brand. Der einundsiebzigjährige Lloyd Smalley und seine fünfundsechzigjährige Frau Lillian Weiss hatten es sich im Schlafzimmer auf zwei zusammengeschobenen Matratzen gemütlich gemacht und auf einem kleinen Fernseher den Film *True Grit* angesehen. Sie würden es nicht aus dem Gebäude schaffen. Dass die Polizei einem falschen Hinweis gefolgt war, hatte ein älteres afroamerikanisches Pärchen das Leben gekostet. Sie starben an Rauchvergiftung. Trotzdem klagte das Geschworenengericht[17] die beteiligten Beamt*innen nicht an, und viele mussten sich fragen, was der Stadt das Leben ihrer Schwarzen Bürger*innen wert war.

Ein Jurastudent der University of Minnesota Law School, bekannt für seine unter dem Namen Keith Hakim verfassten Artikel, in denen er sich für die religiös-politische, afroamerikanische Organisation Nation of Islam aussprach, rief zum Protest gegen die Entscheidung des Gerichts auf. Der Geburtsname des Fünfundzwanzigjährigen, der in Detroit geboren und aufgewachsen war, lautete Keith Ellison.

Am Tag vor einer der Demonstrationen wurde die Polizei wegen einer lauten College-Party zum Hotel Embassy Suites in der Stadt gerufen. Es fanden zwei Partys auf demselben Stockwerk statt: Eine Saufparty mit Bierfass von *weißen* Gastgeber*innen und eine entspannte von Afroamerikaner*innen ausgerichtete Feier. Die Polizei stürmte die ruhigere Party der Schwarzen Studierenden und verprügelte die Gäste dermaßen, dass einige mit gebrochenen Nasen und geprellten Rippen nach Hause gingen.

Ein paar Tage später platzte Ellison, der ein Bandana-Kopftuch trug, zusammen mit 75 Demonstrierenden in eine Sitzung der Stadtverwaltung und forderte eine staatliche Untersuchung und »allgemeine Gerechtigkeit« – mit Erfolg. Der Protest führte zu einer erneuten Forderung nach einer zivilen Instanz zur Überwachung der Polizeibehörde, so dass die Community besser beurteilen könnte, welche Polizist*innen eine Bedrohung für das Viertel darstellten. 1990 stimmte die Stadtverwaltung schließlich einer Prüfinstanz der Bürger*innen zu, die jedoch über weitaus weniger Kompetenzen verfügte, als von der Gemeinschaft gefordert. Ihre Möglichkeiten waren auf »Ermittlungsverfahren« beschränkt. Sie konnten Empfehlungen aussprechen, jedoch nicht disziplinarisch gegen Beamt*innen vorgehen und hatten auch keine Vorladungsbefugnis. Egal, was sie sich hatten zuschulden kommen lassen[18], die Entscheidung, schlechte Polizist*innen loszuwerden, oblag einzig und allein der Institution, die hinter ihnen stand.

Als Gunter in der Behörde anfing, hatte sie das Gefühl, einen Spagat zwischen den beiden Welten vollziehen zu müssen. Sie hatte sich für eine Karriere bei der Strafverfolgung entschieden, um die empathische Polizistin zu werden, die ihr in ihrer Jugend in Chicago und seinen Vororten gefehlt hatte. Doch in den 1990er

Jahren war die Kriminalität in Minneapolis so außer Kontrolle geraten, dass Gunter das Gefühl hatte, sie und ihre Kolleg*innen benötigten mehr Spielraum für einen aggressiveren Ansatz. In den Sozialbauten herrschte eine derartige Drogenkriminalität vor, dass man Kinder lieber nicht draußen spielen ließ. Die Polizei hatte immer wieder Fälle, bei denen Opfer mit Pistolen geschlagen oder von Gang-Mitgliedern in Schränke gesperrt wurden. Unter den Bürger*innen wurde der Stadt bald der Spitzname »Mörderapolis« verliehen.

»Die Detroit Boys nahmen Geiseln und hielten sie in ihren eigenen Häusern gefangen, während sie Drogen verkauften«, so Gunter, über eine Gang aus Michigan, die ihr Revier bis nach North Carolina ausdehnte. »Dann denkst du irgendwann, die Kriminellen sind uns weit voraus, wie können wir die Gegend für unsere Bürger*innen zurückerobern?«

Mit Inkrafttreten der *Crime Bill* von 1994 kamen der Polizei Gelder und Ressourcen zu, so dass einige der »Bösen« hinter Gitter gebracht werden konnten, so Gunter. Aus Polizei-Perspektive hatte dieser Vorstoß funktioniert, die Verbrechenszahlen gingen zurück, die Straßen waren sicherer. Doch viele bewerteten das Gesetz auch anders, das eine Ära der Masseninhaftierung einleitete; Polizeibeamt*innen verprügelten Anwohner*innen, raubten sie aus und schikanierten sie in ihrem Alltag. Ein beliebtes Gemeinschaftszentrum[19] für Schwarze Jugendliche in North Minneapolis wurde zum Standort für das Vierte Revier umfunktioniert. Gunter hatte gehofft, sobald sie Ordnung in der Gegend geschaffen hatte, könnte die Polizei mehr Zeit in gemeinschaftsbildende Maßnahmen investieren. Doch ihre Vorgesetzten hätten sie angehalten, die Verhaftungsquote weiter auf einem hohen Niveau zu halten. Das Gefühl, dass man in dieser Gegend hart durchgreifen musste, selbst bei kleinen Verstößen, verschwand nie ganz.

»Anstatt zu sagen ›Wir haben erreicht, was wir erreichen wollten, also können wir jetzt das Gemeinschaftsgefühl genießen‹ haben wir als Polizei es übertrieben«, so Gunter. »Und indem wir es übertrieben, wurden wir zum Problem.« Das traf besonders im Dritten Revier zu, wo die Polizist*innen als besonders hart galten und »mehr Gewalt anwendeten als notwendig«, wie Lucy Gerold es formuliert, die stellvertretende Präsidentin der Wache war. Intern nannte man die Beamt*innen des Dritten Reviers »die Schläger*innen«. In anderen Revieren der Stadt sprach man vom »Cowboy-Bezirk«. Als Gerold 2006 die Leitung des Reviers übernahm, kam es ihr undiszipliniert und unreguliert vor. Einige Sergeants und Officers waren seit über zehn Jahren in der Abteilung, was der vorherrschenden Meinung unter den Manager*innen zuwiderlief, dass die Beamt*innen in verschiedenen Revieren und Bezirken tätig sein sollten, um nicht in einen Trott zu verfallen und sich nicht auf eine bestimmte Community einzuschießen.

Gerold wollte frischen Wind in die Abteilung bringen, aber aufgrund der gewerkschaftlich ausgehandelten Verträge war eine Umstrukturierung nur in wenigen, extremen Fällen möglich.

Sie stand also einem Revier vor, in dem sich die Officers für unantastbar hielten, weswegen sie es sich beispielsweise herausnahmen, das Auto auf Parkplätzen für Menschen mit Behinderung abzustellen, oder sich sogar schlimmere Verstöße erlaubten, wie Jugendliche zum Mississippi River zu bringen und zu attackieren.

»Die Leute machten einfach, was sie wollten, es gab keine Führung«, so Gerold. »Sie wussten einfach nicht – und das trifft wahrscheinlich auch auf andere Reviere zu –, was die Mission der Stadt war oder die Vision oder Mission der Wache.«

Am Anfang seiner Laufbahn lobte man Chauvin dafür, diese Mission zu erfüllen. Zwei Frauen schrieben Briefe ans Polizeiamt, in denen sie die Empathie und Geduld von Chauvin und seinem Kollegen bei Fällen häuslicher Gewalt in den höchsten Tönen lobten.

»Sie haben alles getan, was in ihrer Macht stand, damit ich mich wohl fühlte und nicht schämte«, schreibt eins der Opfer. Eine andere Person bedankte sich, wie »ruhig und gründlich« sie einen Vorfall in der Gegend geregelt hätten.

Im Zeitraum zwischen 2006 und 2009 erhielt Chauvin zwei Ehrenauszeichnungen und zwei Belobigungen dafür, dass er einen Mann erschossen hatte, der eine abgesägte Schrotflinte auf Polizist*innen richtete; für sein »Pflichtbewusstsein im höchsten Maße«, als er einen Mann mit einer Waffe überwältigte und entwaffnete; dafür, auf einen Mann zu schießen und diesen zu verwunden, dem vorgeworfen wurde, seine Freundin zusammengeschlagen zu haben; und für sein Eingreifen bei einer Auseinandersetzung zwischen Gangmitgliedern.

2007 wurde Chauvin jedoch schriftlich abgemahnt, nachdem sich eine Frau über sein irrationales und aggressives Verhalten beschwert hatte, die auf dem Rückweg vom Supermarkt wegen zu schnellen Fahrens angehalten wurde. Er fasste in ihr offenes Autofenster, entriegelte die Tür und zerrte sie aus dem Wagen. Die Frau, eine stillende Mutter, sagte der *New York Times*, dass entweder Chauvin oder sein Kollege ihre Brüste kommentiert habe. In der Abmahnung heißt es: »Weitere Verstöße gegen die Regeln und Vorschriften der Abteilung können zu strengeren Disziplinarmaßnahmen bis hin zur Entlassung aus dem Arbeitsverhältnis führen.«

In ihren sechs Jahren als Polizeiinspektorin beim Dritten Revier versuchte Gerold, einen Wandel in der Behördenkultur herbeizuführen, indem sie sich Rückmeldungen von anderen Polizist*innen und aus der Community einholte, sowie Vorgesetzte für Warnsignale sensibilisierte, welche die Grenzen akzeptablen Verhaltens der Beamt*innen ausloteten. Beschwerden über die Polizeipraxis seien schwer einzuordnen, so Gerold. Es läge in der Strafverfolgung selbst begründet, dass Bürger*innen manchmal ein Problem überbewerteten, wenn ein Officer einfach nur seine normale Polizeiarbeit mache.

Das normalerweise bei internen Ermittlungen eingesetzte Prozedere sowie die Untersuchungsmethoden von Bürgergremien kamen erschwerend hinzu. Beispielsweise dauerte die Bearbeitung des Vorfalls von 2007 über ein Jahr. Auch das städtische Beschwerdemanagement ist eine verzwickte Angelegenheit: Erst entscheidet ein*e Mitarbeiter*in, ob die Beschwerde grundlegende Voraussetzungen erfüllt. Dann kann diese zivilen oder polizeilichen Ermittler*innen übergeben werden. Diese schreiben dann einen Bericht für eine Supervisorengruppe, welche wiederum entscheidet, ob der Bericht an eine zivile Prüfkommission oder direkt an die Polizeiführung geht. Landet der Bericht bei der Kommission, erarbeitet diese eine Empfehlung für die Polizeiführung. Die kann die Beschwerde wiederum ablehnen oder weitere Maßnahmen für den*die betroffene*n Polizist*in empfehlen. Das kann ein Coaching durch Vorgesetzte sein, damit sich der Fehler nicht wiederholt. Auch disziplinarische Maßnahmen von der schriftlichen Abmahnung über Suspendierung, Herabstufung oder eine Beendigung des Arbeitsverhältnisses sind möglich. Zu dem Zeitpunkt, an dem eine Untersuchung endet, hat der*die Polizist*in den Vorfall vielleicht bereits vergessen.

Intern zog Chauvins Akte keine große Aufmerksamkeit auf sich. Für seine Kolleg*innen war er der schlaksige, großspurige Officer mit dem Kleinjungengesicht, der sich ganz über seinen Beruf definierte. Privat fuhr er einen Ford Crown Victoria – ein Geschenk seiner Mutter –, der aussah wie ein altes Polizeiauto. Er übernahm regelmäßig Nachtschichten und machte viermal die Woche Zehn-Stunden-Dienste. Nebenher jobbte er als Sicherheitsbeamter in Restaurants, Nachtclubs und Supermärkten im selben Viertel, in dem er auch Polizist war. Viele in seiner Abteilung wussten gar nichts von seiner Ehefrau Kellie, einer geflüchteten Hmong, die in ihrer ersten Ehe misshandelt worden war. Zu der Zeit, als Chauvin sie um eine Verabredung bat, arbeitete sie als Radiologieassistentin im örtlichen Krankenhaus.

Bei Kellie Chauvin gingen andere Hmong-Frauen ein und aus, die in früheren Beziehungen Gewalt erlebt hatten. Als sie als erste Hmong den Titel *Miss Minnesota* verliehen bekam, war ihr Mann an ihrer Seite.

»Unter dieser Uniform verbirgt sich ein weicher Kern«, sagte Kellie Chauvin der *Pioneer Press*, als sie 2018 einen ganz in sie vernarrten Ehemann beschrieb.[20] »Er ist ein wahrer Gentleman, hält mir noch immer die Tür auf und hilft mir in den Mantel.«

Aber sobald Chauvin in die Uniform schlüpfte, verhielt er sich wie ein Schläger. Aus den Beschwerden über ihn ließ sich nach und nach ein Verhaltensmuster ableiten. Dabei erhielt er nicht mehr davon als der*die Durchschnittspolizist*in, so Michelle Gross, Präsidentin von Communities United Against Police Brutality, eine in Minneapolis ansässige Gruppe gegen Polizei-gewalt, die solche Beschwerden erfasst. Doch von Bewohner*in-nen des Dritten Reviers gingen immer wieder Beschwerden ein, in denen Chauvin als impulsiv, aggressiv und gewalttätig be-schrieben wurde.

2009 erhielt Luz Maria Gonzalez einen Anruf ihres elfjäh-rigen Sohns Armoni, nachdem er beim Chips-Klauen in einem Supermarkt auf der Lake Street erwischt worden war. Sie wurde wütend, als sie in der Jugendstrafanstalt im Zentrum ankam und ihren Sohn mit einem blauen Auge vorfand.

Sie besah sich sein geschundenes Gesicht näher und fragte, was passiert sei. »Das war Derek«, sagte Armoni. »Der Cop, De-rek, der hat mich geschlagen.«

Gonzalez fragte sich, was für ein Polizist ein Kind wegen einer solchen Nichtigkeit verprügeln würde, aber dann fiel ihr ein, wie aggressiv sie Chauvin erlebt hatte, wenn sie ab und an in den »Latino«-Club *El Nuevo Rodeo* ging, wo er jobbte. Ihre Freundin Maria Isa trat dort gelegentlich auf, und die beiden fühlten sich nicht wohl in seiner Gegenwart. Er kam ihnen roboterhaft vor, ungehobelt und als hätte er kein Interesse daran, Probleme zu deeskalieren.

Die meisten Polizist\*innen, die außerhalb ihrer Dienstzeit im Club jobbten, konzentrierten sich auf ernsthaftere Probleme, wie Drogen oder Waffen aufzuspüren, und überließen den Rest dem Securityteam. Aber Isa und anderen Stammgästen fiel auf, dass Chauvin sich gern aktiv bei der strikten Durchsetzung der Clubregeln einbrachte. Um Punkt zwei Uhr nachts, wenn keine Livemusik mehr gespielt werden durfte, zückte Chauvin das Pfefferspray und trieb die Menge auseinander. Gäste, die noch eine Weile herumstanden, bekamen eine Ladung ab.

Laut der damaligen Clubbesitzerin Maya Santamaria zeigte er sich besonders aggressiv auf sogenannten »Urban Nights«, wenn hauptsächlich Schwarze Clubbesuchende zugegen waren. Als sie ihn bat[21], etwas zurückzufahren, kanzelte er sie ab: »Das sind die Vorschriften.«

Als Gonzalez in das übel zugerichtete Gesicht ihres Sohns schaute, hoffte sie, dass jemand Chauvin für den tätlichen Übergriff auf ein Kind zur Verantwortung ziehen würde. Sie habe eine Beschwerde eingereicht, aber »nichts passierte«, wie sie sich Jahre später erinnert.

Die Vorfälle begannen sich zu häufen. An einem kalten Dezembertag im Jahr 2012 blieb Adrienne Kleinmans Eurovan auf einer belebten Straße liegen, und sie rief die Polizei zur Hilfe. Die sollte sie nicht bekommen, denn wie Kleinman später berichtete, schrie der abbestellte Chauvin sie an und verlangte von ihr, das kaputte Auto zu bewegen. Er habe sich überaus geringschätzig und aggressiv verhalten.

»Er hat mich behandelt, als wäre ich der absolute Witz«, so Kleinman, die im Rollstuhl sitzt. »Ich habe vorgeschlagen, dass er ein Sensibilitätstraining machen soll.«

Diesen Vorschlag nahm seine Abteilung nicht an. Tatsächlich wurde Chauvin überhaupt nicht belangt. Ein Jahr später, im Jahre 2013, gab es über Thanksgiving noch einen weiteren Vorfall, der demjenigen ähnelte, wofür Chauvin 2007 abgemahnt worden war. LaSean Braddock hatte gerade eine 16-Stunden-Schicht auf der Abteilung für psychische Gesundheit im County-Krankenhaus hinter sich, stieg ins Auto und fuhr nach Hause.

Als Chauvin ihn aus dem Verkehr zog, ahnte er bereits, worum es ging. Vor ein paar Monaten hatte jemand Braddocks Identität gestohlen, und er war inzwischen so oft angehalten worden, dass er Dokumente von der Polizeiwache mit sich führte, die die Umstände erklärten. Aber Braddock zufolge wartete Chauvin seine Erklärungen nicht ab. Er habe die Taschenlampe so heftig gegen die Autoscheibe geknallt, dass sie fast brach.

»Er hat versucht, mich aus dem Wagen zu zerren«, so Braddock. »Ich war immer noch angeschnallt.«

Schließlich stieg Braddock aus, und Chauvin und sein Kollege forderten ihn auf, sich auf den Boden zu legen. Dann seien die beiden Polizisten »auf meinen Kopf und Hals gesprungen. Sie haben mir die Handschellen extrem eng angelegt, meine Handgelenke sind vernarbt davon.«

Erst als man ihn in eine Haftanstalt gebracht hatte, erfuhr er, dass man ihm Widerstand gegen die Festnahme und Nichtbefolgung von Anweisungen eines Beamten vorwarf – Beschuldigungen, die am Ende nicht haltbar waren. Braddock habe sich auch bei der Stelle für Bürgerrechte über die Vorkommnisse beschwert, doch niemand sei dem weiter nachgegangen.[22]

Die Organisation von Michelle Gross hat mindestens 29 Beschwerden über Chauvin gefunden, die Abteilung für interne Untersuchungen führte 18 davon. Obwohl die Geschehnisse für die Betroffenen traumatisierend waren, schienen sie den internen Ermittelnden nicht als besonders problematisch. Laut Janeé Harteau sei genau das das Beunruhigende an der Polizeiarbeit. Die Möglichkeit, dass viele Polizist*innen »sich gerade so viel erlauben, dass sie unterm Radar bleiben, weil sie niemanden getötet haben. Über die weiß man nicht Bescheid. Das sind diejenigen, die die Handschellen ein bisschen zu eng anlegen.«

Nach der Abmahnung von 2007 zog nie wieder eine Beschwerde gegen Chauvin ein Disziplinarverfahren nach sich, was nicht ungewöhnlich war. Nachdem Harteau 2012 Chefin wurde, fragte sie beim Justizministerium eine Überprüfung des Beschwerdemanagement-Verfahrens der Polizeibehörde an. Die Evaluierung ergab, dass 47 Prozent der Beschwerden direkt aussortiert wurden, nur 21 Prozent davon ging man nach. Von den 570 Beschwerden[23], die zwischen 2008 und 2013 untersucht wurden, löste man 418 mit »unterstützender Betreuung«, einer nicht standardisierten Maßnahme, für deren Durchführung die Vorgesetzten nicht ausgebildet sind. Die Organisation von Gross hatte zwischen 2012, als die zivile Prüfstelle in die Menschenrechtsabteilung der Polizeibehörde eingegliedert wurde, und Mai 2020 weitere 3434 Beschwerden zu verzeichnen. Von diesen hatten lediglich zwölf Fälle disziplinarische Konsequenzen für die Polizist*innen – also 0,35 Prozent.

Auf nationaler Ebene gibt es zwar kaum Untersuchungen zu Disziplinarmaßnahmen für Polizist*innen, aber eine bundesweite Studie aus dem Jahr 2006[24] schätzt, dass 8 Prozent der Beschwerden über Gewaltanwendung letztendlich in einer Entscheidung für eine Disziplinarmaßnahme enden.

Eine Behörde, in der Polizist*innen nicht für Dienstvergehen belangt werden, birgt Gefahren. Zieht man sie nicht zur Rechenschaft, mag das größere Risikobereitschaft und ein aggressiveres Verhalten nach sich ziehen, unverhältnismäßig oft auf Kosten von People of Color. Öffentlich zugängliche Daten[25] von 2021 zeigen, dass in Minneapolis fast 64 Prozent der polizeilichen Gewaltanwendungen auf Schwarze entfallen, wobei diese lediglich 19 Prozent der Bevölkerung dort ausmachen.

Harteau berichtet, dass sie versuchte, einen Wandel der Kultur des systemischen Rassismus in der Polizei herbeizuführen. Sie etablierte ein Seminar zu Sensibilisierung für unbewusste Voreingenommenheit, an dem Chauvin 2015 teilnahm, und eines zur »Verfahrensgerechtigkeit«, das Chauvin im folgenden Jahr besuchte. Doch sie musste frustriert feststellen, dass sie die seit langem bestehenden Ansichten und Vorurteile innerhalb der Behörde nicht ausmerzen konnte. Schließlich forderte Bürgermeisterin Betsy Hodges 2017 vor dem Hintergrund von Kontroversen zur polizeilichen Waffengewalt und Ausbildung Harteaus Rücktritt.

»In dieser Kultur, die über Jahrzehnte hinweg aufgebaut wurde, gab es hauptsächlich *weiße* Männer auf diesen Posten«, so Harteau. »Rückblickend war es etwas naiv von mir zu glauben, dass ich wirklich die Veränderungen bewirken könnte, die ich anstrebte. Als würde man den Kurs der Titanic ändern wollen.«

Natürlich beschränkte sich das Phänomen der häufigeren Gewaltanwendung gegen People of Color nicht auf Minneapolis allein. Es lässt sich bis auf Vorstellungen aus der Sklavenzeit zurückverfolgen, die von einer Notwendigkeit der Unterwerfung von Schwarzen ausgehen. Oft tauchten sie in der Pseudowissenschaft auf. In der Ära der Sklaverei[26] prägte der Wissenschaftler Samuel Cartwright den Begriff der »Drapetomanie«, eine angebliche psychische Krankheit, die er in der Schwarzen »Schuftigkeit« begründet sah und die versklavte Afroamerikaner*innen dazu brächte, sich nach Freiheit zu sehnen – eine Krankheit, die sofort behandelt werden musste. Diese nicht auf Forschung, sondern auf Vermutungen und Bestätigungsfehlern basierenden pseudowissenschaftlichen Theorien wurden dafür eingesetzt, die bestehende Gesellschaftsordnung – oftmals durch Kriminalisierung – zu erhalten. Andere Theorien aus jener Zeit forderten, Afroamerikaner*innen streng zu überwachen und brutaler mit ihnen umzugehen, da sie ein primitives Nervensystem, dicke Haut und harte Schädel hätten. Keine dieser Studien würde den heutigen wissenschaftlichen Standards entsprechen, teilweise waren die Daten auch gefälscht.

Doch diese Narrative verschwanden nie ganz. Ayana Jordan, eine New Yorker Universitätsprofessorin, die sich mit der Geschichte der Sucht und Rassismus in der Medizin beschäftigt hat, konnte sie noch bis ins Jahr 1914 nachweisen. Damals stell-

ten Ärzte die Behauptung auf, tödliche Wunden könnten dem
»kokainverrückten *N\*\*ro*-Hirn« nichts anhaben, um so die Verabschiedung des Kokainverbots, den *Harrison Narcotics Acts*, zu
rechtfertigen. 1994 wurden in der Diskussion um die *Crime Bill*
ähnliche Topoi bemüht[27], als seitens der Gesetzgebung der Begriff »Superprädatoren«, verwendet wurde, der wilde Teenager
beschreiben sollte, die angeblich gewissenlos töteten.

Und nachdem David Smith im Jahre 2013 starb, kam ein neuer
Begriff um die polizeiliche Fixierungstechnik auf, der sich auf
ähnliche Stereotype stützte: Das »erregte Delirium«, das in
einem weiteren Training der Polizei von Minneapolis als »Haupt-
ursache« für Todesfälle bei Festnahmen bezeichnet wurde.

»Das erregte Delirium ist ein Zustand, der sich als eine Kombination aus Delir, psychomotorischer Agitation, Angstzuständen, Halluzinationen, Sprachstörungen, Desorientierung,
gewalttätigem und merkwürdigem Verhalten, Schmerzunemp-
findlichkeit, erhöhter Körpertemperatur und übermenschlichen
Kräften äußert«[28], so die Präsentationsfolie.

Was in dem Training nicht zur Sprache kam, war die kontro-
verse Debatte darüber, ob dieser Zustand überhaupt existierte.
Das »erregte Delirium« wird weder im psychiatrischen Klassifi-
kationssystem *Diagnostic and Statistical Manual of Mental Disorders*
als psychische Krankheit geführt, noch taucht es bei der WHO
oder der American Psychiatric Association als Diagnose auf.

»Man hat uns gesagt, dass es existiert, also haben wir die Leute
darauf vorbereitet«, so Harteau.

Und obwohl der Begriff 1985 das erste Mal verwendet wurde,
um den plötzlichen Tod von *weißen* Kokain-User\*innen zu erklären, wurde er seitdem konsequent und unverhältnismäßig
oft benutzt, um einen Zustand zu beschreiben, in dem sich
Schwarze Männer befänden. Eine Studie[29] von damals kam zu
dem Ergebnis, dass die Gerichtsmedizin in Miami-Dade County,
wo der Begriff entstanden war, dreimal so häufig das »erregte
Delirium« als Todesursache für Schwarze Kokain-User\*innen

angaben als für *Weiße*. Ein Artikel von 2017[30] in *American Emergency Medicine* hat ähnliche Diskrepanzen in größeren, landesweiten Studien herausgearbeitet.

Kritische Stimmen waren außerdem entsetzt,[31] dass ein Großteil der Forschungsergebnisse über die Pathophysiologie der Krankheit von Wissenschaftler*innen stammte, die als bezahlte Berater*innen für die Elektroschockpistolenfirma Taser tätig waren. Dass diese Studien das »erregte Delirium« vor allem im Zusammenhang mit der Strafverfolgung beleuchteten, warf die Frage auf, ob der Begriff vor allem als Ausrede für Polizist*innen erfunden wurde, die andernfalls der Anwendung übermäßiger Gewalt beschuldigt werden könnten – angefangen beim Einsatz von Elektroschockern über die Verwendung von Ketamin als Beruhigungsmittel bis hin zur Nackenfixierung.

In Minneapolis brachte man der Polizei bei, auf Warnzeichen für das »erregte Delirium« zu achten. Eine weitere Präsentation von 2019 begann mit einem Bild von drei *weißen* Polizisten, die einen Schwarzen Mann jagten, der sich seiner Kleider entledigte. Die Präsentation beschrieb Personen im »erregten Delirium« als »zäh und unaufhaltbar«, man benötige mehrere Beamt*innen, um das Subjekt zu Boden zu bringen. Auf einer anderen Folie wurde das weitere Vorgehen erklärt, nachdem die Person schließlich mit Handschellen gefesselt war. Auf dem Bild hielten zwei Polizisten die Arme und Beine fest, und ein dritter Officer drückte der Person sein Knie in den Nacken.

»Subjekt in stabile Seitenlage bringen, um Erstickungsgefahr zu verringern«, stand dort.

Abigail Cerra, Mitglied der städtischen Aufsichtskommission für Polizeiverhalten, kritisierte das Seminar als unzureichend. Zwar wurde das »erregte Delirium« genau beschrieben, jedoch bezog sich nur ein einziger Aufzählungspunkt der 41 Folien auf den Erstickungstod, der auch David Smith das Leben gekostet hatte. Bereits seit den 1990er Jahren hatte das Justizministerium vor den Gefahren der Bauchlagenfixierung und dem Erstickungsrisiko gewarnt[32], doch über diesen einen Aufzählungspunkt hinaus enthielt das Trainingsmaterial keine weiteren Informationen zum gesundheitlichen Risiko. Für Anwält*innen wie Cerra sah es so aus, als hätte die Abteilung ihren Beamt*innen eigentlich Gründe geliefert, die Nackenfixierung einzusetzen, ohne sie ausreichend über die Gefahren zu informieren.

Die Nackenfixierung machte zwischen 2008 und 2020 etwa 2 Prozent[33] der Fälle von Gewaltanwendung bei der Polizei von Minneapolis aus. 60 Prozent davon entfielen auf Schwarze Menschen. Obwohl diese Technik nur selten eingesetzt wurde, gab es Polzist*innen, die sie besonders gern anwandten.

Derek Chauvins erster bekannter Einsatz der Nackenfixierung erfolgte nur 18 Tage nach seiner Schulung. Er hatte versucht, einen Betrunkenen aus der Markthalle Midtown Global Market zu führen, doch der Sechzigjährige habe laut Chauvins Bericht versucht, sich loszureißen, war ins Straucheln geraten und zu Boden gegangen. Chauvin drückte ihm das Knie in den Nacken, als er ihm die Handschellen anlegte. Er richtete den Mann auf, als sie auf den Krankenwagen warteten. Der Einsatz der Nackenfixierung wurde als angemessen angesehen. Chauvin hatte die Fixierung gelöst, als der Mann sich nicht mehr wehrte und ihn dann in eine Position gebracht, in der er besser atmen konnte, während sie auf die Rettungssanitäter*innen warteten.

Fast ein Jahr später, am 15. Februar 2015, schloss Chauvin die Finger um den Hals eines betrunkenen Stammgasts im El Nuevo Rodeo namens Julian Hernandez. Sie waren über die Frage aneinandergeraten, welche Tür der Clubausgang war. Chauvin zufolge habe Hernandez sich dagegen gewehrt, sich Handschellen anlegen zu lassen, also habe er den Nackengriff benutzt, um ihn an eine Mauer zu drücken. Das sei aufgrund des Größenunterschieds notwendig gewesen, so der 1,80 Meter große Chauvin. In seinem Bericht schreibt er, Hernandez »schien muskulös gebaut zu sein.« Er legte ihm den Arm um den Hals, zog ihn zu Boden und drückte ihm das Knie in den Rücken, während er auf einen Streifenwagen wartete.

Bis zum 4. September 2017 hatte Chauvin diese Fixierungsmethode mindestens fünfmal eingesetzt. Der sechste dokumentierte Einsatz erfolgte an dem Abend, als er und sein Kollege von einer Mutter angerufen wurden, die angab, ihr vierzehnjähriger Sohn John Pope habe sie in ihrem Haus angegriffen. Laut Polizeibericht habe die Frau ihnen erzählt, dass ihr Sohn sie an den Armen gepackt habe, als sie sein Handyladekabel aussteckte. Sie habe sich darüber beschwert, wie undiszipliniert ihre Kinder seien und die Polizisten ins Schlafzimmer geleitet, um ihren Kindern einen Schrecken einzujagen.

Als sie eintraten, lag der vierzehnjährige Junge auf dem Boden herum. Wieder kommentierte Chauvin den Körperbau, er sei knappe 1,90 gewesen und fast 110 Kilo schwer. Der Junge wollte nicht aufstehen, also packte Chauvin ihn und drückte ihn gegen die Wand. Er schlug mehrfach mit seiner Taschenlampe auf ihn ein, so fest, dass das Ohr des Kindes anfing zu bluten, und forderte seinen Kollegen auf, den Elektroschocker zu benutzen. Da dieser jedoch keinen mit sich führte, schlang Chauvin die Arme um den Hals des Jungen, der zu Boden stürzte. Dann drückte Chauvin ihm das Knie in den Rücken. Die Mutter des Jungen flehte Chauvin an, aufzuhören, aber der weigerte sich und sagte: »Er ist ein großer Junge.«

Das Kind – ein Afroamerikaner – bat, auf den Rücken gedreht zu werden, aber Chauvin ging nicht darauf ein. Viermal bat die Mutter Chauvin, das Knie vom Nacken ihres Sohns zu nehmen, aber er hielt die Fixierung 17 Minuten lang aufrecht, bis der Krankenwagen kam. Die Body-Cam hatte den gesamten Vorfall aufgezeichnet, aber in Chauvins Bericht tauchen weder die Schläge mit der Taschenlampe noch das Flehen der Mutter oder eine Zeitangabe auf, wie lange er das Knie auf den Hals des Jungen drückte. Die Familie reichte keine Beschwerde ein.[34]

Es sind keine Ermittlungen dokumentiert, wie ein Beamter ein Kind bewusstlos schlagen konnte.

»Er verhielt sich immer extremer«, so Cerra, »und es gab niemanden in der Abteilung, der ihn aufhielt.«

Der siebte dokumentierte Vorfall, bei dem Chauvin die Nackenfixierung einsetzte, geschah am 12. März 2019, als er und ein weiterer Kollege auf einen Anruf von Monroe Skinaway reagierten, der gerade sein gestohlenes Auto wiederentdeckt hatte. Laut Skinaway habe ein psychisch kranker Mann sie bei ihrem Gespräch an einer Tankstelle unterbrochen und die Beamten gefragt, ob sie ihn mitnehmen würden. Chauvin schubste den Mann weg, der Mann schubste zurück.

»Sie ringen ein bisschen miteinander, und der eine Polizist packt das Pfefferspray aus«, erinnert sich Skinaway. »Aber weil es windig ist, kriegen sie das Spray selbst ins Gesicht. Der Teil war zum Totlachen.«

Das Lachen sollte ihm schnell vergehen. Die Polizisten brachten es schließlich fertig, dem Mann Handschellen anzulegen und zwangen ihn dann zu Boden, das Gesicht in einer Pfütze. Der Mann versuchte, seinen Kopf über der Pfütze zu halten und sagte den Beamten, er kriege keine Luft. Sie zogen ihm die Kapuze über den Kopf und stießen ihn mit dem Gesicht voran wieder in die Pfütze. Chauvin hielt ihn ein paar Minuten in dieser Position, laut Polizeibericht, bis die Sanitäter*innen kamen.

»Ich hab mich gefragt, ab wann wird es gefährlich, wann muss ich dazwischengrätschen?«, so Skinaway. »Aber es war einfach so alltäglich, die Polizei bei sowas zu beobachten. Ich hab mir nicht viele Gedanken drüber gemacht. Und wenn du dich einmischst, dann bist eben du das nächste Ziel. Trotzdem war es auf jeden Fall falsch, den Mann mit dem Gesicht ins Wasser zu drücken. Das war übertrieben. Er hätte ertrinken können.«

Vier Monate später wurde zum achten Mal dokumentiert, dass Chauvin die Nackenfixierung einsetzte. Er fuhr zu einer älteren Frau, die der Leitstelle berichtet hatte, dass ihr Sohn das Haus abbrennen wolle. Sie brachte Chauvin zu ihm, und ihr Sohn richtete die Waffe auf den Polizisten. In seinem Bericht schreibt er, der Mann habe kurz die Hände gehoben, um sich geschlagen zu geben. Aber als er sie dann sinken ließ, hatte Chauvin ihm in den Bauch getreten, da er »neben einem Sessel einen Beistelltisch« entdeckt hatte, »auf dem viele Scheren und scharfe Objekte lagen. Ich würde ihm nicht die Möglichkeit geben, sich eines davon zu schnappen.«

Als der Mann zu Boden ging, setzt Chauvin die Nackenfixierung ein, lange genug, damit der Mann ohnmächtig wurde. Im Bericht ist nicht vermerkt[35], ob Chauvin erste Hilfe leistete, bevor der Rettungsdienst eintraf.

Zwischen 2014, als die Polizei von Minneapolis begann, die Nackenfixierung durch Beamt*innen zu dokumentieren[36], und Mai 2020 gab es mindestens 295 Fälle, von denen für neun Chauvin verantwortlich ist. Kein einziger zog eine Abmahnung oder eine dokumentierte Ermittlung nach sich. Chauvin machte weiterhin seine Runden und bildete sogar andere Polizist*innen aus. Mindestens drei der Betroffenen waren Schwarz, einer war »Latino« und einer indigener Amerikaner. In einer Behörde, die im Schnitt weit über 800 Polizist*innen zählte, war Chauvin für ganze 3 Prozent der Nackenfixierungen verantwortlich. Acht Personen überlebten. Die neunte war George Floyd.

# Kapitel 7

## DU MUSST ES ALLEIN SCHAFFEN

»Da ist ja mein Baby.«

Miss Cissy hatte ihren Erstgeborenen nicht erwartet, als er an einem kalten Januartag 2013 das Haus in der Nalle Street betrat.

Brandon Williams und Philonise hatten ihr nicht angekündigt, dass sie Floyd in einer Wiedereingliederungseinrichtung in Huntsville, Texas, abholen und er nach dem längsten Gefängnisaufenthalt seines Lebens endlich wieder nach Hause kommen würde. Floyd war auf der Fahrt in den Third Ward ruhig und entspannt gewesen und hatte stumm die Veränderungen begutachtet, die während seiner Haftstrafe in dem Viertel stattgefunden hatten, aber sein Gesicht leuchtete auf, als er seine Mutter sah. Nachdem er zur Tür hereingekommen war, eilte er sofort zu ihr und drückte sie fest an sich.

Bei dieser ersten Umarmung nach mehr als vier Jahren wurde überdeutlich, wie stark sich beide körperlich verändert hatten. Floyds Körper war gestählt, Schulter- und Brustmuskeln trainiert, weil er im Gefängnis unzählige Stunden damit verbracht hatte, an seiner Fitness zu arbeiten.

Im Gegensatz dazu war Miss Cissy zerbrechlich geworden und saß inzwischen im Rollstuhl, da sie während der Haftstrafe ihres Sohnes einen weiteren Schlaganfall erlitten hatte. Ihr Haar war jetzt völlig weiß, und sie trug es in einem kurzgeschnittenen Afro, der ihr alterndes Gesicht wie ein Heiligenschein umrahmte. Sie war inzwischen 65, und die vergangenen Jahre hatten ihrem Körper schwer zugesetzt.

Was sich nicht verändert hatte, war ihre tiefe Verbundenheit mit ihrem ältesten Sohn.

Da Floyd auf Bewährung entlassen worden war, musste er sich abends und an den Wochenenden zu Hause aufhalten. Eine elektronische Fußfessel zeichnete seine Bewegungen auf, und wenn er nicht zu Hause war, falls ein Bewährungshelfer anrief und überprüfte, ob er sich an den Hausarrest hielt, riskierte er, wieder ins Gefängnis zu wandern.

Als Floyds Freund Adarryl Hunter von diesen Auflagen erfuhr, überlegte er sich sofort, wie er ihm helfen konnte. Er war ein paarmal bei Miss Cissy zu Hause zu Besuch gewesen, um nach ihr zu sehen, während Floyd seine Zeit im Gefängnis absaß, und hatte bei jedem Besuch neue Menschen angetroffen – Enkel, Freund*innen, bedürftige Nachbar*innen, die einen Platz zum Schlafen brauchten. Hunter wusste, dass sein Freund unter der Überfüllung, der fehlenden Bewegungsfreiheit und dem Mangel an Privatsphäre leiden würde – da ihn all das bestimmt an das Gefängnis erinnerte, das er gerade erst verlassen hatte.

Hunter ging zu dem Micro-Center-Elektroladen und kaufte ein 30 Meter langes Telefonkabel. Damit konnte Floyd sich an seine Bewährungsauflagen halten, ohne die ganze Zeit im Haus hocken zu müssen. Er stellte sich vor, wie Floyd durch den Vorgarten spazierte und dabei Festnetztelefonate führte, während das Kabel sich zurück in das vollgepackte Haus schlängelte.

Bevor er sich auf den Weg zu Floyd machte, erinnerte sich Hunter an ein Gespräch, das die beiden in den 1990er Jahren geführt hatten, als sie beide noch Teenager gewesen waren.

»Verrat mir mal dein Geheimnis: Wie schaffst du es, dass dich alle mögen?«, hatte Hunter seinen Freund gefragt.

Floyd sagte ihm, er versuche, alle Menschen mit einem Kompliment zu begrüßen, zum Beispiel über eine neue Frisur oder ein neues Paar Schuhe. Erkenne die Person an, die dein Gegenüber sein will, riet er ihm.

Getreu diesem Ratschlag machte sich Hunter schick, als er seinen Freund zum ersten Mal nach dessen Entlassung besuchte. Er trug einen weißen Blazer und eine Pilotenbrille. Floyd besaß nicht viel – er trug eine Baseballkappe, blaue Jogginghosen und ein schwarzes T-Shirt. Aber Hunter begrüßte seinen Freund als die Person, die dieser gern sein wollte, mit einer Anspielung auf ihren gemeinsamen Lieblingsfilm *Face/Off – Im Körper des Feindes*, und sie versuchten sofort wieder, sich gegenseitig an Komplimenten zu überbieten.

»Auuu-iiiee!«, rief Hunter. »Siehst du klasse aus!«

»Okay, Baller«, erwiderte Floyd.

»Okay, Taller«, gab Hunter zurück.

»Okay, Smaller.«

Hunter war als Apotheker die Karriereleiter hinaufgestiegen, während Floyd eingesessen hatte. Er hatte für ein paar lokale Apotheken gearbeitet und dann 2012 sein eigenes Geschäft eröffnet. Entschlossen, Floyd ein würdiges Willkommen zu bereiten, stieg er in seinen schwarzen Mercedes E 350 und fuhr mitsamt dem Telefonkabel zu Miss Cissys Haus.

Da Floyd das Haus tagsüber verlassen durfte, beschloss Hunter, ihn zu einem guten Mittagessen einzuladen. Sie holten noch einen dritten Freund ab und fuhren zum Grand Lux Cafe in der Galleria Mall. Das Restaurant war schick und wartete mit vier Säulen im römischen Stil und drei Bogentüren auf. Drinnen hingen bunte Kronleuchter von dunklen Kassettendecken. Die mit Holz getäfelten Wände, Marmorböden und marmorne Tischplatten verliehen dem Laden das Aussehen einer gehobenen Cheesecake Factory.

Floyd bestellte ein Sirloin-Steak mit Garnelen und einen Lemon-Drop-Martini. Während sie ihr Mittagessen aßen, sagte Floyd seinen Freunden, er wolle nie wieder das Innere einer Gefängniszelle sehen. Er hatte jetzt beinahe die ganze zweite

Hälfte seiner Dreißiger hinter Gittern verbracht und beteuerte Hunter gegenüber, dass er mit diesem Leben fertig war. Er wolle neu anfangen, sich einen guten Job suchen und sich um seine Familie kümmern, sagte er.

Hunter freute sich darüber, dass sein Freund entschlossen war, sein Leben zu ändern. Mit seinen 39 Jahren hatte Floyd nun allerdings Ziele, die weit weniger ehrgeizig waren als vor seiner Tour durch das Vollzugssystem. Aber nicht wieder im Gefängnis zu landen, war in einem Staat, in dem mehr als 60 Prozent der aus dem Staatsgefängnis entlassenen Ex-Häftlinge innerhalb von drei Jahren erneut festgenommen wurden, auch schon eine beachtliche Leistung.[1] Als er das Essen bezahlt hatte und sich anschickte, Floyd nach Hause zu bringen, erkannte Hunter, dass sein Freund fest entschlossen war, es zu schaffen.

Ein paar Wochen später hatte Floyd die Gelegenheit, alte Freund*innen beim Klassentreffen zum zwanzigsten Jahrestag des Schulabschlusses der Jack-Yates-High-Abschlussklasse von 1993 zu treffen. Jonathan Veal, Floyds alter Footballteamkollege, war einer der ersten, der ihn während eines von den Ehemaligen organisierten Picknicks begrüßte.

»Hey Mann, was geht?«, fragte Veal und umarmte ihn zum ersten Mal seit fast zwei Jahrzehnten.

»Alter, ich bin gerade freigekommen«, antwortete Floyd.

Veal war schockiert, als er hörte, dass sein Freund – der Spaßvogel der Mannschaft, der sanfte Riese auf dem Spielfeld – zusammen mit Mördern und Vergewaltigern eingesperrt gewesen war. Er beschloss, Floyd nicht zu fragen, weshalb er gesessen hatte, sondern ihm lieber von seinem eigenen Leben zu erzählen.

Veal lebte inzwischen in Oklahoma City und arbeitete für die Unternehmenszentrale der Schnellrestaurantkette Chick-fil-A. Er hatte eine Frau, vier Söhne und eine Tochter – zu der siebenköpfigen Familie gehörte auch ein Zwillingspaar. Er sagte Floyd, er habe sich gefreut, ihn zu sehen und wünschte ihm alles Gute, bevor er sich seinen anderen Klassenkamerad*innen widmete, und mit ihnen Geschichten austauschte.

Im Laufe des Nachmittags hatte Floyd die Gelegenheit, auch mit anderen alten Freunden neu anzuknüpfen, zu denen er den Kontakt verloren hatte. Er erzählte ihnen von seiner Gefängniszeit, und sie erzählten ihm von dem meist ziemlich normalen Leben, in dem sie sich als Männer mittleren Alters an der Schwelle zur Vierzig eingelebt hatten.

Sein früherer Teamkamerad Herbert Mouton hatte einen Bachelor-Abschluss in Informatik an der McMurry University von Abilene, Texas, gemacht und einen IT-Job angenommen, dann aber festgestellt, dass die Arbeit am Schreibtisch nichts für ihn war. Daraufhin hatte er einen Lastwagenführerschein gemacht und verdiente jetzt gutes Geld als Sattelschlepperfahrer.

Jerald Moore, der ehemalige Star-Runningback, hatte vier Spielzeiten lang in der National Football League gespielt, und zwar bei den St. Louis Rams und den New Orleans Saints. Die NFL-Rente, die er bezog, würde ihm noch viele Jahre lang den Lebensunterhalt sichern. Viele ehemalige Klassenkameraden Floyds konnten nicht an der Wiedervereinigung teilnehmen, weil sie in eine der Fallen des Third Ward geraten waren – Gefängnis, früher Tod, Drogensucht. Trotzdem verließ Floyd die Veranstaltung mit dem deutlichen Bewusstsein, wie weit sein Leben hinter das seiner Altersgenossen und seine eigenen Träume zurückgefallen war.

Nach dem Treffen sagte er Hunter, er sei fest entschlossen, sein Leben wieder auf die Reihe zu kriegen. Aber obwohl er während seiner Haftstrafe ein Berufsausbildungsprogramm abgeschlossen hatte, gestaltete sich die Jobsuche als schwierig. Er beschwerte sich darüber, dass potenzielle Arbeitgeber*innen nicht mehr mit ihm kommunizierten, sobald sie seine langen Antworten auf den Bewerbungsbögen gesehen hatten, in denen Fragen gestellt wurden wie: »Wurden Sie jemals wegen einer

Straftat verurteilt? Wenn ja, bitte erklären… Verwenden Sie bei Bedarf zusätzliche Blätter.«

Seine Antworten auf Fragen nach seinem beruflichen Werdegang fielen erheblich kürzer aus.

Eines Tages im Jahr 2013 war Floyd gerade auf dem Weg zu einem Vorstellungsgespräch, als sein ehemaliger Klassenkamerad Vaughn Dickerson an der Bushaltestelle vorbeifuhr, an der er wartete. Dickerson registrierte überrascht, dass sein alter Freund Anzughose und ein Hemd mit Krawatte trug. Er hielt am Straßenrand an und stieg aus seinem Auto.

Auch Dickerson hatte nach seiner Haftstrafe zuerst Mühe gehabt, über die Runden zu kommen, aber schließlich hatte er Arbeit im Baugewerbe gefunden. Als er Floyd an der Bushaltestelle sah, erinnerte er sich daran, dass sein Freund einer der ersten gewesen war, der ihn nach seiner Entlassung besucht hatte.

»Ich liebe dich, Mann«, hatte Floyd ihm damals gesagt und ihm ein paar Scheine zugesteckt. Dickerson war froh zu sehen, dass Floyd offenbar seinem Rat gefolgt und sein Plädoyer erfolgreich gewesen war. Er hatte das Gefängnis überlebt, schien in guter Verfassung herausgekommen zu sein.

»Bist du wieder zu Hause?«, fragte er und ging auf Floyd zu.

»Ja, bin ich«, sagte Floyd.

»Junge, du bist ja explodiert«, staunte Dickerson und musterte den Körper des ehemaligen Tight-End-Spielers. »Du musst der massivste Typ auf dem gesamten Gelände gewesen sein.«

»Jo«, erwiderte Floyd unbehaglich lächelnd.

»Du siehst gut aus, Alter«, sagte Dickerson und versetzte Floyds Oberkörper ein paar angetäuschte Boxhiebe. »Wo willst du hin? Soll ich dich mitnehmen, Mann?«

Floyd sagte, er sei auf dem Weg zu einem Vorstellungsgespräch auf der anderen Seite der Stadt, aber er könne problemlos den Bus nehmen.

»Brauchst du was?«, fragte Dickerson.

»Nö, alles cool.«

Dickerson sah ihn wieder an. Er war ernst geworden, und wirkte so, als würde es ihn beleidigen, dass sein Freund, den er seit mehr als 25 Jahren kannte, ihm etwas vorspielte.

»Brauchst du was?«, wiederholte er.

»Nein, echt nicht, V.«

Dickerson bestand darauf, ihm hundert Dollar zu geben. Er zog das Bargeld aus seinem Geldbeutel und drückte es Floyd in die Hand. »Hier, Mann.«

Ein paar Stunden später traf Dickerson Floyd in der Nähe derselben Bushaltestelle noch einmal. Er wollte ihn nach dem Vorstellungsgespräch fragen, schloss aber aus Floyds niedergeschlagener Miene, dass es wahrscheinlich nicht erfolgreich gewesen war.

»Es ging um meine Straftat«, gestand Floyd freiwillig ein.

Dickerson wusste genau, was Floyd gerade durchmachte, und gab ihm den einzigen Rat, der einem Schwarzen Ex-Häftling, der in Texas einen Job suchte, von Nutzen sein konnte.

»Du musst aber weitermachen.«

»Ich mache auch weiter«, erwiderte Floyd. »Ich muss es eben allein schaffen.«

Als verurteilter Straftäter in Texas hatte Floyd keine andere Wahl, als mit vollem Einsatz zu versuchen, sein Leben wieder in die richtigen Bahnen zu lenken. Zum Zeitpunkt seiner Entlassung galten im Staat einige der strengsten Gesetze der USA, mit denen die Rechte, Möglichkeiten und Unterstützungssysteme für entlassene Strafgefangene eingeschränkt wurden. Ehemalige Straftäter*innen waren von einer Vielzahl staatlicher Gewerbescheine ausgeschlossen, was sie daran hinderte, unter anderem als Friseur*innen, Immobilienmakler*innen, Schlosser*innen und Klempner*innen zu arbeiten.[2] Jedes Jahr lehnte der Staat die Bewerbungen von Tausenden von Menschen ab, die Gewerbescheine beantragten, mit denen sie ihren Lebensunterhalt legal verdienen konnten – oft aufgrund von lang zurückliegenden Verurteilungen wegen geringfügiger Vergehen. Da für etwa ein Drittel aller Jobs in Texas solche Gewerbescheine erforderlich waren, wurden Personen mit krimineller Vergangenheit automatisch von Millionen von Arbeitsplätzen ausgeschlossen, für die sie ansonsten qualifiziert gewesen wären.[3] Weil sie unbedingt Geld verdienen mussten, kehrten einige der abgelehnten Bewerber*innen in die Kriminalität zurück.

Der Staat hatte ehemalige Sträflinge auch lebenslang von der Nahrungsmittelhilfe ausgeschlossen, was ihnen den Zugang zu Lebensmittelmarken verwehrte, die Menschen in Armut helfen sollten.[4] Dieses Verbot erstreckte sich auch auf andere Sozialleistungen und erschwerte Häftlingen nach ihrer Entlassung den Weg zu geordneten, stabilen Verhältnissen. Die Mietgesetze des Staates machten es Vermietenden auch leicht, potenzielle Mieter*innen abzulehnen, die Zeit im Gefängnis verbracht hatten. Einige Sozialwohnungsverwaltungen blockierten alle Antragsteller*innen, die in den vergangenen 25 Jahren straffällig geworden waren.[5] Obwohl die nationale Richtlinie besagte, dass denjenigen, die in den vergangenen fünf bis sieben Jahren keine Straftaten begangen hatten, keine zusätzlichen Hindernisse in den Weg gelegt werden sollten.

Vorbestraften Texaner*innen war es im Großen und Ganzen auch verboten, eine der mehr als 300 000 Stellen in der Landesregierung anzutreten,[6] was sie aus einem Sektor ausschloss, in dem Schwarze Bürger*innen sonst überdurchschnittlich häufig vertreten waren.[7]

Im selben Jahr, in dem Floyd aus dem Gefängnis entlassen wurde, verklagte der texanische Generalstaatsanwalt Greg Abbott die Bundesregierung, um sicherzustellen, dass der Staat weiterhin ehemalige Straftäter*innen aus dem Einstellungsverfahren für diese Positionen ausschließen durfte.[8] Die Richtlinien, die 2012 von der Equal Employment Opportunity Commission der Regierung Obama herausgegeben worden waren, hatten Texas und andere Bundesstaaten davor gewarnt, dass es gegen Bürgerrechtsgesetze verstoße und »ungleich schwerwiegendere Auswirkungen« auf Schwarze und Hispanische Bewerber*innen habe, generelle Verbote gegen die Einstellung vorbestrafter Personen einzuführen.[9] Abbott, der damals für das Amt des Gouverneurs kandidierte, klagte während seiner Wahlkampagne, in der er versuchte, sich als Hardliner gegen das Verbrechen zu präsentieren.

Floyds Freund Travis Cains, der als Kautionsverwalter in Houston mit Hunderten von Straf- und Wiederholungstäter*innen zusammenarbeitete, sagte, Texas' unversöhnliche Haltung gegenüber ehemaligen Häftlingen sei mit ein Grund für die hartnäckig hohe Rückfallkriminalitätsrate des Staates.

»In Texas glaubt man nicht an Reue und Wiedergutmachung«, sagte er. »Sobald du nach Hause kommst, bist du wirklich auf dich allein gestellt. Du kannst an den meisten Orten nicht wohnen, weil du straffällig geworden bist. Du kriegst keinen Job. Die meisten Jungs, die wieder auf freiem Fuß sind, machen bald wieder dasselbe, was sie vor ihrer Verhaftung gemacht haben, weil es einfach keine Hilfe für sie gibt.«

Floyd, einer von fast 5 Millionen vorbestraften Texaner*innen im Jahr 2013, spürte schmerzhaft den Druck eines Staates, der so viele seiner Einwohner*innen eingesperrt und dann unter fast unmöglichen Umständen wieder entlassen hat.[10]

Floyd war überzeugt davon, dass seine schlechte Ausbildung und seine Vorstrafen ihn daran hinderten, eine Arbeit zu finden. Deshalb besuchte er Kurse und ließ sich als Schweißnahtprüfer ausbilden. Seine Freund*innen, die sich noch gut an seine Lernschwierigkeiten in der Schule erinnerten, reagierten überrascht, als Floyd ihnen eröffnete, er habe seine Prüfung bestanden und sein Zertifikat erhalten.

Endlich bekam er einen Job bei einer Prüf- und Inspektionsfirma im Nordwesten von Houston, verlor ihn aber nach nur etwa zwei Monaten schon wieder. Das Unternehmen beschuldigte ihn und einige Kolleg*innen später, Röntgengeräte im

Wert von mehr als 150 000 Dollar gestohlen zu haben. Floyd sagte seinen Freund*innen, er sei an der Aktion nicht beteiligt gewesen. Er wäre niemals das Risiko eingegangen, wieder ins Gefängnis zu wandern. Er wurde weder verhaftet noch angeklagt. Trotzdem war er jetzt wieder arbeitslos, und das Stigma seiner Vorstrafen machte es ihm schwer, einen neuen Job zu finden – das alte Dilemma, welches dazu beitrug, die Rückfallkriminalität in Texas derart in die Höhe zu treiben.

In den ersten Monaten nach Floyds Entlassung aus dem Gefängnis lief aber zumindest eine Sache in seinem Leben gut: Er hatte eine Beziehung zu einer Frau begonnen, die er ein paar Wochen nach seiner Heimkehr aus dem Gefängnis kennengelernt hatte. Roxie Danielle Washington lebte ein paar Minuten vom Haus seiner Mutter in der Nalle Street entfernt, und es machte ihr nichts aus, dass er vorbestraft war. Ihr eigenes Vorstrafenregister reichte bis in die frühen 2000er Jahre zurück.

Sie fühlte sich von Floyds großer, muskulöser Gestalt angezogen, neben der sie geradezu winzig wirkte. Ihre Romanze wurde schnell intensiver. Nach nur ein paar Wochen Beziehung lebte er bereits mit ihr in ihrer Wohnung in den Calumet Court Apartments in der Nähe des Riverside Park.

Es dauerte nicht lange, bis die einunddreißigjährige Washington Floyd mitteilte, dass sie bald zu dritt sein würden. Obwohl die Schwangerschaft unerwartet war, freute sich Floyd darüber, bald ein Kind willkommen zu heißen. Er erzählte Freund*innen, die Motivation, sein Leben in den Griff zu bekommen, sei noch größer geworden, und es mache ihn glücklich, dass er von Anfang an am Leben seines Kindes teilhaben durfte.

Zu diesem Zeitpunkt war Floyd bereits von zwei Frauen auf Kindesunterhalt verklagt worden, die behaupteten, er sei der leibliche Vater ihrer Kinder. Aber weil er mit beiden nur sehr kurz zusammen gewesen war, zweifelte er daran, dass die Kinder wirklich von ihm waren. Die Interaktionen mit seinen Ex-Freundinnen hatten sich zu juristischen Scharmützeln entwickelt, die nur noch von Anwält*innen und Gerichtszusteller*innen abgewickelt wurden.

Die Beziehung mit Washington war zumindest anfangs anders. Ihre Tochter wurde Mitte Dezember geboren. Floyd hielt sie im Arm und blickte gebannt in ihr rundes Gesicht unter dem dichten Haarschopf. Er blieb jede Nacht im Krankenhaus, bis sie alle nach Hause gehen durften.[11]

Floyd wollte seine Tochter nach sich selbst Georgianna nennen, doch das Paar entschied sich als Kompromiss für Gianna. Sie wählten einen farbenfrohen zweiten Vornamen, der etwas Showbiz-Glamour hinzufügte. Aber es dauerte nicht lange, bis Floyd einen besonderen Kosenamen für Gianna Pink Floyd erfand: »Buttercup«.

»Oh Mann, als sie auf die Welt kam, begann Floyd einfach zu leuchten«, erinnerte sich Floyds Freundin Nikki Smith, deren Ehemann Reginal ein Jahrzehnt zuvor Floyds Zellengenosse gewesen war. »Sie war sein Baby. Er wollte alles daransetzen, für seine Tochter sein Leben zu ändern.«

In den Monaten nach der Geburt von Gianna fand Floyd allmählich wieder zu seinem Glauben zurück, erzählte Freund*innen von dem Frieden, den er fand, wenn er die Bibel las und still Zeit im Gebet verbrachte.

Eines Tages im Jahr 2013 besuchte er »Hope for the Tre«, ein Konzert in der Good Hope Missionary Baptist Church im Third Ward, als er hörte, wie zwei christliche Rapper Lieder über Jesus mit dem Flair aufführten, der sonst typisch für Houstoner Hip-Hop-Tracks über Codein und Autos ist. Fasziniert beschloss er, nach dem Konzert zu den Künstlern zu gehen und sich vorzustellen.

Ronnie Lillard, der unter dem Künstlernamen Reconcile auftrat, und Corey Paul Davis sagten Floyd, dass sie die Jesus-Botschaft tiefer in den Third Ward bringen wollten. Sie planten, in den kommenden Tagen ein Video zu drehen und Bibellesungen abzuhalten. Keiner von beiden stammte aus dem Viertel, also sagte Floyd ihnen, er würde ihnen helfen und sie den richtigen Leuten vorstellen.

»Ich finde es toll, was ihr hier macht«, sagte Floyd.[12] »Wenn es euch um die Sache Gottes geht, dann ist das auch meine Sache. Wenn ihr etwas braucht, dann sagt einfach, Big Floyd findet euch in Ordnung.«

Patrick Ngwolo, Jugendpfarrer bei Good Hope und Organisator des Konzerts, suchte ebenfalls nach der Art von Verbindungen zum Third Ward, die Floyd herstellen konnte. Er plante die Gründung einer neuen Kirche namens Resurrection Houston und wollte hin und wieder auch Gottesdienste inmitten des größten sozialen Wohnprojekts der Stadt abhalten. Ngwolo, der Jura an der University of Texas in Austin studiert hatte, sagte Floyd, er fühle sich berufen, den Bricks das Evangelium nahezubringen.

Die Gottesdienste würden auf den Outdoor-Basketballplätzen von Cuney Homes stattfinden und gehörten zu einer Reihe von Aktivitäten, die darauf abzielten, einige der ärmsten Einwohner*innen der Stadt zu Christus zu führen. Ngwolo wollte auch Basketballturniere und Grillabende veranstalten und die Bewohner*innen bei Grundbedürfnissen wie dem Kauf von Lebensmitteln oder Krankenhausbesuchen unterstützen.[13] Floyd engagierte sich in seiner Rolle als Mittelsmann zwischen dem neu etablierten Pfarramt und den Bewohner*innen von Cuney Homes, die inzwischen Außenstehenden, die von Hoffnung redeten und Erleichterung versprachen, ziemlich misstrauisch gegenüberstanden.

Dass Floyd für ihn bürgte, half Ngwolo, Dutzende von Stühlen auf dem Basketballplatz zu füllen, da sich die Menschen in Cuney Homes dadurch davon überzeugen ließen, an den Outdoor-Gottesdiensten teilzunehmen, dass auch ein »Urgestein« des Third Ward dabei war.

Floyd half Resurrection Houston auch dabei, die »Church in

the Bricks«-Gottesdienste zu organisieren, und trug die Stühle, elektronischen Geräte, Instrumente und Tische auf den asphaltierten Platz, die diesen in einen Zufluchtsort des Glaubens verwandelten. An den Tagen, an denen Ngwolo vorhatte, frisch Konvertierte zu taufen, half Floyd ihm, einen massiven Pferdetrog in die Mitte des Platzes zu ziehen und ihn mit Wasser zu füllen.

Er beobachtete vom Rand aus, wie Menschen in weißen Gewändern sich in den Trog setzten, nachdem andere Gläubige ihnen die Hände auf die Schultern gelegt und für sie gebetet hatten. Diese neuen Christ*innen kreuzten die Hände vor ihrer Brust, während die Pfarrer auf beiden Seiten des Trogs sie rückwärts ins Wasser tauchten, bis ihr ganzer Körper untergetaucht war. Nach ein paar Sekunden wurden sie aus dem Trog gehoben, jubelnd und wie neu geboren, während ihnen das Wasser über die strahlenden Gesichter lief und die Menge um den Platz in Applaus ausbrach.

Floyd ließ sich nicht selbst taufen, beschäftigte sich aber intensiver mit seinem Glauben, während er versuchte, seine turbulente Vergangenheit hinter sich zu lassen. Er hatte den Username »bigfloyd4god« für sein Instagram-Profil gewählt und erzählte seinen Freund*innen, dass er eine Aufgabe darin gefunden hatte, junge Menschen im Viertel zu ermutigen, sich von den beiden Lastern Waffen und Drogen loszusagen.

»Ich kann dir sagen, auch ich habe Makel und Schwächen, Mann, und ich bin nicht besser als sonst jemand«, sagte Floyd in einem Video. »Aber diese Schießereien … Mann, es ist mir egal, aus welcher Hood du kommst und was du so machst. Ich liebe dich, und Gott liebt dich, Mann. Nimm die Waffen runter. Das kann es nicht sein. Gott segne dich, Mann, und haltet alle den Kopf hoch.«[14]


Das Schuljahr 2015 hatte zwar gerade erst begonnen, aber Tiffany Cofield hatte bereits Probleme mit ihren Schüler*innen an der Hope Academy, einer Charterschule im Third Ward. Die Schule hatte mehrere Schüler*innen aufgenommen, die aus traditionellen öffentlichen Highschools wie Yates geflogen waren, und von Beginn des Semesters an schien jeden Tag eine Prügelei stattzufinden. Je stärker die Gewalt eskalierte, desto mehr Sorgen machte sich Cofield darum, dass bald jemand mit einer Waffe in der Schule auftauchen würde.

Wie alle ihre Schüler*innen war auch Cofield Schwarz, aber sie war in einer stabilen Familie im Südwesten von Houston aufgewachsen und hatte wie ihre Eltern das College besucht. Sie hatte keine Ahnung von den Revierkämpfen und Vierteldynamiken des Third Ward und verstand einfach nicht, warum es in der Schule so viele Spannungen gab. Es gab einige Schultage, an denen sie nach Unterrichtsschluss leise weinend in ihrem Cadillac SRX SUV saß und sich fragte, ob das Beenden von Prügeleien wirklich der beste Nutzen für ihren Abschluss von der Howard University war.

Einige ihrer Schüler*innen, die in den Bricks wohnten, spürten, wie frustriert sie war, und schlugen ihr vor, sich an einen Mann zu wenden, der im ganzen Third Ward bekannt war.

»Miss Cofield, Sie müssen mit Big Floyd sprechen«, sagte einer von ihnen.

»Wer zum Teufel ist Big Floyd?« antwortete sie und fragte sich, wie ein Mann mit einem Gangsterspitznamen ihr wohl helfen könnte.

»Kein Witz, Miss Cofield«, sagte die andere Schülerin. »Big Floyd kann Ihnen helfen.«

Cofield entließ die Teens mit einem knappen »Wenn ihr meint« und bereitete sich weiter auf ihre nächste Stunde vor.

Zwei Wochen später kamen die Jugendlichen wieder zu ihr und ließen sie wissen, dass sie ernsthaft dazu bereit seien, das Gespräch zu vermitteln.

Sie notierte Floyds Nummer, schaute ihre Schüler*innen dabei aber immer noch skeptisch an.

Floyd war im Wendy's in der Nähe von Yates, als sein Telefon klingelte.

»Hallo? Yeah ... Was geht, Girl?«

Als Cofield seine heisere Stimme und seinen Cool-Cat-Slang hörte, fragte sie sich sofort, ob der Anruf wirklich die richtige Entscheidung gewesen war. Sie sammelte sich, stellte sich vor und streute ein paarmal das Wort »Sir« ein, da sie ihn für einen Senioren hielt und ihm den gebührenden Respekt erweisen wollte.

»Sekunde bitte«, sagte Floyd und zog seine Worte immer noch wie ein Blaxploitation-Filmstar in die Länge. »Lass mich noch kurz bestellen.«

Cofield überlegte kurz, ob sie einfach auflegen sollte.

»Wie zum Teufel soll mir dieser alte Sack bei meinen Problemen helfen?«, dachte sie, während sie darauf wartete, dass Floyd mit der Bestellung eines doppelten Cheeseburgers und Pommes fertig war.

»Womit kann ich dir behilflich sein?«, fragte Floyd, nachdem er sein Essen abgeholt hatte.

»Es ist so, Sir. Die Kids in meiner Schule haben mir gesagt, ich soll mich an Sie wenden, weil es bei uns jeden Tag Prügeleien gibt. Ich weiß nicht, was ich tun kann, um diesen Kindern zu helfen.«

»Bist du gerade im Third Ward?«, fragte er.

»Ja, bin ich.«

»Hol mich kurz ab«, sagte er.

Cofield stieg in ihren Cadillac und fuhr zum Blue Store, wo Floyd auf sie warten wollte. Sie sah einen Mann vor dem Laden sitzen, aber weil sie dachte, sie müsste nach einem Rentner Ausschau halten, zog sie ihr Handy heraus und wählte Floyds Nummer. Als der muskulöse zweiundvierzigjährige Mann, der direkt vor ihr saß, an sein Handy ging, leistete sie tonlos Abbitte, bevor sie ausstieg, um ihn persönlich kennen zu lernen.

»Hast du Lust, ein bisschen mit mir rumzufahren?«, fragte

Floyd, nachdem sie sich ein paar Minuten unterhalten hatten.

»Fahren wir«, sagte sie.

Als sie mit Cofields Auto durch das Viertel kurvten, begann Floyd, ihr die Geschichte und Kultur des Third Ward zu erklären. Er kannte die meisten Schüler*innen in ihrer Klasse und wusste über viele ihrer Probleme genau Bescheid. Im Laufe einer Stunde erzählte er Cofield von den Kindern, die sich um ihre Geschwister kümmern mussten, weil ihre Eltern im Gefängnis waren; von denen, die traumatisiert waren, weil ein Familienmitglied vor ihren Augen durch Waffengewalt getötet worden war; von denen, die mit einer Großmutter aufgewachsen waren, die zur Dialyse musste, aber kein Auto hatte, und von denen, die – wie er selbst – in einer Umgebung, in der es hauptsächlich ums tägliche Überleben ging, den Wert einer schulischen Ausbildung nicht erkannten. Er erzählte ihr von Cuney Homes und davon, dass die dort lebenden Jugendlichen zu ihrem Kiez eine noch stärkere Verbundenheit empfanden als zum Third Ward, der South Side oder Houston als Ganzem.

»Ein Dach, eine Familie«, deklamierte er das Viertel-Mantra.

Cofield sagte Floyd, dass sie seine Einsichten zu schätzen wusste. Er sagte ihr, sie solle jederzeit zum Haus seiner Mutter kommen, wenn sie mehr Hilfe brauche.

Es dauerte nicht lange, bis die beiden fast jeden Tag zusammen verbrachten und eine innige Beziehung zwischen ihnen entstand, während sich Floyds Beziehung zu Washington immer weiter verschlechterte. Nachdem Cofield ihren Arbeitstag an der Schule beendet hatte, holte sie Floyd ab, und sie fuhren durch die Stadt und redeten stundenlang. Floyd betrieb etwas, dass Cofield »Hood-Diplomatie« nannte. Er besuchte verschiedene Bereiche von Houston und versuchte, Konflikte zwischen rivalisierenden Gangs zu schlichten. Cofield hatte Verbindungen zu lokalen Rapper*innen und Entertainer*innen und verschaffte Floyd bei Veranstaltungen in der Stadt Zugang zum

Backstage-Bereich. Floyd stellte sie seiner Familie vor, und sie verbrachte oft die Sonntagabende damit, Miss Cissy eine Pediküre zu machen. Da Floyds Schwester Zsa Zsa immer noch kaum ins Leben ihrer Kinder involviert war, nahmen stattdessen Floyd und Cofield an Elternabenden an den Schulen seiner jüngeren Nichten teil.

Manchmal unternahmen Floyd und Cofield spontane Roadtrips in benachbarte Bundesstaaten oder besuchten Floyds Freund Fathead in Louisiana, wo Floyd sich als Landschaftsgärtner ein bisschen Geld verdienen konnte. Manchmal besuchten sie auch einen Freund Cofields, der in Tennessee im Gefängnis saß.

Cofield war Teil der Entourage, als Floyd Security für seinen Freund Cal Wayne machte, der 2015 neue Musik veröffentlichte und in ganz Texas auftrat. Aber wenn Wayne kein Geld mit dem Rappen verdiente, versiegte auch Floyds Einkommen, wie Cofield auffiel. Und die sorglosen Stunden, die sie zusammen verbrachten, öffneten Lastern Tür und Tor, die sie beide nur mit Mühe in Schach halten konnten. Floyds Sucht nach dem Schmerzmittel Percocet, das auch einen Opioidanteil enthält, verschlimmerte sich, und Cofield war süchtig nach Codein und Tylenol, und sie gaben ihrem Verlangen in dieser Stadt, in der diese Produkte so leicht erhältlich waren, immer häufiger nach. Je öfter sie ihre Rechnungen nicht bezahlen konnten, desto häufiger flüchteten sie sich in die Selbstmedikation. Floyds hellbrauner GMC Yukon XL wurde gepfändet, und Cofield musste ihren Job an der Schule aufgeben, nachdem sie bei einem Autounfall verletzt worden war.

An manchen Abenden saßen Cofield und Floyd vor Miss Cissys Haus und unterhielten sich, bis sie dann in ihrem SUV einschliefen. Das Haus von Floyds Mutter war überfüllt, und Cofield hatte nicht genug Geld für die Hinterlegung einer Kaution ansparen können, also wanderte sie zwischen den Häusern von Freund*innen und billigen Hotels hin und her. In den Nächten, in denen das Duo praktisch obdachlos war, versuchten die beiden, es sich in Cofields Cadillac gemütlich zu machen und dort zu schlafen.

Sie hatten das Glück, dass sie nicht an jenem Abend im Auto saßen, als ein Ast auf die Windschutzscheibe fiel und diese zerschmetterte. Cofield traute sich nicht, das Auto in diesem Zustand zu fahren, und von da an chauffierte Floyd sie überall hin. Er streckte beim Fahren den Hals aus dem Fahrerfenster, während er eine durchsichtige Schutzbrille trug.

»Er fuhr beinahe wie Ace Ventura, den Kopf halb aus dem Fenster gehängt«, erinnerte sich Cofield.

Gleichzeitig suchte Floyd auch wieder den Kontakt zu seiner alten Clique und musste stark kämpfen, um der Anziehungskraft seines früheren Lebens weiter zu widerstehen.

Er verbrachte lange Nächte in dem verrauchten Aufnahmestudio von De'Kori Lawson, einem beliebten DJ aus Houston, bekannt als DJ.D. Sie erinnerten sich an ihre glorreichen Tage als Player in Houstons Hip-Hop-Szene und konzentrierten sich auf die Zeit vor fast zwei Jahrzehnten, als der charakteristische Chopped-and-screwed-Sound der Stadt nationale Berühmtheit erlangt hatte. Floyd hatte Lawson Ende der 1990er Jahre zum ersten Mal getroffen, als der Student der Texas Southern University als DJ arbeitete und sich auf der South Side von Houston einen Namen zu machen begann. Lawson hatte den charakteristischen Stil von DJ Screw übernommen, und nachdem Screw im Jahr 2000 an einer Überdosis Codein gestorben war, wurde er engagiert, um bei der Fertigstellung eines posthumen Mixtapes zu helfen. Dieses Album, *DJ Screw The Legend*, wurde 2001 veröffentlicht und wurde zu einem von Floyds Favoriten. Er spielte die 27 Tracks, während er ziellos durch die South Side von Houston fuhr, ein Zeitvertreib, den er als »Durch den Süden segeln« bezeichnete.

Floyd war Anfang Februar 2016 in Lawsons Studio, als er sich an die berauschenden Tage erinnerte, in denen Houston in einer Hip-Hop-Kultur aufstieg, die davor weitgehend von New York, Los Angeles und Atlanta geprägt worden war. Umgeben von Mischpulten und Fernsehbildschirmen saßen Floyd, Lawson und ein anderer Freund auf bequemen Sesseln, vor sich eine Auswahl von Snacks, Alkohol und Zigaretten, die auf einem Couchtisch ausgelegt waren. Ein Blunt wanderte von Hand zu Hand, während der dritte Mann die dunstige Szene mit einem Handy aufzeichnete.

Floyd lallte ziemlich, als er sich an seine Heldentaten im Highschool-Football erinnerte und Lawson von einem gemeinsamen Freund erzählte, der sich in der Musikindustrie versucht hatte.

»Ishmaels großer Bruder war in der zehnten Klasse, als ich in der zwölften war«, sagte Floyd. »Sein Bruder hat mir einen Touchdown zugeworfen. Der war spielentscheidend gegen Beaumont Central.«

Lawson unterbrach Floyds Prahlerei, indem er eine peinliche Erinnerung aus seinen Yates-Football-Tagen zur Sprache brachte.

»Hey, Trottel, weißt du noch, wie du diesen Touchdown vermasselt hast?« Er sprach von dem gescheiterten Trickspiel im Jahr 1992.

»Wen interessiert's, Mann«, sagte Floyd und blickte zu Boden. Dann versuchte er, das Gespräch wieder auf das vorherige Thema zu lenken.

Aber Lawson, kahlköpfig, mit rundem Bauch und etwa fünf Jahre jünger als Floyd, war noch nicht fertig damit, seinen Freund zu ärgern.

»Hey, willst du diesen *N\*\*\*a* mal richtig wütend machen?«, sagte er zu dem anderen Mann im Studio. »Dann erinner' ihn einfach daran, dass er diesen Touchdown vermasselt hat, Bruder.«

Floyd saß schweigend da und schüttelte nur den Kopf, anstatt schlagfertig zurückzusticheln. Lawson erkannte den Wink und hörte mit dem Hänseln auf. Aber Lawsons Taktlosigkeit erinnerte Floyd daran, dass seine Träume, im Sport oder der Musik ganz groß rauszukommen, sich nicht erfüllt hatten und es, wenn man sein Alter bedachte, wahrscheinlich auch nicht mehr tun würden.

»Der Balltraum ist aus, Bro«, sagte Lawson bei einer anderen Gelegenheit zu ihm.

Aber diejenigen, die Floyd nahestanden, spürten seine Enttäuschung.

Als Hunter Floyd eines Tages nach Hause fuhr, versuchte er, ihn dazu zu bringen, offen darüber zu sprechen. Er fragte Floyd, ob er enttäuscht sei, dass er es nie zu den Profis geschafft habe.

Floyd blinzelte und ließ ein langes Schweigen folgen.

»Diese Frage kannst du selbst beantworten«, sagte er.


Floyd hatte das Gefühl, dass ihm sein Leben entglitt: Seine Beziehung zu Washington zerbrach, er fand keine feste Arbeit, und er schlief immer noch regelmäßig in Cofields Auto vor dem überfüllten Haus seiner Mutter. Zu den Freunden, denen Floyd sich in dieser Zeit anvertraute, gehörte Travis Cains.

»Big Bro, ich muss dir was sagen«, druckste er einmal vor Cains herum.

»Was ist los?«, fragte Cains und sah zu seinem Freund auf.

Der verschämte Ausdruck auf Floyds Gesicht ließ Cains ahnen, dass er nichts Gutes zu hören bekommen würde.

»Oh Mann, was zum Henker hast du jetzt wieder angestellt?«, drängte er lautstark, als Floyd immer noch nicht den Mund aufmachte.

»Ich fühl mich total mies«, brachte er endlich heraus.

»Und weshalb?«

Floyd holte sein Handy aus der Tasche und reichte es Cains.

»Alter, ich hab da so 'nen Porno gedreht.«

Floyd bereute die Entscheidung, ein bisschen schnelles Geld

zu verdienen und vielleicht einen gewissen Ruhm zu erlangen, indem er sich dazu bereit erklärte, in einem Amateur-Pornovideo aufzutreten. Er war eines Tages während des Trainings im Fitnessstudio von Adult-Filmemachern angesprochen worden und hatte beschlossen, ihr Angebot anzunehmen.

»Was?« Cain wandte den Blick ab und schob das Handy zur Seite. »Mann, den Scheiß will ich nicht sehen.«

Aber dann griff Cains doch nach dem Handy, auf dem eine Erotik-Website geöffnet war, auf der Amateurvideos gehostet wurden. Die gezeigte Szene begann damit, dass Floyd in einem T-Shirt mit der Aufschrift »Young Risk Takers« ein Billighotelzimmer betrat. Ein Mann hinter der Kamera machte Floyd ein Kompliment darüber, wie groß und muskulös er sei.

Eine junge Schwarze Frau saß voll geschminkt auf einer Couch und tauschte peinlich berührte Blicke mit dem großen Fremden aus, der gerade den Raum betreten hatte.

Adarryl Hunter merkte, dass Floyd immer mehr abrutschte. Der Apotheker wusste nicht, welche Ausmaße Floyds Drogenmissbrauch angenommen hatte, aber ihm war klar, dass etwas nicht stimmte.

»Ich glaube wirklich, dass mit dir etwas nicht stimmt«, sagte er eines Tages mit einer abgewandelten Zeile von Richard Pryors Figur aus dem Film *The Mack*. »Mann, ich habe wirklich das Gefühl, dass etwas tief in dir verwurzelt ist, wovon du selbst nichts weißt. Eine Leere in dir, die du nicht einmal selbst bemerkst.«

Floyd hörte schweigend zu und merkte bald, dass sein Freund sich damit nur aufgewärmt hatte.

Hunter war der Ansicht, Floyd müsse zu seinen Wurzeln zurückkehren. Er schlug Floyd vor, mit seiner Mutter nach North Carolina zu fahren, um zu sehen, woher seine Familie kam.

»Auch wenn du einfach da runterfährst und dann gleich wieder umdrehst und zurückfährst. Du musst nicht einmal aus dem Auto steigen. Fahr einfach nach Hause, dorthin, wo deine Wurzeln liegen«, sagte er. »Ich glaube, das wird dir ein bisschen Klarheit verschaffen oder dir helfen, damit abzuschließen.«

Einige Monate später erfuhr Floyd, dass sich die Verwandten seines Vaters in North Carolina und New York treffen würden, zwei Orte, an denen George Floyd Sr. gelebt hatte. Floyds Vater war 2002 gestorben, aber Floyd hatte als junger Mann nie viel Kontakt zu seinen Verwandten väterlicherseits gehabt, einer Gruppe, zu der zwei jüngere Halbgeschwister gehörten.

Nachdem Floyd mit Cofield nach Tennessee gefahren war, beschloss er, einen Greyhound-Bus zu nehmen und weiter nach Osten zu fahren, um ein paar seiner Verwandten kennenzulernen. LaTonya Floyd, die ihre väterlichen Verwandten als Kind kennengelernt hatte und mit vielen von ihnen in Verbindung geblieben war, half Floyd dabei, ihren Halbbruder Terrence auszumachen.

»Das kann er nicht sein«, verkündete Floyd und lächelte, als er auf den kahlen Hinterkopf seines Halbbruders blickte. »Bruder!«

Terrence Floyd, der ganz und gar nicht erwartet hätte, dass sein älterer Bruder bei dem Familientreffen auftauchen würde, registrierte vollkommen verblüfft die vertraute Stimme. Als er Floyd sah, wurde er sofort von Emotionen überwältigt. Er rannte zu ihm und umarmte den Mann, der genau wie ihr Vater aussah und klang. Er legte den Kopf an die Brust seines Bruders. Die Ähnlichkeit war nicht nur körperlich – beide hatten große Hände, waren groß und fit –, sondern auch an der selbstbewussten Art erkennbar, in der er sich gab.

Das emotionale Treffen gab den Brüdern Gelegenheit, die fast 40 Jahre zu verarbeiten, die sie trotz ihrer Blutsverwandtschaft getrennt voneinander gelebt hatten. Floyd legte seine Hände auf die Schultern seines kleinen Bruders und lächelte auf ihn herunter. Er begann sofort, Terrence und seine Schwester Bridgett mit Fragen zu George Floyd Sr. zu überhäufen, denn er war neugierig auf den Mann, dessen Abwesenheit ihn mit einem Gefühl der Sehnsucht zurückgelassen hatte, das bis heute anhielt.

»Mann, das passt«, sagte Floyd, nachdem Terrence ihren Vater beschrieben hatte.

»Was meinst du damit?«, fragte Terence.

»Dinge, die ich denke, Dinge, die ich tun möchte«, sagte Floyd vage. »Jetzt weiß ich, warum. Es passt.« Floyd schien sich wohlzufühlen, als er mit Bridgetts zwei Söhnen spielte und seine väterlichen Verwandten besser kennenlernte.

»Das hat seiner Seele wirklich sehr gutgetan«, erinnerte sich Bridgett an Floyds Besuch. »Er sprach mit allen möglichen Leuten, ganz anders als früher.«

Es war ein schönes Erlebnis, aber wie schon das Klassentreffen drei Jahre zuvor, erinnerte das Familientreffen Floyd daran, wie weit er hinter seinen Zielen zurückgeblieben war: Er war der ältere Bruder, befand sich aber in der prekärsten finanziellen Situation.

Er war derjenige mit dem langen Vorstrafenregister, der Schmerzmittelsucht, den Gerichtsverfahren wegen Kindesunterhalts. Er war zu seinen Wurzeln zurückgekehrt, wie Hunter es ihm geraten hatte, aber die Art von Klarheit, die er dort fand, war nicht das, was sich sein Freund darunter vorgestellt hatte.

Als er in den Bus zurück nach Houston stieg, nur wenige Wochen vor seinem dreiundvierzigsten Geburtstag, musste er sich mit der Realität auseinandersetzen, dass die Situation eingetreten war, die er so verzweifelt hatte vermeiden wollen: Er war ein arbeitsloser Mann, der bei seiner Mutter lebte und seine Tage damit verbrachte, an Straßenecken herumzulungern.

—

Floyd saß im Dezember 2016 vor dem Blue Store, als Aubrey Rhodes, ein alter Freund aus Yates, in einem glänzenden, gemieteten Geländewagen dort vorfuhr. Rhodes hatte einen runderen Bauch und eine strahlendere Haut als bei seinem letzten Auftauchen im Third Ward. Bevor Rhodes ein paar Jahre zuvor von Houston nach Minneapolis gezogen war, hatte er eine Haftstrafe nach der anderen abgesessen, und Drogenmissbrauch hatte ihm die Lebensenergie geraubt, an die sich seine Freunde, die ihn »Tutu« nannten, so gewöhnt hatten.

Er war wieder in der Stadt, um seine Familie zu besuchen, aber die Reise gab ihm auch die Gelegenheit, über die Transformation zu sprechen, die ihm der Bundesstaat Minnesota ermöglicht hatte.

»Ich habe mein Leben in den Griff bekommen«, sagte er den Männern vor dem Blue Store, bevor er sie einlud, mit ihm zu kommen.

Die meisten Männer schmunzelten nur.

»Nein, das ist nichts für mich«, sagte einer schließlich.

Aber Floyd interessierte sich dafür, was Rhodes zu sagen hatte, denn er war neugierig darauf, wie sich sein Freund verändert hatte, nachdem er die vertrauten Straßenecken verlassen hatte. Floyd und Rhodes waren als Teenager befreundet gewesen und vertrauten sich gegenseitig. Als Trainer der Yates-Football-mannschaft in den frühen 1990er Jahren war Rhodes ein Ehrenmitglied von Floyds Crew, obwohl er ein paar Jahre jünger und weniger sportlich veranlagt war.

Floyd zog ihn für ein Einzelgespräch beiseite, weg von den anderen Männern. Er vertraute ihm an, dass er »zu kämpfen hatte«, und fragte Rhodes, ob er ihm dabei helfen könne, in die Twin Cities zu gelangen.

Rhodes gab ihm die Nummer von Pastor Johnnie Riles III, einem Mann, der sich einen Namen gemacht hatte, weil er sich abgestürzter Houstoner angenommen und sie weit entfernt zum Entzug geschickt hatte.

Bevor er Riles anrief, sprach Floyd mit einigen seiner Freund*innen über die Idee, Houston zu verlassen.

»Mann, ich glaube, ich gehe nach Minnesota«, sagte er Vaughn Dickerson am Telefon.

»Was, mit Tutu und den anderen?«

»Ja.«

Als Floyd sich über Minnesota informiert hatte, erfuhr er, dass es für Personen mit Vorstrafen dort möglicherweise einfacher war, eine gewerbliche Fahrlizenz zu erhalten.

»Ja, Mann, ich glaube, ich gehe da hoch mache den Lkw-Führerschein«, sagte Floyd.

»Alter, wenn du glaubst, dass dir das helfen kann, dann mach es«, antwortete Dickerson. »Ruf mich jederzeit an, wenn du mich brauchst.«

Die beiden alten Freunde legten auf, und Floyd entschied, dass er bereit war, der Kirche in der Holman Street einen Besuch abzustatten.

Pastor Johnnie Riles III war im Third Ward als Hüter verlorener Seelen bekannt. Seine Kirche stand mitten im Viertel, und ihre Türen standen den Drogendealenden und obdachlosen Süchtigen offen, welche die Holman Street und ihre Umgebung bevölkerten.

Riles war 1999 mit seiner Frau aus den Vororten von Houston in den Third Ward gezogen und hatte ein altes Gebäude gekauft, das damals kaum bewohnbar ausgesehen hatte.

»Das Beste, was man mit diesem Gebäude machen kann, ist, mit dem Bulldozer drüberzufahren«, sagte ihm ein befreundeter Pfarrer, nachdem er es gekauft hatte. Aber stattdessen renovierte Riles das Gebäude und gab ihm den schlichten Namen The Church on Holman Street.

Ihre Mission war ebenfalls schlicht: Sie kümmerte sich um »die Geringsten unter euch« – um die armen, hungrigen, kranken und elenden Seelen, die Jesus seinen Jüngern in Matthäus 25 ans Herz gelegt hatte. Auf einem Schild beim Eingang stand: »Euer Zwischenstopp auf dem Weg zur Veränderung«.[15]

Aber schon bald nachdem er sich im Third Ward niedergelassen hatte, erkannte Riles, dass viele der unterdrückten Bewohner*innen, denen er helfen wollte, nur an weit entfernten Zwischenstopps die Art von Veränderung erreichen konnten, die sie brauchten.

1995 hatte Texas die Finanzierung für seine »Therapeutic Communities« eingestellt, die Ex-Häftlingen helfen sollten, clean zu werden und sich wieder in die Gesellschaft einzugliedern – Programme, die hauptsächlich Schwarzen Männern geholfen hätten.[16] Ursprünglich hätte der Staat solchen Diensten 14 000 Gefängnisbetten zur Verfügung stellen sollen. Zehn Jahre später waren es laut der damaligen Nachrichten nur ungefähr 5000 solcher Betten.[17]

Texas hatte es abgelehnt, Medicaid im Rahmen des *Affordable Care Act* auszuweiten, und damit mehr als 1,4 Millionen Einwohner*innen mit niedrigem Einkommen den Zugang zu kostenloser Gesundheitsversorgung und medikamentöser Behandlung verweigert.[18] Im Gegensatz dazu hatten Staaten wie Minnesota die Bundesmittel akzeptiert, um Medicaid unter der Gesetzgebung von Präsident Barack Obama auszuweiten. Zusätzlich hatten sie tief in die Staatskasse gegriffen, um einen robusten und gut integrierten Apparat an Genesungs- und Nachsorgeprogrammen zu schaffen.

Riles erkannte, dass es nur schwer möglich war, suchtkranke und unter psychischen Qualen leidende Menschen in einem Staat zu heilen, der mit voller Absicht die öffentlichen Mittel für die Gesundheitsversorgung begrenzt hatte. Er begann, mit anderen religiösen und gemeinnützigen Organisationen zusammenzuarbeiten, die Hunderte von Kilometern entfernt waren. Er brachte Menschen, die gegen Drogen- und Alkoholabhängigkeit kämpften, in Bussen an Orte wie Minneapolis und Chicago, wo sie clean werden und in gut finanzierten Programmen angemessen betreut werden konnten. Bevor er sie fortschickte, erzählte Riles ihnen die Geschichte vom Barmherzigen Samariter und das Gleichnis vom Verlorenen Sohn. Diese beiden biblischen Figuren, so sagte er, mussten die Orte verlassen, an denen sie den Tiefpunkt erreicht hatten, um gerettet und erlöst zu werden.

»Manchmal muss man einfach eine Pause machen und in den Urlaub fahren«, sagte er. »Machen Sie Urlaub von Ihrem Viertel, von den Menschen, Orten, Dingen und Ereignissen, an denen Sie beteiligt sind, und denken Sie um. Werden Sie ruhig und still und versuchen Sie, sich zu beruhigen.«

Als Floyd Ende 2016 zu Pastor Riles ging, wusste er, dass er eine Veränderung brauchte, aber er war sich noch nicht sicher, wie diese aussehen könnte.

Riles setzte sich mit Floyd zusammen und fragte ihn nach seinem Vorstrafenregister, seiner beruflichen Vergangenheit und ob er Drogen konsumierte. Als er sich Floyds Geschichte genauer ansah, erkannte Riles, dass ein typisches dreißig- oder neunzigtägiges Reha-Programm nicht ausreichen würde, um Floyds Leben neu auszurichten. Er empfahl Floyd, Houston zu verlassen und an einem sechsmonatigen Programm bei der Heilsarmee in Minneapolis teilzunehmen. Dieses Rundum-Programm würde neben dem Entzug auch Arbeitsfähigkeiten und gesunde Verhaltensweisen vermitteln.

»Wir werden bei dir sein, bis du gewinnst«, sagte Riles. »Und wir wissen, dass du unterwegs stolpern und hinfallen wirst, weil Rückfälle häufig sind. Aber wir werden dir beistehen, bis du gewonnen hast.«

Der Pastor hatte erlebt, wie mehrere Leute, die er aus dem Third Ward weggebracht hatte, scheinbar geheilt nach Houston zurückkehrten, nur um wenige Wochen später wieder abzustürzen. Riles erinnerte sich daran, wie lange Jesus seine Jünger gelehrt hatte. Seiner Meinung nach konnte es drei Jahre und länger dauern, bis eine Sucht wirklich überwunden war und sich ein Leben änderte. Houston bot armen, nicht versicherten Männern wie Floyd rein gar nichts an so langfristiger Unterstützung.

Nach seinem Gespräch mit Riles war Floyd immer noch unsicher. Als er Nikki Smith anrief, um seine Entscheidung mit ihr zu besprechen, merkte sie, dass er mit dem Gedanken zu kämpfen hatte, seine Familie, Freund*innen und das Viertel zurückzulassen. Sie hatte sich mit ähnlichen Zweifeln auseinandergesetzt, bevor sie 2008 mit Reginal Smith Houston verlassen hatte, um die alles beherrschende Drogenabhängigkeit zu überwinden, die das Paar zerfressen hatte.

»Wenn du das tun musst, dann geh einfach«, sagte Smith zu Floyd und betonte die Vorteile eines Umzugs. »Es gibt sicher Leute, die das nicht brauchen, aber ich habe es gebraucht, und für mich hat es funktioniert.«

Floyd hörte zu, als sie beschrieb, wie sehr sie von ihrem Umzug nach Minneapolis profitiert hatte, wo sie und Reginal fünf Jahre verbracht hatten, bevor beide clean nach Houston zurückgekehrt waren.

»Es ist ein gut finanzierter Staat«, sagte sie. »Es gibt dort so viele Ressourcen.«

Floyd war in Smiths Haus mit vier Schlafzimmern und dreieinhalb Bädern in Katy gewesen und hatte gesehen, wie sehr sich ihr Leben seit den Tagen verändert hatte, als man sie oft zugedröhnt in den Crackhäusern des Third Ward finden konnte. In Minneapolis war sie in die Krankenpflege eingestiegen, und Reginal fuhr Lastwagen. Dies brachte ihnen regelmäßiges Einkommen ins Haus, das ihnen einen Vorstadtlebensstil ermöglichte.

»Ja, Nicknack«, sagte Floyd. »Du und Reg, ihr habt echt zugelangt.«

»Wir sind mit einem Rucksack abgereist und mit einem Riesenlaster und zwei Autos nach Houston zurückgekommen«, sagte sie. »Wir sind buchstäblich von Null auf Hundert geschossen.«

Nach außen hin schien Floyd sich zwar entschlossen zu haben, nach Minneapolis zu gehen, aber als Riles ihm kurz nach ihrem Gespräch ein Busticket schickte, erschien er nicht zur

Abfahrt. Während Floyd noch zögerte, beschloss sein Freund Adarryl Hunter, die Reißleine zu ziehen und sein eigenes Leben neu zu starten. Hunter hatte seine Apothekerlizenz verloren, da er unter Drogeneinfluss Auto gefahren und im Besitz illegaler Pillen gewesen war. Seine Frau hatte die Scheidung eingereicht, und die Unterhaltsforderungen für seine sechs Kinder häuften sich. Er hatte Pfarrer Riles Anfang Januar 2017 von seiner Lage erzählt, und nur wenige Tage später war er auf der Suche nach einem Neuanfang auf dem Weg nach Minneapolis.

Nachdem sein Freund den Umzug durchgezogen hatte, wurde es auch Floyd ernster damit, Houston zu verlassen.

Er rief Robert Fonteno an, der ihn 1991 als Achtzehnjährigen ermutigt hatte, sich auf den Sport zu konzentrieren und Ärger zu vermeiden, um zu sehen, ob er ihm helfen würde. Fonteno war ebenfalls nach Minneapolis gezogen, und in Houston hatte sich herumgesprochen, dass er gelegentlich Geld in den Süden schickte, um auch anderen Menschen bei der Reise zu helfen.

Vor seinem Umzug war Fonteno vom Dealen in den Drogenmissbrauch abgerutscht und befand sich auf seinem Tiefpunkt, als er sich 2009 entschied, als letzten Ausweg Riles aufzusuchen. Als er mit Riles' Hilfe in Minneapolis ankam, schrieb sich Fonteno für ein neunzigtägiges Behandlungsprogramm ein. Innerhalb weniger Monate war er clean geworden und hatte einen Job als Lastwagenfahrer gefunden. Bald verdiente er mehr als 2000 Dollar pro Woche und beschloss, einen Teil seines Einkommens an Riles' Kirche zurückzugeben – sowohl als Ausdruck seiner Dankbarkeit als auch als Rettungsanker für andere, die mit der gleichen Verzweiflung konfrontiert waren, die er einst empfunden hatte.

Als sich die Nachricht von Fontenos Großzügigkeit im Third Ward verbreitet hatte, begannen einige Männer, die in Schwierigkeiten steckten, ihn direkt zu kontaktieren, um ein Busticket oder Geld für die Reise zu bekommen. Im Januar 2017 tätigte auch Floyd einen dieser Anrufe.

»Ich irre im Dunkeln herum, Bruder«, sagte Floyd. »Ich sehe kein Licht am Ende des Tunnels, Mann. Ich brauche deine Hilfe.« Fonteno, der Kurse über Suchtberatung besucht hatte, erkannte sofort, dass Floyd hier die Art von alles verzehrender Sucht meinte, die es schwierig machte, im Alltag zu funktionieren.

»Okay, was brauchst du?«, fragte Fonteno.

»Wenn ich hierbleibe, Bruder, dann verrecke ich entweder auf der Straße oder lande wieder im Gefängnis.«

»Shit«, sagte Fonteno. Floyds ernster Ton überraschte ihn.

»Ich brauche ein Licht«, sagte Floyd. »Ich brauche eine Hand, Mann, die mir hilft, ans Licht zu kommen.«

Fonteno berührte Floyds Ernsthaftigkeit, aber er wusste, dass Süchtige sowohl überzeugend als auch wankelmütig sein konnten, besonders wenn es um Geld ging.

»Bro, gib mir einfach ein paar Tage, um über die Situation im Gebet nachzudenken, dann melde ich mich bei dir«, sagte er.

Floyd stimmte zu, und sie wollten gerade auflegen, als Fonteno seinem Freund zum Abschied noch einen Rat gab, um ihm zu sagen, dass echte Veränderungen mehr benötigen als nur einen Ortswechsel.

»Wohin du auch gehst, du nimmst dich selbst mit, Bruder«, sagte er.

»Was meinst du damit?«

»Na ja, was du hier unten machst, kann dir auch dort oben passieren, wenn du nicht aufpasst. Aber wenn du dich wirklich ändern willst, dann kannst du dich ändern. Vergiss nur nicht, dass du es wirklich von ganzem Herzen wollen musst.«

»Kapiert«, sagte Floyd. »Okay, Mann, ich hab's kapiert.«

Fonteno legte den Hörer auf und seufzte. Er wusste es zu schätzen, dass Floyd immer noch derselbe bescheidene, respektvolle Typ war, den er Anfang der 1990er Jahre im Blue Store getroffen hatte, aber er wusste aus Erfahrung, dass der Klammergriff der Sucht selbst den besonnensten Menschen in die Knie zwingen konnte. Er hatte bereits Tausende von Dollar ausgegeben, um Freund*innen und Fremden gleichermaßen zu helfen – mit gemischtem Erfolg. Er wusste, dass Houston ein Fass ohne Boden für sein hart verdientes Einkommen war. Er bat Gott, ihm zu sagen, was er tun solle.

Als Fonteno einige Tage später zurückrief, wurde der Frieden, den er mit seiner Entscheidung gemacht hatte, noch vertieft, als er erfuhr, dass Floyd ebenfalls gebetet hatte.

»Hey, Mann. Willst du immer noch hierherkommen?«, fragte er Floyd.

»Ja, Mann. Ich habe auf diesen Anruf gewartet«, sagte Floyd. »Ich habe gebetet und Gott angefleht, dein Herz zu berühren, damit du mir ein Ticket schickst.«

Fonteno sagte ihm, dass er das Busticket für die folgende Woche buchen würde – die letzte Januarwoche 2017 – und dass es nicht erstattungsfähig sei. Er wiederholte, dass er ein Ticket und kein Geld schicke, weil er sicherstellen wolle, dass Floyd sich wirklich engagieren würde.

»Wenn du etwas brauchst, wenn du hier oben bist, dann kümmere ich mich um dich, Bruder. Aber ich werde dir kein Geld schicken. Okay?«

»Cool, Mann. Ich brauche nur ein Ticket.«

Sie legten auf, und Fonteno ging online, um das Greyhound-Busticket zu buchen. Für die Fahrt über fast 2000 Kilometer gab er 225 Dollar aus.

Einige Tage vor der geplanten Reise begann Fonteno, Floyds Entschlossenheit in Frage zu stellen, als seine Anrufe bei ihm wiederholt nur die Voicemail erreichten. Er rief Riles an und fragte, ob er von ihm gehört habe. Dabei erfuhr er, dass Floyd die Reise einige Wochen zuvor nicht angetreten hatte, obwohl Riles ihm ein Ticket gekauft hatte.

»Hoffentlich wird es bei dir anders enden«, sagte Riles zu ihm.

Fonteno rief Floyd immer weiter an, bis dieser schließlich ein paar Tage vor seiner geplanten Reise endlich dranging. Fonteno sagte ihm, er habe versucht, ihn zu kontaktieren, um sicherzustellen, dass für die bevorstehende Reise noch alles auf Kurs sei. Floyds Antwort war unverbindlich.

»Na ja, Mann...«, begann er.

»Uh, jetzt kommt es«, dachte Fonteno bei sich. Er rechnete damit, dass er sich gleich wieder eine faule Ausrede von einem Menschen anhören musste, dem er unter die Arme greifen wollte.

Aber Floyd sagte nur, er werde das Ticket für eine Änderungsgebühr von zehn Dollar auf ein paar Tage später umbuchen, damit er seinen Abschied aus der Stadt noch gebührend feiern konnte. Der Super Bowl würde in wenigen Tagen mit Houston als gastgebender Stadt stattfinden, und er meinte, es fühle sich nicht richtig an, seine Heimatstadt direkt vor einem so großen Ereignis zu verlassen.

»Cal Wayne schmeißt eine Super-Bowl-Party in der Hood, und alle sollen dabei sein«, sagte er.

»Okay, cool«, sagte Fonteno. »Aber hör mir genau zu, Bruder: Wenn du dieses Ticket verfallen lässt, kannst du mich nicht noch einmal um Hilfe bitten. Das weißt du, oder?«

»Das weiß ich«, sagte Floyd und versicherte Fonteno, dass er immer noch dabei sei. »Ich mache das.«

Auch Tiffany Cofield war skeptisch, ob Floyd den Wechsel nach Minnesota durchziehen würde. Er hatte wochenlang laut über die Reise nachgedacht, aber seinen Worten schienen keine Taten zu folgen. Sie hatte ihn schon einmal besucht, als er behauptet hatte, er stünde kurz vor der Abreise nach Minneapolis, und da war er auch in Houston geblieben.

»Du hast überhaupt nicht vor, Texas zu verlassen«, hatte sie ihm gesagt. »So ein Blödsinn. Du hast auf keinen Fall die Absicht, den Third Ward zu verlassen.«

»Ich mein's ernst, Stiff«, sagte Floyd und benutzte den Spitznamen, den er ihr gegeben hatte. »Ich muss gehen. Tutu und die anderen haben gesagt, wenn ich dort hoch komme, können sie mir helfen, mich wieder aufzurappeln. Ich kann dieses Programm absolvieren. Ich kann das Sorgerecht für Butt Butt bekommen.«

Sie wusste, dass Floyd alles für seine Tochter tun würde, egal wie extrem es auch sein mochte. Und sie wusste, wie zerrüttet das Verhältnis zwischen Floyd und Washington war, seit die beiden sich getrennt hatten. Die Stichflamme ihrer Liebe war fast genauso schnell erloschen, wie sie aufgeflammt war. Floyd hatte Freund*innen gesagt, er wolle das alleinige Sorgerecht für Gianna bekommen. Seine Bindung zu seiner Tochter hatte sich nach drei Jahren Windelwechseln, Zähneputzen mit Gelächter, Verkleiden an Halloween und Geburtstagen bei der Fast-Food-Kette Chuck E. Cheese zu einer tiefen Liebe entwickelt. In Minnesota clean zu werden und den Berufsführerschein zu machen, waren Floyds Ansicht nach die richtigen ersten Schritte, um ein präsenterer Vater zu werden.

Trotzdem glaubte Cofield nicht, dass Floyd die einzige Heimat verlassen würde, die er jemals wirklich gekannt hatte.

Und dann war da noch die Sache mit Miss Cissy, die inzwischen mehr Unterstützung beim Aufziehen der Enkelkinder brauchte, da sich ihr Gesundheitszustand stetig verschlechterte. Während Floyd zu Hause gewesen war, hatte er sie oft für spontane Tanzsessions aus dem Rollstuhl gehoben. Manchmal fuhr er sie zum Blue Store, damit sie an den elektronischen Spielautomaten zocken konnte, die am Eingang standen. Seine Abreise nur drei Wochen vor Miss Cissys siebzigstem Geburtstag würde seine Mutter besonders hart treffen, dachte Cofield.

»Aber Floyd, willst du wirklich deine Mama verlassen?«, fragte Cofield ihn eines Tages im Januar. Unausgesprochen blieb, welche Auswirkungen seine Abreise auf Cofields Beziehung zu Floyd haben würde.

Floyd bestand darauf, dass er nicht für immer gehen würde – nur lange genug, damit er sich zusammenreißen konnte.

Nach dem Neujahrstag verhielt sich Floyd immer noch nicht

wie jemand, der sein Leben aufgeben und in eine neue Stadt ziehen wollte. Floyd hatte sein Ticket auf den 6. Februar, den Tag nach dem Super Bowl, umgebucht, verbrachte das Wochenende aber wie immer mit Cofield.

Sie nahmen an einer Preisverleihung in der Galleria teil, bei der Persönlichkeiten aus Houston wie Bürgermeister Sylvester Turner und Rapper Trae tha Truth geehrt wurden, mit denen Cofield zusammengearbeitet hatte. Floyd trug bei der Veranstaltung, an der auch Rapper T.I. teilnahm, ein schwarzes Kragenhemd, eine Brille mit dunkler Fassung und Khakihosen.

Professionelle Fotograf*innen hatten Floyd und Cofield auf dem roten Teppich des von Porsche gesponserten Programms festgehalten, einer der Dutzenden Promi-Veranstaltungen, die vor dem Super Bowl in der ganzen Stadt stattfanden.

Das Paar hatte für das Super-Bowl-Wochenende ein Hotelzimmer in Baytown gebucht, einem Vorort etwa 40 Kilometer östlich von Houston. Sie hatten sich das Spiel mit Cal Wayne und seiner Entourage angeschaut, ein episches Comeback, bei dem die New England Patriots in der zweiten Halbzeit ein 25-Punkte-Defizit überwanden und die Atlanta Falcons in der Verlängerung besiegten. Das Spiel endete mit der Ansage, dass der Super Bowl 2018 in Minneapolis stattfinden würde, was Floyd als gutes Zeichen wertete.

Die Party endete erst weit nach Mitternacht, und als sie auf den Hotelparkplatz fuhren, war sich Cofield sicher, dass Floyd den Bus um sechs Uhr morgens nicht erreichen würde.

Als sie sich darauf vorbereitete, ins Bett zu gehen, war sie überrascht zu hören, wie Floyd sagte, er habe noch etwas zu erledigen, bevor er Houston am nächsten Morgen verließ.

»Tiff, bevor ich gehe, muss ich Butt Butt noch mal sehen«, sagte er. Er wollte seine Tochter unbedingt noch ein letztes Mal besuchen. Cofield überlegte, ob sie ihm wegen der Uhrzeit Vorhaltungen machen sollte, aber sie war so müde, dass sie ihm einfach die Schlüssel zu ihrem roten Ford-Escape-Mietwagen gab und sich ins Bett legte, ohne sich die Mühe zu machen, den Wecker für morgen früh zu stellen, um Floyd zum Busbahnhof zu bringen.

Sie wachte auf, als Floyd kurz nach vier Uhr morgens ins Zimmer kam.

»Gehen wir«, sagte er. Er rechnete ihr vor, dass sie mindestens eine Stunde brauchen würden, um von Baytown zum Busbahnhof in der Innenstadt von Houston zu fahren.

»Wo ist dein Gepäck?«, fragte Cofield noch im Halbschlaf.

»Das ist alles, was ich mitnehme«, sagte er und hob den großen Seesack an, der über seiner Schulter hing.

Sie stiegen ins Auto und fuhren in der Dunkelheit auf der I-10 in Richtung Westen.

Als sie sich der Innenstadt von Houston näherten, musste Cofield plötzlich mit der Realität fertig werden, dass ihr bester Freund, der Mann, mit dem sie in den vergangenen zwei Jahren fast jeden Tag verbracht hatte, tatsächlich gehen würde.

»Mann, du kommst doch nie wieder zurück«, brach es aus ihr heraus.

»Tiff, ich komme wieder«, sagte er. »Hör bitte auf, so etwas zu sagen. Ich werde wiederkommen. Ich muss diese Sache in den Griff bekommen ...«

# Kapitel 8

## WENDEPUNKT

Es war ein eisig kalter Wintertag, als George Floyd in Minneapolis aus dem Greyhound-Bus stieg und einen Zettel aus der Hosentasche zog, auf dem er sich eine Telefonnummer notiert hatte. Pastor Riles hatte gesagt, die solle er anrufen, wenn er eine Mitfahrgelegenheit brauche.

»Kann ich mit Byron sprechen?«, fragte er förmlich, nicht sicher, wen er am anderen Ende der Leitung hatte.

»Big Floyd«, sagte die Stimme kichernd. »Ich bin es!«

Es stellte sich heraus, dass er bereits mit Byron Jeffrey sprach, einem alten Freund aus Houston. Als Li'l B kurz darauf in einem goldenen Mercury Grand Marquis vorfuhr, hatte Floyd ein breites Lächeln im Gesicht. Voller Zuversicht, bereit für seine ersten Schritte in einer neuen Stadt, ging er seinem Freund entgegen. Aber als er aus dem Busbahnhof trat, rutschte er aus.

»Die Leute hier sind wohl auf Schlittschuhen unterwegs«, sagte Floyd, während er sich abklopfte.

»Geh langsam«, riet ihm Jeffrey. »Du wirst dich dran gewöhnen.«

Die beiden Männer schüttelten sich die Hand und umarmten sich. Floyd war dünner, als Jeffrey ihn in Erinnerung hatte, was er dessen Drogenkonsum zuschrieb. Trotzdem wusste er nicht, wann er Big Floyd das letzte Mal so voller Energie und Tatendrang gesehen hatte. Er konnte sich gut vorstellen, dass Floyd in dieser Stadt einiges erreichen würde. Er selbst hatte es in Minneapolis geschafft, sein Leben von Grund auf zu ändern. Er war jetzt clean, gläubig und arbeitete. Er schnitt in einem Barbershop Haare, und da er dafür brannte, anderen zu helfen, machte er eine Ausbildung zum Suchtberater.

Wenn er sein Leben auf die Reihe bekommen konnte, dann konnte Floyd – clever und charismatisch wie er war – das allemal schaffen, da war sich Jeffrey sicher. Wenige Minuten später stießen noch Tutu, Robert Fonteno und ein paar der anderen Jungs aus den Cuney Homes dazu.

Obwohl sie alle noch dieselben Spitznamen hatten und dieselben DJ-Screw-Kassetten hörten, hatten die Männer sich verändert, seit der Zeit, als sie zusammen vor dem Blue Store abhingen, wie sie Floyd am Busbahnhof erklärten. Sie gingen Alkohol und Drogen bewusst aus dem Weg, weil sie clean bleiben wollten, und hatten alle Jobs als Wachmänner oder Lastwagenfahrer gefunden. Eine Sache war jedoch gleich geblieben: Sie kümmerten sich umeinander. Sie hatten wie Floyd ihre Familien und Kinder zurückgelassen und beschlossen, dass »Houston auch ohne sie zurechtkommt«, wie Pastor Riles sagen würde.

»Bist du bereit, es anzugehen?«, fragte Aubrey Rhodes Floyd. »Hier kannst du dein Leben ändern. Einen Weg finden, wie du am Leben bleibst.«

Er sei bereit, erklärte Floyd, und sprach von seiner kleinen Tochter und seinem Vorsatz, einen guten Job zu finden, um Geld nach Hause schicken zu können. Nachdem sie ungefähr eine Stunde Neuigkeiten ausgetauscht hatten, sprang Floyd in Jeffreys Wagen, und sie fuhren zu einem imposanten braunen Gebäude neben einem Secondhandladen der Heilsarmee, in dem die Entzugsklinik untergebracht war.

Floyd, der diesen Neuanfang unbedingt wollte, stellte fest, dass er sich nicht wirklich vollständig im Klaren war, worauf er sich da eingelassen hatte. Auf der Fahrt hatte Jeffrey ihm etwas mehr über das Programm erzählt – Alltagsbewältigung, Berufsausbildung, Gruppentherapie, Gottesdienste. Aber es waren keine Handys erlaubt und auch sonst keine Kontakte zur Außenwelt. Er würde seine Tage mit freiwilliger Arbeit im Heilsarmeeladen und mit seiner Therapie verbringen. Als Patient bekam er einen Dollar die Woche, damit er lernte, sein Geld zu sparen. Es wären ja nur sechs Monate, beschwichtigte ihn Jeffrey.

»Ich weiß nicht, ob ich das sechs Monate packe«, sagte Floyd, als ihm klar wurde, wie lange diese Reise dauern würde.

Jeffrey ermutigte ihn, optimistisch zu bleiben. Er selbst sei in seiner ersten Woche bei der Heilsarmee ziemlich aufmüpfig gewesen und hätte sich geweigert, an der Gruppentherapie teilzunehmen, erzählte er Floyd. Aber er fand einen Mentor, der sich dafür einsetzte, dass man ihn nicht aufgab, und mit der Zeit gefiel ihm, was er tat. Floyd dachte eine Weile nach, bevor er nickte und dann fest entschlossen, ein neues Leben zu beginnen, durch die Tür der Heilsarmee trat.

Ungefähr eine Woche später kam Jeffrey wieder vorbei, um zu sehen, wie es ihm ging. Er fand Floyd im Gemeinschaftsraum, wo er zusammengesunken in einem Sessel saß und sich eine Sportsendung ansah. Jeffrey setzte sich zu ihm. Irgendetwas stimmte nicht. Und tatsächlich gestand Floyd ihm, dass er aus dem Programm aussteigen wolle.

»Das ist einfach nicht mein Ding«, sagte er. »Es ist zu sehr wie im Gefängnis. Ich kapier nicht, warum ich noch warten soll. Ich will hier raus und arbeiten.«

»Du musst dir Zeit geben«, sagte Jeffrey und erinnerte ihn, wie cool der Fernseher war und dass es einen Kraftraum gab, in dem er wieder Muskelmasse aufbauen konnte. »Entspann dich einfach. Entspann dich.«

Aber Floyd hatte seine Reisetasche bereits gepackt. Er wollte dasselbe Entzugsprogramm durchziehen, das Tutu schon hinter sich und Adarryl Hunter gerade angefangen hatte. Den beiden ging es gut, und sie waren zuversichtlich, dass Floyd dort auch wieder Fuß fassen würde. Hinzu kam, dass ihr Programm nur drei Monate dauerte.

»Ich hab mich entschieden«, erklärte Floyd. »Tutu ist schon auf dem Weg hierher.«

Jeffrey erkannte, dass jeder Versuch, ihn umstimmen zu wollen, sinnlos war. Die Männer aus dem Third Ward wollten Floyd helfen. Sie wollten, dass er es schaffte und wieder auf die Beine kam. Sie wollten es für ihn, weil sie ihn im Third Ward bewundert hatten – als er noch der Mann war, der etwas wirklich Großes erreichen konnte, wenn man ihm nur eine Chance gab. Und sie wollten es für die vielen anderen Männer zu Hause, die sich vielleicht dazu inspirieren ließen, auch clean zu werden, wenn sie Big Floyds Beispiel folgen konnten. Seine Freunde zweifelten nicht daran, dass er erfolgreich sein würde – sie mussten nur herausfinden, welcher Weg der beste für ihn war.

Floyd interessierte sich zwar in erster Linie für die Dauer des Entzugs, aber Rhodes und seine Freunde sahen auch noch andere Vorteile, als sie ihn an einen Ort namens Our Turning Point brachten. Allein der Name – Wendepunkt – weckte einen gewissen Optimismus, aber auch das Programm war anders als alles, was sie sonst so kannten – es war ein von Schwarzen finanziertes und geleitetes Therapiezentrum, das sich darauf spezialisiert hatte, etwas für die Gesundheit und das Wohlergehen von Afroamerikaner*innen zu tun.

Der Ansatz, den Turning Point verfolgte, basierte auf den Erfahrungen ihres Direktors Peter Hayden. 1973, in Floyds Geburtsjahr, hatte Hayden als einziger Schwarzer eine Gruppe der Anonymen Alkoholiker besucht. Er erinnerte sich noch gut, wie er ungläubig den Kopf schüttelte, als ein *weißer* Mann dort erzählte, wie er wieder angefangen hatte zu trinken, weil er seiner Frau keine 50 Dollar geben wollte. Hayden und seine Freund*innen tranken, weil sie keine 50 Dollar hatten. Für ihn und seinesgleichen war das Problem nicht nur die Abhängigkeit: Es waren die fehlenden Jobs, die fehlenden finanziellen Mittel und das Leben in einer Welt voller Vorurteile, in der jeder Fehltritt in einer Gefängniszelle oder im Sarg enden konnte.

Haydens Theorie war, dass der Genesungsprozess bei Afro-amerikaner*innen anders aussehen musste, weil die Gesellschaft sie anders behandelte. In einem Land, das sich Farbignoranz zum Ziel gesetzt hatte, wurde Haydens Theorie jedoch kontrovers gesehen, obwohl neuere sozialwissenschaftliche Studien seinen Ansatz unterstützten. Eine ganze Reihe von Gesundheitsexpert*innen fing damals an, sich für die Auswirkungen »hoher Bewältigungsleistungen« auf die Gesundheit zu interessieren – beispielsweise für die Zusammenhänge zwischen der Bewältigung schwieriger Situationen und einem erhöhten Blutdruck.

Sherman James, damals Epidemiologe an der University of North Carolina in Chapel Hill, fiel auf, dass sich die meisten der bereits existierenden Studien auf die Lebensumstände *weißer* Männer aus der Mittelklasse konzentrierten.[1] James, der Schwarz ist, beschloss daher, die Farmen im Osten North Carolinas zu besuchen, dieselben Felder, die auch schon Floyds Vorfahr*innen bestellt hatten. Er traf dort einen Schwarzen namens John Henry Martin, der das repressive System des Sharecropping miterlebt und unermüdlich dafür gearbeitet hatte, seine auf 40 Jahre angelegten Schulden in nur fünf Jahren abzubezahlen. Als James ihn kennenlernte, war er Anfang 70, litt aber unter einer Reihe von Krankheiten, durch die er sehr viel älter wirkte – Schmerzen in den Beinen, Osteoporose, Magengeschwüre und Bluthochdruck.

»Seine eigene Diagnose war, dass er sich zu viel abverlangt hatte«, erzählte James, »was mich an die Geschichte meines Vaters erinnerte, an die meines Onkels, meines Großvaters und an die meiner Mutter. Seine Geschichte war ein Sinnbild für die Geschichte der Schwarzen in Amerika.«

Sie spiegelte auch die Legende von John Henry, dem hammerschwingenden afroamerikanischen Volkshelden wider, der seinen Wert unter Beweis stellen wollte, indem er versuchte, von Hand eine Eisenbahnstrecke zu verlegen, und dabei einen tödlichen Herzinfarkt erlitt. In den 1980er Jahren prägte James einen Begriff, der die Bewältigungsmechanismen Schwarzer Menschen beschreibt, die, um sich gegen Rassismus zu behaupten, immense Anstrengungen unternehmen – den alten Glauben also, dass Schwarze doppelt so hart arbeiten müssen, um es halb so weit zu bringen. Er nannte das Phänomen »John Henry-ism«.

John-Henry-ism, so James, könne durchaus auch positive Effekte haben. Immerhin hatte John Henry Martin es geschafft, seine Schulden sehr schnell abzuarbeiten. Aber die gesundheitlichen Folgen eines solchen Kraftakts konnten ohne die Unterstützung und das Bewusstsein der Gesellschaft fatal sein. Eine spätere Kollegin Shermans an der University of Michigan, die Verhaltensforscherin Arline Geronimus, dachte in den 1990er Jahren noch einen Schritt weiter, als sie die Hypothese aufstellte, dass die jungen Schwarzen Mütter, die sie begleitete, grundsätzlich in einem schlechteren gesundheitlichen Zustand waren als junge *weiße* Mütter, weil sie einer speziellen Art von Stress ausgesetzt waren.[2] Expert*innen hatten festgestellt, dass Schwarze auch bei gleichem Einkommen, Alter, Bildungsniveau und einer vergleichbaren Wohnsituation oft kränker waren als *Weiße*.

Diese Krankheiten manifestierten sich, als die Forscher*innen den Wert entzündungsfördernder Hormone wie beispielsweise Cortisol verglichen und dabei feststellten, dass afroamerikanische Menschen tendenziell größere Mengen dieser Hormone, die als Reaktion auf Stress ausgeschüttet werden, aufwiesen als *Weiße*.[3] Ein Anstieg des Cortisolspiegels kann in kurzen Stressmomenten zwar hilfreich sein – die Konzentration verbessern, wenn man die Nacht durcharbeiten muss, oder bei großer körperlicher Anstrengung die Herzfrequenz erhöhen –, belastet aber auch das Immunsystem. Aus diesem Grund werden Studierende nach Abschlussprüfungen oft krank oder tun Sportler*innen nach einem wichtigen Spiel alle Knochen weh. Bleibt der Cortisolwert über einen längeren Zeitraum hinweg hoch, wie man es bei vielen Afroamerikaner*innen beobachten konnte, macht der Stress sie anfälliger für Krankheiten. Die gängige Überzeugung, dass die überdurchschnittlich hohe Rate von Bluthochdruck, Diabetes und Herzkrankheiten unter Schwarzen Menschen auf eine schlechte Ernährung und mangelnde Bewegung zurückzuführen sei, wurde durch diese Entdeckung in Frage gestellt. Es zeigte sich, dass ständiger Stress, angefangen bei der täglichen Diskriminierung bis hin zu der Angst vor einer tödlichen Begegnung mit der Polizei, die Physiologie der Menschen veränderte. In diesem Sinne ist in den Staaten Schwarz zu sein wie eine Art Vorerkrankung.

»Es gibt keine Unterschiede in der Art, wie Menschen unterschiedlicher *race* auf Stress reagieren«, stellt Darrell Hudson, Gesundheitsexperte und Professor an der Washington University in St. Louis, fest. »Aber das Umfeld, in dem sie leben, *ist* rassifiziert. Es geht um die Chronizität des Stresses und unser Verhältnis dazu: Haben wir das Gefühl, Dinge, die uns stressen, kontrollieren zu können, auch ohne übermenschliche Anstrengungen oder glückliche Umstände? Falls nicht, staut sich alles auf.«

Da nur sehr wenig dazu geforscht worden war, wie man diesem Phänomen begegnen könnte, überredete Hayden mit seiner leidenschaftlichen Überzeugung und seinem Charme lokale Behörden und Stiftungen, ihn mit Zuschüssen und Fördergeldern zu unterstützen. Er kleidete sich sehr auffällig – farbenfrohe Anzüge und Krokodilledeschuhe –, um bei den Leuten Aufmerksamkeit für und Vertrauen in sein Projekt zu wecken, bis ihm das County und diverse Stiftungen schließlich genügend Zuschüsse zugesagt hatten, dass er den Turning Point 1976 eröffnen konnte.

Begleitend zur medikamentösen Behandlung durch kooperierende Kliniken unterrichteten Schwarze Mitarbeiter*innen Afroamerikanische Geschichte, um das Selbstwertgefühl zu wecken, und servierten an Sonntagen ein Soul-Food-Menü zur Stärkung der Gemeinschaft. Das klassische Zwölf-Schritte-

Programm wurde mit den Prinzipien des Kwanzaa kombiniert. So wurden Schritte wie »daran glauben, dass eine höhere Macht mich geistig gesund machen kann« zu »daran glauben, dass meine innere Kraft mir hilft, ein Leben zu führen, dass mir nicht schadet«. Die Abwandlungen betonten einerseits die Handlungsfähigkeit von Schwarzen Menschen und vermieden andererseits bewusst die Worte »geistig gesund«.

»Afroamerikaner*innen reden nicht gern davon, verrückt zu sein«, erklärte Hayden, was er als die Folge einer langen Tradition von Misstrauen und Ablehnung zwischen Schwarzen Patient*innen und *weißen* Ärzt*innen deutete. Dieses Misstrauen machte Haydens Mission zwar umso schwieriger, zeigte gleichzeitig aber auch, wie wichtig sie war.

Eine Analyse offizieller Umfragedaten aus dem Jahr 2019 erbrachte, dass einer von zehn afroamerikanischen Menschen angab, unter unbehandelten psychischen Problemen zu leiden – das sind doppelt so viele wie in der Bevölkerung insgesamt.[4] Und unter jenen, die in Behandlung waren, neigten viele dazu, diese frühzeitig abzubrechen, aus Kostengründen, Angst vor Stigmatisierung oder weil sie das Gefühl hatten, dass ihr*e Therapeut*in sie nicht versteht.

Sobald es um Drogenmissbrauch oder psychische Probleme geht, sind diese Gefühle besonders abträglich. Ayana Jordan, Professorin für Psychiatrie an der New York University, die in Bezug auf *race* zum Thema Zugehörigkeit und Sucht forscht, stellte fest, Patient*innen müssten darauf vertrauen können, dass Therapeut*innen ihre Probleme ernst nehmen und sie als Individuen betrachten, nicht als Stereotypen, was Therapeut*innen und Ärzt*innen jedoch oft nicht bewusst zu sein schien. Sie führte Statistiken an, die zeigen, dass Schwarze mit Stimmungsstörungen wie Depressionen oft unterdiagnostiziert werden, während Krankheitsbilder wie Schizophrenie – die mit aggressivem Verhalten assoziiert werden – bei Schwarzen häufig überdiagnostiziert sind.[5]

Der Einfluss sich hartnäckig haltender Stereotypen war in nahezu jeder Institution spürbar, die George Floyd auf seinem Weg ins Erwachsenenalter hätte unterstützen können. Hinzu kamen die Drogenkrisen, die die Schwarzen Communities heimsuchten und mit den *Rockefeller Drug Laws* in den 1970er Jahren, dem *Anti-Drug Abuse Act* von 1986 und dem Erlass der *Crime Bill* von 1994 für immer noch härtere Strafen und überfüllte Gefängnisse sorgten. Untersuchungen haben ergeben, dass die mit der Einführung dieser Gesetze versprochenen Gelder für Ausbildungsprogramme, Suchttherapie und Schulbildung jedoch nie geflossen sind. So wurden dem Ministerium für Wohnungsbau und Stadtentwicklung im Rahmen der *1994 Crime Bill* über einen Zeitraum von drei Jahren 2,7 Milliarden Dollar zugesagt. Eine Überprüfung durch die Bundesbehörden brachte jedoch zutage, dass die Gesetzgebung den zuständigen Stellen dieses Geld nie überwiesen hatte.[6] Stattdessen wurde, als auch die *weißen* Vorstädte von der Drogenepidemie heimgesucht wurden, in ähnliche Hilfsprogramme dort immer mehr Geld investiert. Im Rahmen des *21ˢᵗ Century Cures Act*[7] und des *Comprehensive Addiction and Recovery Act*[8] wurden zwischen 2016 und 2019 mindestens 2,5 Milliarden Dollar für die Behandlung von Drogensucht und Rehabilitationsprogramme ausgegeben.

Die vorherrschenden Klischees hatten auch auf Floyds Gesundheit einen direkten Einfluss. Seine Angst, verhaftet zu werden, und die Unzufriedenheit mit dem Entzugsprogramm der Heilsarmee müssen vor dem Hintergrund seiner Erfahrungen als Schwarzer in den USA gesehen werden. Die massive Polizeipräsenz in seinem Viertel erhöhte nicht nur sein Risiko, verhaftet zu werden. Laut Studien der University of Minnesota, zeigen Schwarze, die mit der Durchsetzung von Gesetzen negative Erfahrungen gemacht haben, ein erhöhtes Misstrauen gegenüber öffentlichen Institutionen.[9] Hinzu kommt, dass laut einer über 18 Jahre durchgeführten Studie der University of Michigan Schwarze Jungen, die angaben, diskriminiert worden zu sein, als Erwachsene häufiger unter Depressionen und Angstzuständen litten.[10]

Die Tendenz, Schwarze Männer zu kriminalisieren – anstatt sie zu therapieren –, zeigte sich auf nationaler Ebene aber auch in einem offenkundigen Desinteresse, sich mit dieser besonderen Problematik zu befassen. Ein von der Psychological Association veröffentlichter Bericht von 2013 hält fest, dass in den vergangenen 25 Jahren nur 19 empirische Studien zu Depressionen bei Schwarzen durchgeführt wurden, und fordert abschließend: »Depressionen bei afroamerikanischen Männern sollten in Forschungen, Praxis und bei der Öffentlichkeitsarbeit ganz oben auf der Tagesordnung stehen.«[11] Veränderungen folgten jedoch nur schleppend. Laut Schätzungen der Zeitschrift *Science Advances*, bekamen *weiße* Wissenschaftler*innen auch sechs Jahre später noch doppelt so häufig Fördergelder bewilligt wie Schwarze, deren Forschungsprojekte eher dazu tendierten, sich mit Diskriminierung und Ungleichheit zu befassen.[12] Das Ergebnis ist, dass sich das amerikanische Gesundheitssystem mit einer Problematik konfrontiert sieht, die auf eben diesen institutionalisierten Rassismus zurückzuführen ist: Das System hatte Schwarze US-Amerikaner*innen einer speziellen Belastung ausgesetzt, deren Folgen es mangels der nötigen Werkzeuge nicht entgegenwirken konnte.

An genau diesem Punkt setzten Einrichtungen wie Turning Point an. 50 Jahre lang suchten Hayden und seine Mitarbeitenden unablässig nach Möglichkeiten, das Angebot zu erweitern, und irgendwann glänzte Hayden nicht mehr mit seinem extravaganten Stil, sondern mit Erfolgen – das Projekt expandierte und zog von einem winzigen Haus in der überwiegend Schwarzen North Side der Stadt in einen sehr viel größeren Wohnkomplex, in dem es auch ein Gebäude mit mehreren Wohneinheiten gab, Ms. Bea's House, wo die Bewohner*innen bei der Rückkehr in ein selbständiges Leben nach dem Entzug unterstützt wurden.

Der Erfolg des Programms sprach sich schnell herum und zog auch Patienten aus Illinois, Missouri und Texas an – Schwarze Männer aus dem ganzen Land, moderne John Henrys, die wie Floyd bereit waren, für eine letzte Chance auf Heilung ihr altes Leben hinter sich zu lassen.

Als Floyd im Turning Point zum ersten Mal im Kurs für Alltagsbewältigung saß, wurde ihm schnell klar, dass es sich hier nicht um eine der typischen Gesprächsrunden handelte. Der Raum, in dem »Blacks in Recovery« stattfand, war eingerichtet wie ein Klassenzimmer, so dass Floyd das Gefühl hatte, wieder aufs College zu gehen.

Geleitet wurde der Kurs von Woodrow Jefferson, einem kleingewachsenen früheren Mathematikgenie, dessen Leben mittlerweile vom Thema Drogenmissbrauch bestimmt war. Er glaubte, Schwarze würden sich in einem Umfeld, in dem man sie wie Intellektuelle behandelte, anders verhalten. Viele von ihnen waren es gewohnt, kriminalisiert und als unkontrollierbar, impulsiv und *dumm* abgestempelt zu werden.

Während er im Klassenzimmer auf und ab ging, beschrieb Jefferson Mr. Cool und Mr. Slick – zwei Beispiele für Gangster, wie man sie in Schwarzen Wohnvierteln häufig antraf. Der eine war selbstsicher und wurde von vielen beneidet, der andere war manipulativ und aufwieglerisch. Danach führte er auch noch Muhammad Ali und Onkel Tom an, zwei weitere typische Beispiele dafür, wie Schwarze in der Welt agierten, – der eine draufgängerisch und ein Angeber, der andere unterwürfig und respektvoll. Jefferson äußerte sich zu keinem der vier abfällig. Diese vier Männer, erklärte er der Klasse, versuchten alle auf ihre Art dasselbe – zu überleben in einer Welt, in der ihre Möglichkeiten begrenzt waren. Gebrochen vom Rassismus suchten sie nach Wegen, sich ihre Würde zu bewahren.

Im Laufe der darauffolgenden Wochen erklärte Jefferson der Gruppe immer wieder, dass sie ihre Würde nicht mit coolen Sprüchen oder Beteuerungen – von denen er schon genug gehört hatte – wiedererlangen konnten. Er wollte, dass sie wieder Hoffnung schöpften, dass sie die Möglichkeiten, die sie als Schwarze Männer hatten, voll ausschöpften und bereit waren, sich dem rassistischen System, das sie behinderte, zu stellen. Es ging darum, die Kontrolle über das eigene Leben zu übernehmen, noch bevor andere – Richter*innen, unfaire Bosse, Polizist*innen – es überhaupt versuchen konnten.

Er diskutierte mit ihnen auch darüber, wie Schwarze Körper ausgebeutet und entmenschlicht wurden, und brachte Themen wie Sklaverei, Zucht, das Vollzugssystem oder medizinische Experimente zur Sprache.

»Seht euch die Geschichte an«, sagte Jefferson oft. »Ist euch aufgefallen, wie andere immer versucht haben, uns auszubeuten, uns zu besitzen? ... Aber wie sieht es mit euch aus? Wie könnt ihr euch selbst wiederfinden? Euch wieder lieben? ... Es geht darum, dass ihr eure Bestimmung findet.«

Jeffersons Vorträge ermutigten die Teilnehmenden, auch mit ihrer eigenen Geschichte offener umzugehen. Manche waren schon in drogensüchtigen Familien aufgewachsen, andere kannten sonst niemanden, der Drogen nahm. Manche sprachen von den Schwierigkeiten, ohne Vater aufzuwachsen, während andere darunter litten, ihre Väter enttäuscht zu haben. Viele waren im Gefängnis gewesen und von der Isolation und Gewalt, die sie in der Haft erlebt hatten, traumatisiert. Eines Tages, erinnerte sich Jefferson, hob ganz hinten jemand die Hand. Es war Floyd.

Er war endlich bereit, über seine persönlichen Abgründe zu sprechen, mit einer Schonungslosigkeit, wie er es bei seinem Freund Hunter in Houston noch nicht gekonnt hatte. Floyd erzählte, wie enttäuscht er war, dass er es nie in die Profiliga geschafft hatte, nachdem ein Großteil seiner Identität und seines Selbstwertgefühls auf der Überzeugung gründete, dass er eines Tages Football spielen würde. Nun war sein Körper ein Grund, stolz zu sein, gleichzeitig aber auch eine ständige Erinnerung an sein Versagen – er war ein Athlet, der alles gegeben hatte, aber nicht gut genug war. Er war, was die Leute einerseits bewunderten, andererseits aber auch fürchteten.

Jefferson hielt nichts von dieser Art zu reden.

»Ihr alle seid es wert, geliebt zu werden«, erklärte er seiner Klasse. »Ihr seid wichtig. Ihr seid wertvoll. Ihr seid stark.«

Manchmal forderte Jefferson die Männer während des Unterrichts auf aufzustehen, und dann wiederholten sie gemeinsam ihr Mantra: »Ich bin es wert, geliebt zu werden! Ich bin wichtig! Ich bin wertvoll! Ich bin stark!«

Nachdem Floyd 45 Tage clean war, wurde ihm gestattet, unter Einhaltung der Ausgangssperre das Gelände zu verlassen und endlich seine neue Stadt zu erkunden.

Um das zu feiern, fuhren Rhodes und Jeffrey mit ihm zur Mall of America. Sie wollten Floyd unbedingt das größte Einkaufszentrum der westlichen Hemisphäre zeigen. Floyd war von dem gigantischen vierstöckigen Palast mit einer Fläche von über 500 000 Quadratmetern und einem Freizeitpark in der Mitte schwer beeindruckt.[13] Die Gruppe kaufte ihm ein Paar neue Turnschuhe und ein Handy. Sie aßen Chicken Wings bei Hooters und sprachen über Floyds nächste Schritte. Nun, da er endlich so weit war, wollte er nichts dringender als einen Job.

Rhodes, der in einer Obdachlosenunterkunft der Heilsarmee arbeitete, meinte, mit seiner Erfahrung als Wachmann und Türsteher wäre Floyd genau der Richtige, um ebenfalls dort anzufangen. Und er wusste auch, wen er anrufen musste.

»Floyd will hier arbeiten?« Darlene Phillips, eine große, energische Frau, war begeistert. Sie war mit Floyds Schwestern Zsa Zsa und LaTonya aufgewachsen und 2014 nach Minneapolis gezogen, um ihre Crackabhängigkeit in den Griff zu bekommen. Mittlerweile war sie clean und half bei der Verwaltung einer Obdachlosenunterkunft in einer der kriminellsten Gegenden der Stadt am westlichen Rand des Zentrums. Außerhalb der Unterkunft, im Schatten der Interstate und des Baseballstadions, wurde Crack, PCP und Ecstasy verkauft, in der Unterkunft waren gefährdete Männer und Frauen untergebracht, die sich schnell aufregten und zu Gewalt neigten. Floyds einschüchternde Statur, dachte Phillips, wäre an einem solchen Ort sicher von Vorteil.

»Er ist genau der Mann, den wir brauchen«, sagte sie zu Rhodes.

Mitte April 2017 trat Floyd seinen ersten Job in Minneapolis an. Sie steckten ihn in ein Team mit Sylvia Jackson, einer Sicherheitsbeamtin mit Migrationsgeschichte, die aus Chicago in die Stadt gekommen war, in der Hoffnung, eine besser bezahlte Arbeit zu finden. Floyd lernte, eine Herz-Lungen-Wiederbelebung durchzuführen und Narcan zu verabreichen, ein Nasenspray, das nach einer Überdosis die Wirkung eines Opioids wieder aufhebt. Aber auch weniger aufregende Dinge musste er lernen: welche Schlüssel er benutzen musste, wie man die Überwachungskameras bediente oder Telefonanrufe weiterleitete. Aber das Wichtigste, erklärte Phillips Floyd, wäre, andere gut zu behandeln. Jeden Abend gegen 18 Uhr kamen die Müden, Erschöpften, Misshandelten und Abhängigen in die Cafeteria, um sich ein Abendessen abzuholen, und brachten ihre wenigen Habseligkeiten, die sie immer bei sich trugen, und ihre Wut auf die Welt mit. Diese Menschen waren von einem anderen Schlag, als die, die in der Unterkunft wohnten, aber Phillips verlangte von Floyd, dass er sie dennoch zuvorkommend und freundlich behandelte.

»Versetz dich in ihre Lage«, sagte sie. »Und wenn sie dich bitten, mit ihnen zu beten, dann versprich es ihnen nicht nur. Bete mit ihnen.«

Aufgrund des Kontakts zu seinen Schwestern sah Phillips sich nicht nur als Floyds Vorgesetzte. Sie wollte ein Auge auf ihn haben und ihm schonungslos die Wahrheit sagen, sollte die Versuchung ihn schwach werden lassen. Floyd erklärte ihr, dass er nicht die Absicht habe, auch nur ein kleines Stückchen vom rechten Weg abzukommen. Das ging sogar so weit, dass er eine Einladung, mit Phillips und ihrer Tochter zu einem Spiel der Harlem Globetrotters zu gehen, ablehnte, weil er nicht mit einer verheirateten Frau gesehen werden wollte.

»Das würde einen falschen Eindruck machen«, meinte er.

In seinen Arbeitsschichten behielt er vor allem die Jungen im Auge, um sicher zu gehen, dass sie nicht drangsaliert wurden, oder er begleitete kleinere Gruppen ins Kino. Beim Abendessen behielt er mit vor der Brust verschränkten Armen alle im Blick, die auf der Suche nach Ärger waren. Floyd hatte seine ganz eigene Methode, mit Leuten umzugehen, die Probleme machten. Er tippte ihnen auf die Schulter und sagte: »Wir machen jetzt einen keinen Spaziergang.« Dann begleitete er sie über den weißen Linoleumboden im grell erleuchteten Eingangsbereich zurück nach draußen.

»Du kannst heute nicht wiederkommen« erklärte er ihnen. »Aber du könntest es morgen noch mal versuchen.«

Als er den Job schon ein paar Monate machte, kam einer der Bewohner betrunken zurück in die Unterkunft. Er war vulgär, spielte sich auf, und hörte auch nicht auf, eine große Klappe zu haben, als Floyd versuchte, ihn über den rutschigen Boden wieder nach draußen zu bugsieren. Der Mann machte sich steif, so dass Floyd, der weiterging, ihn ziehen musste.

»Du musst jetzt gehen«, sagte er. Der Mann stolperte über seine eigenen Füße, stürzte und verletzte sich dabei. Floyd wich erschrocken zurück, aber als er das Blut sah, versuchte er, ihn hochzuziehen. Andere Mitarbeitende kamen zu Hilfe und kümmerten sich um den Gestürzten, und Floyd zog sich in ein leeres Zimmer zurück, wo ihn der Pastor etwas später weinend vorfand.

»Ich war zu hart mit dem Kerl«, entschuldigte sich Floyd. Er wollte nicht die Art von Aufpasser sein, der Menschen verletzte.

Er hatte genug Gewalt im Namen von Recht und Ordnung gesehen und wusste, dass es andere Möglichkeiten gab, Regeln durchzusetzen.

Der Pastor betete für Floyd und sagte, er müsse sich selbst verzeihen.

In diesem Sommer, ungefähr im August 2017, betrat eine Frau mit langen braunen Haaren und einer eckigen Brille die Eingangshalle der Obdachlosenunterkunft. Courteney Ross war auf der Suche nach dem getrennt lebenden Vater ihrer beiden Söhne und hoffte, dass er hier untergekommen war. Während sie wartete, überkamen sie finstere Gedanken, und sie fing an zu weinen, weil sie fürchtete, der Geburtstag ihres älteren Sohnes könnte vom Verschwinden des Vaters überschattet werden.

Floyd, der seine Runde drehte, entdeckte die weinende Frau in der Eingangshalle. Er wollte ihr in ihrem Kummer beistehen und wandte auf seine charmante Art eine der Methoden an, die er von Phillips gelernt hatte.

»Kann ich mit dir beten, Sis?«, fragte Floyd.

Die Frau war überrascht, willigte aber ein. Die beiden beten für inneren Frieden und hielten sich dabei an den Händen. Kurze Zeit später erfuhr Ross, dass es dem Vater ihrer Söhne gut ging. Als sie sich zum Gehen wandte, legte Floyd ihr die Hand auf die Schulter und begleitete sie nach draußen. Irgendetwas an der Frau faszinierte Floyd. Er senkte seine ohnehin schon tiefe Stimme noch ein bisschen mehr und fragte: »Kann ich deine Nummer haben?«

Sie blieb stehen, um den großen Wachmann, den sie gerade erst kennengelernt hatte, anzusehen. Er war eigentlich nicht ihr Typ, aber vielleicht war das hier ja eine göttliche Fügung.

Sie gab ihm ihre Nummer.

»Ich heiße Courteney.«

»Mich nennen sie Big Floyd.«

Im Schein der Nacht küssten sie sich.

Floyd fing an, sich in die Stadt zu verlieben. Nachdem er 90 Tage Entzug hinter sich hatte, war er in Ms. Bea's House gezogen und nahm mit Begeisterung an den Gruppentreffen teil, bei denen die Männer auf gemütlichen Sesseln und Sofas im Gemeinschaftsraum saßen und darüber diskutierten, wie sie ihre Bestimmung finden konnten.

»Ich bin von Gott gesegnet«, erklärte er ihnen. Er war clean. Er datete jemanden. Er war krankenversichert und konnte zum Arzt gehen, um seine Knieprobleme und seinen Bluthochdruck behandeln zu lassen. Er hatte seinen Job bei der Heilsarmee, plus einen Wochenendjob als Türsteher in einem »Latino«-Nachtclub namens Conga. Er fing wieder mit dem Krafttraining an, die 45-Kilo-Bizepscurls ließen seine Muskeln anschwellen, und er liebte es, mit seiner Tochter Gianna zu telefonieren. Außerdem hatte er genügend Geld zusammengespart, um sich einen grünen Pontiac Bonneville kaufen zu können – den er »Green Machine« taufte – und seiner kränkelnden Mutter etwas Geld zu schicken.

Seine Familie war stolz auf ihn. Und seine Freund*innen im Third Ward begannen, auch für sich selbst Hoffnung zu schöpfen. Je mehr Floyd auf Facebook über seine Erfolge in Minneapolis postete, umso mehr seiner Freund*innen bekundeten ihr Interesse, auch in den Norden zu kommen und einen Entzug zu machen. Gemeinsam mit Hunter, der mittlerweile auf dem Bau arbeitete, während er die nötigen Schritte in die Wege leitete, um seine Apothekenlizenz zurückzubekommen, besuchte er die vielen Seen in der Umgebung und spielte Basketball in den Parks der Gegend. Bei diesen Spielen leistete ihnen häufig auch Eric Cornley Gesellschaft, ein 1,95 Meter großer Mann mit rundem Bauch und einem warmen Lächeln, den alle nur »Big E« nannten. Er wohnte von allen am längsten in Ms. Bea's House, und Big Floyd und ihn verband eine ähnliche Lebensgeschichte: Beide waren ehemalige Collegeathleten, die aus einer anderen Stadt nach Minneapolis gekommen waren – Cornley hatte Basketball für die Illinois State gespielt –, und beide waren sich ihrer Körpergröße unangenehm bewusst. In »Blacks in Recovery« saßen sie gemeinsam ganz hinten, um niemandem die Sicht zu versperren.

In Ms. Bea's House genoss Big E den Ruf, anständig und verantwortungsvoll zu sein. Als einer der älteren Bewohner, acht Jahre älter als Floyd, erstellte er die Liste mit Aufgaben, die zu erledigen waren, und passte auf, dass auch unliebsame Pflichten, wie das Einsammeln und Hinausbringen von Müll, erledigt wurden. Wie alle anderen in Ms. Bea's House schätzte auch Floyd Big Es optimistische und tatkräftige Art.

Obwohl er einiges an Schnelligkeit verloren hatte seit seiner Zeit auf dem College, zeigte Cornley bei ihren spontanen Basketballspielen in der Stadt vollen Einsatz. In den Pausen sprach er oft über seine Pläne, eine eigene Firma aufzubauen – vielleicht Desinfektionsmittelspender an Busbahnhöfen aufstellen oder ein Handtuchlieferservice für Nachtclubs. Damit er Erfahrung in diesem Bereich sammeln konnte, verhalf Floyd Cornley ebenfalls zu einem Security-Job im Conga Club.

Es kam nicht selten vor, dass Bewohner länger als drei Monate in Ms. Bea's House blieben, da es mit einer kriminellen Vergangenheit schwierig war, eine eigene Bleibe zu finden. Floyd war da keine Ausnahme. Er hatte sich für Wohnungen in der ganzen Stadt beworben, wurde aber immer wieder abgelehnt, weshalb er im September 2017 noch immer auf Wohnungssuche war. Aber so schnell, erklärte er seinen Freunden, würde er sich nicht unterkriegen lassen.

»Gott wird mir schon beistehen«, sagte er.

Eines Abends nahm seine Wohnungssuche dann eine positive Wende. Bei der Arbeit im Conga hörte Floyd, wie zwei Barkeeper sich darüber unterhielten, dass der Besitzer des Clubs, Jovanni Thunstrom, überall in den Twin Cities Wohnungen an Mitarbeitende vermietet, und zufällig wurde in St. Louis Park, einem vornehmen *weißen* Vorort von Minneapolis, gerade ein Reihenhaus frei. Nachdem er an diesem Abend die letzten Gäste vor die Tür begleitet hatte, suchte Floyd Thunstrom auf.

Da Thunstrom davon ausging, dass Floyd weder Referenzen hatte noch kreditwürdig war, bereitete es ihm leichte Bauchschmerzen, das Haus an ihn zu vermieten. Aber seit seinem Einstellungsgespräch mochte Thunstorm Floyd. Er hatte Verständnis für seine momentane Lebenssituation und stellte bald fest, dass er ein verantwortungsbewusster Mitarbeiter war, der immer pünktlich zur Arbeit erschien.

Thunstorm willigte ein, ihm die Wohnung zu vermieten, unter der Voraussetzung, dass er einen Mitbewohner fand. Floyd fragte Hunter, aber der lehnte ab, weil er schon auf einer Warteliste für eine eigene Wohnung stand. Er fragte Fonteno, der aber so viel unterwegs war, dass er nicht voll miteinsteigen konnte, und Tutu und Li'l B hatten schon eine Wohnung. Also fragte er seinen neuen Freund.

»Willst du das machen, Big E?«

Big E sagte ja.


Courteney Ross war nervös, als sie sich für ihr erstes Date mit dem Mann mit der tiefen Stimme, dem sie bei der Heilsarmee begegnet war, zurechtmachte. Sie entschied sich für ein kurzes grünes Kleid und ein Paar braune Pumps mit großen Glitzersteinen und machte sich auf den Weg in ein Restaurant namens Ray J's. Sie war pünktlich an diesem Abend und setzte sich auf einen Barhocker, um auf Floyd zu warten. Fünf Minuten vergingen, dann zehn, dann fünfzehn. Sie rief ihn an, um sich zu vergewissern, dass er noch kam. Er müsse im Conga Club in der derselben Straße gegenüber nur noch schnell etwas mit seinem Boss klären, dann wäre er da, versicherte er ihr.

»Damals habe ich zum ersten Mal die Erfahrung gemacht, dass Floyd immer zu spät kam, egal wohin er ging«, erinnerte sich Ross.

Als Floyd dann schließlich auftauchte, hatte Ross, nervös wie sie war, bereits mehrere Gin Tonics auf nüchternen Magen heruntergestürzt und war bald danach betrunken. Etwas später am Abend begleitete Floyd sie auf die Toilette und hielt ihr Haar zurück, während sie sich übergab.

Die darauffolgenden Dates liefen besser. Ross erzählte Floyd von ihren beiden Söhnen: James, ein süßer, neugieriger Siebenjähriger, und Gavin, ein witziger und kluger Highschool-Schachmeister, der großartig Leute imitieren konnte. Und Floyd erzählte Ross von Gianna und seiner großen Familie, die er in Houston zurückgelassen hatte, um noch einmal von vorne anzufangen. Auch Ross war im Begriff, ihr Leben neu zu ordnen. Sie fühlte sich ausgebrannt und hatte genug davon, als Lehrerin an der Edison High School Kinder zu maßregeln.

Seine kriminelle Vergangenheit und dass er gerade erst einen Entzug hinter sich hatte, erwähnte Floyd anfangs nicht. Irgendwann machte er dann ganz nebenbei eine Anspielung, dass er vielleicht einen Pornofilm gedreht habe. »Was würdest du wohl davon halten, Baby, wenn ich dir so was erzähle?«

Das käme ganz darauf an, meinte Ross. Wenn seine Motivation, einen solchen Film zu machen, war, sich durch Sex zu empowern, wäre das etwas anderes, als wenn der Film nur Klischees bediene oder er sich damit unwohl fühle. Aber sie könne ihn verstehen, meinte sie. Ross hatte früher selbst als Bedienung in einem Striplokal gearbeitet.

»Wir haben alle eine Vergangenheit«, sagte sie.

Sie gingen öfter zusammen aus. Beide liebten alberne Komödien und Hip-Hop. Floyd machte Ross mit dem Sound von Houston bekannt, und Ross führte ihn in die Styles des Rappers Brother Ali aus Minneapolis ein. Sie aßen Obstpfannkuchen bei Maria's, schlenderten durch den Skulpturengarten, und mit der Zeit konnte Ross sich Floyds Vergangenheit aus den einzelnen Puzzleteilen zusammensetzen. Als sie erfuhr, dass er auf Entzug war und einige Zeit im Gefängnis verbracht hatte, konnte sie mit ihm mitfühlen. Sie hatte in der Highschool auch Drogen genommen, und nach der Geburt von Gavin wurde ihr Oxycodon gegen ihre chronischen Nackenschmerzen verschrieben. Da die Schmerzen nicht besser wurden, bekam sie das Medikament jahrelang verschrieben, bis die Ärzt*innen ihr schließlich rieten, damit aufzuhören.

Ross hatte noch mehrere Jahre mit ihrer Abhängigkeit zu kämpfen, aber da sie *weiß* war, waren die Ärzt*innen bereit, ihr zu helfen, anstatt sie als Kriminelle abzustempeln. Sie und Floyd waren viel gemeinsam in der Stadt unterwegs, und Ross wusste, dass die Welt anders auf ihn reagierte, weil er Schwarz war. Ihr fiel auf, wie die Leute ihn anstarrten und wie unangenehm ihm diese Aufmerksamkeit war, obwohl er versuchte, es zu ignorieren.

»Es ist wie es ist«, sagte Floyd.

Ross bestand darauf, dass sie ihn trotz seines Körpers mochte, nicht wegen seines Körpers, und versuchte so, ihn nicht zum Objekt zu machen.

Anfangs verbrachten die beiden so viel Zeit miteinander, dass Ross' Mutter, bei der sie in dieser Phase lebte, befürchtete, sie würde ihrer Verantwortung als alleinerziehende Mutter nicht mehr gerecht. Zu dieser Zeit kam Bewegung in Floyds Leben, und ungefähr einen Monat nachdem er Ross kennengelernt hatte, zog Floyd mit Big E in das Haus seines Chefs.

Das zweistöckige Reihenhaus mit seinen roten Schindeln war etwas ganz anderes als die überfüllten Korridore in Ms. Bea's House. Es stand am Ende einer Straße mit geräumigen Einfamilienhäusern, neben einem Wellness-Center und einem Bistro, das Seebarsch für 35 Dollar verkaufte, und der Blick auf das glitzernde Wasser des Bde Maka Ska Sees verlieh ihm eine ruhige und friedvolle Atmosphäre, die für Floyd etwas völlig Neues war.

Selbst die Polizist*innen schienen anders zu sein. Sie lächelten und winkten, offensichtlich völlig unbeeindruckt vom Anblick der beiden großen Schwarzen Männer. Das war angenehm, aber auch ein wenig befremdlich. Die beiden Freunde stellten einen Fernseher ins Wohnzimmer und richteten im gemeinsamen Untergeschoss einen Kraftraum ein. Ihre Matratzen legten Floyd und Big E ins Esszimmer. Obwohl das Reihenhaus drei Schlafzimmer hatte, wollten sie im selben Raum schlafen. Nach Miss Cissys Haus, dem Gefängnis und dem Entzug fühlte sich Floyd nicht wohl, wenn er allein in einem Zimmer schlief. Und außerdem konnten sie so aufeinander aufpassen.

Als Floyd am 1. Oktober gegen vier Uhr morgens von einer Doppelschicht in seinem Security-Job nach Hause kam, sah er etwas Ungewöhnliches: Die Haustür stand einen Spaltbreit offen.

»Big E!«, rief er, bekam aber keine Antwort. Floyd lief zur Kellertreppe. »Big E?«, rief er noch einmal, aber es blieb still. Als er nach unten ging, fand er seinen Freund zusammengesunken auf einer Couch, nackt und bewusstlos.[14]

»Big E!«, schrie Floyd. Er berührte Cornleys Haut. Sie war kalt, und als er ihm die Hand auf den Arm legte, spürte er keinen Puls. Floyd schüttelte ihn, aber Big E bewegte sich nicht. Floyd erinnerte sich, dass ihm aufgefallen war, wie unruhig Cornley in den letzten Tagen gewirkt hatte. Hatte er wieder Drogen genommen?

Floyd schnappte sich ein schwarzes T-Shirt und legte es ihm auf die Brust. Dann bedeckte er seinen Unterkörper mit einer olivgrünen Decke. Unter Tränen wählte er die 911.

Ein Sanitäter bestätigte, was Floyd schon befürchtet hatte: Big E war tot. Eine Überdosis Kokain.

Als sich die Nachricht von Big Es Tod herumgesprochen hatte, versuchten die Männer vom Turning Point, Floyd zu kontaktieren, aber er reagierte weder auf Telefonanrufe noch auf Textnachrichten. Und auch Ross fragte sich, ob ihr neuer Mann sie ignorierte. Big Floyd war verschwunden.

»Melde dich bei mir, Bro«, schrieb Jeffrey ihm. Und am nächsten Tag schrieb er ihm wieder: »Sprich mit mir, Bro.«

Ein paar Tage nach dem Vorfall war Jeffrey gerade in einer

Tankstelle, als ein grüner Bonneville vorfuhr. Jeffrey dankte Gott für diese Zufallsbegegnung.

»Big Floyd!«, rief er. »Alles in Ordnung bei dir?«

Floyd sagte, es gehe ihm gut, ohne jedoch weiter auf die Frage einzugehen. Er kam immer wieder auf Jeffrey zu sprechen, und redete um die tragische Geschichte, die er vor kurzem erleben musste, herum. Er ermutigte Jeffrey in seinen Anstrengungen, Suchtberater zu werden, und versicherte ihm, dass er das Talent und die nötige Energie dazu habe. Jeffrey freute sich zwar über den Zuspruch, aber sehr viel wichtiger war ihm, dass Floyd nicht von seinem neuen Weg abgekommen war. Sie sahen sich etwas verlegen an. Dann neigte Floyd den Kopf und zeigte Jeffrey seine herausgewachsene Frisur.

»Ich brauche einen neuen Schnitt«, sagte er.

Floyd tankte, und die beiden Männer fuhren zu seinem Reihenhaus in St. Louis Park. Jeffrey, der das erste Mal dort war, staunte, wie Floyd es geschafft hatte, eine Wohnung in einer so schönen Gegend zu ergattern. Er sah sich Wohnbereich und Küche an und ging dann in den Keller. Hinter sich hörte er Floyds Schritte auf der Treppe.

»Verdammt, Mann. Ich muss schon sagen, das ist echt cool«, sagte Jeffrey, als er sich die Gewichte ansah. Floyd antwortete nicht. Als Jeffrey sich nach ihm umdrehte, stand er auf der untersten Stufe der Treppe und starrte ins Leere.

»Hier ist es passiert«, sagte er. Dann beschrieb er ihm, was er in der Nacht, in der Cornley starb, gesehen hatte. Jeffrey rief sich ins Gedächtnis, was er in seinen Beraterkursen gelernt hatte. Er suchte den Blickkontakt, um Floyd zu signalisieren, dass er zuhörte, und bereitete sich darauf vor, nachzufragen und auf die Antworten zu reagieren.

»Das muss hart gewesen sein, Bro«, sagte Jeffrey. »Wie hast du es mental verkraftet?«

»Um ehrlich zu sein, Mann. Ich bin am Arsch«, entgegnete Floyd. »Ich hab gesehen, wie mein Kumpel zusammengesunken dasaß. Ich musste überlegen, was ich mache. Das hat mich in die Dunkelheit gestürzt. Ich bin in der Dunkelheit gefangen.«

Floyd hatte eine Bitte an Jeffrey.

»Versprich mir, dass wir aufeinander aufpassen«, sagte er. »Wir müssen alle zusammenhalten, wenn wir es schaffen wollen.«

Sie gingen in Floyds Zimmer zwei Treppen höher, damit Jeffrey ihm die Haare schneiden konnte. Floyd hatte seine Matratze hochgebracht. Das Zimmer war unordentlich, überall lagen Schuhe und Kleiderhaufen. Da es nichts gab, worauf Floyd sich setzen konnte, bat er Jeffrey, einen Stuhl aus dem Esszimmer zu holen.

Während er nach unten ging, dachte Jeffrey darüber nach, wie leicht es seinem Freund fiel, Gefühle zu artikulieren. Natürlich riss Floyd ständig irgendwelche Witze, um die Stimmung aufzulockern, aber wenn er ernst war, konnte er sehr offen und verletzlich sein. Dank seiner Offenheit und seinem Gemeinschaftssinn, dachte Jeffrey, würde Floyd nicht wie Big E enden.

Jeffrey nahm den Stuhl und ging wieder nach oben.

Als er das Zimmer betrat, schreckte Floyd hoch. Er stand über einem Spiegel, der neben einem kleinen Glas mit Pillen auf seiner Matratze lag. Floyd hatte in seiner Verzweiflung wieder Trost in einer alten Gewohnheit gesucht.

»Es tut mir leid Li'l B«, sagte er mit Tränen in den Augen.

# Kapitel 9

## DIE REALITÄT KOMMT INS SPIEL

Had 2 see it to believe it,
Seen it, still didn't believe it,
Close friend in addiction, he surrounded by dem leaches
and got da nerve to smile.[1]

*George Floyd, undatierte Schriften*

Big E hätte nicht so sterben sollen – nicht jetzt, und nicht hier in Minneapolis. Floyd betrauerte seinen Freund in selbst auferlegter Isolation, versuchte, das Geschehene zu verarbeiten, und kämpfte mit der Frage, was Big E's Tod für ihn bedeutete. Sie waren zwei Männer mit denselben unerfüllten Träumen gewesen – der gleiche Körperbau, die gleichen Herausforderungen und dieselbe Lösung: ein neues Leben in einem neuen Bundesstaat. Doch wenn Minnesota, der Staat der Chancen, Big E nicht hatte retten können, wie konnte er dann Floyd retten? Ihm wurde klar, dass auch Minneapolis seine innere Stärke wieder auf die Probe stellen würde, dass die Gefahren, die seine Existenz bedrohten, nie ganz verschwinden würden.

Etwas mehr als eine Woche nach Big E's Tod meldete Floyd sich bei Courteney Ross, der Frau, deren Herz er im Sturm erobert hatte. Er wollte wieder dort anknüpfen, wo sie aufgehört hatten. Er entschuldigte sich, weil er den Kontakt nicht gehalten hatte, und erzählte, was mit Big E geschehen war.

»Ich brauchte Zeit, um den Kopf freizubekommen«, sagte Floyd.

Ross erklärte ihm, dass er sich nicht von ihr zurückziehen müsse; sie sei immer für ihn da. Das war die Art Liebe, die sie als Heranwachsende gesehen hatte, als ihre Mutter versuchte, ihrem Vater zu helfen, einem Veteranen, der nach der Rückkehr aus Korea unter posttraumatischem Stress und Alkoholismus litt. Sie schaute häufiger in dem Haus in St. Louis Park vorbei, wo Floyd schließlich zwei neue Mitbewohner*innen bekam: Alvin Manago, einen Freund aus dem Conga-Nachtclub, und seine Freundin Theresa Scott. Manago war in vieler Hinsicht das Gegenteil von Big E; er war dünn und schlaksig, ruhig und nachdenklich. Scott, mit ihren 1,60 m, übernahm das Kommando im Haus und befahl Floyd regelmäßig, mit ihnen zu essen. Sie hängten afrikanische Kunst an die Wände und gelobten, ihr Heim drogenfrei zu halten.

Um Floyds Zimmer etwas gemütlicher zu machen, gab Ross ihm zwei alte orangefarbene Stühle von ihrer Schwester und ein Bettgestell, das aber bald unter seinem Gewicht zusammenbrach. Außerdem brachte sie ein Bett für ihren Sohn James vorbei und baute es neben Floyds Wandschrank auf, so dass sie, wenn sie zu Besuch kamen, wie eine Familie alle im selben Zimmer schlafen konnten. Gavin blieb gewöhnlich zu Hause.

Ins Wohnzimmer stellten sie eine hellbraune Couch, auf der Manago und Scott manchmal mit Floyd Sport schauten, wenn sie nicht gerade alle arbeiteten. Floyd faszinierte sie mit seiner Fähigkeit, ein Footballspiel zu beschreiben oder eine Strategie auf dem Basketballfeld zu analysieren, Sekunden, bevor die Kommentatoren dasselbe sagten. Und sie bewunderte sein Gedächtnis für Prozentzahlen und Statistiken, seine Fähigkeit, alles Mögliche im Kopf auszurechnen.

Floyd besuchte Ross oft im Coffee Shop Northeast, wo sie Vollzeit arbeitete, nachdem sie ihren Job an der Schule aufgegeben hatte. Manchmal setzte er sich, bis Ross Feierabend hatte, zu einer Gruppe älterer *weißer* Leute, die er mit seiner Schlagfertigkeit unterhielt. Ross' Herz schmolz dahin, wenn sie beobachtete, wie ungezwungen er mit anderen umging und sie fast schon magisch anzog.

»Mein Zwei-Meter-Baby« nannte sie ihn.

Doch sie hatte auch schon eine andere Seite von Floyd gesehen. Er war zwar Sportler gewesen, schien sich aber in seinem massigen Körper nicht richtig wohlzufühlen. Er weigerte sich, den Aufzug zu nehmen oder im Auto hinten zu sitzen, weil er unter starker Klaustrophobie litt. Er zerbrach seine Brille, weil er sie zu fest umklammerte, und hatte die schlechte Angewohnheit, sein Handy fallen zu lassen. Wie so viele Menschen in seinem Leben faszinierte sie sein Talent, sich in skurrilen Situationen wiederzufinden.

»Mit Floyd gab es keine normalen Tage«, erinnerte sie sich. »Es musste immer etwas Absurdes passieren.«

Er selbst war sich seines Rufs als tollpatschiger Unglücksrabe durchaus bewusst und begegnete solchen Situationen mit einer Mischung aus Humor und Beschämung. »Old Floyd hat es schon wieder getan«, sagte er.

Trotz seines noch verbliebenen Traumas aus seinen Gefängnisaufenthalten und seiner tiefsitzenden Trauer um Big E spürte Ross, das Floyd wirklich kämpfte, um Erfolg zu haben. Sie wusste auch, dass es nicht einfach werden würde. Als Jugendliche war sie mit dem Bus aus ihrem vorwiegend *weißen* Wohnviertel im Nordosten von Minneapolis in die vorwiegend Schwarzen Schulen auf der anderen Seite der Stadt gefahren worden, und sie hatte mit eigenen Augen gesehen, wie abschätzig *weiße* Menschen den Anliegen Schwarzer Bürger*innen von Minnesota gegenüber sein konnten. Und ihr war klar, dass ihre Stadt trotz all ihrer progressiven Prahlerei und den »Minnesota nice« Höflichkeiten Vorurteile pflegte, die manchmal unter ihrer Schneedecke verborgen lagen.

»Diese Menschen kommen mit großen Träumen nach Minneapolis; sie glauben, es ist ein Ort, in dem alle *Kulturen* miteinander zurechtkommen«, erinnerte sich Ross. »Aber dann kommt die Realität ins Spiel.«

Das Fortschrittsversprechen in Minnesota kann ein grausames Trugbild sein. Die Integrationsgeschichte des Bundesstaats begann früh: Im System der staatlichen Universitäten durften sich Schwarze schon im 19. Jahrhundert einschreiben, und der Gouverneur erklärte sich auf Bitten von Afroamerikaner*innen, die ihrem Land im Ersten Weltkrieg dienen wollten, bereit, seinem Bundesstaat ein rein Schwarzes Bataillon aufzustellen.[2] Doch zu Beginn des 20. Jahrhunderts kam es außerhalb von Duluth auch zu Lynchmorden, und rassistische Beschränkungen verboten den Schwarzen in Teilen von Minneapolis und St. Paul jeden Hausbesitz.[3] Fast 40 Jahre lang war der Staat ein Vorbild liberaler Bestrebungen, weil er die Schulen in den Städten und auf dem Land gleichmäßig finanzierte, eine gesetzgeberische Errungenschaft, die als das »Wunder von Minnesota« in die Geschichtsbücher eingegangen ist. Und dennoch fanden sich in diesem Staat, der das Gleichheitsprinzip schon so lange hochhielt, noch immer einige eklatante Ungleichheiten zwischen Schwarzen und *Weißen*, ein Phänomen, das als das »Minnesota-Paradox« bekannt werden sollte.[4]

So ist Minnesota zum Beispiel im Bereich öffentliche Gesundheit bekannt als einer der gesündesten Bundesstaaten – die Mayo Clinic ist ebenso dort angesiedelt wie die Firmenzentralen von medizinischen Spitzenunternehmen wie der UnitedHealth Group. Und doch mussten Wissenschaft und Medizin verblüfft feststellen, dass Schwarze Mütter mit doppelt so großer Wahrscheinlichkeit bei der Geburt eines Kindes sterben wie *weiße* und dass auch beim Zugang zur Behandlung von Diabetes, Herzkrankheiten und Depressionen eine große Kluft besteht.[5]

Minneapolis ist eine wohlhabende Stadt, doch einer von vier Schwarzen Haushalten lebt in Armut – die Rate ist fünfmal so hoch wie bei *weißen* Haushalten.[6] Volkszählungsdaten zeigen, dass das Medianeinkommen einer Schwarzen Familie 2018 bei 36000 Dollar lag. Damit ist es höher als in vielen anderen Metropolregionen des Landes, aber doch noch immer deutlich niedriger als das mittlere *weiße* Familieneinkommen von 83000 Dollar. Von den hundert größten Metropolregionen der USA weist nur Milwaukee im Nachbarstaat Wisconsin eine größere Kluft zwischen Schwarzen und *weißen* Einkommen auf.[7]

Minnesota ist auch für sein hervorragendes Bildungssystem bekannt, doch ein Bericht der Federal Reserve Bank of Minneapolis aus dem Jahr 2019 stellte fest, dass nur vier Bundesstaaten eine größere Kluft zwischen Schwarzen und *weißen* Schüler*innen aufweisen, wenn es um die Collegereife beim Lesen geht, und erneut nur in Wisconsin die Ungleichheit in Mathematik größer ist. Insgesamt rühmt sich Minnesota des höchsten Prozentsatzes von Schüler*innen, die die Anforderungen im Bereich Lesen schaffen, und des dritthöchsten im Fach Mathematik – dies ist auf die guten Noten *weißer* Schüler*innen zurückzuführen, die die rassistischen Ungleichgewichte verschleiern.[8]

Samuel Myers, der Professor an der University of Minnesota, der den Begriff »Minnesota-Paradox« geprägt hat, verweist darauf, dass der Umgang mit Schwarzen Menschen in der Geschichte dieses Staates immer ungewöhnlich war. Weil die Wirtschaft dort anders als in Pittsburgh, Detroit oder Chicago nicht vorrangig auf Industriearbeit beruhte, waren die Afroamerikaner*innen, die Ende des 19. und Anfang des 20. Jahrhunderts in die Twin Cities kamen, eher Facharbeitende und Akademiker*innen, denen dieser Staat die Möglichkeit gab, als Ärzt*innen, Apotheker*innen und Ladenbesitzende zu arbeiten. Sie bauten ihre eigenen Geschäfte, Kirchen und blühenden Stadtviertel auf, doch ihre geringe Zahl beschränkte ihren politischen Einfluss. Wie überall im Land schlug die Gesetzgebung Mitte des 20. Jahrhunderts gnadenlos Schneisen für neue Highways durch florierende Schwarze Viertel und beschnitt so zum Beispiel Rondo, ein wohlhabendes Schwarzes Viertel von St. Paul, deutlich.

Im Zuge seiner Beschäftigung mit dem Thema erfuhr Myers, dass die Interstate 94 effizienter durch *weiße* Viertel hätte gebaut werden können, doch die Gesetzgebung nahm Rücksicht auf die Bedenken der Einwohner*innen dort, die den Verkehr und die damit einhergehenden Belästigungen fürchteten. Sie beriefen sich nicht auf die Segregation oder setzten die Schwarzen Anwohner*innen in ein schlechtes Licht, sondern versteckten sich vielmehr hinter einer in ihren Augen gerechten Philosophie: Die Mehrheit setzt sich durch.

Weniger wichtig schien dem Stadtrat, was dabei verloren ging. Mehr als 600 Schwarze Familien gaben ihre Wohnungen auf, 300 Geschäfte verschwanden.[9] Eine ähnliche Dynamik entwickelte sich in Schwarzen Gemeinden und Vierteln überall im Land: nahe dem Lambert International Airport in St. Louis, entlang des Cypress Freeway in Oakland, entlang der Interstate Highways in Miami und Wilmington, in Nashville, Detroit, Buffalo, New Orleans und anderswo.[10] In jeder dieser Communities bestätigten die Infrastrukturprojekte nur immer wieder die fehlende politische Macht der Schwarzen Einwohner*innen und ihre Missachtung durch die Entscheidungsträger*innen. Ihr bürgerlicher Stolz schwand dahin, als Betonstraßen sich durch ihre alten Viertel schnitten und Verkehr und Luftverschmutzung mit sich brachten, die denjenigen, deren Häuser noch standen, höhere Fallzahlen an Asthma und anderen Lungenproblemen bescherten.[11]

»Man kann rassistisch spaltende Wirkungen haben, ohne Rassist*innen zu haben«, sagte Myers. »Doch weil [*weiße* Gesetzgeber*innen] glaubten, sie seien keine Rassist*innen und nicht intolerant, analysierte auch niemand die Wirkungen auf die marginalisierten Menschen.«

Im Laufe der Zeit änderte sich die Demographie innerhalb der Schwarzen Gemeinschaft. Der wirtschaftliche Niedergang der Industriestädte und die Nachwirkungen der Aufstände von 1967 führten zur Zuwanderung von Schwarzen Armen und Arbeiter*innen aus anderen Städten, die Minnesotas liberales Versprechen beim Wort nehmen wollten. Und in den 1990er Jahren wurden Tausende somalische Geflüchtete hierhin umgesiedelt, die ihre Sprache, Kultur und Traditionen mitbrachten. Von den 395 000 Schwarzen Menschen, die im Bundesstaat wohnten, stammten 2019 schätzungsweise fast 70 000 aus Somalia – von denen die große Mehrheit in den Twin Cities lebte.[12] Diese Veränderungen in der Bevölkerung machten das Bild der Schwarzen Community komplexer, da die neuen Einwohner*innen auch andere Berufe und Bildungsniveaus mitbrachten. Oft fanden sich Afroamerikaner*innen und Somalier*innen aufgrund ihrer Hautfarbe in einen Topf geworfen, da Gesetzgebung und Unternehmen nur mit großer Verzögerung die jeweils besonderen Bedürfnisse dieser Gruppen anerkannten und aufnahmen.

Als Nekima Levy Armstrong, später zwei Jahre lang Regionalpräsidentin der NAACP, sich 2003 als Jura-Professorin an der University of St. Thomas in den Staat locken ließ, pries man auch ihr gegenüber das Wunder von Minneapolis. In ihrem Fachbereich hörte sie vom »Wunder von Minnesota« und den günstigen Wohnungspreisen – die Armutsbedingungen, die so viele Schwarze Gemeinschaften überall im Lande plagten, seien hier nicht so schlimm.

In ihren ersten Monaten in der Stadt glaubte sie das noch. Wegen der überproportionalen Zahl von Fortune-500-Unternehmen in Minneapolis war es relativ leicht, gebildete, wohlhabende Schwarze kennenzulernen, die wie sie zugezogen waren. Doch als sie mehr Zeit außerhalb der elitären Zirkel verbrachte und sich intensiver in die größere Schwarze Community einbrachte, wurde der Rassismus offensichtlich.

Besonders augenfällig war das Verhältnis zur Polizei. Als der zweiundzwanzigjährige Terrance Franklin im Mai 2013 in seiner Wohnung getötet wurde, bemerkte Levy Armstrong die in

Schwarzen Vierteln verbreitete Skepsis hinsichtlich des offiziellen Polizeinarrativs rund um seinen Tod.[13] Die Polizist*innen sagten, Franklin habe sich die Waffe eines Beamten gegriffen. Damals gab es keine Körperkameras, um ihre Geschichte zu bestätigen, – die Familie dagegen verwies auf ein Video, das ein Nachbar von der anderen Straßenseite aus aufgenommen hatte. Darin konnte man beobachten, wie Franklin »Lasst mich los!« rief, und auch, wie jemand ihn mit rassistischen Schimpfwörtern belegte. Der Bezirksstaatsanwalt Mike Freeman übergab den Fall einem Großen Geschworenengericht, das die Beamt*innen von jedem Fehlverhalten freisprach.

Nachdem dann die Black-Lives-Matter-Bewegung nach dem tödlichen Schuss auf den achtzehnjährigen Michael Brown in Ferguson, Missouri, an Zuspruch gewann, erregte ein anderer Zwischenfall lokale Aufmerksamkeit. Im November 2015 erschoss die Polizei von Minneapolis Jamar Clark am Rande einer Geburtstagsparty. Die Polizei sagte, Clark, 24, sei gegenüber Beamt*innen handgreiflich geworden, habe sich der Verhaftung widersetzt und versucht, an eine ihrer Waffen zu kommen.[14] Mehrere Zeug*innen blieben jedoch dabei, dass Clark keinen Widerstand geleistet habe. Manche sagten, er habe Handschellen getragen oder seine Hände seien hinter dem Rücken zusammengebunden gewesen. Auch hier störte sich Levy Armstrong wieder an der beunruhigenden Divergenz der Berichte von Polizei und Schwarzer Community.

Die Welle des Aktivismus überall im Land regte Levy Armstrong dazu an, vor der Polizeiwache zu protestieren, in der die Beamt*innen, die mit Clarks Tod zu tun hatten, stationiert waren. Die Aktivist*innen demonstrierten 18 Tage dort und forderten mehr Transparenz im Gerichtsprozess, statt die Entscheidungen anonymen Geschworenenjurys zu überlassen. In diesen Prozessen wird die Beweislage nie öffentlich. Levy Armstrong kam jetzt selbst in Kontakt mit dem progressiven Trugbild des Staates: Im März 2016 willigte Freeman ein, sich nicht mehr auf

Geschworenengerichte zu stützen. Allerdings nutzte er diesen Strategiewechsel als Rechtfertigung dafür, dass er keine Anklage gegen die Beamt*innen erhob, die Jamar Clark erschossen hatten.

»Seine DNA ist überall an der Waffe zu finden, und er hatte keinen Grund, diese Waffe in der Hand zu haben, weshalb sie ihn erschossen [und] weshalb ich sie nicht gerichtlich verfolge«, sagte Freeman in einem Interview mit einem lokalen Nachrichtensender.[15]

Dann, im Juli 2016, sollte die Welt von Philando Castile erfahren, einem zweiunddreißigjährigen Schwarzen und beliebten Mitarbeiter in der Mensa einer Grundschule. Als er bei einer Verkehrskontrolle in einem Vorort von St. Paul zur Seite gewunken wurde, erklärte Castile dem Polizisten Jeronimo Yanez, dass er einen Waffenschein für die im Wagen befindliche Feuerwaffe habe. Obwohl Castile Yanez sagte, dass er die Waffe nicht ziehen werde, wurde der Polizist nervös und erschoss ihn. Castiles völlig verstörte Freundin Diamond Reynolds hielt auf Facebook Live fest, was nach den Schüssen geschah. Weinend zeigte sie, wie das Blut durch Castiles Hemd sickerte. Ihre vierjährige Tochter saß auf dem Rücksitz.

Castiles Mutter Valerie war überrascht, als der Bezirksstaatsanwalt Ramsey den Beamten wegen Totschlags und gefährlicher Entladung einer Feuerwaffe anklagte, – es war selten, dass Familien von Opfern überhaupt so etwas wie Gerechtigkeit erfuhren. Doch eine Jury sprach Yanez im Juli 2017 frei, umgestimmt durch seine beharrliche Behauptung, er habe Angst gehabt, dass Philando Castile ihn erschießen werde.[16] Valerie Castile war außer sich und suchte den Kontakt zu Regierungsbeamt*innen, auch zu Tim Walz, einem Kongressabgeordneten der Demokraten, der bald als Gouverneur kandidieren wollte.

»Sie müssen etwas tun, um die Polizei in den Griff zu bekommen«, forderte sie von ihm. »Wenn nicht, werden sie diesen Scheißkerl eines Tages fertigmachen.«

Ende 2017 arbeitete Castile in Erinnerung an ihren Sohn, der Mensamitarbeiter war, ehrenamtlich bei einer Obdachlosenspeisung. Dort lernte sie einen großen Wachmann kennen, der aus Houston nach Minneapolis gezogen war. Als er erfuhr, wer Castile war, schlang er die Arme um sie und zog sie an sein Herz.

»Ich möchte dir mein Beileid aussprechen«, sagte George Floyd zu ihr. »Das war nicht richtig.«

Floyd war niemand, der den Tagesnachrichten bis ins Detail folgte. Wenn er über Präsident Obama redete, nannte er ihn einen Mann, der Geschichte geschrieben hat, mit einem großartigen Geschmack in puncto Frauen, womit er die damalige First Lady meinte. In Diskussionen konnte er sich über Präsident Donald J. Trump aufregen (»Ich sage nicht, dass keine Engel über diesen Mann wachen«, pflegte er zu Adarryl Hunter zu sagen, »aber wenn das so ist, dann müssen sie high sein.«). Der Black-Lives-Matter-Bewegung schenkte er keine besondere Aufmerksamkeit; über die Morde damals im Third Ward hatte er schon oft genug nachgegrübelt.

Aber irgendwas an dem Castile-Fall nahm ihn besonders mit. Vielleicht war es das Mädchen auf dem Rücksitz, das ein bisschen älter war als Gianna. Vielleicht war es das Gefühl, dass Castile alles richtig gemacht und dennoch sein Leben verloren hatte. Vielleicht war es auch nur, weil er nicht weit weg vom Tatort lebte. Jedenfalls trieb Castiles Tod Floyd um. Einmal kam er im Gespräch mit einem Freund zufällig auf das Thema. Floyd schaute sein Gegenüber an und sagte: »Ich weiß, dass diese Cops nur darauf warten, einen großen Schwarzen *N\*\*\*a* wie mich umzubringen.«

Nach Big E's Tod versuchte Floyd, noch schneller voranzukommen, und stürzte sich in ein neues Vorhaben: Er wollte Trucker werden. Doch bei dem Test, den er brauchte, um einen Lkw-Lernführerschein zu bekommen, fiel er beim ersten Mal durch. Er suchte Unterstützung bei Adarryl Hunter, dem Freund, der am ehesten akademische Neigungen hatte.

Hunter erklärte ihm, bei solchen Tests sei es gar nicht so viel anders als bei Floyds Philosophie, mit der dieser sich bei den Menschen so beliebt machte: Man brauchte Hirn und musste einiges auswendig lernen, aber genauso wichtig war auch ein bisschen Empathie.

»Du musst dir überlegen, was du nach Meinung der Leute, die den Test formuliert haben, wissen sollst«, sagte Hunter. »Denk nicht über die Antwort nach, die du ihnen geben willst.«

Floyd versprach, diesem Ratschlag zu folgen. Und im November 2017 schickte er eine Instagram-Message an seine Schwester Zsa Zsa, in der er stolz seinen neuen Lernführerschein in die Kamera hielt.

Floyd hatte viel zu tun: Er liebte seinen Job bei der Heilsarmee, wo er mit so vielen seiner Freund*innen zusammenarbeitete. Er wurde zur festen Größe im Conga, wo die Stammgäste einen bestimmten Dance Move ihm zu Ehren »Big Floyd« tauften. Dabei hielten sie die Hüften ruhig und rollten die Schultern. Und dann wagte er sich morgens, nachdem er Doppelschicht gearbeitet hatte, zum YWCA in St. Paul, um sich für einen Kurs für seinen Trucker-Führerschein einzuschreiben. Er absolvierte einen Drogentest und begann zu lernen, wie man diese riesigen Fahrzeuge steuert.

Diese positive Phase lief irgendwann im Jahr 2018 langsam aus. Floyds Arbeitsbelastung erwies sich als zu anstrengend, und er stieg aus dem Kurs aus. Er arbeitete auch nicht mehr bei der Heilsarmee – Freund*innen erzählte er, er sei gefeuert worden, nachdem er mit einer Frau herumgemacht hatte, die in der Unterkunft wohnte. Sein Interesse an anderen Frauen und seine Affären sollten zu einem ständigen Thema in seiner Beziehung zu Ross werden, die ihm immer wieder zu verzeihen versuchte, wenn er ihr untreu geworden war.

Ross erklärte sich Floyds Verhalten als den aufmerksam-

keitssuchenden Schutzmechanismus eines gebrochenen Mannes. Und doch machte es sie wütend. Manchmal fragte sie sich,
warum sie ihm so bereitwillig verzieh, warum sie nicht einfach
ging. Doch je besser sie Floyd kennenlernte, desto klarer wurde
ihr, wie viele Menschen ihn schon im Stich gelassen hatten und
wie wenige Chancen ihm die Gesellschaft gegeben hatte. Ross
sagte sich, dass er vor allem bedingungslose Liebe brauchte.

»Wenn du noch immer lädiert bist und es noch immer weh
tut und du noch immer an der Idee festhältst, dass du jemanden
finden kannst – und wenn es nur für diesen einen Moment ist –,
der dir diese Aufmerksamkeit gibt, diese kleine Bestätigung« –,
so versuchte Ross, Floyds Affären zu erklären.

Gemeinsam bewarben sie sich um Jobs, doch die meisten
lehnten ihn wegen seines Vorstrafenregisters ab. Die einzige
Art von Arbeit, die er bekommen konnte, baute auf seine schiere
Kraft: körperliche Arbeit. Bodyguard. Security.

»Die Jobs, für die man einen großen Schwarzen Mann wollte«,
sagte Ross.

Seine Gefühle schrieb er auf Zetteln und alten Plattencovern
nieder, und manchmal las er sie Ross vor. Diese Songtexte offenbarten eine gewisse Selbstwahrnehmung und ein Pflichtbewusstsein, etwa, wenn er über die Menschen schrieb, die die
tiefere Wahrheit seiner Erfahrungen nicht sahen – und die Hürden, vor die ihn ihre Ignoranz stellte:

> For them people can't name 1 person I robbed
> Make sure they get the memo all I do is love …
> You can say what you want
> Make sure you say what you know
> It's levels to this life + erbody don't go[17]

Doch die Jobs kamen nicht, und er hatte das Gefühl, dass seine
Vergangenheit sich als unüberwindliches Hindernis erwies, egal,
wie sehr er sich anstrengte. Hunter besuchte Floyd zu Hause und

versuchte, ihn wieder in die Spur zu bringen. Er bestand darauf, dass sie eine Liste mit kurz- und langfristigen Zielen aufschrieben, so dass Floyd das Gefühl hatte, voranzukommen. Auf dieser Liste standen tägliche Aufgaben wie: Bibel lesen, clean bleiben, Sport treiben. Dann eher praktische Punkte: neue Reifen fürs Auto besorgen, Bewerbungen schreiben. Und schließlich längerfristige Ziele wie ein Lkw-Führerschein und der Unterhalt seiner Familie. Hunter schlug vor, er solle das Papier an die Wand heften, als Erinnerung an das, was er erreicht hatte, und an die nächsten Schritte, die er in Angriff nehmen wollte. Jedes Ziel war schwerer zu erreichen, als er erwartet hatte. Und es wurde auch schwerer, die sozialen Kontakte aufrechtzuerhalten, die ihm bisher eine wichtige Stütze gewesen waren.

Robert Fonteno erinnert sich noch an eine Gelegenheit, als Floyd wieder einmal darauf bestand, dass die Freunde aus Houston sich öfter treffen sollten. Theoretisch waren da alle seiner Meinung. Doch Fonteno versuchte, ehrlich zu sein: Sie alle hatten ihre Verpflichtungen, ihre Dramen, ihre zeitfressenden Ziele, die das erschwerten. Sie hatten wenig Zeit zu vertrödeln.

»Du musst bedenken, dass alle einen Terminplan haben«, erklärte Fonteno ihm.

Anfang 2018 begann Floyd, öfter mit Maurice Hall abzuhängen, einem Freund aus Houston, der kürzlich aus dem Gefängnis entlassen worden war, nachdem er dort eine Strafe wegen Einbruchs abgesessen hatte. Hall war mit der Hilfe von Pastor Riles nach Minneapolis gekommen, aus denselben Gründen wie die meisten von Floyds Freunden, die ihn aber weitgehend mieden. Er stand in dem Ruf, Pillen zu verticken und öfter mal in Schwierigkeiten zu geraten.

Nach seinen Erfahrungen aus der Arbeit mit Obdachlosen bei der Heilsarmee wollte Floyd Hall eine Chance geben, während andere Freunde wegschauten. Als Hall keine Wohnung hatte, lud

Floyd ihn ein, bei ihm zu duschen. Er ließ ihn in seiner Garage schlafen und sagte ihm, wie sehr er ihn mochte.

Sie redeten über gemeinsame Freunde und hörten dabei Musik. Hall gefiel an Floyd besonders gut, dass er immer auf dem Laufenden war und versuchte, das nächste große Ding vorauszusagen – den nächsten Basketball-Star oder den neuesten Hip-Hop-Song, der das Land bald im Sturm erobern würde – alles, was ein bisschen unter dem Radar passierte.

»Wir vergaßen einfach immer die Zeit, wenn wir zusammen waren«, erinnerte sich Hall. »Als wir in Minnesota beisammen waren, fühlte es sich an wie damals auf den Straßen von Houston.«

Und dann begann es, sich vielleicht ein wenig zu sehr wie Houston anzufühlen. Zu der Zeit wussten es nur wenige im Third Ward, doch sie wuchsen im Epizentrum einer beginnenden Drogenkrise auf, die die Wissenschaft noch heute nicht richtig erfasst hat. Während die Vorstädte mit rezeptpflichtigen Tabletten geflutet wurden, schoss in den Städten der Codeinkonsum in die Höhe, ohne dass man ihn richtig wahrnahm oder regulierte.[18] In Houston, einem Ausgangspunkt dieses Phänomens, tranken Schwarze Einwohner*innen Drank, Lean, Sizzurp oder Syrup. Wichtigster Bestandteil dieser Mischgetränke ist codeinhaltiger, rezeptpflichtiger Hustensaft, der das Nervensystem dämpft, was zu einem schläfrigen, tranceähnlichen High führt – eine willkommene Ablenkung von den Belastungen, die mit dem Leben in einem armen Schwarzen Viertel verbunden waren. Was als ein Trend unter den Fans von DJ Screw begann und dann durch Künstler*innen von Lil Wayne bis Justin Bieber populär wurde, stieg schließlich zu einer im ganzen Land konsumierten, gefährlichen Droge auf.[19]

Eines Abends brachte Hall eine Tasse grünen Drank mit, der sie an ihre Drogenzeit damals im Süden erinnerte. Floyd, der versucht hatte, clean zu bleiben, probierte einen Schluck. Und dann noch einen. Bevor sie es richtig merkten, wurde das High zu einem Teil ihrer gemeinsamen Freizeitpläne. Doch da sie nun einmal im Midwest lebten, wo Syrup schwer zu bekommen war, folgten die beiden, wie Hall sagte, bald dem üblichen Weg, um einem ähnlichen High nachzujagen, einem Weg, der zu synthetischen Opioiden wie Phentanyl führte, das in Minnesotas Schwarzer Community unverhältnismäßig stark Fuß fasste.[20]

»Wir haben früher immer Syrup getrunken«, sagte Hall. »Und wenn du daran gewöhnt bist, Syrup zu trinken, und keinen bekommst, nimmst du eine Pille … und plötzlich – bam – kämpfst du wieder mit deiner Abhängigkeit. Du machst es so wie alle, und die nehmen nun mal Pillen hier oben. Sie nehmen einen Haufen Opiate und Phentanyl und Heroin.«

Im öffentlichen Gesundheitswesen fiel diese Entwicklung im Bundesstaat mit ihren gefährlichen Auswirkungen allmählich auf. 2002 lag die Rate tödlicher Überdosen an synthetischen Opioiden wie Phentanyl bei Afroamerikaner*innen bei 0,043 auf 100 000, verglichen mit 0,026 auf 100 000 bei *Weißen*. Etwa 15 Jahre später lag die Rate bei Afroamerikaner*innen bei 10,43 auf 100 000, verglichen mit 3,23 auf 100 000 bei *Weißen*.

Dieses Ungleichgewicht ist ein weiteres Beispiel für das Minnesota-Trugbild: Der Staat liegt zwar bei den Drogentoten sehr weit unten in der Rangliste, an achtletzter Stelle, doch selbst das eigene Gesundheitsministerium sagt, dass diese Zahlen »das Problem kaschieren« – Minnesota hat bei den Drogentoten die zweitgrößte Kluft zwischen Schwarzen und *Weißen* im ganzen Land.[21] 2019 starben Schwarze Einwohner*innen nur in neun anderen Staaten sowie im District of Columbia mit höherer Wahrscheinlichkeit an Opioiden als *weiße*.[22] 2020 veröffentlichte die US-Regierung einen Bericht, in dem auf den alarmierenden Anstieg von Opioid-Missbrauch und damit zusammenhängende Todesfälle in Schwarzen Communities hingewiesen wurde.[23]

Floyd rutschte gerade zu der Zeit ab, als 2018 der Super Bowl in Minneapolis stattfand. Eine Gruppe von Freund*innen war von Houston herübergekommen, um mit Floyd das Endspiel und seinen ersten Jahrestag in dieser neuen Stadt zu feiern. Floyd musste mit diesen verschiedenen Welten jonglieren – eine Gruppe Männer, die hierhergekommen war, um clean zu werden, und Leute aus Halls Clique, die auch mit Drogen handelten. Laut Hall wollte Floyd bei diesem Geschäft nicht außen vor bleiben, also machte er mit.

Innerhalb weniger Wochen jedoch bekamen Halls Freunde Angst, dass Floyd die Pillen, die er für sie hätte verkaufen sollen, womöglich selbst nahm. Und deshalb, so Hall, setzten sie Floyd nicht mehr ein.

»Sie gaben ihm aus Liebe nichts mehr«, reflektierte Hall später. »Sie wussten, er war eigentlich hier, um besser zu werden. Es war einfach nicht das Richtige für ihn. Er sollte wachsen.«

Auch seine Freund*innen aus Minneapolis begannen, eine Veränderung in Floyds Verhalten wahrzunehmen. Zu Hause hörten Manago und Scott seine Klagen, dass er Medikamente nehmen müsse, um seine Rückenschmerzen zu lindern. An manchen Tagen wollte er sein Zimmer nicht verlassen. Scott konnte diese Isolation gar nicht leiden. Sie kam mit ihrer Bibel vorbei und schlug vor, sie sollten einen Vers lesen, oder sie sagte ihm, er müsse kommen und probieren, was sie gekocht hatte.

Im Laufe der Zeit wurde Floyd waghalsiger, was seinen Drogenkonsum anging. Ross, die selbst mit der Abhängigkeit zu kämpfen hatte, stoppte ihn nicht. Sie hatte vor kurzem eine Operation an der Halswirbelsäule gehabt, und den ganzen Tag auf der Arbeit die Espresso-Maschine zu bedienen, war da überhaupt nicht hilfreich. Eines Morgens sah sie eine Fünf-Milligramm-Tablette Percocet bei Floyd herumliegen. Als Floyd duschen ging, nahm sie sie.

»Damit fing für mich alles an«, sagte Ross. Bald nahmen sie die Pillen zusammen.

Ross musste nicht mehr fragen: »Ich hab echt Schmerzen, kann ich welche haben?«, sondern Floyd nahm das vorweg: »Baby, geht es dir gut?« Und wenn Ross dann antwortete, dass ihr alles weh tue, schwor Floyd, er werde einen Weg finden, damit der Schmerz aufhörte.

»Es wurde zu: ›Wer hat welche? Wohin gehen wir heute? Wir müssen heute welche auftreiben!‹ «, erinnerte sich Ross. »Jeden Tag. Es wurde zu einem Muster: Ich ging zur Arbeit, dann zu ihm, wir besorgten Dope, schossen uns ab … und am nächsten Tag dasselbe wieder.«

Inzwischen redete Floyds Familie Perry weiterhin zu, er solle doch mal nach Hause kommen. Miss Cissy hatte nicht mehr lange zu leben, und sie wollte ihren ältesten Sohn sehen. Floyd versprach immer wieder, er werde sich bald auf den Weg machen, doch seine Familie hatte keine Ahnung, wie es wirklich um ihn stand, sie wusste nicht, wie sehr er zu kämpfen hatte. Sein Fernbleiben überraschte den Rest der Familie; er hatte so eine besondere Beziehung zu Miss Cissy. Manche dachten, er habe vielleicht den Gesundheitszustand seiner Mutter nicht wahrhaben wollen, in der Überzeugung, dass diese Frau, die mehrere Schlaganfälle überlebt hatte, es schließlich doch noch einmal schaffen werde. Andere nahmen an, er wolle diese lebensprühende und energische Frau mit dem hinreißenden Tausend-Watt-Lächeln so in Erinnerung behalten.

Miss Cissy hatte das Frühjahr 2018 im Ben Taub Hospital und in einem Hospiz verbracht, wo sie langsam immer mehr abbaute. Zum Ende hin telefonierten ihre Kinder mit Verwandten im ganzen Land, um ihnen Bescheid zu sagen, dass es an der Zeit sei, sich zu verabschieden.

Am 30. Mai 2018 sprach sie zum letzten Mal mit Perry. Er sagte: »Ich liebe dich.«

Später an diesem Tag, im Kreis der Familie im Haus von Philonise, schaute Miss Cissy die Menschen an, die sich um ihr Bett versammelt hatten, und sagte: »Ich bin jetzt bereit zu gehen.« Minuten später starb sie.

Die Beisetzungsfeier fand am 9. Juni 2018 im Mabrie Memorial Mortuary in Houstons Museum District statt. Dem Farbkonzept des Gottesdienstes entsprechend erschien Floyd in einem knallgelben Frackhemd, schwarzer Hose und einer schwarzen Fliege. Während Freund*innen und Familienangehörige Miss Cissy als die Mutter von Cuney Homes priesen, saß Floyd neben Tiffany Cofield und sagte kaum etwas. Zsa Zsa und seine anderen Geschwister hatten ihn nie so in sich gekehrt gesehen. Er trat an den offenen Sarg und küsste seine Mutter auf die Wange.

Seine Cousine Shareeduh Tate ging zu ihm und umarmte ihn, doch er konnte die Augen nicht vom Sarg lassen. Als er endlich auf seinen Platz zurückkehrte, setzte sich seine Tante Angela Harrelson zu ihm und versuchte, ihn zu trösten.

»Es wird alles gut werden«, sagte sie. »Du weißt, ich bin da. Wir haben einander.«

Doch Floyd konnte den Blick nicht von dem Leichnam abwenden. Er weigerte sich, den Saal zu verlassen, als die anderen zum Leichenschmaus gingen. Zsa Zsa kam noch einmal, um nach ihm zu sehen. Noch Stunden nach dem Ende des Gottesdienstes murmelte er immer wieder vor sich hin: »Mama, Mama.«

Später an jenem Abend trafen Cofield und Travis Cains ihn zufällig nicht weit vom Blue Store, umringt von besorgten früheren Nachbar*innen. Floyd konnte kaum noch gehen oder reden. Cofield dachte, jemand habe ihm schlechte Pillen gegeben. Cains ließ eine seiner patentierten Motivationsreden los.

»Reiß dich zusammen!«, raunzte er. »Du musst wieder an deiner Behandlung arbeiten. Du warst so gut dabei. Wir lassen es nicht zu, dass du so abstürzt.«

Doch Floyd war so desorientiert, dass Cains gar nicht wusste, ob seine Message überhaupt ankam.

Cofield half Floyd in ihr Auto und nahm ihn mit nach Hause, wo sie ihn im Rollstuhl zur Couch fuhr. Er schlief sofort ein.

Am nächsten Morgen war er wieder er selbst, ging ohne große Umstände in die Küche und machte sich eine Schale Haferflocken mit Erdnussbutter. Die nächsten Tage verbrachte Floyd damit, sich auf Cofields Couch zu erholen und alte DJ-Screw-

Mixtapes zu hören, auf denen er zu hören war. Bald brachte er noch einmal einen Traum zu Papier.

The streets a lifestyle
Either you in or u not
Ail time might come with it
Either u in or you not
Could leave yo ass 4 dead
Either u live or u not.[24]

*George Floyd, undatierter Songtext*

Nach seiner Rückkehr nach Minneapolis erzählte Floyd Adarryl Hunter von seinem neuen Plan, groß herauszukommen. Nach dem Tod seiner Mutter verspürte er das dringende Bedürfnis, Geld nach Houston zu schicken, um seinen Neffen Brandon zu unterstützen.

»Ich habe ein paar gute Songtexte«, erzählte Floyd Hunter einmal. »Vielleicht kommt jetzt meine Zeit.«

Hunter fragte sich skeptisch, ob die Musikwelt wohl auf einen neuen Rapper in seinen Vierzigern gewartet hatte. Er ermunterte Floyd, nicht länger schnellen Lösungen nachzujagen und lieber einen festen Job zu finden, in dem er einige dauerhafte Fähigkeiten entwickeln konnte. Er versuchte es mit einer Metapher aus dem Sport, um ihm die Idee nahezubringen.

»Immer, wenn du beim Baseball am Schlag bist, versuchst du, einen Home Run zu schlagen«, sagte Hunter. »Aber manchmal musst du einfach nur auf Nummer Sicher gehen und die erste Base erreichen, wenn du verstehst, was ich meine?«

Weil Floyd gut mit Menschen konnte, schlug Hunter ihm einen Dienstleistungsjob vor, vielleicht bei FedEx oder UPS. Er versuchte, Floyd davon zu überzeugen, dass er an dem Plan – irgendeinem Plan – festhalten sollte, sein Geld ehrlich zu verdienen. Hunter war Christ, und er erinnerte sich an eine Predigt über Jesus, der einen Mann heilte, dessen Hand verdorrt war. Bevor der Herr das Wunder vollbrachte, bat er den Mann, selbst die Initiative zu ergreifen und die Hand auszustrecken.

»Dieses Ausstrecken«, erklärte Hunter Floyd. »Darin liegt die Kraft.«

Nach Miss Cissys Tod machten sich seine Mitbewohner*innen noch größere Sorgen um Floyd. Manago und Scott sahen ihn nicht mehr auf der Couch sitzen und die letzten Sportergebnisse verfolgen. Manchmal konnten sie ihn in seinem Zimmer beten hören. Dann wieder hörten sie ihn weinen.

Wenn er mit Ross zusammen war, wollte er nur festgehalten werden. Er legte seinen Kopf an ihre Brust, die Beine hingen über die Matratze hinaus. Er wurde bedürftiger, weniger selbstsicher. Ihre Drogenabhängigkeit wurde schlimmer, von Percocet, Oxycodon, Valium bis zu Codein – alles, wodurch sie sich irgendwie leichter fühlten.

Selbst wenn sie vielleicht erkannten, dass sie zu weit gegangen waren, wurde es nun körperlich schmerzhaft, aufzuhören. Wenn sie keine Drogen nahmen, bekamen sie, wie Ross sich erinnerte, furchtbare Magenschmerzen. Sie sagten sich, sie wollten einen Tag nach dem anderen schaffen und versuchen, zwei Wochen nicht rückfällig zu werden.

»Das war das Unsinnigste überhaupt«, sagte Ross. »Wir machten das so oft, und dann belohnten wir uns mit einem High.«

Floyd versuchte, in der Spur zu bleiben, indem er sich auf seinen Körper konzentrierte und Hunderte Pull-ups machte, um seine Gedanken von den Drogen fernzuhalten. Floyds Freund*innen brauchten ihn nur anzusehen, um zu wissen, wie es ihm ging: Wenn er aufgepumpt wirkte, war er clean geblieben. Wenn er hagerer war, hatte er Drogen genommen. Floyd begann irgendwann, seine Opioidsucht mit Suboxon zu unterdrücken, aber er nahm das Medikament nicht regelmäßig.

Gleichzeitig konnte er immer noch Security-Aufträge in der Stadt finden. Im Oktober 2018 fragte ihn ein DJ, ob er Interesse habe, den Personenschutz für eine*n Rapper*in namens Big Freedia, zu übernehmen, der*die eine gewisse Bekanntheit erlangt hatte, nachdem er*sie in Beyoncés Song »Formation« und Drakes »Nice for What« gesamplet worden war. Big Freedia zählte zu den wichtigsten Größen des New-Orleans-Bounce. Während der Hip-Hop aus Houston, den Floyd so liebte, schwer und langsam und genau das Richtige zum Chillen war, klang Bounce energisch, bläserlastig und eignete sich ideal fürs Twerken.

Ross war gespannt, wie die beiden miteinander auskommen würden. Floyd hatte noch immer einige Vorbehalte gegenüber der Schwulenszene, und Big Freedia war ein*e queere*r Musiker*in, der*die sich jeder Genderzuschreibung entzog. Bei der Geburt war Big Freedias Geschlecht als männlich festgelegt worden, und er*sie trat oft mit Perücke und im Kleid auf.

Es stellte sich heraus, dass Floyd und Big Freedia schnell Freundschaft schlossen. Sie trafen sich im First Avenue, dem Club, in dem er*sie auftrat, und Big Freedia zeigte sich von seiner Freundlichkeit ebenso beeindruckt wie von seiner Körpergröße. Nach der Show schloss sich Big Floyd Big Freedias Entourage an, die vor einem Club in der Nähe, dem Gay 90's, abhing. Sie rauchten Weed und amüsierten sich über die betrunkenen Feiernden an einem Donnerstagabend.

An jenem Abend fragte Floyd Big Freedia etwas, über das er schon länger nachgedacht hatte.

»Wie soll ich dich eigentlich ansprechen?«, fragte er. »Als Mann? Frau? Bis du ein Er oder eine Sie?«

»Also, George, das ist eigentlich egal, weil ich auf beides reagiere«, sagte Big Freedia. »Als ich damals in die Schwulenwelt hineinwuchs, war man entweder schwul oder hetero, entweder Trans- oder Butch-Queen. Wir hatten nicht so viele Möglichkeiten wie heute.«

Big Freedia gab Floyd ihre*seine Handynummer, und sie versprachen, in Kontakt zu bleiben. Floyd hatte erwähnt, dass er früher selbst Musik gemacht hatte, doch er zögerte, als Big Freedia ihn einlud, als Gast bei einem Song mitzuwirken. Er hatte ein anderes Ziel in Big Freedias Team: Er wollte sein*ihr ständiger Personenschützer sein.

»Wenn du fertig bist«, erklärte er Big Freedia, »würde ich sehr gern mit dir auf Tour gehen.«

Floyd kehrte an jenem Abend mit dem Gefühl nach Hause zurück, dass sich gerade neue Möglichkeiten auftaten. Nach dieser Erfahrung fiel Ross auf, dass er sich anders verhielt: Er drehte sich nicht länger weg, wenn er ein schwules Paar im Fernsehen sah, und wurde sich seiner früheren Vorurteile bewusst. In Minneapolis lernte er eine Lektion in Toleranz.

Big Freedia hatte nicht das Gefühl, dass sein*ihr nationales Profil so schnell wuchs, dass er*sie eigenes Sicherheitspersonal brauchte, und deshalb wurde es nie etwas mit der Tourbegleitung. Zwischenzeitlich versuchte Floyd immer wieder, einen Weg nach vorn zu finden, nahm mehr Security-Aufträge an und hoffte, dass irgendwie ein Vollzeitjob daraus werden könnte.

Die Monate vergingen, und Ross und Floyd unternahmen immer mehr zusammen. Es machte ihr Spaß, für ihn zu kochen, obwohl er sich hin und wieder beschwerte, dass ihren Gerichten der intensive Geschmack der Südstaatenküche seiner Mutter fehlte. Sie liefen in der Stadt herum und hörten Hip-Hop, kamen dann nach Hause und schauten Filme. Floyd liebte den Film *Rudy*, eine Geschichte über einen *weißen* Jungen aus einem üblen Viertel, der trotz Lernschwäche, Armut und seiner geringen Körpergröße ins Footballteam der University of Notre Dame aufgenommen wird.

»Warum magst du diesen Film?«, fragte Ross ihn einmal.

»Es geht um einen Underdog, der gewinnt«, erklärte ihr Floyd.

Sie begann, Floyd als einen Teil der Familie zu sehen, und sie sprachen darüber, wie es wohl für Gianna wäre, zwei Brüder hinzuzubekommen. Floyd ging mit James in den Park und prahlte Freund*innen gegenüber mit Gavin, der in der Schach-Rangliste des Bundesstaats an fünfter Stelle stand. In den letzten Monaten des Jahres 2018 arbeitete Gavin, dessen Vater Schwarz ist, hart an den Proben für eine Schulaufführung von *Hairspray*. Er hatte die Rolle des Seaweed Stubbs übernommen, eines Teenagers, der als Schwarzer an einer *weißen* Fernsehtanzshow teilnimmt. Floyd hatte versprochen, sich die Aufführung anzusehen, verpasste sie aber schließlich doch. Ross war furchtbar wütend.

Als Ross Floyd am nächsten Morgen sah, brüllte sie ihn an, weil er ihren Sohn so enttäuscht hatte. Sie sagte, er müsse Verantwortung dafür übernehmen, wie sehr er mit seinem Handeln andere Menschen verletzen könne. Ross wollte keine Ehe; daran glaubte sie einfach nicht. Aber sie wollte wenigstens, dass Floyd da war.

»Ich hätte wissen müssen, dass du nicht kommst«, brüllte Ross. »Du kannst ja nicht einmal für deine eigene Tochter da sein.«

Danach sprachen sie tagelang nicht miteinander.

»Ich hatte ihn an seiner empfindlichsten Stelle getroffen«, erinnerte sich Ross. »Das war wirklich fies.«


Auch Floyds Handlungen waren wie die aller Menschen von den äußeren Umständen geprägt. In seiner Jugend war sein Umfeld ein unverzichtbarer Teil seiner Identität gewesen, und als er älter wurde, merkte er, dass sein Status als armer Schwarzer Mann bedeutete, dass er sich nicht durch Osmose einen ganz neuen Lebensstil zulegen konnte. Direkt vor seiner Nase, im suburbanen St. Louis Park, begegnete Floyd so vielen *weißen* Nachbar*innen seines Alters, denen es gut ging – nette Häuser, Haustiere, Kinder, die nicht von der Polizei terrorisiert wurden. In diese neue Welt konnte er nie ganz hineinkommen. Und er konnte die alte nie ganz hinter sich lassen.

In jener Welt starben die ersten Männer in Floyds Alter. Freunde starben durch Selbstmord, Krebs, Herzanfälle. Sie nahmen eine Überdosis und starben im Schlaf. Sie wurden erschossen. In Houston wurden die Namen jener verlorenen Freunde und Bekannten mit Marker und Sprühfarbe auf die Mauer vor dem Blue Store geschrieben; ihre Fotos wurden so oft auf Klamotten gedruckt, dass Floyd seinen Freund*innen immer wieder versicherte, er wolle nicht der T-Shirt-Society beitreten.

Diese Todeswelle war nicht ungewöhnlich – in den Vereinigten Staaten sterben Schwarze Männer doppelt so häufig an einer Kokainüberdosis wie *weiße*, werden mehr als doppelt so häufig von der Polizei getötet[25] und fallen in Floyds Altersgruppe zehnmal so häufig einem Mord oder Totschlag zum Opfer.[26] Hunter und Floyd hörten so oft Todesnachrichten, dass sie einen makabren Weg entwickelten, mit dem Schmerz umzugehen.

»AD, sag einfach, du bist froh, dass nicht ich es war«, bat Floyd ihn dann.

Hunter lachte und antwortete: »Ja, ich bin froh, dass nicht du es warst.«

Floyds Zusammenstöße mit der Polizei schürten noch weitere Ängste. Im Mai 2019 brach Floyd in Tränen aus, nachdem man ihn bei einer Verkehrskontrolle zur Seite gewunken hatte. Als die Polizist*innen sich dem Fahrzeug näherten, sah einer, dass er eine weiße Substanz schluckte.[27]

Die Beamt*innen zogen eine Dienstwaffe und einen Elektroschocker; dann versuchten sie, Floyd aus dem Auto zu ziehen.

»Mann, erschießt mich bitte nicht!«, bettelte er.

Die Situation entspannte sich schnell. Nachdem sie ihm Handschellen angelegt hatten, riefen sie die Sanitäter*innen. Sein Blutdruck war gefährlich hoch – 216 zu 160. Er sagte, er habe an dem Tag sieben Tabletten Percocet genommen. Polizei und Notfallsanitäter*innen baten Floyd, ihnen zu erlauben, ihn ins Krankenhaus zu bringen. Er begann zu zittern, aus Angst, dies sei ein Trick, ihn wieder ins Gefängnis zu stecken.

»Wir haben viel Erfahrung damit, wir wissen, dass wir für dich sorgen können«, sagte ein Beamter. »Vielleicht ist dies eine Chance, dass es dir besser geht.«

Nach kurzem Zögern willigte Floyd ein. Ein Beamter fragte ihn, ob er mit Drogen handele.

»Nein«, antwortete Floyd. »Na ja, der Grund, warum ich damit nichts zu tun habe, [ist], dass Minneapolis gut zu mir gewesen ist.«

Floyd beschwerte sich bei seinen Freund*innen oder seiner Familie nie über Minnesota. Trotz all seiner Kämpfe war es für ihn der Ort, der die beste Erfolgschance bot. Doch der Weg zur Erholung blieb schwer, zumal der Drogenproblematik, die ihn blockierte, so wenig Aufmerksamkeit zukam. In einer Überblicksstudie zum Opioidkonsum von Afroamerikaner*innen kam die NYU-Professorin Ayana Jordan 2021 zu dem Ergebnis, dass nur wenige Studien so breit angelegt waren, dass sie die Art der Behandlung und die zugrundeliegenden Ursachen der Abhängigkeit speziell bei Schwarzen Menschen einbezogen. Einige Studien zeigten jedoch vielversprechende Ansätze, um Merkmale zu identifizieren, die Schwarze Männer zu Opioiden hinzogen – verschiedene fanden sich auch bei Floyd. Dazu gehörte ein höherer Opioidkonsum bei Schwarzen Männern, die im Gefängnis gesessen hatten, und vor allem bei denjenigen, die nicht in der Nähe ihrer Eltern lebten.[28]

An der chemischen Abhängigkeit ändert sich nichts, egal welche Hautfarbe man hat – die Physiologie des Entzugs funktioniert unter der Haut immer gleich. Unterschiedlich, so haben Untersuchungen wie die von Jordan festgestellt, ist die Art, wie jemand behandelt und wahrgenommen wird, wenn diese Person abhängig ist.

Diese Unterschiede wurden Ross deutlich, als Floyd von seinem Zusammenstoß mit der Polizei berichtete. Obwohl sie meist zusammenlebten und die gleichen Drogen nahmen, fühlte sie sich nie wie eine Verdächtige. Sie erzählte ihm von Polizeikontrollen, während sie high war, mit im Auto sichtbar herumliegenden Percocet-Tabletten – und sie hatte noch nicht einmal einen Strafzettel wegen zu schnellen Fahrens bekommen. Sie schwor, dass sie die Schuld auf sich nehmen würde, wenn sie jemals gemeinsam beim Drogenkonsum ertappt würden.

»Ich habe Drogen genommen, ich habe Drogen verkauft«, erinnerte sich Ross. »Ich kann einen Job bekommen – die Menschen versuchen, mich glücklich zu machen. Er hat ein Strafregister, weil er ein Schwarzer Mann ist, und ich habe keines, weil ich eine *weiße* Frau bin – so einfach ist das.«

Es dauerte nicht lange, bis Ross Gelegenheit bekam, die Probe aufs Exempel zu machen. Floyd arbeitete zwar nicht mehr bei der Heilsarmee, doch im August 2019 warteten er und Ross auf dem Parkplatz dort auf Maurice Hall und seine Freundin. Sie holten gerade eine Flasche Drank aus einer Kühlbox, als gleich vier Chevrolet Suburbans auftauchten. Die Polizist*innen gingen sofort auf Floyd, den Größten in der Gruppe, los. Sie forderten ihn auf, die Hände an die Mauer zu legen, und durchsuchten ihn nach verbotenen Rauschmitteln.

In seinem labilen Zustand rechnete er mit dem Schlimmsten.

»Er bekam solche Angst«, sagte Ross. »Ich wusste, er würde keine Luft bekommen. Er schrie und weinte und schwitzte.«

Nachdem die Polizist*innen seinen Namen durchs System hatten laufen lassen, durfte er schließlich gehen. Ross war geschockt.

»Sie haben das ohne jeden Grund mit dir gemacht«, sagte sie auf dem Nachhauseweg zu Floyd. »Das System ist so eine Scheiße.«

»Sei dankbar«, sagte Floyd und blinzelte. »Ich bin so froh, dass sie mich nicht ins Gefängnis gesteckt haben.«

In jenem Sommer war Floyd häufiger unterwegs und verschwand manchmal für mehrere Wochen. Ein Freund erzählte Ross, Floyd habe etwas mit einer anderen Frau, die Richtung Stadtmitte wohne.

»Niemand klaut Courteney Ross den Mann«, sagte sie aufgebracht und ging auch öfter in die Innenstadt, in der Hoffnung, die beiden zufällig dort zu treffen. Einmal sah sie sein Auto vor einem Wohnblock stehen und zerschnitt ihm die Reifen. Nach etwa einem Monat tauchte Floyd schließlich wieder auf und entschuldigte sich bei Ross dafür, dass er ihr untreu gewesen war.

Anfang 2020 erreichte er endlich das Ziel, auf das er lange hingearbeitet hatte, und bekam einen Job als Lkw-Fahrer. Er hatte zwar noch keinen Truck-Führerschein, doch er durfte einen Lkw von bis zu acht Metern Länge und mit einer Ladekapazität von bis zu zwölf Tonnen fahren. Er begann mit Auslieferfahrten im Mittleren Westen, von North Dakota bis Montana. Gelegentlich rief er seinen Bruder Philonise an, der ebenfalls viel Zeit mit dem Truck auf der Straße verbrachte.

Die Brüder sprachen darüber, dass die offenen Highways ihnen ein Gefühl von Freiheit gaben, das sie in ihrem Alltag nicht fanden. Floyd fühlte sich bald sicherer. Ross ebenso. Sie zog aus dem Haus ihrer Mutter in eine Drei-Zimmer-Kellerwohnung. Ein Schlafzimmer gab sie einer schwangeren Siebzehnjährigen, die ein Dach über dem Kopf brauchte; sie und ihr Sohn James schliefen im großen Schlafzimmer. Gavin hatte die Highschool abgeschlossen und lebte allein. Floyd bezahlte noch die Miete in St. Louis Park, aber er kam jeden Abend zu Ross. Das Paar blickte zuversichtlich in die Zukunft, und beide hatten einmal mehr beschlossen, endlich mit den Drogen aufzuhören. Das Jahr 2020 sollte ihr bisher bestes werden.

Eines Morgens im Januar lagen Floyd und Ross noch im Bett, als das Telefon zu klingeln begann.

»Floyd«, fragte Ross. »Wer ist Shawanda?«

Shawanda Hill lebte in einer Einzimmerwohnung am Rande der Innenstadt. Sie war in den 1990er Jahren von Georgia nach Minneapolis gezogen, wie ihre Mutter zuvor, und hatte schon einiges mitmachen müssen. Kürzlich hatte sie mit dem Kokain aufgehört, nachdem sie unter Drogen brutal angegriffen worden war und deshalb an beiden Füßen hatte operiert werden müssen. Die Gewalttaten eines Ex-Freundes hatten dazu geführt, dass ihre Finger verkrümmt waren.

Hill und Floyd hatten sich im Sommer 2019 kennengelernt, etwa zur Zeit des großen Streits zwischen Floyd und Ross. Ein Freund hatte sie einander vorgestellt. Sie wies ihn zwar zuerst ab, doch Floyd blieb hartnäckig, und schließlich sorgte die Musik dafür, dass sie zusammenkamen. Hill liebte einen guten langsamen Jam – Mary J. Blige, die Isley Brothers, Monica, Jodeci –, und Floyd warf ihr wehmütige Blicke zu, während die weichen Töne den Raum füllten.

»Das ist die Musik, zu der ich früher immer mit meiner Mama getanzt habe«, erklärte er ihr.

Floyd blieb die Nacht über, dann die Woche, dann den Monat. Hill liebte es, für ihren neuen Mann zu kochen. Morgens machte sie Frühstücksburritos mit Bacon, Eiern, Käse und Zwiebeln, dick mit ihrer hausgemachten Sauce bestrichen. Zum Abendessen briet sie große Schweinesteaks mit allen möglichen Beilagen, genau wie seine Mutter es früher gemacht hatte.

Hill erinnerte sich nicht daran, dass sie jemals zusammen ausgingen oder Freund*innen von ihm trafen. Doch mit Floyd zu Hause zu bleiben war ihr mehr als genug. Sie liebte es, ihn mit ihrer Enkelin spielen zu sehen, die an ihm hochkletterte, als sei er ein menschliches Klettergerüst. Das Liebespaar rauchte Weed zusammen, aber sie sagte, dass sie bei den Drogen nie weitergingen. Und es gefiel ihr, allein mit ihm zu sein – sie war fest überzeugt, dass sie endlich einen anständigen, sexy Mann gefunden hatte.

Eine Seltsamkeit im Leben mit Floyd gab es allerdings: Er musste immer die Badezimmertür offen lassen. Hills Bad war klein, und die Tür klemmte manchmal, wenn man den Trick nicht kannte. Einmal hatte sich Floyd so zufällig im Bad eingeschlossen. Er begann schwer zu atmen und versuchte, die Tür von innen aufzubrechen.

»Der Junge starb fast da drinnen«, erinnerte sich Hill. »Er bekam wirklich schlimme Angstzustände, Klaustrophobie. Dieser große, erwachsene Mann heulte wie ein kleines Baby.«

Ihre Liebesaffäre dauerte etwa einen Monat im Sommer 2019, bis Floyd Hill vorwarf, sie habe ihn mit einem anderen Mann in ihrem Haus betrogen. Diese Unterstellung verletzte Hill, und Floyd sagte, er könne nicht mehr auf so engem Raum mit jemandem leben, dem er nicht trauen könne.

»Deine Art zu leben und meine Art zu leben sind einfach verschieden«, erklärte er ihr. »Ich werde gehen.«

Ihre Beziehung war beendet; allerdings hatten sie noch gelegentlich über Social Media Kontakt miteinander.

Mitte Januar 2020 jedoch, nachdem Ross Hills Namen auf Floyds Handy gesehen hatte, stand er plötzlich in ihrer Wohnung. Hill ihrerseits fragte nicht viel nach Ross – sie wusste schon, dass sie nicht davor zurückschreckte, Reifen zu zerstechen –, weil das ihrer Ansicht nach Floyds Sache war. Ihr war das Hier und Jetzt wichtig. Und langsam glaubte sie, dass das Schicksal Floyd aus einem bestimmten Grund zu ihr geführt hatte.

Das zeigte sich am 20. Januar 2020, als Hill einen Anruf bekam: Ein Mann, den sie mit aufgezogen hatte – ein Rapper, der sich Mr. Blue Ghost nannte –, war tot auf der Straße aufgefunden worden, mit einer einzigen Schusswunde im Kopf. Lemandre Ingram war 40 Jahre alt. Ein Mann, den Hill als seinen »Cousin« bezeichnete, Jeffrey McRaven, wurde wegen Mordes angeklagt und später wegen Totschlags verurteilt.[29]

Hill war furchtbar traurig, wütend und verwirrt. Sie musste nicht nur mit Ingrams Tod zurechtkommen, sondern auch mit Verwandten, die sich an McRaven rächen wollten. Floyd versuchte, Hill zu trösten, und steuerte seine Erfahrungen dazu bei, was man tun sollte, wenn jemand auf diese Weise starb.

»Überlasst das Gott«, war sein Vorschlag. Sie sollte Lemandres Verwandten sagen: »Das ist es nicht wert, weil Gott sicher nicht will, dass wir derselben Familie noch einmal weh tun. Man darf einer Familie nicht zweimal so übel mitspielen.«

»Er ließ mich weinen, ließ mich ausrasten«, erzählte Hill. »Er war für mich da.«

Ihre Wiedervereinigung war nur von kurzer Dauer. Obwohl die Chemie stimmte, suchte Floyd keine emotionale Unterstützung bei Hill, er redete nicht über seine eigenen inneren Kämpfe. Als Floyd ein paar Tage später seinen Job verlor, weil er am Steuer eingeschlafen war, rief er Ross an wie schon so oft zuvor.

»Old Floyd hat es schon wieder getan«, sagte er. Und Ross nahm ihn wieder in ihr Leben auf.

An einem Tag im nächsten Monat, im Februar 2020, begegnete Floyd zufällig seinem alten Lehrer Woodrow Jefferson, der ihm zu Beginn seiner Zeit in Minneapolis im Turning Point Alltagskompetenzen beigebracht hatte.

»Ich muss wieder zu euch kommen«, bat Floyd.

Floyd brauchte das nicht weiter zu erklären; sein Wunsch, noch einmal anzufangen, war nicht ungewöhnlich. Jefferson sagte, dass viele Klienten das Programm zwei- oder dreimal durchliefen.

»Wir sind für dich da, wenn du bereit bist«, antwortete er. Floyd wollte es noch immer allein schaffen und suchte nach jener inneren Kraft, die viele in ihm vermuteten. Er schrieb neue Raps und las Bibelpsalmen. Er entwarf neue Ziele und suchte Hilfe bei sich selbst und bei Gott.

»Möge dies der Tag sein, an dem ich mit der Hilfe des Heiligen Geistes über diese düstere Lage triumphiere«, schrieb er. »Egal wann, du kannst dir immer ein Wort herausgreifen … und dich daran festhalten.«

Floyd, der ja jetzt sein Auto zerlegt hatte, musste sich darauf verlassen, dass Ross ihn zur Arbeit ins Conga fuhr, ins »Honigloch«, wie er es nannte – seine wichtigste, beständigste Einkommensquelle. Eines Tages in der ersten Märzwoche 2020 kam sie, um ihn abzuholen, und fand ihn vornübergebeugt vor Schmerzen. Floyd musste ihr gar nichts sagen – er hatte einen Rückfall, und diesmal war er, wie es aussah, zu weit gegangen.

»Wir fahren ins Krankenhaus«, sagte Ross, und er stimmte sofort zu. Sie erklärte den Krankenschwestern, sie sei Floyds Ehefrau, und folgte ihm ins Krankenzimmer.

»Mein Magen schmerzt!«, erklärte er den Ärzt*innen, die ihn fragten, ob er irgendetwas eingenommen habe, das womöglich für die Schmerzen verantwortlich sein könnte.

»Das war das erste Mal, dass ich ihn sagen hörte, dass er Heroin spritzte«, erinnerte sich Ross. »Und ich schätze, ich war geschockt.«

Die Ärzt*innen prüften seine Blutwerte und beschlossen, ihn zu intubieren und in ein künstliches Koma zu versetzen. In einer Beziehung voller Weckrufe schwor sich Ross, dass dies der letzte sein würde. Sie bat um ein bisschen Mull und Vaseline, um seine trockenen Lippen einzucremen. Dann beugte sie sich über ihn und küsste ihn.

Ross marschierte unruhig vor dem Krankenhaus auf und ab und dachte, dass sie tun sollte, was Floyd ihrer Meinung nach von ihr gewollt hätte: Gott um seine Heilung zu bitten. Also ging sie in die Kapelle, schloss die Augen und umklammerte mit den Händen einen Rosenkranz. Dann formulierte sie ein Gebet: dass aus dieser Situation etwas Gutes entstehen möge, dass Big Floyd gesund und ihre Beziehung stabil werden möge, dass das Pendel zwischen Abhängigkeit und Abstinenz endgültig in die richtige Richtung ausschlagen möge. Nach zwei Tagen wurde Floyd aus dem Koma in sein altes Selbst zurückgeholt. Als sie endlich mit ihm reden konnte, bat er sie, ihm etwas zu essen zu besorgen.

Auf dem Weg zurück in seine Wohnung in St. Louis Park dachte sie ernsthafter über die Art ihrer Beziehung nach. Sie wusste, dass sie beide nicht unbedingt begeistert von der Ehe waren, aber sie hatte gemerkt, wie wichtig es war, dass sie das Personal im Krankenhaus davon hatte überzeugen können, dass sie seine Ehefrau war. Sie stellte sich eine kleine Hochzeitszeremonie im Standesamt vor. Doch dann, als sich der Frühling schon ankündigte, verschwor sich die Welt gegen diese Idee. Eine Pandemie war im Anzug, und Gerichte und Verwaltungen schlossen bald darauf, während die Amerikaner*innen aufgerufen wurden, sich zu isolieren, um die Verbreitung des neuartigen Coronavirus zu verhindern.

Das Virus infizierte unverhältnismäßig viele Schwarze Amerikaner*innen, und bald hielt es auch bei Floyd zu Hause Einzug. Seine Mitbewohner*innen erkrankten, und Floyd entwickelte eine asymptomatische Infektion.

Die ökonomischen Auswirkungen der Pandemie waren verheerend. Das Conga hatte geschlossen, und Floyds Dienste als Security-Mann waren immer weniger gefragt. Er war plötzlich arbeitslos, wie fast jede*r zweite Schwarze Einwohner*in von Minnesota.[30] Die rassistischen Ungleichheiten, die unter Minnesotas wohlhabender Oberfläche lauerten, offenbarten sich einmal mehr.

Floyd schrieb wieder ein Gedicht, in dem er sich die Situation eingestand, aber versprach, dass er nicht aufgeben werde:

Man at dat low point again

Back stuck all up in my addiction
It get worse got corona + 300 bucks
Man life suck
But life never ever suck[31]

Ross fühlte sich ausgebrannt von der vielen Arbeit, die sie annehmen musste, um ihre Familie über Wasser zu halten. Im Coffeeshop waren ihre Stunden gekürzt worden, und so versuchte sie, Putzjobs zu bekommen, während sie dafür sorgte, dass ihr Sohn James in der Mittelschule den Anschluss nicht verpasste.

Floyd war rastlos und verbrachte mehr Zeit mit Sylvia Jackson, einer früheren Kollegin im Sicherheitsdienst. Hin und wieder schloss Ross sich ihnen an und traf sich tagsüber mit Jacksons drei Mädchen. Aber sie merkte, dass Floyd sich langsam veränderte. Er wurde unbeholfener, sprunghafter, reizbarer.

Er hatte wieder angefangen, mit Maurice Hall abzuhängen, und Ross vermutete, dass sie Drogen nahmen. Sie gab zu, dass sie eifersüchtig war auf all die Zeit, die Floyd mit Jackson verbrachte. Nervös wurde sie aber vor allem, wenn sie daran dachte, was Floyd passieren könnte, wenn er sich weiter mit Hall herumtrieb – die Sache mit der Überdosis war nicht einmal zwei Monate her.

»Sieh doch, was passiert ist«, sagte Ross. »Alle sagen dir, dass er schlecht ist. Alle sagen, dass du dich nicht mit ihm abgeben sollst. Bleib weg von ihm.«

»Das ist mein Boy«, antwortete Floyd. »Du kannst mir nicht vorschreiben, mit wem ich abhänge.«

Am letzten Sonntag im Mai stellte Ross ihm am Telefon ein Ultimatum, in der Hoffnung, dass ein bisschen liebevolle Strenge ihn womöglich zu Verstand bringen würde.

»Ich oder Reese«, sagte sie.

Floyd reagierte defensiv, er hatte wohl den Eindruck, dass Ross allmählich zu dominant wurde. Er erklärte ihr, dass Hall ein guter Freund und immer für ihn da sei, selbst wenn seine anderen Freund*innen zu viel zu tun hatten.

Ross begann zu weinen. »Wenn du dich weiter mit ihm abgibst«, warnte sie, »brauche ich wohl ein bisschen Abstand.«

»Abstand?«, wiederholte Floyd. »Was meinst du mit Abstand?« Floyd legte auf, und Ross blockierte seine Nummer für den Rest des Tages.

Der nächste Tag war Memorial Day.

Kapitel 10

# MEMORIAL DAY

CUP Foods – was für »Chicagos Unschlagbare Preise« steht, eine Anspielung auf Cub Food, eine etablierte Kette lokaler Lebensmittelgeschäfte – war in den drei Jahrzehnten, in denen es seine Serviceleistungen stetig erweitert hatte, zum Hauptversorger der Gemeinde geworden. Die Rundum-Markise über dem Eingang präsentierte in dicker weißer Schrift das vielfältige Angebot: *Briefmarken/Schlüssel Telefone & Zubehör/Buskarten/Bio-Milch/T-Shirts/Mexikanisches Essen/Halal-Fleisch*. Der Laden war von morgens bis abends voller Menschen, die hier Snacks kauften, sich eine schnelle Mahlzeit wie Chicken Wings oder ein Sandwich genehmigten, Schecks einlösten, über Western Union Geld schickten und Rechnungen bezahlten. Die Stadt hatte den Verkauf von Mentholzigaretten 2017 weitgehend eingeschränkt, aber dort waren sie noch immer erhältlich –, weshalb die Nachbar*innen befürchteten, dass der Laden zwielichtige Leute anziehen könnte.

Ein palästinensischer Einwanderer namens Samir Abumayyaleh hatte das Geschäft 1989 eröffnet.[1] Im Laufe der Jahre hatte eine wachsende Anzahl seiner Verwandten dort gearbeitet, und das Familiengeschäft von Kindesbeinen an erlernt. Die gute Lage in einer abwechslungsreichen und belebten Gegend, an der Kreuzung zweier stark befahrener Durchfahrtsstraßen machte den Laden zu einer klugen Investition. Das Gebiet um die Thirty-Eighth und Chicago war im frühen 20. Jahrhundert ursprünglich von schwedischen Einwandernden und anderen frisch eingetroffenen Europäer*innen bevorzugt worden und hatte sich später zu einem Hotspot für die Schwarzen Bewohner*innen der Südseite der Stadt entwickelt.[2] In den Jahrzehnten nach dem Zweiten Weltkrieg sorgten die Praxis des Redlinings, »White Flight« und Autobahnbau für den Niedergang des Viertels, und der Beginn dieses Investitionsabbaus fiel genau in die Zeit, in welcher der Anteil der Schwarzen Bevölkerung allmählich größer wurde. Dennoch lebten in dem von marginalisierten Gruppen dominierten Viertel zu Beginn des 21. Jahrhunderts fast 25 000 Menschen, und es gehörte immer noch zu den dynamischsten Gewerbegebieten der Stadt.[3]

Das Viertel war auch für Polizist*innen des Dritten Reviers der Polizeibehörde von Minneapolis vertrautes Terrain geworden. Einige Beamt*innen hatten das Geschäft als bekannten Brennpunkt für Gangaktivitäten und Kriminalität abgestempelt, während Mitglieder der Gemeinde der Polizei vorwarfen, die Kund*innen von CUP auf dem Kieker zu haben und über Gebühr zu belästigen.

Nachdem der Kassierer Christopher Martin am Memorial Day 2020 ohne Floyd oder das Geld für die Schachtel Mentholzigaretten in den Ladenraum von CUP Foods zurückgekehrt war, forderte sein Manager einen anderen Mitarbeiter auf, die Polizei zu rufen – in der Absicht, ihm eine Lektion in Sachen Verantwortlichkeit zu erteilen. Der jugendliche Angestellte, der den Polizeiruf wählte, war erst vor kurzem aus Westafrika nach Minneapolis eingewandert, und Englisch war nicht seine Muttersprache. Er war fast so groß wie Floyd und ebenfalls Schwarz, wusste aber – wie er später einem Reporter von *Slate* mitteilte – viel zu wenig über die lange Geschichte der Polizeigewalt gegen Schwarze Amerikaner*innen in den USA.[4] Er hatte keine Ahnung, wie ein Anruf bei der Polizei wegen eines Bagatelldeliktes eskalieren konnte.

»Äh, jemand hat uns Falschgeld gegeben, und wir haben es

gemerkt, bevor er das Geschäft verlassen hat. Wir sind ihm nachgerannt, und er sitzt auf seinem Auto«, sagte der neue Mitarbeiter in seinem Anruf.[5] Er fügte hinzu, der angebliche Geldfälscher sei »total betrunken« und habe »sich nicht unter Kontrolle«.

Der Dispatcher sagte, ein Streifenwagen würde in Kürze bei ihm eintreffen.

Um 20.04 Uhr betraten die beiden Polizisten, die Shawanda Hill vom Auto aus beobachtet hatte, CUP Foods. Thomas Lane und J. Alexander Kueng waren beide noch nicht lange im Dienst. Kueng (ausgesprochen »King«) war 26, und dies war erst sein dritter Arbeitstag als Polizist. Als Sohn einer *weißen*, alleinerziehenden Mutter und eines nigerianischen Vaters war er im Februar 2019 der Polizei von Minneapolis beigetreten und fühlte sich, wie seine Mutter der *New York Times* sagte, besonders gut dafür geeignet, einige der anhaltenden rassistischen Spannungen zwischen den Strafverfolgungsbehörden und Marginalisierten anzugehen.[6] Kueng hatte einen rasierten Kopf, schmale Augen und einen rostroten Bart.

Der 37 Jahre alte Lane hatte erst vor fünf Tagen seine Ausbildung beendet. Er war 2,05 Meter groß, schlank, mit graumeliertem Haar. Sein ernster Gesichtsausdruck ließ ihn älter wirken, als er war. Die beiden Beamten berieten sich mit den Ladenbesitzern und ließen sich von ihnen zum Hintereingang führen und sich die Personengruppe zeigen, die gerade den gefälscht aussehenden 20-Dollar-Schein benutzt hatte.

Lane klopfte mit seiner Taschenlampe an das Fenster auf der Fahrerseite. »Lasst mich eure Hände sehen«, sagte er und hob seine eigenen Hände hoch, um den Menschen im Auto ein Beispiel zu geben.[7]

Floyd beugte sich in seinem Sitz nach vorn, sein Kopf berührte fast das Lenkrad. Er wollte die Autotür öffnen. »Es tut mir leid, es tut mir leid, es tut mir leid, es tut mir leid, es tut mir leid«, sagte er immer wieder. Er hob eine Hand hoch. Lane war darauf trainiert worden, auf die Positionierung beider Hände zu achten, damit Verdächtige nichts verstecken oder nach Gegenständen unter dem Sitz greifen konnten. Aber als Floyd versuchte, aus dem Auto auszusteigen, war nur seine linke Hand zu sehen.

»Bleiben Sie im Auto. Lassen Sie mich Ihre andere Hand sehen!« Lane erhob die Stimme, um Floyds Entschuldigungsschwall zu übertönen. »Zeigen Sie mir Ihre andere Hand!«

Lane versuchte, mit der Taschenlampe die Tür zu blockieren. Er legte die freie Hand an seine Waffe.

»Bitte nicht, bitte nicht, Mr. Officer«, sagte Floyd.

»Beide Hände!«, schrie Lane, zog seine Waffe, eine SIG Sauer P320, aus dem Halfter und richtete sie auf Floyd.

Floyd riss entsetzt die Augen auf. Es war, als würden sich alle Prophezeiungen seiner Mutter darüber, was Schwarzen Männern drohte, die mit dem Gesetz in Konflikt gerieten, bewahrheiten.

»Nimm deine verdammten Hände hoch!«, schrie Lane und legte die Schusswaffe seitwärts. »Zeig mir deine andere Hand!«

»Lass ihn deine andere Hand sehen!«, schrie Hill vom Rücksitz.

»In Ordnung, aber was habe ich denn gemacht?«, fragte Floyd und drehte sich kurz zu ihr um.

Hill konnte kaum fassen, wie schnell Floyd in Panik geraten war. Es erinnerte sie an den Tag, als er in ihrem Badezimmer eingesperrt gewesen war – das Weinen, das Stottern, die schreckliche Angst. Sie wusste, dass Floyd unter Klaustrophobie litt. Aber sie war der Ansicht, dass ein Mann seiner Statur, der eine Gefängnisstrafe hinter sich hatte – und noch dazu Schwarz war –, an solche Konfrontationen mit der Polizei gewöhnt sein musste.

»Es ging nur um einen 20-Dollar-Schein«, erinnerte sich Hill. »Ich dachte also: ›Das ist doch keine große Sache. Ziehst du das jedes Mal ab, wenn die Polizei dich am Wickel hat?‹«

Als Floyd sich von seinem Gespräch mit Hill wieder umgedreht hatte, war der Lauf von Lanes Pistole bereits näher gekommen.

»Verdammt«, keuchte Floyd.

»Jesus Christus!«, sagte Lane mit einer Mischung aus Wut und Erleichterung, als Floyd seine rechte Hand hob. »Lass deine verdammten Hände am Lenkrad.«

Floyd begann jetzt endlich, die Lektionen anzuwenden, die er schon als Kind über den Umgang mit der Polizei gelernt hatte.

»Jawohl, Sir«, antwortete er und wiegte seinen Körper zwischen Lenkrad und Sitz vor und zurück. »Es tut mir leid, es tut mir so leid.«

Lane belehrte Floyd darüber, wie wichtig es war, den Anordnungen der Polizei Folge zu leisten, und spulte dann die Kommandosätze ab, die er in der Akademie und im Einsatztraining für Polizeikräfte gelernt hatte.

»Hände auf den Kopf. Hände auf den Kopf«, sagte er. »Steig aus dem Fahrzeug aus und dreh mir den Rücken zu, okay? Steig aus und wende dich ab. Steig aus und dreh dich um.«

Floyd beugte sich vor, legte die Unterarme aufs Lenkrad, vergrub das Gesicht in den Handflächen und begann zu weinen.

»Ich will dir in die Augen sehen«, sagte Floyd. »Bitte erschieß mich nicht, Mann.«

»Ich werde dich nicht erschießen, Mann«, sagte Lane. Er steckte seine Waffe zurück ins Holster und fuhr mit der Verhaftung von Floyd fort, der jetzt in sich zusammengekrümmt am Steuer saß und schluchzte. Floyd brachte heraus, dass seine Mutter kürzlich verstorben sei.

»320, wir nehmen einen raus«, sagte Lane in sein Funkgerät und ließ den Dispatcher damit wissen, dass er gleich einen Verdächtigen aus dem Fahrzeug entfernen würde.

Kueng, der auf der Beifahrerseite des Wagens gerade Hall befragte, bekam den Tumult mit. Er befahl Hall, an Ort und Stelle zu bleiben, ging um den Wagen herum und half Lane dabei,

Floyd die Arme hinter dem Rücken festzuhalten und ihn aus dem Auto zu ziehen.

Nach einem kurzen Handgemenge legten die beiden Männer Floyd Handschellen an. Er fiel auf die Knie.

»Bitte, bitte nicht, Mann«, rief er. »Ich will nicht zurück. Ich will nicht dorthin zurück, Mann.«

Kueng und Lane beschlossen, die Positionen zu tauschen. Lane ging zur Beifahrerseite und befragte Floyds Beifahrer.

»Was ist los mit ihm?«, fragte Lane.

»Ich weiß es nicht«, sagte Hall. »Aber er ist ein guter Kerl.« Hall, der inzwischen auf dem Bürgersteig stand, machte sich noch ziemliche Sorgen darüber, dass die Polizei herausfinden würde, dass er ein gesuchter Mann war.

»Ich wollte so schnell wie möglich da raus«, erinnert er sich.

In der Zwischenzeit versuchte Kueng, die Festnahme abzuschließen.

»Komm mit mir, komm schon«, sagte Kueng, nachdem er Floyd vom Boden hochgehievt hatte. Er drehte Floyd an der Wand des Gebäudes gegenüber dem CUP Foods mit dem Gesicht zu sich und bat ihn, sich zu setzen.

Mit auf dem Rücken verschränkten Händen begann Floyd, die Wand hinunterzurutschen. Da er einen Schwarzen Polizisten vor sich hatte, machte er den Versuch, mit ihm zu reden.

»Danke, Mann«, sagte er und blickte unter Tränen zu ihm hoch. Dann rappelte er sich in eine sitzende Position auf und kehrte wieder zu einer förmlicheren Anrede zurück. »Danke, Mr. Officer.«

Kueng erklärte Floyd, er sei vernommen worden, weil man ihn beschuldigt habe, mit einem gefälschten Geldschein bezahlt zu haben. Er fügte hinzu, dass man ihn aus dem Auto entfernt habe, weil er den Anordnungen der Beamten nicht gefolgt sei.

»Das stimmt, aber ich wusste auch gar nicht, was los war!«, verteidigte sich Floyd.

Kueng sagte Floyd, dass er gleich in den Streifenwagen gesetzt werden würde, und Floyd bekam erneut Angst. Stotternd versuchte er, die richtigen Worte zu finden, um an den Polizisten zu appellieren.

»Mr. Officer, k-k-kann ich ku-ku-kurz mit Ihnen reden?«

»Bist du gerade drauf?«, fragte Lane.

Kueng setzte seinen Gedanken fort: »Du benimmst dich nämlich wirklich seltsam.«

Sie glaubten, Schaum aus seinem Mund austreten zu sehen. Floyd bestritt, unter Drogeneinfluss zu stehen. Er sagte ihnen, er habe »gekeucht« und er »habe Angst«.

»Okay, ich beruhige mich jetzt«, sagte er, als er über die Thirthy-Eigth-Street zu dem Streifenwagen schlurfte. Er holte tief Luft. »Jetzt fühle ich mich ein bisschen besser.«

Aber als er sich, flankiert von zwei Beamten, dem Streifenwagen näherte und einer weiteren Fahrt in einem engen Fahrzeug in Richtung einer überfüllten Gefängniszelle ins Auge sah, brach Floyd erneut zusammen. Er geriet ins Taumeln und erwähnte seine Verfassung.

»Ich hab Platzangst, Mann!«, schrie er. »Ich hab Platzangst.«

Kueng schrie ihm zu, er solle aufrecht stehen bleiben, und drückte ihn gegen den Streifenwagen. Floyd versuchte weiter, seine Platzangst zu erklären, aber die Beamten sagten ihm, was er sage, interessiere sie nicht. Sie durchsuchten seine Hose nach Waffen – ergebnislos – und öffneten die Autotür.

»So einer bin ich nicht, Mr. Officer«, sagte Floyd.

Er sah Kueng an und fragte: »Warum glauben Sie mir nicht, Mr. Officer?«

Kueng drückte auf Floyds Schlüsselbein, um ihn in das Fahrzeug zu zwingen, während Floyd weiterhin an sein und Lanes Mitgefühl appellierte. Er erklärte ihnen, er habe vor kurzem COVID-19 gehabt. Lane versprach ihm, die Fenster zu öffnen oder die Klimaanlage anzuschalten, wenn er in den Streifenwagen steigen würde. Floyd war nicht zu beruhigen. »Ich werde hier drin sterben!«, sagte er. »Ich sterbe hier drin, Mann!«

Es war 20.16 Uhr. Die Festnahme hatte bereits acht Minuten gedauert. Wer in der Nähe von CUP Foods lebte, war an seltsame Begegnungen mit der Polizei gewöhnt, so dass anfangs nur wenige darauf achteten. Aber Charles McMillian, ein einundsechzigjähriger Nachbar, der eine Glatze bekam und sich selbst als sehr neugierig bezeichnete, fuhr an der Szene vorbei, hielt dann am Straßenrand an, um nachzusehen, was hier vor sich ging. Er trug khakifarbene Cargoshorts, ein schwarzes T-Shirt und weiße Sandalen über den dunklen Socken. Er war im ländlichen Mississippi aufgewachsen und war mit einer sehr drittklassigen Schulbildung nach Minneapolis gezogen. Er hatte auch schon oft Ärger mit der Polizei gehabt und selbst auch gegen seine Dämonen gekämpft – vor etwas mehr als 20 Jahren hatte er seine Cracksucht besiegt. McMillian wusste, welchen Gefahren Schwarze bei Begegnungen mit der Polizei ausgesetzt waren.

»Du kannst nicht gewinnen«, sagte McMillian zu Floyd, als er ausgestiegen und zu dem Streifenwagen gegangen war.

»Ich versuche nicht, zu gewinnen, das versuche ich nicht«, erwiderte Floyd. »Ich hab eine Scheißangst, Mann.« Inzwischen hatten die beiden Anfänger-Cops nach Verstärkung gerufen. Zwei weitere Beamte verließen die Polizeistation, stiegen in einen Streifenwagen und fuhren in Richtung CUP Foods. Der eine, ein Polizeibeamter aus Minnesota namens Tou Thao, sagte später aus, er habe Verstärkung leisten wollen, weil die Bewohner*innen dieser Gegend in der Vergangenheit der Polizei oft »feindselig« gegenübergestanden waren. Der andere war ein Mann, der seit Jahren im Dritten Revier Streife fuhr, ein Veteran, der Kueng ausgebildet hatte. Sein Name war Derek Chauvin.

Die beiden Beamten versuchten immer noch, Floyd dazu zu bringen, sich in den Streifenwagen zu setzen, als Thao und Chauvin eintrafen. Floyd wand sich und weigerte sich verzweifelt, ins Auto zu steigen. Als Kueng ihn in den Wagen drückte, rang er keuchend nach Atem. Sein Oberkörper ragte auf der anderen Seite aus dem Polizeiauto, und Floyd versuchte, sich aus dem Wagen zu schlängeln.

»Schieb deinen Hintern hier rüber, ich ziehe dich rein«, sagte Lane stoisch. Chauvin, der schwarze Handschuhe trug, eilte ihnen zu Hilfe. Er packte Floyd am Hals und versuchte, ihn ins Innere des Wagens zu stoßen.

»Ich kann nicht atmen!«, schrie Floyd. Es war 20.18 Uhr. McMillian, der vom Bürgersteig auf die Straße gegangen war, als sich die Action auf die Beifahrerseite verlagerte, warnte Floyd, er werde noch zusätzlich einen »Herzinfarkt« bekommen, wenn er nicht aufhörte, sich zu wehren.

Die Beamten schafften es einfach nicht, Floyd in den Wagen zu verfrachten. Lane schlug ein anderes Vorgehen vor.

»Holen wir ihn raus und sichern ihn mit MRE«, sagte er, was ein falsches Akronym für »maximal-restraint-technique«, also maximale Fixierung war.

Kueng und Chauvin zogen Floyd aus dem Fahrzeug und ließen ihn einfach auf den Bürgersteig fallen.

Floyd dankte den Beamten, weil er froh war, nicht mehr in dem engen Streifenwagen zu stecken. Aber ihm stand weit Schlimmeres bevor. Die Beamten drückten Floyd in Bauchlage zu Boden. Chauvin hob sein linkes Knie und legte es auf Floyds oberen Rücken. Dann verlagerte er sein Knie auf Floyds Nacken.

»Ich kann nicht atmen!«, schrie Floyd erneut.

Jetzt griffen Kueng und Lane ein. Lane hielt Floyds Beine fest. Kueng verlagerte sein Gewicht auf Floyds unteren Rücken und schob Floyds Hände weg. Chauvin zog dann Floyds Finger nach oben und verdrehte sein Handgelenk in einen unnatürlichen Winkel, wodurch er sich vor Schmerzen krümmte.

»Du bist verhaftet, Mann«, sagte Chauvin, und dann begann Floyd, eine Person um Hilfe anzuflehen, die sich nicht mehr im Diesseits befand. »Mama!«, schrie er unter Chauvins Knie, den Kopf zur Seite verdreht. »Mama! Mama! Mama! Mama! Mama! Mama!«

Chauvin drückte sein Knie weiterhin in Floyds Nacken. Floyd stützte sich mit den Handknöcheln auf dem Boden auf und hob die rechte Seite seines Oberkörpers leicht an, um nach Luft zu schnappen. Er bat um Gnade.

»Ich kann überhaupt nicht atmen, Mann. Das ist echt eiskalt. Mein Gesicht ist hin«, schrie Floyd.

Chauvin schaute nach unten und wischte die Bedenken seines Verdächtigen beiseite. »Alles klar. Du redest ganz schön viel.«

Lane zeigte sich zumindest in einer Hinsicht besorgt. Als er Floyds blutende Lippe sah, veranlasste ihn dies dazu, die Zentrale zu bitten, einen Krankenwagen zu schicken. Er benutzte dafür »Code 2«, was bedeutete, dass die Angelegenheit nicht besonders dringend war und niedrige Priorität hatte.

Währenddessen bettelte Floyd weiter um sein Leben. Chauvin drückte sein Knie noch fester in Floyds Nacken, den Mund zu einem leichten Grinsen verzogen.

Die anderen Offiziere unterhielten sich währenddessen weiter. Sie gingen davon aus, dass Floyd »unter Drogen« stand, und bezeichneten sein Verhalten als unberechenbar. Lane spekulierte, dass Floyd womöglich zu den Personen gehörte, die unter Drogeneinfluss übermenschliche Kräfte entwickeln und eine Gefahr für die Polizei und die Allgemeinheit darstellten. Von solchen Fällen hatte er in seinem Training gehört.

»Sollen wir ihn vielleicht auf die Seite rollen?«, fragte Lane Chauvin, der verneinte.

»Ich habe nur Sorge, dass er ins erregte Delirium rutscht, oder so etwas«, sagte Lane.

»Deshalb kommt ja gleich der Krankenwagen«, antwortete Chauvin.

Thao versuchte, die kleine Ansammlung von Zeug*innen im Zaum zu halten, die sich entlang der Chicago Avenue zu bilden begann. Um die Ecke, in der Thirty-Eighth-Street – mehr als 50 Meter von Floyd entfernt und durch die Streifenwagen in ihrer Sicht blockiert –, konnten Hall und Hill die Schreie ihres Freundes hören. Ein Parkpolizist, der den Auftrag erhalten hatte, sie und den blauen Mercedes zu bewachen, stand zwischen Floyds Freund*innen und dem Ort des Geschehens. Sie fragten den Beamten, was los sei, aber der sagte ihnen, sie sollten sich nicht von der Stelle rühren, weil sie festgenommen seien. Als der Parkpolizist Hall nach seinem Namen fragte, erfand er einen: William Ricardo. Hill war in Gedanken bei ihrer Enkelin und ihrer Tochter: Letztere sollte eigentlich schon auf dem Weg zur Arbeit sein. Sie war der Ansicht, die Polizei verpasse Floyd nur »eine Abreibung«, dafür waren Polizist*innen schließlich bekannt. Dann hörte sie ihn nicht mehr. Sie dachte, er habe sich beruhigt.

Aber Floyd hatte sich nicht beruhigt. Er lag im Sterben. Seine Schreie wurden gepresster, als seine Kraft langsam zur Neige ging.

»Bitte, ich kann nicht atmen. Bitte, Mann. Bitte.«

»Ich kann nicht mehr.«

»Oh Gott.«

»Du redest und schreist eine ganze Menge«, sagte Chauvin. »Um das zu sagen, braucht man verflixt viel Sauerstoff.«

Floyds Stimme war zu diesem Zeitpunkt leiser geworden, seine Schreie kaum noch zu hören.

> *»Ich kann nicht atmen. Ich kann nicht atmen.«*
>
> *»Die werden mich töten. Die werden mich töten. Ich kann nicht atmen.«*
>
> *»Bitte, Sir. Bitte.«*
>
> *»Bitte helft mir.«*
>
> *»Ich habe Platzangst. Mein Bauch tut weh. Mein Hals tut weh. Alles tut weh.«*
>
> *»Die werden mich umbringen. Die werden mich umbringen, Mann.«*

George Floyd hatte immer geglaubt, Gott wache über ihn.

Daheim in Texas war Floyd nach dem Tod seiner Mutter im Jahr 2018 auf einem spontanen Roadtrip der Sorte, die er gern mit seiner Freundin Tiffany Cofield unternahm. Sie hatten Cofields siebenundsechzigjährigen Onkel abgeholt und waren auf der I-10 nach Osten in Richtung Orange, Texas, unterwegs.

Es war bereits dunkel, als das Trio zu einer zweistündigen Fahrt aufbrach, um einen Freund nahe der Grenze zu Louisiana an einem Ort zu besuchen, den Floyd »Fruit City« nannte.

Sie fuhren an Kuhweiden und Sägewerken vorbei, und Floyd drehte DJ Screws Mixtape *Tre World* von 1998, in dem er als MC aufgetreten war, voll auf. Er nickte mit dem schleppenden Beat mit, als das Auto auf einmal zu stottern begann. Als er nach unten blickte, sah er, dass die Tankanzeige orange blinkte und die Füllstandsnadel es sich unter dem roten Bereich bequem gemacht hatte.

»Wir haben kein Benzin mehr, Leute«, sagte er gelassen, als das Auto langsam zum Stehen kam. Sie befanden sich in einem ländlichen Teil von Ost-Texas, die Art Gegend, in der zwischen den Autobahnausfahrten nur Ackerland und kilometerweite Ödnis liegen. Es war stockfinster.

Cofield war fassungslos.

»Wie kannst du am Steuer sitzen und nicht merken, dass der verdammte Tank leer ist?«, fragte sie völlig perplex.

Floyd blickte seelenruhig zu ihr nach hinten.

»Stiff, das wird schon, Süße«, sagte er im Flüsterton, als wolle er die geisterhafte Ruhe dieses verlassenen Autobahnabschnitts nicht stören. »Gott bringt das in Ordnung.«

»Lass bloß Gott aus dem Spiel!«, unterbrach Cofield empört.

»Stiff, ich sage dir, Gott lässt uns nicht im Stich«, sagte Floyd. »Im Ernst, beruhig dich einfach. Ich schiebe das Auto ein Stückchen weiter vor und dann –«

Cofield unterbrach ihn erneut: »Du kannst die Karre doch nicht allein schieben!«

Sie schaute ihren schmächtigen Onkel mit seinen kaputten Knien an und wurde immer wütender, als ihr klar wurde, was gleich passieren würde.

Floyd, der immer noch völlig gelassen wirkte, stieg aus dem Auto, während der ältere Mann seinen Platz am Steuer übernahm, um beim Lenken zu helfen.

»Süße, mach dir keine Sorgen«, sagte Floyd, als er und Cofield sich hinter das Auto stellten und sich darauf vorbereiteten zu schieben. »Gott lässt uns nicht allein.«

In genau diesem Moment hielt ein lauter Truck vor ihnen am Straßenrand.

Die Tür öffnete sich mit lautem Quietschen, und heraus kam »der urigste Hillbilly, den ich je in meinem Leben gesehen habe«, erinnerte sich Cofield später. Sie musste sofort an James Byrds Leiche denken, die 20 Jahre zuvor ganz in der Nähe bei Jasper, Texas, hinter einem rostigen Ford-Lastwagen her geschleift worden war. Drei *weiße* Rassisten wurden für schuldig befunden, das Schwarze Opfer ermordet und seine Leiche vor einer afroamerikanischen Kirche abgelegt zu haben.[8]

»Hallo, wie geht's?«, fragte der Mann mit tiefer Stimme.

Er war barfuß und wirkte viel zu energiereich für die späte Stunde und die Situation.

»Oh mein Gott, bitte lass das nicht mein Ende sein«, dachte Cofield im Stillen.

Floyd ging zu dem Mann, streckte ihm die Hand entgegen und erzählte ihm, was passiert war.

»Ihr habt echt Glück. Normalerweise schleppe ich Leute ab, die am Strand in den Dünen stecken bleiben. Ich komme gerade von Galveston zurück«, sagte der Mann. »Na kommt, ich schleppe euch ab.«

Floyd stieg in die Fahrerkabine des Trucks, und Cofield und ihr Onkel blieben im Auto sitzen, während der Mann es an den Abschleppwagen ankuppelte.

Nach fünf Meilen erreichten sie eine Tankstelle. Der Lastwagenfahrer füllte für 15 Dollar Benzin in ihr Auto, wünschte ihnen alles Gute und fuhr dann in die Dunkelheit davon.

Floyd stieg wieder ins Auto und wendete sich an Cofield.

»Siehst du?«, sagte er und musste grinsen, als er zu seiner Pointe kam. »Gott hat uns nicht hängen lassen.«

Aber als Floyd seine letzten Worte sprach, schien Gott nicht eingreifen zu wollen.

>»Bitte.«

>»Mama, ich liebe dich.«

>»Reese, ich liebe dich.«

>»Sagt meinen Kindern, dass ich sie liebe.«

>»Ich kann nicht mehr atmen, Mann.«

>»Das ist eiskalt.«

>»Ich sterbe.«

Eine immer größer werdende Gruppe von Passant*innen versuchte einzugreifen. Gegen 20.20 Uhr sahen Hill und Hall eine *weiße* Frau in Leggings und einem grauen T-Shirt an ihnen vorbeigehen. Sie konnten sehen, dass ihre Kamera eingeschaltet war und eine Aufnahme lief.

Genevieve Hansen war erst vor kurzem in die Gegend gezogen und arbeitete als Rettungssanitäterin in einer Feuerwache in der Nähe. Hansen erinnerte sich, dass sie den ganzen Tag zu Hause festgesessen hatte und aus ihrem ungefähr 1,5 Kilometer entfernten Haus gegangen war, um einen Spaziergang zu machen. Sie fotografierte Blumen und saß dann in einem Park in der Gegend, aß ein Vanilleeis von Dairy Queen und hörte sich einen Krimi-Podcast an. Dann sah sie die blinkenden Lichter in der Ferne.

Hansen vermutete, dass der Aufruhr von CUP Foods ausging, also ging sie hinüber, um zu sehen, ob bereits einer ihrer Kollegen am Tatort erschien. Aber als sie dort ankam, beobachtete eine Gruppe von Schaulustigen, wie gerade ein Mord geschah.

Sie ging zu Thao und stellte sich als Mitarbeiterin der Feuerwehr von Minneapolis vor. Chauvin und die anderen Beamten warnten sie, nicht näher zu kommen. Thao bedeutete ihr also, sich zurückzuziehen.

»Hat er einen Puls?«, fragte sie.

Thao ignorierte ihre Frage und rief ihr zu, sie solle von der Straße weg und auf den Bürgersteig gehen.

»Prüfen Sie bitte, ob er einen Puls hat«, sagte sie, als sie bei den anderen auf dem Gehweg stand. Sie wurde immer aufgeregter.

»Mir ging in diesem Augenblick vieles durch den Kopf«, erinnert sich Hansen. »Ich fragte mich, ob einer meiner Kollegen – alles stämmige, *weiße* Männer mittleren Alters – die Erlaubnis bekommen hätte, einzugreifen? Ich wäre zu ihnen gegangen, hätte mich hingekniet und seinen Puls geprüft. Aber sie ließen mich nicht zu ihm. Ich wurde immer wütender.«

»Prüft seinen Puls!«, schrie Hansen mahnend.

Einen Moment später ergriff Kueng Floyds rechten Arm und suchte nach einem Lebenszeichen.

»Hast du einen?«, fragte Lane.

»Ich kann keinen spüren«, sagte Kueng.

Hansen stand neben Alyssa Funari, einer siebzehnjährigen Highschool-Schülerin, die zu CUP Foods gefahren war, um sich ein Audiokabel fürs Auto zu kaufen. Sie hielt ungefähr sieben Meter hinter dem Streifenwagen an und holte ihr Handy aus der Tasche, um die Situation festzuhalten.

»Was zum Teufel?«, hört man sie in dem verwackelten Video sagen, das festhielt, wie Floyds Gesicht von Chauvins Knie auf den Asphalt gedrückt wurde. »Er bewegt sich nicht!«, schrie sie den Polizisten zu. Ihre roten Acrylnägel waren im Bild zu sehen, als sie auf die Beamten zeigte und ihnen sagte, hoffentlich würden sie für das, was sie diesem Mann angetan hatten, in der Hölle schmoren. Ihre Schulkameradin Darnella Frazier hatte den Nachmittag des Memorial Day damit verbracht, auf ihrer

Facebook-Seite Dutzende von Memes zu Themen zu posten, die von Beziehungstipps bis hin zu Rassismus reichten.

Sie wohnte nur einen Katzensprung von CUP Foods entfernt, und ihre neunjährige Cousine, Judeah Reynolds, hatte vor dem Schlafengehen noch Lust auf einen Snack.[9] Frazier hatte ihr nachmittags drei Dollar gegeben, und die wollte sie unbedingt ausgeben. Frazier hatte zunächst keine Lust, mit dem kleinen Mädchen zum Laden zu gehen, aber als Judeahs Beharrlichkeit irgendwann in unverfrorenes Betteln umschlug, gab sie schließlich doch nach. Darnella trug die Kapuze ihres dunkelgrauen Hoodies über ihrem schulterlangen Haar, ging mit ihrer Cousine zu CUP und schickte Judeah allein hinein.

Dann drehte sie sich um und ging zurück zu dem Teil des Bürgersteigs, wo sie gerade drei Polizisten gesehen hatte, die einen Mann zu Boden drückten, der um sein Leben flehte.

Sie ging zum Bordstein und holte ihr Handy aus der Tasche. Zuerst hielt sie Abstand und filmte aus etwa zwölf Metern Entfernung hinter der Bushaltestelle. Aber als die Situation schlimmer wurde, kam sie näher.

»Schaut euch an, was sie den Leuten hier antun«, sagte sie.

Einer anderen Person in der Menge gab Frazier eine knappe Erklärung dafür, warum die Beamten sich so wenig um das Wohlergehen des mit Handschellen gefesselten Mannes gekümmert hatten.

»Er ist Schwarz«, sagte sie. »Es ist ihnen egal.«

Donald Williams II., ein zweiunddreißigjähriger Mixed-Martial-Arts-Kampfsportler, war gerade von einem Angelausflug mit seinem Sohn zurückgekehrt und hatte beschlossen, an diesem Abend noch zu CUP Foods zu fahren, um frische Luft zu schnappen. Er hatte einen spärlichen Bart und trug einen schwarzen Kapuzenpulli mit dem Aufdruck »Northside Boxing Club« auf der Brust.

Als er sich dem Geschäft näherte, sah er Floyd, dessen Kopf hinter dem Streifenwagen hervorragte, und Chauvin, der ihn mit seinem Körper fixierte. Er sah genauer hin und merkte, dass Chauvin die »Blood-Choke«-Technik einsetzte, die er selbst vor Jahren im Kampfsport gelernt hatte. Mit ihr wird der Blutfluss der Halsarterien gedrosselt.

Williams erinnerte sich später, dass er sah, wie Floyds »Augen langsam glasig wurden und sich zu verdrehen begannen«, wie bei dem Barsch, den er an jenem Vormittag gefangen hatte.

»Du drückst ihm die Luft ab, Bro«, sagte er zu Chauvin. »Glaubst du, den Scheiß kapiert hier keiner? Ich habe an der Akademie trainiert ... das ist Bullshit!«

Thao, der versuchte, die Menge zurückzuhalten, winkte ab. Er versuchte, es so darzustellen, als sei Floyds angeblicher Drogenmissbrauch die Ursache des Problems.

»Und deshalb solltet ihr keine Drogen nehmen, Kids«, sagte er der Gruppe.

Williams regte sich mehr und mehr auf, als Chauvin seine Kniescheibe noch fester in Floyds Nacken presste.

»Du genießt das«, sprach er Chauvin direkt an. »Schau dich doch an. Deine Körpersprache beweist es, du verdammter Penner.«

Williams holte sein Handy heraus und wollte Chauvins Badge-Nummer aufschreiben. Als er vom Bürgersteig auf die Straße trat, griff Chauvin schnell in seine Gürteltasche, holte eine Dose Pfefferspray heraus und schüttelte sie. Dies ließ die Menge sofort in Richtung Supermarkt zurückweichen.

»Du greifst gleich nach deinem Pfefferspray, weil du Schiss hast, Bro – Schiss vor verdammten People of Color«, rief Williams. »Bro, er bewegt sich nicht mal mehr, verdammt nochmal! Geh von seinem verdammten Hals runter, Bro! Geh runter von seinem Hals!«

Er schaute Chauvin an und prophezeite ihm mit eindringlicher Stimme: »Davon wirst du träumen, Bro. Du wirst es nicht aushalten und dich irgendwann erschießen, so wird das laufen. Dieser Mann wird dich für den Rest deines Lebens heimsuchen.«

Als Hill Williams Chauvin anschreien hörte, sagte sie: »Ich fing an, total durchzudrehen. Ich fragte mich, ob sie ihn verprügelt hatten oder so. Weil ich nichts sehen konnte.«

Und dann sah sie einen Krankenwagen um die Ecke biegen. An der Straße hatten die Passant*innen ein abscheuliches, traumatisches Verbrechen beobachtet. Für Floyds Freund*innen, die um die Ecke warteten, waren die Geräusche und die Polizeiaktionen, die sie hörten, nur das traurige, aber nicht ungewöhnliche Beispiel einer Begegnung zwischen einer Schwarzen Person und den Hüter*innen des Gesetzes: Bagatellen werden zu großen Problemen. Die Polizei nimmt einen grundlos fest. Es gibt einen großen Aufruhr, aber irgendwann beruhigt sich alles wieder. Hill und Hall hofften das Beste. Hill nahm an, dass der Krankenwagen gekommen war, weil das nun mal so üblich war. Sie ging davon aus, dass Floyd, sobald sich die Aufregung gelegt hatte, auf dem Revier erfasst und nach der Abnahme seiner Fingerabdrücke und der Ausstellung eines Bußgeldbescheids wegen Falschgeld wieder entlassen werden würde.

Trotzdem beunruhigte sie die Sirene des Krankenwagens.

»Kann ich mal sehen, was ihr mit ihm gemacht habt?«, fragte sie und ging an dem Parkwächter vorbei, um einen besseren Überblick zu bekommen. Sie kam bis zum Bordstein, bevor der Beamte ihr sagte, sie solle zurückkommen.

»Warum muss er ins Krankenhaus?«, rief sie über die Kreuzung hinweg.

Sie bekam keine Antwort.

Und dann dachte sie an ihre Enkelin, die sie noch abholen musste. Nachdem der Parkbeamte sagte, sie könne gehen, rief Hill ihre Tochter an und bat sie, sie bei CUP Foods abzuholen. Hall hörte das und bat sie um eine Mitfahrgelegenheit. Er hatte erfolglos versucht, den Beamten dazu zu bringen, ihm zu sagen, was mit Floyd los war. Also beschloss er, jetzt lieber abzuhauen und sich später mit seinem Freund kurzzuschließen.

Hills Tochter setzte Hall in der Lake Street ab. Hall eilte in eine

Seitengasse und rief einen Freund an, der in dem Hotel in Bloomington abgestiegen war. Nachdem er sich etwas beruhigt hatte, rief er einen gemeinsamen Freund von ihm und Floyd in Houston an und erzählte ihm, dass Floyd in Tränen ausgebrochen war, weil er von der Polizei vernommen wurde. Zu diesem Zeitpunkt kam ihm das Ganze nicht besonders tragisch vor, sondern nur wie eine Konfrontation, die jemandem, der so viel Pech hatte wie Floyd, schon mal passieren konnte.

»Typisch Big Floyd«, sagte der Freund lachend.

Hall hatte keine Ahnung, dass Floyds Körper bereits erschlafft war, als der Krankenwagen von Hennepin County eintraf, und dass Kueng bereits vergeblich nach einem Puls gesucht hatte. Die Beamten fixierten Floyd weiter, als ein Sanitäter zu ihnen kam und mit einer Taschenlampe in seine erweiterten Pupillen leuchtete. Sie rührten sich nicht von der Stelle, als ein Mann in medizinischen Handschuhen seine Hand unter Floyds überstreckten Hals schob, um nach einem Puls zu suchen. Sie fixierten ihn auch noch, als sie die Bahre aus dem Wagen holten und neben ihnen aufklappten.

Erst als die Sanitäter*innen die Beamten aufforderten, »aus dem Weg zu gehen«, nahm Chauvin sein Knie von Floyds Hals und machte Platz, damit die Trage neben Floyd platziert werden konnte. Es war 20.29 Uhr.

McMillian, der Mann, der als Erster angehalten hatte, ging zu Chauvins Streifenwagen, um ihm zu sagen, dass ihm die Art und Weise, wie die Verhaftung abgelaufen war, überhaupt nicht gefiel. Er ärgerte sich darüber, dass Floyd sich der Verhaftung widersetzt hatte, fand es aber auch erschreckend, dass die Beamten ihn sogar noch fixiert hatten, nachdem er aufgehört hatte, sich zu bewegen.

McMillian bezeichnete Chauvin als »Made«.

»Das ist nur deine Meinung«, sagte Chauvin aus dem Auto heraus. »Wir mussten diesen Kerl kontrollieren, weil er ziemlich groß ist und es so aussieht, als sei er auf Drogen.«

Es hätte ein schöner, entspannter Tag werden sollen. Grillen am Nachmittag, ein Ausflug mit Freunden zum Schenllrestaurant Wendy's, ein Rendezvous mit einer alten Flamme. Und doch endete er damit, dass Floyd an einem schwülen Sommerabend mit dem Gesicht auf dem warmen Asphalt lag und einem Polizeibeamten beteuerte, er sei kein übler Kerl. Er sagte den Beamten mindestens siebenundzwanzigmal, dass er nicht atmen konnte, und er wurde jedes Mal ignoriert. Floyds letztes Gespräch bestand daraus, dass ein älterer Schwarzer, den er nicht kannte, ihm sagte, dass er in diesem Land nicht gewinnen konnte, während Floyd verzweifelt versuchte, sich zu befreien.

Aber was genau hätte es eigentlich bedeutet zu gewinnen?

Eines der letzten Ziele, die Floyd verwirklichen wollte, war ein Projekt, dass er *Convict Kitchen* nennen wollte. Er hatte vor, ein Restaurant zu eröffnen, dessen Speisekarte auf den Köstlichkeiten basierte, die Gefängnisinsassen aus den ihnen zugeteilten Rationen zaubern konnten.

Die Idee nahm Gestalt an, als er eines Tages mit Courteney Ross über seine Zeit im Gefängnis sprach, und ihr von den kulinarischen Meisterwerken erzählte, die er aus den faden Zutaten, die im Gefängnis erhältlich waren, zustande gebracht hatte.

»Moment mal. Wie zum Teufel macht man im Gefängnis Pizza?«, hatte sie ihn gefragt. »Das musst du mir genauer erklären.«

»Tja, Baby, wir nehmen die Ramennudeln und zerkrümeln sie zu einer Kruste«, sagte Floyd. »Dann machen wir aus den Ketchupportionen eine Sauce, schneiden die Würstchen auf und legen sie drauf. Und das Ganze legen wir dann auf den Grill.«

»Den Grill? Meinst du etwa das Heizungsgitter?«

»Ja, genau.«

Als sie fertig gelacht hatten, erklärte Floyd auch, wie Insassen

Schokoladenkuchen backten. Es war eine komplexe Prozedur, bei der die Deckel und die Füllung von Oreo-Keksen getrennt und die Zutaten zerdrückt wurden, bevor alles dann mit einer an Kunstfertigkeit grenzenden Sorgfalt und Präzision wieder zusammengesetzt wurde. Das Endprodukt konnte – zumindest für die Häftlinge – mit dem besten Gebäck konkurrieren, das es draußen gab.

Floyd hatte überlegt, nur ehemalige Sträflinge in seinem Restaurant zu beschäftigen, um es vorbestraften Menschen einfacher zu machen, ihr Leben wieder auf die Reihe zu bekommen. Er hatte mit Ross gescherzt, das Bewerbungsformular würde nur eine Frage enthalten: »Waren Sie schon mal im Gefängnis? Ja oder nein.«

Er wollte die Wände des Restaurants mit großen Schwarz-Weiß-Fotos dekorieren, die den Alltag in echten Gefängnissen zeigen. Es sollte psychiatrische Betreuung für Ex-Häftlinge und Ressourcen bieten, die Menschen die Rückkehr in das Leben in Freiheit einfacher machen würden.

Dies war nur eines der vielen Dinge, die Floyd tun wollte, wenn er sein Leben wieder in den Griff bekommen hatte.

Aber diese Chance sollte er nicht bekommen. Als die Sanitäter im Krankenhaus eintrafen, lebte er bereits nicht mehr.

George Perry Floyd Jr., Miss Cissys ältester Sohn, wurde um 21.25 Uhr offiziell für tot erklärt.

Gegen 00.30 Uhr leuchteten blaurote Polizeilichter in Darnella Fraziers Fenster im ersten Stock.

Das helle Display ihres Smartphones war die einzige andere Lichtquelle im Raum, als sie in die Ferne blickte, wo ein paar Polizeiautos über die Kreuzung von Thirty-Eighth Street und Chicago Avenue fuhren.

Sie hielt ihr Handy ans Fenster und richtete die Kamera auf die mehrere hundert Meter entfernten Streifenwagen, während sie Facebook Live einschaltete.

»Leute, es ist verdammt verrückt«, kommentierte sie die Szene hinter der Kamera. »Die haben tatsächlich jemanden beim CUP getötet. Ich hab das Ganze auf Video.«

Mit zitternden Händen beendete sie den Livestream und versprach, das Video des Vorfalls gleich morgen früh nach dem Aufwachen zu posten.

Aber sie konnte nicht so lange warten. 15 Minuten später tippte sie einen Beitrag, mit dem sie das zehn Minuten und neun Sekunden lange Video beschrieb, das sie aufgenommen hatte.

»Sie haben ihn direkt vor CUP Foods im Süden an der Thirty-Eighth und Chicago getötet!! Sie hatten keinerlei Mitleid«, schrieb sie und fügte zwei Gebrochenes-Herz-Emojis hinzu. Sie beendete die Nachricht mit »#POLICEBRUTALITY« und drückte auf »Senden«.[10]

Maurice Hall wachte am nächsten Morgen mit einer Reihe verpasster Anrufe und Textnachrichten von Leuten in Houston auf, die ihm mitteilten, dass Floyd von der Polizei getötet worden war. Plötzlich war der Vorfall, über den er mit seinem Freund gelacht hatte, ganz und gar nicht mehr lustig. Er konnte nicht fassen, was er auf der anderen Straßenseite nicht mitbekommen hatte. Sein Freund hatte im Sterben gelegen, und er war abgehauen. Ein Grüppchen Passant*innen hatte alles gesehen, aber Hall hatte sich verzogen, ohne noch einmal nach seinem Freund zu sehen.

»Ich hatte eine Menge Emotionen deshalb«, sagte Hall. »Der Teufel hat versucht, mir ... Schuldgefühle einzureden. Als hätte ich ihn irgendwie im Stich gelassen. Aber die Wahrheit ist, dass die Welt ihn zu etwas ganz Großem gemacht hat. War er das Opferlamm, Gott?«

Hall nahm sein Telefon und rief den Freund noch einmal an, mit dem er am Abend zuvor gesprochen hatte. Seine Worte klangen bedrohlich.

»Du weißt, was das bedeutet, Bro«, sagte der Freund. »Als Nächstes holen sie dich.«

Hall dachte an die Haftbefehle, die Pillen, die Kinder. Er gab Fersengeld. Er stieg in einen Lastwagen und fuhr sofort nach Houston. Aber bevor er abreiste, kehrte Hall noch einmal an die Thirty-Eighth und Chicago zurück, wo sich bereits ein Denkmal aus Teddybären und Kerzen zu bilden begann.

Hall fand ein Stück Pappkarton und einen schwarzen Filzstift. Er schrieb die Buchstaben »W-A-R-D« darauf und umrahmte sie mit einem Viereck aus drei Linien – einem Logo des Viertels, aus dem sie beide stammten. Er war sich ganz sicher, dass die Leute Floyd in Zukunft mit dieser Ecke in Minneapolis in Verbindung bringen würden. Aber um Floyd zu verstehen, um ihn wirklich zu verstehen, musste die Welt Halls Meinung nach erfahren, woher er kam: aus dem Third Ward.

Shawanda Hill war die ganze Nacht wach gewesen, nachdem sie ihre Enkelin in ihre kleine Wohnung in der Nähe der Innenstadt von Minneapolis gebracht hatte. Die Vierjährige lag auf dem Rand ihrer Matratze und schaute fern, während sie auf der Fensterbank saß und darauf wartete, dass Floyd aus der Seitengasse einen seiner Spitznamen für sie ertönen ließ. *Baby. Chocolate Drop. Queen.*

Ihre Enkelin schlief bei laufendem Fernseher ein, und Hill blieb einfach sitzen und wartete. »Ich hatte das Gefühl, es sei Gottes Wille, dass wir an diesem Tag zusammen sind, also wusste ich, dass er zu mir zurückkommen würde«, sagte sie. Die Morgennachrichten begannen. Hill hörte, dass die Polizei einen Mann in der Nähe von Thirty-Eighth und Chicago getötet hatte, und sie brach auf dem Boden zusammen.

»Das ist nicht wahr, es ist nicht wahr!«, schrie sie wieder und wieder.

Und in dem kleinen braunen Haus im Norden der Stadt wachte Sylvia Jackson auf und fragte sich, wo Floyd mit ihrem Auto blieb. Sie hörte ein Klopfen an der Tür; es war ein gemeinsamer Freund, die Augen vom Weinen gerötet.

»Die Polizei hat Floyd umgebracht«, sagte er. »Es gibt ein Video.«

Aber bevor Fraziers Video weite Kreise zog, trat bereits die Maschinerie der Polizeibehörde von Minneapolis in Aktion, um ihre Beamt*innen zu schützen, und stellte Floyd als Anstifter seines eigenen Todes dar. Die erste Pressemitteilung der Behörde, die vor Ungenauigkeiten nur so strotzte und wie der Versuch einer Vertuschung wirkte, verstärkte nur die Unruhe, die sich in der ganzen Stadt auszubreiten begann:

## MANN STIRBT NACH MEDIZINISCHEM NOTFALL WÄHREND EINES POLIZEIEINSATZES[11]

### 25. Mai 2020 (MINNEAPOLIS)

Am Montagabend, kurz nach 20 Uhr, reagierten Beamt*innen der Polizeibehörde von Minneapolis im Block 3700 der Chicago Avenue South auf einen Anruf wegen der Verwendung von Falschgeld. Den Beamt*innen wurde mitgeteilt, der Verdächtige sitze auf einem blauen Auto und stünde offenbar unter Alkoholeinfluss.
Zwei Beamte trafen ein und trafen den Verdächtigen – einen Mann Mitte 40 – in seinem Auto an. Er wurde aufgefordert, aus seinem Fahrzeug auszusteigen. Nach dem Aussteigen leistete er körperlichen Widerstand gegen die Festnahme. Die Beamten konnten dem Verdächtigen Handschellen anlegen und stellten fest, dass er sich offenbar in einer medizinischen Notlage befand. Die Beamten riefen einen Krankenwagen. Der Mann wurde mit einem Krankenwagen zum Hennepin County Medical Center transportiert, wo er kurze Zeit später verstarb.
Zu keinem Zeitpunkt wurden von den an diesem Vorfall beteiligten Personen Waffen jeglicher Art eingesetzt.
Das Minnesota Bureau of Criminal Apprehension wurde auf

Ersuchen der Polizeibehörde Minneapolis hinzugezogen, um diesen Vorfall zu untersuchen.

Bei dem Vorfall wurden keine Beamten verletzt.

Am Körper getragene Kameras waren während dieses Vorfalls eingeschaltet und aktiviert.

Die diesem Fall zugeordnete GO-Nummer lautet 20 – 140629.

Teil III

# SAGT SEINEN NAMEN

Kapitel 11

# NICHTS ZU VERLIEREN AUSSER
# UNSEREN KETTEN

Am 26. Mai ging beim Polizeichef von Minneapolis, Medaria Arradondo, kurz nach Mitternacht die Nachricht eines besorgten Bürgers ein.

»Chief«, habe darin gestanden, »haben Sie das Video gesehen, in dem einer Ihrer Polizisten an der Ecke Achtunddreißigste und Chicago einem Mann die Luft abdrückt und ihn umbringt?«[1]

Arradondo war verwirrt. Er hatte ein Video von dieser Kreuzung gesehen, aufgezeichnet von einer Überwachungskamera ohne Ton, das Polizisten zeigte, die sich um einen Mann drängten. Nichts von wegen Luft abdrücken oder Töten. Der Nachrichtenschreiber leitete ihm das Video von Darnella Frazier weiter, das mittlerweile in den sozialen Medien umging. Ihr Video war näher, verwackelter. Man konnte darauf sehen, wie Floyds Augen hervortraten, und hören, wie er nach seiner Mutter rief, als einer von Arradondos Männern sich auf ihn kniete. Seit fünf Generationen lebte Arradondos Familie in Minnesota, er war nur einen Block von CUP Foods entfernt aufgewachsen und wusste also um die Sprengkraft dieses Videos.

Arradondo rief Bürgermeister Jacob Frey an und überbrachte ihm die erschütternde Nachricht: Auf dem im Internet kursierenden Video war etwas weitaus Ungeheuerlicheres zu sehen, als ihre Presseerklärung vermuten ließ. Frey konnte kaum glauben, was er da sah. Allein wegen dieses Menschen, der da um sein Leben schrie. Aber auch, weil er sich des behördlichen

Problems bewusst war: Anscheinend hatte seine Regierung den tatsächlichen Tathergang vertuscht, und seine Stadt würde das gleich erfahren.

Frey, der 39 Jahre alte Bürgermeister, ein ehemaliger Langstreckenläufer mit kantigem Kiefer, schlüpfte mitten in dieser schwülen Nacht in einen grauen Anzug, hellblaues Hemd, dunkelblaue Krawatte und machte sich von seiner schwangeren Frau auf, um zum Rathaus zu laufen. Die ganze Nacht lang dachte er darüber nach, was er der aufgebrachten Öffentlichkeit nur sagen könnte, die morgen von ihrem Bürgermeister Antworten erwartete.

Seine Polizeiabteilung war stolz auf ihre Fortschrittlichkeit und Transparenz gewesen. Ihre letzten beiden Chefs waren People of Color, die Behörde führte Sensibilisierungskurse zur Voreingenommenheit durch, verlangte den Abschluss einer zweijährigen Ausbildung und arbeitete daran, Mitarbeitende mit diversen Hintergründen einzustellen.

Trotzdem war ihre erste öffentliche Stellungnahme zu den Vorfällen so ganz anders gewesen als das, was er in dem Video gesehen hatte.

In der Stellungnahme hatte gestanden, dass der Verdächtige sich in einer »medizinischen Notlage« befunden habe.

Kein Wort darüber, dass Floyd von vier Polizisten festgehalten wurde. Kein Hinweis darauf, dass die Polizisten ihn auch nicht auf die Seite rollten, nachdem er aufgehört hatte, sich zu wehren. Die Passage, dass keine Waffen zum Einsatz kamen, berücksichtigte nicht die Tatsache, dass Lane, nur Sekunden nachdem er an Floyds Scheibe geklopft hatte, eine Pistole zückte.

Die Pressemitteilung las sich wie der Auftakt für den üblichen Reaktionsmechanismus, wenn eine Stadt zugelassen hat, dass sich etwas Tragisches oder Kontroverses ereignet. Normalerweise bekunden dann Vertreter*innen der Stadt der Familie ihr Mitgefühl und äußern sich nicht wertend, bis die Untersuchungen abgeschlossen sind. Sie rufen zur Besonnenheit auf und bekräftigen ihr Vertrauen in das Rechtssystem. Doch in jener Nacht rang Frey mit diesem üblichen Muster.

Er tigerte durch sein Büro und sagte sich ein paar Grundregeln für die nächsten Tage auf: Sag die Wahrheit. Versuch, das Richtige zu tun. Setz einen Fuß vor den anderen.

Er rief bei den Anwält*innen der Stadt an, um sie darauf vorzubereiten, vom üblichen Skript abzuweichen, selbst wenn die polizeiliche Schilderung der Ereignisse noch nicht mit dem zusammenpasste, was Fraziers Video zeigte.

»Ich werde die Wahrheit darüber sagen, wie ich mich damit fühle«, habe Frey zu seinen Mitarbeitenden gesagt. »Wir werden das nicht unter den Teppich kehren.«

Noch vor Sonnenaufgang berief er eine Pressekonferenz ein. Gegen 07.30 Uhr ging er in den Pressesaal des Rathauses, er war erschöpft und trug noch den Anzug von gestern. Polizeichef Arradondo war an seiner Seite.

»Ich habe fast die ganze Nacht um Worte gerungen, um zu erklären, was passiert ist«, sagte er mit brüchiger Stimme. »Aber ich lande nur immer wieder an demselben Punkt: Er hätte nicht sterben dürfen. Was da passiert ist, ist furchtbar – eine absolute Katastrophe. Wenn man jemanden um Hilfe rufen hört, muss man helfen.«

Arradondo teilte den Journalist*innen mit, dass er das FBI eingeschaltet habe, damit sie ermittelten, ob der Polizist die Bürgerrechte des Opfers verletzt habe. Ein Video,[2] das Libor Jany auf der Seite der Tageszeitung *Star Tribune* hochlud, zeigte, dass die Konferenz elf Minuten dauerte. Es war noch sehr früh, und die Einzelheiten waren noch so verschwommen, dass Frey nicht viel zu dem Mann sagte, der verstorben war. Der Bürgermeister wählte einen menschlichen Ansatz, versuchte zu vermitteln, dass das Leben dieses Mannes zählte, weil er aus Fleisch und Blut war, dass er Freund*innen hatte, eine Familie, eine Gemeinschaft. Einen Namen. Doch an jenem Morgen sprach Frey ihn nicht aus.

Später an diesem Vormittag erfuhr Donald Hooker, ein energetischer sechsundzwanzigjähriger Schachlehrer und Bibliotheksmitarbeiter mit ungekämmtem Haar und Ziegenbart, den alle DJ nannten, dass der Name des Mannes George Floyd war. Er kannte Floyd nicht, war aber einer von unzähligen Menschen auf der ganzen Welt, deren Leben sich durch seinen Tod verändern würden. Als Hooker in seiner Kellerwohnung erwachte und aufs Handy schaute, war Floyd Gesprächsthema Nummer eins. Seine Freund*innen teilten, wie sie im Conga mit ihm gefeiert hatten, einige kannten ihn vom Basketball, andere hatten Dates mit ihm gehabt. Und sie alle schrieben Nachrichten, in denen sie Hooker aufforderten, sich das Video anzusehen, in dem er starb.

Erst dachte Hooker, ein weiteres echtes Video zu sehen, in dem die Seele aus dem Körper eines Schwarzen Menschen gepresst wurde, sei zu viel für ihn. Aber die Nachrichten rissen nicht ab, und er loggte sich bei Facebook ein. Als er sah, wie George Floyds Hals von Derek Chauvins Knie zusammengedrückt wurde, brach er in Tränen aus. Nach 40 Sekunden musste er abbrechen.

Das amerikanische Rassismusproblem begleitete Hooker schon lange. Als Kind hatte er miterlebt, wie sein Vater, ein Schachmeister, darum kämpfen musste, wirklich Hilfe mit seiner Cracksucht zu bekommen. Als er clean war, schlossen Vater und Sohn sich einem Schwarzen Lesekreis für alle Generationen an, wo sie die Lehren der Vergangenheit förmlich aufsaugten. Jedes Mal, wenn Hooker die schicken Klassenzimmer und hochmoderne Technik in den *weißen* Vorstadtschulen sah, in denen er seine Schüler*innen zu Schachturnieren antreten ließ und die so anders als die hauptsächlich Schwarzen und Hispanischen Schulen waren, wo er in der Stadt unterrichtete, wurde ihm die Ungleichheit der Gesellschaft vor Augen geführt.

Die Pandemie musste er isoliert von der Gemeinschaft, die ihn aufgefangen hatte, überstehen. In seiner Wohnung häuften sich Schachbretter, Zauberwürfel und alte Bücher zur Schwarzen

Geschichte. Jetzt nahm er sich seine regenbogenbunte Tastatur, tippte ein paar Sätze und schaltete die Kamera seines Computers ein. Um 12.35 Uhr machte er seinem Ärger im anonymen Äther von Facebook Live Luft, an alle gerichtet, die zur gleichen Zeit online waren.

»Was für eine abgefuckte Scheiße ist das?«, sagte er. »Ich hätte gedacht, dass so ein verfickter Scheiß eher nicht während der Pandemie passiert. Die meisten Leute tragen Masken, versuchen sich zurückzuhalten. Und trotzdem werden da draußen immer noch Schwarze Menschen ermordet. Das Coronavirus reicht wohl nicht, müssen die Cops jetzt noch nachhelfen?«

Hooker hatte keine Vorstellung davon, wer sich seine Botschaft anhörte. Er musste einfach Dampf ablassen. Auf einmal hatte er über 200 Zuschauer*innen. »Ich weiß eigentlich gar nicht, wie ich mich fühlen soll«, fuhr er fort. »Ich werde nicht lügen, ich fühl mich irgendwie hoffnungslos.«

Doch in Wahrheit fühlte er sich auch etwas schuldig. Als Vertreter der Gewerkschaft seiner Bibliothek hatte er mit Organisator*innen von Antirassismusgruppen zu tun, die darauf aufmerksam machen wollten, dass die Polizisten, die Jamar Clark und Philando Castile getötet hatten, straffrei geblieben waren. Selten war Hooker den Protestaufrufen dieser Gruppen nachgekommen. Mit dem Slogan »Black Lives Matter« gegen Jahre von institutioneller Voreingenommenheit anzuschreien, fühlte sich an, wie gegen den Wind anzubrüllen.

Hooker fragte sich, ob es etwas für George Floyd geändert hätte, wenn er damals zu mehr Demonstrationen gegangen wäre. Vielleicht hätte eine weitere überwältigte, wütende Person wie er das Zünglein an der Waage für eine gerechtere Zukunft bedeutet. Doch er hatte seine Freund*innen links liegen gelassen, die nach Clarks Tod wochenlang in einer Polizeistation demonstriert hatten und versuchten, das Gerede über die Revolution zu mehr als nur einer akademischen Übung zu erheben.

Nun verbreiteten seine Freund*innen via Facebook Aufrufe zu

einer Demonstration, die an jenem Abend vor dem CUP Foods stattfinden sollte. Die Community berichtete vollkommen anders – und treffender – über den Vorfall als die erste Pressemitteilung der Stadt.

»Gestern, am helllichten Tag, löschten vor zahlreichen Zeug*innen Beamte der Polizei von Minneapolis das Leben eines Schwarzen Mannes namens George Floyd aus«, hieß es da. »Mr. Floyd rang nach Luft, rief um Hilfe und wiederholte mehrfach ›Ich kann nicht atmen‹, bis er nicht mehr atmete.«

Hooker zog einen Mundschutz auf und verließ die Wohnung. Er war bereit, sich der Menge anzuschließen.

Währenddessen sahen Menschen überall auf der Welt Darnella Fraziers Video und durchlebten eine Mischung ähnlicher Emotionen wie Hooker. Und sie zeigten sich hoffnungsvoll, dass der Tod dieses Mannes vielleicht etwas auf der Welt verändern könnte. Vielleicht würde dieses Mal eine Gruppe engagierter Menschen das rassistische System demontieren, das ihn getötet hatte.

Shareeduh Tate begann ihren Morgen wie üblich. Die Cousine von George Floyd war eine Frühaufsteherin und schaltete um 05.00 Uhr die Morgensendung von CBS ein. Gayle King berichtete von zu Hause aus von einer traurigen Familiengeschichte.

»Heute Morgen ermittelt das FBI zum Tod eines Schwarzen, der von der Polizei in Minneapolis aufgehalten wurde«, so King.

Tate erinnert sich, gedacht zu haben: »Oh Gott, die Familie wird am Boden zerstört sein, wenn sie es erfährt.«

In derselben Sendung lief ein paar Minuten später ein Beitrag über eine *weiße* Frau, die den Notruf gewählt hatte, um einen Schwarzen Vogelbeobachter im New Yorker Central Park zu melden, der darauf bestanden hatte, dass sie sich an die Parkvorschriften hielt und ihren Cocker Spaniel an die Leine nahm. Die Frau schmückte den Vorfall theatralisch aus und weinte ohne Unterlass, während sie die Polizisten davon zu überzeugen suchte, dass der Mann, der sie ganz ruhig filmte, eine Bedrohung darstellte. Als King, hinter der Familienfotos ihrer Kinder standen, diese Nachrichten überbrachte, trat sie aus ihrer Rolle der neutralen Beobachterin heraus und ließ einem stärkeren Gefühl freien Lauf.

»Als Tochter eines Schwarzen Mannes und als Mutter eines Schwarzen Mannes ist das heute wirklich zu viel für mich«, verkündete sie den Zuschauenden. »Ich weiß nicht, was ich sagen soll. Ich weiß wirklich nicht, was ich dazu sagen soll, was heute Morgen im Fernsehen gezeigt wird. Mir kommt es vor, als hätten wir Jagdsaison, als wäre man in diesem Land als Schwarzer Mensch nicht sicher.«

Tate schaute auf ihr Handy. Keeta, Philonises Frau, rief an.

»Die Polizei in Minneapolis hat Perry getötet!«, sagte Keeta. Philonise war am Boden zerstört, ihm fehlten die Worte.

Die Leitungen liefen heiß. Tate rief ihre Schwester an, Tera Brown, die dann Zsa Zsas Nummer wählte, die zufälligerweise bei LaTonya übernachtet hatte.

»Zsa, hast du's schön gehört?«, hatte Brown gefragt.

»Was denn?«, sagte diese und stand aus dem Bett auf.

»Ich weiß nicht, wie ich es dir schonend beibringen kann, Cousinchen.«

Als Brown ihr erzählte, was geschehen war, fiel Zsa Zsa das Telefon aus der Hand, sie war wie versteinert. Brown schrie Zsa Zsa an, damit sie wieder zu sich kam, was LaTonya, die noch mit ihrer Frau Jewel im Bett lag, auf den Plan rief.

»Was ist los, was schreist du denn so?«, fragte LaTonya. Als sie die Nachricht erfuhr, rannte sie, noch im Schlafanzug, aus dem Haus, die Straße entlang und konnte einfach nicht fassen, dass das wirklich passiert sein sollte.

Zsa Zsas ältester Sohn, Brandon Williams, machte sich gerade bereit für seine Schicht im Chemiewerk, als aus dem alten Viertel die Nachricht von Perrys Tod kam. Brandon, der heute 29 ist, erinnert sich daran, wie es ihm die Brust abschnürte. Er klammerte sich an die Hoffnung, dass all diese Leute von Cuney Homes falschlagen. Er rief Philonise an.

»Stimmt es?«, fragte Brandon.

Philonise versuchte, sich zusammenzureißen: »Es stimmt«, sagte er.

Eine Welle der Erinnerung überflutete Brandon. Wie sein Onkel ihn triezte, damit er bessere Korbleger beim Basketballspielen hinbekam, mit ihm raufte, wenn er die Schule schwänzte. Er dachte daran, wie sie gemeinsam gelacht hatten, albern herumgetanzt waren, sich umarmten. Brandon versuchte krampfhaft, sich an irgendetwas festzuklammern, um nicht in untröstlicher Trauer zu versinken. Er konnte nicht zur Arbeit gehen. Stattdessen sprang er in seinen Truck und fuhr zum Third Ward. Dort würde es einfacher sein, Informationen auszutauschen und mit den Leuten von damals zu trauern.

Brandon wusste, wie viele Menschen in der Houstoner Gegend schwer erschüttert von Perrys Tod wären, selbst in diesem Umfeld, wo der plötzliche Tod eines Schwarzen keine Seltenheit war. Es waren so viele, die Perry immer geholfen hatten, auf ihn aufpassten oder wie er sein wollten. Brandon fand, jemand aus der Familie sollte in der alten Community zugegen sein.

In einem Houstoner Vorort in Tates zweistöckigem Bungalow, der lange als Mittelklasse-Errungenschaft gegolten hatte, überlegte die Familie, was als Nächstes zu tun war. Sie waren entschlossen, zumindest etwas Gerechtigkeit für Perry zu erwirken. Die Tötung Schwarzer Menschen durch Polizist*innen war mittlerweile so alltäglich, dass sie gleich den passenden Rechtsanwalt an der Hand hatten: Ben Crump.

Der aus North Carolina stammende und in Tallahassee, Florida lebende Crump mit dem leichten Südstaatenakzent war zum bekanntesten Anwalt der Black-Lives-Matter-Bewegung geworden. Als er die fünf Nachrichten seines Assistenten sah, dass die Familie von George Floyd seinen Rat wollte, kam er gerade aus der Dusche.

Es war nicht einfach, Crumps Rechtsbeistand zu bekommen. Trotz pandemiebedingter Reiseeinschränkungen war sein Terminplan proppenvoll. Vor kurzem hatte er den Fall Breonna Taylor angenommen,[3] eine Rettungssanitäterin aus Louisville, Kentucky. Die Polizei hatte sie im März 2020 erschossen, nachdem die Beamt*innen mit einem Durchsuchungsbeschluss, für den sie keine Vorankündigung benötigten, Taylors Wohnung gestürmt hatten. Sie selbst stand nie unter Verdacht, die Polizist*innen waren auf der Suche nach ihrem Freund in ihre Wohnung eingedrungen. Die Ermittlungen um ihren Tod gingen schleppend voran.

Außerdem arbeitete Crump[4] noch in Brunswick, Georgia, am Fall Ahmaud Arbery, der im Winter während seiner täglichen Joggingrunde getötet worden war. Ein Nachbar fand, er habe verdächtig ausgesehen. Der Fall nahm erst an Fahrt auf, als im Mai ein Video von den Geschehnissen veröffentlicht wurde.

Die beiden Fälle waren zeitaufwendig genug, doch Crumps Assistent schickte ihm auch Fraziers Video.

»Folter« war das erste Wort, das Crump durch den Kopf schoss. Er hörte Floyds Schreie und wusste, dass diese Geschichte jedem nahegehen würde, der jemals nach seinen Eltern gerufen hatte, jeder Mutter, die ihr Kind beschützen wollte. Er erkannte sofort die Symbolkraft des Falles, seine Bedeutung für das Land: die physische Manifestation der Unterdrückung Schwarzer Menschen durch einen Staatsvertreter. Und er sah die Möglichkeit für eine Veränderung.

»Ich bin ein Anhänger von Thurgood Marshall, und oft versuche ich, dem Weg zu folgen, den er geebnet hat«, so Crump. »Und eins war mir klar, nämlich dass Thurgood Marshall keinen Fall nur der Person oder Familie wegen annehmen würde. Er würde den Fall annehmen, der den größten gesellschaftlichen Einfluss hätte.«

Crump akzeptierte den Auftrag und kontaktierte Antonio Romanucci, einen in Chicago geborenen und aufgewachsenen

Anwalt, der für seine aggressive Prozessführung in Fällen von Polizeibrutalität bekannt war. Romanucci stellte sofort ein kleines Team zusammen, das die Zivilklage gegen die Stadt Minneapolis vorbereiten sollte. Normalerweise benötigt Romaunccis Kanzlei sechs Monate, um die Fakten für einen solchen Fall zusammenzutragen. Doch dieses Mal forderte er von seinem Team, die Arbeit in zwei Wochen zu erledigen. Mitarbeitende, die damals dabei waren, berichten, er habe gesagt: »Wir werden alles aus der Stadt Minneapolis herausquetschen, genauso, wie sie George Floyd zerquetscht haben.«

Bald darauf bat Crump Floyds Familie um eine Zusammenkunft per Videocall. An dem Anruf nahmen ungefähr 20 Personen teil – Cousins, Neffen, Tanten, Onkel und Floyds Geschwister. Die meisten hatten sich bei Tate zu Hause versammelt, andere schalteten sich aus North Carolina und New York zu. Sie kamen darauf, dass Crump und Floyds Vater aus demselben County im Süden stammten. Alle fühlten sich dem warmherzigen Crump direkt verbunden, der so herzlich lachte, aber auch mit dem gebotenen Ernst bei der Sache war. Es stand außer Frage: Hier war etwas Grauenhaftes geschehen. Als Nächstes legte Crump ihnen dar, was er vom Rechtssystem hielt und bestätigte damit eine lange von ihnen gehegte Angst.

Er warnte sie davor, sich auf ein Strafverfahren zu verlassen, das von *weißen* Staatsanwält*innen mit *weißen* Geschworenen geführt wurde. Selten erhob die Staatsanwaltschaft Anklage, und noch seltener kam es zu einer Verurteilung durch das Geschworenengericht. Der Grund dafür war laut Crump Rassismus – den Geschworenen, Anwält*innen und Richter*innen sei der gute Ruf der Regierung und ihrer Behörden oft mehr wert als das Leben von Schwarzen.

Crump setzte daher auf eine andere Strategie: Die besten Chancen, um für Schwarze Menschen Gerechtigkeit zu erstreiten, hatte man, wenn man so viel Aufmerksamkeit wie möglich auf das Verbrechen lenkte. Diese Taktik hatte Crump von Reverend Al Sharpton gelernt, einem Aktivisten, der mit seinen unverblümten Tiraden auf Polizeibrutalität aufmerksam machte.

So versuchte man, das Narrativ zu kontrollieren, den Menschen hinter dem Opfer zu zeigen und ein öffentliches Bewusstsein dafür zu schaffen, was genau das Problem ist. Die Strategie ging mit dem Aufkommen der sozialen Medien erst richtig auf, als man den Namen Schwarzer Opfer via Hashtag Gewicht verleihen konnte. Dadurch wurden auch die Fälle von Trayvon Martin, Eric Garner, Michael Brown und Tamir Rice so bekannt, wenngleich die Staatsanwaltschaft in keinem dieser Fälle die Mörder verurteilte.

»Vor 30, 40 Jahren wurden ständig Schwarze von der Polizei getötet, und keiner ging dafür ins Gefängnis, niemand hatte Aussicht auf Gerechtigkeit«, erinnert sich Crump. »Wenn wir das Ganze nicht zu einer öffentlichen Gesundheitskrise erklärt hätten, würden sie weiterhin unbelangt Schwarze töten. Aber ich mache es finanziell unhaltbar für sie, uns weiterhin zu töten.«

Dafür nutzte Crump das Zivilgerichtssystem, wo er über 200 Fälle zur Polizeigewalt gewonnen hatte. Die nötige Beweislast war geringer, der Standard »über jeden vernünftigen Zweifel erhaben« bei Strafsachen strenger als der zivilrechtliche Grundsatz »überwiegend wahrscheinlich«, was Diskussionen unter den Geschworenen ermöglichte. Außerdem schlossen viele Städte lieber einen Vergleich, als einen teuren, langwierigen Prozess über mögliches Fehlverhalten zu führen.

Er habe Floyds Familie gesagt, »Wir werden für die Wahrheit kämpfen«, erinnert sich Crump. »Denn es gibt eine Chance auf Gerechtigkeit. Das ist alles, was ich versprechen kann, eine garantierte Gerechtigkeit gibt es nicht. Ihr habt nur eine Chance.«

—

Am 26. Mai um elf Uhr morgens, keine zwölf Stunden nachdem Frazier das Video gepostet hatte, war es zum Hauptgesprächsthema in den sozialen Medien avanciert. In Minneapolis veröffentlichte derweil Mike Freeman, Bezirksstaatsanwalt von Hennepin County, eine Erklärung mit dem Versprechen einer »gründlichen, zügigen Untersuchung im Einklang mit unserem unermüdlichen Einsatz für Gerechtigkeit. Jeder Mensch hat ein Recht auf Fairness; niemand steht über dem Gesetz.«[5]

Solche Formulierungen kannte Bürgermeister Frey gut und hatte sie während seiner Pressekonferenz am Morgen unbedingt vermeiden wollen. Wenig später rief der Polizeichef führende Vertreter*innen aus der Zivilgesellschaft zu einem Krisentreffen im Rathaus zusammen.

Es kamen ungefähr 20 Personen, darunter die Pastor*innen der ältesten Schwarzen Gemeinden, die lokalen Vorstände der *Urban League* und der NAACP. Sie kamen an einem runden Tisch in einem Raum nahe dem Saal zusammen, in dem Frey die Pressekonferenz abgehalten hatte. Die Teilnehmenden machten ihrem Ärger Luft, dass ihre Beschwerden darüber, wie die Polizei mit Schwarzen umging, ständig ignoriert wurden. Die Kurse zur impliziten Voreingenommenheit, die 2014 eingeführt wurden, hatten offensichtlich nicht ausgereicht.

»Ich kann nicht einmal mehr wütend sein«, so die ehemalige Präsidentin des NAACP, Leslie Redmond. »Ich bin so müde.«

Der Bürgermeister kam bald zu dem Treffen dazu und richtete sich mit der Bitte um Rat und Nachsicht an die Teilnehmenden.

»Es tut mir so leid«, habe er zu der Gruppe gesagt. Aber die Anwesenden verlangten mehr als nur Entschuldigungen, sie wollten, dass etwas passierte. Sie baten Frey um die Erlaubnis, die Community öffentlich trauern zu lassen, um etwas Frieden in diesem Elend zu finden, und appellierten an ihn, sich dafür einzusetzen, dass es diesmal anders wäre, dass die Erkenntnisse nicht mit den nächsten Nachrichten verschwinden würden.

Außerdem forderten sie die sofortige Umsetzung von vier

Maßnahmen: Erstens, dass das Bodycam-Video veröffentlicht würde, um etwaiger Manipulation vorzubeugen. Außerdem verlangten sie die öffentliche Nennung der Namen der Polizisten und deren Entlassung. Am wichtigsten war den Vertreter*innen aus der Zivilgesellschaft aber, dass es eine unabhängige Untersuchung geben würde.

»In der Vergangenheit hat uns der Bezirksstaatsanwalt, derzeit bekleidet Mike Freeman das Amt, keine Gerechtigkeit gebracht«, so der CEO der lokalen *Urban League*, Steven Belton, während einer Pressekonferenz nach dem Treffen. »Fragen Sie die Familie von Jamar Clark. Daher haben wir kein Vertrauen in diese Institutionen.«[6]

»Die ewigen Trostpflaster reichen uns nicht mehr«, fügte Nekima Levy Armstrong hinzu, die früher die örtliche NAACP-Gruppe angeführt hatte. »Wir fordern Gerechtigkeit für Floyd.«

Nach dem Treffen kamen Frey und der Polizeichef einer der Forderungen nach. Um drei Uhr nachmittags wurden Chauvin und die anderen drei Beamten gefeuert und mussten ihre Dienstmarken aushändigen.

Fraziers Video zog große Kreise und brachte die öffentlichen Proteste ins Rollen. Hooker, der Schachlehrer, kam gegen 17 Uhr an die Ecke Thirty-Eighth und Chicago. Die Menge zog sich die Straße entlang über mehrere Blöcke, sie war größer, diverser und wütender, als er gedacht hatte. Da waren *weiße* Frauen, die in ihre Masken weinten, Fremde, die sich nicht entscheiden konnten, ob sie sich umarmen oder an die Abstandsregeln halten sollten. Man hatte mit Kreide Umrisse von Körpern auf die Straße gezeichnet, wie bei einem Tatort; es wurde gehupt, und die Menschen riefen: »Black Lives Matter!«

An der Stelle, wo Floyd gestorben war, hatte man ein Podium und ein Mikrophon aufgebaut, und die Vertreter*innen aus der Zivilgesellschaft, die sich mit dem Bürgermeister beraten hatten, sprachen zur Menge. Sie alle begrüßten es, dass der

Chief die Beamten sogleich entlassen hatte. Aber Pastorin Carmen Means, eine bekannte Führungspersönlichkeit, ermahnte die Menge, sich damit nicht zufriedenzugeben. Der Kampf für die Gerechtigkeit und gegen Rassismus würde noch lange dauern und beschwerlich sein.[7] Dafür benötige es den Einsatz der Menschen, die sich hier versammelt hatten, Menschen wie Hooker.

»Dieser langwierige Kampf soll euch nachts wachhalten, bis ihr keine Angst mehr haben müsst, dass eure erwachsenen Brüder oder Väter ›Mama, hilf mir‹ schreien«, predigte Means. »Ich bete, dass diese Worte euch wachrütteln, so dass ihr nicht nur da seid, wenn es zum Konflikt kommt. Sondern dass ihr auch wählen geht und die Stadtverwaltung und alle, die sonst noch wachgerüttelt werden müssen, aufweckt, damit sich die Gesetze ändern.«

Marcia Howard, die an der Highschool Englisch unterrichtete und ganz in der Nähe wohnte, verteilte an der Ecke Masken und Händedesinfektionsmittel. So fühlte sie sich nützlicher. Frazier war eine ihrer Schülerinnen an der Roosevelt High School gewesen, und Howard hatte schwer damit zu kämpfen, was ihre Schüler*innen hatten miterleben müssen. Denn schließlich hatte sie geglaubt, selbst auch einen Beitrag zur Versöhnung der Gemeinschaft zu leisten. Die meisten jungen Leute im Viertel kannte sie noch als Highschoolschüler*innen. Howard hatte einige Jahre im US Marine Corps verbracht und verstand daher etwas von Organisation und Führung, was, wie sie hoffte, nützlich sein könnte, falls die Proteste außer Kontrolle gerieten.

Der einunddreißigjährige David Embaye weinte die gesamte Strecke, als er die paar Blocks von seiner Wohnung zur Kreuzung Thirty-Eighth und Chicago radelte. Es ging ihm schon seit einer Weile nicht gut. Erst vor vier Monaten war er aus dem Gefängnis entlassen worden, wo er acht Jahre wegen schwerer Körperverletzung eingesessen hatte. Zuerst hatte er geglaubt, dass sich sein Leben nach der Haftstrafe verändern würde. Er hatte einen Job in einem Schnellrestaurant gefunden und konnte sich endlich eine eigene Wohnung leisten. Dann verlor er seine Stelle während des Lockdowns in der COVID-19-Pandemie. Heute war er davon aufgewacht, dass ihm ein Freund einen Link zu Fraziers Video schickte – und eine Frage: Kennst du diesen Polizisten nicht?

Im Oktober 2012[8] hatte die Polizei Embaye in Minneapolis angehalten, als er mit dem Auto unterwegs war, da er ihnen – laut Polizeibericht waren in dem Stadtteil Schüsse gefallen – verdächtig vorkam. Er war ausgestiegen und weggerannt. Ab hier unterscheidet sich Embayes Version von der der Beamten. Der Polizei zufolge habe er auf sie geschossen, laut Embayes Schilderungen hätten die Beamten zuerst abgedrückt und er habe sich verteidigen wollen. Als die Beamten ihm Handschellen anlegten, fiel er vornüber[9] zu Boden.

Die Anklage lautete auf dreifache Körperverletzung ersten Grades und illegalen Besitz einer Schusswaffe. Auf Anraten seines Anwalts stimmte Embaye einem Deal zu, der eine achtjährige Gefängnisstrafe vorsah. Als Embaye an jenem Morgen Fraziers Video sah, erkannte er in Chauvin einen der Polizisten, die ihn als Jugendlichen drangsaliert hatten. Und er erkannte auch die Straßenecke, wo Chauvin sein Knie auf den Hals des Opfers drückte. Es war genau der Ort, an dem man auch ihn gefesselt hatte, auf dem Bauch liegend, blutend und um sein Leben flehend.

»Ich hab gesehen, wo sie da waren, wo das geschehen ist«, erinnerte er sich. »Und da merk ich, dass sie direkt vor dem Laden da sind. Wo ich gelegen habe. Genau da. Da hat man mir Handschellen angelegt, genau wie ihm. Sie haben mich zusammengeschlagen und mir das Knie auf den Rücken gedrückt, genauso, wie sie da auf seinem Rücken knien. Da waren Leute, die gesagt haben, ›Lasst ihn in Frieden. Es reicht‹.«

All die Erinnerungen kamen wieder hoch. »Da hab ich einfach angefangen zu weinen. Hab nie geweint, aber da schon, Mann.«

Er rannte ins Bad und erbrach sich. Dann sah er sich im Spiegel an.

»Das kann nicht wahr sein«, sagte er sich immer wieder und fragte sich, welchen Sinn es haben sollte, sich für ein besseres Leben abzumühen, wenn ein*e Polizist*in es einem so einfach entreißen konnte. Sein erster Impuls war, seine Wohnung nach einer Waffe abzusuchen. Er fand eine und rannte zurück ins Bad, steckte sich den Lauf in den Mund. Erst beim Anblick seines Spiegelbilds konnte er sich wieder etwas beruhigen. »Jetzt dreh ich ja vollkommen durch«, dachte er und entschied, lieber protestieren zu gehen. Also fuhr er zur Kreuzung Thirty Eighth und Chicago.

Als er die Menschenmassen sah, die sich genau an dem Ort drängten, wo man auf ihn geschossen hatte, wurde er ohnmächtig. Es war zu viel für ihn, dort zu sein. Jemand bespritzte ihn mit Wasser, und er kam wieder zu sich, schnappte sich sein Rad und fuhr zurück nach Hause.

Auf den Straßen tummelten sich Tausende Menschen mit ihren Geschichten. Alle hatten sie unterschiedliche Lebenserfahrungen und Gründe, dort zu sein, und sie alle teilten das Entsetzen darüber, wie George gestorben war. Manche, wie Howard, wollten unbedingt helfen. Andere, wie Embaye, glaubten, nur so das Gesehene verarbeiten zu können. Und wieder andere suchten nach einem Sinn. Als Hooker zwischen den Leuten umherlief, sah er unterschiedlichste Protestlager, die allesamt mit dem Megaphon ihre eigene Art von Gerechtigkeit forderten. Da gab es die *weißen* Anarchist*innen, die Schwarzen Sozialist*innen und Bikergangs, Highschoolschüler*innen und Eltern mit Babys. Sie alle skandierten die gleichen Botschaften: »Black Lives Matter!«, »Bullen sind Schweine«, »I can't breathe!«

Irgendwann hielt auch Hooker ein Megaphon in Händen, wusste nicht, was er sagen sollte, und spielte daher eine YouTube-Playlist ab, ließ »Fuck Tha Police« von N. W. A durchs Megaphon schallen. Die Leute um ihn herum begannen, sich zur Musik zu bewegen und zu tanzen. Ungefähr um 18 Uhr marschierte die Menge zur Wache vom Dritten Revier, die ehemalige Arbeitsstelle von Chauvin und den anderen. Manchen war nicht klar, wohin sie gingen, sie folgten einfach der wütenden Menschenmasse. Es wurden Trommeln geschlagen und Feuerwerkskörper gezündet. Die Menge zog vorbei an bunten, kastenförmigen Eigentumswohnungen und ausladenden Einfamilienhäusern. Als Hooker in der Ferne die Wache erkannte, fragte er sich, was geschehen würde, wenn Tausende Protestierende dort angelangten.

Der Abend dämmerte, und ein paar lokale Führungspersönlichkeiten sprachen zur Menge von Solidarität und darüber, Ruhe zu bewahren. Als es zu regnen anfing, gingen die meisten nach Hause. Hooker jedoch blieb und ließ die Stimmung auf sich wirken, die jederzeit kippen konnte. Zwar waren jetzt nicht mehr so viele Menschen unterwegs, aber die Menge schien jetzt unter Strom zu stehen und wurde aggressiv. Eine Gruppe Protestierender erklomm den Zaun der Wache. Sie schnappten sich Mülltonnen, warfen sie auf Polizeiwagen und sprühten »Fuck 12« auf die Autos, wobei die Zahl im Slang für »Polizei« steht.

Hooker war mittlerweile auf dem Parkplatz eines nahe gelegenen Schnellrestaurants angekommen. Ein Mitglied seiner Gewerkschaft, eine *weiße* Frau namens Jayne Mikulay, die in einer Bibliothek arbeitete, entdeckte ihn in der Menge. Sie hatte ihren zwölf Jahre alten Sohn Raphael dabei, der einen Schwarzen Vater hatte, und wollte ihm zeigen, was Demonstrationen gegen Rassismus bewirken konnten. Raphael freute sich, DJ zu sehen, diesen lustigen, enthusiastischen Schachlehrer.

Sie standen zusammen, als ein Polizeitrupp, ausgestattet mit Helmen, kugelsicheren Westen und Waffen, auftauchte. Angesichts der zunehmend angespannten Situation bot Mikulay Hooker an, ihn nach Hause zu fahren. Doch Hooker fühlte sich von Gewalt nicht mehr eingeschüchtert. Um circa 21 Uhr sahen sie einen Mann zu Boden gehen, den ein Gummigeschoss im Gesicht getroffen hatte.

Plastikflaschen flogen auf Polizist*innen. Ein paar Demonstrierende kletterten auf das Dach der Wache, sprangen darauf herum und riefen Floyds Namen.

Sie sahen, wie ganz in der Nähe ein Polizist eine Blendgranate in die Menge warf und eine Rauchsäule hervortrat. Als Mikulay bemerkte, wie ungläubig ihr Sohn verfolgte, dass die Polizist*innen auf sie schossen, fühlte sie sich ebenfalls zum Bleiben verpflichtet. Sie wollte, dass Raphael verstand, wie aggressiv sich die Polizei Mitgliedern ihrer Gemeinschaft gegenüber manchmal verhielt, dass die Vorfälle, von denen Schwarze Menschen berichteten, keine Märchen waren. Und gerade als *weiße* Frau wollte sie jetzt nicht weglaufen, wo so viele ihrer Schwarzen Mitmenschen das nicht tun konnten. Auf einmal fanden sie sich mitten in einer Wolke wieder. »Tränengas!«, schrie jemand, obwohl gar nicht klar war, um welchen Reizstoff es sich handelte. Sie husteten, und ihre Augen tränten, Hooker senkte den Blick und entdeckte, dass der Kanister direkt vor Raphaels Füßen platziert worden war.

»Direkt vor einem Kind!«, sagte Hooker. »Wir sind denen egal!«

Bis nach Mitternacht standen sich die beiden Parteien gegenüber. Hooker beschloss, dass es das nicht gewesen sein konnte, er würde wieder demonstrieren gehen, am nächsten Tag oder so lange, bis sich etwas veränderte.

Im Internet kursierten jetzt weitere verstörende Bilder, diesmal von den nächtlichen Protesten. Polizeichef Arradondo hatte seine Leute angewiesen, sich zurückzuhalten, aber nachdem die Protestierenden auf das Polizeigelände eingedrungen waren, mussten härtere Maßnahmen ergriffen werden. Er warnte den Bürgermeister vor heftigeren Ausschreitungen. Es hieß, dass Karawanen an aufgebrachten Bürger*innen in die Stadt fuhren, und Arradondo ahnte, dass nicht alle in friedlicher Absicht kamen.

»Das passiert doch nicht wirklich«, schoss es Philonise Floyd am nächsten Morgen, dem 27. Mai 2020, in Houston durch den Kopf. Als der zweitälteste Sohn von Miss Cissy sah er sich jetzt als Familienoberhaupt an. Er wusste es zu schätzen, dass so viele Leute auf die Straße gingen, befürchtete aber auch, dass das Verbrechen, das man seinem Bruder angetan hatte, angesichts des gewaltsamen Nachspiels in den Hintergrund gerückt würde.

Also rief er Crump an, um ihn zu fragen, wie man die Protestierenden am besten erreichen könne. Philonise war ein trauernder Angehöriger, ein sanftmütiger Lkw-Fahrer, wie könnte man die Demonstrierenden dazu bringen, ihm zuhören? Crump fiel eine Person ein, die hier vielleicht etwas machen konnte. Er bat Philonise dranzubleiben und rief bei Sharpton an.

»Rev, hast du dieses Video aus Minneapolis gesehen?«, fragte Crump. »Die Familie wünscht sich, dass du dabei bist. Und ich betreue den Fall.«

Dass Crump mit einer trauernden Familie an Sharpton herantrat, war mittlerweile Routine, da auch die Fälle von Polizeigewalt Routine waren. Die beiden Männer hatten hier ihre eigene Vorgehensweise entwickelt: Sie wussten, wie man mit den Familien redete, wie sie Unterstützung von berühmten Leuten erhalten und Medienspektakel auf Beerdigungen inszenieren konnten. Sharptons erste Reaktion war etwas gedämpfter als der öffentliche Aufschrei, hatte er doch über die Jahre so viele furchtbare Videos gesehen. Aber das Land befand sich im Lockdown, Restaurants und Kinos waren geschlossen, es lief kein Sport. Das würde den Menschen erlauben, sich auf das aktuelle Problem zu konzentrieren, sie wären weniger abgelenkt. Sharpton versprach, zu tun, was er tun konnte.

Philonise erwartete nichts Außergewöhnliches von Sharpton,

er wollte nur, dass er nach Minneapolis ging und für eine friedlichere Stimmung sorgte.

»Das kann ich für Sie tun«, sagte Sharpton und machte sich daran, einen Plan auszuarbeiten. Es gab noch eine weitere, relativ neue Aktivistin, die er gern unter seine Fittiche nehmen würde. Nach dem Telefonat mit Crump rief er also Gwen Carr an. Ihr Sohn war bei einer Festnahme gestorben. Er hatte vor einem Laden in Staten Island Zigaretten verkauft, als ein Polizist ihn in den Würgegriff nahm.

»Hast du das Video gesehen?«, fragte Carr, wenngleich die Frage mittlerweile nur noch rhetorisch war. Sharpton lud sie ein, die Familie in Minneapolis kennenzulernen, und sie wollte die Reise antreten. Es gab nur ein Problem: Wie würden sie dort hinkommen?

Wegen der Pandemie hatte Sharpton New York monatelang nicht verlassen und fühlte sich nicht wohl mit dem Gedanken an einen Linienflug.

Er telefonierte herum und wandte sich mit der Bitte um Unterstützung für diese trauernde Familie an den Boxer Floyd Mayweather, den Hollywoodmagnaten Tyler Perry und an den reichsten Schwarzen der USA, den milliardenschweren Investor Robert F. Smith. Perry stellte ein Privatjet zur Verfügung – Sharpton würde mit Carr in den nächsten 24 Stunden losfliegen.

Inmitten dieser Tragödie erhielt die Familie von George Floyd Zugang zu einem außergewöhnlichen Netzwerk, das trauernde Angehörige in einer solchen Situation mit den einflussreichsten Afroamerikaner*innen der Welt verband. Fraziers Video schaffte es in die lokalen und nationalen Nachrichten, wurde in Talkshows besprochen und immer und immer wieder ausgestrahlt. Stars wie The Rock, Demi Lovato, Beyoncé oder Kim Kardashian West drückten online ihre Wut über den Todesfall aus.[10] Memes, die *weißen* Menschen ans Herz legten, sich mehr mit Büchern und Filmen zu systemischem Rassismus zu befassen, gingen viral. Und in Minneapolis hatte Bürgermeister Frey wieder das Gefühl, die alten bürokratischen Muster durchbrechen zu müssen, damit etwas vorwärts ging.

Er berief eine weitere Pressekonferenz ein, in der er den Bezirksstaatsanwalt kritisierte, da dieser keine Verhaftung von Chauvin und den anderen Polizisten veranlasst hatte. »Wenn Sie oder ich das getan hätten, wären wir schon hinter Gittern«[11], so Frey. »Wir können hier kein Auge zudrücken. Es liegt an uns, die wir Führungspositionen innehaben, es als das anzuerkennen, was es ist und es auch so bezeichnen.«

Hooker zog seinen Mundschutz auf und ging für den zweiten Protest um circa 17 Uhr wieder zur Kreuzung Thirty-Eighth und Chicago. Howard gab erneut Händedesinfektionsmittel aus. Auch Embaye war dort. Die Aktivist*innen waren heute noch offensiver, sie hatten das Hinweisschild auf einen Park abmontiert, es vor den CUP Foods platziert und darauf »GEORGE FLOYD SQUARE« geschrieben. Die Verkehrskreuzungen in der Nähe waren mit Betonblöcken versperrt, Demonstrierende erklärten das Gebiet zu einem unantastbaren Ort, in den weder Autos noch öffentliche Verkehrsmittel oder die Polizei eindringen sollten.

Sie legten Teddybären und Blumen vor dem CUP Foods nieder und stellten Kerzen auf. Manche trugen Gedichte vor, in denen sie von ihrer Wut sprachen, andere Lieder der Hoffnung. Da die Demonstrierenden von einer noch weitaus heftigeren Polizeireaktion als am gestrigen Abend ausgingen, hatten sie Wasser und Milch dabei, die bei Reizstoffangriffen Linderung verschaffen sollten.

Anfangs war der Protest friedlich, wieder mit Sprechchören und Megaphonen. Doch auf dem Weg zur Wache auf der Lake Street schlug ein Mann mit einer schwarzen Gasmaske und einem Regenschirm die Scheibe eines Kfz-Händlers ein und steckte den Laden in Brand. Ein anderer drang mit einem Brecheisen bei einem Discounter ein; die Demonstrierenden stahlen unter anderem Lebensmittel wie Eier, Milch und Butter. Hooker erinnert sich, dass er, als jemand sich einen Fernseher schnappte, gedacht habe: »Diese Firmen sind versichert, sie werden klarkommen.«

Das Plündern ging in der Gegend um den Discounter weiter, und Chief Arradondo bekniete den Bürgermeister, die Nationalgarde hinzuzuziehen. Frey wandte sich damit um halb sieben an Gouverneur Tim Walz,[12] doch der war unsicher, ob es wirklich notwendig war. Der Einsatz der Nationalgarde barg eigene Risiken, besonders, da die Proteste bisher doch überwiegend friedlich verliefen und die Situation so schwer einzuschätzen war.

Während man im Gouverneursbüro noch das Für und Wider abwägte, ging das Gebiet um die Lake Street in Flammen auf.[13] Häuser begannen zu qualmen, und die Feuerwehr kam nicht hinterher, die Brandherde an 16 verschiedenen Orten unter Kontrolle zu bringen.

Um 2.25 Uhr spürte man die Hitze der Flammen schon einen Block entfernt. Die Luft stank nach verbranntem Gummi. Hooker störte es nicht, das alles waren für ihn die natürlichen Konsequenzen daraus, dass das Justizsystem bei der Festnahme Chauvins zögerte.

Hooker rief auf seinem Handy Facebook auf und berichtete: »Wir haben es mit friedlichen Protesten versucht, als sie Jamar Clark getötet haben«, sagte er. »Wir haben es mit friedlichen Protesten versucht, als sie Philando Castile getötet haben. Heute versuchen wir etwas Neues. Das passiert, wenn man es mit unserer Minnesota-Nettigkeit zu weit treibt. Black Lives Matter, und ich erkläre mich solidarisch.«

Wieder lief Hookers Handy heiß, Freund*innen und Familie wollten sichergehen, dass es ihm gutging. Als er in den frühen Morgenstunden nach Hause kam, machte er die Kamera an und berichtete, was er erlebt hatte.

»Ich hoffe, dass es zwischen den *weißen* Liberalen und dem Rest der Community Solidarität geben kann«, so Hooker bei einem weiteren Facebook-Rückblick. »Man muss nur ein Geschichtsbuch aufschlagen. Wie viel ist denn verdammt nochmal mit friedlichen Protesten erreicht worden? Nicht viel, kann ich euch sagen.«

Am nächsten Morgen, dem 28. Mai, kamen Reverend Sharpton und Carr in Minneapolis an. Er berief ein Treffen mit den lokalen Pastoren ein, um eine Mahnwache an dem Ort vorzubereiten, der nun als George-Floyd-Platz bezeichnet wurde. Sie stellten eine Liste von Redner*innen zusammen, zu denen auch der Bundesstaatssenator Jeff Hayden und die Stadträtin Andrea Jenkins gehörten. Doch Sharpton hatte die Erfahrung gemacht, dass diese Demos davon profitierten, wenn dem Opfer nahestehende Personen sprachen. Daher fragte er an, ob Philonise oder ein anderes Mitglied der Familie verfügbar wären.

Erst jetzt wurde ihm bewusst, dass Floyds Familie hauptsächlich in Houston und North Carolina lebte, nicht in Minneapolis, und er erkannte, wie wenig er über den Mann wusste, dessen Namen sie gerufen hatten.

Zu diesem Zeitpunkt wurden nach und nach die groben Eckdaten von Floyds Leben öffentlich bekannt. Als der Bürgermeister erfuhr, dass Floyd im Club Conga gearbeitet hatte, der nur einen Block von Freys Wohnung entfernt lag, macht es bei ihm Klick. Floyd war nicht nur ein Bürger seiner Stadt, sondern jemand, dem Frey auf dem Heimweg zugenickt und gewunken hatte. Dem Bürgermeister wurde dadurch noch stärker bewusst, wie persönlich Floyds Tod in dieser Krise, die auch international Wellen schlug, für die Stadt war. Als er mit Floyds Familie sprach, versuchte er, dies im Hinterkopf zu behalten.

»Ich kannte ihn«, erzählte Frey ihnen. »George hatte etwas Ruhiges und Beständiges … Nichts, was ich sage, wird es besser machen können.«

Frey vermutete außerdem, dass die Stadt bald von Protestierenden überrannt werden würde, die, anders als Floyd, so gar nichts Ruhiges an sich hätten. Er hoffte immer noch, den Gouverneur vom Einsatz der Nationalgarde überzeugen zu können, die städtische Polizei könne die Stadt nicht gegen den wütenden Mob verteidigen und gleichzeitig friedliche Protestierende beschützen und Feuer löschen.

Währenddessen nahmen die Anwohner*innen die Sache selbst in Hand und rückten mit Wischern und Besen in der Lake Street an, um den Schutt aufzuräumen. Noch immer hing der Geruch von Asche in der Luft. Um 16 Uhr stimmte Gouverneur Walz der Mobilisierung der Nationalgarde zu. Doch sie würde erst auf konkrete Befehle warten müssen, sich vorbereiten und nach Minneapolis kommen. Es würde eine Weile dauern.

Derweil fand auf dem George Floyd Square die Mahnwache statt. Ein Pastor forderte *weiße* Teilnehmende auf, sich weiter nach hinten zu stellen, damit Schmerz und Leid der Schwarzen Amerikaner*innen im Vordergrund stünden. In seiner Ansprache bezeichnete Sharpton Freeman als nachlässig, da er noch nicht für eine Verhaftung der Polizisten gesorgt habe. Er rief dazu auf, weiter Druck zu machen, bis sich etwas ändern würde.

»Es gibt einen Unterschied zwischen Ruhe und Frieden«, richtete er sich an die Demonstrierenden. »Manche wollen einfach nur Ruhe. Der Preis für Frieden ist Gerechtigkeit. Man kann den Leuten nicht einfach sagen, sie sollen den Mund halten, ruhig sein und weiter leiden. Sie brauchen Frieden. Sie müssen spüren, dass ihr Leben etwas wert ist, dass das Gesetz für sie arbeitet. Dann wird man sie nicht ruhigstellen müssen. Sie werden von sich aus zur Ruhe kommen. Wir wollen Gerechtigkeit. Ohne Gerechtigkeit kein Frieden!«

Als Hooker an diesem Abend mit der Menge zurück ins Dritte Revier zog, rief er genau diese Worte. Wieder war es zuerst recht friedlich, einige Demonstrierende grillten oder tanzten gemeinsam. Aber sobald es dunkel wurde, kippte die Stimmung. »Sie durchbrechen die Absperrungen. Sie bewerfen die Cops«, war es um 20.49 Uhr auf dem Polizeifunk zu hören.

Die Protestierenden hämmerten gegen die Tür, bis sie aufsprang. Die Polizist*innen fürchteten, jemand könne Sprengstoff hineinwerfen, zogen sich Gasmasken auf und flohen. Als die Officers die Wache verlassen hatten, stürmten noch mehr Aktivist*innen den Haupteingang.

»Ohne Gerechtigkeit kein Frieden!«

Im Polizeifunk wurde berichtet, dass Protestierende mit Polizeijacken und Kampfausrüstung aus dem Gebäude rannten. Die Wache ging in Flammen auf. Die Feuerwehr rückte aus, aber Demonstrierende verstellten ihnen den Weg und weigerten sich, Platz zu machen.

»Ich kann nicht fassen, was da passiert«, sagte Hooker, der die Flammen aus der Ferne beobachtete. »Das wird solange so weitergehen, bis es einen Wandel im System gibt.«

In der vorherigen Nacht waren 16 Feuer gemeldet worden, in dieser waren es 23. Als die Nationalgarde in Minneapolis ankam, war es bereits zu spät. Von Derek Chauvins Polizeistation waren nur noch verkohlte Mauern und Asche übrig.

–

In der Nacht war es im ganzen Land zu Ausschreitungen gekommen. In Columbus, Ohio, waren Demonstrierende ins Parlamentsgebäude eingebrochen und hatten die Scheiben von Bushaltestellen und Geschäften zerschmettert. In New York warf ein Demonstrant eine Mülltonne nach einem Polizisten. Überall in den USA gab es Proteste: in St. Paul, Memphis, Denver, Phoenix und Louisville, wo sich zahlreiche Menschen den Aktivist*innen anschlossen und für Breonna Taylor auf die Straße gingen. 600 Menschen zogen durch die Stadt, die seit der Ermordung von Martin Luther King Jr. keine Proteste dieses Ausmaßes mehr gesehen hatte.

Als die Demonstrierenden gegen 23.30 Uhr durch die Innenstadt liefen, hörten sie plötzlich Schüsse fallen. *Pop, pop, pop.* Die Menschenmenge stob auseinander, sie suchten Schutz. Sieben

Personen wurden getroffen, aber keiner wusste, wer da eigentlich schoss. Die Nachrichten und Livestreams waren voller Bilder von Bränden, Gummigeschossen und Angeschossenen, und im Weißen Haus wuchs die Sorge, dass die Gewalt außer Kontrolle geraten würde. Präsident Trump verlangte von den jeweiligen Verantwortlichen der Staaten ein aggressiveres Vorgehen. Er hatte versprochen, als Präsident für Recht und Ordnung zu sorgen, aber davon konnte jetzt keine Rede sein. Ungefähr um Mitternacht begann Trump, aufrührerische Tweets abzusetzen.

»Diese GANGSTER beschmutzen das Andenken an George Floyd, das werde ich nicht zulassen«, schrieb er. Er war erfreut zu hören, dass der Gouverneur von Minnesota die Nationalgarde einsetzte, und schlug vor, wenn nötig zur Bekämpfung von Gewalt das Militär hinzuzuziehen. »Wenn es Schwierigkeiten gibt, übernehmen wir die Kontrolle. Aber bei Plündereien setzen wir Waffen ein [when the looting starts, the shooting starts].«

Im Nachhinein behauptete er, nichts von der rassistischen Geschichte dieser Aussage gewusst zu haben, mit der der Polizeichef von Miami 1967 Gewalt gegen Schwarze Demonstrierende ankündigte. Sie galt lange als Code für Polizeichef*innen, aggressive Taktiken gegen Schwarze Menschen einzusetzen. Twitter kennzeichnete die Äußerung als Verstoß gegen seine Richtlinien zur Gewaltverherrlichung, und Regierungsbeamt*innen beschuldigten Trump, Rassist*innen dazu zu ermutigen, auf Schwarze zu schießen.

Am 29. Mai, dem dritten Tag der Demonstrationen, überlegte Hooker, ob es mittlerweile zu gefährlich war, an den Protesten teilzunehmen. Der Präsident sprach davon, Waffen einzusetzen, der Gouverneur hatte die Nationalgarde geschickt. Andererseits glaubte Hooker, dass die Proteste – friedliche und weniger friedliche – langsam Wirkung zeigten. Mittags las er, dass der Bezirksstaatsanwalt endlich Chauvins Verhaftung bekanntgegeben hatte. Die Vorwürfe lauteten Mord dritten Grades und Totschlag zweiten Grades und beinhalteten, dass der Polizist sein Knie für 8 Minuten und 46 Sekunden auf Floyds Hals gedrückt habe. Die Dienststelle veröffentlichte[14] nun auch die Namen der anderen beteiligten Beamten: Tou Thao, Thomas Lane, und J. Alexander Kueng.

Waren diese Vorwürfe es wert, die Stadt in Brand zu setzen? Hooker hatte sich nicht an den Plünderungen beteiligt (er trug aber Turnschuhe, die jemand anders gestohlen hatte), fand sie aber erst nicht sonderlich problematisch. Doch dann gab es ein paar Aktionen von Demonstrierenden, die seiner Meinung nach der Community schadeten, wie beispielsweise Briefkästen hochzujagen und die Scheiben von Tankstellen und Supermärkten von Schwarzen Besitzer*innen einzuschlagen. Was waren das für Protestierende, die kleine, familiengeführte Läden zerstören wollten, die so wichtig für das Viertel waren?

Unter Aktivist*innen gab es Gerüchte, die später von den Strafverfolgungsbehörden bestätigt wurden, dass sich Anhänger*innen eines *weißen* Überlegenheitsdenkens unter die Demonstrierenden gemischt hatten, die noch mehr Gewalt und Anarchie verbreiteten. Der Mann mit dem Regenschirm[15], der die Scheibe des Kfz-Händlers eingeschlagen hatte, stand laut Polizeiaussagen mit der rassistischen und neonazistischen Gang *Aryan Brotherhood* in Verbindung. Staatliche Untersuchungen[16] identifizierten außerdem einen Mann, der 13 Schüsse auf die Wache des Dritten Reviers abgegeben hatte, als Mitglied der rechtsextremistischen Gruppe *Boogaloo Bois*. Die frühere Präsidentin der örtlichen NAACP, Leslie Redmond, berichtete, sie habe im überwiegend von Schwarzen bewohnten Norden der Stadt *weiße* Männer aus Zivilfahrzeugen schießen sehen. Und Anwohner*innen um den George Floyd Square beschwerten sich, dass Gruppen *weißer* Männer herumfuhren, Seitenspiegel abschlugen und parkende Autos demolierten. Die Vorfälle häuften sich, so dass »*Weiße* Jungs auf Rädern!« zum geflügelten

Wort wurde, um die Bürger*innen des südlichen Minneapolis zur Wachsamkeit aufzurufen.

Als Bürgermeister Frey eine ab 20 Uhr gültige Ausgangssperre für die Stadt verhängte, rang Hooker noch heftiger mit sich. Dagegen zu verstoßen, schien riskant. Hookers Freund*innen hörten den Polizeifunk mit, und man munkelte, der Begriff »tödliche Gewalt« sei gefallen. Der Tod, besonders, wenn er durch eine*n Gesetzeshüter*in herbeigeführt wurde, hatte seinen Schrecken nicht verloren, und mochte die Sache noch so ehrenhaft sein.

Hookers Freund*innen vermuteten, dass man mit diesen Aussagen nur Demonstrierende abschrecken wollte. Und warum sollte Bürgermeister Frey die Bedingungen für den Protest diktieren dürfen? Hooker kam zu dem Schluss, weiter zu demonstrieren würde etwas bringen und im Falle des Falles zeigen, wie unnötig und aggressiv hier Strafverfolgung betrieben wurde. Sie protestierten hier nicht nur für George Floyd, es handelte sich um eine größere Bewegung. Die Demonstrierenden kämpften für sich selbst.

Hooker wägte die Alternativen ab, bis er das Gefühl hatte, überhaupt keine Wahl zu haben. Die Antwort fand er auf seinem Schachbrett an der Wand. Ihm fiel eine Eröffnung namens Königsindische Verteidigung ein. Anders als viele andere Eröffnungen beruht die Indische nicht auf dem üblichen Hin und Her der beiden Seiten. Es ist ein aggressives Vorgehen, mit dem man versucht, den gegnerischen König zu kompromittieren.

Für Hooker war die beste Gegenmaßnahme eine Spielart, die den inoffiziellen Namen »Neandertaler-Angriff« trug. Dabei handelt es sich um eine riskante Taktik, die ordentlich nach hinten losgehen kann. Aber bei einem mächtigen Gegner ist es möglicherweise die einzige Chance, das Königreich zu schützen.

Die Figuren, die in der Königsindischen den Angriff starteten, waren wie die Polizei, fand Hooker. Die beste Verteidigung war für ihn demnach ein noch aggressiverer Gegenangriff.

Um 16.25 Uhr ging er auf Facebook Live.

»Ich habe beschlossen, in die Stadt zu gehen«, sagte er. »Es ist für mich die logische Schlussfolgerung, im besten Falle werde ich verhaftet. Ich schreibe mir die Nummer von der Polizei auf die Arme. Aber ich ... Ich habe echt Angst. Ich glaube nicht, dass die Wahrscheinlichkeit, dass ich sterbe, überwiegt. Aber dass es fifty-fifty steht, ob ich ins Gefängnis komme oder sterbe. Ich hoffe wirklich, dass ich es nach Hause schaffe und meine abendliche Zusammenfassung zu den Aufständen geben kann.«

Als er das Video beendet hatte, kontaktierte ihn ein einundzwanzigjähriger *weißer* Collegestudent der University of Minnesota, den er vom Schach und von Videospielturnieren kannte. Sebastian Moore diskutierte gerade mit seinen 14 anderen *weißen* christlichen Mitbewohner*innen über einige grundlegende Fragen des Vorfalls. War diese Polizeigewalt wirklich an der Tagesordnung? Und war das alles rassistisch motiviert? Was konnten sie tun?

Moore bat Hooker um seine Meinung. Der bestätigte ihm, dass diese Polizeigewalt Realität war, Moore solle sich solidarisch mit den Aktivist*innen zeigen. Und zu Hookers Überraschung stimmte der Student ihm zu und wollte seine Stimme ebenfalls erheben. Außerdem wollte er selbst beurteilen können, ob die Proteste so friedlich waren, wie es seine liberaleren Freund*innen behaupteten, oder so gewalttätig, wie seine konservativen Freund*innen es andeuteten.

»Ich komme heute zur Demo«, sagte Moore.

»Halt, was?«, fragte Hooker. »Weißt du, wie gefährlich das ist? Sie haben gesagt, dass sie vielleicht tödliche Gewalt einsetzen.«

»Es muss sich etwas ändern«, sagte Moore.

Also machten sich die beiden Männer auf zu den Protesten. Sie schlossen sich einer Gruppe an, die in Richtung Innenstadt zog, da waren Polizist*innen vor dem Club Gay 90's. Demonstrierende bewarfen die Polizist*innen, und sie rückten vor, aber die Situation eskalierte nicht weiter. Doch als die Gruppe weiterzog, vorbei an einer Pizzeria, wurde die Lage brenzlig: Sie trafen auf berittene Polizei, und als die Demonstrierenden näher kamen, erhoben die Pferde die Hufe, und ein Protestierender ging zu Boden. Die Gruppe drang weiter vor, und laut Hooker bekamen einige Dutzend Tränengas ab.

Schattengestalten setzten erneut Gebäude in Brand, jagten Briefkästen hoch. Noch mehr Polizei wartete an den Tankstellen. Hooker und seine Gruppe wollten für 8 Minuten und 46 Sekunden niederknien – die Zeitspanne nach damaligem Stand, die Chauvin sein Knie auf Floyds Hals gedrückt hatte. Sie blockierten den Highway und marschierten die Interstate 35 entlang, kehrten irgendwann in die Lake Street zurück.

»Kaum wiederzuerkennen«, stellte Hooker in seinem Facebook Feed fest, als er sicher zu Hause angekommen war.

Noch immer brannten die Geschäfte, und das Polizeirevier kokelte vor sich hin. Neue Feuer wurden entzündet, Böller geworfen, Menschen plünderten weiter den Supermarkt, nahmen sich Softdrinks und Snacks.

Der »Neandertaler-Angriff« schien aufzugehen. Die Nationalgarde konnte kaum mit den Menschenmengen mithalten, die im Zentrum, um den George Floyd Square, das Rathaus und die Wache protestierten.

»Gerade sind wir in der Überzahl«, berichtete Hooker seinen Zuschauer*innen. »Wir müssen jetzt nur die gleiche Anzahl an Leuten und die gleiche Verteilung beibehalten, dann können sie nicht mithalten. Sie sind überfordert, versuchen nur, Feuerwehrautos und Krankenwagen zu schützen.«

In dieser vierten Nacht der Proteste musste die städtische Feuerwehr 30 Gebäude löschen.

Gouverneur Walz zeigte sich am nächsten Morgen, dem 30. Mai, in einem Gespräch mit Journalist*innen noch aufgebrachter. Er teilte Hookers Einschätzung: Die Ordnungskräfte waren überfordert. Man müsse die gesamte Nationalgarde mobilisieren.

»Lassen Sie mich das ganz klar sagen«, so Walz. »Bei den Protesten in Minneapolis geht es mittlerweile überhaupt nicht mehr um den Mord an George Floyd. Sie sind zum Angriff auf die Zivilbevölkerung geworden, es geht darum, Angst zu verbreiten und unsere großen Städte zu zerstören.«[17]

Im ganzen Land gab es mittlerweile Unruhen. In Atlanta rief Bürgermeisterin Keisha Lance Bottoms die Plündernden dazu auf, nach Hause zu gehen, nachdem sie die CNN-Zentrale mit Feuerwerkskörpern beworfen und im Olympic Park Feuer gelegt hatten. Der Highway 101 in San Jose wurde von Protestierenden blockiert, in Charlotte warfen sie Steine. Es gab Ausschreitungen in Städten[18] von Bakersfield bis Boston, Des Moines bis Detroit, Indianapolis, Chicago, Cincinnati und Charlotte.

»Es herrscht Chaos«, so Bottoms auf einer Pressekonferenz.[19]

Draußen, auf den Straßen, regierte das Chaos, und drinnen, innerhalb von Organisationen und in den Köpfen von Einzelpersonen, arbeitete es; der quälende Gedanke, nicht genug getan zu haben, um eine Kultur abzuschaffen, in der ein *weißer* Mensch so einfach einen Schwarzen töten konnte.

Die Black-Lives-Matter-Bewegung wurde zum Mainstream, doch obwohl durch George Floyds Tod das Ganze an Fahrt aufnahm, war er nicht der alleinige Grund.

Seit Michael Browns Tod im Jahre 2014 hatte man in aktivistischen und akademischen Kreisen eifrig versucht, den Spruch »Black Lives Matter« zu etablieren. Den Hashtag, der später viral gehen sollte, hatten die Aktivistinnen Patrisse Khan-Cullors, Alicia Garza und Opal Tometi 2012 nach der Tötung von Trayvon Martin begründet. Browns Tod hatte die Bewegung weiter angetrieben. In den nächsten Jahren schloss sich eine neue Generation von Aktivist*innen dem Kampf gegen Polizeibrutalität an. Sie griffen öffentlichkeitswirksame Todesfälle Schwarzer Menschen auf, darunter Laquan McDonald, Tamir Rice, Walter Scott und Alton Sterling. Sie traten regelmäßig im Fernsehen auf und hatten eine große Gefolgschaft auf Twitter und Instagram. Sie bewegten sich auch in akademischen Kreisen, hielten Reden auf dem Campus und prägten den Diskurs mit, wie die nächste Generation von Entscheidungsträger*innen das Thema wahrnehmen würde.

Das trug zu einer neuen Ära des Schwarzen Selbstverständnisses bei, einer »unapologetischen« Schwarzen Ästhetik, die Schwarze Geschichte und Bürgerrechtsanliegen in Mode und Kunst einfließen ließ. Diese Ästhetik beeinflusste Serien wie *Black-ish* und *When They See Us* von Ava DuVernay und eröffnete den US-Amerikaner*innen so Zugang zu dieser Kultur und schuf Berührungspunkte. Das Konzept Black Lives Matter wurde dadurch viel greifbarer. Hinzu kam nach der Präsidentschaftswahl 2016 eine erhöhte Sensibilität hinsichtlich des Themas Rassismus: Präsident Trumps Aussage, die rechtsextremen Demonstrierenden in Charlottesville seien »sehr gute Leute«, erlangte traurige Berühmtheit, er äußerte sich abfällig über Menschen aus Mexiko und solche mit muslimischem Glauben, bezeichnete einen mehrheitlich Schwarzen Wahlbezirk Baltimores als »ekelhaftes, von Ratten und Nagetieren verseuchtes Loch«[20] und legte sich mit dem gefeierten Bürgerrechtler und Abgeordneten John Lewis aus Georgia an.[21] Während der Pandemie, als Sportveranstaltungen abgesagt, Schulen geschlossen und die Menschen aufgefordert wurden, ihre Wohnungen nicht zu verlassen, konnte das Land diesen auf Video festgehaltenen Vorfall von Polizeibrutalität nicht so leicht ignorieren wie sonst.[22]

Floyds Tod beschäftigte das ganze Land. Laut einer Studie vom Brookings Institute[23] beinhalteten in der ersten Protestwoche 13 Prozent aller Posts und 15 Prozent der Interaktionen auf Twitter den Satz »Black Lives Matter«. Die Ortsgruppen von Organisationen wie *Showing Up for Racial Justice (SURJ)*, die *Weiße* darin schulen, sich besser mit Schwarzen Amerikaner*innen zu solidarisieren, verzeichneten einen exponentiellen Anstieg der Workshopteilnehmenden.

Als Hooker an diesem Wochenende demonstrieren ging, hatten sich den Protesten noch mehr Menschen angeschlossen, darunter auch Familien. Am Sonntag, dem 31. Mai 2020, sechs Tage nachdem Floyd gestorben war, strömten die Demonstrierenden in die Innenstadt und zum George Floyd Square. Vor dem städtischen Regierungsgebäude und dem State Capitol in St. Paul formierten sich Sprechchöre. Noch immer war die Lage alles andere als ungefährlich. Als Hooker sich um 17.30 Uhr aufmachte, um auf einer Schnellstraße, die über den Mississippi River führte, zu demonstrieren, erreichte ihn die Nachricht, dass ein oranger Laster in die Menschenmenge gefahren war.

Laut Polizeiangaben war der Lkw unabsichtlich auf die Brücke geraten, doch das glaubten die Demonstrierenden nicht, schließlich hatten die Strafverfolgungsbehörden die Öffentlichkeit erst vor sechs Tagen über George Floyds Tod in die Irre geführt.

Hooker rief sich immer wieder eine Version des Sprechchors von Assata Shakur in Erinnerung, einer berühmten Politaktivistin der Black Liberation Army. Nachdem sie für den Mord an einem Polizisten verurteilt wurde, floh sie nach Kuba. Der Text hat sich mittlerweile von ihrer kontroversen Vergangenheit losgelöst. Marxistische Philosophie und Black Pride mischen sich in ihren Worten, die als Ermutigung dienten, wenn es im Kampf für die Gerechtigkeit brenzlig wurde:

*It is our duty to fight for our freedom!*
*It is our duty to win!*
*We will love and support one another!*
*We have nothing to lose but our chains!*

*Es ist unsere Pflicht, für unsere Freiheit zu kämpfen.*
*Es ist unsere Pflicht, zu gewinnen!*
*Wir lieben und helfen uns!*
*Wir haben nichts zu verlieren außer unseren Ketten!*

Die Proteste erreichten ein Ausmaß, das diese Generation noch nicht kannte. Das Wochenende war noch nicht vorbei, da hatte man 4100 Protestierenden im ganzen Land Handschellen angelegt und sie verhaftet. In Louisville fielen Schüsse, in New York erlitten Polizist*innen Gehirnerschütterungen, in Washington, D.C.,[24] brannten Autos, und nur wenige Blocks vom Weißen Haus entfernt waren Toilettenkabinen mit »Amerikkka«[25] besprayt. Im Keller der historischen John's Episcopal Church legte jemand Feuer, bald stand die ganze Kirche in Flammen. Als sich die Lage zuspitzte, errichteten die Ordnungskräfte provisorische Barrikaden um das Weiße Haus. Eine Gruppe Protestierender kletterte darüber und bewarf die Agent*innen des Secret Service mit Steinen und Flaschen.

Die Menge schaffte es auf 100 Meter an die Executive Mansion heran, und man brachte Präsident Trump, der die Gouverneur*innen zuvor angewiesen hatte, alles zu tun, um die Straßen zu »beherrschen«, in einem unterirdischen Bunker in Sicherheit. Der Präsident erntete viel Gespött[26] dafür, sich feige zu verstecken und in seinen Tweets[27] weiter wie ein harter Typ erscheinen zu wollen.

Am 1. Juni 2020, sieben Tage, nachdem George Floyd gestorben war, setzte die Trump-Regierung auf aggressive Maßnahmen, um die städtische Ausgangssperre für 19 Uhr durchzusetzen. Im Zentrum ertönten weiter Sprechchöre auf dem Lafayette Square, nur wenige Schritte vom Weißen Haus entfernt, das ganz von Sperrholz und Polizist*innen in Tarnanzügen umgeben war, die vor den verbarrikadierten Gebäuden patrouillierten.

Den Nachmittag über blieben die Proteste friedlich, es wurde getanzt und gesungen. Jemand hatte sogar eine Staffelei mitgebracht und malte. Gegen 18 Uhr bezogen Polizist*innen, die Park Police, die Nationalgarde der Hauptstadt und der Secret Service Position ums Weiße Haus. Dahinter konnten die wütenden Demonstrierenden Mark Milley, Vorsitzender des Vereinigten Generalstabs der Streitkräfte der Vereinigten Staaten, und Bezirksstaatsanwalt General William P. Barr erkennen.

Es wurden immer mehr und mehr Polizist*innen, und die Protestierenden forderten sie auf, sich mit ihnen solidarisch zu zeigen und zu knien – und zur großen Überraschung der Menge, folgten sie dem Aufruf. Einige Demonstrierende applaudierten.

Die Nationalgarde kniete jedoch nicht in Erinnerung an George Floyd, sondern zog Gasmasken auf.

Plötzlich stießen die Polizist*innen vor, schubsten Protestierende zu Boden, zielten mit Gummigeschossen direkt auf sie, setzten Reizstoffe ein und warfen Blendgranaten. Sie feuerten mit Pfefferspraygeschossen und warfen Granaten mit Gummikugelschrot. Dann sprühten sie Tränengas. Die Protestierenden rannten, einige mit erhobenen Händen, und riefen: »Nicht schießen! Nicht schießen!«

Die Garde hatte den Platz über zehn Minuten vor Beginn der Ausgangssperre geräumt – eine auf den ersten Blick unerklärliche Aktion in einer Stadt, in der die Stimmung ohnehin so gereizt war. Doch das Land sollte den Grund dafür bald erfahren.[28]

Während der Platz geräumt wurde, trat Präsident Trump in den Rosengarten des Weißen Hauses und sprach sich erneut für die Niederschlagung der Widerstände aus.

»Es ist eine absolute Schande, was gestern Nacht in unserer Stadt geschehen ist«, sagte er. »Ich habe Abertausende schwer bewaffnete Soldat*innen, Militärs und Ordnungskräfte entsandt, die sich in diesem Moment daranmachen, die Ausschreitungen, Plünderungen, den Vandalismus, die Angriffe und die mutwillige Zerstörung von Eigentum zu beenden.«

Während sich die giftige, gelbe Wolke vom Lafayette Square langsam legte, kam Trump zum Ende: »Und jetzt möchte ich einem sehr, sehr besonderen Ort meinen Respekt zollen.«

Er machte sich auf den Weg zur St. John's Episcopal Church, über ein Dutzend seiner Leute im Schlepptau, darunter Barr, Milley, sein Stabschef Mark Meadows, Mitarbeitende aus seinem PR-Team sowie seine Tochter Ivanka Trump und sein Schwiegersohn Jared Kushner, seine wichtigsten Berater*innen. Als er an der Kirche ankam, waren die Straßen ruhig und friedlich, keine Spur mehr von dem Chaos, das noch wenige Minuten zuvor geherrscht hatte. Trump positionierte sich vor einem Schild neben der Kirche. Darauf stand: »ALLE SIND WILLKOMMEN«. Er wandte sich den Kameras der Nachrichtensender zu, hob den Arm. In der Hand hielt er eine Bibel.

## Kapitel 12

# HÖRT MICH SCHREIEN!

Wenige Tage, bevor Präsident Trump eine erschütterte Nation an der St. John's Episcopal Church vor den Kopf stieß, erzürnte er auch noch einen trauernden Bruder. Philonise Floyd war überrascht, als der Präsident, der mit seinen Aussagen so häufig Rassist*innen angestachelt und ermutigt hatte, ihn anrief, um sein Beileid auszudrücken. Trotz allem wollte Philonise die Gelegenheit nutzen, um seinen Schmerz mit ihm zu teilen. Trump nannte den Tod seines Bruders eine sinnlose Tragödie, und Philonise hoffte, einen gemeinsamen Nenner zu finden.

»Ich kann nicht fassen, dass sie am helllichten Tag Lynchjustiz begangen haben, das werde ich nicht hinnehmen«, sagte Philonise dem Präsidenten.[1] Er wollte ihn anflehen, mit allen Mitteln zu verhindern, dass noch mehr Menschen so starben wie Perry. Er wollte den Präsidenten bitten, ihm in seinem Kampf um Gerechtigkeit beizustehen. Aber Trump interessierte sich offensichtlich nicht dafür, was Philonise dachte. Er sprach einfach immer weiter, als wollte er das Gespräch so rasch wie möglich beenden. Was er dann auch tat.

»Das hat mich verletzt«, erinnerte sich Philonise. »Es war, als wollte er gar nicht hören, was ich sagte.«

Verschiedene einflussreiche Politiker*innen meldeten sich persönlich bei der Familie. Senatorin Amy Klobuchar sagte den Angehörigen, sie werde auf eine Untersuchung gegen die städtische Polizei durch Bundesbehörden drängen. Barack Obama, der erste Schwarze US-Präsident, tat das genaue Gegenteil seines Nachfolgers. Er sagte der Familie, in diesem Moment gehe es um sie, nicht um ihn, und er wolle wissen, wie sie sich fühlten. Joe Biden, Obamas Vize-Präsident, der die Nominierung der Demokratischen Partei als Trumps Herausforderer in der kommenden Wahl so gut wie gesichert hatte, kontaktierte Floyds Familie ebenfalls. Er bemühte sich, eine Verbindung zu ihnen aufzubauen, indem er über den öffentlichen Verlust von geliebten Menschen mit ihnen sprach – seine Frau und Tochter waren im Jahr 1972 bei einem tragischen Autounfall ums Leben gekommen, wenige Wochen, bevor er in den US-Senat einzog, und als sein Sohn Beau an Krebs starb, war Biden bereits Vize-Präsident.[2]

»Ich weiß, wie sich Trauer anfühlt, aber mein Verlust ist nicht derselbe wie der Verlust, den die Familie Floyd und viel zu viele andere empfinden«, so habe Biden gedacht, bevor er die Familie anrief.[3] »Gleichzeitig kenne ich auch das Gefühl, nicht mehr weiterzukönnen. Ich weiß, wie sich dieses große Loch in der Brust anfühlt.«

Sechs Mitglieder der Floyd-Familie waren in der Leitung, als Biden anrief. Er achtete darauf, dass jede*r von ihnen zu Wort kam und etwas über den Verwandten, den sie verloren hatten, sagen konnte. Biden betete mit ihnen und bat um Weisheit und Stärke, und er ermutigte sie dazu, »all die Wut und all den Schmerz für etwas Gutes zu nutzen«. Biden sagte der Familie, er wolle sie persönlich besuchen.

»Mein Bruder ist mehr als nur ein Video«, sagte Philonise zu Biden. »Wir wollen, dass die Leute wissen, wer er ist.«

»Wenn ich zum Präsidenten gewählt werde, dann werde ich alles tun, was in meiner Macht steht«, versprach Biden. »Und auch, wenn ich nicht gewählt werde, werde ich immer noch alles tun, was in meiner Macht steht, damit die Welt Georges Namen nicht vergisst, und auch nicht den Mann, der er war.«

Bei der Familie resonierte diese Haltung, George Floyd gehörte zwar der Welt, aber in erster Linie gehörte Perry ihnen. Sie begrüßten die guten Wünsche, aber mehr als alles andere wollten Philonise und die Familie Gerechtigkeit für ihren Bruder. Vor Gericht. Von der Regierung. Von der Gesellschaft insgesamt. Sie mussten auch noch herausfinden, wie diese »Gerechtigkeit« aussehen sollte.

»Ich will nicht, dass er nur zu einem Namen auf einem T-Shirt wird, und auch nicht, dass Leute herumsitzen und ›George Floyd, George Floyd‹ brüllen«, sagte Philonise. »Das will ich nicht. Wenn ich ihn ansehe, dann will ich wissen, dass Polizist*innen sich Gedanken darüber machen müssen, was sie anderen antun.«

Philonise hatte sich sein ganzes Erwachsenenleben lang nach dem gerichtet, was seine Mutter ihm darüber beigebracht hatte, wie man nach Generationen von Plünderungen und Schmerz mit Rassismus umgeht: Zieh den Kopf ein, mach das Beste aus dem, was du hast, sorge für deine Familie. Aber nun merkte Philonise, dass er nicht mehr länger passiv bleiben konnte. Wenn Hunderttausende Menschen im ganzen Land mutig Gerechtigkeit für seinen Bruder forderten, dann musste er es auch tun. Seine öffentlichen Unterstützer*innen hatten eine eigene Plattform: Reverend Al Sharpton moderierte eine Talkshow bei MSNBC. Fünf Tage nach Perrys Tod saßen Philonise und Brandon Williams vor einem Computerbildschirm und erklärten Sharpton und seinen Zuschauer*innen, wie verzweifelt sie auf Veränderungen hofften.

»Ich musste noch nie jemanden um etwas anbetteln«, erzählte Philonise über seine Interaktionen mit Biden. »Ich bat ihn, er solle bitte, bitte, dafür sorgen, dass meinem Bruder Gerechtigkeit widerfährt, weil ich es brauche. Ich *brauche* es …«

Dann senkte er den Kopf und weinte, weil er daran dachte, dass aus seinem Bruder der neueste Hashtag geworden war.

»Schwarze Menschen haben das nicht verdient«, sagte Philonise. »Dass wir alle sterben. Black Lives Matter.«

Er lernte, sich für seine Tränen nicht zu schämen. Er würde alle Mittel nutzen, um Druck auf die vielen Politiker*innen auszuüben, die ihn jetzt umkreisten. Und so langsam hatte er das Gefühl, dass seine Strategie Wirkung zeigte.

Als der Gouverneur von Minnesota, Tim Walz, anrief, um sein Beileid auszudrücken, forderten Philonise und seine Familie sehr deutlich, dass der Bezirksstaatsanwalt von Hennepin County, Mike Freeman, vom Chauvin-Fall abgezogen werden sollte. Freemans Verhalten in früheren Verfahren entmutigte sie und ließ sie befürchten, dass er bei Polizist*innen sehr nachsichtig sein würde. Freeman hatte Chauvin wegen Mordes dritten Grades und Totschlag zweiten Grades angeklagt, obwohl die Familie auf eine sehr viel schwerwiegendere Anklage wegen Mordes ersten Grades gehofft hatte. Drei weitere Polizisten hatten ihren Bruder zu Boden gedrückt, aber Freeman hatte nur Chauvin angeklagt.

Die Floyds hatten außerdem erfahren, dass Keith Ellison, der erste afroamerikanische Kongressabgeordnete von Minnesota, der an der Universität von Minnesota Jura studiert hatte und kein Blatt vor den Mund nahm, inzwischen Generalstaatsanwalt von Minnesota war. Aufgrund seiner Geschichte und seines Hintergrunds vertrauten sie darauf, dass er den Fall mit der angemessenen Strenge verfolgen würde.

Die Forderung der Floyds erinnerte Walz an seine vielen Gespräche mit Valerie Castile.[4] Sie hatte ihm gesagt, sie habe häufig das Gefühl, dass die Anklagevertreter*innen ihr gar nicht zuhörten, und wie viele andere Afroamerikaner*innen hatte sie das Vertrauen in das Justizsystem verloren. Walz gab ihr gegenüber zu, dass er noch vieles lernen musste, und mit der Zeit entwickelte sich zwischen den beiden nach dem Tod ihres Sohnes eine ungewöhnliche Freundschaft.

Walz war ein ehemaliger Lehrer für Geschichte, der im ländlichen Nebraska aufgewachsen war und sich seine ersten politischen Sporen in einem Staat mit gerade einmal sieben Prozent

Schwarzer Bevölkerung verdient hatte.[5] Er gab zu, dass er über Rassismus vieles nicht wusste, und hörte sich Podcasts an wie *Floodlines* von *The Atlantic*, in dem auch davon erzählt wurde, wie die Schwarzen bei Hurrikan Katrina ignoriert worden waren. Er wollte seine Macht nutzen, damit sich derartige Fehler nicht wiederholten, und er musste an etwas denken, das Castile ihm eingeprägt hatte: Wenn Schwarze ihren Schmerz teilen, dann musst du nicht nur zuhören – du musst sie wirklich *anhören*.

Am Sonntagnachmittag des 31. Mai erhielt Ellison einen Telefonanruf des Gouverneurs. Die Familie Floyd hatte mit ihren Bemühungen Erfolg gehabt: Ellison bekam den Fall.

Ellison machte sich keine Illusionen darüber, wie schwierig es werden würde, die Geschworenen davon zu überzeugen, einen Polizisten ins Gefängnis zu schicken. Die *Star Tribune* hatte berechnet, dass seit dem Jahr 2000 mehr als 200 Menschen in Minnesota von Polizist*innen getötet worden waren.[6] Nur einer von ihnen – ein US-Amerikaner somalischer Herkunft namens Mohamed Noor, der eine *weiße* Frau getötet hatte – war je verurteilt worden.[7] Ellison war für einen Beamten ungewöhnlich energisch und direkt und wusste auch um das Risiko für seine eigene Reputation bei den Schwarzen Einwohner*innen des Staates – und der Familie Floyd –, wenn er bei der Strafverfolgung gegen die Polizei nicht weiter ging als Mike Freeman.

»Was geschieht, wenn wir alle Beweise gesichtet und alle Gesetze gelesen haben und trotzdem keine Anklagepunkte hinzufügen können, oder wenn wir die anderen drei nicht anklagen können?«, erinnerte sich Ellison an seine Gedanken damals. »Denn ich würde auf keinen Fall ungerecht gegenüber jemandem sein, auch nicht gegenüber den Polizisten.«

Er versuchte daher, seine Idealvorstellung eines Teams zusammenzustellen. Weil es in Ellisons Staatsanwaltschaft nur wenige Anwält*innen mit Erfahrung bei Anklagen gegen Polizist*innen gab, suchte er außerhalb der Behörde nach profilierten Jurist*innen. Einer der ersten, auf die er dabei stieß, war Steve Schleicher, ein ehemaliger Bundesstaatsanwalt mit einem gewinnenden Lächeln und einem starken Minnesota-Akzent, der gelegentlich juristische Kommentare im lokalen Fernsehen abgab. Schleicher und Ellison kannten sich nicht, aber Schleicher war gern bereit, in den Gerichtssaal zurückzukehren.

Dann nahm Ellison Kontakt zu Jerry Blackwell auf, einem Gründungsmitglied der *Minnesota Association of Black Lawyers*. Blackwell hatte graues Haar und eine beruhigende Stimme und hatte früher Unternehmen wie den Mineralölkonzern ExxonMobil vertreten, wusste also, wie man Geschworene dazu brachte, über potenzielle Vorurteile hinwegzusehen. Blackwell fühlte den Ruf der Geschichte und übernahm den Fall sofort – er wusste, dass es im Team bisher nur einen recht unerfahrenen afroamerikanischen Anwalt gab, und bei diesem Fall brauchte es Schwarze Perspektiven.

Als Nächstes fragte Ellison den ehemaligen Generalstaatsanwalt Eric Holder sowie Tom Perez, ehemals stellvertretender US-Generalstaatsanwalt für Bürgerrechte, der eine Zeitlang das Democratic National Committee geleitet hatte, nach weiteren Empfehlungen. Dabei fiel der Name von Neal Katyal, dem ehemaligen Solicitor General unter Obama. Katyal erklärte sich zur Mitarbeit bereit.

Dann entschied Ellison, dass sein Team mehr Frauen brauchte, und er fragte bei Lola Velazquez-Aguilu an, einer ehemaligen Staatsanwältin, die als Justiziarin für ein Tech-Unternehmen arbeitete. Sie hatte ihm bereits zuvor am Telefon gesagt, dass sie Bedenken habe, wie Freeman bei dem Fall vorging.

Ellison hatte ein außergewöhnlich diverses Team aus 14 Anwält*innen zusammengestellt, von denen zwei weitere Afroamerikaner*innen, zwei »Latinas« und zwei Amerikaner*innen asiatischer Herkunft waren. Keiner von ihnen kannte sich bisher persönlich oder auch nur über Zoom, aber sie alle verband eine größere Mission, als nur einen Fall zu gewinnen. Sie wollten ein neues Vorgehen des Staates bei der Strafverfolgung von Polizist*innen entwerfen.

Eines ihrer ersten Ziele war, dafür zu sorgen, dass die Floyds den Respekt erhielten, den Valerie Castile vermisst hatte. Auf Drängen der staatlichen Opferanwältin Veronica Boswell flog Ellison nach Houston und versprach dort der Familie, sie stets miteinzubeziehen. Er war selbst ein Schwarzer Mann mit Wurzeln in Louisiana und wusste die Gastfreundlichkeit der Floyds und ihre Liebe zur Südstaatenküche zu schätzen. Ellison sagte ihnen, solange Chauvin nicht vollständige und echte Reue zeigte, werde er sich nicht auf »eine Strafminderung« oder einen Deal einlassen.

»Genau so sollte ein Staatsanwalt sein«, urteilte Brandon Williams über ihn.

In Minneapolis überlegte das Team unterdessen, ob es genügend Beweise gab, um über Freemans ursprüngliche Anklagen hinauszugehen.[8] Sie untersuchten die Videos und prüften, welchen Anteil die einzelnen Polizisten an Floyds Tod hatten. Bei einer erneuten Durchsicht der Aufnahmen bemerkte Velazquez-Aguilu, dass Floyd versuchte, die Schultern zu heben, um mehr Luft zu bekommen, es aber nicht konnte, weil die Polizisten ihn festhielten.

Da hatte Ellison eine Eingebung. Die Gruppe kam zu dem Schluss, dass die drei anderen Polizisten, die Floyd festgehalten hatten, mindestens wegen Mord dritten Grades angeklagt werden sollten. Bei dieser Anklage wird unterstellt, dass die Angeklagten ohne Rücksicht auf das Leben des Opfers gehandelt hatten. Bei einer Verurteilung drohten ihnen damit bis zu 25 Jahren Gefängnis.

Danach erörterte das Team, ob sich die Anklage gegen Chauvin noch verschärfen ließ. Wenn seine Handlungen vorher geplant waren, konnten sie ihn wegen Mord ersten Grades anklagen – wie es sich die Floyds gewünscht hatten. Immerhin hatte sich in der Stadt das Gerücht verbreitet, Floyd und Chauvin seien sich nicht grün gewesen, seit sie an denselben Abenden in einem Club namens El Nuevo Rodeo als Security gearbeitet hatten. Außerdem hatte eine Frau aus Missouri, die behauptete, sie sei Floyds frühere Drogenberaterin gewesen, gegenüber Anwält*innen ausgesagt, Floyd habe sich schon seit Jahren über Chauvin beschwert.

Die Behauptung der Frau ließ sich nicht bestätigen, und der Kollege bei El Nuevo Rodeo, der behauptet hatte, Chauvin und Floyd hätten ein angespanntes Verhältnis gehabt, zog seine Aussage unter Eid zurück. Die Eigentümerin des Clubs, Maya Santamaria, bezweifelte, dass die beiden Männer überhaupt miteinander zu tun gehabt hatten, da sie in unterschiedlichen Bereichen des Clubs gearbeitet hatten. Und sie konnte noch nicht einmal belegen, dass die beiden je gleichzeitig bei der Arbeit gewesen waren. Damit ließ sich nicht beweisen, dass bei Floyds Tötung persönliche Gründe im Spiel gewesen waren.

Das Team recherchierte auch, wie sich Chauvin in der Vergangenheit im Dienst verhalten hatte, seine Lebensgeschichte, seine Karriere, ob er Verbindungen zu weißen rassistischen Gruppierungen hatte. Die Nachforschungen ergaben aber keine neuen Anhaltspunkte, die ihnen weitergeholfen hätten. Ellison musste feststellen, dass er nicht beweisen konnte, dass Chauvins Tat geplant gewesen war, auch wenn es sich die Familie anders wünschte.

Die Nachforschungen zu Chauvin brachten jedoch nebenbei ans Licht, dass er die Einkünfte aus seinen Nebenjobs nicht alle versteuert hatte. Das benachbarte Washington County forderte von Chauvin und seiner getrennt lebenden Frau Kellie daraufhin eine Strafzahlung wegen Steuerhinterziehung, weil sie zwischen 2014 und 2019 bis zu 464 433 Dollar ihrer Einkünfte unterschlagen hatten.[9] Wegen weiterer Steuervergehen, bei denen die Chauvins auf nicht schuldig plädierten, drohten ihnen bis zu fünf Jahre Gefängnis.[10]

»Wir haben lange versucht, Derek Chauvin zu verstehen, bis

wir es einfach aufgaben«, erinnerte sich Ellison. »Wir haben es versucht, weil wir eine Theorie zu dem Fall aufstellen wollten.«

Mit der Zeit sammelte Ellisons Team genug Material, um Chauvin auch noch wegen Mord zweiten Grades anzuklagen. Dafür mussten sie beweisen, dass Chauvin, während er Floyd tötete, noch eine andere Straftat beging. In Chauvins Fall war das die Anwendung von übermäßiger Gewalt.

Den drei anderen Polizisten wurde Beihilfe zum Mord zweiten Grades vorgeworfen, und sie sollten eigene Gerichtsverfahren bekommen.[11]

Doch ein Aspekt des Falls blieb mysteriös: die gefälschte 20-Dollar-Note. Ellison fand keinen Hinweis darauf, dass Floyd gewusst hatte, dass der Schein gefälscht war. Er hatte kürzlich seine Miete mit 20-Dollar-Noten bezahlt, und Sylvia Jackson versicherte, dass das Geld, das sie Floyd für Grillgut gegeben hatte, echt gewesen war. Die zwei Menschen, die mit ihm im Auto gewesen waren, Maurice Hall und Shawanda Hill, beteuerten beide, dass sie ihm kein Geld gegeben hatten. Es war eine weitere potenzielle Komplikation, die die Staatsanwälte gern vermeiden wollten.

Für Ellison war die Theorie hinter dem Fall ganz einfach: »Wenn man sich [Chauvins] Gesicht ansieht, seine Gesten, und sich anhört, was er sagte – und er sagte nicht viel –, dann läuft es darauf hinaus: ›Für mich ist George Floyd ein Stück Dreck, und mir ist sein Leben ziemlich egal.‹ Ich denke, er hat seinem Stolz, seinem eigenen Ego und seinem Dominanzstreben alles andere untergeordnet.«

Die juristischen Fortschritte konnten manchmal fast verdecken, dass die Floyds immer noch trauerten, dass sie immer noch den Tod eines geliebten Menschen verarbeiten mussten. Vor dem Hintergrund einer grassierenden Pandemie musste die Familie immer noch ein Begräbnis vorbereiten. Hinzu kam, dass plötzlich Leute aus dem Nichts auftauchten, die behaupteten, sie hätten Floyd besonders nahegestanden, von denen die Familie bis dahin aber nichts gewusst hatte. Unter ihnen waren mehrere Frauen, die fälschlicherweise behaupteten, Floyd sei der Vater ihrer Kinder.

In Minneapolis tauchte, zum Erstaunen der Familie, eine Frau im Fernsehen auf, die sich selbst als »Floyds bessere Hälfte« bezeichnete. Online verbreitete sich das Gerücht, sie sei Floyds Verlobte, seine Ehefrau oder eine Krisenschauspielerin. Die meisten Familienmitglieder hatten von Courteney Ross noch nie gehört, und sie waren empört, als die Frau einem Lokalreporter sagte, Floyd hätte »Gnade gezeigt« gegenüber den Polizisten, die ihn getötet hatten[12] – eine Aussage, die nach Meinung der Familie viel zu viel Nachsicht mit der Polizei bewies, ein Übergriff von einer *weißen* Frau, die noch nicht einmal zur Familie gehörte. Gleichzeitig wurden Floyds frühere Verhaftungen bekannt, und es kamen Gerüchte über seinen Drogenkonsum auf, von denen viele auf der Wahrheit basierten, allerdings etwas aufgebauscht waren. In konservativen Kreisen wurde Floyd als drogensüchtiger Pornoschauspieler verteufelt, der einmal eine schwangere Frau geschlagen und eine Schusswaffe an ihren Bauch gedrückt hatte. Das war ein Verweis auf die Verurteilung Floyds wegen schweren Raubes. Dabei war es ihnen egal, dass das Opfer damals nicht schwanger gewesen war, dass sie Floyd gar nicht mit Sicherheit als den Mann identifizieren konnte, der in ihr Haus eingedrungen war, und behauptet hatte, der Mann, der sie geschlagen hatte, sei höchstens 1,70 Meter groß gewesen. Die Kritiker*innen brachten auch keinerlei Mitgefühl für Floyds wirtschaftliche Notlage auf, sein geringes Selbstwertgefühl oder seine Bemühungen, sich von der Drogensucht zu befreien.

Vor diesem turbulenten Hintergrund wusste Rodney Floyd genau, wie der Gedenkgottesdienst aussehen sollte.

»Wir wollen unseren Bruder nach Hause bringen«, dachte er.

Die erweiterte Familie war über das ganze Land verstreut, daher einigten sie sich auf zwei Gedenkgottesdienste. Der erste würde in Raeford, North Carolina, stattfinden, so dass Floyds

Körper in das Land zurückkehren würde, das seine Vorfahr*innen bearbeitet hatten. Dies sollte ein privater Gottesdienst sein, fern von aller Publicity, und ihnen Gelegenheit geben, zu trauern. Danach wollten sie Floyd in Texas würdigen, gemeinsam mit seinen Freund*innen, mit seiner Familie und mit seiner Community aus dem Third Ward. Er würde neben seiner Mutter beerdigt werden.

Philonise bat Sharpton um Rat, ob es einen dritten Gottesdienst in Minneapolis geben sollte, wie manche forderten. Sharpton berücksichtigte bei seinen Überlegungen auch die Bewegung, die sich um Floyd bildete, und die umfassenderen Forderungen nach einer gerechten Gesellschaft.

»Ich finde, ihr solltet nach Minneapolis gehen«, antwortete er. »Dort hat das Verbrechen stattgefunden. Dort ist es geschehen.«

Die Stadt, in der Perry seine letzten Atemzüge getan hatte, sollte also die erste Station der Familie werden.

Durch Floyds Tod waren auch viele andere tragische Geschichten um die Polizei in Minnesota wieder ans Licht gekommen. Wenige Stunden, bevor der Präsident sich vor der St. John's Church in Pose warf, stand Toshira Garraway, eine vierunddreißig Jahre alte Frau mit hellblonden Strähnen und einer rauchigen Stimme vor den Toren des Amtssitzes des Gouverneurs in St. Paul. Wenn der Gouverneur es wirklich ernst meinte, wirklich hören wollte, was die Schwarzen Familien zu sagen hatten, dann hatte sie neue Hoffnung, dass er sich auch ihre Geschichte anhören würde.

Mehr als zehn Jahre lang hatte sie versucht, eine*n Amtsträger*in zu finden, der ihre Geschichte ernst nahm. Im Jahr 2009 war Justin Teigen, der Vater ihres Kindes, tot und verstümmelt in einem Recyclingzentrum gefunden worden. Die Polizist*innen behaupteten, sie hätten Teigen verfolgt, als er in einen Müllcontainer gesprungen war, der danach von einem Müllwagen mit Müllpresse aufgenommen wurde, wobei Teigen zerquetscht wurde.[13] Diese detaillierte Beschreibung des Geschehens erschien Garraway günstig für die Polizei. Aber in einer Zeit, bevor es Körperkameras gab und Handyvideos in den sozialen Medien allgegenwärtig waren, hatte Garraway wenige Möglichkeiten, das Gegenteil zu beweisen. Sie war eine junge Schwarze Frau mit einem schlecht bezahlten Job und ohne politischen Einfluss, Kontakte zu Mächtigen oder Social-Media-Plattform – sie stand am Rand der Gesellschaft von Minnesota.

Sie nutzte, was sie bei ihrer Arbeit mit psychisch kranken Menschen gelernt hatte, und gründete eine Selbsthilfegruppe für andere, die einen geliebten Menschen durch die Polizei verloren hatten. Die meisten davon hatten eine Person of Color verloren. Und sie alle kannten eine traurige Wahrheit über die USA: Die meisten Familien hatten wenig Erfolg, wenn sie in Frage stellten, was Polizist*innen über den Ablauf der Ereignisse aussagten. Für jeden George Floyd, Eric Garner und jede Sandra Bland, die zu einem Hashtag geworden waren, gab es Hunderte von Familien, deren Fälle zu alt oder zu kompliziert für einen Ben Crump oder Al Sharpton waren. Ohne den Druck der Öffentlichkeit mussten sie feststellen, dass es die Strafverfolgungsbehörden nicht kümmerte.

Garraway erkannte nach Floyds Tod die Gelegenheit, den Druck der Öffentlichkeit zu erhöhen, und organisierte eine Demonstration vor dem Amtssitz des Gouverneurs. Mehrere Hundert Menschen nahmen daran teil. Die Guerilla-Journalist*innengruppe *Unicorn Riot* war vor Ort und filmte den Protest. An einem hellen, sonnigen Tag stellte sich Garraway vor die Kamera und hoffte, dass der Gouverneur hören würde, wie sie von Teigens Tod erzählte.

»Er wurde brutal geschlagen und dann in eine Mülltonne geworfen«, erzählte sie. »Justin hatte Hundebisse am ganzen Körper; sein Schädel war gespalten, ein Lynchmord wie bei Emmett Till, nur starb Justin im Jahr 2009.«

Eine andere Frau namens Paulette Quinn berichtete, sie habe

wegen ihres Sohnes Philip beim Sorgentelefon für Selbstmordgefährdete angerufen und um Hilfe gebeten, doch daraufhin seien bewaffnete Polizist*innen vorgefahren und hätten ihren Sohn erschossen.[14]

»Sie sagen, er sei auf sie zugerannt, aber so war es nicht«, sagte sie.

Del Shea Perry erzählte von ihrem Sohn, Hardel Sherrell, der nach einem medizinischen Vorfall im Gefängnis gelähmt blieb. Die Polizist*innen unternahmen nichts, als er die Kontrolle über seine Körperfunktionen verlor und erstickte. Sein langsamer Tod, der sich über eine Woche hinzog, wurde von einer Kamera aufgezeichnet.[15]

»Wenn ihr das Video von George Floyd für schlimm haltet, dann macht euch bei dem auf etwas gefasst«, sagte Perry.

Dann kniete die Menge auf der Straße nieder und streckte die Fäuste in die Luft, während Floyds letzte Worte aus den Lautsprechern drangen.

»George ist einer von Hunderten und Aberhunderten Tötungsfällen durch die Polizei, die vertuscht wurden«, sagte Garraway und war dankbar für diesen Moment, in dem die Leute diese Themen ernst nahmen.

Ihre Stimme zitterte, als sie erzählte, wie sie an jede*n Anwält*in und jede*n Amtsträger*in geschrieben hatte, die sie finden konnte. Nach drei Jahren hatte sich ein Anwalt schließlich bereit erklärt, den Fall zu übernehmen – aber zu diesem Zeitpunkt war die Tat bereits verjährt. Erschüttert war sie zusammengebrochen.

»Sie haben ihn nicht in den Fluss geworfen! Sie haben ihn nicht im Wald abgelegt! Sie haben ihn in den Müll geschmissen! Das halten sie von uns.«

Danach war sie von Polizist*innen schikaniert worden.

»Sie sind mir gefolgt; sie haben mich belästigt, während mein dreijähriges Kind im Auto saß, nachdem sie seinen Vater auf den Müll geworfen haben«, berichtete Garraway. »Sie haben alles getan, um mich zum Schweigen zu bringen, und ich habe geschwiegen, aber es hat mich umgebracht.«[16]

Innen in der Gouverneursresidenz konnte Walz Garraways Schreie hören. Er kam heraus und wollte mit der Person reden, die diese Demonstration organisiert hatte. Während Garraway auf ihn zuging, um ihn zu begrüßen, sang die Menge: »Das ganze verdammte System ist schuldig!«

»Ich will, dass sie mit unseren Familien reden«, forderte Garraway.

Walz stimmte zu. Er gab ihr seine Handynummer und versprach, mit ihr zusammen nach Möglichkeiten zu suchen, wie man verbessern konnte, was Schwarze in seinem Staat erlebten.

»Das hier ist ein toller Staat, wenn man *weiß* ist«, dachte Walz damals. »Nicht aber, wenn man es nicht ist.«

Bei der nächsten Begegnung von Garraway und Walz waren statt der wütenden Demonstrierenden die Stimmen eines Gospelchors zu hören, als sie beim Gedenkgottesdienst von Floyd in Minneapolis die Kirche betraten. Der Gottesdienst fand am Donnerstag, dem 4. Juni, in der Kapelle der North Central University statt, einem kleinen christlichen College. Aufgrund der COVID-19-Beschränkungen war die Anzahl der Teilnehmenden begrenzt, und Tausende kehrten an den George Floyd Square zurück, um gemeinsam zu trauern. An jenem Morgen zog Adarryl Hunter einen schwarzen Anzug und schwarze Budapester an, die drückten, und das Erste, was er sah, als er das Haus verließ, in dem er wohnte, war eine große Big-Floyd-Silhouette, die jemand auf der anderen Straßenseite an eine Mauer gesprayt hatte. »Manchmal kommt es mir vor, als würde er mich beobachten«, dachte Hunter.

Er machte sich auf den Weg zur Kirche, in der Hoffnung, dort etwas Trost zu finden, aber der Gottesdienst brachte nicht die Erleichterung, auf die er gehofft hatte. Vor der Kirche begegnete er Aubrey Rhodes. Die beiden Männer stellten sich in die

Warteschlange am Eingang, aber sie standen beide nicht auf der Gästeliste. Hunter vermutete ein Missverständnis und bat den Türsteher, noch einmal nachzusehen, – aber es nutzte nichts. Daraufhin wurden sie gebeten, für die anderen Wartenden Platz zu machen. Hunter wollte zunächst protestieren und erklären, dass sie beide enge Kumpels von Floyd waren. Aber was würde das bringen? Ihm schien es, als würde die halbe Welt behaupten, sie hätte Big Floyd gekannt.

Rhodes überlegte, sich heimlich in die Kirche zu schleichen, – er wusste, dass die Familie sie nicht rausschmeißen würde, wenn sie erst einmal drin waren. Hunter bat Philonise per SMS, die Situation zu klären, aber er verließ die Kirche, als Philonise nicht gleich antwortete.

Die Familie war bei diesem Aufenthalt in Minneapolis so überwältigt, dass sie keine Zeit hatte, auf ihre Handys zu sehen. Am Abend vor der Trauerfeier hatte sich Sharpton im Ballsaal eines Hotels in der Stadt mit den Floyds getroffen. Es war ihr erstes persönliches Zusammentreffen.

Die Bescheidenheit der Familie beeindruckte Sharpton – er fand sie liebevoll und höflich, aber verständlicherweise benommen. Sharpton wies darauf hin, wie wichtig es für die Öffentlichkeit war, die Trauer und den Schmerz der Familie zu sehen, auch wenn ihnen unwohl dabei war. Er erklärte, dass sie stets geradeheraus reden sollten, weil die Öffentlichkeit Authentizität schätzte. Er sagte ihnen auch noch etwas sehr Wahres: Sie waren immer noch in den Staaten, einem Ort, an dem Hautfarbe schon immer ein heikles Thema war. Er wollte sie darauf vorbereiten, dass die Reise zunehmend schwieriger werden würde.

»Wir werden einiges an Mist erleben«, warnte Sharpton. »Ich sage es euch gleich: Man wird versuchen, euren Bruder in Verruf zu bringen. Man wird das Opfer verleumden, und man wird euch verleumden.«

Um allen Gerüchten zuvorzukommen, bat Sharpton die Floyds hinter verschlossenen Türen, ihm gegenüber so offen wie möglich zu sein, was Familiengeheimnisse anging, die Perrys Charakter in Zweifel ziehen und damit Zweifler*innen die Gelegenheit bieten konnten, die Handlungen des Polizisten, der ihn getötet hatte, zu entschuldigen.

»Sie werden so sehr damit beschäftigt sein, auf mich loszugehen, dass sie Sie alle verschonen werden«, beruhigte Sharpton die Familie. »Das gehört als Aktivist zum Job.«

Auch Gwen Carr war nach Minneapolis zurückgekehrt, um der Familie beizustehen. Da ihr eigener Sohn keine Gerechtigkeit erfahren hatte, konnte sie ihnen nur sagen, dass sie kein allzu großes Vertrauen in das Justizsystem haben sollten.

»Sie glauben vielleicht, dass alles schon in trockenen Tüchern ist, weil Sie ein Video und im Moment all die vielen Unterstützenden haben«, sagte Carr damals zu ihnen. »Aber ich sage Ihnen aus eigener Erfahrung, dass es kein Selbstläufer ist ... Es wird noch richtig schlimm werden, bevor es vorbei ist.«

Auch Promis wurden der Floyd-Familie vorgestellt, unter ihnen die Comedians Tiffany Haddish und Kevin Hart. Aber Sharpton fiel auf, dass sich die Familie von diesen Promi-Treffen nicht besonders beeindrucken ließ. Philonise beendete die Unterhaltung jedes Mal höflich mit derselben Bitte: »Bitte helfen Sie uns, Gerechtigkeit für meinen Bruder zu bekommen.« Als der Ex-Präsident Obama anrief und fragte, wie er helfen könne, bat Philonise ihn lediglich, besseres Essen nach Minnesota zu schicken.

Träger brachten Floyd in einem geschlossenen goldenen Sarg heraus. Bürgermeister Frey trat an den Sarg und kniete nieder, von Schuld und Kummer überwältigt. Pastor Jesse Jackson und Martin Luther King III., die Senatorinnen Amy Klobuchar und Tina Smith sowie Gouverneur Tim Walz nahmen alle auf ihren Plätzen im vorderen Teil der Kirche Platz. Sie saßen hinter den Rappern Ludacris und T. I. sowie dem Boxer Floyd Mayweather und ein paar Comedians.

Courteney Ross betrat mit ihren beiden Söhnen und ihrer

Nichte, Josie Tucker, die Kirche ganz in Schwarz gekleidet. Seit ihrem Kommentar, dass man den Polizisten vergeben solle, hatte sie die Presse gemieden. Sie war zur Trauerfeier gekommen in der vagen Hoffnung, dass sich zumindest ein Teil der Spannungen zwischen ihr und den Floyds auflösen ließe. Sie hatte ein kleines Notizbuch mit einer vorbereiteten Rede über ihre Beziehung mit Floyd dabei, und hoffte, sie halten und so erklären zu können, warum sie sich als seine Frau oder Verlobte bezeichnet hatte.

»Die Sprache setzt der Fähigkeit der Menschen Grenzen, die Verbindungen, die sie miteinander knüpfen, zu beschreiben«, schrieb sie. »Unsere Beziehung lässt sich am ehesten als ›Seelenverwandtschaft‹ beschreiben. Floyd brachte mit seiner Stimme und seiner Präsenz Frieden und Ruhe in turbulente Situationen. Er war witzig, verspielt, albern, fürsorglich, liebevoll, dankbar und spirituell.«

Sie ging auf den vorderen Teil der Kirche zu, aber ein Pastor schrie sie an, sie würde gegen die Abstandsregeln verstoßen, und schickte sie zurück – der vordere Teil war für die Familie und Würdenträger*innen reserviert.

Sie fragte sich, ob man sie auch so weggeschickt hätte, wenn sie Schwarz wäre. So musste es sich in der Zeit vor der Bürgerrechtsbewegung angefühlt haben, wenn man in den hinteren Teil des Busses verbannt wurde –, und sie fragte sich, ob sie überhaupt das Recht hatte, so etwas zu denken. Von ihrem Platz hinten im Raum sah sich Ross die Teilnehmenden an. Ihr fiel auf, dass nur wenige von Floyds Freund*innen aus Minneapolis bei der Trauerfeier anwesend waren – kein Alvin und keine Theresa, kein Adarryl, keine Sylvia. Für Haddish, Hart und Ludacris hatte man jedoch Platz gefunden. Da wurde ihr klar, dass dies kein Gedenken an Floyds Leben in der Stadt war –, sondern ein wegweisender Moment für eine Bewegung, die soziale Gerechtigkeit forderte, ein kollektives Ausatmen für Schwarze im ganzen Land.

Als schließlich ein Mikrophongalgen Ross die Sicht nach vorn verdeckte, wurde es ihr zu viel. Sie fiel zu Boden und schrie nach ihrem Mann und nach der Verbindung mit ihm, die sie verloren hatte. Ein Paar Hände legte sich auf ihre Schultern, und eine Frau mit blonden Strähnen und einer kratzigen Stimme flüsterte in ihr Ohr: »Gib ihr Kraft, Herr. Wir beten um Heilung, Herr.«

Es war Toshira Garraway. Sie erzählte Ross, was ihrem Verlobten zugestoßen war und dass die Frauen, die neben ihr saßen, alle zu ihrer Selbsthilfegruppe gehörten. Garraway sagte, sie seien für Ross da, dass sie alles tun würden, damit sie sich besser fühlte. Garraways Hände und Gebete beruhigten Ross. Sie saßen die ganze Zeremonie über nebeneinander, die Hand der anderen haltend. Ross hoffte, dass sie eines Tages die Stärke und Beherrschung haben würde, die Garraway in jenem Moment bewies, aber der Schmerz war noch zu frisch.

Hunter hatte es nicht in die Kirche geschafft, aber er hoffte, wenige Tage später bei der Trauerfeier in Houston mit der Familie Kontakt aufnehmen zu können, und ging sich etwas zu essen holen. Als er am Smoke in the Pit ankam, einem Restaurant nur wenige Schritte von der Ecke Thirty-Eighth und Chicago entfernt, der Straßenecke, an der George Floyd gestorben war, hatte sich bereits eine große Menschenmenge auf dem Platz versammelt. Schockiert sah Hunter, wie so viele Fremde auf der Straße beteten und weinten, überwältigt von dem, was geschehen war. Er konnte die unerwartete Wirkung von Floyds Vermächtnis kaum fassen.

»Sie kannten ihn nicht einmal«, dachte Hunter. »Sie fühlen das alles, diesen ganzen Moment oder was immer das ist. Ich fühle nicht so. Ich denke nur daran, dass ich einen Freund verloren habe. Das war eine sehr seltsame Situation.«

In der Kirche begann Sharpton unterdessen seine Trauerrede. Ohne Trump mit Namen zu nennen, erwähnte er dessen Fototermin vor der St. John's Church in Washington.

»Er hielt an jenem Tag eine Bibel in der Hand«, erinnerte

Sharpton. »Und ich wünschte mir, er würde diese Bibel öffnen und Prediger 3 lesen.«[17]

Im dritten Kapitel des Buches Prediger geht es um die berühmte Bibelstelle: »Alles hat seine Stunde.« Sharpton sagte den Zuhörenden, das Land sei bereit für eine neue Zeit, in der Schwarze die Freiheit und Verantwortung haben konnten, ihre Träume zu verwirklichen, ohne von systemischem Rassismus erstickt zu werden, denn diese Bedrohung bestehe trotz einiger politischer, rechtlicher und wirtschaftlicher Fortschritte immer noch.

»Was Floyd passiert ist, geschieht in diesem Land jeden Tag – in den Schulen, im Gesundheitssystem und in jedem anderen Bereich des amerikanischen Lebens. Es ist an der Zeit, dass wir in Georges Namen aufstehen und sagen: Nehmt euer Knie von unserem Hals!«

Im Lauf der Jahre hatte Sharpton immer wieder Ähnliches gesagt, aber an dem Tag merkte er, dass etwas anders war bei seinem Publikum: »Ich habe heute mehr Hoffnung als je zuvor. Alles hat seine Zeit – und in dieser Zeit habe ich bei manchen Protestmärschen mehr junge *Weiße* gesehen als Schwarze.«

Dann kündigte Sharpton überraschend die nächste große öffentliche Versammlung für den 28. August an, den Jahrestag des Marsches auf Washington von 1963, auf dem Martin Luther King Jr. seine berühmte Rede »I Have a Dream« gehalten hatte.

»Wir werden wieder hingehen und den Traum wiederbeleben«, sagte er und überraschte damit King III., die Floyds, Crump und sogar den National Park Service.

Nach dem Gottesdienst, als alle anderen Besuchenden bereits gegangen waren, blieb Ross zurück. Tucker nahm sie an der Hand, und die beiden gingen nach vorn zur Bühne. Ross zog die Rede heraus, die sie verfasst hatte, und las sie dem leeren Raum vor, in der Hoffnung, dass ihr Freund ihre Worte im Jenseits hörte. Sie musste akzeptieren, dass sie in der sozialen Bewegung, die um sie herum stattfand, nicht willkommen war. Sie musste irgendwie allein um Floyd trauern.

–

Obwohl in den Vereinigten Staaten eine Pandemie wütete, fanden am folgenden Wochenende die größten und vielfältigsten Proteste in der amerikanischen Geschichte statt, als die Menschen für Floyd und für Breonna Taylor auf die Straße gingen. In allen 50 Staaten fanden Demonstrationen statt, von kleinen Städten wie Fairmont in West Virginia und Havre in Montana bis zu Großveranstaltungen, bei denen Menschenmassen die Brooklyn Bridge in New York verstopften.[18] Im kalifornischen Santa Monica paddelten 200 Surfer*innen mit ihren Boards aufs offene Meer hinaus, riefen dabei neunmal »Sagt seinen Namen«, einmal für jede Minute, in der Chauvin auf Floyds Hals gekniet hatte, und sangen dann »Happy Birthday« für Breonna Taylor.[19] In Louisville ließen Demonstrierende zur Feier des Tages Ballons aufsteigen.

Überall auf der Welt brachten unterdrückte Gruppen ihre eigenen Kämpfe um Gerechtigkeit mit Floyds Tod in Verbindung.[20] Floyds Gesicht wurde in Syrien, Pakistan und der Westbank gemalt. In Europa riefen Aktivist*innen ihre Regierungen dazu auf, sich mit dem Erbe des Kolonialismus zu beschäftigen, was dazu führte, dass Deutschland sich bereit erklärte, Beutekunst an Nigeria zurückzugeben. In Großbritannien zog eine Menschenmenge in Bristol die Bronzestatue des Sklavenhändlers Edward Colston von ihrem Sockel, und Aktivist*innen machten darauf aufmerksam, dass Schwarze bei Polizeikontrollen unverhältnismäßig häufig angehalten wurden. Floyds Name wurde neben den Namen von Christopher Alder, Sarah Reed und Sheku Bayoh genannt, Schwarze Menschen, die in britischem Polizeigewahrsam zu Tode gekommen waren. In Kenia zogen Demonstrierende eine Verbindung von der Misshandlung

Floyds zu den Sperrstunden, die während der Pandemie ungewöhnlich hart durchgesetzt wurden, wobei Polizist*innen mindestens ein halbes Dutzend Menschen getötet hatten.[21]

Mehr als 10 000 Menschen wiesen vor der Sydney Town Hall
in Australien auf Parallelen zur Unterdrückung der indigenen
Australier*innen hin. Mehr als 400 Aborigines waren seit 1991
in Polizeigewahrsam gestorben – in keinem Fall wurden Polizist*innen angeklagt –, und in Neuseeland ging die Polizei achtmal häufiger gewaltsam vor, wenn sie mit Maori interagierte, als
bei anderen Neuseeländer*innen.[22]

In Washington wirkten sich die Rufe nach Gerechtigkeit unterdessen auf die landesweite Politik aus. Die Senatorin Amy
Klobuchar aus Minnesota folgte dem Rat, den ihr Freund Senator John McCain aus Arizona ihr auf dem Totenbett gegeben
hatte: dass sie dem Wohl des Landes immer Vorrang vor ihrem
Ehrgeiz einräumen sollte.[23] So beschloss sie, selbst aus dem Rennen um die Vizepräsidentschaft neben Biden auszusteigen und
stattdessen die Kandidatur einer Woman of Color zu unterstützen. Und auf der Straße, auf der Bundesagent*innen Demonstrierende brutal abgedrängt hatten, wurden, mit Erlaubnis der
Bürgermeisterin Muriel Bowser, die Worte »Black Lives Matter«
in 15 Meter großen Lettern vor das Weiße Haus gemalt – eine un-
missverständliche Botschaft an die Trump-Regierung.

Sogar ein paar Republikaner*innen schlossen sich dieser Haltung an. Mitt Romney nahm am Wochenende nach der Trauerfeier an einem Protestmarsch in Washington teil und berief sich
dabei auf seinen Vater, den ehemaligen Gouverneur von Michigan George Romney, der gesagt hatte: »Härte allein beendet
keine Aufstände. Wir müssen die Probleme beseitigen, durch die
sie entstehen.«[24]

Biden transportierte all diese Gefühle, als er sich mit der Fa-
milie vier Tage nach der Trauerfeier in Minneapolis traf, am
Abend, bevor Floyd in Houston zu Grabe getragen wurde. Am
Trauergottesdienst selbst hatte Biden nicht teilgenommen –

seine Berater*innen waren besorgt um ihn wegen der Pandemie, und er selbst sagte, er wolle keine Aufmerksamkeit auf sich ziehen –, daher trafen sie sich in einem Restaurant in der Nähe von Houston. Biden sah den Floyds in die Augen, umarmte sie und entschuldigte sich für den Schmerz, den sie ertragen mussten. Er bat sie, von Perry zu erzählen, und die Familie teilte Erinnerungen mit ihm an ihren lebenslustigen, einfühlsamen und sportlichen Verwandten.[25]

Nach kurzer Zeit begann die Familie eine Diskussion darüber, wie sich solche brutalen Vorkommnisse in Zukunft verhindern ließen. Der Anwalt Crump, der bei dem Gespräch anwesend war, wies darauf hin, wie wichtig Bundesgesetze mit Strafen für Polizist*innen waren, die so rücksichtslos töteten, sowie ein gesetzliches Verbot von Würgegriffen und »No-knock Warrants«, also Durchsuchungsbeschlüssen, bei denen die Polizei ohne vorherige Ankündigung in eine Wohnung eindringen darf.

Bidens Team hatte bereits versucht, Rassismus und Diskriminierung zum zentralen Thema des Wahlkampfs zu machen, und er sagte, Trumps Bemerkung, an den Ausschreitungen in Charlottesville hätten »sehr anständige Menschen« teilgenommen, habe ihn dazu inspiriert, in die Politik zurückzukehren. Ursprünglich hatte er geplant, seine Plattform gegen rassistische Diskriminierung auf Themen wie Hauseigentum, Ausgrenzung und die Bildungsfinanzierung zu stützen. Aber nach Floyds Tod setzte Biden eine Polizeireform ganz oben auf seine Agenda.

Während sie sich unterhielten, ließ Biden Gianna, die um den ehemaligen Vizepräsidenten herumhüpfte, nicht aus den Augen. Er hatte ein Interview mit ihrer Mutter, Roxie Washington, gesehen, in dem sie erzählt hatte, dass ihre Tochter die genauen Umstände, wie ihr Vater gestorben war, nicht kannte.[26] Stattdessen hatte die Mutter Gianna erzählt, ihr Vater sei an Atemproblemen gestorben.

»Du bist so tapfer«, lobte Biden Gianna. »Dein Daddy sieht auf dich herunter und ist stolz auf dich.«

Sie sah ihn an und lächelte: »Mein Daddy hat die Welt verändert.«

Ihre Worte wurden zur Leitidee für den demokratischen Kandidaten.

»Ich dachte nur, wie tapfer und mutig Gianna Floyd in dem Moment war und es heute noch ist«, erinnerte sich Biden in einem Interview. »Ihre Worte haben mich berührt, und sie haben die Welt berührt, weil sie wahr sind. Aber auch, weil sie uns die Welt mit ihren Augen sehen lassen, den Augen eines von zu vielen Kindern, die fragen müssen: ›Warum? Warum kommt Daddy nicht nach Hause?‹ Dieses ›Warum?‹ ist ein unauslöschliches Vermächtnis.«

Dieses aufkeimende Vermächtnis konnte jedoch nicht verhindern, dass erste Spannungen auftraten. Für einige Aktivist*innen bedeutete Gerechtigkeit auch eine weitere Drei-Wort-Phrase, die von den Unterstützer*innen der diffusen, dezentralisierten Black-Lives-Matter-Bewegung verbreitet wurde: »Defund the Police« – entzieht der Polizei die Finanzierung. Der Slogan hatte mehr als nur eine Bedeutung. Manche forderten damit die Stadtverwaltungen auf, Gelder, die für die Polizei vorgesehen waren, stattdessen für Sozialarbeit auszugeben, für die psychiatrische Versorgung und Sozialdienste – und erste prominente Gemeindevertreter*innen schlossen sich dieser Meinung prinzipiell an. In Los Angeles plante Bürgermeister Eric Garcetti, 250 Millionen Dollar aus verschiedenen Bereichen des städtischen Budgets für Gesundheits- und Arbeitsprogramme sowie »Friedenszentren« umzuschichten.[27] In Portland, Oregon, vereinbarten Bürgermeister und Polizeipräsident, Polizist*innen von den Schulen abzuziehen und stattdessen eine Million Dollar in Community-Programme zu investieren. Und in New York verkündete Bürgermeister Bill de Blasio, seine Verwaltung prüfe gerade ähnliche Schritte.

Aber die Frage der Polizeifinanzierung spaltete auch eine

bisher weitgehend vereinte Bewegung. Für die Linke wurde es zu einem Streitpunkt, und für die Rechte war sie ein Zeichen, dass die Liberalen es zu weit trieben. Trumps Umfragewerte verschlechterten sich, inzwischen waren fast 200 000 Menschen durch das Coronavirus gestorben, und in dieser Situation nutzte der Präsident den Slogan, um den Demokraten vorzuwerfen, sie wollten zu wenig gegen die Kriminalität unternehmen. Er twitterte: »Mehr Geld für die Strafverfolgung!«

Daneben gab es noch eine radikale Version der »Defund the Police«-Bewegung, die tatsächlich die Abschaffung der Polizei forderte. Mit zunehmender Vehemenz forderten Aktivist*innen von den Gesetzgebenden, ein völlig neues Konzept für die öffentliche Sicherheit auszuarbeiten. Der Neu-Aktivist DJ Hooker erlebte die aggressiveren Taktiken direkt bei einer Demonstration wenige Tage nach der Trauerfeier in Minneapolis. Am Anfang gab es die üblichen Sprechchöre und Reden, dass das System demontiert werden solle, dann setzte sich die Menge in Richtung Conga in Bewegung, dem Club, in dem Floyd gearbeitet hatte. Aber die Anführer*innen der Demonstration führten den Zug zu dem Wohnhaus ganz in der Nähe, in dem der Bürgermeister lebte, um ihn unmittelbar unter Druck zu setzen.

Das funktionierte zumindest teilweise – die Sprechchöre waren so laut, dass Frey herauskam, um mit der Menge zu reden.

Menschen jubelten, als Frey in einem grauen Baseballshirt und einer schwarzen Gesichtsmaske aus dem Gebäude trat. Die Anführer*innen der Demonstration forderten die überwiegend *weiße* Menge auf, Schwarze Demonstrierende vorzulassen, näher an den Bürgermeister heran. Hooker sah, wie Frey auf Kandace Montgomery zuging, eine Anführerin der Gruppe *Black Visions Collective*, die auf einem Podest stand. Kandace forderte ihn auf, er solle zur Forderung, der Polizei die Finanzierung zu entziehen, klar Stellung beziehen. Seit Floyds Tod hatte Frey Beifall für seinen ernsthaften Regierungsstil bekommen, der zu den Emotionen um die Tragödie passte. Er hatte versprochen, die Wahrheit zu sagen. Doch als man ihm nun das Messer an die Brust setzte, merkte Hooker, dass er auf Standardphrasen über diesen Moment zurückgriff.

»Ich habe erkannt, wie zerrissen ich in dieser Situation war, und ich bin mir meiner Fehler und Unzulänglichkeiten bewusst«, sagte Frey. »Und ich weiß, dass jetzt tiefgreifende Strukturreformen bei der Polizei folgen müssen.«[28]

Er begann nun, über Schlichtungen und Verträge mit der Polizeigewerkschaft zu sprechen, doch die Sprecherin fiel ihm ins Wort.

»Ja oder nein: Werden Sie der Polizei von Minneapolis die Finanzierung entziehen?«, bohrte sie nach.

Die Sprecherin bat die Menge, sich zu beruhigen, damit alle Freys Antwort deutlich hören konnten. Sie erinnerte die Leute daran, dass eine Wahl bevorstand und dass sie sich organisieren konnten, um ihn aus dem Amt zu werfen, falls er das Falsche sagte. Frey fragte sie daraufhin, ob sie tatsächlich forderten, dass die Polizei vollständig abgeschafft wurde, und sie antwortete: »Wir wollen keine Polizei mehr. Ist das deutlich? Haben Sie eine Antwort? Ja oder nein?«

Da gab es keinen Raum mehr für Mehrdeutigkeiten. Frey starrte zu ihr hinauf und schüttelte den Kopf.

»Ich unterstütze nicht die vollständige Abschaffung der Polizei«, sagte er.

Die Menge brach in Buhrufe aus.

»Verschwinde von hier!«, sagte die Aktivistin und begann dann, eine Parole zu rufen, die sich rasch verbreitete: »Geh heim, Jacob, geh heim! Geh heim, Jacob, geh heim!«

Mit gesenktem Kopf ging Frey, von Zwischenrufen begleitet, durch die Menge zurück.

»Ich habe nur gebetet, dass ihn niemand ins Gesicht boxt«, erinnerte sich Hooker. »So sehr heizte sich die Situation auf.«

Frey hielt sich 45 Minuten lang in der Menge auf, beantwortete Fragen von Reporter*innen, er wollte aber vor allem sicher-

gehen, dass ihm niemand ins Haus folgte. Er war emotional aus-
gelaugt, als er wieder hineinging. Angesichts der Pandemie und
der Proteste bekamen Frey und seine Frau Sarah inzwischen
Zweifel, ob der Bürgermeisterposten diesen ganzen Aufruhr
überhaupt wert war. Andere Bürgermeister*innen in Hotspots
der Proteste, darunter Jenny Durkan in Seattle[29] und Keisha
Lance Bottoms in Atlanta,[30] entschieden sich schließlich, nicht
mehr zur Wiederwahl anzutreten. Frey fühlte sich verpflichtet,
die Stadt durch diese Krise zu führen. Wenn die Demonstrierenden hartnäckig bleiben konnten, dann konnte er es auch.

Der Polizei die Finanzierung zu entziehen, war nicht die einzige
Lösung. Auf dem Capitol Hill bildete sich im sogenannten »Great
Racial Reckoning« – einer großen Abrechnung der rassistisch
Diskriminierten – ein Nexus heraus. Senator Cory Booker, Se-
natorin Kamala Harris und die Abgeordnete im Repräsentan-
tenhaus Karen Bass aus Kalifornien – drei der prominentesten
Schwarzen Volksvertreter*innen – trafen sich, um den Rahmen
für ein neues Gesetz zu besprechen, das der Polizeigewalt ein
Ende setzen sollte. Sie wollten eine neue Datenbank über Fehlverhalten bei der Polizei einrichten, mit der sich problematische
Polizist*innen nachverfolgen ließen, die nach entsprechenden
Vorwürfen das Revier wechseln. Sie wollten Geld zur Verfügung
stellen für Trainings gegen rassistische Voreingenommenheit
und Anreize bieten für Staaten, die No-knock-Warrants verbieten, wie der, der zum Tod von Breonna Taylor geführt hatte,
und auch die Anwendung von Würgegriffen und »atmungsein-
schränkenden Fixierungen«, wie jener, die George Floyd getötet
hatte.[31]

Das Gesetz konnte das bahnbrechendste Bürgerrechtsgesetz
seit mehr als einer Generation werden und dazu beitragen, dass
der lang gehegte Traum von Aktivist*innen, die seit mehr als
einem halben Jahrhundert für Veränderung demonstrierten,
wahr wurde.

»Bei den Sprechchören, Demonstrationen und Liedern geht es um dasselbe Thema, für das meine Eltern in den 1960er Jahren auf die Straße gegangen sind und auch wir vor 30 Jahren, nach Rodney King«, sagte Harris. »Es wird Zeit, dass wir handeln.«[32]

Selbst in einem dauerhaft gespaltenen Kongress und mitten in einem Wahljahr war man optimistisch, dass die beiden Parteien sich auf einen Gesetzesvorschlag würden einigen können. Vier republikanische Senatoren griffen die alte Forderung wieder auf, dass die Bundesstaaten Daten über Erschießungen durch Polizist*innen erfassen sollten, einschließlich Angaben über die *race* der Getöteten. Senator Lindsey Graham aus South Carolina, einer von Trumps engsten Verbündeten, erklärte seine Bereitschaft, sich an den Verhandlungen zu beteiligen. Bei einer Diskussion in South Carolina hatten Schwarze Pastor*innen ihm kürzlich erzählt, dass sie ihren jüngeren Kirchgänger*innen beibringen mussten, wie sie sich verhalten sollten, wenn sie von der Polizei angehalten wurden.

»In meiner Kirche gibt es das nicht«, sagte Graham gegenüber der Presse. »Also gibt es da wohl ein Problem, und dem müssen wir auf den Grund gehen.«[33]

Ein anderer republikanischer Senator bestand darauf, beim Thema Polizeireform die Führung zu übernehmen. Tim Scott aus South Carolina war der einzige Schwarze Republikaner im Senat und legte einen eigenen Gesetzentwurf vor. Er hoffte, eine Brücke bilden zu können zwischen Demokraten, Schwarzen Wähler*innen und einer Partei, die den systemischen Rassismus bisher weitgehend ignoriert hatte.

»Das Problem ist nicht, was angeboten wird, sondern wer es anbietet«, erklärte Scott. »Als Schwarzer Mann verstehe ich, dass das ›wer‹ das Problem ist. Auch aus diesem Grund habe ich zu Senator [Mitch] McConnell gesagt, dass ich die Gespräche leiten will: ›Ich bin der Einzige in unserer Konferenz, der rassistische Diskriminierung und Racial Profiling durch Strafverfolgungsbehörden aus erster Hand erfahren hat. Und ich bin immer noch ein Fan, weil ich glaube, dass die meisten Polizist*innen in Ordnung sind. Aber ich bin der richtige Mann. Ich bin ihr Mann, Mitch, weil das mein Thema ist.‹ «[34]

Während in fast jeder größeren Institution in den Vereinigten Staaten große Ideen die Runde machten, was man gegen Rassismus unternehmen konnte, kamen Ellison und sein Team zu dem Schluss, dass ihre Erfolgschancen am größten waren, wenn sie sich auf einen einzelnen Vorfall durch einen einzelnen Polizisten konzentrierten. Ihr Fall stand plötzlich im Zentrum heikler nationaler Diskussionen über Rassismus und Polizeiarbeit, doch sie würden nicht versuchen, umfassendere Argumente zu diesen Themen vorzubringen.

»Ich glaube, dass ein erfolgreicher Abschluss dieses Falls eine weitere Diskussion in Gang setzen wird – über die politischen Konsequenzen, die Dinge, über die wir in den Augen der Leute reden sollten«, erinnerte sich Schleicher, der die Untergruppe im Anwaltsteam leitete, die sich mit der übermäßigen Gewaltanwendung beschäftigte. »Wenn wir mit diesem Fall scheitern, würde das den Leuten das Herz brechen, die diese Diskussionen führen wollen.«

Seine Gruppe ermutigte die Zeug*innen und half ihnen, das erlittene Trauma zu überwinden. Die Sanitäterin Genevieve Hansen, zum Beispiel, die die Polizisten gedrängt hatte, Floyds Puls zu prüfen, sagte den Anklagenden, sie wolle das Video von Floyds Tod nicht ansehen. Als sie ihr das Video eines Tages dennoch vorspielten, steckte sich Hansen die Finger in die Ohren, schloss die Augen und schrie. Die Anwält*innen erkannten ihren Fehler und fragten sie nicht noch einmal. Sie gaben der neunjährigen Judeah Reynolds eine Tüte mit Süßigkeiten, damit sie ruhig blieb, während sie ihre Aussage einübten. Sie brachten den Polizeichef Medaria Arradondo dazu, im Zeugenstand auszusagen, dass Chauvin mit seinen Handlungen gegen die Richtlinien der örtlichen Polizei verstoßen hatte. Das war möglicherweise entscheidend, denn damit würde ein Polizeichef die

»blaue Wand des Schweigens« um das Fehlverhalten von Polizist*innen durchbrechen.

Schleicher dachte sich, dass Bilder wohl mehr Eindruck auf die Geschworenen machen könnten, als ihnen etwas zu erzählen. Es gab hochwertige Videoaufnahmen von Zeug*innen des Vorfalls, den Körperkameras der Polizisten sowie weitere Aufnahmen von einer Kamera an einer Straßenlaterne. Durch die unterschiedlichen Blickwinkel konnten die Geschworenen Floyds Tod von ganz nah oder weiter entfernt sehen.

Die Ankläger*innen hofften, dass die Brutalität in diesen Videos zeigte, wie ungeheuerlich das Verhalten der Polizisten war, und alle Argumente der Verteidigung entkräfteten, dass Floyds Körpergröße, Kraft oder schwierige Vergangenheit eine derartige Gewaltanwendung gerechtfertigt habe. Und durch das Video würde Floyd selbst zu einem der besten Zeugen der Staatsanwaltschaft werden. Schleicher konnte die Aufnahmen verlangsamt abspielen oder bestimmte Szenen wiederholen, in denen Floyd »bitte« sagte oder versuchte, sich zu beruhigen, bevor er ins Polizeiauto gebracht wurde. So konnte er Behauptungen, Floyd habe sich in einem »erregten Delirium« befunden, kippen. Letztendlich führten sie mindestens ein halbes Dutzend Videos als Beweis an, so dass die Geschworenen im Prozess Floyd Dutzende Male sterben sehen würden.

»Mir taten die Geschworenen ehrlich leid, dass sie sich das ansehen, dass sie das aushalten mussten«, sagte Schleicher. »Leider war es notwendig und entscheidend.«

Während des Prozesses wollten sie Diskussionen über Rassismus möglichst ausklammern, dennoch machte sich das Anwaltsteam Gedanken darüber, wie sich Rassismus auf das Gerichts- und Rechtssystem auswirkte. Aus diesen Diskussionen entwickelten sich die erbittertsten internen Streitigkeiten. Blackwell hatte die Leitung des Teams übernommen, das sich mit den medizinischen Fragen beschäftigte –, ob Chauvins Knie schuld daran war, dass Floyd erstickt war. Doch er machte sich

Sorgen, dass die übliche Vorgehensweise der Staatsanwaltschaft bei derartigen Fragen – dass sie auf die Meinung des zuständigen Gerichtsmediziners vertraute – in diesem Fall durch die enge Arbeitsbeziehung zwischen Polizei, Staatsanwaltschaft und Gerichtsmedizin negativ beeinflusst sein konnte.

»Einer wirft, der andere fängt«, beschrieb Blackwell die Situation.

Blackwells Verdacht gründete sich darauf, dass gerichtsmedizinische Untersuchungen schon häufig Schlupflöcher für Polizist*innen geliefert hatten, die jemanden erschossen hatten, und eine solche Tendenz war in Freemans ursprünglichem Anklagetext für Chauvin bereits erkennbar. So hatte Freeman in seiner Schrift erwähnt, dass der Gerichtsmediziner des Countys Dr. Andrew Baker keine »Beweise für eine Erstickung oder Strangulation« gefunden habe, obwohl das bei Autopsien nur selten nachweisbar ist.[35] Blackwell zweifelte außerdem an der Behauptung, »bestehende Gesundheitsprobleme wie eine koronare Herzerkrankung und Bluthochdruck« sowie »potenzielle Rauschmittel im Körper« hätten wahrscheinlich zu Floyds Tod beigetragen. Außerdem hatte Baker gegenüber Ermittler*innen ausgesagt: »Wenn [Floyd] allein zu Hause tot aufgefunden worden wäre, dann wäre es akzeptabel, eine Überdosis als Todesursache anzunehmen.«[36]

»Was soll das denn bitte heißen?«, fragte Blackwell ungläubig. Nach dieser Anklageschrift zu urteilen, sollte der Fall wohl so hingedreht werden, dass Chauvins Knie womöglich gar nicht die Todesursache gewesen war, sondern Floyds Fentanylkonsum. Blackwell befürchtete, dass Derek Chauvins Verteidigung auf diesen Zug aufspringen und einen Freispruch erwirken konnte.

Manche seiner Kolleg*innen sprachen sich dafür aus, den Fall einfach um die Aussage des Gerichtsmediziners herum aufzubauen, weil dies das normale Vorgehen war. Freeman versicherte, seine Staatsanwaltschaft sei »nicht durch externe Strafverfolgungsbehörden beeinflusst«,[37] aber Blackwell bestand darauf, andere medizinische Sachverständige in den Zeugenstand zu holen, die zu einer anderen Einschätzung gelangt sein konnten.

»Ich bin mir einfach sicher, dass ich bei allem, was bei diesem Fall mit hineinspielt – eine Anklage gegen die Polizei und auch Rassismus –, auf nichts von dem vertraue, auf das ich mich normalerweise stützen würde«, sagte Blackwell.

Er war auch nicht überrascht, dass der Schwarze Gerichtsmediziner, dem sie die Bilder der Autopsie zur Überprüfung vorlegten, und auch der Gerichtsmediziner, der Floyds Leiche für die Zivilklage der Familie untersucht hatte, bezweifelten, dass die Schnitte, die in Bakers Abteilung durchgeführt worden waren, tief genug waren, um wirklich beurteilen zu können, ob Chauvin Floyd erstickt hatte. Diese Einschätzung stellte unzählige Fälle von Polizeigewalt in Frage. Wie oft waren Polizist*innen straflos davongekommen, weil Gerichtsmediziner*innen nicht tief genug geschnitten hatten, um das Problem erkennen zu können?

Diesen Eindruck unterstützte eine Studie der Universität von Washington aus dem Jahr 2021, der zufolge Gerichtsmediziner*innen zwischen 1980 und 2018 fast 17 000 Todesfälle, an denen Polizist*innen beteiligt waren, falsch klassifiziert hatten.[38] Die Forscher*innen durchkämmten frei zugängliche Daten und Medienwebsites zu Erschießungen mit Polizeibeteiligung – und glichen so das Fehlen einer umfassenden Polizeidatenbank des Bundes aus, die in den Gesetzentwürfen vorgeschlagen wurde. Die Studie kam zu dem Schluss, dass es eher zu Falschzuordnungen kam, wenn das Opfer Schwarz war.[39] Der Bericht sah darin einen Hinweis, dass Gerichtsmediziner*innen systematisch dazu tendierten, die Beschreibungen von Vorfällen durch Polizist*innen stärker zu gewichten, und dass es besondere Anreize für sie gab, ihre Polizeikolleg*innen zu unterstützen. In einer Umfrage aus dem Jahr 2011 gaben 22 Prozent der Gerichtsmediziner*innen zu, dass sie sich schon einmal durch Beamt*innen unter Druck gesetzt gefühlt hatten, die angegebene Todesursache während ihrer Untersuchung zu ändern.[40]

Das Anklageteam entschied, der Einschätzung des Gerichtsmediziners weniger Bedeutung zumessen zu wollen. Statt sich auf die Leiche zu konzentrieren, suchte Velazquez-Aguilu nach Sachverständigen, die in Echtzeit erzählen konnten, was geschehen war, als Chauvin sein Knie in Floyds Hals drückte. Sie wollten Fachleute, die so verständlich und anschaulich wie möglich beschrieben, wie Chauvins Handlungen – auch wenn er Floyd rein technisch nicht erstickt hatte – Floyds Atmung beeinträchtigt hatten. Sie suchten nach Expert*innen, die wussten, wie Herz und Lunge funktionierten. Dabei stießen sie immer wieder auf einen Namen: Dr. Martin Tobin, ein Lungenspezialist aus Illinois, der als der weltweit führende Experte für Atmung galt.

Tobin war schnell bereit, bei dem Fall seine Expertise anzubieten, und sagte, er habe darauf gewartet, dass jemand deswegen auf ihn zukam. Bereitwillig sah er sich die Aufnahmen von Floyds Tod stundenlang durch, um jeden begründeten Zweifel daran, dass Chauvins Handlungen Floyd umgebracht hatten, zu zerstreuen. Velazquez-Aguilu und Blackwell hatten ein neues Kernstück für ihren Fall gefunden.

Die anhaltende weltweite Unterstützung für seinen Bruder ließ Philonise denken, dass Giannas Worte an Biden prophetisch gewesen sein konnten. An einem Tag sagte er vor den Vereinten Nationen aus, am nächsten bei einer Anhörung des Kongresses. Angeleitet wurde er dabei von Sharpton, der immer wieder anrief, um die Aussagen mit ihm durchzugehen. Sharpton half ihm, seine Argumente auf den Punkt zu bringen, und ermahnte ihn, das Wort »Gerechtigkeit« so häufig zu verwenden, bis es den Leuten in den Ohren klingelte. Sein Bruder Brandon gab ihm schließlich den Spitznamen »Baby Al«.

Floyds Tod stellte auch einen engeren Kontakt zwischen der

Familie seiner Mutter und seinen Geschwistern väterlicherseits her, Bridgett und Terrence Floyd. Sie trugen alle denselben
Nachnamen, kannten sich jedoch kaum. Wenn sie unter sich
waren, löcherten Philonise und Rodney sie mit Fragen zur Familiengeschichte.

»Er sah aus wie mein Vater«, erzählte Bridgett. »Er klang auch
wie er.«

Philonise litt emotional. Er hatte Albträume. Er brachte es
nicht einmal über sich, bei den formellen Anhörungen eine
Krawatte zu tragen – die Enge um den Hals ließ ihn darüber
verzweifeln, was seinem Bruder geschehen war. Beim nächsten
größeren Auftritt der Familie – dem Marsch nach Washington,
den Al Sharpton anführte – war er froh, dass er in der August-
hitze nur T-Shirt und Shorts tragen konnte, nichts Formelles.

Aber fünf Tage vor dem Protestmarsch, am 23. August, erschütterte ein weiteres Video die Welt. Dieses Mal zeigte es Jacob
Blake, einen neunundzwanzigjährigen Schwarzen, auf den die
Polizei vor seiner Wohnung in Kenosha, Wisconsin, sechsmal
geschossen hatten. Der Vater von sechs Kindern wurde ins Krankenhaus eingeliefert und war von der Hüfte abwärts gelähmt.
Die Schießerei löste weitere heftige Proteste aus – vor allem im
überwiegend *weißen* Kenosha, wo es zu gewalttätigen Ausschreitungen kam, bei denen Menschen starben. Am 25. August schoss
der siebzehnjährige *weiße* Kyle Rittenhouse auf drei Menschen,
tötete zwei von ihnen und behauptete, er habe die Ladenge-
schäfte vor Ort beschützt.

Diese Schießerei verstärkte die Spannungen eines Landes
weiter, in dem die Nerven ohnehin schon blank lagen. Diese Sorgen drangen sogar in die Quarantäneblase der NBA in Orlando,
Florida, ein, wo die Milwaukee Bucks schließlich entschieden,
dass sie zu erschüttert waren, um das fünfte Spiel ihrer ersten
Play-off-Runde gegen Orlando Magic zu spielen. Sie wollten das
Spiel ohne Match verloren geben, aber das akzeptierte Magic
nicht, weil die Mannschaft genauso fühlte. Das führte dazu, dass

die NBA schließlich alle Play-off-Spiele für jenen Abend absagte, und einige WNBA- und MLB-Teams taten es ihnen nach.

Die Lage war immer noch sehr angespannt, als die Floyds am 28. August in Washington ankamen. Sie wussten nicht, mit wie vielen Teilnehmenden sie bei dem Protestmarsch rechnen sollten, und Sharpton konnte kaum fassen, dass sie das mitten in einer Pandemie durchziehen konnten. Die Organisator*innen gaben Hunderttausende Dollar für Thermometer und Schutzmasken für die Teilnehmenden aus und beteten, dass niemand krank wurde. Im Hotel wurde der Familie langsam klar, wie weitreichend und vielfältig ihr Unterstützungsnetzwerk tatsächlich war.

»Ich glaube, dass morgen viele kommen werden«, sagte Sharpton zu Philonise. Er erzählte, er habe eine *weiße* Frau getroffen, die über 70 Jahre alt sein musste und von San Diego hergekommen war, und ein *weißes* Paar aus St. Louis. Sharpton hatte die Gedenkmärsche zum 40. und 50. Jahrestag des berühmten Marsches nach Washington mitorganisiert und spürte, dass die Energie bereits stärker war als bei den Gedenkmärschen.

Doch Bridgett warnte Philonise, sich nicht von reinen Zusicherungen einnehmen zu lassen.

»Wir haben jemanden verloren, und die Welt hat deswegen immer noch nichts unternommen«, sagte sie.

»Wir haben Instagram-Gerechtigkeit«, ergänzte Brandon. »Das ist keine echte Gerechtigkeit.«

Am Tag des Protests lugten Sharpton und die Floyds aus einem Zelt, das als Wartebereich am Lincoln Memorial errichtet worden war, und sahen eine Menge, die sich bis hinter das Spiegelbecken hinzog.

»Sind diese ganzen Leute wegen meinem Bruder hier?«, fragte Philonise. »Das kann ich nicht glauben!«

In der drückenden Hitze sprach Senatorin Harris darüber, wie wichtig es sei, »die Weisheit von erfahrenen Kämpfer*innen für Gerechtigkeit mit der kreativen Energie der jungen Anführenden von heute« zu verbinden.[41] Eine dieser Leitfiguren war das einzige Enkelkind von Martin Luther King Jr., Yolanda Renee King. Die Zwölfjährige sagte, ihre Generation werde »den systemischen Rassismus ein für alle Mal und für alle Zeiten niederreißen«.

Nachdem eineinhalb Stunden Reden gehalten worden waren, wandte sich Philonise an die Menge. Seine Familie stand hinter ihm, als er auf das Rednerpult hinunter und dort eine Markierung sah, die den besonderen Ort kennzeichnete, an dem er jetzt stand. Von dieser Stelle aus hatte Yolandas Großvater genau 57 Jahre zuvor seine berühmte »I Have a Dream«-Rede gehalten.

»Ich bin so überwältigt«, sagte Philonise der Menge. »Hey, ich wünschte George wäre hier und könnte das jetzt sehen.«[42]

Seine Stimme versagte, und er atmete tief durch. Sharpton und Keeta legten ihre Hände auf seine Schultern. Die Menge rief: »George Floyd! George Floyd!« Philonise wischte sich den Schweiß von der Stirn.

»Ich schaff das«, sagte er zu sich selbst.

Dann blickte er über die Menge.

»Ihr alle beweist so viel Mitgefühl und Leidenschaft, und ich genieße jede einzelne Sekunde davon«, sagte er. »Wenn ihr alle nicht wärt, weiß ich nicht, ob ich jetzt hier stehen würde, weil ihr alle mir die Kraft gebt, die ich brauche, um weiterzumachen. Ich stehe hier für alle, Mann, weil in diesem Moment Jacob Blake …«

Philonise dachte an das neueste Video, das Polizeigewalt zeigte, und verlor die Beherrschung. Die Bedeutung dieses Augenblicks war zu viel für ihn. Er begann zu weinen und bat Bridgett, seine Rede zu beenden, forderte erneut Gerechtigkeit. Mit Tränen in den Augen trat Philonise vom Mikrophon zurück.

»Ich kann nicht mehr«, sagte er.

# Kapitel 13

# ZEUGENAUSSAGE

Als der Sommer des amerikanischen Aktivismus in einen Winter nervöser Erwartung überging, begannen Philonise Floyd und seine Familie, sich vor der Reise nach Minneapolis zu fürchten.

»Es liegt eine dunkle Wolke über dieser Stadt«, sagte Rodney Floyd.

»Das ist jetzt unsere Pflicht«, erinnerte ihn Philonise.

Mitte März 2021 war der Zeitpunkt gekommen, denn die Auswahl der Geschworenen im Strafprozess gegen den Polizisten, der ihren Bruder getötet hatte, schritt schneller als erwartet voran.

Bei ihrer Ankunft in Minneapolis war die Luft eiskalt. Die Innenstadt war trostlos und düster, viele Fenster waren mit Brettern vernagelt. Überall sahen sie Bilder von Perry, sein Name war auf Laternenpfähle gekritzelt und an Wände gesprüht worden. Die Stadt fühlte sich zugleich hoffnungsvoll und brandgefährlich an, abhängig von der Stimmung bei Aktivist*innen und Agitator*innen, die sich darauf vorbereiteten, weitere Unruhen zu entfesseln, sollten die Dinge nicht nach ihren Vorstellungen laufen.

Einige Stunden, nachdem sich Philonise, Rodney und Brandon Williams eingerichtet hatten, bestanden ihre Anwälte Ben Crump und Antonio Romanucci darauf, dass sie in einem Hotel zusammenkämen, um per Livestream eine Stadtratssitzung zu verfolgen. Sie fragten nicht, warum; sie hatten sich daran gewöhnt, den Zeitplänen zu folgen, die ihre Anwält*innen für sie ausarbeiteten. Der Stadtrat machte eine kurze Pause und kehrte dann mit einer unerwarteten Ankündigung auf das Podium zurück: Er hatte im Zivilprozess der Familie Floyd gegen die Stadt einer Vergleichsvereinbarung zugestimmt.

Floyds Brüder und sein Neffe hatten nichts von dieser Nachricht geahnt und nervös auf die Entscheidung gewartet.

Seit Monaten liefen die Verhandlungen hinter den Kulissen. Die Kanzlei von Antonio Romanucci galt als Architektin dieser Zivilklage, in Zusammenarbeit mit Jeff Storms, jenem Anwalt, der die Familie von David Cornelius Smith vertreten hatte. Dieser war von einem Polizisten getötet worden, der ihm sein Knie in die Schultern gedrückt hatte. Als die Klage 2013 mit einer Zahlung von 3 Millionen Dollar beigelegt wurde, galt dies als unglaubliche Summe in einem Fall, in dem ein Polizeibeamter einen Zivilisten getötet hatte.

Nachdem die Familie von Justine Ruszczyk Damond, einer *weißen* Frau, die 2017 von dem Schwarzen Polizeibeamten Mohamed Noor getötet wurde, 2019 im Rahmen eines Vergleichs 20 Millionen Dollar von der Stadt erhielt, erschien der Betrag jedoch geradezu erbärmlich.[1]

»Das war lächerlich«, erinnerte sich Crump. »Es zeigte, dass dem Leben von *Weißen* ein höherer Stellenwert beigemessen wurde als dem Leben von Schwarzen.«

In diesem Fall waren sich Crump, Romanucci und Storms einig, dass der Familie Floyd zudem deutlich mehr zustehe als das, was die Familie Damond erhalten hatte. Doch trotz der öffentlichen Entschuldigung des Bürgermeisters und des Aufrufs des Gouverneurs, eine Polizeireform anzustreben, behaupteten die Anwält*innen der Stadt zunächst, dass Chauvins Vorgehen so weit jenseits allen zulässigen Verhaltens liege, dass die Stadt nicht mehr Schuld auf sich geladen habe als im Fall Noor. Man bot daraufhin einen Vergleich mit exakt demselben Betrag an: 20 Millionen Dollar.[2]

Romanucci war außer sich. Er teilte der Stadt mit, dass er so zuversichtlich sei, dass er nicht zögern würde, den Fall vor einem Zivilgericht zu verhandeln, wenn sie sich nicht auf eine einvernehmliche Lösung verständigen könnten. Im Laufe des Sommers hatten die Anwält*innen der Familie Floyd heimlich zwei Scheinprozesse in Des Moines, Iowa, organisiert, einer Stadt, die ihrer Meinung nach demographische und kulturelle Ähnlichkeiten mit Minneapolis aufwies. Sie präsentierten die Beweise zwei Gruppen von jeweils acht Bürger*innen, um mögliche Schwachstellen in dem Fall zu bewerten. Die Einwohner*innen befanden die Stadt beide Male für schuldig, wenngleich sie weiterhin Bedenken hinsichtlich Floyds Verhalten am Tatort hatten.

Die Stadt und die Anwält*innen der Familie Floyd willigten in ein Mediationsverfahren ein.

»Als wir uns zahlenmäßig näherkamen, merkten wir, dass wir Partner wurden«, sagte Romanucci. »Wir wollten beide dasselbe. Ich glaube, es war ihnen ein Anliegen, dass sich die Lage in Minneapolis verbesserte.«

An diesem Nachmittag gab der Stadtrat bekannt, die Stadt werde der Familie Floyd 27 Millionen Dollar zahlen. Es war die größte Summe, die jemals von der Stadt in einem polizeibezogenen Todesfall gezahlt wurde.

Die Zahl war zu groß, um sie zu verarbeiten. Die Familie war zwar erleichtert, dass die Stadt anerkannte, dass das Leben ihres Bruders etwas bedeutete, aber sie fühlte sich unwohl, dass eine Zahl – irgendeine Zahl – mit Floyds Leben in Verbindung gebracht wurde. Geld allein konnte nicht darüber hinwegtrösten, dass eine Schwarze Familie jahrhundertelang von den Institutionen, die sich eigentlich um ihre Bürger*innen kümmern sollten, betrogen, ignoriert und schikaniert worden war. Bei einer Arbeiter*innenfamilie mit bescheidenen Wurzeln, deren Träume von Wohlstand schon seit Generationen verblasst waren, nachdem man Hillery Thomas Stewart um sein Land betrogen hatte, hinterließ der Vergleich ein Gefühl der Leere. Es war eine unerwartete Leere, denn sie hatten gehofft, dass die institutionelle Verantwortung für Floyds Tod helfen würde, den Schmerz zu lindern – deshalb hatten sie ja immer wieder Gerechtigkeit gefordert. Aber fühlte sich Gerechtigkeit wirklich so an?

»Als ich es hörte, war es mir, ehrlich gesagt, egal«, sagte Rodney, als er ein paar Stunden später mit seiner Familie zu Abend aß. »Es ist ein Schritt in die richtige Richtung, aber ganz ehrlich, ich will das Geld nicht. Ich will meinen Bruder zurück. Wenn ich jetzt so darüber nachdenke 27 Millionen Dollar. Ich weiß nicht einmal, was das bedeutet.«

»Das Ganze ist so bittersüß«, sagte Philonise. »Mit dem Geld kann man den Rest seines Lebens auskommen – es ist gut für ihn und seine Kinder. Aber mein Bruder ist nicht mehr da, und den werde ich dadurch auch nicht wieder zurückbekommen.«

»Ich wünschte, unsere Mutter wäre hier«, sagte Rodney. »Wir hätten ihr alles schenken können.«

Ein Fernsehproduzent fand ein Soul-Food-Restaurant, das Essen für die Familie lieferte. Bei großen Portionen Rippchen, Tilapia, Gemüse und Makkaroni mit Käse ließ sich die Familie einen Moment lang Zeit, über ihre neu gewonnene finanzielle Freiheit nachzudenken. Sie beschlossen, 500 000 Dollar für Investitionen an der Ecke Thirty-Eighth Street und Chicago zur Seite zu legen. Philonise wollte eine Wohltätigkeitsstiftung gründen. Sie konnten Tickets nach Louisville buchen und die Familie von Breonna Taylor unterstützen, die von der Stadt eine Entschädigung in Höhe von 12 Millionen Dollar erhalten hatte, obgleich der Beamte, der sie getötet hatte, nie eines Verbrechens angeklagt worden war.

Außerdem hatten sie immer noch die Möglichkeit, über das Rechtssystem Gerechtigkeit zu erlangen. Ein paar Blocks weiter standen die Anwält*innen kurz davor, ihre Liste für das Strafverfahren gegen Chauvin von 326 Namen auf zwölf Geschworene und zwei Ersatzgeschworene zu reduzieren.³ Chauvins Anwalt Eric Nelson, der von der *Minnesota Police and Peace Officers Association* bezahlt wurde, hatte versucht, den Fall aus Minneapolis und Hennepin County heraus zu verlegen, mit dem Argument, dass es zu schwierig sei, dort unvoreingenommene Geschworene zu finden. Daraufhin wies Richter Peter Cahill die Anwält*innen an, nach Geschworenen zu suchen, die sich noch keine Meinung zu dem Fall gebildet hätten oder zumindest bereit seien, ihre Meinung zu ändern.

Das juristische Team war erleichtert, als Cahill verfügte, Nelson dürfe Floyds Vorstrafen nicht zur Sprache bringen, da Chauvin keine Kenntnis von seiner Vergangenheit gehabt habe, als er versuchte, ihn bei CUP Foods in ein Polizeiauto zu zerren. Ebenso war es der Staatsanwaltschaft untersagt, frühere Beschwerden über Chauvin vorzubringen, insbesondere darüber, wie häufig er die Technik der Nackenfixierung angewandt hatte.

Die Staatsanwaltschaft war mit dem Verlauf der Geschworenenauswahl recht zufrieden. Doch die verhaltene Reaktion der Familie Floyd auf die zivilrechtliche Einigung warf Fragen darüber auf, ob ihnen die Verurteilung eines Beamten das Gefühl vermitteln könnte, dass ihr Bruder nicht umsonst gestorben war. Sie mussten etwas Größeres tun, in einem Augenblick, in dem eine Veränderung möglich schien. Im Weißen Haus regierte nun Präsident Joseph R. Biden, nachdem er Trump bei den Wahlen im November besiegt hatte, gestärkt durch Schwarze sowie Wähler*innen aus den Vorstädten, die über den Zustand der *race relations* im Land besorgt waren.

»Wir werden eines Tages nach Washington gehen und dafür sorgen, dass dieses Polizeigesetz verabschiedet wird«, sagte Philonise. »Wir brauchen Gerechtigkeit für alle.«

»Der Präsident meint, er könne es schaffen«, sagte Crump. »Und wäre es nicht großartig, wenn er das Gesetz am ersten Jahrestag unterzeichnen könnte?«

Rodney nickte und lächelte breit. »Ja, das wäre eine schöne Sache.«

–

Etwas mehr als zwei Wochen später sollte der Prozess gegen Derek Chauvin beginnen. Die Stimmung in der Stadt wurde zunehmend aufgeheizt.

Gouverneur Tim Walz und Bürgermeister Jacob Frey setzten mehr als 2000 Soldaten der Nationalgarde ein und entsandten mehr als 1100 Ordnungskräfte in das Gebiet. Gardist*innen in Tarnkleidung bezogen an Straßenecken Stellung, und Militärfahrzeuge parkten mitten auf Kreuzungen.[4] Sie errichteten Barrikaden, verlegten Stacheldraht um das Bezirksverwaltungszentrum und bildeten damit eine Festung zum Schutz derjenigen, die das Gerichtsgebäude betraten.

Am Montagmorgen, dem 29. März, dem ersten Tag der Eröffnungsplädoyers, brachen drei Männer zu ihrer Mission auf. Philonise zog eine Maske mit der Aufschrift »8:46« auf, und Brandon legte eine Halskette mit dem Gesicht seines Onkels als Anhänger um. Rodney trug einen schwarzen Anzug. Auf dem Weg zum Gerichtssaal gesellten sich zahlreiche Familienmitglieder zu ihnen. Sie luden einige von Floyds engsten Freund*innen, ihre Anwält*innen sowie die Pfarrer und die Security ein, die zu ihrem Schutz gekommen waren. Die Anwesenheit der Geistlichen Al Sharpton und Jesse Jackson verlieh dem Ganzen zusätzliche Würde.

In einem kleinen Park, wo die Presse auf sie wartete, machte die Entourage halt. Crump, der mit seinem grauen Filzhut und einem schwarzen Trenchcoat das Bild eines Schwarzen Anwalts aus der Zeit der Bürgerrechte vermittelte, trat ans Mikrophon.

»Heute beginnt ein wegweisender Prozess, der Aufschluss darüber geben wird, wie weit die USA in ihrem Streben nach Gleichheit und Gerechtigkeit für alle gekommen sind«, sagte er.

»Lassen Sie sich nicht täuschen: Chauvin ist im Gerichtssaal, aber Amerika steht vor Gericht«, ergänzte Sharpton. »Amerika steht vor Gericht, um zu sehen, ob wir in der Lage sind, die Polizei zur Verantwortung zu ziehen, wenn sie das Gesetz bricht.«

Sharpton sprach bis etwa 8.46 Uhr. Dann forderte er die Familie Floyd und ihre Begleitung auf, 8 Minuten und 46 Sekunden lang auf die Knie zu gehen, um die außerordentliche Grausamkeit des Vorgehens des Polizisten zu demonstrieren.

Die Gruppe verschränkte die Arme, nahm die Position ein und senkte schweigend den Kopf.

»Zwei Minuten, und ich bin schon müde!«, sagte Sharpton, während die Fotograf*innen ihre Bilder schossen. »Ich habe noch nicht einmal die Hälfte geschafft und will schon wieder aufstehen.«[5]

Drei Minuten vergingen, und Brandon verlor derart das Gefühl im Knie, dass er auf die andere Seite wechseln musste.

»Chauvin hat das Knie nicht gewechselt«, bemerkte Sharpton.

Die kniende Geste war eine inszenierte Fotoaktion. Für Floyds Familie jedoch veranschaulichte sie die Dualität von persönlichem Schmerz und öffentlicher Verantwortung. Während sich die Kamerateams weiter um die perfekte Aufnahme drängelten, auf der sie Chauvin nachahmten, dachte Rodney an Perry, dessen Gesicht man auf den Asphalt gepresst hatte.

»Können Sie sich vorstellen, wie sich seine Wange angefühlt haben muss«, sagte er. »Auf diesem Pflaster? Verdammt.«

Die 8 Minuten und 46 Sekunden waren schließlich vergangen, und die Gruppe machte sich auf den Weg in den Gerichtssaal. Sharpton stimmte Sprechchöre an: »Ohne Gerechtigkeit kein Frieden!« Als sie ihren Weg fortsetzten, dachte Philonise über die Optik nach.

»Rev, wie wär's, wenn wir das hier machen?«, fragte er Sharpton, während er seine Hand zur Black-Power-Faust erhob.

Sein Schützling hatte es begriffen. Als die Familie das Gerichtsgebäude betrat, hob Sharpton ebenfalls die Faust.

Durch die Beschränkungen aufgrund der Pandemie wirkte der kleine Gerichtssaal noch steriler. Masken waren Pflicht, außer für die Redner*innen. Zwischen der Verteidigung, der Staatsanwaltschaft, dem Richter und dem Stuhl für Zeug*innen waren Plexiglaswände aufgestellt. Nur zwei Reporter*innen durften die Anhörungen persönlich verfolgen, und von jeder Seite durfte nur ein Familienmitglied anwesend sein.

Von Chauvins Familie ließ sich zunächst niemand blicken. Jedoch waren so viele Mitglieder der Familie Floyd anwesend, dass sie sich in einem Aufenthaltsraum im 22. Stock versammelten, wo Kartoffelchips, Schokoriegel und Obst für sie bereitstanden. Die Familie beschloss, die Verpflichtungen im Gerichtssaal zwischen Morgen- und Nachmittagssitzung aufzuteilen. Philonise hatte die erste Schicht, also machte er sich auf den Weg zum Gerichtssaal C-1856. Derek Chauvin kam herein. Er trug einen schlechtsitzenden Anzug und sah noch hagerer aus als an jenem schicksalhaften Tag im Mai 2020. Begleitet wurde er von seinem Anwalt Eric Nelson, der sein Haar nach hinten gekämmt hatte, einen kurz gestutzten Bart trug, einen Midwestern-Slang pflegte und seine Vorträge im Gerichtssaal betont lässig anging.

Philonise hatte sich auf diesen Moment vorbereitet und gab sich Mühe, nicht zu reagieren, als er den Mann sah, der seinen Bruder getötet hatte. Er sagte sich: »Wenn überhaupt, dann sollte er Angst haben, mich zu sehen.« Er wollte nicht zulassen, dass Chauvin ihn einschüchterte.

Dann kam die Rechtsvertretung des Staates, angeführt von Keith Ellison, dem Jerry Blackwell und Steve Schleicher folgten.

Richter Peter Cahill, ein *weißer* Mann mit dicken Wangen und Brille, nahm hinter seinem Pult Platz.

»Erheben Sie sich für die Geschworenen«, sagte er.

Die Staatsanwaltschaft hielt die Auswahl der Geschworenen für den ersten großen Erfolg des Prozesses. Die Gruppe war divers, multigenerational und aufgeschlossen – weit entfernt von den rein *weißen* Jurys, die einen Fall von Polizeibrutalität so häufig schon vor Prozessbeginn entschieden hatten. Der Jury gehörten eine Schwarze Frau, zwei weitere Women of Color, zwei *weiße* Männer, drei Schwarze Männer und vier *weiße* Frauen an. Das Alter der Geschworenen reichte von Mitte 20 bis Mitte 60, wobei acht Geschworene unter 40 waren.

»Es heißt, man gewinnt den Fall schon bei der Auswahl der Geschworenen«, erinnerte sich Schleicher. »Das stimmt natürlich nicht. Aber man kann einen Prozess durch die Geschworenenauswahl verlieren.«

Blackwell stand auf. Er hatte die Schwere der Aufgabe erkannt, die historischen Chancen, die sich ihm boten. Trotzdem lächelte er freundlich und begrüßte die Geschworenen in lockerem Umgangston.

»Bitte verzeihen Sie, dass ich durch dieses Plexiglas mit Ihnen rede«, begann Blackwell, bevor er auf den heiligen Eid zu sprechen kam, den man als Beamte*r des Minneapolis Police Department ablegen musste. Das Motto des Departments, so Blackwell, sei es, »mit Mut zu schützen und mit Mitgefühl zu dienen« – ein Ideal, dem Chauvin am 25. Mai 2020 seiner Meinung nach nicht gerecht geworden sei.[6]

»Sie werden erfahren, was in diesen 9 Minuten und 29 Sekunden passiert ist«, sagte Blackwell zu den Geschworenen. »Die wichtigsten Zahlen, die Sie in diesem Prozess hören werden, sind 9 und 29.«

Im Aufenthaltsraum stockte den Mitgliedern der Familie Floyd der Atem, und sie begannen zu flüstern.

»Haben Sie das gehört, Rev?«, sagte Brandon Williams zu Sharpton. »Sie sagen, 9 Minuten und 29 Sekunden. Nicht 8 Minuten 46.«

Sein Onkel hatte 43 Sekunden länger gelitten, als sie bislang gedacht hatten.

Nur 32 Kilometer weiter nördlich, aber eine ganze Weltreise entfernt, am Montag, den 29. März, als gerade die ersten Zeug*innen befragt wurden, beugte sich Courteney Ross über einen Zaun und sah zu einer Pferdeherde auf der Prärie hinüber.

»Ein paar Wochen nach Floyds Tod hörte ich seine Stimme im Ohr«, sagte Ross. Sie senkte ihren Tonfall, um eine Vorstellung davon zu vermitteln. »Er sagte: ›Baby, du musst reiten gehen.‹«

Bekannte von Freund*innen besaßen eine Pferdefarm, also ging sie mit ihrem jüngeren Sohn James dorthin. Er war ein Naturtalent. Beim Reiten auf einem Pferd namens Hercules sah sie ihn zum ersten Mal seit Floyds Tod richtig glücklich. Daraufhin besuchten sie die Farm regelmäßig.

Während sich die Welt mit Floyds Tod auseinandersetzte, versuchte Ross, ihren Platz in der Welt zu finden. Es war eine unangenehme Situation, einen Menschen geliebt zu haben, aber weder durch das Gesetz noch durch Blutsbande an ihn gebunden zu sein. Nach dem Vorfall bei der Beerdigung hatte sie begonnen, Floyds Tod als einen privaten Schmerz zu betrachten, der nichts mit dem Kampf zu tun hatte, für welchen er stand. Sie befürchtete, dass ihre Trauer kurzsichtig, egoistisch und sogar unangebracht wirken könnte.

Tieftraurig und niedergeschlagen suchte Ross Zuflucht bei ihrer Therapeutin und einer lokalen Hellseherin, bei Antidepressiva und den Comedy-Sendungen von Trevor Noah. Sie dachte immer wieder an das letzte Gespräch mit Floyd und fühlte sich schuldig, weil ihre letzten Worte an ihn so hart und unversöhnlich gewesen waren. Sie war so durcheinander, dass sie nicht mehr arbeiten konnte, und James ging nicht mehr zur Schule. Manchmal öffnete sie zu Hause einen Plastikbehälter in ihrem Schrank, der Floyds alte Arbeitskleidung enthielt, um daran zu riechen und seine Präsenz zu spüren.

Ross' Therapeutin riet ihr, den Prozess nicht zu verfolgen, sondern zu versuchen, so normal wie möglich weiterzumachen. Aber was war heutzutage schon normal? Alles, was sie tat, schien ihren inneren Frieden zu bedrohen.

»Ich hatte mich noch nie so isoliert gefühlt«, sagte Ross. »Alle hatten wegen Floyd ihr eigenes Ding am Laufen, alle waren auf dieser Reise, und ich wusste immer noch nicht, was ich tun oder fühlen sollte.«

Die Staatsanwaltschaft wollte sie in den Fall einbeziehen – trotz der Bedenken von Verwandten, die wegen ihrer Äußerungen zu Floyds Tod immer noch aufgebracht waren. Sie hofften, dass ihre Aussage ein umfassenderes Bild der Person vermitteln würde. Ihre Rolle sollte die einer sogenannten »Lebensfunken«-Zeugin sein, eine Formulierung, die ihr gefiel. Die Staatsanwält*innen warnten sie, nicht in Allgemeinplätzen zu sprechen und etwa Floyd als »sanften Riesen« zu bezeichnen, weil dies der Verteidigung die Möglichkeit geben könne, sein Vorstrafenregister und seine Drogenvergangenheit sowie ihren gemeinsamen Konsum von Opioiden zur Sprache zu bringen.

Bereits in seinem Eröffnungsplädoyer hatte Nelson Floyds Drogenkonsum in den Mittelpunkt seiner Verteidigung gestellt und argumentiert, dass die in seinem Körper festgestellten Substanzen Fentanyl und Methamphetamin letztlich eine entscheidende Rolle bei seinem Tod gespielt hätten. Die Staatsanwaltschaft hätte sie auf ein Kreuzverhör zu diesen Themen vorbereitet, berichtete Ross, aber sie sei immer wieder zusammengebrochen und habe geweint oder sei in die Defensive gegangen. Man habe sie ermutigt, bei potenziell aggressiven Fragen geduldig zu bleiben. »Sie brauchen den Fall nicht für uns zu gewinnen«, habe es geheißen.

Ihr Telefon klingelte. Es war ihr Opferanwalt, der ihr mitteilte, wann sie vor Gericht erwartet werde. Am Mittwochmorgen – zwei Tage später – musste sie bereit sein.

Ross machte sich auf den Weg in ihr altes Wohnviertel, wo ihre Freundin Leah Prehall in einem Friseursalon arbeitete. Prehall kannte Ross' Familie seit ihrer Kindheit, und in ihrer Jugend hatte sie immer mit ihrem Haar experimentiert. Für den Prozess beschlossen sie, dass Ross' Haar zu einem einfachen Bob mit roten Strähnchen frisiert werden sollte – sie wollte selbstsicher, aber nicht zu auffällig wirken.

Ross erzählte Prehall, dass sie sich nicht traue, so viel über ihre Beziehung preiszugeben, dass sie glaubhaft erscheine. Sie verstehe, warum die Familie Floyd nicht wahrhaben wolle, welche Rolle sie in Floyds Leben gespielt habe. Ein Teil von ihr hoffe, dass sie wenigstens ihren Prozessbeitrag hinreichend anerkennen würden, so dass sich die Wogen zwischen ihnen glätteten.

»Alle denken, ich bin eben eine Schauspielerin und habe ihn nicht geliebt«, sagte Ross zu Prehall. »Oder dass ich das *weiße* Mädchen bin, das ihm zum Verhängnis wurde.«

Schlussendlich hatte Ross geglaubt, ihre Hautfarbe würde sich während des Prozesses zu ihren Gunsten auswirken. Sie wusste, dass vier *weiße* Frauen unter den Geschworenen waren, und sie hoffte, dass sie einen Bezug zu ihr und ihrem Schmerz finden würden. Diese Verbindung könnte sich darauf auswirken, wie sie Floyds Opioidkonsum beurteilen würden, da die Amerikaner*innen wesentlich mehr Verständnis für die Drogenkrise aufbrachten, seit sie auch in den *weißen* Vorstädten angekommen war.

Als ihr Haar frisiert war, konzentrierte sich Ross auf ihre Nägel. Sie schnappte sich James, der allein im hinteren Teil des Salons spielte, und ging zu ihrer Nichte Josie Tucker, die ein Nagelstyling-Set hatte. Sie entschieden sich für schwarze Nägel anstelle von roten, weil sie das ernster fand.

Tucker erkundigte sich nach dem Prozess und erinnerte sich dann an das letzte Mal, als sie Floyd gesehen hatte. Er hatte Angst gehabt, sich ihrer neuen, gutmütigen Promenadenmischung Ronnie zu nähern. Floyd erzählte ihr, dass Hunde dort, wo er in Houston aufgewachsen sei, nicht wirklich als Haustiere betrachtet würden – sie seien meist Streuner oder dienten der Sicherheit. Mit der Zeit gelang es Floyd, seine Unsicherheit zu überwinden. Als sie sich das letzte Mal sahen, näherte er sich

Ronnie vorsichtig und kroch schließlich auf dem Fußboden, um sie mit seiner Nase an der Schnauze zu berühren.

Tucker verstand, warum Ross ihn geliebt hatte. Ihre starken Persönlichkeiten ergänzten sich gegenseitig. Außerdem war Floyd so warmherzig gewesen, so interessiert an der Welt um ihn herum. Und dann war er plötzlich nicht mehr da.

»Erinnerst du dich, dass du mich gerufen hast?«, fragte Tucker, während sie Ross die Nägel lackierte.

»Ich erinnere mich, dass ich dich auf dem Parkplatz gesehen habe«, sagte Ross. »Und dann erinnere ich mich, dass ich in den Park gegangen bin.«

In diesem Augenblick begriff Tucker, dass Ross große Teile dieses Tages verdrängt hatte. Zwischen dem Zeitpunkt, als sie von Floyds Neffen die Nachricht erhalten hatte, und einem Interview, das sie einem lokalen Fernsehsender in einem nahe gelegenen Park gegeben hatte, waren mehrere Stunden vergangen.[7] In dieser Zeit war Tucker zu dem Café geeilt, in dem Ross arbeitete, und hatte sie dort zusammengebrochen auf dem Parkplatz vorgefunden. Tucker hatte sie festgehalten. Dann hatte sie Ross zum Haus ihrer Mutter gebracht, wo sie stundenlang teilnahmslos dagesessen hatte.

»Wow«, sagte Ross, als ihre Nägel trockneten und sie sich die Einzelheiten vergegenwärtigte, die sie ausgeblendet hatte. »Schlichtweg wow.«

»Es ist wirklich seltsam, denn es ist, als gäbe es zwei verschiedene George Floyds«, bemerkte Tucker. »Da ist dieses Etwas, das ich nicht einmal kenne, ein Zeichen dieser Bewegung, und dann gibt es einfach noch diesen Typen.«

»Wie meine Therapeutin es ausdrückt: ›Es gibt George Floyd und es gibt Floyd‹«, sagte Ross. »Und wenn ich das nicht klar im Kopf behalte, werde ich verrückt. Denn George Floyd ist das, wofür die Leute ihn halten. Floyd ist der, der er ist.«

Die Nacht brach herein, und Ross beschloss, einen letzten Stopp einzulegen, als Geste für den Mann, den sie geliebt hatte, und für das Symbol, zu dem er geworden war. Nachdem sie diesen Ort monatelang gemieden hatte, machte sie sich auf den Weg zum George-Floyd-Platz.

Ross parkte ihren Minivan etwa zwei Blocks entfernt. Sie atmete tief durch, stieg aus und ließ sich den böigen Wind durch ihr frisch geschnittenes Haar wehen. Aus dem Kofferraum ihres Wagens holte sie eine Schachtel mit 46 roten Gläsern und 46 Kerzen.

Sie zitterte, als sie zu der Stelle ging, an der Floyd sein Leben verloren hatte. An diesem Abend wurde sie zu ihrer Erleichterung von einer Aktivist*innengruppe an der Ecke empfangen. Sie hatten bereits damit begonnen, ihrerseits Kerzen aufzustellen, die den Umriss der blauen Silhouette von Floyds Leiche auf der Straße nachzeichneten. Aber ihre Kerzen waren klein und hielten dem Wind nicht stand. Ross' Beitrag konnte helfen, das Licht zu bewahren.

Ross trat zu ihnen, kniete nieder und stellte die Kerzen ab, eine für jedes Jahr, das Floyd auf der Erde gewesen war. Der Wind wurde stärker.

»Ich habe das Gefühl, er ist hier bei mir«, sagte sie.

Sie ging nach Hause, und James kletterte zu ihr ins Bett, damit sie kuscheln konnten. An ihrer Schlafzimmertür hing ein Zettel, den er mit lila Klebeband angebracht hatte, nachdem er seine Mutter während einer Teletherapiesitzung hatte weinen hören.

»Mach dir keine Sorgen wegen des Prozesses«, stand darauf.


Im Gerichtssaal rief die Staatsanwaltschaft Zeug*innen auf, um den ersten Punkt ihrer Anklage zu untermauern: dass die Gewalt, die Chauvin angewandt hatte, übermäßig und vorsätzlich gewesen sei. Augenzeug*innen traten in den Zeugenstand, um das Trauma zu beschreiben, einen Mann um sein Leben betteln und vor ihren Augen sterben zu sehen.

»Wenn ich George Floyd sehe, sehe ich meinen Vater, sehe ich meine Brüder«, sagte Darnella Frazier, die das virale Video von

Floyds Tod aufgenommen hatte, zu den Geschworenen. »Ich sehe meine Cousins, meine Onkel, denn sie sind alle Schwarz. Ich sehe mir das an und überlege, dass es auch einer von ihnen hätte sein können.«

Judeah Reynolds, Fraziers neunjährige Cousine, trat ebenfalls in den Zeugenstand. Sie sagte den Geschworenen, was sie gesehen habe, mache sie »traurig und irgendwie auch wütend«.

Charles McMillian, der Wichtigtuer aus dem Viertel, der zu Floyd gesagt hatte, er könne »nicht gewinnen«, griff nach Taschentüchern, um sich die Tränen abzuwischen, und schlug mit den Händen auf den Tisch, als die Staatsanwaltschaft Ausschnitte aus den Aufnahmen der Überwachungskamera abspielte, in denen zu sehen war, wie Floyd nach seiner Mutter rief.

»Ich habe auch keine Mutter«, sagte McMillian. »Ich verstehe ihn.«

McMillian war so bewegt, dass Richter Cahill eine Unterbrechung anberaumte.

Nelson, Chauvins Anwalt, stellte keine Fragen an diese Zeug*innen. Bei anderen jedoch ließen seine Kreuzverhöre bereits eine Strategie erkennen. In seiner Vernehmung von Donald Williams, dem Mixed-Martial-Artist, der Chauvin wiederholt einen »Penner« genannt hatte, versuchte der Verteidiger, einen wachsenden Mob darzustellen, durch den sich sein Mandant möglicherweise bedroht gefühlt habe.

»Nachdem Sie ihn einen Penner genannt hatten, nannten Sie ihn einen verdammten Penner, ist das richtig?«, fragte Nelson. »Sie waren wütend, oder?«

Mindestens siebenmal stellte Nelson während seines Kreuzverhörs Fragen mit den Worten »wütend« und »wütender«. Außenstehende Beobachtende des Prozesses erkannten rasch, dass Nelson das rassistische Klischee des »wilden«, nicht zu bändigenden Schwarzen Mannes bediente. Im Prozess gegen die Polizisten, die 1993 Rodney King zusammenschlugen, wurde das Opfer als »hünenhaft kräftig« beschrieben und mit einem »tasmanischen Teufel« verglichen.[8]

Genevieve Hansen, die Feuerwehrfrau, die darauf gedrungen hatte, die Beamten mögen Floyds Puls überprüfen, war schon nervös, bevor sie im Gerichtsgebäude eintraf.

»Ich wollte das nicht tun«, erinnerte sich Hansen. »Man kann ja nie etwas Richtiges sagen. Ich weiß nicht, als *Weiße* hat man im Moment einfach Angst, den Mund aufzumachen.«

Am Morgen stemmte sie ein paar Gewichte im Fitnessstudio und versuchte so zu tun, als wäre alles normal. Sie zog ihre Rettungssanitäter*innenuniform an, und ihre Mutter half ihr beim Binden der Krawatte. Im Zeugenstand bat Nelson sie, eine Aussage zu verlesen, in der sie Floyd als »kleine Person« bezeichnet hatte – was er natürlich nicht war. Sie wurde zornig. Sie hatte nicht nur das Gefühl, dass Nelson nach Strohhalmen griff, sondern war auch frustriert, dass er versuchte, ihre Aussage zu vereinnahmen.

Nelson wies darauf hin, dass sie am Tatort »wütend« geworden sei.

»Ich weiß nicht, ob Sie schon einmal gesehen haben, wie jemand getötet wurde, aber es ist erschütternd«, erwiderte Hansen.

Als das Kreuzverhör immer heftiger wurde, entließ Cahill kurzzeitig die Geschworenen, um Hansen zu ermahnen.

»Sie werden hier weder mit dem Gericht noch mit den Anwält*innen streiten«, sagte Cahill. »Diese Leute haben das Recht, Fragen zu stellen. Ihre Aufgabe ist es, sie zu beantworten.«

Hansen verließ den Saal so wütend, dass sie eine Wasserflasche nahm und sie mit einer derartigen Wucht gegen die Wand schleuderte, dass sie explodierte.

Sie erinnerte sich, dass ein Anwalt zu ihr sagte: »Genevieve, du kannst dich doch jetzt nicht verhaften lassen.«

»Das ist mir scheißegal«, antwortete sie, bevor sie nach Hause stürmte.

Die Zeug*innenaussagen der Umstehenden sollten das Trauma und die Brutalität von Chauvins Handeln aus Sicht der Öffentlichkeit verdeutlichen. Die Eckpfeiler dieses Teils der Verhandlung waren jedoch die Aussagen von Strafverfolgungsbeamt*innen, die Chauvins Vorgehen als Schandfleck auf seiner Dienstmarke bezeichneten.

Der Polizeichef von Minneapolis, Medaria Arradondo, sagte dem Gericht, Chauvin habe sich nicht an die Richtlinien zur Deeskalation, zur Anwendung von Gewalt und zum Angebot medizinischer Hilfe gehalten. Beamt*innen sollten bei einer Nackenfixierung »leichten bis mäßigen Druck« ausüben, sagte Arradondo.

»Wenn ich mir den Gesichtsausdruck von Herrn Floyd ansehe, dann sieht das in keiner Weise nach leichtem bis mäßigem Druck aus«, sagte Arradondo. »Als Mr. Floyd nicht mehr reagierte – und dann sogar regungslos war –, war das Maß der fortgesetzten Gewaltanwendung gegen eine in Bauchlage fixierte Person weder regelkonform noch Teil unserer Ausbildung und ganz sicher nicht Teil unserer Ethik oder unserer Werte.«

Romanucci, einer der persönlichen Anwälte der Familie Floyd, hörte der Zeugenaussage schockiert zu.

»Ich glaube nicht, dass dieses Land jemals einen Polizeichef gesehen hat, der sich gegen einen seiner eigenen Beamten ausspricht, so wie wir es erlebt haben«, sagte er.

Aus juristischer Sicht war er der Meinung, dass der Fall in die richtige Richtung gehe.

Am Mittwoch, dem 31. März, sprang Ross aus dem Bett und machte Musik an. Sie legte eine Halskette und Ohrringe mit Floyds Namen auf ihren Couchtisch, neben ein unvollendetes Katzenpuzzle. Sie hatte eine spezielle Maske mit Bildern von Floyds Gesicht, im Gegensatz zu den »I can't breathe«-Masken, die überall in der Stadt zu sehen waren. Sie wollte an sein Leben erinnern, nicht an seinen Tod.

»Heute geht es um dich und mich, Floyd«, sagte sie laut.

Ihre Hellseherin hatte empfohlen, etwas von ihm zum Gericht mitzunehmen, und sie durchforstete ein zum Schrein umfunktioniertes Bücherregal nach Erinnerungsstücken. Zwischen einer Tüte Fritos, die er so liebte, und einem Buch, das er gelesen hatte, fand sie eine Silbermünze, die er von den Anonymen Alkoholikern erhalten hatte und die sie als Symbol für seine Stärke betrachtete.

Prehall kam vorbei, um Ross die Haare zu frisieren und ihr zu helfen, ein Paar Riemchenschuhe anzuziehen. Sie gab Ross eine grüne Karteikarte mit Bibelversen aus der Neuen-Welt-Übersetzung, die sie für den Fall notiert hatte, dass Ross im Gerichtssaal nervös würde.

»Nur in Umkehr und Ruhe liegt eure Rettung. Nur Stille und Vertrauen verleihen euch Kraft.« (Jesaja 30,15)

»Und der Friede Gottes, der höher ist als alle Vernunft, wird eure Herzen und Sinne in Christus Jesus bewahren.« (Philipper 4,7)

»Darum wartet der Herr darauf, euch seine Gnade zu zeigen, darum erhebt er sich, um euch sein Erbarmen zu schenken. Denn der Herr ist ein Gott des Rechtes.« (Jesaja 30,18)

»Er heißt: Der Fels, vollkommen ist, was er tut; denn alle seine Wege sind gerecht. Er ist ein unbeirrbar treuer Gott, er ist gerecht und gerade.« (5. Buch Mose, 32,4)

Ross umarmte ihre Freundin und rief dann ihre Schwester an, die ihr versprach, sie in den Gerichtssaal zu begleiten.

»Ich bin bereit«, sagte sie.

Courteney und ihre Schwester betraten das Gerichtsgebäude. Ross hatte erwartet, dass das Wachpersonal sie mit einer gewissen Ehrerbietung behandeln würde, aber als sie sich den Metalldetektoren näherte, wurde sie ärgerlich, weil man sie aufforderte, ihre Schuhe auszuziehen, um die Sicherheitskontrolle zu passieren – wie alle anderen Leute auch. Ein Anwalt erklärte ihr, dass sie ihre besondere Floyd-Maske nicht tragen könne und diese umdrehen müsse.

»Versteht denn niemand, wie schwierig das alles für uns ist?«, fragte sie und wurde immer wütender.

Sie und ihre Schwester mussten allein in einem Raum sitzen, während ein*e Zeug*in nach dem*der anderen aufgerufen wurde. Dann teilte ihr einer der Staatsanwälte mit, dass eine Befragung, die das FBI im Sommer mit ihr durchgeführt habe, kürzlich als Beweismittel eingereicht worden sei. Er bat sie, die Abschrift noch einmal zu lesen, da sie davon ausgingen, dass Nelson das Protokoll im Kreuzverhör vorlegen werde.

Ross geriet außer sich. Sie erinnerte sich gut an die Befragung. Die Beamt*innen, die den Fall untersuchten, hatten einen dicken Stapel Papiere aus einer Aktentasche gezogen und ihr gesagt, dass es sich bei den Papieren um sämtliche Textnachrichten zwischen ihr und Floyd handele, in denen es offen um seinen Drogenkonsum, ihre Warnungen vor Maurice und Shawanda und um die Heroinüberdosis im März gegangen sei.

Sie räumte ihnen gegenüber zudem ein, dass sie in Floyds Telefon als »Moma« aufgeführt war, obwohl sie geschworen hatte, dies niemals öffentlich zu sagen. Es stand für sie außer Frage, dass Floyd vor CUP Foods Miss Cissy um Hilfe gerufen hatte. In ihren Augen hatte er in seinen letzten Momenten aber auch »Moma, ich liebe dich« gesagt, kurz bevor er geschrien hatte, »Sagt meinen Kindern, dass ich sie liebe«. Nach dem Tonfall in seiner angespannten Stimme zu urteilen, war sich Ross sicher, dass er damit sie gemeint hatte.

Diese Diskussion wollte Ross nicht im Zeugenstand führen. Sie befürchtete, die anderen könnten die Moma-Enthüllung als weiteren Versuch betrachten, ihre Beziehung in den Mittelpunkt der Geschehnisse zu stellen, oder dass es ihre Aussage verwässern könnte. Als sie und ihre Schwester allein in dem Raum saßen, kam eine neue Wut in ihr auf. Sie war nicht nur eine Lebensfunken-Zeugin. Sie musste einen der schwierigsten Teile des Falles schultern.

»Wir mussten seinen Drogenkonsum zeitlich zurückverfolgen, um anzudeuten, dass Floyd möglicherweise an die Einnahme von Opioiden gewöhnt war und daher mehr vertragen konnte«, erinnerte sich Blackwell, als er an die Aussage von Ross dachte. »Außerdem mussten wir die Sache vermenschlichen… Es hat uns im Prozess nicht geschadet, dass eine der Personen, die darüber sprachen, also den Drogenkonsum vermenschlichten, seine ehemalige Freundin war… eine *weiße* Frau.«

Nach 16 Uhr befand Ross, dass sie nun lange genug am Gericht gewesen war. Ohne die Staatsanwaltschaft zu informieren, fuhren die beiden nach Hause.

»Wie soll ich das nur schaffen?«, weinte sie.

Am nächsten Morgen war Ross noch niedergeschlagener. In gewisser Hinsicht war es vielleicht gut, dass sie am Vortag nicht ausgesagt hatte. Sie hatte sich wieder etwas abgeregt und wusste nun, was sie erwarten würde.

Als sie diesmal zu den Metalldetektoren kam, zog sie klaglos ihre Schuhe aus und drehte ihre Maske um. Drinnen im Gerichtsgebäude ging sie noch einmal ihren Plan durch. Während sie auf ihre Vernehmung wartete, las sie abermals die Bibelverse auf der grünen Karteikarte und hielt die alte Silbermünze von Floyd in der Hand.

Sie betrat den Gerichtssaal und lächelte die Geschworenen an. Der Richter vereidigte sie, und Staatsanwalt Matthew Frank fragte, woher sie Floyd kenne. Ross bekam große Augen.

»Darf ich die Geschichte erzählen?«, fragte sie Frank, bevor sie sich an die Jury wandte. »Es ist eine meiner Lieblingsgeschichten.«

Ross erzählte von der Begegnung bei der Heilsarmee, dann weinte sie, als sie erklärte, wie Floyd Gott wieder in ihr Leben zurückgebracht habe, indem er mit ihr gebetet habe. Sie erzählte, dass Floyd ein richtiges Muttersöhnchen gewesen sei, und wie sehr es ihm das Herz gebrochen habe, als seine Mutter 2018 gestorben sei. Sie sprach über seine Liebe zum Essen und seine Liebe zum Basketball, sein athletisches Talent.

Dann legte die Anklage einen anderen Gang ein.

»Ich muss Sie fragen, ob Drogenkonsum ein Teil Ihrer Beziehung war.«

Ross' Stimme wurde flacher, und sie nestelte an ihrer Floyd-Kette herum. »Unsere Geschichte ist ein typisches Beispiel dafür, wie viele Menschen von Opioiden abhängig werden«, sagte Ross. »Wir litten beide unter chronischen Schmerzen. Meiner saß im Nacken, seiner im Rücken. Wir hatten beide Medikamente verschrieben bekommen. Aber irgendwann waren alle Rezepte eingelöst – und wir waren abhängig. Wir haben wirklich versucht, diese Sucht zu überwinden, viele Male.«

Sie verbrachte eine halbe Stunde im Zeugenstand.

»Ich hatte das Gefühl, die Herzen der Menschen in meinen Händen zu halten«, sagte Ross nach ihrer Vernehmung. »Ich sah, dass einige der Geschworenen aufgewühlt waren. Ich sah, wie sie meinen Schmerz spürten, und genau das wollte ich.«

Sie gab sich alle Mühe, den Verteidiger bei seinem Kreuzverhör zu frustrieren. Nachdem er Verständnis für ihre Opioidabhängigkeit zum Ausdruck gebracht hatte, ging Nelson, wie erwartet, auf ihre FBI-Befragung ein.

Die Staatsanwält*innen hatten sie darauf vorbereitet, die Fragen einfach und wahrheitsgemäß zu beantworten, da sie zuversichtlich waren, beweisen zu können, dass der Drogenkonsum in keinerlei Zusammenhang mit Floyds Tod stand. Die Vermutungen, Floyd habe gemeinsam mit Hall Drogen konsumiert, bezeichnete sie als Spekulation. Sie versuchte, ruhig zu bleiben, doch dann kam die Frage, vor der sie sich am meisten gefürchtet hatte.

Nelson fragte, unter welchem Namen Ross in Floyds Mobiltelefon aufgeführt sei. Ross antwortete ihm wahrheitsgemäß: »Moma.«

Sobald Ross den Gerichtssaal verlassen hatte, gingen auf ihrem Telefon und in ihrem Facebook-Account unzählige Nachrichten ein. Ein Unbekannter schrieb: »Nicht nur das Leben von

Schwarzen zählt, auch das von Süchtigen. Ich lebe zwei Stunden südlich von Minneapolis … Wenn du jemals etwas brauchst, dann lass es mich wissen.«

Ihre Therapeutin schrieb: »Es ist mir schleierhaft, wie Sie es geschafft haben, nicht den Kopf zu verlieren, aber Sie waren scharfsinnig und wahrhaftig und ehrlich und elegant und liebevoll und verletzt und schmerzerfüllt, alles auf einmal.«

Ihr zwanzigjähriger Sohn Gavin, mit dem sie noch nie über ihre offenkundige Sucht gesprochen hatte, schrieb: »Danke, dass du die Wahrheit gesagt hast.«

Endlich hatte sie das Gefühl, dass sie ihren Teil beigetragen hatte.

»Ich fühlte mich so leicht wie seit Monaten nicht mehr«, sagte Ross.

Die erste Prozesswoche war für die Familie Floyd sehr anstrengend. Ihr Leben lang hatten sie versucht, Miss Cissys Gastfreundschaft weiter zu pflegen, doch dieser Prozess erforderte, dass sie sich selbst schützten. Unablässig erhielten sie Morddrohungen von *weißen* Rassist*innen und mussten sich daran gewöhnen, mit Personenschutz in die Öffentlichkeit zu gehen. Sie trugen kleine Luftfilter um den Hals, um sich vor einer Ansteckung mit dem Coronavirus zu schützen, da sie von vielen Fremden spontan umarmt wurden. Darüber hinaus mussten sie ihre Gefühle unter Kontrolle halten. Sie hatten Perry unzählige Male im Gerichtssaal sterben sehen, in Livebildern und in Zeitlupe: Bodycam-Aufnahmen von vier verschiedenen Polizisten, Bilder von Sicherheitskameras im Außenbereich, Videos von Schaulustigen, in Grafiken und Animationen.

Sie begannen, die emotionalen Qualen und Schuldgefühle, unter denen einige der Augenzeug*innen litten, voll und ganz zu verstehen. Eine jugendliche Augenzeugin zitterte am ganzen Körper, als sie Brandon Williams begegnete.

»Es tut mir so leid, dass ich nicht mehr getan habe«, sagte sie.

»Du hättest nicht mehr tun sollen«, versicherte ihr Brandon. »Sonst hätte es an jenem Tag vielleicht zwei Tote gegeben.«

Sie mussten sich daran gewöhnen, dass Fremde ihren Bruder ständig George nannten; es war, als würden sie über einen völlig anderen Menschen als Perry sprechen. Da sie das Essen in Minnesota als fade und langweilig empfanden, wachten sie jeden Morgen in der Hoffnung auf, es in ein nahe gelegenes Steakhaus zu schaffen, waren dann aber abends immer zu müde, um überhaupt das Hotelzimmer zu verlassen.

An diesem Freitag kehrte die Familie nach Houston zurück und freute sich darauf, in ihren eigenen Betten zu schlafen, ihre Kinder zu umarmen und frische Kleider zu holen. Doch in weniger als 48 Stunden saßen sie wieder im Flugzeug. Als Philonise seine Koffer packte, um Texas erneut zu verlassen, stellte er fest, dass ihm jede Reise nach Minneapolis schwerer fiel.

Der erste Teil der Anklage bestand in dem Nachweis, dass die Beamten übermäßige Gewalt gegen Floyd angewandt hatten. Dann musste bewiesen werden, dass diese Gewaltanwendung tödlich gewesen war.

Dr. Martin Tobin, der Lungenspezialist, trat vor das Richterpult. Er trug einen dunkelblauen Anzug und eine rot gemusterte Krawatte. Blonde Haarsträhnen fielen ihm in das faltige Gesicht. Nach den vielen Gesprächen mit der Staatsanwaltschaft hatte er nun noch eine einzige Aufgabe: die klarste und überzeugendste Erklärung dafür zu liefern, dass es keinen anderen Grund für den Tod von George Floyd geben konnte, als dass Chauvin ihn erstickt hatte. Als Blackwell begann, Fragen zu stellen, blickte Tobin den Geschworenen direkt in die Augen und sprach langsam und mit einem melodischen, irischen Tonfall. Er berichtete den Geschworenen, dass er sich die Videos der Überwachungskamera Hunderte Male angeschaut und sie immer wieder angehalten habe, um wirklich zu verstehen, was in Floyds Körper vor sich gegangen sei.

»Herr Floyd starb an einem niedrigen Sauerstoffgehalt«, schloss er. »Dies verursachte eine erkennbare Schädigung seines Gehirns und eine Arrhythmie, die schließlich zum Herzstillstand führte.«

Blackwell versuchte, den Begriff Arrhythmie mit einem anderen Wort in Verbindung zu bringen, das in der Verhandlung zum Synonym für Ersticken geworden war.

»Ist es das, was manche Leute als Asphyxie bezeichnen würden?«, fragte Blackwell.

»Ja, man sagt dazu auch Asphyxie«, antwortete Tobin.

Tobin näherte sich dem Tod wie etwas, das man in einem Lehrbuch nachschlagen kann. Er zeigte den Geschworenen anhand von animierten Diagrammen des Atmungssystems, wie die Atmung unter ungewöhnlichen Umständen funktioniert, und erläuterte dann seine Berechnung, dass Floyds Atemwege um 85 Prozent verengt gewesen seien – eine Beeinträchtigung, die weit über das hinausging, was ein Mann in Floyds Alter aushalten konnte.

Tobin bat die Geschworenen, Daumen und Zeigefinger an den Hals zu legen, damit sie verstehen könnten, was Floyd gefühlt habe, als Chauvin auf ihm gekniet habe. Er bat sie, ihre Adamsäpfel zu berühren, einen festen Teil des Halses, und dann die tiefer liegenden Knorpelringe, die sogenannte Trachea. Beide lassen sich nur schwer zusammendrücken. Oberhalb des Adamsapfels befindet sich jedoch ein äußerst empfindlicher Teil des Halses mit wenig Knorpel, der ihn vor äußeren Kräften schützt, und das war der Teil des Halses, auf den Chauvin sein Knie gesetzt hatte.

Die Geschworenen waren von Tobins klaren Darstellungen, den Grafiken und den Demonstrationen beeindruckt.

Sie machten sich Notizen und tasteten ihre Hälse ab, wenn Tobin sie dazu aufforderte, auch wenn der Richter sie darauf hinwies, dass sie das nicht tun müssten.

Tobin berechnete, dass Chauvin einen Druck von etwa 45 Kilo

auf Floyds Hals ausgeübt und dadurch seine Atmung behindert habe. Nach 4 Minuten und 51 Sekunden in Bauchlagenfixierung habe Floyd keinen Laut mehr von sich gegeben. Tobin erklärte, dies sei der Moment gewesen, in dem er bewusstlos geworden sei. Doch das Knie blieb auf Floyds Hals.

Die Staatsanwaltschaft zeigte ein Video, in welchem die Geschworenen sehen konnten, wie Floyds Augen plötzlich zuckten.

»In der einen Sekunde ist er noch am Leben, in der nächsten nicht mehr«, sagte Tobin. »Das ist der Augenblick, in dem das Leben aus seinem Körper weicht.«

Nelson, der Verteidiger, konzentrierte sich in seinem Kreuzverhör auf den Fentanylmissbrauch. Er deutete an, dass diese Droge Floyd getötet haben könnte, indem er wiederholt fragte, ob Fentanyl die Atmung verlangsamt habe – was Tobin bejahte. Blackwell meldete sich erneut zu Wort, um den Zeugen umzulenken.

»Doktor, sind Sie mit der Art und Weise vertraut, wie Menschen an Fentanyl sterben?«, fragte Blackwell.

»Ja, durchaus«, antwortete Tobin.

»Fallen sie ins Koma oder nicht, bevor sie an einer Überdosis Fentanyl sterben?«

»Sie fallen ins Koma.«

»Lag Mr. Floyd jemals im Koma?«

»Nein«, lautete Tobins definitive Antwort.

Der medizinische Teil des Prozesses sollte eigentlich möglichst sachlich ablaufen, weniger emotional als die Zeug*innenaussagen der Umstehenden in der Woche zuvor. Für die Angehörigen von Floyd war dies jedoch anders, und manche wollten den Gerichtssaal gar nicht mehr betreten. Ohne eine Schulter, an der man sich ausweinen konnte, oder jemanden, der die Stimmung mit einem kleinen Scherz auflockern konnte, war die Situation noch schwerer zu ertragen. Zunehmend baten sie Philonise, an den Sitzungen teilzunehmen und sie zu repräsentieren. Er saß auf seinem Stuhl, als zwei Gerichtsmediziner, Dr. Lindsey Thomas und Dr. Andrew Baker, den Geschworenen am Ende der zweiten Woche die Autopsiefotos seines Bruders vorlegten. Er sah Bilder von Perrys Innereien und seinem freigelegten Herzen.

Die Videos der Schaulustigen hatten eine mäßige Wirkung auf Philonise gehabt; in seinen Träumen hatte er bereits wieder und wieder gesehen, wie sein Bruder gestorben war. Doch zu sehen, wie der Körper seines Bruders auf einen Kadaver reduziert wurde, war eine andere Art von Albtraum. Er konnte nicht aufhören zu weinen, selbst als er den Gerichtssaal verließ, in den Mithörsaal zurückkehrte und sich auf den Weg zurück zum Hotel machte.

»Ich glaube, ich breche zusammen«, bekannte Philonise an diesem Freitag, dem 9. April 2021.

Rodney und Brandon fragten sich, ob diese zusätzliche Belastung nicht zu viel sein würde. PJ sollte zu Beginn der dritten Prozesswoche als Lebensfunken-Zeuge aussagen, aber sie überlegten, dass sie sich möglicherweise darauf vorbereiten mussten, an seiner Stelle in den Zeugenstand zu treten.

»Ich dachte immer, es wäre schön in Minnesota«, sagte Philonise. »Aber dort töten sie Schwarze.«

Philonise und Keeta beteten gemeinsam für den Frieden. Tiffany Hall, Brandons einstige Jugendliebe und jetzige Ehefrau, versuchte, sich daran zu erinnern, was Perry ihnen immer gesagt hatte, wenn es stressig oder zu viel geworden war.

»Ein Dach, eine Familie«, sagte Hall. »Das ist immer noch unser Motto. Wir werden es gemeinsam durchstehen.«

Adarryl Hunter hatte eine Idee. Im Gedenken an seinen verstorbenen Freund fühlte er sich verpflichtet, der Familie zu helfen. Die Wahrheit war aber auch, dass die Anwesenheit der Familie Floyd ihm ein Gefühl der Ruhe gab, das er seit Floyds Tod nicht mehr empfunden hatte. Sie respektierten seine Vergangenheit und ließen sich von ihm leiten, so wie Floyd es immer getan hatte. Nach all den Monaten am Rande des Geschehens war Hunter bestrebt, sich nützlich zu machen.

»Ich weiß, wo man hingehen kann«, sagte Hunter zu der Familie. An jenem Samstag mietete Hunter einen SUV, um der Familie jene Orte zu zeigen, an denen sich die Twin Cities für ihn wie ein Zuhause anfühlten, angefangen mit der Mall of America. Philonise verließ das Hotel in einem gelben Trainingsanzug und mit Baseballmütze, Rodney in einem schwarzen T-Shirt und Jogginghose und Keeta in einem orangefarbenen Sweatshirt. Brandon und Tiffany folgten ihnen in einem Uber.

Sie aßen Cinnabons und Hot Dogs und hielten Ausschau nach neuen angesagten Sneakern. Sie schnupperten an teurem Parfüm und fragten sich, wie jemand so viel Geld für einen Duft ausgeben konnte. Als sie an einem kleinen Lasertag-Bereich vorbeikamen, erinnerte sich Rodney an vergangene Schlachten auf dem Spielfeld. Dann entdeckten sie einen Salon für Entspannungsmassagen, und Keeta schlug vor, dorthin zu gehen, wenn der Prozess sie wieder überfordern würde.

Die Familie war beeindruckt von den vielen unterschiedlichen Kund*innen aller Altersgruppen, vor allem im Vergleich zu den Einkaufszentren in Houston, von denen sich viele an eine bestimmte Bevölkerungsgruppe richten.

»Alle wollen ihre Corona-Hilfe ausgeben«, sagte PJ zu Keeta und meinte damit die Konjunkturpakete, welche die Regierung Biden auf den Weg gebracht hatte, um den US-Amerikaner*innen während der Pandemie unter die Arme zu greifen.

Freilich hatte auch die Familie Floyd einen recht beachtlichen Scheck erhalten – 27 Millionen Dollar für den Vergleich mit der Stadt. Dieses Vermögen und die enorme Präsenz in der Öffentlichkeit hatten eine Reihe von Problemen mit sich gebracht. Immer mehr Leute baten sie um Geld, woraufhin PJ zu sagen pflegte: »Was glaubst du, warum ich das Geld bekommen habe? Du weißt doch, dass er Kinder hat.«

»Ich werde das Geld nicht behalten«, sagte er über die Abfindung. »Ich werde es einsetzen, um das Leben in meiner Gemeinde zu verbessern. Ich werde es für psychische Gesundheit ausgeben. Man braucht nur einmal an diese ganzen [posttraumatischen Belastungsstörungen] zu denken.«

»Man merkt einfach nicht, wenn jemand an einer PTBS leidet«, sagte Keeta. »Als George seine Mutter verloren hat, hat er alles verloren. Und wir haben jeden Tag mit ihm gesprochen, nicht wahr, PJ? Er war hier drüben am Ertrinken, und wir wussten es nicht.«

»Ich schätze, das ist etwas, was er uns nicht sagen konnte«, sagte er. »Wenn man der große Bruder ist, muss man der Stärkste sein. Es ist schwer zu zeigen, dass man Hilfe braucht.«

Philonise war sich nicht sicher, ob er nicht selbst an einer Form von PTBS litt. Er hatte seinen Bruder Perry seit der Beerdigung ihrer Mutter nicht mehr gesehen und wünschte, er hätte mehr getan, um ihn nach ihrem Tod wieder auf den rechten Weg zu bringen. Er gab sich selbst die Schuld.

»Vielleicht hätte ich mehr tun sollen«, sagte Philonise, »aber auch ich habe getrauert.«

Bei der Planung des zweiten Stopps in der Stadt hatte Hunter an Philonises neuen Hang zum Aktivismus gedacht. Hunter hatte vor kurzem begonnen, mit einer Gruppe lokaler »Gewaltunterbrecher« zusammenzuarbeiten, die sich nach Floyds Tod gebildet hatte, um das Eingreifen der Polizei in Minneapolis zu begrenzen.

Der Leiter der Gruppe, Muhammad Abdul-Ahad, ein enthusiastischer Mann mit kurzen Locken und breitem Lächeln, begrüßte die Familie in einem Einkaufszentrum. Er sagte, die Männer gingen auf dem Hauptkorridor umher, damit sich die Leute an ihre Anwesenheit gewöhnten und sie möglicherweise eingreifen könnten, bevor örtliche Streitigkeiten eskalierten.

Philonise schaute sich die Umgebung an. Das Wohnhaus nebenan wirkte ziemlich aufgeräumt, die Geschäfte im Einkaufszentrum waren frisch gestrichen und belebt.

»Ist das denn eine raue Gegend?«, fragte er.

Abdul-Ahad erklärte, warum alles so neu aussah: Nach den Unruhen, die auf Floyds Tod folgten, war das Gebiet neu aufgebaut worden. Dies war die Lake Street, der Knotenpunkt des Geschehens. »Die Straße brannte«, sagte Abdul-Ahad. »Sehen Sie das Gebäude, das zugenagelt ist? Das ist die Polizeistation, aus der Chauvin kam.«

Das war neu. Obwohl sie viel Zeit in Minneapolis verbrachten, hatten Philonise und seine Familie nur selten die Gelegenheit gehabt, Einheimische zu treffen und mit ihnen zu sprechen. Sie erfuhren, dass die Schwarzen Gemeinden der Stadt im Hinblick auf lokale Investitionen mit denselben Schwierigkeiten zu kämpfen hatten wie in Houston. Abdul-Ahad erzählte ihnen jedoch, dass Floyds Tod eine neue Form kollektiven Handelns bewirkt habe. Unter anderem forderten sie bessere Schulen und Wohnmöglichkeiten.

»Und wie sieht es mit der psychischen Gesundheit hier aus?«, fragte Philonise.

»Viele Menschen leiden derzeit unter einer PTBS«, erklärte Abdul-Ahad. »Sie wissen nicht, wie sie mit alldem umgehen sollen. Sie haben einfach sehr viel durchgemacht.«

Rodney und Philonise entdeckten in Minneapolis etwas, das sie bewunderten: den Aktivismus und die Einigkeit der Gemeinschaft in ihrem Streben nach Veränderung. »Toll, wie ihr alle zusammenarbeitet«, sagte Rodney. »Ich dachte immer, dass es hier ziemlich trist und düster ist, aber ihr macht mir richtig Mut.«

Auf dem Weg zurück zum Auto betrachtete Philonise ein Hochhaus, das vor ihm aufragte.

»Ich kann kaum glauben, dass das hier eine schlechte Gegend sein soll«, sagte er.

»Und weißt du was?«, sagte ein anderes Mitglied von Abdul-Ahads Team. »Die Miete in diesem Gebäude ist erschwinglich. Gibt es solche Häuser in Texas nicht? Oder vielleicht irgendwelche Grundstückszuschüsse? Gemeinnützige Programme?«

Philonise schüttelte den Kopf. Es gab so viel, was er noch nicht wusste.

Am nächsten Morgen, Sonntag, den 11. April, ließ Philonise seine Familie im Hotel zurück, um Hunters Kirche zu besuchen. Die Creative Church in Fridley, einem kleinen Vorort, versammelte sich in einem Gebäude, das wie eine renovierte Highschool-Turnhalle aussah.

Der Pastor begann seine Predigt mit dem fünften Kapitel des Johannes-Evangeliums. Es ist die Geschichte eines Kranken, der wieder gehen kann, weil Jesus ihm die Kraft gibt, seine Krankheit zu überwinden.

Hunter engagierte sich ehrenamtlich im audiovisuellen Team der Kirche und saß abseits von Philonise. Aber er spürte, dass diese Bibelstelle etwas Göttliches enthielt. Es war dieselbe, auf die er sich Jahre zuvor bezogen hatte, als er Floyd gesagt hatte, er müsse härter arbeiten, um seine Träume zu verwirklichen. »Es kommt nur darauf an, dass man sich anstrengt«, hatte er damals zu ihm gesagt.

Nun inspirierte dieselbe Bibelstelle den Bruder, der glaubte, Perrys Platz einnehmen zu müssen. Wenn das Gesetz schon nicht für Gerechtigkeit sorgen konnte, dann hoffte Philonise, dass durch den Glauben Frieden einkehren könnte.

»Als ich in diese Kirche kam, hörte ich meinen Bruder zu mir sagen: ›Danke, mach weiter‹«, erzählte er nach dem Gottesdienst. »Ich spüre seine Gegenwart. Er wird mir helfen, damit fertigzuwerden.«

Bewaffnet mit seinem Glauben und einer wiedergefundenen Verbundenheit mit der Stadt, fühlte sich Philonise nun bereit, eine Aussage zu machen. Er bat Hunter allerdings noch um einen letzten Gefallen: Er wollte in einem günstigeren Einkaufszentrum einen Anzug kaufen gehen. Hunter kannte das perfekte Geschäft in einem anderen Vorort.

An jenem Sonntagnachmittag überlegte auch Ross, ob sie wieder einen Schritt nach draußen wagen sollte. Toshira Garraway, die Frau, die sie bei Floyds Beerdigung so fest umarmt hatte, lud Ross zu einer jährlichen Gedenkfeier für ihren verstorbenen Verlobten, Justin Teigen, ein.

Ross fürchtete, dass ihre direkte Art sie dazu verleiten könnte, etwas Falsches zu sagen. Zudem war sie immer noch verunsichert, als *weiße* Frau einen Platz in einer Bewegung für das Leben Schwarzer Menschen einzunehmen.

Garraway bat Ross, etwas zu tun, was außerhalb ihrer Komfortzone lag. Elf Jahre nach dem Tod ihres Verlobten fiel es Garraway schwer, die Aufmerksamkeit auf seinen Fall zu lenken. Ross glaubte, dass ihre Anwesenheit mehr Aufmerksamkeit erregen und das Bewusstsein dafür schärfen sollte, wie weit verbreitet das Problem der Polizeigewalt in Minnesota war.

Als Ross in St. Paul eintraf, sah sie Hunderte von Menschen auf dem Parkplatz eines Einkaufszentrums versammelt, unweit des Ortes, wo man Teigen tot aufgefunden hatte. Ross spürte einen Schmerz in ihrer Brust aufsteigen und öffnete die Autotür, um sich zu übergeben. Es war lange her, dass sie sich inmitten einer so großen Menschenmenge bewegt hatte, und sie war nervös, wie die Fremden auf sie reagieren würden. Sie überlegte, ob sie wieder nach Hause fahren sollte. Doch dann sah sie aus den Augenwinkeln einen schlaksigen jungen Schwarzen mit einem ungleichmäßigen Bürstenhaarschnitt und einem vertrauten Gang. Es war DJ Hooker. Die beiden umarmten sich. Sie kannten sich von der Edison High School, wo Hooker als Schachtrainer und Ross als Verwaltungsangestellte tätig gewesen war. Seit Floyds Tod hatten sie sich nicht mehr oft gesehen. Hooker lobte ihre Aussage zu Beginn der Woche, und Ross fragte ihn, wie es gewesen sei, auf der Straße zu demonstrieren.

»Bleibst du vorsichtig?«, fragte Ross.

»Ich versuche es«, entgegnete Hooker.

Die Wahrheit war jedoch, dass er sich seit Beginn der Proteste zunehmend unsicher fühlte. Sein aktivistisches Engagement hatte dazu geführt, dass Gruppen *weißer* Rechtsextremist*innen sensible persönliche Informationen zusammengetragen und im Internet veröffentlicht hatten, darunter sein Name und seine Adresse. Freund*innen hatten ihm zwar versichert, dass dies keine große Sache sei, doch dann berichteten mehrere Aktivist*innen, dass in ihre Autos oder Häuser eingebrochen worden sei. Hooker verlor an Gewicht und schlief schlecht. An einem Tiefpunkt im Januar rief er die Selbstmord-Hotline an und begab sich in Therapie.

Als er erzählte, dass er um seine Sicherheit fürchte, sagte ihm die zuständige Beraterin auf der Station, dass die meisten Schwarzen Männer vor der Polizei sicher seien. Sie fragte ihn, ob er die *weißen* Rassist*innen sehen oder hören könne und unterstellte damit, dass er möglicherweise Wahnvorstellungen habe. Hookers Antwort auf die Frage nach den *weißen* Rassist*innen lautete: »Ich glaube, ich habe es gerade mit einer zu tun.«

Hooker erzählte Ross nichts davon. Stattdessen umarmte er sie, kletterte auf die Ladefläche eines Kleinlasters und begann zu skandieren: »Black Lives Matter! Black Lives Matter!«

Bald darauf ergriff Garraway ein Mikrophon. Sie begrüßte die Menge und forderte die Angehörigen derjenigen, die bei Polizeieinsätzen ums Leben gekommen waren, auf, mit ihr einen Kreis zu bilden. Sie ermunterte sie, ein paar kurze Worte zu sagen.

Als sich die Angehörigen versammelten, wurde klar, warum sie darauf bestand, die Redezeiten kurz zu halten. Es gab einfach zu viele Opferfamilien. Die Mutter von Demetrius Hill berichtete, ihr Sohn sei 1997 bei einer verpatzten Polizeirazzia ums Leben gekommen. Unter den Anwesenden war auch der beste Freund von Travis Jordan, der 2018 getötet wurde, als die Polizei in sein Haus eindrang, nachdem seine Freundin gemeldet hatte, er sei suizidgefährdet – laut Polizeibericht hatte er sie mit einem

Messer bedroht. Auch die Familie von Jamar Clark war da, die Familie von Hardel Sherrell und viele mehr.

Langsam bewegte sich Ross auf den Kreis zu und zog dabei Garraways Blick auf sich.

»Wir wollen nun die Lebensgefährtin von George Floyd, Courteney Ross, zu Wort kommen lassen«, verkündete Garraway der Menge. »Sie tritt eigentlich nicht so häufig an die Öffentlichkeit ...«

Ross stockte der Atem, aber die Menge applaudierte ihr.

»Floyd war mein Mann«, sagte sie. »Aber George Floyd ist eine Bewegung. Und sein Name steht für alle, die von Polizeigewalt betroffen sind!«

Die Menge brach in Beifall aus.

»Sagt seinen Namen! George Floyd!«

Bald darauf führte Garraway den Marsch zum State Capitol an, wo sie im Gedenken an ihren Liebsten Luftballons steigen ließ. Viele Mütter blieben zurück. Als Ross sich auf den Weg zu ihrem Auto machte, kam die Mutter von Demetrius Hill auf sie zu. Sie ergriff ihre Hand und sagte, Gott werde sich letztlich um alles kümmern, was das US-amerikanische Justizsystem versäume. Als Beispiel verwies sie darauf, dass der Polizist, der ihren Sohn auf dem Gewissen gehabt habe, ebenfalls getötet worden sei.

»Vertrauen Sie auf den Herrn«, sagte die Frau.

Bevor Ross die Tür aufschließen konnte, kam ein weiteres Elternpaar auf sie zu, das ebenfalls einen geliebten Menschen verloren hatte. Der autistische Sohn von John Garcia und Amity Dimock, Kobe Dimock-Heisler, wurde 2019 von der Polizei getötet. Die Beamt*innen sagten, er habe sich bei einer Gesundheitskontrolle mit einem Messer auf sie gestürzt.

Dimock sagte Ross, die Familien der Opfer müssten zusammenhalten. Das helfe ihnen bei der Bewältigung. Es ermögliche ihnen auch einen stärkeren Zusammenhalt, so dass sie das unvermeidliche nächste Opfer trösten könnten.

Während sie sich unterhielten, überprüfte Garcia sein Telefon.

»Sie haben noch einen umgebracht«, sagte er. »Wir müssen los.«

Für Katie Wright, eine *weiße* Frau mit rundlichem Gesicht und strähnigem Haar, war es ein ereignisloser Sonntagnachmittag, den sie in ihrem Haus nahe der Grenze zu Brooklyn Center verbrachte. Sie spielte mit ihrem Enkel, sah ein wenig fern und informierte sich über die neuesten Entwicklungen im Fall Chauvin.

Floyds Tod veränderte ihr Bild von dieser Gegend, in der sie ihre Jugend verbracht hatte, bevor sie nach Hudson, Wisconsin, zog, um dort eine Familie zu gründen. Zwar waren die Schulen dort gut und die Häuser erschwinglich, doch die Nachbar*innen konnten sich nicht damit abfinden, dass Katie mit einem Schwarzen, Aubrey Wright, zusammen war. Die Polizei hatte ihn im Auge und durchsuchte ihn mit unangenehmer Regelmäßigkeit, so dass sich das Paar Sorgen machte, welche Auswirkungen diese Art von Umfeld auf ihren kleinen Sohn Daunte haben könnte.

Im Jahre 2009 zogen sie zurück in die Twin Cities. Daunte war jetzt 20 Jahre alt und immer noch dabei, herauszufinden, was er mit seinem Leben anfangen wollte. Er hatte dasselbe lange Gesicht und die vollen Lippen seines Vaters, war aber *light skinned*. Aubrey hatte gehofft, dass dies seinen Sohn zumindest teilweise vor dem Rassismus schützen würde, dem er selbst ausgesetzt war. »Du weißt, dass du ein Schwarzer bist, aber weil du *mixed* bist, brauchst du dir keine großen Sorgen zu machen«, sagte Aubrey Wright zu ihm.

Nach Floyds Tod sprachen die Eltern darüber, wie sie ihren Umgang mit der Polizei ändern könnten. Daunte war ungestüm und unreif und hing gern mit seinen Freund*innen auf der Straße herum. Sie warnten ihn davor, was passieren könnte, wenn er am falschen Tag den falschen Polizist*innen begegnete.

An diesem Sonntagnachmittag schaltete Katie den Fernseher aus und legte Dauntes zweijährigen Sohn schlafen. Aubrey war bei Walmart, um Hähnchenflügel und Bratwürste für ein Grillfest zu besorgen. Daunte kam die Treppe herunter und bat um 50 Dollar, um den weißen Buick 2011 zu waschen, den seine Eltern ihm gerade geschenkt hatten.

Katie gab ihm das Geld, und er gab einer Freundin Bescheid, die ihn begleiten sollte. 20 Minuten später legte sich Katie gerade zu einem Nickerchen hin, als sie über den Facebook Messenger einen Anruf erhielt. Es war Daunte.

»Hallo Mama, die Polizei hat mich gerade angehalten«, sagte er.

Daunte erzählte seiner Mutter, dass die Beamt*innen einen Lufterfrischerbaum am Rückspiegel entdeckt hätten, was in Minnesota gesetzlich verboten war. Dann hätten sie bemerkt, dass die Plaketten abgelaufen waren, und ihn nach der Versicherung gefragt. Die Familie hatte die Versicherungskarten jedoch noch nicht erhalten, weil das Auto neu war.

»Es wird schon alles gut gehen«, sagte Katie. »Wenn die Beamt*innen wieder zum Auto kommen, dann lass mich einfach mit ihnen reden, und ich kann ihnen meine Versicherungsdaten durchgeben.«

Es verging etwa eine Minute, dann hörte Katie, wie jemand zum Wagen zurückkam.

»Okay, Daunte, Sie müssen jetzt aus dem Wagen steigen«, hörte sie eine Beamtin sagen. »Legen Sie das Telefon weg und steigen Sie aus dem Wagen.«

»Bekomme ich Ärger?«, hörte Katie Daunte fragen.

Das Nächste, was Katie hörte, war, wie die Beamtin ihren Sohn anwies, die Hände auf den Rücken zu legen. Daunte fragte, warum. Daraufhin hörte Katie die Polizistin schreien: »Daunte, nicht weglaufen!«

Sie hörte einen kurzen Knall. Dann wurde die Telefonverbindung unterbrochen.

Katie geriet in Panik. Hatte die Polizistin gerade ihren Sohn erschossen? Sie versuchte, Daunte über den Facebook Messenger zu erreichen, wieder und wieder. Keine Antwort. Sie versuchte FaceTime. Keine Antwort. Und dann, nach den längsten anderthalb Minuten ihres Lebens, nahm die Freundin, die mit Daunte gefahren war, Katies Anruf entgegen.

»Sie haben ihn erschossen!«, schrie sie. »Sie haben ihn erschossen.« Sie schwenkte die Kamera auf den Fahrersitz, und Katie konnte ihren Sohn sehen: Er war bewusstlos, und Blut sickerte durch seine Kleidung. Katie versuchte herauszufinden, wo sie waren, aber sie hörte, wie ein anderer Beamter die Beifahrerin anwies, sofort das Gespräch zu beenden.

Katie rief ihren Mann an, der immer noch im Walmart war.

»Sie haben Daunte getötet!«, schrie sie.

»Was redest du denn da?«, antwortete Aubrey, der glaubte, dass sie ein wenig übertrieb. »Beruhige dich. Was ist los?«

»Sie haben ihn erschossen! Die Polizei hat ihn erschossen!«

»Baby, beruhige dich, wir wissen doch gar nicht, was hier los ist.«

»Ich habe ihn gesehen«, sagte Katie. »Er ist gestorben. Ich habe ihn gesehen.«

Als Aubrey seine Frau sagen hörte, sie habe ihren Sohn tot gesehen, ließ er den Einkaufswagen stehen und fuhr sofort nach Hause. Bei seiner Rückkehr hatte Katie bereits ihren Enkel geschnappt, war in das Fahrzeug eines Nachbarn gestiegen und zur Ecke Sixty-Third Street und Lee gefahren. Ein Polizeidisponent hatte ihr mitgeteilt, dass sich der Vorfall dort ereignet habe.

Für Katie lief alles in Zeitlupe ab: Die Fahrt zum Ort des Geschehens. Wie sie in Richtung der Polizeiabsperrung rannte. Die Schreie ihres Ehemanns, als er endlich auch dort eintraf. Die Polizeibeamt*innen gaben ihr keine Informationen darüber, was vorgefallen war, wer ihren Sohn erschossen hatte und warum. Niemand konnte klarstellen, wie Daunte in das Auto gelangt war – sie hatte den Schuss gehört, als Daunte das Fahrzeug bereits verlassen hatte und wegrannte. Katie und Aubrey standen hinter dem Absperrband, während die Beamt*innen innerhalb des gesperrten Bereichs miteinander redeten und Fotos machten. Alle schienen in Bewegung zu sein, außer ihr Sohn, dessen lebloser Körper mit einem weißen Tuch abgedeckt war.

Katie konnte nicht fassen, wie das möglich war. An was für einem Ort, in was für einem Land, mit welcher Art von Polizei konnte eine Diskussion um einen Lufterfrischerbaum damit enden, dass ein Mensch seines Lebens beraubt wurde? Dabei war ihr Sohn noch nicht einmal alt genug, um Bier kaufen zu dürfen. Er war ihr Daunte, der Junge, den sie nach dem früheren Quarterback der Minnesota Vikings, Daunte Culpepper, benannt hatten. Daunte, der leichtfüßige Basketballspieler und Klassenclown, der wegen seiner Lernbeeinträchtigung Schwierigkeiten gehabt hatte, die Highschool abzuschließen. Daunte, der sich Geld von seinem Vater geliehen hatte, um es einem Bedürftigen auf der Straße zu geben. Daunte, der sich um eine Katze gekümmert hatte, die bei einem aufziehenden Sturm auf einem Baum festsaß. Er hatte sie Stormy genannt.

Zwei Wochen lang hatte Katie die enormen Anstrengungen verfolgt, die der Staat unternommen hatte, um die Geschworenen davon zu überzeugen, dass die Tötung eines wehrlosen Schwarzen Mannes falsch sei. In einem Land, wo die Polizei immer wieder unbewaffnete Schwarze tötete, war es Katie fast unvermeidlich erschienen, dass irgendwann wieder eine Mutter um ihren Sohn trauern würde. Sie hatte nur nicht damit gerechnet, dass sie es sein würde. Ihr Sohn hatte einen Schwarzen Elternteil, und das war Schwarz genug, um rücksichtslos getötet zu werden, dachte sie. Aubrey fragte sich derweil, ob er ihn zu sehr verhätschelt habe, um nicht als stereotyper, frustrierter Schwarzer Vater dazustehen.

Aubrey bemerkte einen Schwarzen Beamten auf der anderen Seite des Absperrbandes. Er schwor, dass dieser ihn mit einer Mischung aus Schmerz und Schuldgefühlen angeblickt habe. Er hoffte, dass die Anwesenheit des Beamten für mehr Gerechtigkeit sorgen könnte – falls er derjenige war, der seinen Sohn erschossen hatte, so überlegte Aubrey, würden die Geschworenen ihn vielleicht eher verurteilen, weil er ein Schwarzer Mann war – so, wie sie Mohamed Noor verurteilt hatten. Und wenn dieser Beamte nicht derjenige war, der Daunte erschossen hatte, würde ihn seine Hautfarbe vielleicht dazu bewegen, sich gegen die Person auszusprechen, die es getan hatte.

Es war eine gefühllose, grausame, realistische Kalkulation. Aubrey wusste, dass er in eine Rassismuspanik geriet, die er in Minnesota von Anfang an zu vermeiden gehofft hatte.

Katie hatte kurz vor 14 Uhr mit Daunte gesprochen; es war jetzt 18 Uhr, und seine Leiche lag immer noch auf dem Boden.

Als sich die Nachricht von der Schießerei über 30 Kilometer entfernt verbreitete, waren Hooker und eine kleine Gruppe junger Leute von St. Paul nach Brooklyn Center aufgebrochen, um eine weitere Nacht mit Sprechchören und Protesten zu verbringen. Nachdem sie Ballons für ihren geliebten Justin in den Himmel hatte steigen lassen, fand Garraway eine brandgefährliche Situation vor: Die Menge war überwiegend jung und betrachtete Daunte als einen der ihren. Polizist*innen näherten sich mit Schlagstöcken, kugelsicheren Westen und Helmen. Doch die jungen Aktivist*innen ließen sich nicht beirren.

»Ich werde heute getötet werden«, hörte Garraway eine junge Frau sagen. »Und es ist mir scheißegal, denn ich habe es satt, dass sie unsere Leute umbringen.«

Garraway versuchte, ruhig zu bleiben. Ein anderer Tag, ein anderes Megaphon. Sie stellte sich der Menge vor und schilderte, was mit Justin geschehen war. Sie wandte sich an die Familien, die ihren Marsch verlassen hatten, um in Brooklyn Center Unterstützung zu leisten.

»Ich möchte nicht, dass heute noch jemand sein Kind verliert«, sagte sie. »Wir können ihnen nicht geben, was sie wollen. Wir müssen klug sein.«

Garraway erklärte Katie und Aubrey, wer sie war, und teilte ihnen ihre Pläne für den nächsten Tag mit: Als Erstes wollte sie auf dem Polizeirevier vorstellig werden und die sofortige Veröffentlichung der Körperkameraaufnahmen verlangen.

Katie und Aubrey blieben so lange vor Ort, bis die Polizei ihren Sohn schließlich vom Boden aufhob. Hooker und der Rest der Menge skandierten bis 22 Uhr weiter und marschierten dann zum Polizeirevier.

Anders als im Dritten Revier in Minneapolis waren die Beamt*innen nicht bereit, die Wache zu räumen. Etwa 45 Beamt*innen in Schutzkleidung stellten sich entschlossen davor.[9]

Nach etwa einer Stunde begannen die Beamt*innen vorzurücken und lösten damit eine für die Aktivist*innen inzwischen vertraute Abfolge von Ereignissen aus: erst Schreie, dann Blendgranaten und schließlich Tränengas. Doch Hooker hatte sich so sehr an das Tränengas gewöhnt, dass es ihn nicht mehr aus der Fassung brachte.

Ross hatte an diesem Abend versucht, sich zu Hause ein wenig zu entspannen. Dann hörte sie wieder ihr Telefon klingeln. Es war ihre Schwester Brook, die sie fragte, ob sie die Nachrichten über die Schießerei in Brooklyn Center gehört habe. Sie sagte ja.

»Er hieß Daunte«, fügte Brook hinzu.

Ross schnappte nach Luft.

»War er *light skinned*?«, fragte sie. Als Brook dies bejahte und der Zusammenhang klar wurde, musste sie schlucken.

»Oh, mein Gott«, rief Ross. »Ich kannte ihn. Er war einer meiner Schüler.«

Ross konnte ihren Schmerz nicht länger als singulär betrachten, losgelöst von den Protesten, die auf der ganzen Welt stattfanden. In weniger als einem Jahr hatten zwei Schwarze, die sie gekannt hatte, ähnliche Schicksale erlitten. Sie waren zweieinhalb Jahrzehnte auseinander, aufgewachsen in Gemeinden, die mehr als 1600 Kilometer voneinander entfernt lagen, und doch hatte ihr Leben auf dieselbe Weise geendet. Eine Wahrheit über Schwarze Männer und die Polizei wurde damit unausweichlich.

Inzwischen hinterließen ehemalige Schüler*innen, die Daunte gekannt hatten, Sprachnachrichten auf ihrem Telefon.

»Er ist tot, Ms. Ross!«, rief einer. »Ms. Ross, ich weiß nicht, was ich tun soll.«

»Sein Sohn wird seinen Vater nie kennenlernen!«, sagte ein anderer. »Jeder Mann braucht einen Vater!«

»Das ist zu viel«, sagte Ross.


In jener Nacht versuchte Philonise in seinem Hotel in der Innenstadt von Minneapolis, sich noch einmal richtig auszuschlafen, bevor er als Zeuge vorgeladen wurde. Doch um ein Uhr nachts wurde er wach und wälzte sich hin und her. Er schaltete CNN ein. Der Nachrichtenticker am unteren Bildrand informierte über eine Polizeischießerei in Brooklyn Center und anschließende nächtliche Proteste.

»Genau da habe ich meinen Anzug gekauft«, sagte er.

Dann sah er das Bild von Daunte Wright. Er wollte sich auf seine Aufgabe konzentrieren, aber die Ereignisse des Tages ließen das nicht zu.

Er setzte sich aufs Bett. Er weckte Keeta und erzählte ihr, was passiert war.

»Es reicht«, sagte er.

Philonise fand keinen Schlaf mehr. Immer wieder sprach er den vertrauten und beruhigenden Satz vor sich hin: »Gerechtigkeit für George bedeutet Freiheit für alle.«

Aber dieser Satz hatte Folgen. Nicht einmal 35 Kilometer entfernt gab es eine Gemeinde, die nach jener Gerechtigkeit dürstete, die er anzustoßen hoffte, wenn er der Staatsanwaltschaft helfen könnte, Chauvin zu verurteilen. Am darauffolgenden Nachmittag rief der Staatsanwalt Steve Schleicher Philonise in den Zeugenstand. Philonise hatte bisher kaum Kontakt zur Staatsanwaltschaft gehabt und war auf diesen Augenblick nicht besonders gut vorbereitet. Seine Schultern versteiften sich, als er begann, die alten Geschichten zu erzählen: der große Bruder, der ihm das Mittagessen einpackte und mit ihm Basketball spielte; der Mann, der stundenlang mit ihm über die Feinheiten des Lkw-Fahrerberufs sprach; das Muttersöhnchen, das seine Mama fest in die Arme schloss.

»Am 24. Mai habe ich geheiratet, am 25. Mai wurde mein Bruder ermordet, und meine Mutter starb am 30. Mai«, sagte er, die vergangenen Jahre rekapitulierend. »Es ist ein bittersüßer Moment, wenn dieser Monat kommt.«

Eine Frage überraschte Philonise: Schleicher wollte wissen, welche Worte sein Bruder gebraucht habe, wenn er mit ihm Basketball habe spielen wollen.

»Er sagte immer: ›Komm, wir gehen zum *Hooping*‹, und ich sagte: ›Klar Mann, gehen wir‹«, antwortete er.

Philonise starrte Chauvins Anwalt Eric Nelson an – in Erwartung eines scharfen Kreuzverhörs, fest entschlossen, die Ehre des Bruders zu verteidigen. Chauvin schaute die meiste Zeit des Prozesses nach unten und machte sich Notizen. Nelson stand auf.

»Keine Fragen, Euer Ehren«, sagte er.

Damit war Philonises Zeugenaussage beendet. Als er und Keeta in ihr Hotel zurückkehrten, schaltete er den Fernseher ein und nahm Anrufe von der Presse entgegen.

Prozessbeobachtende waren der Meinung, seine Aussage sei erfolgreich gewesen und Schleicher könne sie nutzen, um einige der Löcher zu stopfen, die Nelson in den Fall zu bohren versucht habe. Unwissentlich hatte Philonise auch eine Debatte über den Begriff »Hooping« beendet: Als er erfuhr, dass Nelson möglicherweise auf eine Definition im *Urban Dictionary* hatte anspielen wollen, die »Hooping« als Einführen von Drogen in den Enddarm beschreibt, reagierte er ungläubig.

»Keeta, hast du das gehört?«, sagte Philonise. »Wie bescheuert ist das denn?«

Philonise wandte seine Aufmerksamkeit wieder den anderen Nachrichten des Tages zu. Es waren weitere Einzelheiten zum Vorfall mit Daunte Wright bekannt geworden. Die Polizei erklärte, dass die Beamtin, die ihn angehalten habe, Kim Potter, beabsichtigt habe, Daunte zu verhaften, weil er einen Gerichtstermin im Zusammenhang mit zwei Anklagen wegen unerlaubten Waffenbesitzes und Flucht vor den Beamt*innen im Juni versäumt habe. Als Potter versucht habe, ihm Handschellen anzulegen, habe sich Wright von ihr weggedreht und sei wieder in sein Auto gesprungen. Die Kameraaufnahmen zeigten, wie Potter schrie: »Taser! Taser! Taser!«, aber sie griff nach der Pistole auf der anderen Seite ihres Gürtels, was sie nach eigenen Angaben erst bemerkte, nachdem sie den Abzug betätigt hatte. Sie schoss Daunte in die Brust. Der Verwundete drückte aufs Gaspedal und stieß mit einem entgegenkommenden Fahrzeug zusammen, dann rutschte er auf den Bordstein.[10]

»Wie kann eine Polizistin so einen Fehler machen?«, fragte sich Philonise. Für ihn sah es nach derselben Vertuschungsstrategie aus, die die Polizei beim Mord an Perry verfolgt hatte. Nach dem Bericht über den Fall Wright schaltete der Fernsehmoderator nach Georgia, wo der Schauspieler Will Smith und der Regisseur Antoine Fuqua erklärten, sie würden ihren neuesten Film dort nicht weiter drehen, um damit gegen die neuen Gesetze des Staates zu protestieren, die den Zugang zum Wahlrecht einschränken.

»Die Nation ist gerade dabei, sich mit ihrer Geschichte auseinanderzusetzen, und versucht, die Überreste des institutionellen Rassismus zu beseitigen, um wahre Gerechtigkeit für alle zu verwirklichen«, sagten Smith und Fuqua in einer gemeinsamen Erklärung.[11] »Wir können nicht mit gutem Gewissen eine Regierung wirtschaftlich unterstützen, die regressive Wahlgesetze erlässt, welche darauf abzielen, den Zugang zur Wahl zu beschränken.«

»Alles ist im Wandel«, sagte Philonise zu Keeta.

Doch damit nicht genug. Crump hatte sich bereit erklärt, Aubrey und Katie Wright als neue Klient*innen im Kampf um Gerechtigkeit zu übernehmen. Er wollte, dass Philonise und seine Familie sie am folgenden Nachmittag auf einer Pressekonferenz kennenlernten.

—

Am nächsten Tag, nachdem der Richter das Gericht in die Mittagspause entlassen hatte, bereitete sich Philonise auf eine andere Art von Zeugenaussage vor. Er setzte sich einen grauen Hut und seine 8-Minuten-46-Sekunden-Maske auf und zog einen hellbraunen Mantel an. Crump, Rodney und Brandon Williams folgten ihm aus dem Gerichtsgebäude, während am Himmel Mitte April noch einige Schneeflocken tanzten. Diesmal jedoch richteten die allgegenwärtigen Nachrichtenfotograf*innen ihre Kameras auf die Familie Wright. Garraway und ihre Unterstützungsgruppe hatten ebenfalls auf die Familie gewartet. Sie betete für sie, wie sie es getan hatte, als Ross bei Floyds Gedenkfeier zusammengebrochen war.

»Gib Katie die Kraft, Herr Jesus, die sie braucht«, rief Garraway über das Klicken der Kameras hinweg. »Gib all unseren Familien, die erneut traumatisiert sind, die Kraft, die wir brauchen, um das durchzustehen. Ich weiß, dass du ein gerechter und wahrhaftiger Gott bist, so dass sie nicht ungestraft davonkommen werden.«[12]

Ein blauer Minivan fuhr vor. Ross hatte sich entschlossen, zur Pressekonferenz zu kommen, nachdem sie eine Textnachricht von Amity Dimock erhalten hatte, in der es darum ging, die jüngst trauernde Familie zu unterstützen. Es fühlte sich langsam wie eine Pflicht an.

Garraway klopfte Ross auf die Schulter und führte sie in den Kreis.

»Das ist Dauntes Mutter«, sagte Garraway zu ihr.

»Ich erinnere mich an Sie«, sagte Ross zitternd. »Jetzt, wo ich Sie sehe, erinnere ich mich an Sie aus der Schule.«

Katie Wright, die in eine Decke gehüllt war, nickte und wurde rot, als ihr die Tränen kamen. Ross hielt die Hände der Mutter und beugte sich zu ihr vor.

»Es tut mir so leid«, sagte Ross. »Ihr Junge war so nett. Er war so ein lustiger, liebenswerter Junge.«

Philonise hielt sich zurück. Er wusste, dass von ihm erwartet wurde, eine trauernde Mutter zu trösten und den Medien emotionale Zitate zu liefern. Aber dieser Fall, dieses Aktivist*innenleben, waren noch so neu für ihn, dass er nervös wurde. Er stand an einem Baum und versuchte, die richtigen Worte zu finden.

»Alle erwarten, dass ich weiß, was ich sagen soll«, bemerkte er. »Aber das ist nicht mein Gebiet. Ich bin noch am Lernen.«

Philonise zückte sein Handy, um die Einzelheiten des Wright-Falls zu überfliegen. Er sah die Familie an. Er betete um Kraft.

»Wir fangen gleich an«, rief Crump ihm zu.

Crump machte sich auf den Weg zum Podium, gefolgt von Philonise. Gegenüber den Journalist*innen erklärte Crump, es sei lächerlich, dass Wright mitten in einer Pandemie wegen abgelaufener Kennzeichen angehalten worden sei – insbesondere in einer emotional angespannten Zeit.

»Aber ich denke«, sagte er, »wenn man als Schwarzer Auto fährt, vergessen die Leute manchmal die Lebenswirklichkeit. Wenn man berücksichtigt, dass Daunte zu entkommen versuchte, war er keine Bedrohung für sie. War es die beste Entscheidung? Nein. Aber junge Menschen treffen nicht [immer] die besten Entscheidungen. Wie die Mutter sagt, hatte er Angst.«

Anschließend ergriff Philonise das Wort.

»Es ist eine Schande«, sagte er und schüttelte den Kopf, um die Tränen zu unterdrücken. Seine Stimme wurde lauter. »Die Welt ist traumatisiert, weil sie zusehen musste, wie ein weiterer afroamerikanischer Mann ermordet wurde! Jeden Tag, wenn ich aufwache, kann ich es nach wie vor nicht fassen, dass diese Welt einmal so in Unordnung geraten könnte, wie sie es jetzt ist.«

Er dachte an die Inspiration, die er aus den patrouillierenden Menschen auf den Straßen zog.

»Minneapolis! Ihr könnt das nicht mehr unter den Teppich kehren«, sagte er. »Wir sind hier. Und wir werden für Gerechtigkeit für diese Familie ebenso kämpfen, wie wir für unseren Bruder kämpfen.«

Der Prozess nahm Fahrt auf. Am Dienstag, dem 13. April, begann Nelson damit, seine Argumente zur Verteidigung von Chauvin vorzubringen. Er versuchte, Floyds Sucht nachzuweisen, indem er einen Beamten und einen Sanitäter hinzuzog, die ihn 2019 angehalten hatten. Damals hatte er gesagt, er habe sieben Percocet-Tabletten eingenommen. Shawanda Hill rollte während der gesamten Aussage mit den Augen, empört darüber, dass sie von dem Anwaltsteam vorgeladen wurde, das den Tod ihres Geliebten zu rechtfertigen versuchte. Maurice Hall, der ebenfalls mit Floyd im Auto gesessen und mehr als 80 Tage in einer psychiatrischen Einrichtung verbracht hatte, um mit seinen Angstzuständen fertigzuwerden, hatte die Aussage verweigert.

Barry Brodd, ein landesweit anerkannter Experte für Gewaltanwendung, forderte die Geschworenen auf, zu berücksichtigen, dass der Beamte seine Entscheidung innerhalb von Sekundenbruchteilen getroffen habe. Dr. David Fowler schlug eine Reihe alternativer Todesursachen für Floyd vor. Er erklärte, möglicherweise habe sein hoher Blutdruck einen Herzinfarkt verursacht, oder ein sogenannter Paragangliom-Tumor habe Adrenalin ins Herz ausgeschüttet und so eine Herzrhythmusstörung verursacht. Er mutmaßte sogar, dass Floyd an einer Kohlenmonoxidvergiftung durch die Auspuffgase des Autos gestorben sein könnte.[13]

Als Blackwell Fowlers Theorien hörte, insbesondere zum Thema Kohlenmonoxid, dachte er bei sich: »Das ist das Unsinnigste, was ich je gehört habe.«

Während des Kreuzverhörs fragte er Fowler, ob es irgendwelche Anzeichen von Kohlenmonoxid in Floyds System gegeben habe oder ob der Motor überhaupt gelaufen sei. Die Antwort lautete Nein. Er entlockte Fowler die Aussage, dass 90 Prozent aller Paragangliome kein Adrenalin absondern. Außerdem stellte er Fowler eine Frage dazu, wie die Beamten hätten reagieren sollen, wenn Floyd tatsächlich einen Herzinfarkt gehabt hätte.

»Sind Sie der Auffassung, dass er nicht umgehend notversorgt wurde, als er einen Herzstillstand erlitt?«, fragte Blackwell.

»Als Arzt würde ich dem zustimmen«, antwortete Fowler.

Bis Donnerstag, den 15. April, hatte die Staatsanwaltschaft 38 Zeug*innen aufgerufen, die Verteidigung sieben.[14] Es hätte noch einen weiteren Tatortzeugen gegeben, dessen Aussage von Interesse gewesen wäre: Chauvin selbst. Dieser teilte den Geschworenen jedoch mit, er berufe sich auf den fünften Verfassungszusatz und mache von seinem Zeugnisverweigerungsrecht Gebrauch.

Damit war die Verteidigung abgeschlossen. Am folgenden Montag sollten die Geschworenen die Schlussplädoyers hören.

Das dritte Prozesswochenende war gekommen, und ein erschöpfter Philonise beschloss, wieder nach Hause zu fahren. Zu diesem Zeitpunkt wurde ihm klar, was er wirklich brauchte, was er wirklich wollte, nämlich etwas Gutes zu essen. Daheim in Houston packte er deshalb Ochsenschwänze, Okra, Reis, Wurst und Mais ein, um sie mit nach Minneapolis zu nehmen.

Dennoch war er wegen der Einzelheiten des Falles unruhig und konnte sich nicht völlig entspannen. Philonise sagte sich, sein Glaube werde es ihm ermöglichen, die Verurteilung Chauvins herbeizuführen. Doch je länger der Prozess dauerte, desto weniger Trost fand er im Glauben allein. Die Familie Till war gläubig. Die Familie King war gläubig. Ebenso wie die Familien von Mike Brown, Trayvon und Eric Garner. Philonise sagte sich, dass all ihr Leid vielleicht zu diesem Moment geführt hatte, in dem ein Team von Anwält*innen unter Leitung eines Schwarzen Generalstaatsanwalts eine Art von Gerechtigkeit erlangen konnte, die seiner gesamten Familie, ja, allen Schwarzen, jahrhundertelang versagt geblieben war.

Es gab jetzt kein Zurück mehr.

»Dies ist nur eine Runde des Kampfes«, sagte sich Philonise. »Ganz gleich, was geschieht, ich muss weiterkämpfen.«

Als Ross am Samstagmorgen aufwachte, war sie halb starr vor Angst. Sie wollte sich mit Freund*innen treffen, aber sie konnte sich nicht dazu überwinden, über alles nachzudenken, was passieren könnte. Sie stellte ein paar meditative Hip-Hop-Songs an und putzte erneut ihr Haus. Sie schaute aus dem Fenster und machte sich Sorgen.

Die Mitglieder des staatlichen Prozessteams saßen ebenfalls zu Hause und arbeiteten an ihren Schlussplädoyers. Schleicher wurde ausgewählt, die Abschlusserklärung vorzutragen. Seine Aufgabe war es, die Geschworenen darin zu unterweisen, wie sie über alle drei Anklagepunkte denken sollten. Es war ein eher glanzloser Teil des Jobs, aber Schleicher wollte den Geschworenen ein Gefühl vermitteln. Er zog sich mit seinem Rottweiler, Ranger, in sein Arbeitszimmer zurück. Sein Ziel war es, die Geschworenen auf dieselbe großartige Weise zu bestärken, wie sein Held, Reverend Jesse Jackson, die Menschen bestärkte.

Schleicher beschloss, die Geschichte zweier Gruppen zu erzählen. Die erste Gruppe waren die Schaulustigen, die am 25. Mai 2020 zufällig vor CUP Foods standen. Die andere Gruppe war ebenfalls eine Zufallsgemeinschaft: Es waren die Geschworenen, die den Fall für die Geschichtsbücher entscheiden sollten.

»Die eine Gruppe ist machtlos, die andere Gruppe mächtig«, dachte Schleicher. »Die eine Gruppe konnte nichts tun. Die andere könnte alles tun.«

Er dachte über die Verteidigung nach, mit der Nelson versucht hatte, Chauvins Vorgehen zu rechtfertigen, insbesondere darüber, dass der Beamte massive Gewalt habe anwenden müssen, weil er einen großen Mann habe festhalten wollen, der offenbar unter Drogeneinfluss gestanden habe. Dieser Gedanke unterstellte, dass Floyd sich in einem »erregten Delirium« befunden haben könnte, welches ihm übermenschliche Kräfte verliehen hätte. Schleicher wollte das Argument entkräften, bevor Nelson dies versuchen konnte.

Vor Ranger als einzigem Zuhörer probierte er den Satz »George Floyd zeigte keinerlei übermenschliche Kräfte«. Aber das hatte nicht genug Biss.

Dann fiel es ihm ein: »Es gibt keine Übermenschen. Nur Menschen.«

Das war die Art von Satz, die, so hoffte er, Jesse Jackson gefallen würde.

Am Montag, dem 19. April 2021, dem Tag der Schlussplädoyers, traf er um sechs Uhr morgens am Gerichtsgebäude ein. Zwei Stunden später kam die Familie im Park vor dem Gerichtsgebäude zusammen, gemeinsam mit einer Reihe wichtiger Persönlichkeiten, darunter Sharpton, Jackson, die Abgeordnete von Minnesota Ilhan Omar, die Abgeordnete von Texas, Sheila Jackson Lee, und einige andere Mandant*innen von Crump. Sie betraten das Gebäude in gewohnter Weise und reckten die Fäuste in die Luft, wie es Philonise an jenem ersten Tag getan hatte.

Im Familienzimmer leitete Sharpton abermals das Gebet. Einmal mehr betete er um Klugheit, Fairness und Gerechtigkeit. Danach fragte Jackson, ob er ebenfalls beten dürfe. Die Familie hielt sich fest bei den Händen, als einer der bekanntesten Bürgerrechtler der Nation begann, einen Segen zu sprechen. Mit seinen 79 Jahren konnte Jackson kaum noch ohne Hilfe aufrecht stehen. Die Parkinson-Krankheit hatte ihn seiner kräftigen Stimme beraubt. Er stotterte leise, und viele im Saal hatten Mühe zu verstehen, was er sagte.

Dann sagte Jackson: »Sprecht mir nach: Ich bin jemand. Verliert bei alledem die Hoffnung nicht. Haltet die Hoffnung am Leben.«

Philonise und die Familie Floyd schlossen sich an und wiederholten die Botschaft so, dass sie jeder im Saal hören konnte. Wieder schickte man Philonise stellvertretend für alle in den Gerichtssaal. »Sein Name war George Perry Floyd Jr.«, begann Schleicher.[15]

»Der Angeklagte kniete 9 Minuten und 29 Sekunden lang auf ihm«, fuhr er fort. »In seiner Verzweiflung versuchte Floyd, sich mit dem Gesicht zu heben, um seinen Brustkorb zu öffnen, damit seine Lungen Raum zum Atmen bekämen. Das Straßenpflaster schürfte ihm die Haut auf. George Floyd verlor Kraft, nicht übermenschliche Kraft. An jenem Tag gab es keine übermenschliche Kraft. Es gibt keine übermenschlichen Kräfte, weil es so etwas wie Übermenschen nicht gibt. Die gibt es nur in Comics, und die Ecke Thirthy-Eighth und Chicago ist ein ganz realer Ort.«

Anschließend konzentrierte sich Schleicher auf den Angeklagten, den er als Menschen skizzierte, der zu stolz sei, auf die Umstehenden zu hören, und ebenso unerbittlich in seiner Grausamkeit.

Schleichers Aussage dauerte etwa eine Stunde und 45 Minuten. Er schloss mit den Worten, die er vor seinem Hund einstudiert hatte.

»Bei seinem Tod war [Floyd] von Fremden umgeben«, sagte Schleicher. »Es waren Fremde, aber man kann nicht sagen, dass sie gleichgültig gewesen wären. Sie waren völlig machtlos, denn selbst sie respektierten das Dienstabzeichen.«

»*Sie* haben eine Vorladung per Post bekommen«, fuhr Schleicher fort. »Und da sind Sie nun, alle an einem Ort versammelt. Nun, unser System, wir haben Macht ... Der Staat, wir haben die Macht, aber wir können den Angeklagten nicht verurteilen. Der Richter hat die Macht, aber er kann den Angeklagten nicht verurteilen. Diese Macht liegt bei Ihnen.«

Als Nächstes sprach der Anwalt der Verteidigung Eric Nelson. Er dankte den Geschworenen für ihr Engagement und entschuldigte sich im Voraus für seine Weitschweifigkeit. »Ich kann hier nur einmal vom Apfel abbeißen – ich habe nur einen Versuch«, sagte er, weil Blackwell einen letzten Gegenbeweis führen wollte.

Vom Vergleich mit den Äpfeln gelangte Nelson zu der Feststellung, dass man sämtliche Zutaten brauche, wenn man Schokokekse backen wolle. »Das Strafrecht funktioniert genauso«, sagte er. Dann meinte er, dass sie nicht alle Zutaten für eine Verurteilung hätten, wenn sie die Gesamtzusammenhänge nicht berücksichtigten. Er forderte die Geschworenen auf, nicht nur die 9 Minuten und 29 Sekunden zu bedenken, in denen Chauvin das Knie auf Floyds Hals gedrückt habe, sondern auch die 17 Minuten, die vorangegangen seien. Er ging Fowlers alternative Theorien durch und bat die Geschworenen, den Fall aus Sicht eines Ausbildungsbeamten zu betrachten, der zu einem Tatort kommt, an dem zwei Polizeineulinge versuchen, einen großen Mann festzuhalten, während das Polizeiauto hin- und herschaukelt.

Dann zeigte Nelson ein wenig schmeichelhaftes Standbild von Floyd im Polizeiauto, mit weit aufgerissenem Mund und gerunzelter Stirn, auf dem er so bedrohlich wie möglich wirkte.

Blackwell dachte bei sich: »Das ist kein versteckter Code, das ist ein Wink mit dem Scheunentor.« Er versuchte, sich Notizen zu machen, um seine Gegendarstellung vorzubereiten, musste sich jedoch bald in die Handgelenke kneifen, um nicht einzuschlafen.

Als Philonise Nelson weiterreden hörte, klang für ihn alles nach Ausreden. »Warum redet der bloß so lange?«, dachte er bei sich.

Nelson sprach fast zwei Stunden lang, bis Richter Cahill ihn schließlich unterbrach, um eine Mittagspause einzulegen.

Nach der Mittagspause redete Nelson weitere 50 Minuten. Er schloss mit Hypothesen über andere an dem Vorfall Beteiligte.

»Es gibt eine Menge Was-wäre-wenn-Möglichkeiten, was hätte passieren können, was hätte passieren sollen«, fuhr Nelson fort. »Wenn Sie als Geschworene Ihre Beweiswürdigung abschließen, wenn Sie die Gesamtheit der Beweise prüfen, wenn Sie das Gesetz, so wie es geschrieben steht, prüfen und zu dem Schluss kommen, dass – im Rahmen einer gründlichen, ehrlichen Analyse – die Staatsanwaltschaft seinen Fall nicht über einen begründeten Zweifel hinaus bewiesen hat, dann sollte Mr. Chauvin in sämtlichen Anklagepunkten für nicht schuldig befunden werden.«

Angesichts seiner eigenen Erschöpfung befand Blackwell, dass seine Gegenrede nicht allzu lange dauern solle. Außerdem spielte die Hautfarbe eine wichtige Rolle bei seinen Überlegungen. Blackwell glaubte nicht, dass er es sich leisten könne, die schwülstige, literarische Prosa zu gebrauchen, zu der Schleicher sich aufgeschwungen hatte. Er war immer noch ein Schwarzer – einer, der wusste, dass dieselben Vorurteile über Wut, Aggressivität oder gar Hochmut auf ihn genauso zu übertragen waren wie auf George Floyd.

Blackwell erinnerte die Geschworenen daran, dass sie keinesfalls darauf festgelegt seien, in Chauvins Handlungen die einzige Ursache für Floyds Tod zu suchen, aber doch eine wesentliche. Schließlich sagte Blackwell, der Fall sei »so einfach, dass ein Kind ihn verstehen könnte«.

»Tatsächlich hat ein Kind alles verstanden, denn das neunjährige Mädchen sagte: ›Lass ihn los‹ «, sagte Blackwell.

Nach etwa einer Viertelstunde kam Blackwell zum Schluss. Er

wollte nicht mit Danksagungen oder Nettigkeiten enden, sondern mit einer kraftvollen Aussage, die Schleichers Thema der Menschlichkeit aufgriff. An diesem Satz hatte er gearbeitet, seit er erfahren hatte, dass er im Chauvin-Prozess das letzte Wort haben würde.

»Man hat uns unter anderem gesagt, Mr. Floyd sei gestorben, weil sein Herz zu groß gewesen sei«, sagte er zu den Geschworenen. »Sie haben diese Zeugenaussage gehört. Und jetzt, nachdem Sie alle Beweise gesehen und gehört haben, kennen Sie die Wahrheit. Und die Wahrheit ist, dass die Ursache für den Tod von George Floyd darin liegt, dass das Herz von Mr. Chauvin zu klein war.«

Nach dem Ende der Verhandlung teilte Ellison Schleicher mit, dass die Familie Floyd ihm persönlich danken wolle. Sie fuhren mit dem Aufzug nach unten. Als Schleicher den Raum betrat, sah er einen Mann mit ausgestrecktem Arm. Es war Jesse Jackson.

»Gute Arbeit«, sagte Jackson.

»Mein ganzes Leben lang wollte ich schon so reden wie Sie!«, sagte Schleicher und unterdrückte den Kloß in seinem Hals.

Die Familie lachte. In der Zwischenzeit bemerkte Philonise, dass alle fünf Minuten eine seltsame Nummer auf seinem Telefon erschien. Philonise war nicht besonders erpicht darauf abzunehmen, denn er erkannte, dass es die Nummer von Donald Trump war.

Dann erinnerte er sich jedoch, dass Trump ihn zuvor aus dem Weißen Haus angerufen hatte und dass er dort nicht mehr war. Der Anrufer war Joe Biden, der seiner Familie alles Gute wünschte, während sie auf den Urteilsspruch wartete.

Jetzt konnten sie nur noch warten. Ihre Anwält*innen hatten unterschiedliche Theorien. Romanucci rechnete damit, dass die Geschworenen die ganze Woche brauchen würden, aber Crump sagte immer wieder, der Prozess werde bald zu Ende sein.

»Es ist ein klarer Fall«, beharrte er.

Am nächsten Tag, dem 20. April, tummelte sich die Familie Floyd in der Hotellobby, um eine große Bar mit Overhead-Fernsehern oder in Nebenbüros, um Fernsehinterviews zu geben.

Irgendwann bat Romanucci alle in einen Nebenraum, um einer Frau bei einer Telefonkonferenz zuzuhören.

»Hallo, Sie wundervolle Familie, hier ist Nancy.«

Es war Nancy Pelosi, die Sprecherin des Repräsentantenhauses.

Sofort begann sie, über die Verabschiedung eines Gesetzes zur Polizeireform zu sprechen. »Wir werden nicht aufgeben, bis wir etwas durchgesetzt haben«, sagte Pelosi. »Natürlich nur wenn Sie finden, dass es seiner würdig ist. Der wunderbare George hat sein Leben für die Gerechtigkeit gegeben, wir haben es alle gesehen.«

Unterdessen machte sich ein besorgter Keith Ellison auf den Weg zum Gerichtsgebäude, wo er zusammen mit Schleicher und Blackwell auf das Urteil der Geschworenen wartete.

Weit entfernt von den Schaltstellen der Macht und des Wandels verharrte Ross in ihrer Kellerwohnung und überlegte, wie sie das Verfahren umgehen könnte. Sie und ihr jüngerer Sohn James wollten eigentlich zum Pferdehof fahren, aber die Besitzer*innen warnten sie, dass sie auf dem Weg dorthin Schilder mit der Aufschrift »White Lives Matter« sehen könnten. Also besorgte sie sich ein paar Einwegmopps und eine Dose Putzmittel und übernahm einige Reinigungsjobs von ihrer Nichte. Sie vervollständigte das Katzenpuzzle. Sie spielte mit LEGO-Sets.

Das Einzige, was sie beruhigte, war, dass auch sie Floyds Geist gespürt hatte, der ihr, wie sie sagte, immer wieder versichert habe, dass alles gut werden würde.

Ross beschloss, dass es für sie und James besser sei, das Haus zu verlassen. Sie aßen in einem mexikanischen Restaurant und hielten dann ein paar Häuser weiter an einem spirituellen

Buchladen, von dem sie gehört hatte. Dort gab es Salbei, Stimmungssteine und Bücher über inneren Frieden.

»Wir haben heute eine Astrologin und eine Kartenlegerin hier«, sagte die Geschäftsführerin zu Ross, als sie den Laden betrat. Ross fand, dass sie sich das gönnen könne. In der Nähe des Schaufensters saß Della D-Z mit einem Satz Tarotkarten unter einem durchsichtigen weißen Baldachin. Della verwendete für sich selbst die Pronomen »they / them«, trug ein schwarzes T-Shirt und hatte die Haare an den Seiten rasiert.

»Hast du etwas Bestimmtes im Sinn oder willst du eine allgemeine Deutung?«, fragte Della.

»Nur allgemein«, sagte Ross.

Della legte drei Karten ab. »Vergangenheit, Gegenwart, Zukunft.«

Dann drehte Della die erste Karte um. Vergangenheit.

»Das ist die Mäßigung«, sagte Della. »Es geht um das Gleichgewicht, die Suche nach dem Gleichgewicht … Dinge verbinden, die nicht dasselbe sind. Es sieht so aus, als hättest du in der Vergangenheit dieses Gleichgewicht gefunden.«

Della drehten die zweite Karte um. Gegenwart. Es war die Fünf der Münzen. Della starrte in Ross' Augen.

»Du trauerst«, sagte Della. »Es geht um etwas, das du bereits erlebt hast, oder um etwas, das noch bevorsteht. Aber normalerweise geht es um etwas, das bereits erlebt wurde.«

Ross' Herz begann schneller zu schlagen, und Della drehte die dritte Karte um. Die Zukunft.

»Die Zukunft ist der Narr«, sagte Della. »Vielleicht glaubst du an etwas und kommst dir dabei töricht vor. Diese Karte ist eine Ermutigung, dass du nicht falschliegst, wenn du auf die Zukunft hoffst, und dass du nicht naiv bist. Der Kummer wird vergehen. Viele Menschen fragen: ›Wann?‹ Es ist schwer, den genauen Zeitpunkt zu bestimmen, wann diese Trauer vorbei sein wird. Aber es sieht so aus, als würden in der Zukunft eine Menge positiver Dinge für dich geschehen.«

Ross hob die Augenbrauen und sah Della an.

»Della, du weißt, dass wir alle auf das Urteil im Prozess gegen Derek Chauvin warten, oder?«, fragte Ross. »George Floyd war mein Lebensgefährte. Es ist ziemlich nervenzehrend, hier zu sitzen und zu warten und nie zu wissen, wie lange wir noch warten müssen ...«

Della nickte.

»Und die Frage ist doch: Worauf warte ich eigentlich? Und dann, was bedeutet das? Was ist der nächste Schritt?«

Ross' Telefon summte. Es war ihre Mutter. Das Urteil war gesprochen.

»Mom, warum schaust du so nervös, wenn du weißt, dass er schuldig ist?«, fragte James, als Ross ihn nach Hause fuhr.

»Es gibt gerade viel zu verarbeiten«, sagte sie. Sie setzte ihn ab und fuhr dann zum Gerichtsgebäude in der Innenstadt. »Es ist eine ganz normale Fahrt«, sagte sie sich.

Auf der gegenüberliegenden Seite des Highways beobachtete Ross, wie die Autos eilig das Stadtzentrum verließen. Die Geschäftsinhaber*innen verbarrikadierten ihre Läden.

»Schaut euch all diese *Weißen* an, wie sie davonlaufen«, rief Ross. »Warum laufen die *Weißen* immer weg?«

Nachdem sie Garraway abgeholt hatte, fuhren die beiden Frauen zum Gerichtsgebäude und wurden dort sofort von Reporter*innen umringt. Von den Gebäuden reflektierte die Nachmittagssonne. Hinter ihnen hatte sich DJ Hooker das Megaphon geschnappt. Er stieg auf ein Podest und rief: »Black Lives, they matter here!« (Schwarze Leben zählen hier!)

Die Familie Floyd eilte währenddessen ebenfalls zum Justizgebäude. Sie passierten den Stacheldraht, die Barrikaden, die Wachleute und versuchten sich zu erinnern, wie sie den Hinterausgang finden würden, falls die Hölle losbräche. Sie ließen sich im Warteraum nieder, und die Familie einigte sich erneut darauf, dass Philonise sie vor den Geschworenen vertreten sollte.

Als Philonise den Gerichtssaal betrat, waren die Anwält*innen bereits anwesend. Nelson saß neben Chauvin, der einen anthrazitfarbenen Anzug und eine veilchenblaue Krawatte trug und so stoisch wie immer wirkte. Ellison nahm hinter Schleicher und Blackwell Platz.

»Erheben Sie sich für die Geschworenen«, sagte Richter Peter Cahill, und die zwölf Mitglieder machten sich auf den Weg in den Gerichtssaal.

Ellison erinnerte sich, dass er dachte: »Wir haben einen großartigen Fall präsentiert. Aber die Geschichte ist auf Derek Chauvins Seite, nicht auf unserer.«

»Wie ich höre, haben die Geschworenen ein Urteil gefällt«, sagte Cahill. Er nahm einen chamoisfarbenen Umschlag vom Tisch und öffnete ihn.[16]

Als der Richter sich anschickte, die Entscheidung zu verlesen, senkte Ellison seinen Kopf und schloss die Augen. Philonise tat dasselbe und betete für ein Ergebnis, mit dem Giannas Wunsch in Erfüllung gehen würde.

In diesem Augenblick schalteten mehr als 23 Millionen Haushalte in den gesamten USA das Kabel- und Rundfunkfernsehen ein, darunter auch Katie und Aubrey Wright, die ihre Augen geschlossen hatten und im Stillen für ein Urteil beteten, das ihnen ein Fünkchen Hoffnung geben würde. Die lärmende Menge bei CUP Foods, darunter Marcia Howard, verstummte, die Menschen senkten den Kopf und schlossen die Augen. Außerhalb des Gerichtsgebäudes herrschte Stille unter den Anwesenden, zu denen auch David Embaye und Maurice Hall gehörten, und die Kameras richteten sich auf Ross, die mit gesenktem Kopf Garraways Hand hielt. Dann kam das Urteil über Cahills Lippen. Draußen wiederholte es jemand, der ein paar Meter von ihr entfernt stand.

»Schuldig!«, riefen alle. Während der Jubel durch den Park hallte, brach Ross in Tränen aus und begann zu zittern, in Erwartung der letzten beiden Anklagepunkte.

»Schuldig! Schuldig!«

Hooker ließ die Menge skandieren: »In allen drei Anklagepunkten! In allen drei Punkten!«

Garraway umarmte Ross.

»Courteney, dafür haben wir gebetet«, sagte sie.

Eine Phalanx von Kameras rückte immer näher, und ihr wurden Kameras vors Gesicht gehalten. Ross umarmte Garraway fest.

»Toshira, ich weiß nicht, was ich sagen soll«, flüsterte Ross. Und dann, nachdem sie sich monatelang gefragt hatte, wo sie hingehörte, gab Garraway ihr das Gefühl einer neuen Mission – etwas, worüber sie jenseits ihres Kummers sprechen konnte.

»Sag ihnen, dass es noch nicht vorbei ist«, sagte Garraway. »Der Kampf in Minneapolis ist noch nicht vorbei.«

Ross trat ans Mikrophon. Sie sprach über die Notwendigkeit, Fälle wie den von Teigen in Minnesota wieder aufzurollen, über die anderen Freundinnen, Ehefrauen und Mütter, die noch keine Gerechtigkeit für ihre Lieben erfahren hatten.

»Floyd liebte es zu beten«, sagte Ross, bevor sie die Gruppe im Gebet anführte. »Heiliger Vater, Heiliger Vater, bitte, Heiliger Vater. Heile uns heute.«

Sie stand draußen und sprach mit allen Pressevertreter*innen, die ihr eine Frage stellten, bis die Dunkelheit hereinbrach. Ross stieg wieder in ihren Minivan.

»Ich bin fassungslos«, sagte sie, als sie an der Innenstadt vorüberfuhr. »Einfach überwältigt. Es ist großartig. Ich bin glücklich. Ich bin froh, dass der Schuldspruch ergangen ist. Ich bin froh, dass der Gerechtigkeit Genüge getan wurde.«

Dann war sie wieder auf dem leeren Highway.

»Wenn Sie ›schuldig‹ hören, dann gilt das für alle«, sagte Ross. »Es ist für alle, denen sie Unrecht getan haben. Aber ich weiß, wie die Dinge in Wirklichkeit laufen. So sehr ich mir auch wünschte, dass die Fälle einfach wieder aufgerollt und neu untersucht würden und die Leute ins Gefängnis kämen, so wird das doch nicht geschehen. Große systemische Veränderungen brauchen lange Zeit.«

Ihr Telefon summte.

»Joe Biden spricht über Floyd!«, rief ihre Schwester. Sie verfolgte gerade eine Pressekonferenz, in deren Verlauf der Präsident den Reporter*innen mitteilte, dass dieser Fall ein Schritt zur Bekämpfung des systemischen Rassismus sei, aber Ross konnte seine entfernte Stimme nicht verstehen. Dann klingelte das Telefon erneut, und sie drückte es weg. Als sie nach Hause kam, wartete ihre Schwester dort auf sie.

»Brookie«, sagte Ross mit brüchiger Stimme, »ich vermisse ihn immer noch.«

Im Hotel der Floyds war die angespannte, hektische Energie des Morgens in eine abendliche Feier übergegangen. Zwischen Hennessy-Cognac und Red Bulls erzählte Philonise einer Gruppe von Angehörigen und Fremden, wie er sich im Gerichtssaal gefühlt hatte. Er sagte, er wäre am liebsten mit erhobener Faust in die Luft gesprungen, wie Super Mario in einem seiner Nintendo-Spiele, die er mit Perry gespielt hatte. Doch er wollte den Richter nicht verärgern, denn er wusste, dass er für die Verurteilung noch seine Unterstützung brauchte. Stattdessen weinte er und weinte. Das Gericht erhob sich, als die Beamt*innen dem Mann, der seinen Bruder getötet hatte, Handschellen anlegten. »Er fühlte sich damit sichtlich unwohl«, sagte Philonise.

In einem anderen Bereich der Bar diskutierten Crump und Romanucci darüber, wie viel die Staatsanwaltschaft für sich verbuchen konnte. Sie hatten das Glück gehabt, auf eine Reihe sachkundiger Zeug*innen zurückgreifen zu können – einen professionellen Kämpfer, der einen Blutsturz erkennen konnte, eine Rettungssanitäterin, die ignoriert wurde, als sie nach dem Puls fragte, eine Teenagerin, die sich nicht scheute, ein Video aufzunehmen, und einen Polizeichef, der bereit war, seine Meinung zu sagen. Die Zeug*innen der Verteidigung waren spärlich, und sie wurden von der Staatsanwaltschaft im Kreuzverhör auseinandergenommen. Oberflächlich betrachtet war es rückblickend ein klarer Fall.

»Ist es nicht erstaunlich, dass wir trotz alledem immer noch nicht sicher waren?«, meinte Romanucci. »Das sagt uns etwas.«

Auf den Bildschirmen über der Bar im Hotel lief CNN, das die Pressekonferenz der Familie nach der Urteilsverkündung ausstrahlte. Adarryl Hunter sah sich selbst, wie er gerade rief: »Sagt seinen Namen!«

»Ich kann nicht glauben, dass ich neben Jesse Jackson stand«, sagte er zu Rodney. »Er war dabei, als Martin Luther King starb. Und jetzt bin ich hier – Geschichte.«

Einer von Crumps Staatsanwälten kam aus einem Nebengebäude und schwenkte eine riesige Fahne mit der Black-Power-Faust, eingerahmt von den Namen der vielen Schwarzen Männer und Frauen, die während der Black-Lives-Matter-Bewegung zu Hashtags geworden waren und deren Familien nie dasselbe Maß an Gerechtigkeit erlangt hatten wie die von Floyd.

Die Familie Floyd beschloss, so lange in Minneapolis zu bleiben, dass sie an Dauntes Beerdigung teilnehmen konnten. Danach wollten sie nach Washington fahren, um der Unterzeichnung eines Gesetzes beizuwohnen, von dem sie hofften, dass es die Polizeiarbeit in den Vereinigten Staaten grundlegend verändern würde. Zu diesem Zeitpunkt schienen große Träume möglich – vor allem, wenn sie von den mächtigsten Menschen der Welt unterstützt wurden.

In den sozialen Medien kursierte ein Video, das die Familie vor dem Gerichtsgebäude zusammen mit Crump zeigte, der ein Handy in der Hand hielt. Präsident Biden rief wieder an.[17]

Er wandte sich an die Familie: »Nichts wird es ungeschehen machen ... Aber zumindest gibt es jetzt ein wenig Gerechtigkeit. Ich denke an Giannas Bemerkung: ›Mein Vater wird die Welt verändern.‹ Wir fangen jetzt an, sie zu verändern ... Ich freue mich darauf, Sie alle kennenzulernen. Wir werden noch viel mehr erreichen.«

»Hoffentlich gibt das den Anstoß, dass der *George Floyd Justice in Policing Act* verabschiedet und unterzeichnet wird«, sagte Crump.

»Das und noch viel mehr. Das wird unser erster Versuch sein, den systemischen Rassismus wirklich zu bekämpfen.«, sagte Biden.

Der Kampf der Familie Floyd für Gerechtigkeit hatte nun eine neue Front, und die befand sich in Washington. Acht Tage nach dem Urteilsspruch sprach Biden bei einer gemeinsamen Sitzung des Kongresses – seine erste Rede vor dessen 535 Mitgliedern seit seiner Wahl. Er sprach nicht nur über das Polizeigesetz, sondern drängte den Kongress auch, es in dem von der Familie Floyd gewünschten Zeitrahmen zu verabschieden.

»Meine amerikanischen Mitbürger*innen«, sagte Biden, »wir müssen uns zusammentun, um das Vertrauen zwischen den Strafverfolgungsbehörden und den Menschen, denen sie dienen, wiederherzustellen, den systemischen Rassismus in unserem Strafrechtssystem auszurotten und eine Polizeireform im Namen von George Floyd zu verabschieden, die bereits das Repräsentantenhaus passiert hat. Wir müssen zusammenarbeiten, um einen Konsens zu finden. Lassen Sie uns das im nächsten Monat anpacken, bis zum ersten Jahrestag von George Floyds Tod.«[18]

# Kapitel 14

## AMERIKAS HOFFNUNG

Reverend Jesse Jackson hatte nach Derek Chauvins Verurteilung eine Botschaft für Philonise Floyd und seine Familie: »Wir haben eine Schlacht gewonnen, aber noch nicht den Krieg«, sagte er. »In Ohio, Wisconsin und Louisiana gibt es immer noch Ungerechtigkeit. Also müssen wir weiterarbeiten.«[1]

An seinem Lebensabend, nach 79 Jahren auf dieser Erde, wurde Jackson immer noch vom Anblick von Emmett Tills verstümmeltem Leichnam und der Freisprechung der Mörder des vierzehnjährigen Schwarzen Jungen heimgesucht. Till und Jackson waren im gleichen Jahr geboren. Als Jackson Zeuge des Abscheus wurde, mit dem die Welt auf die Bilder von Tills geschändetem Leichnam in dem offenen Sarg reagierte, hoffte er darauf, dass die Menschen von nun an engagierter dafür arbeiten würden, Rassismus zu beenden. Jackson hatte die Welt bis zu George Floyds Tod nie wieder so erschüttert reagieren sehen – nicht nur, weil so viele den Todeskampf des Opfers auf Video gesehen hatten, sondern auch, weil diese von Passant*innen gemachten Aufnahmen es der Welt ermöglichten, in das nonchalante Gesicht des Mörders zu blicken. Während der Verhandlung war Jackson davon überzeugt, dass das Land auf dem langen Weg zur Gleichberechtigung einen Schritt vorwärtsgekommen war.

Aber er wusste auch, dass der Weg zu vollkommener Einigkeit immer noch voller Gefahren war und von Kritiker*innen,

Zweifler*innen und denjenigen, die das Thema abhaken wollten, verstellt wurde. Jackson hoffte, dass diejenigen, die für eine gerechtere Welt kämpften, das große Ganze nicht aus den Augen verlieren würden.

»Man muss daran glauben, dass am Ende die Gerechtigkeit siegen wird«, sagte Jackson. »Als ich noch jung war, wurden führende Bürgerrechtler*innen ins Gefängnis gesperrt. Heute kann ich ins Weiße Haus gehen. Als ich ein Junge war, kam uns die Polizei unantastbar vor, und wir nannten sie das Gesetz. Jetzt sitzt ein Polizist hinter Gittern, und wir haben die Chance, das Gesetz zu ändern. Das ist ein gewaltiger Unterschied, also gewinnen wir gerade.«

Jackson erinnerte sich an die Demonstrationen, die er in Pittsburgh, Birmingham und Houston organisiert hatte, drei Städte, die inzwischen Schwarze Bürgermeister hatten. Eine jüngere Generation Aktivist*innen hatte die US-amerikanische Protestbewegung mit dem simplen Mantra »Black Lives Matter« mit neuem Leben gefüllt. Er sah Millionen Menschen, die auf die Straße gegangen waren, und einen Präsidenten, der es als seine Pflicht ansah, der Schwarzen Bevölkerung, die ihn ins Weiße Haus katapultiert hatte, Gerechtigkeit zu verschaffen.

Biden hatte sogar Georgia – einen Staat im tiefsten Süden – mit dem Bruchteil eines Prozents gewonnen, wo sich die Demokraten auch ihre entscheidenden zwei Sitze im Senat erkämpfen konnten. Er wollte die Familie Floyd daran erinnern, dass sie Großartiges erreichen konnte, wenn sie die Werkzeuge und Rechte einsetzte, die in der Verfassung der USA verankert waren.

»Wir haben das moralische Fundament dieses Landes erschüttert«, sagte Jackson. »Als George starb, drängte es die Menschen auf die Straßen. Und sie mussten wählen. Bidens Sieg in Georgia ist nicht von George Floyds Tod zu trennen. Ich habe immer geglaubt, dass wir den Süden gewinnen werden, wenn wir die Menschen nur dazu animieren können, zu wählen. Können Sie sich vorstellen, was geschehen wäre, wenn wir in der Ära Reagan so zahlreich gewählt hätten? Ich habe die Macht der Wähler*innen und die Ohnmacht der Nichtwähler*innen miterlebt. George Floyd hat uns so viele Optionen verschafft. Egal, was als Nächstes passiert, eins dürfen Sie nicht vergessen: Wir gewinnen immer noch.«

Präsident Biden hatte der Familie ein Versprechen gegeben: Statt am 25. Mai 2021 um ihren Bruder zu trauern, würden sie an Bord der Air Force One ins Weiße Haus gebracht werden, um dort mitzuerleben, wie er den *George Floyd Justice in Policing Act* unterzeichnete.

Philonise kannte sich mit Politik nicht besonders gut aus, also schaltete er wie alle anderen auch morgens als Erstes die Nachrichten an, um sich über den Fortschritt dieses Gesetzesentwurfs auf dem Laufenden zu halten. Die traurige Wahrheit war, dass nach einer von der Öffentlichkeit gebannt verfolgten Gerichtsverhandlung und einem Sommer voll eifrigem Interesse an seinem Bruder entweder das Interesse der Medien oder die Aufmerksamkeit der Öffentlichkeit – oder beides – abgeebbt waren.

Es gab keine Surfboard-Gebetskreise im Wasser mehr und keine Schweigeminuten im Fernsehen. Journalist*innen riefen inzwischen seltener bei der Familie an, und George Floyds Name wurde weniger oft auf Demonstrationen skandiert. Die Fernsehupdates vom Capitol Hill zeigten, dass die Gesetzgebung sich inzwischen auf andere Dinge konzentrierte. Demokrat*innen und Republikaner*innen stritten sich über Maskenpflicht und Impfkampagnen. Die Demokraten schafften es nicht, sich darauf zu einigen, wie viel Geld sie für Brücken und Straßen ausgeben und wie sie Bidens soziale Agenda umsetzen sollten. Und dann schlug die Gesetzgebung Alarm, denn es ging um das wichtigste Fundament der Demokratie selbst: das Wahlrecht. Nachdem Staaten wie Georgia und Texas den Zugang zu vorgezogener Stimmabgabe einschränkten und auch andere Gesetze unterminierten, die das Abgeben von Wahlzetteln erleichterten, machten sich die Demokraten immer größere Sorgen. Was würde ohne staatliche Interventionen, die den Gang zur Wahlurne schützten und erleichterten, geschehen, vor allem in den mehrheitlich von Schwarzen und People of Color bewohnten Gegenden?

Da gerade so viele wichtige Probleme auf der Tagesordnung standen, fragte sich Philonese, ob Gerechtigkeit für seinen Bruder – und all die anderen Familien in ähnlichen Situationen, die er inzwischen kennengelernt hatte – für die mächtigsten Menschen der USA jemals wieder Priorität haben würde. Und ein Teil von ihm fragte sich auch, ob es selbstsüchtig von ihm war, das überhaupt zu wollen. Aber was geschieht, wenn ein weltweiter Moment der Solidarität beginnt, sich in Luft aufzulösen? Ein Jahr nach dem Mord an seinem Bruder zweifelten er und viele andere Menschen in seinem Umkreis daran, dass die US-amerikanische Selbstreflexion über Rassismus noch genügend Schwung hatte, um dauerhafte Veränderungen zu erwirken.

Nach der Verurteilung war auch die Familie Floyd fragmentierter geworden. Die Floyds hatten mindestens fünf verschiedene Stiftungen gegründet – ein Füllhorn der Wohltätigkeit, das für einige interne Spannungen sorgte und die Befürchtung zuließ, dass sich die Verwandten bald um Aufmerksamkeit und Ressourcen streiten würden. Ein Vorteil der Fragmentierung war jedoch, dass im ganzen Land Events zum Jahrestag von Floyds Ermordung geplant waren. Philonise, Rodney und Brandon planten einen Umzug im Third Ward. Terrence Floyd organisierte ein Event in New York. Bridgett wollte an einer Demonstration und einer Reihe Workshops im Zentrum von Minneapolis teilnehmen. Angela Harrelson half dabei, ein Straßenfest um den George Floyd Square herum zu organisieren.

In der Zwischenzeit übten eine Reihe führender Bürgerrechtler*innen – Reverend Al Sharpton, Marc Morial von der

Urban League, Derrick Johnson vom NAACP, Sherrilyn Ifill vom NAACP Legal Defense Fund, Melanie Campbell vom Black Women's Roundtable, Johnnetta Cole vom National Council of N**ro Women and Wade Henderson von der Leadership Conference on Civil and Human Rights – weiter Druck auf die Politiker*innen in Washington aus, damit diese endlich zu einer Einigung gelangten. Sie hatten die Demokraten darin unterstützt, im Senat einen Gesetzesentwurf der Republikaner zur Polizeireform, den JUSTICE Act, abzulehnen, weil er ihrer Meinung nach nicht genug dafür tat, Polizist*innen für Vergehen im Dienst zur Rechenschaft zu ziehen. Sie standen hinter dem von den Demokraten vorgelegten George Floyd Justice in Policing Act, der im Repräsentantenhaus angenommen worden war; die einstimmige Unterstützung durch die Demokraten im Senat bedeutete, dass es mit der entscheidenden Stimme der ersten Schwarzen Vizepräsidentin auch diese Kammer passieren würde. Aber sie brauchten noch zehn Republikaner*innen, um eine Obstruktion zu überwinden, damit sie das Gesetz zur Abstimmung bringen konnten. Die wichtigsten republikanischen Verhandlungspartner bei der Erarbeitung des Gesetzes – Senator Lindsey Graham aus South Carolina und Tim Scott – glaubten optimistisch daran, dass sie für einen Deal, den auch Konservative akzeptabel fanden, genug Unterstützende finden würden, aber sie hatten immer noch keine Einigung mit den wichtigsten Verhandlungspartner*innen der Demokraten erzielt – Senator Cory Booker, Senator Dick Durbin und Representative Karen Bass. Als der Jahrestag näher rückte, begannen sie, der Presse gegenüber einzuräumen, dass sie es trotz aller Anstrengungen nicht schaffen würden, die von der Familie – und dem Präsidenten – gewünschte Deadline zu halten.

Philonise hoffte weiter auf ein Wunder.

Er wusste, dass Reporter*innen manchmal übertrieben, wenn sie über informelle Informationen aus Washington berichteten, also wartete er direkt auf eine Nachricht von Mitarbeitenden des

Weißen Hauses. Wenige Tage vor dem Jubiläum erhielt Philonise den Anruf. Biden und Harris luden die Familie zu einem Besuch ein. Einen flüchtigen Moment lang dachte Philonise über die Möglichkeit nach, dass hinter den Kulissen vielleicht ein Deal im Gange war, der die Welt überraschen würde.

Dann erhielt Philonise am 24. Mai einen Anruf von Reverend Al Sharpton. Sharpton sagte ihm, es sei eine gute Nachricht, dass der Präsident ihn sehen wolle. Aber er hatte auch das Innenleben Washingtons lange genug beobachtet, um zu wissen, dass kein Wunder zu erwarten war.

»Die schlechte Nachricht ist, dass Biden das Gesetz nicht unterzeichnen kann, weil es bisher nicht verabschiedet wurde«, sagte er. »Aber ich will Ihnen etwas sagen: Wir haben in New York für die *Choke-Hold-Bill* gekämpft. Es hat fünf Jahre gedauert, aber jetzt ist das Gesetz durch. Andrew Cuomo hat es unterschrieben und Gwen Carr und mir den Stift gegeben.«

Die Familie begann allmählich, die unangenehme Wahrheit zu akzeptieren, dass Carr mit seinen Worten über den Kampf gegen Rassismus in Amerika recht gehabt hatte: Der Tod ihres Bruders würde die Lage nicht über Nacht verändern. Sharpton sagte auch, dass die Dinge zwar in Bewegung geraten waren und solche Entwicklungen sich beschleunigten, es aber immer noch einen Prozess gab, der dafür ablaufen musste. Schließlich waren auch zwischen Rosa Parks' Weigerung, ihren Sitzplatz im Bus aufzugeben, und der Verabschiedung des *Civil Rights Act* von 1964 fast neun lange Jahre vergangen.

Bevor Philonise seine Enttäuschung in Worte fassen konnte, sagte Sharpton ihm, was er von seinem Vorbild, Reverend Jesse Jackson, gelernt hatte, nachdem Jackson 1988 bei den Vorwahlen der Demokraten in New York verloren hatte: »Im Angesicht von Niederlagen darf man die Hoffnung nicht aufgeben.«

Etwa ein Jahrzehnt später war es Jackson gewesen, der Sharpton beruhigte, nachdem Polizist*innen im Mordprozess gegen Amadou Diallo, einen in der Bronx lebenden Einwande-

rer aus Guinea, freigesprochen worden waren. Die Polizei hatte
41 Schüsse auf Diallo abgegeben, da die Beamt*innen angeblich
seinen Geldbeutel mit einer Waffe verwechselt hatten. Der Freispruch der Beamt*innen löste weit über die Grenzen von New
York City hinaus Stürme der Empörung aus.

»Im Endeffekt muss man sagen, dass sie falsch gehandelt haben, aber dennoch muss man einen Weg finden, den Menschen
Hoffnung zu geben«, sagte Jackson zu Sharpton. »Weil es unsere
Aufgabe ist, Missstände aufzudecken, den Opfern aber trotzdem
das Gefühl zu geben, dass sie weitermachen können.«

Diese Art von Philosophie leuchtete Philonise zwar ein, aber
schließlich hatten Sharpton und Jackson sich auch für ein Leben
als Aktivisten entschieden. Die Familie Floyd war davon in Be-
schlag genommen worden. Natürlich wollten sie ans Licht bringen, was alles falsch lief, aber sie trauerten auch immer noch. Sie
versuchten, einen Weg zu finden, anderen Hoffnung zu machen,
während auch sie selbst noch nach Hoffnung suchten.

Sharpton wies erneut auf die geschichtlichen Zusammenhänge hin. Die Polizeiarbeit in Amerika neu zu definieren, war
keine leichte Aufgabe. Selbst nachdem die Polizei Rodney King
1991 brutal misshandelt hatte, was eine landesweite Diskussion über Rassismus auslöste, war eine Polizeireform nicht in
den Vordergrund gerückt. In den 1970er Jahren, sagte Sharpton,
hätten Schwarze Vordenker*innen die Polizeiarbeit oft als lo-
kales Problem betrachtet, und davor sei die Bekämpfung der
Segregation von höherer Priorität gewesen. Tatsächlich hatten
sich viele Schwarze Pastor*innen und Gesetzgebende für mehr
Polizeipräsenz ausgesprochen, um die Kriminalität während
des Kriegs gegen die Drogen zu bekämpfen. Sie hatten Senator
Joe Biden in den 1990er Jahren unterstützt, als er die strengen
Gesetze verabschiedete, die zu einer übermäßig strengen Überwachung von Cuney Homes führten. Dieselben Gesetze, die
auch für Floyds zahlreiche Gefängnisstrafen mitverantwortlich
waren. Und heute drängte Biden den Kongress dazu, in seinem

Namen ein Gesetz zu verabschieden und lud seine Familie ins Weiße Haus ein.

»Ich möchte nur, dass das Gesetz erlassen wird«, sagte Philonise.

Am Tag vor dem Besuch der Familie in Washington rief Präsident Biden Sharpton an, um sich einen Einblick in die Verfassung der Floyds zu verschaffen.

»Wie geht es ihnen?« fragte Biden. »Ich mache mir Sorgen.«

Sharpton sagte Biden, er müsse seine Einstellung ihnen gegenüber überdenken. Es wäre falsch, sie als eine Familie zu betrachten, die sich einfach von ihren berühmten Freund*innen trösten lassen wollte.

»Sprechen Sie mit ihnen über den Deal«, riet Sharpton ihm. »Sprechen Sie mit ihnen über Politik.«

»Ich mache mir Sorgen um das kleine Mädchen«, sagte Biden.


Der 25. Mai 2021 war ein sonniger und windiger Tag in der Stadt, in der George Floyd gestorben war. Adarryl Hunter war ein Jahr lang damit zufrieden gewesen, sich im Hintergrund zu halten, während Freund*innen und Bekannte von Floyd sich vor die Kameras drängten. Er mied die Presse und nahm nicht an Protesten teil. Alles kam ihm immer noch sehr seltsam vor.

Aber nachdem die Familie Floyd Minneapolis nach dem Chauvin-Prozess verlassen hatte, spürte er, wie die innere Leere zurückkehrte. Er hoffte, dass es ihm helfen würde, zu der von der Heilsarmee betriebenen Obdachlosenunterkunft im Stadtzentrum zu fahren, wo Darlene Phillips ein Event für Floyds Bekannte organisiert hatte. Es sollte ein privates, intimes Treffen werden, aber irgendwie erfuhren Reporter*innen davon und tauchten ebenfalls in Scharen auf. Phillips hatte rote T-Shirts mit einem Bild von Floyd zwischen Wolken bestellt und einige Luftballons gekauft. Auf dem Bürgersteig vor der Haustür, wo Floyd so oft mit anderen gebetet hatte, versammelten sich seine Freund*innen.

Die Menschen umarmten sich und erzählten sich Geschichten darüber, wie Floyd den Obdachlosen Essen gegeben und sie bei Gruppenausflügen ins Kino begleitet hatte. Sie sprachen über seine Sensibilität, seine Empathie gegenüber denen, die in Schwierigkeiten steckten, die Tränen, die sie ihn vergießen sahen. Und sie erzählten sich auch neue Geschichten. In der ganzen Stadt brodelten noch Wut und Schmerz, unter Floyds Freund*innen und unter denen, die ihn nicht gekannt hatten. Unter denen, die ihn in der Stadt gesehen und denen, die seine letzten Minuten miterlebt hatten. So viele Leben hatten sich völlig verändert: Sylvia Jacksons Benz befand sich immer noch in den Händen von Bundesermittler*innen, die ihn als Beweismittel verwahrten, und ihre schmerzhaften Erinnerungen hatten sie dazu veranlasst, in eine andere Stadt zu ziehen. Shawanda Hill wurde so heftig von Schuldgefühlen geplagt, weil sie Floyd am Tatort zurückgelassen hatte, dass sie einen Nervenzusammenbruch erlitt. Einige Freund*innen versuchten mit Hilfe von Pillen oder Alkohol, mit der Situation fertigzuwerden, während andere im Turning Point eincheckten, um damit dem Mann Respekt zu zollen, den sie verloren hatten. Augenzeug*innen wie Charles McMillian und Genevieve Hansen ärgerten sich darüber, dass Ellisons Abteilung sich kaum um sie gekümmert hatte, nachdem sie ihre Aussage gemacht hatten – ihnen war weder psychologische Beratung noch Schutz vor der Polizei angeboten worden, und sie hatten Angst vor eventuellen Racheaktionen. Darnella Frazier, die das Video von Floyds Tod als Erste in den sozialen Medien gepostet hatte, zog aus dem Viertel fort und lehnte öffentliche Auszeichnungen und Auftritte ab, weil sie hoffte, irgendwie in ihr Leben als normale Teenagerin zurückkehren zu können.

Vor dem Gebäude der Heilsarmee begann Darlene Phillips das Programm damit, dass sie Aubrey Rhodes ein Porträt von Floyd überreichte. Als Dank dafür, dass er Floyd dazu inspiriert hatte, in diese Stadt zu ziehen. Danach übergab sie das Mikrophon an

Adarryl Hunter, der sich dazu entschlossen hatte, von nun an auch öffentlich über Floyd zu sprechen, weil sein Freund dies zu schätzen gewusst hätte. Er wählte eine Stelle aus der Bibel aus, die ihm immer Trost gebracht hatte, und las aus dem 23. Psalm vor: »Und ob ich schon wanderte im finsteren Tal, fürchte ich kein Unglück; denn du bist bei mir, dein Stecken und Stab trösten mich.«

Kurz darauf übernahm Courteney Ross das Mikrophon. Sie fühlte sich inzwischen wohler in der Öffentlichkeit, da die Ermutigung, die sie in Toshira Garraways Gruppe gefunden hatte, ihr Selbstvertrauen gestärkt hatte. Vor ein paar Tagen hatten die Frauen darüber gesprochen, wie oft Regierungsbeamt*innen ihnen Plaketten und Auszeichnungen verleihen wollten, als würde ihnen das irgendwie helfen. Was sie wirklich brauchten, war Unterstützung, und an diesem Morgen sagte Ross den Anwesenden, die Heilsarmee sei die beste Selbsthilfegruppe, die Floyd in Minneapolis gefunden habe.

»Er liebte die Heilsarmee von ganzem Herzen«, sagte Ross. »Sie war eine Art zweites Zuhause für ihn.«

Phillips und andere Helfende verteilten Luftballons. Und dann begann jemand den Call-and-Response-Gesang, der inzwischen durch die ganze Welt schallte.

»Sagt seinen Namen!«, rief jemand. »Big Floyd«, schrien die anderen, und der Wind trug orangefarbene, blaue und rote Luftballons in den Himmel empor.

Ross scannte die Menge und entdeckte Hunter. Die beiden hatten nie näher miteinander zu tun gehabt. Sie ging zu ihm, und die beiden umarmten sich, zusammengeführt durch die gemeinsame Trauer über Floyds Tod. Sie tauschten Nummern aus, damit sie sich gegenseitig trösten konnten, wenn es ihnen nicht gut ging, und um sich über den Mann auszutauschen, den sie so gut gekannt hatten. Dennoch fiel es Ross schwer, sich Hunter anzunähern, da sie sich trotz aller Therapiestunden immer noch teilweise die Schuld an Floyds Tod gab. In solchen Momenten brach sie zusammen und fragte sich: »Und was, wenn ich ihn als Nächstes verletze?«

Am früheren Morgen des Tages hatten die Organisator*innen die Vorbereitungen für die offizielle Gedenkfeier am George Floyd Square, ein paar Kilometer von der Heilsarmee entfernt, beendet. An der Südostseite des Platzes bereitete sich ein lokaler Musiker namens Ananda Bates darauf vor, das Protestlied mit dem Titel »We the People« vorzutragen, das er nach Floyds Tod geschrieben hatte. In der Nähe von CUP Foods hatte die einunddreißigjährige Samara Ferguson einen Klapptisch vor den Schaufenstern des Friseursalons aufgestellt, in dem sie arbeitete. Sie und ihre zehnjährige Tochter Shamiyah Millon brachten die Kartons voller Snickers, Doritos, Capri-Sonne und Gatorade heraus, die sie gratis verteilen wollten.

»Ich glaube, wir brauchen noch mehr«, sagte Ferguson zu ihrer Tochter, und ging dann zu Target, um weitere Snacks zu besorgen.

In der Nähe der auf die Straße gemalten blauen Silhouette von Floyds Körper hatte jemand ein Whiteboard aufgestellt, auf dem die Verhaltensregeln für Besuchende aufgelistet waren. »Stellen Sie Fragen! Unterhalten Sie sich mit Menschen, die Sie nicht kennen«, hieß es darin. Ein älteres *weißes* Paar, das ein Blumengesteck trug, nahm die Anweisungen ernst und ging auf einen Schwarzen Mann mittleren Alters mit Baseballkappe zu. Sie sahen sich aufmerksam alles an.

»Unsere Kirchengemeinde hat entschieden, dass wir heute alle hierherkommen«, sagte der Mann. »Und auf der Tafel steht, dass wir uns mit jemandem unterhalten sollten, den wir nicht kennen ... also ...«

Die Person, die sie angesprochen hatten, war Alvin Manago.

»Schöne Blumen«, sagte er. »Ich war George Floyds Mitbewohner.«

»Oh mein Gott«, sagte die Frau. Das Blumengesteck in ihren

Händen zitterte. »Mein herzliches Beileid. Wir müssen diese Welt einfach besser machen.«

Das Paar stellte die Blumen neben der Silhouette ab und ging weiter. Manago lächelte. Solche Begegnungen verliefen nicht immer angenehm. Aber er wusste es zu schätzen, dass es zumindest so aussah, als würden sich die Menschen von Minneapolis bemühen, aufeinander zuzugehen.

Er und Theresa Scott lebten immer noch in dem Stadthaus, das er mit Floyd gemietet hatte. Plakate und Porträts seines alten Mitbewohners hingen jetzt neben der afrikanischen Kunst, die ihn einst so sehr beruhigt hatte. Scott litt immer noch sehr unter Floyds Verlust, und manchmal schrie sie unvermittelt ins Leere: »Sie haben meinen Jungen getötet ... Dieser *weiße* Mann hat meinen Jungen getötet.« Manago sagte, sie könnten sich nur mit den Bibelversen trösten, über die sie früher mit Floyd gesprochen hatten. Scott konnte die Vorstellung nicht ertragen, am Jahrestag das Haus zu verlassen, also war Manago auf dem Weg zur Arbeit allein vorbeigekommen. Die Gedenkstätte verlieh ihm ein Gefühl der Ruhe.

»Ich weiß, dass Big Floyd etwas verändert hat«, sagte Manago. »Und ich bin froh, dass ich ein kleiner Teil davon sein darf.«

Minuten später ertönten Schüsse. Eine verirrte Kugel schlug durch die großen Fenster des Friseursalons und sauste direkt an der zehnjährigen Shamiyah vorbei. Ihr Vater riss sie an sich und rannte mit ihr nach drinnen, wo Glasscherben den Boden übersäten.

Die Menge zerstreute sich in die umliegenden Gassen. Eine weitere Kugel durchschlug die Reifen von Bates' Tourbus. Diese Art Tumult war auf dem George Floyd Square nicht ungewöhnlich – Schusswechsel waren in diesem Viertel an der Tagesordnung. Aber dass sich dieser so früh an diesem besonderen Tag abgespielt hatte, beunruhigte alle zutiefst. Hatte in einem Land, in dem Massenerschießungen an der Tagesordnung sind, jemand einen schlechten Tag gehabt? Hatte ein*e *weiße*r Rassist*in ein Statement abgeben wollen? War ein Streit oder eine lokale Fehde eskaliert?

»Wie gehen wir vor?«, fragte Bates im Bus. »Rufen wir die Polizei?«

Jemand sagte: Nein – nicht hier. Trotz der Aufregung kam kein Streifenwagen. Alle Passagiere warteten ungefähr 15 Minuten im Inneren des Busses, bis sie sich sicher genug fühlten, um wieder auszusteigen. Es gab keine Toten oder Verletzten in der Nähe, und niemand konnte genau sagen, was passiert war. Nach und nach kehrten die Besucher*innen auf den Platz zurück, umarmten sich und versicherten sich gegenseitig, ob alles in Ordnung war. Ferguson war aus Sorge um ihre Tochter sofort vom Supermarkt zurückgeeilt, hatte aber das Gefühl, dass der Tag so normal wie möglich weitergeführt werden sollte. Sie legte den Snack-Nachschub auf den Klapptisch.

»Wir machen weiter«, sagte sie.

Am anderen Ende der Straße drängten sich Kamerateams um einen *light skinned* jungen Mann, der sich der Gedenkstätte näherte. Damik Bryant, Dauntes älterer Bruder, war gekommen, um Floyd seinen Respekt zu erweisen. Er wurde von Jay Webb begrüßt, einem 2,10 Meter großen Mann mit Dreadlocks, der sich um ein nahe gelegenes Gewächshaus kümmerte.

»Komm mit, ich will dir was zeigen«, sagte Webb.

Er brachte ihn zur Kreuzung Thirty-Eighth und Chicago, wo mitten auf der Kreuzung von Aktivist*innen ein Kreisverkehr aufgebaut worden war. In der Mitte prangte eine Black-Power-Faust aus schwarzem Eisen, umgeben von einem mit Holzspänen bedeckten Blumenbeet. Das Holz stammte aus dem Sperrholz und den Trümmern von Geschäften, die nach dem Mord an Floyd niedergebrannt worden waren. Jetzt halfen sie den Blumen beim Wachsen.

»Wir haben auf eine Weise angefangen«, sagte Webb zu Bryant. »Aber jetzt schlagen wir eine neue Richtung ein.«

Wie Floyds andere Geschwister hatte auch Bridgett Floyd heute eine Audienz beim Präsidenten, aber sie beschloss, stattdessen lieber an einem Protest in der Innenstadt von Minneapolis teilzunehmen. Im Laufe des Jahres hatte Bridgett den Glauben daran verloren, dass Regierungsbeamt*innen wirklich bereit waren, echte Veränderungen herbeizuführen. Dies vertiefte die Spaltung der politischen Ansätze von Floyds Verwandten. Es war der bekannte Konflikt zwischen Aktivist*innen, die sich nicht darauf einigen konnten, ob sie innerhalb bestehender Machtstrukturen für Reformen kämpfen oder ob sie das System von außen aufbrechen wollten. Bridgett hatte den radikaleren Ansatz gewählt.

»Er hat sein Versprechen nicht gehalten, warum sollte ich also dorthin gehen?«, argumentierte sie. »Ich werde ihn aufsuchen, wenn es endlich etwas zum Unterschreiben gibt.«

Bridgetts Entscheidung, den Besuch in Washington abzusagen, kam für die Mitarbeitenden des Weißen Hauses überraschend, sie hatte die Presse darüber informiert, bevor sie ihnen abgesagt hatte. Und während im Weißen Haus das Oval Office für die Ankunft der restlichen Familie vorbereitet wurde, wurden Philonise, Terrence, Rodney Floyd und Brandon Williams mit ihren Anwält*innen durch die Büros des Kongresses geschoben. Der Morgen war bereits anstrengend gewesen – ein weiterer Tag, an dem sie sich in einen Anzug zwängen und nach einer weiteren schlaflosen Nacht eine Flut von telefonischen Beileidsbekundungen beantworten mussten. Aber heute hatten sie die Aufgabe, die Menschen auf dem Capitol Hill zu überzeugen. Und dieses Mal hatten sie Roxie Washington dabei, Giannas Mutter. Das junge Mädchen selbst trug ein blaues Kleid und eine große weiße Schleife auf dem Kopf. Eine ihrer Stationen war das Büro der Sprecherin des Repräsentantenhauses, Nancy Pelosi; sie wartete dort mit Karen Bass, der Kongressabgeordneten, die das Polizeigesetz im Repräsentantenhaus mitverfasst hatte.

Bass sagte der Familie, dass sie noch etwas mehr Zeit benötigten, um die Republikaner dazu zu bringen, dem Entwurf zuzustimmen. Aber die Ziellinie sei nicht mehr weit entfernt. Pelosi dankte der Familie dafür, dass sie in dieser turbulenten Zeit so beispielhafte Stärke gezeigt hatte, und riet ihnen, sich nicht allzu viele Sorgen über den Zeitplan zu machen. Es sei besser, ein solide ausgearbeitetes Gesetz zu verabschieden als ein weniger wirkungsvolles in einer bestimmten Frist durchzuboxen. Philonise sagte, das verstehe er.

»Wir wollen, dass das Gesetz etwas bewirkt«, sagte Philonise zu ihr. »Schließlich trägt es den Namen meines Bruders.«

Der Anwalt der Familie, Crump, forderte Pelosi auf, die Gesetzgebung weiter voranzutreiben, und erinnerte sie daran, dass schon mehr als ein halbes Jahrhundert vergangen sei, seit ein großes Bürgerrechtsgesetz den Kongress passiert habe. Er und Antonio Romanucci gaben zu verstehen, dass sie bereit waren, alles Erdenkliche zu tun, um zur Verabschiedung dieses Gesetzes beizutragen. Sie nannten es eine einmalige Ehre und Lebensaufgabe.

Nach dem Besuch in Pelosis Büro war eine kurze Pressekonferenz angesetzt. Pelosi stellte sich neben Gianna Floyd, die mit den Haaren ihrer Mutter spielte, und sagte der Presse, dass »es eine unvergleichliche Ehre ist, diese Familie in meinem Büro begrüßen zu dürfen«, und dass sie darauf vertraue, dass der Senat ein Gesetz verabschieden werde, das Giannas Wünsche erfüllen werde.[2]

Dann stellte sie der versammelten Presse Philonise vor. »Wir müssen uns um dieses Gesetz kümmern«, sagte er. »Wie sagst du immer, Gianna? Was hat dein Daddy getan?«

»Er hat die Welt verändert!«, antwortete sie.

Danach stieg die Familie in einen schwarzen Kleinbus und machte sich auf den Weg zum Weißen Haus. Sie waren zuvor noch nie dort gewesen, aber Philonise versuchte sofort, die Bedeutung des Gebäudes herunterzuspielen. »Das ist nur ein Haus«, sagte er sich, als sie durch die Tür gingen. Und Präsident

Biden war nur ein Mann, ein Freund, der ihn gelegentlich anrief. Er wartete im Oval Office neben Vizepräsidentin Harris
auf sie.

Alle begrüßten einander und nahmen auf den beigefarbenen
Sofas Platz. Die Mitarbeitenden boten ihnen Kekse mit einer
Glasur in Form des Siegels des Präsidenten an und brachten
Gianna ein Eis. Biden befolgte Sharptons Rat und sprach mit der
Familie über Politik. Er sagte ihnen, dass der größte Streitpunkt
im Senat die Frage nach der Aufhebung der Dienstimmunität
sei, die es ermöglichen würde, eine*n Beamt*in wegen Verlet-
zung der Bürgerrechte einer Person zu verklagen.

»Wenn wir das weggelassen hätten, wäre das Gesetz morgen
verabschiedet«, sagte Biden.

Aber er sagte ihnen auch, sein Engagement dafür, sicherzustellen, dass Floyds Tod nicht umsonst gewesen war, sei unerschütterlich. Philonise und Rodney äußerten den Wunsch, dass
die Polizeireform nicht nur eine politische Botschaft bleiben
würde. Sie wollten damit die Regierenden und Angehörige aller
marginalisierten Gruppen zusammenbringen.

Das Gespräch blieb nicht sehr lange politisch.

»Es ist jetzt ein Jahr her«, sagte Biden. »Wie geht es Ihnen?«

»Es ist schrecklich«, sagte Philonise.

Die Familie sprach mehr als eine Stunde lang mit dem Präsidenten und der Vizepräsidentin. Sie teilten private, schmerz-
liche Erkenntnisse über die Natur der Trauer miteinander. Philonise staunte über die Herzlichkeit und echte Anteilnahme des
Präsidenten für diese Familie aus Houston, die er so bei niemandem sonst aus der Politik erlebt hatte.

Als sie das Oval Office verließen, starrte Philonise auf das
große Adleremblem in der Mitte des Teppichs. Die Ehrwür-
digkeit dieses Symbols und das, wofür es stand, berührten ihn
auf unerwartete Weise. Philonises Gedanken wandten sich den
Schwarzen Männern zu, denen gesagt wurde, dass sie in den
Staaten »eine vom Aussterben bedrohte Art« seien. Philonise

erkannte, dass der Nationalvogel viel besser geschützt war als Schwarze durch Gesetze vor Polizist*innen, die sich berechtigt fühlten, sie zu töten.

Nach diesem Moment begann er, vor der Presse immer wieder denselben Satz zu wiederholen: »Wenn Sie Bundesgesetze zum Schutz eines Vogels, des Weißkopfseeadlers, erlassen können, dann können Sie auch Bundesgesetze zum Schutz von People of Color erlassen.«

Die Letzten, die den Raum verließen, waren Washington und Gianna.

»Dein Daddy hat wirklich die Welt verändert«, sagte Biden zu Gianna. »Und jetzt liegt es an uns, weiter für diese Veränderungen zu kämpfen.« Bevor sie hinausgingen, tätschelte Washington ihrer Tochter den Kopf und sagte: »Weißt du, Gianna, deine Großmutter schaut wahrscheinlich gerade nach unten auf die Erde und staunt darüber, wo wir gerade sind ... und darüber, was wir alles erreicht haben.«

Unterdessen ging auf dem Capitol Hill der legislativen Dynamik schnell der Schwung aus. Nachdem der Wahlzyklus 2020 hinter ihnen lag, waren Booker und Scott zunächst zuversichtlich gewesen, dass sie einen Deal aushandeln könnten, indem sie das Gefängnisreformgesetz, an dessen Verabschiedung sie 2018 gearbeitet hatten, als Vorlage verwendeten. Ihnen gefiel die Idee, wirkliche Veränderungen auf den Weg zu bringen; nicht nur für ihr Land, sondern für sich selbst als Schwarze Männer, da sie alle ihren Kolleg*innen im Laufe der Jahre schon Geschichten über Begegnungen mit der Polizei erzählt hatten, die erniedrigend, demoralisierend und gefährlich für sie gewesen waren.

Über mehrere Schlüsselpunkte schien Konsens zu herrschen: Die Bundesregierung würde den örtlichen Behörden nur dann Zuschüsse gewähren, wenn sie Nackenfixierung verboten und die Verwendung von No-Knock-Haftbefehlen einstellten. Es bestand auch breite Zustimmung dafür, Mittel für Körperkameras bereitzustellen und Datenbanken zu betreiben, die Fälle von Gewaltanwendung und Beamt*innen, die wegen Fehlverhaltens von ihrem Arbeitsplatz entfernt worden waren, erfassen und verfolgen würden. Sogar die Polizeigewerkschaften waren bereit, die Unterstützung solcher Änderungen in Betracht zu ziehen.

Aber, wie Biden die Familie gewarnt hatte, begannen sich die Gespräche bald darauf zu konzentrieren, wie kriminelles Verhalten von Beamt*innen eingedämmt werden konnte. Neben der Abschaffung der Dienstimmunität zielte der Gesetzentwurf darauf ab, die strengen Standards zu lockern, die angewendet wurden, wenn Bundesanwält*innen Beamt*innen wegen Fehlverhaltens verurteilen wollten. Unter anderem sollte geändert werden, dass solches Fehlverhalten zukünftig nicht mehr nur »vorsätzlich« sein musste, um bestraft zu werden, sondern auch »grob fahrlässig« sein konnte.

Die Diskussion führte zum ersten großen Konflikt in den Verhandlungen zu dem Gesetzentwurf. Sowohl Republikaner als auch Polizeigewerkschaften behaupteten, die Änderungen würden eine unfaire Belastung für die Beamt*innen darstellen und Einzelne stärker kriminalisieren als das System, aus dem sie stammen. Aber für Demokraten und Bürgerrechtler*innen war dies der wichtigste Teil des Gesetzes. Sie hofften, dass härtere Strafen die Beamt*innen dazu bringen würden, es sich zweimal zu überlegen, bevor sie das nächste Mal eine Waffe auf eine unbewaffnete Schwarze Person abfeuerten.

Die Verhandlungsführenden versuchten, eine tragfähige Lösung zu finden. Neben anderen Änderungen diskutierten sie die Einrichtung von Versicherungsfonds, die Haftbarmachung von Kommunen und die Begrenzung der »groben Fahrlässigkeit« auf die abscheulichsten Verbrechen – Reformen, die auch die *Fraternal Order of Police* in Betracht ziehen würde.

Aber Bookers Mitarbeitende waren zunehmend frustriert über ihre Kolleg*innen auf republikanischer Seite. Als sich der erste

Jahrestag des Mordes näherte, warfen diese Scotts Mitarbeitenden vor, sie hätten Teile des Gesetzentwurfs fallengelassen, die sie ursprünglich unterstützen wollten. Scotts Mitarbeitende wiesen dies entschieden zurück – sie versuchten nur, Details zu verhandeln, die über die wichtigsten Elemente hinausgingen. Dann legten die Republikaner noch eine halbe Million Dollar als Höchstsumme fest, auf die ein*e Beamt*in verklagt werden könnte – eine Idee, die Anwält*innen wie Crump, die ihren Opfern durch Zivilklagen Millionen von Dollar gesichert hatten, nicht schmecken würde. Im Juni 2021 begann der Republikaner Lindsey Graham, einen durchgesickerten Entwurf des Gesetzentwurfs zu kommentieren, und stellte ihn als eindeutig gegen die Polizei gerichtete Gesetzgebung dar. Scott beklagte sich darüber, dass die Demokraten die Bundesfinanzierung auf zu viele Bereiche ausdehnten.

»Der Teufel steckt im Detail«, sagte Scott der *New York Times*. »Und diesem Teufel begegnen wir jetzt.«[3]

Die klare Agenda zur Reform der Polizeiarbeit in den Vereinigten Staaten versank im Morast nationaler Politik, als sich Lobbygruppen einmischten und die Mitarbeitenden frustriert begannen, mit dem Finger aufeinander zu zeigen. Und als die Gruppe im Juli und August selbst gesetzte Fristen versäumte, wurde klar, dass dieses Gesetz kein Gesetz sein würde, das den ursprünglichen Wunsch der Öffentlichkeit nach dringenden Änderungen widerspiegelte – falls es überhaupt verabschiedet wurde. Es lief Gefahr, einen langsamen Tod zu sterben, ähnlich wie die fortgesetzten Versuche, umfassende Maßnahmen zur Waffenkontrolle zu verabschieden. Die von Sharpton geführte Koalition von Aktivist*innen bat Biden, sein Amt einzusetzen und in die Verhandlungen auf dem Capitol Hill einzusteigen, aber der Präsident antwortete ihnen, er wolle sehen, was die Legislative alleine schaffen könne.

Es gab einen Weg, das parteiübergreifende Gezanke zu vermeiden. Die Demokraten hatten wahrscheinlich genug Stimmen, um das Gesetz allein zu verabschieden – wenn sie sich dafür entschieden, den Filibuster abzuschaffen, eine zermürbende Abstimmungstaktik, um die Beschlussfassung einer Mehrheit zu verhindern. Aber die Gesetzgebenden waren sich uneins darüber, ob die Auswirkungen des Gesetzentwurfs die politischen Folgen wert waren, die sich aus einer solchen Abschaffung ergeben würden, und entschieden sich daher dafür, das System nicht auf den Kopf zu stellen.

Das Schicksal des Gesetzes lag nun weitgehend in den Händen von zweien der nur drei Schwarzen Senator*innen im Kongress. Für Scott und Booker lief die Debatte auf die Prinzipien praktischer Veränderungen hinaus. Musste der Gesetzentwurf wirklich transformativ sein, wenn er auch so ein paar gute Dinge bewirken konnte? Scott schlug vor, dass sie an der Verabschiedung einer »abgespeckten Fassung« arbeiten sollten – den am wenigsten kontroversen Teilen. Booker argumentierte, ein solcher Kompromiss würde Floyds Namen keine Ehre machen, und die Probleme ließen sich auch ohne solche Einschnitte lösen.

Die Streitigkeiten gingen weiter, und die beiden Seiten konnten sich angesichts der angespannten politischen Lage nicht einmal über die grundlegendsten Bestimmungen einigen.[4]

Zumindest in der Kultur und im Diskurs der USA hatte es jedoch einen dauerhaften Wandel gegeben. Innerhalb dieser zwölf Monate wurde der Ruf nach Veränderung nicht nur auf den Straßen skandiert; er wurde auch von Führungskräften an der Wall Street laut. Der Vorstandsvorsitzende der Bank JP Morgan Chase machte ein Foto von sich selbst, wie er mit seinen Mitarbeitenden auf dem Boden kniete und damit die Pose widerspiegelte, die Colin Kaepernick berühmt gemacht hatte. Der Quarterback war von der NFL geblockt worden, nachdem er diese Position während der Nationalhymne eingenommen hatte. NFL-Kommissar Roger Goodell änderte die Position der Liga nach Floyds Tod und sagte, sie hätten »falschgelegen, weil wir Spielern nicht zuhören wollten«, die friedlich gegen die Brutalität der Polizei protestierten.[5]

Arbeitgeber*innen drängten darauf, »Juneteenth«, den 19. Juni – zu Ehren des Tages, an dem die letzten Menschen in den USA aus der Sklaverei befreit worden waren – zu einem offiziellen Feiertag zu machen, und die Bundesregierung sollte dieser Forderung bald nachkommen. Nachrichtenorganisationen debattierten darüber, ob sie das »b« in »Black« großschreiben sollten, und die Associated Press, Fahnenträgerin für journalistische Praxis, entschied, dass sie wegen der schwerwiegenden Konsequenzen für zu Unrecht Beschuldigte bei Bagatelldelikten keine Fahndungsfotos mehr veröffentlichen würde.[6]

Walmart, der größte Einzelhändler des Landes, versprach, Schönheitsprodukte für Schwarze Menschen und People of Color nicht mehr in Vitrinen einzuschließen, und die Kosmetikkette Sephora verpflichtete sich, mindestens 15 Prozent seiner Regalfläche Black-owned Beautyproduktmarken zu widmen. Sogar der Spielzeughersteller LEGO stellte das Marketing für Sets mit Polizeibezug ein.[7] Insgesamt stellte die Washington Post fest, dass die 50 größten Unternehmen des Landes mindestens 49,5 Milliarden Dollar zugesagt hatten, um gegen rassistische Ungleichheit vorzugehen.[8]

Mit Floyds Tod wurden einige langjährige Kontroversen, welche die »culture wars« dominiert hatten, plötzlich gelöst. Der Frühstücksflockenhersteller Quaker Oats gab die altgediente, aber stereotype Schwarze Nanny »Tante Jemima« als Maskottchen auf, und der Unterhaltungskonzern Disney kündigte an, dass er eines seiner beliebtesten Fahrgeschäfte, Splash Mountain, nicht mehr länger als Hommage an »Song of the South«, seinen rassistischen Lobgesang auf die Südstaaten aus dem Jahr 1946, gestalten würde, sondern in Zukunft nach Küss den Frosch, dem einzigen Animationsfilm mit einer Schwarzen Prinzessin. Das Footballteam Washington R*dskins entfernte die rassistische Beleidigung aus ihrem Namen, die Cleveland Ind*ans wurden zu den Cleveland Guardians, und mehr als 160 Statuen oder Symbole der Konföderierten im ganzen Land wurden entfernt oder ersetzt, einschließlich der Staatsflagge von Mississippi.[9] Einige Bundesstaaten ergriffen eigenständig Maßnahmen, um die Rechenschaftspflicht der Polizei zu erhöhen, während der Kongress noch darüber debattierte, was auf nationaler Ebene zu tun sei. Eine Analyse der *New York Times* ergab, dass 16 Staaten die Verwendung der Nackenfixierung eingeschränkt und fünf die Verwendung von No-Knock-Haftbefehlen limitiert hatten.[10]

Aber es wurden auch besorgte Stimmen laut, die sich fragten, ob das Land in seinem Versuch, den Rassismus zu bekämpfen, nicht stellenweise zu weit ging. Im September 2020 fand eine Studie des Pew Research Center heraus, dass die Unterstützung für die Black-Lives-Matter-Bewegung von 67 Prozent auf insgesamt 55 Prozent zurückgegangen war, wo sie bis ins nächste Jahr bleiben würde, was auf einen steilen Rückgang der Unterstützung von *Weißen*,»Hispanics« und »Asian Americans« zurückzuführen war.[11] Die Faszination für den Ausdruck schien nur eine Sommerliebe gewesen zu sein.

Diese Gegenstimmen hatten ihren Weg in die Schulbehörden und in die Hauptstädte der Bundesstaaten gefunden, sie waren Ausdruck einer wachsenden Besorgnis über die psychologischen Auswirkungen, die die Bewegung auf *weiße* Amerikaner*innen haben konnte. Diese Sorge wurde konkret, als der Begriff »Critical Race Theory« aus den Fakultäten der Universitäten in Sendungen wie *The View* und *Tucker Carlson Tonight* wanderte.[12]

Das Framework der Critical Race Theory untersuchte Rassismus ursprünglich als systemisches Problem, das in Institutionen eingebettet ist, und nicht als Bewertung individueller Handlungen. Nach Floyds Tod benutzten Gegner*innen dieses Konzepts es als Sammelbegriff, um jede Politik oder Position zu beschreiben, die irgendwie mit dem Thema Rassismus verbunden zu sein schien, einschließlich positiver Maßnahmen und Diversity-Training. Sie befürchteten, dass all dieses Gerede über Rassismus und die Erbsünde Nordamerikas – besonders hervorgehoben im 1619-Projekt der *New York Times*, das die amerikanische Geschichte durch die Linse des Vermächtnisses der Sklaverei neu betrachtete – *weiße* Kinder mit Schuld- und Schamgefühlen erfüllen würde.[13] Elf Tage vor dem Jahrestag von Floyds Tod brachte eine Gruppe von elf Republikaner*innen im Kongress einen Gesetzentwurf ein, um Critical Race Theory an Schulen zu verbieten.

»Die Critical Race Theory ist, wie alle ihre rassistischen Ableitungen, ein direkter Affront gegen unsere Grundwerte als US-Amerikaner*innen«, sagte der texanische Vertreter Chip Roy in einer Erklärung zur Einführung des Gesetzentwurfs. »Niemand in Amerika – seien es Studierende, Soldat*innen, Beamt*innen oder sonst jemand – sollte indoktriniert werden, unser Land, seine Gründung oder unsere Mitbürger*innen zu hassen. Noch schlimmer ist der fortgesetzte Versuch, ›uns nach *race* aufzuteilen‹ und die Lüge aufrechtzuerhalten, dass wir aufgrund unserer Hautfarbe unterschiedlich behandelt werden sollten.«[14]

Das Gesetz hatte im von den Demokraten gehaltenen Repräsentantenhaus keine Chance. Aber fünf republikanisch geführte Bundesstaaten verabschiedeten Gesetze, die es untersagten, Critical Race Theory in ihren Colleges zu unterrichten.

Menschen wie Katie Wright fragten sich, was ein solches Verbot überhaupt bedeutete – kein Geschichtsunterricht über Sklaverei, keine Diskussionen über Martin Luther King? Und wie sollten Lehrer*innen dann vermitteln, was mit ihrem Sohn Daunte oder George Floyd oder all den anderen, die in Minnesota und anderen Staaten gestorben waren, passiert war?

Während sich das politische Drama hinter den Kulissen abspielte, kamen die Familie Floyd und ihr Team von Anwält*innen weiterhin regelmäßig nach Washington, in der Hoffnung, die Gesetzgebenden dadurch unter Druck zu setzen, schneller vorzugehen. Während dieses Prozesses blieb Crump in seinen öffentlichen Kommentaren ungewöhnlich zurückhaltend. Politik war eine neue Sphäre für ihn, und er wollte vermeiden, diejenigen zu verärgern, die noch unentschieden waren. Obwohl er ein Meister darin war, die Empörung der Öffentlichkeit dafür zu nutzen, Millionen von Dollar für ungerecht behandelte Familien zu gewinnen, war Gesetzgebung ein anderes Spiel als Gesetzesinterpretation.

Während Crump und Romanucci auf ein bundesweites Verbot dienstlicher Immunitätsdoktrinen drängten, schlugen ähnliche Versuche in 35 Bundesstaaten fehl.[15] Angesichts dieser Rückschläge suchte Crump nach anderen Wegen, um öffentlich Aufmerksamkeit zu erlangen. Als ein unbewaffneter Siebzehnjähriger am 23. Juni 2021 während einer Verkehrskontrolle in den Vororten von Little Rock von einem *weißen* Hilfssheriff erschossen wurde, machten sich Crump und Sharpton auf den Weg nach Arkansas, um das zu tun, was sie immer machten, wenn sich solche Vorfälle ereigneten.

Aber diesmal gab es einen entscheidenden Unterschied: Hunter Brittain war *weiß*.[16] Die beiden hofften, Aufmerksamkeit auf diesen Fall zu lenken, werde diejenigen umstimmen, die Polizeigewalt ausschließlich als ein Problem von Schwarzen betrachteten. Vielleicht würde die Polizeireform mehr Unterstützung erfahren, wenn die Situation als eine vom Rassismus losgelöste Krise der öffentlichen Gesundheit betrachtet würde.

»Brittains Tod wird beginnen, die Darstellung und Wahrnehmung des Problems der Polizeigewalt zu verändern, da das Land sieht, dass Kinder aller Hautfarben und Ethnien Opfer werden können«, sagte Crump.

Sie handelten rechtschaffen, aber ihre Hintergrundabsicht war eindeutig: Die Debatte über die Polizeireform wurde immer stärker vom Mord an Floyd abgekoppelt, und Crump und seine Mitstreitenden versuchten verzweifelt, beides wieder miteinander zu verknüpfen.

Die Aktivist*innen in Minneapolis hatten das Gefühl, dass auch sie andere, vielleicht sogar drastischere Maßnahmen in Betracht ziehen mussten. Am letzten Wochenende im Juni 2021, wenige Tage nachdem Brittain ermordet worden war, schlug die anfangs fröhliche Stimmung einer Pride-Veranstaltung, bei der es um die Beiträge von queeren People of Color ging, in Alarmiertheit um. Trotz all ihrer Proteste und Treffen mit der Stadtregierung waren Aktivist*innen wie DJ Hooker frustriert darüber, dass Minneapolis sich geweigert hatte, der Polizei die Finanzierung zu entziehen oder zu beschließen, den George Floyd Square als Gedenkstätte dauerhaft für den Fahrzeugverkehr zu sperren. Hooker war so wütend, dass er sich genötigt fühlte, die Stadträtin Andrea Jenkins zu konfrontieren, da er sie eigentlich als Verbündete angesehen hatte.[17] Hooker beschuldigte Jenkins, das Event als Fototermin benutzt zu haben, die wichtigsten Probleme der Community aber nicht anzugehen. »Da sind wir unterschiedlicher Meinung«, erwiderte Jenkins in dem Versuch, die Wogen zu glätten. Aber dann sagte Hooker ihr, dass ihre Unterstützung für die Polizei insbesondere das Leben Schwarzer Transgender-Frauen in Gefahr bringe.

Als erste Schwarze trans Person, die landesweit in einen Stadtrat gewählt worden war, fand sie Hookers Vorwurf beleidigend und verletzend. Die Stadträtin zu sein, zu deren Bezirk der George Floyd Square gehörte, war stressig genug. Sie gab an, dass sich seit Floyds Tod ihre Multiple Sklerose verschlimmert habe, was sie den Ereignissen des vergangenen Jahres zuschrieb, die einen hohen körperlichen und psychischen Tribut gefordert hatten. Sie versuchte, sich von dem Streit zu lösen, und ging zu ihrem Auto, woraufhin Hooker ihr nachrief, als Nächstes werde er friedlich vor ihrem Haus protestieren.

»Wenn Sie bei mir zu Hause auftauchen, hetze ich Ihnen die Polizei auf den Schwarzen Hintern«, gab sie zurück.

Jetzt war es Hooker, der verletzt und beleidigt war. Nach Floyd und Daunte Wright, nach dem Tränengas, den Gummigeschossen und den Selbstmordgedanken konnte Hooker nicht ertragen, dass ihm jemand damit gedroht hatte, die Polizei zu rufen.

Seine aktivistischen Freund*innen unterstützten ihn und beschlossen, eine neue Taktik auszuprobieren. Sie umzingelten Jenkins' Auto und weigerten sich, sie wegfahren zu lassen, bis sie ein gekritzeltes Blatt mit ihren Forderungen unterzeichnete: Verkehrsberuhigung des George Floyd Square und der sofortige Rücktritt des Bürgermeisters.

Jenkins wurde praktisch als Geisel gehalten: Die Aktion dauerte 90 Minuten, bevor sie sich bereit erklärte zu unterschreiben. Die Aktivist*innen jubelten und ließen sie gehen.

Jenkins sagte später, sie habe unter Zwang unterschrieben, und ein Leitartikel in der *Star Tribune* verwendete den Vorfall als Beispiel dafür, dass die Protestbewegung zu weit gegangen war.[18] Hooker entschuldigte sich nicht. Er schrieb in einem Facebook-Beitrag, dass der Fortschritt so sehr stockte, dass ihm keine andere Möglichkeit geblieben sei. Selbst die aktivistische Bewegung war also nicht immun gegen Haarrisse, die Floyds Vermächtnis zu destabilisieren drohten.

»Wenn ich sage, dass ich eine Vielzahl von Taktiken und die Durchsetzung unserer Forderungen mit allen Mitteln unterstütze, DANN MEINE ICH DAS AUCH SO«, schrieb Hooker. »Weil die Strategien, die wir in den letzten 400 Jahren eingesetzt haben, allein einfach nicht funktionieren. Also brauchen wir neue Werkzeuge.«

In der Zwischenzeit fand in der Landeshauptstadt St. Paul eine andere Art von Pattsituation statt. Gouverneur Tim Walz hatte den Gesetzgebenden des Bundesstaates gesagt, er sei bereit, sie über das Ende der Legislaturperiode am 1. Juli hinaus im Büro zu behalten, wenn sie bis dahin die Polizeireform nicht verabschiedet hätten.[19]

Walz hatte sein Versprechen an Garraway gehalten, sich mit ihrer Gruppe getroffen und geschworen, Gesetze zu unterstützen, die ihrer Geschichten würdig waren. Garraways Gruppe arbeitete mit anderen sozialen Organisationen zusammen, um eine Liste mit Forderungen für das Gesetz zu erstellen. Einige spiegelten die Vorschläge im Kongress wider: Ein Ende der dienstlichen Immunität, das Verbot von No-Knock-Haftbefehlen. Aber sie schlugen auch Gesetze vor, die Verkehrskontrollen unter Vorwand – wie zum Beispiel dem Fahren mit einem abgelaufenen Nummernschild – verbieten und Beamt*innen nicht mehr dazu verpflichten würden, Fahrer*innen bei solchen Kontrollen sofort zu verhaften, wenn sie einen Gerichtstermin verpasst hatten. Zwei Gesetze, die Daunte Wright gerettet hätten. Sie forderten neue Standards für die psychische und physische Gesundheitsversorgung von Personen in Polizeigewahrsam – etwas, das Hardel Sherrell hätte retten können. Sie forderten, dass die Körperkameravideos der Polizei innerhalb von zwei Tagen an die Familien weitergegeben würden, was, wie sie hofften, die Beamt*innen daran hindern würde, sich abzusprechen und Fehlverhalten zu vertuschen. Und sie baten darum, die Verjährungsfrist für Ermittlungen zu Tötungsdelikten der Polizei aufzuheben, was es Anwält*innen und der Polizei ermöglichen würde, die Wahrheit darüber herauszufinden, was mit Garraways Partner Justin Teigen passiert war.

Garraway und die Familien ihrer Gruppe verbrachten den Frühsommer damit, in der Hauptstadt des Bundesstaates für sich selbst Lobbyarbeit zu leisten und zu versuchen, Unterstützung zu sammeln. Sie fanden zwar einige Befürworter*innen, aber oftmals stießen sie auf verständnislose Blicke von Gesetzgebenden beider Parteien, die sich anscheinend nicht mit den Themen befassen wollten. Die Gegner*innen solcher Gesetze fürchteten, dass sie der Entmachtung der Polizei Tür und Tor öffnen könnten. Konservative sprachen davon, dass diese Gesetze die Polizeimoral beeinträchtigen würden, was in einer Zeit, in der ohnehin schon scharenweise Beamt*innen kündigten, fatale Folgen haben könnte – allein in Minneapolis verblieben in einer Abteilung, die Mittel für 888 Stellen erhielt, nur noch etwa 588 Beamt*innen.[20]

Am Ende der Sitzung hatte die Gesetzgebung zugestimmt, No-Knock-Haftbefehle zu begrenzen und Sign-and-Release-Haftbefehle bei Verkehrskontrollen zuzulassen. Sie verboten Würgegriffe und verabschiedeten ein Gesetz, das nach Hardel Sherrell benannt wurde. Sie lehnten jedoch die von der Gruppe vorangetriebenen Maßnahmen zur Rechenschaftspflicht ab, also die Stärkung der zivilen Aufsicht, die Abschaffung der dienstlichen Immunität und die zeitnahe Veröffentlichung von Körperkameraaufnahmen.

»Der Staat hat die Schwarzen erneut im Stich gelassen«, sagte Nekima Levy Armstrong, die frühere Leiterin der örtlichen NAACP, die hinzufügte, dass Minnesota in der Vergangenheit »das Problem bloß bewundert« habe, wenn es um Rassismus ging.

»Dass dieses Gesetz nicht verabschiedet wurde, ist typisch für Minnesota«, sagte Levy Armstrong. »Es gibt immer eine Ausrede, immer einen Grund, warum diese Dinge nicht durchgesetzt werden. Aber es hat einfach mehr mit der Mentalität vieler Leute in Machtpositionen zu tun, die der Meinung sind, dass am besten alles beim Alten bleiben sollte.«

Als das Gesetz auf dem Schreibtisch des Gouverneurs eintraf, bat Garraway ihn inständig, mehr zu tun.

»Sie hören sich unsere Geschichten an. Sie sehen mit an, wie wir zusammenbrechen. Sie sehen unsere Tränen«, sagte sie. »Wie können Sie dann auf einen solchen Deal eingehen? Wie können Sie einen Deal gutheißen, der das in Ordnung findet?«[21]

Walz hatte das Gefühl, es bliebe ihm keine andere Wahl, als die Gesetze zu unterschreiben. Je weiter das Land sich von Floyd entfernte, desto unwahrscheinlicher wurde es, dass er überhaupt noch solche Gesetze verabschieden konnte.

»Ich habe das Gefühl, dass ich Toshira im Stich gelassen habe«, gab Walz zu. Am Ende nutzte er Exekutivmaßnahmen, um

15 Millionen Dollar für Gewaltpräventionsprogramme hinzuzufügen, und legte dann fest, dass Familien innerhalb von fünf Tagen – nicht die geforderten zwei – Aufnahmen von Körperkameras erhalten konnten. Aber es würde keine Gerechtigkeit für Justin Teigen geben – die Verjährungsfrist blieb bestehen.

Teilweise fragte sich Walz, ob seine Legislative überhaupt an dem Punkt angelangt war, an dem sie die Notlage dieser neuen Aktivist*innen wirklich verstand. Seiner Meinung nach brauchte das Land eine Wahrheits- und Versöhnungskommission, wie sie in Südafrika nach der Apartheid eingerichtet worden war, in der Opfer von der Grausamkeit des Rassismus erzählten. Nur so konnte man sich einem kaputten System stellen, um es dann zu heilen.

Walz' Sorge war, dass das Land nicht wirklich zum Kern des Problems, den Wurzeln seiner internalisierten Vorurteile, vorgedrungen war. Und er war sich nicht sicher, wie er eine Heilung erreichen sollte, wenn *weiße* Männer wie er über Nuancen debattieren wollten, während Schwarze Frauen wie Garraway dringende, sofortige Veränderungen wollten, da sie erkannten, dass ihr Leben und das Leben ihrer Familien auf dem Spiel standen.

Walz befürchtete, dass diese Art von Spannung das Land auseinanderreißen könnte. Die Polarisierungen, die nach Floyds Tod stattfanden, hatten gezeigt, wie unterschiedlich Amerikaner*innen das Thema Rassismus wahrnahmen.

»Ich mache mir Sorgen darüber, was ich auf nationaler Ebene sehe«, sagte Walz. »Ich sehe unsere Demokratie in Gefahr, und ich sehe die Gemeinschaft hier, die den Glauben verliert ... Wir bekommen vielleicht keine weitere Chance.«

Biden hatte gedacht, die größte Herausforderung bestehe darin, *weiße* Amerikaner*innen davon zu überzeugen, dass es sie nicht bedrohen würde, die durch den Rassismus hervorgerufenen Ungleichheiten anzugehen, und die »verkrampfte Ansicht, dass Nordamerika ein Nullsummenspiel ist«, in dem Fortschritte für eine Gruppe nur auf Kosten einer anderen erzielt werden konnten, aufzuweichen.

»Im besten Fall siegt das US-amerikanische Ideal«, sagte Biden. »Es gibt nie einen Rückzug, es ist immer ein Kampf. Und dieser Kampf ist nie ganz gewonnen. Das liegt daran, dass der Hass nie verschwindet – er versteckt sich nur.«

Es war dieser lauernde Hass, der, wie Levy Armstrong und Garraway wussten, katastrophale Folgen für die Schwarzen in Amerika haben konnte. Sie hofften, dass die Gesetzgebenden eines Tages verstehen würden, dass rassistische Systeme nicht allein mit aufrichtigen Worten abgebaut werden konnten – der Pessimismus des Gouverneurs war ein Zeichen seiner privilegierten Stellung, den sie sich nicht leisten konnten. Sie mussten optimistisch bleiben und darauf vertrauen, dass sich die Dinge ändern konnten. Die Alternative war viel zu düster. Für sie waren es nicht nur leere Worthülsen, diesen Kampf fortzuführen. Optimismus war ihre amerikanische Hoffnung, ihr Verteidigungsmechanismus, ihre Art zu überleben.

Levy Armstrong ermutigte ihre Kampfgefährt*innen, Trost in den Worten und Taten von Harriet Tubman, Homer Plessy und Dred Scott zu suchen, die das Rechtssystem so hoch schätzten, dass sie ihre Bedenken vor Gericht brachten. Sie dachte an Fannie Lou Hamer und Rosa Parks. Alle diese Persönlichkeiten lebten nicht mehr, aber sie betrachtete ihre Vermächtnisse als Inspiration dafür, dass sie alle Expert*innen oder Politiker*innen überdauern konnte, die sich ihr in den Weg stellten. Es gab kein Zurück mehr im Kampf um Veränderungen.

»Auch wenn es manchmal so aussieht, als wäre es ein endloser, manchmal hoffnungsloser Kampf, haben wir zumindest eine Chance zu gewinnen«, erinnerte sich Garraway. »Aber wenn wir nicht kämpfen, haben wir nicht einmal eine Chance.«

In Philonises Kopf blitzte immer wieder eine Erinnerung an Perry auf. Er war ein Kind, damals in Cuney Homes, und spielte Catch mit seinem Bruder dem Footballstar. Sie standen an den gegenüberliegenden Enden eines Gehwegs, und Perry warf eine Spirale, die jedes Mal schiefging und PJ dazu zwang, ständig dem Ball hinterherzurennen.

»Du kannst nicht werfen«, beschwerte er sich bei seinem Bruder. Perry antwortete, PJ müsse lernen, sich auf Bälle vorzubereiten, die nicht direkt zu ihm kämen – bei denen er sich besonders anstrengen musste, um das Spiel zu gewinnen.

Jetzt war Perry nicht mehr da, und der große Aufstand gegen Rassismus begann abzuebben. Ja, Chauvin war zu 22,5 Jahren Gefängnis verurteilt worden und bekannte sich später vor dem Bundesgericht schuldig.[22] Mehrheitlich *weiße* Geschworene verurteilten auch den Beamten, der Daunte Wright getötet hatte, und die selbst ernannte Bürgerwehr, die Ahmaud Arbery getötet hatte. Dennoch waren die gesetzgebenden Maßnahmen ins Stocken geraten. Philonise wandte sich erneut an Sharpton, um herauszufinden, was er noch tun konnte.

Sharpton und seine Kohorte von Bürgerrechtler*innen hatten sich gezwungen gesehen, sich auf andere Probleme zu konzentrieren. Der Oberste Gerichtshof bestätigte zwei Gesetze von Arizona, die nach Ansicht von Beobachtenden das Stimmrechtsgesetz weiter aufweichten, indem sie es Wahlbeamt*innen erlaubten, im falschen Bezirk abgegebene Stimmzettel wegzuwerfen, und die Sammlung und Zustellung von Stimmen an Wahllokale einschränkten. Bürgerrechtler*innen befürchteten, dies sei der systematische Versuch, insbesondere Schwarze und Wähler*innen of Color zu entrechten.[23] Die Aufmerksamkeit richtete sich bald auf den Versuch, die Wahlgesetze im Kongress zu stärken, unter anderem mit einem Gesetzentwurf, der nach dem verstorbenen Bürgerrechtler John Lewis benannt wurde. Wann immer Sharpton ans Telefon ging oder ein Treffen mit dem Weißen Haus oder einem gemäßigten Demokraten hatte, der die Pattsituation vielleicht auflösen konnte, merkte er, dass er jedes Mal fast die gleichen Argumente vorbrachte wie John Lewis vor mehr als einem halben Jahrhundert.

»Als wir den Chauvin-Prozess gewonnen haben, dachte ich, dass es eine Gegenreaktion geben würde«, hatte Sharpton damals Philonise gesagt. »Sie machten diese restriktiven Gesetze. Vergiss nicht, dass nach dem Marsch auf Washington 1963 vier [Schwarze] Mädchen in Birmingham [von Mitgliedern des Ku-Klux-Klan] bombardiert wurden. Stell dir vor, wie glücklich Dr. King und Roy Wilkins waren, als sie Washington im August verließen. Und dann wurde ein paar Wochen später diese Kirche in Birmingham bombardiert.«

»Wenn sie einen Schritt nach vorn gehen müssen, werden sie versuchen, auch wieder einen Schritt zurückzugehen«, sagte Philonise.

»So ist es«, antwortete Sharpton. »Ich nenne es das Newton'sche Gesetz der Bürger*innenrechte. Für jede Aktion wird es eine Reaktion geben. Also wappne dich. Aber gib nicht auf.«

Sharptons nächstes Ziel war die Hauptstadt des Landes, wo eine weitere Kundgebung am Jahrestag des ursprünglichen Marsches auf Washington stattfinden würde, diesmal, um auf die Attacke auf das Wahlrecht aufmerksam zu machen.

Sharpton lud Philonise ein, erneut auf der Kundgebung zu sprechen. Obwohl dieses Ereignis nicht direkt mit Floyd zu tun hatte, war Philonise klar geworden, dass die Gerechtigkeit für seinen Bruder nicht von der größeren Forderung nach Gleichberechtigung getrennt werden konnte. Er kehrte am 28. August 2021 zur National Mall zurück, wo ihn die Welle der Unterstützung genau ein Jahr zuvor überwältigt hatte.

Diesmal jedoch unterhielten er und sein Neffe Brandon Williams sich im Wartebereich mit so vielen Menschen, die ihm inzwischen vertraut geworden waren, darunter Martin Luther King III. und seine dreizehnjährige Tochter Yolanda Renee.

Philonise suchte sich eine ruhige Ecke, um die Notizen zu überprüfen, die er für seine Rede aufgeschrieben hatte.

»Sagen Sie mir bitte, ob ich etwas vergessen habe«, rief er Sharpton zu.

Sharpton überflog die Notizen, blickte dann zu Philonise auf und zog eine Augenbraue hoch.

»Wer hat das für dich geschrieben?«, fragte er scherzhaft. Die Rede fühlte sich perfekt an.

»Ich weiß jetzt, was ich tun muss«, sagte Philonise.

Er betrat die Bühne, diesmal mit Blick auf das Lincoln Memorial. Er blickte auf das Publikum, eine kleinere Versammlung, nur 60 000 Menschen statt den Hunderttausenden, die im vergangenen Sommer die Mall gefüllt hatten.[24]

»Ich möchte euch allen dafür danken, dass ihr gekommen seid, und uns unterstützt«, begann Philonise. Er ermutigte das Publikum, die Wahlrechtsgesetze im Kongress und dem Stadtstaat Washington, D.C., zu unterstützen. Und dann begann er über seinen persönlichen Fall zu sprechen.

»Eines müssen wir alle begreifen: Der Boden, auf dem wir stehen, ist blutgetränkt, und das wird auch so bleiben, bis wir die *George Floyd Justice in Policing Policy* verabschiedet haben«, sagte er.

»Der Wandel muss jetzt stattfinden, denn sonst werden wir weiterhin sehen, wie jeden Tag junge Männer und junge Frauen ermordet werden.«

Philonise fühlte sich wieder überfordert. Er holte tief Luft und sagte: »Mann, das ist total verrückt.« Aber dieses Mal würde er nicht aufhören.

»Die Toten können nicht nach Gerechtigkeit schreien, also liegt es an uns, dies zu tun. Die einzige Waffe, die sie bei sich trugen, war die Farbe ihrer Haut.«

Er sprach über die Geschichte des friedlichen Protests in diesem Land und die Notwendigkeit, diejenigen zu ehren, die für das Wahlrecht gekämpft hatten. Er sprach davon, Druck auf die

Regierung auszuüben, bis die Gesetzgebenden den Forderungen zustimmten. Er benutzte den Satz über den Schutz des Weißkopfseeadlers, und das Publikum jubelte.

»Der Weißkopfseeadler symbolisiert die Freiheit«, fuhr Philonise fort. »Aber wenn ich nicht in den Laden gehen kann – George Floyd – oder nicht joggen darf – Ahmaud Arbery – oder nicht einmal bequem in meinem eigenen Zuhause schlafen kann – Breonna Taylor – und kein Eis auf meiner Couch essen kann – Botham Jean –, was kann ich dann tun? Wo kann ich wohnen? Wie kann ich der Mensch sein, der ich sein möchte?«

Ein Jahr zuvor war sich Philonise Floyd nicht sicher gewesen, wer er sein wollte. Und seinen Geschwistern, seinen Cousins und seinen Neffen war es genauso gegangen. Aber sie wussten, dass sie sich mitten in einem einzigartigen Moment in der US-amerikanischen Geschichte befanden, dass der Mord an Perry das Potenzial hatte, alles zu verändern. Sie hofften, wie es einst Vizepräsidentin Harris getan hatte, dass die Lehren, die die Nation aus seinem Tod gezogen hatte, es ihr ermöglichen könnten, ein neues Lied anzustimmen, wenn es um Gleichberechtigung ging. Aber der Sommer von George Floyd hatte den systemischen Rassismus in den USA nicht abgeschafft. Rassismus blieb weiterhin eine schädliche Kraft, ein lebendiger Albtraum, der Wähler*innen entrechten, Gemeinschaften spalten und Menschenleben auslöschen konnte.

In seinem Leben gefiel es Philonise oft nicht, wie ihm der Ball zugeworfen wurde. Aber er war darauf vorbereitet, den Ball trotzdem zu fangen, wie es ihm der Mann, der die Welt bewegt hatte, beigebracht hatte.

»Sagt seinen Namen!«, rief Philonise.

»George Floyd!«, schrie die Menge.

Philonise richtete sich auf und versuchte, wieder zu Atem zu kommen. Ihm war klar, dass das Polizeireformgesetz vielleicht erst nach langer Zeit oder vielleicht sogar nie verabschiedet werden würde. Und selbst wenn, war noch lange nicht garantiert, dass ein Federstrich die Albträume stoppen würde. Es gab noch so viel mehr zu tun. Das Einzige, woran er sich noch festklammern konnte, war der Glaube, dass eines Tages die bösen Träume aufhören würden. Dass die schwere Last, die seine Mitmenschen getroffen hatte, von ihm genommen werden könnte.

Es war derselbe Glaube, der Toshira Garraway, Gwen Carr und Valerie Castile beflügelte; derselbe Kampf, der den Sohn von Reverend Martin Luther King Jr. und seine Enkelin betraf, die beide die Erfüllung des Traums ihres Vaters und Großvaters noch nicht erlebt hatten. Es konnte kein neues Lied angestimmt werden.

Am Ende des Programms bat Sharpton alle auf der Bühne, sich an den Händen zu fassen. Ein Keyboard begann zu spielen. Und dann begann die Gruppe, ein Lied zu singen, das in sich all die Hoffnungen und Wünsche einer Gruppe von Menschen barg, die schon einiges hinter sich hatte.

*We shall overcome,*
*We shall overcome,*
*We shall overcome, some day.*
*Deep in my heart, I do believe*
*That we shall overcome some day.*

*Wir werden es überwinden,*
*Wir werden es überwinden,*
*Wir werden es eines Tages überwinden.*
*In der Tiefe meines Herzens glaube ich fest daran,*
*dass wir es eines Tages überwinden werden.*[25]

# DANKSAGUNG

Wir befanden uns im Souterrain eines Hotels in Minneapolis, als Rechtsanwalt Ben Crump eine verfahrene Situation zu lösen hatte – eine durchaus herzliche, aber trotzdem vertrackte –, zwischen uns und den Produzenten einer Nachrichtensendung, da Interviews mit Crumps Klient*innen, George Floyds Verwandten, doppelt gebucht worden waren.

»Ihr seid als Letzte dran«, informierte uns Crump. »Ihre Fragen sind einfach; eure sind schwierig.«

Crump hatte recht. Was wir vier von Floyds Geschwistern – Philonise, Rodney, Terrence und Bridgett – sowie seinem Neffen Brandon Williams abverlangten, war emotional belastend. Seit Floyds brutalem Tod waren kaum vier Monate vergangen, und es blieb ihnen gar nichts anderes übrig, als in aller Öffentlichkeit zu trauern. Sie nahmen sich eine Stunde mehr Zeit, als ursprünglich geplant, und teilten mit uns lustige, ergreifende, herzerwärmende und traurige Erinnerungen. Auch wenn sie ihre Trauer überwältigte, machten sie tapfer weiter, weil sie sichergehen wollten, dass wir unsere Mission erfüllten: dazu beizutragen, dass die Welt Perry so sieht, wie sie ihn sahen.

Bei unserer Rückkehr nach Minneapolis im März 2021 hießen sie uns an ihren Esstischen willkommen, sprachen nach jeder Zeug*innenaussage mit uns, erlaubten uns, sie auf ihren Fahrten durch die Stadt zu begleiten, und bestanden darauf, uns im Einkaufszentrum eine Zimtschnecke zu spendieren. Wir sind zutiefst dankbar für das Vertrauen, das uns die Familie Floyd entgegenbrachte, um diese Geschichte richtig zu verstehen –, indem sie selbst die heikelsten Fragen verständnisvoll, wohlwollend und ehrlich beantworteten. Im Laufe unserer Berichterstattung merkten wir, dass diese Eigenschaften auf Floyds ganze Familie zutrafen, egal ob auf Floyds Schwestern Zsa Zsa und LaTonya, seine Schwägerin Keeta, drei seiner Tanten, Angela Harrelson, Mahalia Jones und Kathleen McGee, seinen Onkel Selwyn Jones oder seine Cousinen Shareeduh Tate und Tera Brown. Sie alle gewährten uns intime Einblicke, um Floyd besser zu verstehen.

Floyds Freund*innen, Bekannte und Geliebte in Minneapolis und Houston halfen uns dabei, seine Persönlichkeit noch mehr wertzuschätzen. Travis Cains, Tiffany Cofield, Jacob »Fathead« David, Milton »PoBoy« Carney, Vaughn Dickerson, Becky Johnson, Robert Fonteno, Jonathan Veal, De'Kori Lawson, Ortierre Lawson, Walter Jefferson, Michael Riggs und viele andere waren behilflich, Floyds Leben in Houston nachzuzeichnen. Peter Hayden und Woodrow Jefferson öffneten uns bei Our Turning Point so viele Türen. Wir danken Courteney Ross, die uns dabei unterstützte, uns ein Bild von Floyds letzten Jahren in Minneapolis zu machen und den Unterschied zwischen dem Mann Floyd und der Bewegung »George Floyd« aufzuzeigen. Unser Dank gilt Adarryl Hunter, der so viele Fragen beantwortete und uns erlaubte, im Lagerraum der Familie nach Fotos und Briefen von Floyd zu stöbern. Sylvia Jackson, Maurice Hall, und Shawanda Hill bewiesen großen Mut, als sie uns an den Ort führten, an dem Floyd seine letzten Momente erlebte, an jenem Tag, der von nun an der schwerste ihres Lebens sein wird.

Mehrere Menschen, die George Floyd zwar nicht persönlich kannten, gewährten uns tiefe Einblicke in diesen einzigartigen Moment in der Geschichte der Vereinigten Staaten. Zu ihnen zählen Aktivist*innen wie Donald Hooker Jr., Anwält*innen wie Toshira Garraway, Akademiker*innen wie Sherman James, Ayana Jordan und Samuel Meyers, Regierungsbeamt*innen wie Bürgermeister Jacob Frey, Generalbundesanwalt Keith Ellison und Gouverneur Tim Walz, Personen des öffentlichen Lebens wie Reverend Al Sharpton, Reverend Jesse Jackson sowie Ben Crump. Unser Dank gilt auch den Hunderten anderen Personen, mit denen wir im Laufe der Zeit sprachen. Dieses Buch basiert auf der wegweisenden Berichterstattung und den Veröffentlichungen über systemischen Rassismus, besonders von Nikole Hannah-Jones, Isabel Wilkerson, Richard Rothstein und Ibram X. Kendi. Eine weitere Grundlage bildete die großartige lokale Berichterstattung des *Star Tribune*, dem führenden Publikationsorgan bei der Dokumentation der unmittelbaren Nachwirkungen von Floyds Tod.

Je mehr wir über Floyd erfuhren, besonders wie sehr sein Leben von systemischem Rassismus geprägt war, desto komplexer wurde unsere Mission. Unser Lektor der englischen Originalausgabe bei Viking, Ibrahim Ahmad, war unermüdlich, neugierig und stets bereit, uns zu motivieren. Er verbrachte zig Stunden damit, diese Geschichte in Zoom Meetings feinzuschleifen und wohlüberlegte Fragen zu stellen, und machte damit nicht nur das Buch besser, sondern auch uns zu besseren Autoren. Seine Assistentin Marissa Davis widmete sich dem Text mit Elan und Klarheit. Auch den anderen Teammitgliedern bei Viking, Lindsay Prevette, Carolyn Coleburn, Bel Banta, Kate Stark, Mary Stone, Lydia Hirt, Linda Friedner, Tricia Conley, Tess Espinoza, Chelsea Cohen, Paul Buckley, Andrea Schulz und Brian Tart danken wir, dass sie sich mit so viel Umsicht um dieses Projekt gekümmert haben.

Steven Ginsberg, Chefredakteur bei *The Washington Post*, und Simone Sebastian, ehemalige Redakteurin bei der *Post*, danken wir für ihre Unterstützung. Beide zeichneten verantwortlich für »George Floyd's America«, die preisgekrönte Serie der Nachrichtenagentur, auf deren Berichterstattung dieser Text basiert. Neben den führenden Berichterstattenden dieser Serie, die bereits in der Einleitung erwähnt wurden, danken wir sehr herzlich einer ganzen Reihe weiterer Journalist*innen, die zum Erfolg unserer Berichterstattung beitrugen. Zu ihnen zählen Julie Vitkovskaya, Junne Alcantara, Reem Akkad, Drea Cornejo, Jake Crump, Nicki DeMarco, Karly Domb Sadof, Alice Li, Travis Lyles, Robert Miller, Suzette Moyer, Linah Mohammad, Ted Muldoon, Martine Powers, Maggie Penman und Kanyakrit Vongkiatkajorn. Mike DeBonis, Steven Rich, Neena Satija und Freelancer Jared Goyette bei *The Washington Post* trugen mit ihren Tatsachenberichten ebenfalls maßgeblich zu diesem Buch bei.

Besonders großer Dank gebührt dem Fotojournalisten Joshua Lott, der uns bei unserer Berichterstattung unerschütterlich zur Seite stand, sowie den Redakteur*innen Matea Gold und Peter Wallsten für ihre unermüdliche Fürsprache.

Steven Ginsberg stand uns bis zur Vollendung dieses Buchs mit seinem manchmal nervigen angeborenen journalistischen Urteilsvermögen und scharfsinnigen Überarbeitungen zur Seite.

Wir danken Alice Crites, unserer Newsroom-Rechercheurin und Faktencheckerin Lucy Shackelford, die so mancher Ungereimtheit mit schwindelerregender Geschwindigkeit auf den Grund gingen. Unser Dank gilt Korrektor Jim Webster, dessen Adlerblick nichts entging. Wir sind überaus froh, dass wir uns stets der Unterstützung der führenden Köpfe bei *The Washington Post* sicher sein konnten. Dazu gehören Redaktionsleiter Cameron Barr, Tracy Grant und Krissah Thompson, unser ehemaliger Chefredakteur Marty Baron sowie Barons Nachfolgerin Sally Buzbee, die das übernommene Projekt mit Feuereifer unterstützte. Vielen Dank an die Agent*innen der *Washington Post* bei Aevitas Creative Management, Karen Brailsford und Todd Shuster, die zwei Erstlingsautoren beim Verfassen ihres Exposees unverzichtbare Hilfestellung leisteten.

## Robert Samuels

Zu meinen ersten Versuchen als Autor literarischer Texte ermutigte mich meine Lehrerin in der vierten Klasse, Lorene Lindahl.

Ich denke oft an diese Pädagogin, die bei einer Gruppe von motivierten Schwarzen und Hispanischen Schüler*innen einer Title 1 School in der Bronx wahre Wunder vollbrachte. Ich werde nie vergessen, wie viel Glück ich im Gegensatz zu vielen anderen Kindern meiner Community hatte, in einer entscheidenden Lebensphase eine großartige Lehrerin gehabt zu haben. Vor fast 30 Jahren gab ich ihr das Versprechen, dass sie die Erste sein würde, der ich in meinem ersten veröffentlichten Buch danken würde – ihr in einem Buch zu diesem Thema zu danken, passt besonders gut. Meine Gedanken gelten auch zwei meiner Professor*innen am College, Mary Ann Weston und dem verstorbenen Richard Iton, die mich lehrten, die öffentliche Politik und deren zugrundeliegende nationale Ambitionen stets kritisch zu analysieren. Dies wurde zum Fundament meiner Berichterstattung. Tolu, dessen Instinkte als Berichterstatter und Autor für mich einem Wunder, das ich in Echtzeit verfolgen durfte, gleichkamen, war ein wundervoller Co-Autor, der selbst in den stressigsten Momenten auf Harmonie bedacht war.

Unglaublich viel zu verdanken habe ich meinem großen Netzwerk aus Freund*innen und Familie, sie alle waren unverzichtbar in diesem Prozess. Vielen Dank an meine langjährige Jounalist*innen-Junta – Kenny Malone, Patricia Mazzei, Yedi Kaleem und Hannah Sampson – für wertvolle Erkenntnisse, aufmerksames Gegenlesen und eine große Portion Humor. Auch meinem Netzwerk aus spirituellen Unterstützer*innen möchte ich danken – Aashish Abraham, Ashley Close, Bekki Fahrer, Angela Kissel, Richard Kelley, Kevin Lum, Adam Watson und Andy Wessbecher – die beständig für mich beteten. Meinen lieben Freund*innen im Mittleren Westen bin ich unendlich dankbar, mich mitten in der Pandemie bei sich aufgenommen zu haben – Andrew und Elizabeth Bentley (die mir trotz einsetzender Wehen weiter Abendessen machte), Misuzu und Alvin Miyashita Schexnider sowie Tania Ganguli und Chris deLaubenfels, die mir wochenlang Unterschlupf boten und deren Hund L. Boogie von sich aus entschied, als mein persönlicher Wecker zu fungieren. Erin Ailworth, eine Freundin aus Collegezeiten und Journalistenkollegin nahm sich frei, um mir entscheidende Tipps zu geben. Mom und Dad lehrten mich, groß zu denken. Und in der ganzen Zeit war meine Liebe Jocylynn eine immerwährende Quelle der Geduld, Toleranz und Unterstützung. Ich kann mich sehr glücklich schätzen, euch alle in meinem Leben zu wissen.

## Toluse Olorunnipa

In der Sprache meiner Vorfahren, der Yoruba, bedeutet »Olorunnipa« »Gott ist mächtig«. Ich wäre nachlässig, würde ich nicht zuallererst einem wundervollen Gott danken, dessen Macht meine Stärke und die Quelle meiner Zuversicht war. »Gott ist mit uns« wurde, während ich an diesem Buch schrieb, mein Motto, und in Momenten, als ich mit meinen Kräften am Ende war, kam mir eine höhere Kraft zu Hilfe und zeigte mir einen Weg auf.

An meine unglaubliche Frau Tobore, ohne deine Liebe, Unterstützung und heiteren Ermutigungen, dass ich es wirklich schaffen könne, wäre mir das alles nicht möglich gewesen. Ich bin so gesegnet, dich zur Partnerin zu haben, ich liebe dich von ganzem Herzen. An meinen Sohn Bami, du bist mein Herzschlag und der Mensch, der mir Frieden und Inspiration schenkt.

Danke, dass du mich gewählt hast.

An meinen Vater, Zacchaeus Isenewa Olorunnipa, du bist für unsere Familie der Fels in der Brandung. Du kamst in dieses Land mit nichts als Gottvertrauen, einer hohen Arbeitsmoral und enormem Wissensdurst. Diese Qualitäten hast du allen deinen Kindern und Enkelkindern weitergegeben. Du bist uns stets mit Beständigkeit und Rechtschaffenheit vorangegangen, und viel von unserem Erfolg haben wir dir zu verdanken.

An meine Mutter Florence Omotade Olorunnipa, es gibt wohl

nur wenige Jobs in diesem Land, die du nicht angenommen hast in deinem immerwährenden Bestreben, für deine Kinder ein Stückchen des Amerikanischen Traums herauszuschinden – von Friseurin über Tankstellenwärterin, Babysitterin, häusliche Krankenpflegerin, Köchin bis zu Beraterin. Über deine Kräfte als immigrierte Superwoman habe ich immer gestaunt. Du hast es geschafft, mir immer das Gefühl zu geben, etwas Besonderes zu sein, obwohl du vier Kinder großgezogen und parallel dazu eine Ausbildung zur Krankenpflegerin gemacht hast. Meine Liebe für dich hat etwas Göttliches.

An meine Geschwister Funmi, Shola und Yemi, voller Bewunderung konnte ich beobachten, wie ihr euren Weg aus unserem kleinen Haus am Nannas Loop in die Ivy League und darüber hinaus gemacht habt und dabei wirkte es immer, als hättet ihr eure exzellenten Leistungen mit Leichtigkeit vollbracht. Danke, dass ihr mir ein Vorbild an Intelligenz und Integrität und immer für mich da wart.

An Robert, ich schätze mich glücklich, zusammen mit dir diese Story mit Detailliebe, Umsicht und moralischer Klarheit erzählen zu dürfen. Dein Engagement für die Sache war unerschütterlich, wobei du das Hin und Her beim Erzählen dieser komplexen Geschichte stets mit Weisheit, Präzision und Souveränität gemeistert hast. Deine Anekdoten über die kleinen Dinge im Leben schenkten uns die gute Laune und Leichtigkeit, die nötig waren, um diese schwierige Aufgabe und den Druck zu bewältigen.

An meine Nichten Orin, Jiri, Riri und Nori und meine Neffen Duro, Sayo und Isaiah, euer Lächeln macht mich unsagbar glücklich. Euer Onkel Toto wird euch stets anfeuern, während ihr groß werdet, um in dieser Welt etwas zu bewegen.

Durch unsere Heirat habe ich das Privileg, mit einer Vielzahl von tollen Menschen verwandt zu sein. Mein Dank gilt zuallererst Vincent und Stella Edema dafür, solch eine leidenschaftliche, anmutige, intelligente und schöne Tochter großgezogen und mich in ihrer Familie liebevoll willkommen geheißen zu haben. *Migwo. Do!*

An meine Schwägerinnen Yewande und Abi sowie meine Schwager Tunde, Ochuko, Efe, Kevwe und Ese, ihr alle tragt zum Glück unserer wachsenden Familie bei.

Mein tiefer Dank gilt den Hunderten Verwandten meiner Großfamilie, die meine Eltern dabei unterstützten, in die USA auszuwandern. An die Communities von Igbo, Bunu, Iyara, Edumo und Kabba in Nigeria, ich bin stolz, eure Fahnen hochzuhalten. An meine Großmutter Mummy Olle und meinen Onkel Isaac, *E se gan ni, eku ise.*

Während meiner Kindheit in Tallahassee, Florida, bildete eine noch größere Gemeinschaft aus Freund*innen der Familie und kämpferischen »Tantchen« einen Schutzwall um mich herum, der Schwierigkeiten von mir und mich von Schwierigkeiten abhielt. Ich weiß gar nicht, wie ich euch danken soll, Tante Elizabeth Ojo, Felicia Oguntoye und Abi Latinwo sowie den Agboolas, Kumuyis, Ipinmorotis, Joneses, Ebubes, Oyinloyes, Elebiyos, Okojies, Salaus, Jemisaiyes, Kalus, Gbadebos, Somorins, Bradleys, Zions, Mintas, Dadas, Campses, Adenikinjus, Toloruntomis, Johnsons, Olorunfemis, Fapohundas, Badejos, Alemikas und vielen anderen.

An meine Stanford-Truppe, Reyna, Daniel, Jared, Jonathan, Brittani, Cassie, Nana, Anna, Ade, Eki und eure Ehepartner*innen, ihr versteht mich, und die Heiterkeit unserer Gruppenchats und Treffen waren für mich während des Schreibprozesses wie ein Frischekick.

An meine Go Ye Familie in Tallahassee und meine New Wine Familie in Washington, eure Liebe, Unterstützung und Gebete bedeuten mir die Welt.

An meine Kolleg*innen bei CNN, es war ein Privileg, mit einer so talentierten Gruppe von Rockstars zu arbeiten.

Neben allen Mitarbeitenden bei *The Washington Post*, die ich bereits erwähnt habe, danke ich meinen Kolleg*innen aus dem unerschütterlichen Team, das während der turbulenten Regierungszeit von Donald Trump über das Weiße Haus berichtete: Josh Dawsey, Anne Gearan, Seung Min Kim, David Nakamura, Damian Paletta, Ashley Parker und Philip Rucker. Danke, dass ihr eingesprungen seid, als ich zum Höhepunkt des Präsidentschaftswahlkampfs 2020 verduftete, um die Geschichte von George Floyds Amerika zu erzählen. Danke Dan Eggen und Dave Clarke, dass ihr so scharfsinnige und selbst unter Druck gelassene Redakteure wart.

Joyce Peterside, selbst als mich Selbstzweifel quälten, du hast nie aufgehört, mich zum Schreiben zu ermutigen. Es bricht mir das Herz, dass dich diese Pandemie aus dem Leben gerissen hat, bevor du die Veröffentlichung dieses Buches erleben konntest. Aber ich weiß, dass du stolz, wie du immer warst, vom Himmel hinablächelst.

Zum Schluss möchte ich Onkel Joseph Osanaiye und Tante Grace Adeola Motoni danken, die verstarben, während ich an diesem Buch schrieb. Mögen eure sanften Seelen in himmlischem Frieden ruhen.

## BEMERKUNG DER AUTOREN

Zsa Zsa machte eines Sonntagnachmittags im Herbst 2021 ein Nickerchen in ihrem Haus in Houston, als das Telefon klingelte. Am anderen Ende der Leitung waren wir, in der Hoffnung, dass sie ein weiteres Mal Nachsicht mit uns haben würde, weil wir sie mit einer ganzen Reihe persönlicher Fragen über ihren verstorbenen Bruder bombardieren wollten.

»Puh ... ja, okay«, meinte sie, während sie sich streckte, den Schlaf abschüttelte und ganz wach wurde. »Wissen Sie, mich haben eine Menge anderer Reporter*innen angerufen, aber aus irgendeinem Grund habe ich mich mit Ihnen wohl gefühlt ... Also gut, schießen Sie los.« Im nachfolgenden Gespräch beschrieb sie George Perry Floyd Jr., wie nur wenige ihn kannten, und teilte Erinnerungen, die weit in ihre frühe Kindheit zurückreichten. Es war die Fortsetzung eines Dialogs, der Monate zuvor während eines Protestmarschs in Houstons Third Ward begann, als Zsa Zsa und ihre Geschwister »Sagt seinen Namen!« skandierten und uns in Pausen beschrieben, wer ihr Bruder in den Jahren war, bevor er eine globale Ikone für Antirassismus wurde.

Diese Unterhaltungen waren Teil der über 400 Interviews, die wir im Lauf eines Jahrs für diese Biographie führten. Während dieser Diskussionen, an denen sich auch Freund*innen und Familienmitglieder beteiligten, die Floyd am besten kannten, erfuhren wir intime Details über seine Ambitionen, Triumphe, Dilemmata und Misserfolge.

Mit einer Klarheit, die unsere Erwartungen weit übertraf, konnten wir Floyds Stimme hören.

Der in diesem Buch abgebildete Dialog spiegelt Hunderte Stunden von aufgezeichneten Interviews wider, in denen Menschen, die Floyd nahestanden, Menschen, die mit den Systemen vertraut waren, in denen Floyd zu bestehen versuchte, und Menschen, die Teil der Bewegung waren, die diese Systeme verändern wollten, seinen Weg beschrieben, sein Amerika und den Kampf gegen Rassismus, den sein Tod entfacht hatte.

Floyds Verwandte und Freund*innen teilten mit uns ihre markantesten Erinnerungen und erinnerten sich bis ins kleinste Detail an die Zeit, die sie mit ihm verbrachten.

Auch wenn es komplex sein kann, Dialoge, die Jahre zuvor stattfanden, nachzubilden, bemühten wir uns als Journalisten um eine umfassende und wahrheitsgemäße Darstellung der in diesem Buch beschriebenen Szenen. Wir verwendeten exakt die Worte, die Menschen, die an den Unterhaltungen direkt beteiligt waren, uns übermittelten. Es kam nicht selten vor, dass unsere Quellen solche Diskussionen nachspielten, indem sie Floyds gedehnten Südstaatenakzent und seine sprachlichen Tics imitierten. Dies ermöglichte uns, Gespräche, wie sie damals tatsächlich stattfanden, wiederzugeben.

Wenn möglich, führten wir mit anderen, die ebenfalls anwesend waren, separate Interviews, um Details, Zitate und Szenen zu bestätigen. Daten und kontextabhängige Informationen verifizierten wir mit Hilfe des Staatsarchivs.

Einige unserer Interviews dauerten über zwölf Stunden, da uns Floyds Freund*innen durch seine vertraute Umgebung im Third Ward und in Minneapolis führten, uns in seine Lieblingsrestaurants mitnahmen und uns an den Orten willkommen hießen, die er sein Zuhause nannte.

Diese oftmals ausgiebigen Diskussionen gaben uns die Möglichkeit, manche Szenen Moment für Moment nachzuzeichnen, indem Floyds Vertraute Schlüsselszenen noch einmal durchlebten, seinen Wegen nachspürten und die Worte wiederholten, die er damals verwendet hatte. Stundenlang hingen wir vor The

Blue Store im Third Ward, in Our Turning Point, im Conga, in Floyds altem Appartement in Minneapolis sowie an ehemaligen Arbeitsstätten und Lieblingsplätzen ab, um ein Gefühl für die Orte zu bekommen, an denen er sich oft aufhielt.

Neben den Interviews führten wir eine gründliche Sichtung öffentlicher und privater Dokumente durch, die in Zusammenhang mit Floyd standen. Dazu gehören Tagebucheinträge, Rap-Songtexte, Gedichte, medizinische Behandlungsunterlagen, historische Dokumente, Handyvideos, Postings auf Social Media, persönliche Fotos, Verhaftungsprotokolle, Fahndungsfotos, Gerichtsunterlagen, Bewerbungsunterlagen, Textnachrichten, Liebesbriefe und vieles mehr.

In den wenigen Fällen, in denen es sich widersprechende Aussagen zu bestimmten Szenen oder Begebenheiten gab, beriefen wir uns auf dieses umfangreiche Material und auf Folgegespräche, um alle Unstimmigkeiten auszuräumen.

Floyds Freund*innen und Familie erzählten uns offen und ehrlich von den vielen Kämpfen, die er austrug, indem sie ihre eigenen Probleme beschrieben, von Abhängigkeit, über Armut bis zu Kriminalität und anderen Symptomen oder Gründen für Hoffnungslosigkeit. Fast immer waren sie mit einer Tonaufnahme einverstanden, um zu einer akkuraten Schilderung von Floyds Geschichte beizutragen.

In seltenen Fällen beschreiben wir Szenen, in denen Floyd als Einziger anwesend war oder mit anderen Personen interagierte, die in der Zwischenzeit ebenfalls schon verstorben waren. Diese Schilderungen basieren auf Interviews mit Menschen, mit denen sich Floyd im Anschluss über diese Ereignisse unterhalten hatte.

Wir vermieden es weitgehend, Spekulationen über Floyds Emotionen, Empfindungen und Gedankenwelt anzustellen. Bei Passagen, in denen wir seine Gefühlswelt oder Denkweise beschreiben, stützen wir uns auf Interviews mit Menschen, denen er sich anvertraute, oder auf von ihm verfasste Texte.

Neben Interviews mit Dutzenden Expert*innen, Wissenschaftler*innen, Aktivist*innen, Entscheidungsträger*innen und Beamt*innen lasen wir tausende Seiten sozialwissenschaftlicher Abhandlungen und anderer relevanter Veröffentlichungen, um ein tieferes Verständnis für die Institutionen zu erlangen, die in Floyds Leben eine Rolle spielten. Diese Untersuchungen, denen das Portrait der Umgebung, in der Floyd erwachsen wurde, zugrunde liegt, sind in den Anmerkungen und der Bibliographie aufgelistet.

Wir haben das Bedürfnis, die Vorgehensweise in einigen Abschnitten des Buchs noch detaillierter zu erklären.

Wir zeichneten in Kapitel 3 und 6 über 300 Jahre amerikanische Geschichte nach, um die Abstammungslinien von George Floyd und Derek Chauvin zurückzuverfolgen. Dabei stützten wir uns auf tausende Seiten historischer Aufzeichnungen und etliche Interviews mit Familienmitgliedern, in denen sie uns Floyds mündlich überlieferte Familiengeschichte vermittelten. In fast allen Fällen konnten die familiären Überlieferungen durch einen Abgleich mit Dokumenten im Staatsarchiv, darunter auch Volkszählungsdaten, Heiratsregister, Sterbeurkunden, Hypotheken- und andere Eigentumsurkunden, Finanz- und Steuerunterlagen, Familienbibeln, Testamente, Treuhandurkunden, Testamentabschriften, Frachtlisten, behördliche Dokumente, Berichte aus der Lokalpresse u. v. m. bestätigt werden. In Kapitel 3 und auch an anderen Stellen im Buch finden sich immer wieder beleidigende, unsensible oder unverhohlen rassistische Begriffe, die zur damaligen Zeit benutzt wurden. Um eine authentische historische Darstellung zu gewährleisten, entschieden wir uns dafür, die Sprache, wie sie damals war, abzubilden. In der deutschen Ausgabe wurde entsprechend der üblichen Schreibweise der Terminus »Schwarz« großgeschrieben, während »*weiß*« kleingeschrieben und kursiv gesetzt wurde. Zusätzlich wurde darauf verzichtet, das N-Wort auszuschreiben.

Mehrere Kapitel, besonders Kapitel 5, beinhalten Szenen, in

denen Floyd in mutmaßlich kriminelle Handlungen involviert ist. Hierbei stützten wir uns nicht ausschließlich auf Polizei- und Gerichtsprotokolle, sondern führten auch Interviews mit Personen, die unmittelbares Wissen über besagte Vorgänge hatten oder mit Floyd in der Periode rund um seine Verhaftungen gesprochen hatten.

Floyds Verurteilung wegen bewaffneten Raubs im Jahr 2007 nahm seit seinem Tod in der öffentlichen Wahrnehmung einen übermäßig hohen Stellenwert ein, was teilweise der raschen Verbreitung von Falschinformationen über den Fall geschuldet war. Bei der Nachverfolgung der Ereignisse prüften wird Gerichtsprotokolle und sprachen mit verschiedenen Personen, die Kenntnis über die Vorgänge hatten. Unsere Kollegin von *The Washington Post*, Arelis R. Hernández, führte auf Spanisch mehrere Interviews mit dem Opfer des Raubs, Aracely Henriquez. Wir sind der Meinung, den Ereignishergang vor, während und nach dem Raubüberfall so präzise wir möglich dargestellt zu haben.

Auch der letzte Tag in Floyds Leben, der in den Kapiteln 1 und 10 skizziert wird, war Gegenstand lebhafter öffentlicher Debatten. In unserer Schilderung fügen wir umfangreiches Quellenmaterial, darunter Zeug*innenaussagen vor Gericht, Polizeiberichte, Transskripte der Polizeinotrufe, Befragungsprotokolle, Körperkameraaufzeichnungen, Aufzeichnungen durch Handy- und Überwachungskameras, Autopsiegutachten, toxikologische und andere medizinische Gutachten sowie Nachrichtenmeldungen zusammen. Die meisten der in diesen Kapiteln abgebildeten Dialoge und Handlungen entstammen direkt dem oben genannten Quellenmaterial. Die meisten Zitate wurden von einer der über zwölf Kameras aufgenommen, die Floyds letzte Minuten aufzeichneten. Weitere Zitate stammen aus mehreren Interviews und Gesprächen mit Genevieve Hansen, Maurice Hall, Shawanda Hill, Sylvia Jackson und Charles McMillian.

Da Teil III des Buchs die Zeit nach George Floyds Tod behandelt, waren wir bei vielen der in den Jahren 2020 und 2021 stattfindenden Szenen persönlich anwesend. Viele der Ereignisse, die wir in diesem Abschnitt beschreiben, sind auf Livestreams festgehalten und spiegeln unsere unmittelbaren Kenntnisse von Schlüsselmomenten wider. So aßen wir beispielsweise mit Familie Floyd zu Abend, als sie von der Einigung über ein Schmerzensgeld in Höhe von 27 Millionen Dollar erfuhr, wir begleiteten sie in die Mall of America, in die Kirche in Fridley und waren in der Bar anwesend, in der sie das Gerichtsurteil gegen Derek Chauvin verfolgte. Wir befragten Familienmitglieder in Interviews zu ihrem Besuch im Weißen Haus und ihren Reisen nach Washington. Wir begleiteten Courteney Ross während des Gerichtsverfahrens gegen Derek Chauvin und waren sowohl an dem Tag, an dem sie ihre Aussage machte, als auch an dem der Urteilsverkündung bei ihr. Interviews mit der Staatsanwaltschaft nach Ende des Gerichtsverfahrens ermöglichten den Blick hinter die Kulissen. Derek Chauvin reagierte nicht auf unsere Bitte, einen Kommentar abzugeben, und Eric Nelson, Chauvins Anwalt während des Prozesses, lehnte mehrere Interviewanfragen ab. Wir befanden uns während der Verhandlungen über den *George Floyd Justice in Policing Act* im ständigen Austausch mit Kongressmitarbeitenden.

In sehr seltenen Fällen gewährleisteten wir unseren Quellen Anonymität, damit sie frei über Vertrauliches sprechen konnten. Ansonsten handelt es sich bei allen im Buch vorkommenden Namen um die echten Namen der erwähnten Personen.

# ANMERKUNGEN

## Einleitung: Blumen

1 Wendy Grossman Kantor, »George Floyd's Sister Says Brother Was ›Best Friend‹, Recalls Favorite Song They'd Sing Together«, *People*, 5. März 2021, https://people.com/crime/george-floyd-sister-brother-best-friend-sing-reo-speedwagon-song.

2 Kevin Cronin und REO Speedwagon, »Keep on Loving You«, veröffentlicht am 4. November 1980, Text siehe https://genius.com/Reo-speedwagon-keep-on-loving-you-lyrics.

3 Hall ist in einigen amtlichen Dokumenten als Morries Lester Hall aufgeführt, doch sein Taufname ist Maurice.

4 Luis Andres Henao, Nomaan Merchant, Juan Lozano und Adam Geller, »For George Floyd, a Complicated Life and a Notorious Death«, Associated Press, 10. Juni 2020, https://apnews.com/article/death-of-george-floyd-houston-hip-hop-and-rap-cb9a406e27abb071191875cfdd89cdbf.

5 Brandon Jenkins, »Season 3, Part 4: Big Floyd«, *Mogul*, Audio-Podcast, 14. Juli 2021, https://gimletmedia.com/shows/mogul/v4h6zle/s3-part-4-big-floyd.

## Kapitel 1: Ein ganz gewöhnlicher Tag

1 Obwohl Floyd bei der Autopsie als 1,95 Meter groß eingestuft wurde, gaben ihn seine Freunde und seine Familie als 2 Meter groß an.

1 Abschrift der Heiratsurkunde vom 28. März 1969 für George Perry Floyd und Larcenia Jones aus dem Büro des City Clerk of New York, Marriage Bureau.

2 Mel Watkins, »Flip Wilson, Outrageous Comic and TV Host, Dies at 64«, *New York Times*, 27. November 1998, https://www.nytimes.com/1998/11/27/arts/flip-wilson-outrageous-comic-and-tv-host-dies-at-64.html.

3 Gabrielle Banks, Julian Gill, John Tedesco und Jordan Rubio, »George Floyd: ›I'm Gonna Change the World‹«, *Houston Chronicle*, 4. Juni 2020, https://www.houstonchronicle.com/news/houston-texas/houston/article/George-Floyd-Houston-Texas-change-the-world-15322149.php.

4 Claudia Feldman, »Third Ward: The Epicenter of Houston's Fight for Racial Equality«, *Houston Chronicle*, 22. August 2014, https://www.houstonchronicle.com/life/article/Third-Ward-The-epicenter-of-Houston-s-fight-for-5706658.php; sowie Aufzeichnungen des U.S. Census Bureau von 1970–1980.

5 »Census Tracts: Houston Tex. Standard Metropolitan Statistical Area: 1970 Census of Population and Housing«, U.S. Department of Commerce, Bureau of the Census, Mai 1972, https://www2.census.gov/library/publications/decennial/1970/phc-1/39204513p9ch02.pdf.

6 Calvin Blair, »The Story of Houston's Third Ward and Emancipation Avenue«, *Main Street Matters*, September 2018, S. 4–6, https://www.thc.texas.gov/public/upload/MS%20Matters%20september.pdf#page=4.

7 Ebenda, S. 5, https://www.thc.texas.gov/public/upload/MS%20Matters%20september.pdf#page=5.

8 Public Housing Needs and Conditions in Houston: Hearings Before the Subcommittee on Housing and Community Development of the Committee on Banking, Finance, and Urban Affairs, House of Representatives, Ninety-Ninth Congress, First Session, Part 1 (Washington, DC: U.S. Government Printing Office, 1986), S. 135, https://books.google.com/books?id=bNk26Ufvn_wC&amp;pg=PA135&amp;lpg=PA135&amp;dq=cuney+homes&amp;source=bl&amp;ots=pZP8bGWpGu&amp;sig=ACfU3U1BI27j94ezMsp1P3YHuxJfXaSdtw&amp;hl=de&amp;sa=X&amp;ved=2ahUKEwj3j5Pa2MPoAhU7kWoFHeiLAmoQ6AF6BAgjEAM#v=snippet&amp;q=cuney&amp;f=false.

9 Volkszählungsdaten zitiert in »Historical Population: 1900 to 2013«, Stadtplanungs- und Entwicklungsamt der Stadt Houston, abgerufen am 14. November 2021, https://www.houstontx.gov/planning/Demographics/docs_pdfs/Cy/coh_hist_pop.pdf.

10 Sarah Anne Eckert, »The National Teacher Corps«, *Urban Education* 46,

Nr. 5 (23. März 2011), S. 932–52, https://doi.org/10.1177/0042085911400
340; Martin Waldron, »Houston Moves to Desegregate Schools Amid
Clamor of Protest«, *The New York Times*, 1. März 1970, https://www.
nytimes.com/1970/03/01/archives/houston-moves-to-desegregate-
schools-amid-clamor-of-protest-angry.html.

11 Persönliche Aufzeichnungen von Waynel Sexton, die den Autoren zur
Verfügung gestellt wurden, »Future Famous Americans, Mrs. Sexton's
Class, 1981–1982«.

12 Ebenda.

13 Ebenda.

14 Ezell Wilson, »Third Ward, Steeped in Tradition of Self-Reliance and
Achievement«, *Houston History* 8, Nr. 2 (25. März 2011), S. 32, https://
houstonhistorymagazine.org/wp-content/uploads/2011/04/wilson-
third-ward.pdf.

15 Richard Rothstein, *The Color of Law: A Forgotten History of How Our Government Segregated America* (New York: Liveright Publishing Corporation,
2017), S. 136, Kindle.

16 Joe Holley, »Norris Wright Cuney Never Stopped Fighting«, *Houston
Chronicle*, 14. Juni 2020, https://www.houstonchronicle.com/news/
columnists/native-texan/article/Norris-Wright-Cuney-never-stopped-
fighting-15338633.php.

17 Tracy Jan und Arelis R. Hernández, »George Floyd's America: Segregated
from Opportunity«, *The Washington Post*, 15. Oktober 2020, https://www.
washingtonpost.com/graphics/2020/national/george-floyd-america/
housing.

18 Jeannie Kever, »Little-Known Lawsuit Creating TSU Is Still Opening
Doors«, *Houston Chronicle*, Oktober 1, 2010, https://www.chron.com/
news/houston-texas/article/Little-known-lawsuit-creating-TSU-is-
still-1607278.php.

19 »Sweatt v. Painter«, *Oyez*, abgerufen am 6. Dezember 2021, https://www.
oyez.org/cases/1940-1955/339us629.

20 Jan und Hernández, »George Floyd's America: Segregated from Opportunity«.

21 Rothstein, *The Color of Law*, Vorwort.

22 Heather Long und Andrew Van Dam, »The Black-White Economic Divide
Is as Wide as It Was in 1968«, *The Washington Post*, 4. Juni 2020, https://
www.washingtonpost.com/business/2020/06/04/economic-divide-
black-households.

23 Ebenda.

24 Rothstein, *The Color of Law*, S. 72.

25 Aaron Williams und Armand Emamdjomeh, »America Is More Diverse

than Ever-But Still Segregated«, *The Washington Post*, 10. Mai 2018, https://www.washingtonpost.com/graphics/2018/national/segregation-us-cities.

26 Richard Nixon, »Special Message to the Congress Proposing Legislation and Outlining Administration Actions to Deal with Federal Housing Policy«, 19. September 1973, über das American Presidency Project, abgerufen am 18. November 2021, www.presidency.ucsb.edu/documents/special-message-the-congress-proposing-legislation-and-outlining-administration-actions.

27 Jonathan Harsch, »Reagan Cuts Eat into School Lunches«, *The Christian Science Monitor*, 17. September 1981, https://www.csmonitor.com/1981/0917/091746.html.

28 Ebenda.

29 Martin Schram, »Reagan Narrates Ticket's Positively Pitched Campaign Ads«, *The Washington Post*, 18. September 1984, https://www.washingtonpost.com/archive/politics/1984/09/18/reagan-narrates-tickets-positively-pitched-campaign-ads/2669830c-7db3-4b86-83a9-c1daa468f74b.

30 U.S. Department of Commerce, Bureau of Economic Analysis, »Table 1.1.1. Percent Change from Preceding Period in Real Gross Domestic Product«, abgerufen am 16. November 2021, https://apps.bea.gov/iTable/iTable.cfm?reqid=19&amp;step=3&amp;isuri=1&amp;1921=survey&amp;1903=1#reqid=19&amp;step=3&amp;isuri=1&amp;1921=survey&amp;1903=1.

31 Gillian Brockell, »She Was Stereotyped as the ›Welfare Queen‹. The Truth Was More Disturbing, a New Book Says«, *The Washington Post*, 21. Mai 2019, https://www.washingtonpost.com/history/2019/05/21/she-was-stereotyped-welfare-queen-truth-was-more-disturbing-new-book-says.

32 Redaktioneller Beitrag, »Tax Bill Is Signed into Law«, *The Washington Post*, 21. Oktober 1986, https://www.washingtonpost.com/archive/politics/1986/10/23/tax-bill-is-signed-into-law/0d8b2dc7-2c07-4a93-94ec-c25231b15df2.

33 U.S. Department of Labor, »History of Federal Minimum Wage Rates Under the Fair Labor Standards Act, 1938–2009«, abgerufen am 18. November 2021, https://www.dol.gov/agencies/whd/minimum-wage/history/chart#fn4.

34 George Lardner Jr., »Business Gets Cold Feet on Subminimum Wage«, *The Washington Post*, 20. März 1981, https://www.washingtonpost.com/archive/politics/1981/03/20/business-gets-cold-feet-on-subminimum-wage/7a1f10fe-9acc-4c11-a818-3e4fb2ab2720.

35 Peter Baker und Susan Glasser, *The Man Who Ran Washington: The Life and*

*Times of James A. Baker III* (New York: Doubleday, 2020), Kapitel 14, Libby E-Book.

36 Roland G. Fryer Jr., Paul S. Heaton, Steven D. Levitt und Kevin M. Murphy, »Measuring Crack Cocaine and Its Impact«, Harvard University Society of Fellows, April 2006, S. 6, https://scholar.harvard.edu/files/fryer/files/fhlm_crack_cocaine_o.pdf#page=6.

37 Fox KRIV-Biografieseite des Reporters Randy Wallace, abgerufen am 23. November 2021, https://www.fox26houston.com/person/w/randy-wallace.

## Kapitel 3: Wurzeln

1 U.S. Census Bureau, 1870 United States Census, Grove, Harnett, North Carolina; Roll: M593_1142; Page: 51B, digitalisiertes Bild s.v. »Hiley Stewart«, Ancestry.com. Die Autoren interviewten zudem Nachfahren von Stewart, um die mündlich überlieferte Familiengeschichte zu sammeln. In historischen Unterlagen finden sich verschiedene Schreibungen des Vornamens, seine Familie verwendet »Hillery«.

2 Grundbesitzeinträge des Harnett County Register of Deeds: Grantor Index to Real Estate Conveyances, Old Index Book, pages 124-A, 124-B, 124-F, 124-G und 124-H; und Interviews der Autoren mit Nachkommen Stewarts.

3 Guion Griffis Johnson, *Ante-Bellum North Carolina: A Social History,* Chapel Hill: University of North Carolina Press 1937, S. 54, https://docsouth.unc.edu/nc/johnson/menu.html; U.S. Census Bureau, »Agriculture of the United States in 1860«, https://www2.census.gov/library/publications/decennial/1860/agriculture/1860b-09.pdf#page=27; Seite 210 von »Agriculture of the United States in 1860« beinhaltet eine Aufschlüsselung aller Farmen mit mehr als drei Acres Land in North Carolina nach Counties im Jahr 1860. Nur neun Farmen in Harnett County haben 500 Acres oder mehr. 1 Acre entspricht etwa 0,4 Hektar Land im metrischen System. (Anm.d. Übers.)

4 U.S. Census Bureau, 1870 United States Census, Grove, Harnett, North Carolina; Roll: M593_1142; Page: 51B, digitalisiertes Bild s.v. »Abram Stewart« und Familie, Ancestry.com.

5 U.S. Census Bureau, 1910 United States Census, Grove, Harnett County, North Carolina; Roll: T624_1116; Page: 3A; digitalisiertes Bild s.v. »Hilery Stewart«, »Larcenia Stewart«, und Familie, Ancestry.com; und mündliche Überlieferung in der Familie, gesammelt in Interviews der Autoren mit Nachkommen Stewarts.

6 Mündliche Überlieferung in der Familie, gesammelt in Interviews der Autoren mit Nachkommen Stewarts.

7 Mündliche Überlieferung in der Familie der *weißen* Stewarts, gesammelt anhand von schriftlicher und mündlicher Familiengeschichte, Artikeln aus Lokalzeitungen, Eintragungen in die Familienbibel und Volkszählungsunterlagen. Die Autoren haben die vom Archivar James Mark Valsame verfasste Familiengeschichte von Charles Stewart und Hannah Kirk durchgesehen, zu finden unter https://www.familysearch.org/service/records/storage/das-mem/patron/v2/TH-904-70438-404-62/dist.txt? ctx=ArtCtxPublic.

Zusätzlich verfassten verschiedene Nachfahren von Charles und Hannah Stewart schriftliche historische Aufzeichnungen über ihre Vorfahren im »family tribute«-Abschnitt am Ende von: Mary Alice Hasty, *The Heritage of Harnett County, North Carolina.*

8 Besitzübertragungsurkunde von Charles Stewart zu James Stewart, 7. Mai 1805, aufgerufen über: Consolidated Real Property Index, Register of Deeds, Wake County, North Carolina, Book 00000U, Page 280, http://services.wakegov.com/booksweb/PDFView.aspx?DocID=108487232&amp;a mp;RecordDate=03/08/1808. Die Urkunde wurde registriert am 8. März 1808, nach dem Tod von Charles Stewart.

9 U.S. Census Bureau, 1850 United States Census, Western Division, Wake County, North Carolina; Roll: 647; Page: 179b; digitalisiertes Bild s.v. »James Stewart« und Familie, Ancestry.com; und U.S. Census Bureau, 1860 United States Census, Southern Division, Wake County, North Carolina; Roll: M653_916; Page: 36; digitalisiertes Bild s.v. »James Stewart« und Familie, Ancestry.com.

Stewarts Grundbesitz war 1850 mit 2040 Dollar aufgeführt. 1860 war sein Grundbesitz 1500 Dollar wert, und der Wert seines persönlichen Eigentums war mit 14965 Dollar angegeben.

10 U.S. Census Bureau, 1860 United States Census, Slave Schedules, Southern Division, Wake County, North Carolina, digitalisiertes Bild s.v. »James Stewart«, Ancestry.com. Das Dokument führt James Stewart als den Besitzer von 19 versklavten Menschen im Alter zwischen 2 und 80 Jahren auf.

11 »Wills and Estate Papers« für James Stewart, datiert 1867 (Wake County, North Carolina), 1663–1978; North Carolina Division of Archives and History (Raleigh, North Carolina); digitalisierte Bilder s.v. »James Stewart«, Ancestry.com.

12 *Federal Writers' Project: Slave Narrative Project, Vol. 11, North Carolina, Part 2,* Jackson-Yellerday, 1936, S. 321, https://www.loc.gov/resource/mesn.112/?sp= 321. Sam T. Stewart, ein früherer Sklave auf James Stewarts Plantage in

Wake County, North Carolina, erzählte Interviewern des *Federal Writers‹ Project* 1936: »Als ich zwei Jahre alt war, verkaufte James Arch Stewart meinen Vater an Spekulanten, und er wurde nach Mississippi gebracht. Ich war zu klein, um meinen Vater zu kennen.«

13  U.S. Census Bureau, 1860 United States Census, Slave Schedules for Harnett County, North Carolina, digitalisiertes Bild s.v. »Joseph Stewart«, Ancestry.com.

14  U.S. Civil War Soldier Records and Profiles, 1861 – 1865, »Joseph Stewart«, Ancestry.com.

15  National Park Service, The Civil War Soldiers and Sailors System database, Eintrag für Joseph A. Stewart, aufgerufen am 26.01.2022, https://www.nps.gov/civilwar/search-soldiers-detail.htm?soldierId=E84E57D5-DC7A-DF11-BF36-B8AC6F5D926A.

16  J. David Hacker, »From ›20. and Odd‹ to 10 Million: The Growth of the Slave Population in the United States«, *Slavery & Abolition* 41, Nr. 4 (13. Mai 2020), S. 840 – 855, https://doi.org/10.1080/0144039x.2020.17 55502.

17  Bericht der National Archives and Records Administration zu den Aktivitäten des Freedmen's Bureau in North Carolina zwischen 1865 und 1872. Die Zahlen zu den Rationen stammen aus: »Records of the Assistant Commissioner for the State of North Carolina Bureau of Refugees, Freedmen, and Abandoned Lands, 1865 – 1870«, https://www.archives.gov/files/research/african-americans/freedmens-bureau/north-carolina.pdf.

18  U.S. Census Bureau, 1870 United States Census, Grove, Harnett County, North Carolina.

19  Loren Schweninger, *Black Property Owners in the South, 1790 – 1915*, Urbana: University of Illinois Press 1990, S. 160.

20  Schweninger, *Black Property Owners in the South*, S. 3.

21  Ebenda, S. 161.

22  Waymon R. Hinson, »Land Gains, Land Losses: The Odyssey of African Americans since Reconstruction«, *American Journal of Economics and Sociology* 77, Nr. 3/4 (Mai–September 2018), S. 893 – 939, https://doi.org/10.1111/ajes.12233.

23  Grundbesitzeinträge aus dem Harnett County Register of Deeds: Grantor Index to Real Estate Conveyances, Old Index Book, pages 124-A, 124-B, 124-F, 124-G und 124-H; Steuerauktionsankündigungen in der *Harnett County News*; und Interviews der Autoren mit Nachkommen der Stewarts.

24  »Record of Hillery Stewart Mortgage Deed«, 14. März 1904, Harnett County Register of Deeds, Deed Book 101, page 26.

25  W. H. Turlington, »Land Sale for Taxes«, *Harnett County News*, 15. April 1920, https://www.newspapers.com/image/63242528/.

26  Leo McGee und Robert Boone, *The Black Rural Landowner – Endangered Species: Social, Political, and Economic Implications,* Westport, CT: Greenwood Press 1979, S. 104 f., 146 f.

27  Anzeige der »England Realty and Auction Co.«, *Harnett County News*, 15. April 1920, https://www.newspapers.com/image/63242535.

28  Charles H. Barnard und John Jones, *Farm Real Estate Values in the United States by Counties, 1850 – 1982*, Washington, DC: U. S. Department of Agriculture, Economic Research Service 1987, http://hdl.handle.net/2027/uiug.30112046854219.

29  Turlington, »Land Sale for Taxes«.

Turlington, der Sheriff von Harnett County annoncierte in der Zeitung, dass ein 230-Acre-Grundstück aus dem Besitz von Hillery Thomas Stewart »für die Steuer des Jahres 1918 bei einer Auktion vor der Tür des Gerichtsgebäudes in Lillington am Montag, dem 5. Mai 1919, verkauft« werden sollte. Angeblich schuldete Stewart 37,15 Dollar für das Land.

30  Jess Gilbert, Spencer D. Wood und Gwen Sharp, »Who Owns the Land?: Agricultural Land Ownership by Race / Ethnicity«, *Rural America* 17, Nr. 4 (Winter 2002), S. 1, https://www.ers.usda.gov/webdocs/publications/46984/19353_ra174h_1_.pdf?v=0.

31  Staff of Writers, »Rally at Grove«, *The County Union* (Dunn, NC), 9. November 1898, https://www.newspapers.com/image/61501655.

32  D. H. McLean, »Joseph A. Stewart«, *Harnett County News*, 17. Juli 1919, https://www.newspapers.com/image/63242370.

33  Staff of Writers, »Rally at Grove«.

34  LeRae Umfleet, *1898 Wilmington Race Riot Report: 1898 Wilmington Race Riot Commission*, Raleigh, NC: Research Branch, Office of Archives and History, NC Department of Cultural Resources, 2006, S. 88, https://digital.ncdcr.gov/digital/collection/p249901coll22/id/5443.

35  Umfleet, *1898 Wilmington Race Riot Report*, S. 115.

36  Ebenda, S. 209.

37  The Committee on House Administration of the U. S. House of Representatives, *Black Americans in Congress, 1870 – 2007*, Washington, DC: U. S. Government Printing Office 2008, S. 169, https://www.govinfo.gov/content/pkg/GPO-CDOC-108hdoc224/pdf/GPO-CDOC-108hdoc224.pdf#page=177.

38  »Black-American Members by Congress, 1870–Present«, History, Art & Archives, United States House of Representatives, aufgerufen am 7. Februar 2022, https://history.house.gov/Exhibitions-and-Publications/BAIC/Black-Americans-in-Congress/.

39 Joseph A. Stewart, »A Card. For Register of Deeds«, *The County Union* (Dunn, NC), 3. August 1898, https://www.newspapers.com/clip/54252608/ joseph-a-stewart-runs-for-register-of. Stewart schrieb: »Ich erkläre hiermit meine Kandidatur für das Grundbuchamt von Harnett County. Die Entscheidung obliegt der Democratic County Convention, die am 15. August in Lillington stattfinden wird.«

40 Special Staff of Writers, *History of North Carolina. Bd. VI. North Carolina Biography*, New York: The Lewis Publishing Company 1919, S. 56.

41 »All Known NC Post Offices – 1785 to 1971, Alphabetical Order M–Z«, aufgerufen am 7. Februar 2022, https://www.carolana.com/NC/Towns/ NC_POs_1785_to_1971_M_thru_Z.htm; R.F. Winter, »Postmark Catalog: Harnett County«, North Carolina Postal History Society, 23. Mai 2017, S. 54, http://www.ncpostalhistory.com/wp-content/uploads/2017/05/ PostmarkCatalog_harnett_county-20170523.pdf#page=54.

42 Lokalberichterstattung, *Coats Museum News*, 5. Dezember 2011, http:// www.coatsmuseum.com/december-5-2011.html. Andere heutige Nachfahren von Charles und Hannah Stewart finden sich im »family tribute«-Abschnitt am Ende von Mary Alice Hasty, *The Heritage of Harnett County, North Carolina*, Erwin, NC: The Heritage of Harnett Book Committee, in Cooperation with Delmar Printing 1993.

43 Standardtotenschein, Hillery Thomas Stewart, hinterlegt am 20. Dezember 1937 beim North Carolina State Board of Health, Bureau of Vital Statistics, North Carolina State Archives, Raleigh, North Carolina, digitalisiertes Bild, Ancestry.com. Die Autoren interviewten auch Nachfahren Stewarts.

44 Mündliche Überlieferung in der Familie und Einberufungskarten des Zweiten Weltkriegs, auf denen die Größe der Männer festgehalten ist.

45 Mündliche Überlieferung in der Familie, von den Kindern von H.B. und Laura Ann Jones an die Autoren weitergegeben.

46 Die Beschreibung der Erfahrungen der Familie Jones als Sharecroppers wurde den Autoren bei Interviews mit verschiedenen Tanten, Onkeln und anderen Verwandten von George Floyd vermittelt, die als Kinder auf den Tabakfeldern gearbeitet hatten.

47 U.S. Department of Health and Human Services, Centers for Disease Control and Prevention, »History of the Surgeon General's Report on Smoking and Health«, CDC.gov, 19. Oktober 2021, https://www.cdc.gov/ tobacco/data_statistics/sgr/history/index.htm.

48 Joseph G.L. Lee u.a., »A Systematic Review of Neighborhood Disparities in Point-of-Sale Tobacco Marketing«, *American Journal of Public Health* 105, Nr. 9 (September 2015), S. e8–18, https://doi.org/10.2105/ajph.2015. 302777; Tess Boley Cruz, La Tanisha Wright und George Crawford, »The

Menthol Marketing Mix: Targeted Promotions for Focus Communities in the United States«, *Nicotine & Tobacco Research* 12, Supplement 2 (1. Dezember 2010), S. S147–S153, https://doi.org/10.1093/ntr/ntq201.

49 U.S. Department of Health and Human Services, *Tobacco Use Among U.S. Racial/Ethnic Minority Groups: African Americans, American Indians and Alaska Natives, Asian Americans and Pacific Islanders, and Hispanics: A Report of the Surgeon General*, Atlanta: U.S. Department of Health and Human Services, Centers for Disease Control and Prevention, National Center for Chronic Disease Prevention and Health Promotion, Office on Smoking and Health 1998, S. 23, Abb. 1, https://www.cdc.gov/tobacco/data_statistics/sgr/1998/complete_report/pdfs/complete_report.pdf#page=36.

50 Staff writers, »North Carolina & Tobacco: A Timeline«, *Bright Leaves*, eine Dokumentation des Public Broadcasting Service zur Tabakindustrie, ausgestrahlt am 23. August 2005, http://archive.pov.org/brightleaves/timeline.

51 Laverne Creek, Tom Capeheart und Verner Grise, *U.S. Tobacco Statistics, 1935–92*, Washington, DC: U.S. Department of Agriculture, Economic Research Service, Commodity Economics Division 1994, S. 5, https://www.ers.usda.gov/webdocs/publications/47092/59808_sb869.pdf#page=19.

52 Creek, Capeheart und Grise, *U.S. Tobacco Statistics, 1935–92*, S. 51.

53 Creek, Capeheart und Grise, *U.S. Tobacco Statistics, 1935–92*, S. 5.

54 Creek, Capeheart und Grise, *U.S. Tobacco Statistics, 1935–92*, S. 14. Amerikanische Erwachsene rauchten im Jahr 1963 pro Kopf 4325 Zigaretten, die höchste Gesamtmenge bisher. Tabakproduzenten verkauften in den USA in jenem Jahr Zigaretten im Wert von mehr als 7 Milliarden Dollar.

55 W.P. Hedrick und J.H. Cyrus, »North Carolina Tobacco Report, 1964–1965«, Raleigh, NC: Tobacco Section, Division of Markets, North Carolina Department of Agriculture 1965, S. 5, https://digital.ncdcr.gov/digital/collection/p249901coll22/id/306767.

56 »About the Duke Endowment«, The Duke Endowment, aufgerufen am 7. Februar 2022, https://www.dukeendowment.org/about/about-the-endowment.

57 Standardtotenschein, Frank Jones, hinterlegt am 15. Januar 1958 beim North Carolina State Board of Health, Bureau of Vital Statistics, North Carolina State Archives, Raleigh, North Carolina, digitalisiertes Bild, Ancestry.com. Die Autoren interviewten auch Frank Jones' Geschwister.

58 Bruce Siceloff, »Signing Off: Klan Greeting Topples After 10 years«, *The News and Observer* (Raleigh, NC), 27. März 1977, https://www.newsobserver.com/latest-news/90xc6p/picture232986937/alternates/FREE_768/Klan1977.

JPG; Mary Ann Lachat, »Desegregation in Goldsboro, North Carolina: A Case Study«, Washington, DC: Office of Education 1973, S. 9, https://files. eric.ed.gov/fulltext/ED117278.pdf.

59 »Total Population – New York City & Boroughs, 1900 to 2010«, Population Division, New York City Department of City Planning, aufgerufen am 7. Februar 2022, https://www1.nyc.gov/assets/planning/download/ pdf/planning-level/nyc-population/historical-population/nyc_total_ pop_1900-2010.pdf.

60 Die Rekonstruktion der Familiengeschichte von George Perry Floyd Sr. entstand aus Volkszählungsunterlagen, Eheverzeichnissen, Zeitungsberichten und mündlicher Überlieferung seiner Nachkommen.

61 Testament und Nachlassverzeichnisse von Francis Floyd, North Carolina, 1856–1859, Division of Archives and History, Probate Place: Robeson County, North Carolina, Ancestry.com.

62 Unter den Nachlassunterlagen von Francis Floyd findet sich eine Gerichtseingabe seiner Erben vom November 1858. Sie wollten zwei versklavte Menschen verkaufen und die Einnahmen gleichmäßig aufteilen. Sie schrieben: »Die Antragsteller zeigen des Weiteren an, dass sie die besagten Sklaven unter sich aufgeteilt haben wollen nach ihren jeweiligen Anrechten und Anteilen an denselben, doch dass eine Aufteilung in natura nicht vorgenommen werden kann ohne eine Ungerechtigkeit gegen die beteiligten Parteien. Die Antragsteller bitten Euer Gnaden daher, einen Verkauf anzuordnen …« Das Gericht stimmte zu, und im Februar 1859 wurde ein vierundzwanzigjähriger Mann von der Floyd-Plantage auf das Auktionspodest gebracht, um an den Meistbietenden verkauft zu werden. Es kam zu einem Bietergefecht unter mehreren *weißen* Männern, bis ein gewisser Williams das Höchstgebot abgab: 1196 Dollar. Der Name des verkauften Mannes lautete: George Floyd.

63 U.S. Census Bureau, 1870 United States Census, White House, Robeson County, North Carolina, Roll: M593_1157; Page: 198B, digitisiertes Bild s.v. »Carlyle Floyd«, Ancestry.com.

64 Indexiertes Eheregister, Robeson County, für den 24. März 1872, Eheschließung zwischen Carlyle Floyd und Kitty Pittman, Ancestry.com.

65 Staff writers, »Deaths and Funerals: Archie Floyd«, *The Robesonian* (Lumberton, NC), 29. November 1955, https://www.newspapers.com/ image/42046330/?terms=%22archie%20floyd%22&amp;match=1. Mündliche Überlieferung in der Familie, gesammelt in Interviews der Autoren mit Nachkommen von Carlyle Floyd.

# Kapitel 4: Schule

1 Thomas D. Snyder und Charlene M. Hoffman, *Digest of Education Statistics 1994* (Washington, DC: U.S. Department of Education, Office of Educational Research and Improvement, National Center for Education Statistics, 1994), S. 217, https://books.google.com/books?id=WSurc CkIzvEC&amp;pg=PA217&amp;lpg=PA217&amp;d.

2 Richard Pennington, »Darrell K Royal-Texas Memorial Stadium«, Texas State Historical Association Handbook of Texas, 1. September 1995, https://www.tshaonline.org/handbook/entries/darrell-k-royal-texas-memorial-stadium.

3 George H. W. Bush, »Remarks at the University of Texas Commencement Ceremony in Austin«, The American Presidency Project, 19. Mai 1990, https://www.presidency.ucsb.edu/documents/remarks-the-university-texas-commencement-ceremony-austin.

4 »Population Estimates of Texas Cities, 1990–99, Arranged in Alphabetical Order«, Texas State Library and Archives Commission, sich auf Erhebungen einer Volkszählung in den USA beziehend, 20. Oktober 2000, https://www.tsl.texas.gov/ref/abouttx/popcity2.html.

5 John Werner, »Texas Sports Hall of Fame: Dynamic Bailey Left Lasting Legacy«, *Waco Tribune-Herald*, 28. February 2018, https://wacotrib.com/sports/texas_sports_hall_of_fame/texas-sports-hall-of-fame-dynamic-bailey-left-lasting-legacy/article_17deec32-dbf8-57b1-af8d-d7805b780a04.html. Dieser Artikel enthält ein Foto mit der Bildunterschrift: »Three members of the 1990 Chicago Bears (from left) line-backer John Roper, running back Johnny Bailey and receiver Quintin Smith – were also teammates in high school at Houston Yates.«; *The Great Yates: Thursday Night Lights and the Magical Season*, produziert von Donald M. Pinkard und Jocelyn Pinkard (Dallas: Urban Aggregate LLC, 2019), zuletzt aufgerufen am 4. September 2021, https://jpink 98701.gumroad.com. In diesem Dokumentarfilm sind Bailey, Roper, Smith und andere Yates-Spieler zu sehen, die in die NFL aufgestiegen sind.

6 Ezell Wilson, »Third Ward, Steeped in Tradition of Self-Reliance and Achievement«, *Houston History* 8, Nr. 2 (25. März 2011), S. 32, https://houstonhistorymagazine.org/wp-content/uploads/2011/04/wilson-third-ward.pdf.

7 Plessy v. Ferguson, 163 U.S. 537 (1896).

8 The Texas Advisory Committee on Segregation in the Public Schools, »Report of the Legal and Legislative Subcommittee of the Texas Advisory Committee on Segregation in the Public Schools«, 1. Sep-

521

tember 1956, S. 1–58, https://lrl.texas.gov/scanned/interim/54/54_
SegregInPubSchools.pdf.

9 The Texas Advisory Committee on Segregation in the Public Schools,
»Report«, S. 8.

10 Charles Waite, »Price Daniel, Texas Democrats, and School Segregation,
1956–1957«, *East Texas Historical Journal* 48, Nr. 2 (2010), S. 110–119, https://
scholarworks.sfasu.edu/ethj/vol48/iss2/10.

11 Delores Ross, et al., Plaintiffs-appellants, v. Houston Independent School
District, et al., Defendants-appellees, 699 F.2d 218 (5th Cir. 1983).

12 Das sogenannte »Busing« bezeichnete in den USA die Beförderung
Schwarzer Schülerinnen und Schüler per Bus zu überwiegend *weißen*
Schule, die der Segregation entgegenwirken sollte. (Anm. d. Übers.)

13 William Henry Kellar, *Make Haste Slowly: Moderates, Conservatives, and School
Desegregation in Houston* (College Station: Texas A&M University Press,
1999), S. 138.

14 Kellar, *Make Haste Slowly*, S. 127. In einem Urteil vom 3. August 1960 entschied Bezirksrichter Ben Connally, dass sein vom Schulbezirk Houston
vorgelegter Desegregationsplan »keinen glaubhaften Versuch darstellt,
frühere Anordnungen des Gerichts zu befolgen, sondern eine offensicht-
liche Täuschung und ein Vorwand für weitere Ausflüchte und Verzögerungstaktiken«.

15 Laura Meckler, »George Floyd's America: Looking for His Ticket Out«,
*The Washington Post*, 12. Oktober 2020, https://www.washingtonpost.com/
graphics/2020/national/george-floyd-america/education.

16 Martin Waldron, »Houston Moves to Desegregate Schools Amid Clamor
of Protest«, *The New York Times*, 1. März 1970, https://www.nytimes.com/
1970/03/01/archives/houston-moves-to-desegregate-schools-amid-
clamor-of-protest-angry.html.

17 Texas Education Agency, »Yates High School, Final 1990–91 Campus
Performance«, zuletzt aufgerufen am 12. September 2021, https://rptsvr1.
tea.texas.gov/perfreport/aeis/91/campus/101912020.html.

18 Associated Press, »18-Year-Old Texas Mother Is a Valedictorian«, *The New
York Times*, 11. Juni 1989, https://www.nytimes.com/1989/06/11/us/18-year-
old-texas-mother-is-a-valedictorian.html.

19 Associated Press, »18-Year-Old Texas Mother Is a Valedictorian«.

20 Sofern nicht anders angegeben, haben die Autoren alle Details und Zitate
zum Tod von Carl Owens aus Polizeiakten und Interviews mit mehreren
Zeugen.

21 James T. Campbell, »Yates Athlete's Murder Stuns Coaches, Friends;
Community Mourns Senseless Tragedy«, Houston Chronicle, 12. August
1991, A11.

22 Waldron, »Houston Moves to Desegregate Schools«.

23 »George Floyd's America: Looking for His Ticket Out«; und Delores Ross,
et al., Plaintiffs-appellants, v. Houston Independent School District, et
al., Defendants-appellees, 699 F.2d 218 (5th Cir. 1983).

24 Delores Ross, et al., Plaintiffs-appellants, v. Houston Independent School
District, et al., Defendants-appellees, 699 F.2d 218 (5th Cir. 1983).

25 Ross v. Houston Independent Sch. Dist, 457 F. Supp. 18
(S. D. Tex. 1977), https://law.justia.com/cases/federal/district-courts/
FSupp/457/18/2347735. In diesem Urteil stellte der Richter Finis E. Cowan
fest, dass der vorgeschlagene Westheimer Independent School District
im Wesentlichen eine »Protestbewegung« sei, die mit der Schaffung eines
»abtrünnigen weißen Bezirks« im Westen Houstons gegen die Integration
vorgehen wolle.

26 Ross v. Houston Independent Sch. Dist, 457 F. Supp. 18 (S. D. Tex. 1977).
In diesem Urteil schrieb Richter Cowan: »Eines der schwerwiegendsten
Probleme, mit denen der HISD zu kämpfen hat, ist die Tatsache, dass er
von überwiegend weißen Schulbezirken umgeben ist, was die Flucht der
Weißen in die Vorstädte noch begünstigt und nicht dazu beiträgt, den Folgen des zuvor bestehenden dualen Systems entgegenzuwirken.« Cowan
fügte hinzu, dass Detroit, Atlanta, St. Louis, Wilmington und »praktisch
jeder städtische Ballungsraum in unserem Land« von diesem »ernsten
Problem« betroffen sei.

27 Spencer Rich, »School Integration Sought by U. S. in Houston, Sub-
urbs«, The Washington Post, 16. Mai 1980, https://www.washingtonpost.
com/archive/politics/1980/05/16/school-integration-sought-by-us-in-
houston-suburbs/0f90f3cf-cef8-48d9-a4f2-ebf42b1f3042.

28 Meckler, »George Floyd's America: Looking for His Ticket Out«.

29 Delores Ross, et al., Plaintiffs-appellants, v. Houston Independent School
District, et al., Defendants-appellees, 699 F.2d 218 (5th Cir. 1983). Das
Urteil von Richter Alvin B. Rubins bestätigte die Einschätzung der Vor-
instanz, dass der HISD einen »Sonderstatus« erreicht habe.

30 Rubins Urteil von 1983 in Delores Ross, et al., Plaintiffs-appellants,
v. Houston Independent School District, et al., Defendants-appellees,
699 F.2d 218 (5th Cir. 1983).

31 Delores Ross, et al., Plaintiffs-appellants, v. Houston Independent School
District, et al., Defendants-appellees, 699 F.2d 218 (5th Cir. 1983). In
seinem Urteil aus dem Jahr 1983 schrieb Richter Alvin Rubin: »An 22 der
226 Schulen des Systems war die Schülerschaft seit 1960 durchgehend
zu 90 oder mehr Prozent Schwarz. Und heute ist die Schülerschaft an 33
weitere Schulen zu 90 oder mehr Prozent Schwarz.«

32 Luke Records v. Navarro, 960 F.2d 134 (11th Cir. 1992). Der U. S. Supreme

Court lehnte in diesem Fall ein Certiorari ab und stoppte damit die Bemühungen der Behörden Floridas, gegen das Urteil des Bezirksgerichts zugunsten der 2 Live Crew Berufung einzulegen.

33 MC Lyte und Ivan »Doc« Rodriguez, »Poor Georgie«, veröffentlicht am 17. September 1991, Liedtext unter https://genius.com/Mc-lyte-poor-georgie-lyrics.

34 David Barron, »Yates Looks to Settle the Score with History«, *Houston Chronicle*, 29. Mai 2005, https://www.chron.com/sports/article/Yates-looks-to-settle-the-score-with-history-1949167.php; *The Great Yates: Thursday Night Lights and the Magical Season.*

35 Sam Khan Jr., »Yates May See Its Football Play-off Streak End«, *Houston Chronicle*, 24. Oktober 2008, https://www.chron.com/sports/high-school/article/Yates-may-see-its-football-playoff-streak-end-1764766.php. Eine in diesem Artikel veröffentlichte Tabelle zeigt, dass Yates die meisten Playoff-Teilnahmen in Folge in der Geschichte des texanischen Highschool-Footballs zu verzeichnen hat, eine Serie, die 1977 begann und 33 Jahre anhielt. Im Jahr 1992 waren es demnach 15 Jahre in Folge.

36 Waldron, »Houston Moves to Desegregate Schools«.

37 Waldron, »Houston Moves to Desegregate Schools«.

38 Die GI Bill ist ein Bundesgesetz der Vereinigten Staaten aus dem Jahr 1944, das Soldaten, die im Zweiten Weltkrieg gedient haben, unter anderem den Zugang zu einer Universität zusicherte. (Anm. d. Übers.)

39 Richard Carson / Houston Chronicle file photo, 11. November 1992. Das Foto erschien in einem Artikel von Gabrielle Banks, Julian Gill, John Tedesco und Jordan Rubio, »George Floyd: ›I'm Gonna Change the World‹« *Houston Chronicle*, 6. Juni 2020, https://www.houstonchronicle.com/news/houston-texas/houston/article/George-Floyd-Houston-Texas-change-the-world-15322149.php.

40 *Hey, ho, es ist angepfiffen,*
*wir gehen zu den State Championchips, weißt du es nicht?*
*Zusammen ... diese Saison.*
*Sean Porter fällt zurüüüück, and Big Floyd fängt das Stüüück.*
*Und diese Saison wird eine ganz besondere für mich sein ...*

41 University Inter-Scholastic League, »1992 State Championship Conference 5A Division 2«, Spielbericht, https://www.uiltexas.org/files/athletics/state-football/boxscores/19925AD2FBBOX.pdf. Die Beschreibung des State-Championship-Spiels basiert auf Interviews der Autoren mit mehreren Spielern, Schulvertretern und Fans sowie dem offiziellen Spielbericht und einem Video von 1992, ausgestrahlt von Home Sports Entertainment und verfügbar unter https://vimeo.com/424586915.

42 University Inter-Scholastic League, »1992 State Championship Conference 5A Division 2«.

43 GI Forum v. Texas Education Agency, Civil Action No. SA-97-CA-1278-EP (W.D. Tex. 7. Januar 2000), https://casetext.com/case/gi-forum-v-texas-education-agency-wdtex-2000/case-details.

44 GI Forum v. Texas Education Agency.

45 Mark A. J. Fassold, »Disparate Impact Analyses of TAAS Scores and School Quality«, *Hispanic Journal of Behavioral Sciences* 22, Nr. 4 (November 2000), S. 460–480, https://doi.org/10.1177/0739986300224006.

46 GI Forum v. Texas Education Agency.

47 The National Commission on Excellence in Education, »A Nation at Risk: The Imperative for Educational Reform«, April 1983, https://www2.ed.gov/pubs/NatAtRisk/title.html.

48 Andrew P. Huddleston und Elizabeth C. Rockwell, »Assessment for the Masses: A Historical Critique of High-Stakes Testing in Reading«, *Texas Journal of Literacy Education* 3, Nr. 1 (2015), S. 38–49, https://files.eric.ed.gov/fulltext/EJ1110955.pdf.

49 Michael Isikoff und David Von Drehle, »Perot-Schools Shootout«, *The Washington Post*, 28. Juni 1992, https://www.washingtonpost.com/archive/politics/1992/06/28/perot-schools-shootout/03e8c3ea-4baf-4a8b-9581-01f43b47c444.

50 NewsEditor, »Studies Find High Stakes Tests Threaten Disadvantaged Students in Texas«, Harvard Graduate School of Education, 5. Januar 2000, https://www.gse.harvard.edu/news/00/01/studies-find-high-stakes-tests-threaten-disadvantaged-students-texas.

51 Die Details dieser Festnahme im Jahr 1997 sind in den Aufzeichnungen des Houston Police Department dokumentiert, die den Autoren einschließlich des HPD OLO Incident Report 098848797 zur Verfügung standen.

## Kapitel 5: Der Staat Texas gegen George Floyd

1 Jeremy Travis, Bruce Western und Steve Redburn (Hg.), *The Growth of Incarceration in the United States: Exploring Causes and Consequences* (Washington, DC: The National Academies Press, 2014), S. 33, https://www.nap.edu/read/18613/chapter/4.

2 David Farber, »The War on Drugs Turns 50 Today. It's Time to Make Peace«, *The Washington Post*, 17. Juni 2021, https://www.washingtonpost.com/outlook/2021/06/17/war-drugs-turns-50-today-its-time-make-peace.

3 »President Nixon Declares Drug Abuse ›Public Enemy Number One‹, Richard Nixon Foundation, 17. Juni 1971, YouTube video, hochgeladen am 29. April 2016, 4:37, https://www.youtube.com/watch?v=y8TGLLQlD9M&amp;t=1s.

4 David Baum, »Legalize It All: How to Win the War on Drugs« *Harper's Magazine*, April 2016, https://harpers.org/archive/2016/04/legalize-it-all. Der Artikel zitiert den innenpolitischen Berater John Ehrlichman mit den Worten, »Nixons Kampagne 1968 und das Weiße Haus unter Nixon hatten zwei Feinde: die Kriegsgegner*innen aus dem linken Lager und Schwarze Menschen. Verstehen Sie, was ich sage? Wir wussten, dass wir es weder gegen den Krieg noch Schwarz zu sein als illegal erklären konnten, doch indem wir die Öffentlichkeit dazu brachten, die Hippies mit Marihuana und die Schwarzen mit Heroin zu assoziieren, und beide Gruppen in der Folge massiv kriminalisierten, konnten wir ihre Communities auseinanderreißen. Wir konnten ihre Anführer*innen verhaften, ihre Häuser überfallen, ihre Zusammenkünfte auflösen und sie tagtäglich in den Abendnachrichten verunglimpfen. Wussten wir, dass wir logen, was die Drogen anbelangte? Natürlich wussten wir das.«

5 Ronald Reagan, »14. September 1986: Speech to the Nation on the Campaign Against Drug Abuse«, The Miller Center, University of Virginia, https://millercenter.org/the-presidency/presidential-speeches/september-14-1986-speech-nation-campaign-against-drug-abuse.

6 Michael Isikoff, »Drug Buy Set Up for Bush Speech: DEA Lured Seller to Lafayette Park«, *The Washington Post*, 22. September 1989, https://www.washingtonpost.com/wp-srv/local/longterm/tours/scandal/bushdrug.htm.

7 George H.W. Bush, »Public Papers: Address to the Nation on the National Drug Control Strategy«, George H.W. Bush Presidential Library, 5. September 1989, https://bush41library.tamu.edu/archives/public-papers/863.

8 Michael Isikoff, »Drug Plan Allows for Use of Military«, *The Washington Post*, 10. September 1989, https://www.washingtonpost.com/archive/politics/1989/09/10/drug-plan-allows-use-of-military/e5093198-7d79-4301-a1ea-529d393672cc/.

9 Reagan, »14. September 1986: Speech to the Nation on the Campaign Against Drug Abuse«.

10 Ann Devroy, »Crime Bill Is Signed with Flourish«, *The Washington Post*, 14. September 1994, https://www.washingtonpost.com/archive/politics/1994/09/14/crime-bill-is-signed-with-flourish/650b1c2f-e306-4c00-9c6f-80bc9cc57e55.

11  U. S. Department of Justice, Office of Justice Programs, »1994 Violent Crime Control and Law Enforcement Act«, 14. February 2020, https://www.ojp.gov/ojp50/1994-violent-crime-control-and-law-enforcement-act#1994-violent-crime-control-and-law-enforcement-act.

12  Glenn Kessler, »Joe Biden's Defense of the 1994 Crime Bill's Role in Mass Incarcerations«, *The Washington Post*, 16. Mai 2019, https://www.washingtonpost.com/politics/2019/05/16/joe-bidens-defense-crime-bills-role-incarceration-trend.

13  Michelle Alexander, *The New Jim Crow: Mass Incarceration in the Age of Colorblindness* (New York: New Press, 2010), Kapitel 1.

14  Substance Abuse and Mental Health Services Administration, *Results from the 2013 National Survey on Drug Use and Health: Summary of National Findings*, NSDUH Series H-48, HHS Publication No. (SMA) 14 – 4863 (Rockville, MD: Substance Abuse and Mental Health Services Administration, 2014), S. 41, https://www.samhsa.gov/data/sites/default/files/NSDUHresultsPDFWHTML2013/Web/NSDUHresults2013.pdf#page=41.

15  Staff writers, »U. S. Prison Population Exceeded 1. 2 Million in ›97«, *The Washington Post*, 3. August 3.1998, https://www.washingtonpost.com/archive/politics/1998/08/03/us-prison-population-exceeded-12-million-in-97/49f17f46-de5f-44ca-bd11-14aa25cc84ea/.

16  Megan T. Stevenson und Sandra G. Mayson, »The Scale of Misdemeanor Justice«, *Boston Law Review* 98 (März 2018): S. 731 – 777, https://ssrn.com/abstract=3146057.

17  Jason Ziedenberg und Vincent Schiraldi, »Race and Imprisonment in Texas: The Disparate Incarceration of Latinos and African Americans in the Lone Star State«, *Justice Policy Institute*, 2005, S. 7, https://justicepolicy.org/wp-content/uploads/justicepolicy/documents/05-02_rep_txrace imprisonment_ac-rd.pdf#page=7.

18  Dana Kaplan, Vincent Schiraldi, und Jason Ziedenberg, »Texas Tough?: An Analysis of Incarceration and Crime Trends in the Lone Star State«, *Justice Policy Institute*, Oktober 2000, S. 6, https://web.archive.org/web/20210128130151/https:www.justicepolicy.org/uploads/justicepolicy/documents/texas_tough.pdf#page=6.

19  Allen J. Beck und Paige M. Harrison, »Prisoners in 2000«, *Bureau of Justice Statistics Bulletin*, August 2001, S. 9, https://bjs.ojp.gov/content/pub/pdf/p00.pdf#page=9.

20  Robert Perkinson, *Texas Tough: The Rise of America's Prison Empire* (New York: Metropolitan Books, 2010), S. 4.

21  Kaplan, Schiraldi und Ziedenberg, »Texas Tough?«, S. 6.

22  Strafregisterauszüge des Houston Police Department und des Harris County District Clerk, die den Autoren zur Verfügung standen.

23 Arelis R. Hernández, »Police Were a Part of George Floyd's Life from Beginning to End« *The Washington Post*, 26. Oktober 2020, https://www.washingtonpost.com/graphics/2020/national/george-floyd-america/policing.

24 IYO Visuals, »All Screwed Up | Visual Tribute (Official Version)«, YouTube Video, 18. November 2020, 33:12, https://www.youtube.com/watch?v=Dh3rz4sE5vg.

25 Brandon Jenkins, Interview mit Cal Wayne, in »Season 3, Part 4: Big Floyd«, *Mogul*, podcast audio, 14. Juli 2021, https://gimletmedia.com/shows/mogul/v4h6zle/s3-part-4-big-floyd.

26 DJ Screw, Big Floyd, Chris Ward, und AD, »Sittin' on Top of the World Freestyle«, veröffentlicht 1996, https://genius.com/Dj-screw-sittin-on-top-of-the-world-freestyle-lyrics.

27 Jenkins, »Season 3, Part 4: Big Floyd«.

*Verdammt, Little Wayne, ich bin schon so lange pleite / Seit Ewigkeiten belege ich nur den letzten Platz / Voller Potenzial, aber immer wieder Fehltritte / Ich muss schnell klarkommen, N\*\*\*a, und endlich erwachsen werden.*

28 Timothy Bella, »Hip-Hop's Unlikeliest Icons: Promethazine Codeine Syrup«, *Bloomberg News*, 9. März 2017, https://www.bloomberg.com/news/features/2017-03-09/hip-hop-s-unlikeliest-icons-promethazine-codeine-syrup-manufacturers.

29 Die Schilderung dieser Festnahme basiert auf Berichten des Houston Police Department und des Harris County District Clerk, das den Autoren zur Verfügung stand.

30 Harris County Aufnahmedokumente, die der *The Washington Post* zur Verfügung standen.

31 Harris County Aufnahmedokumente, die der *The Washington Post* zur Verfügung standen; Hernández, »Police Were a Part of George Floyd's Life from Beginning to End«.

32 Polly Ross Hughes, »State Budget Shortfall May Hit $12 Billion by 2003«, *Houston Chronicle*, 30. August 2002, https://www.chron.com/news/houston-texas/article/State-budget-shortfall-may-hit-12-billion-by-2003-2110490.php; R.G. Ratcliffe, »How the Legislature Might Address the Less-Than-Dire Budget Shortfall«, *Texas Monthly*, 11. Januar 2021, https://www.texasmonthly.com/news-politics/texas-budget-deficit-hegar/.

33 Paige M. Harrison und Jennifer C. Karberg, »Prison and Jail Inmates at Midyear 2003«, *Bureau of Justice Statistics Bulletin*, Mai 2004, https://bjs.ojp.gov/content/pub/pdf/pjim03.pdf.

34 Alexander, *The New Jim Crow*, S. 9.

35 Alexander, *The New Jim Crow*, Preface.

36  Alexander, *The New Jim Crow*, S. 7; Travis, Western, und Redburn (Hg.), *The Growth of Incarceration in the United States*, S. 41.

37  United States Census Bureau, Annual Survey of State Government Finances Tables, 2002, https://www.census.gov/data/tables/2002/econ/state/historical-tables.html; Perkinson, *Texas Tough*, S. 343.

38  Perkinson, *Texas Tough*, S. 343 f.

39  Perkinson, *Texas Tough*, 344 f.

40  Tracey Kyckelhahn,»State Corrections Expenditures, FY 1982 – 2010«, U.S. Department of Justice, Office of Justice Programs, Bureau of Justice Statistics, Dezember 2012, Bulletin, S. 6, https://bjs.ojp.gov/content/pub/pdf/scefy8210.pdf#page=6.

41  Kyckelhahn,»State Corrections Expenditures, FY 1982 – 2010«, S. 7, https://bjs.ojp.gov/content/pub/pdf/scefy8210.pdf#page=7.

42  Robert Perkinson,»Rick Perry, Criminal Justice Reformer? The Governor's Surprisingly Complicated Record«, *The New Republic*, 16. September 2011, https://newrepublic.com/article/95046/perkinson-prison-texas-perry-death-penalty-justice-reform; Associated Press,»Cost Cutters Slash Prison Food Budgets«, 14. Mai 2003, https://www.cbsnews.com/news/cost-cutters-slash-prison-food-budgets.

43  Perkinson, *Texas Tough*, S. 340 f.

44 »Book excerpt: Mark Updegroves‹ ›The Last Republicans‹ «, ABC News, 12. November 2017, https://abcnews.go.com/Politics/book-excerpt-mark-updegroves-republicans/story?id=51088011; Melina Delkic, »George W. Bush ›Chased a Lot of Pussy and Drank a Lot of Whiskey‹ in His Youth, He Says in a New Book«, *Newsweek*, 10. November 2017, https://www.newsweek.com/george-w-bush-chased-pussy-drank-whiskey-708653.

45  Staff and wire reports,»Bush Acknowledges 1976 DUI Charge«, CNN, 2. November 2000, https://www.cnn.com/2000/ALLPOLITICS/stories/11/02/bush.dui; Lois Romano und George Lardner Jr.,»Bush: So-So Student but a Campus Mover«, *The Washington Post*, 27. Juli 1999, https://www.washingtonpost.com/wp-srv/politics/campaigns/wh2000/stories/bush072799.htm.
    In einem Artikel über Bushs Zeit am College steht,»Mehrere Male geriet Bush in kleinere Schwierigkeiten. Ein Mal ging es um einen Torpfosten, den er umriss, als er zusammen mit Freunden einen Sieg der Football-mannschaft von Yale feierte.«
    » ›Das Spiel war zu Ende, und wir strömten alle nach draußen, und George war auf dem Torpfosten. Ich habe es vor Augen, als wäre es gestern gewesen‹, erinnerte sich sein Freund Clay Johnson. ›Wir holten den Trottel da runter, und die Campus-Polizei sagte, wir müssten alle

mitkommen, also marschierten wir zur Station der Campus-Polizei, und sie sagten, ›Ihr habt zehn Minuten, um aus der Stadt zu kommen.‹« Bei einem anderen Vorfall wurde Bush dabei erwischt, als er zusammen mit Freunden den Weihnachtskranz an einer Geschäftstür in New Haven ›auslieh‹. Er wurde wegen Ruhestörung angeklagt, aber die Klage wurde fallen gelassen.«

46  Maya Rao, »George Floyd's Search for Salvation«, *Star Tribune* (Minneapolis), 27. Dezember 2020, https://www.startribune.com/george-floyd-hoped-moving-to-minnesota-would-save-him-what-he-faced-here-killed-him/573417181.

47  Verhaftungsprotokolle des Houston Police Department sowie Interviews mit Mitgliedern der Familie Floyd.

48  Houston Police Department Archived OLO Incident Report No. 11827701, 29. August 2001 und Harris County District Court Protokolle, die den Autoren zur Verfügung standen.

49  Diese Verhaftung wurde den Autoren ihm Rahmen eines Interviews mit Rodney Floyd und anderen Familienmitgliedern von George Floyd, die Augenzeugen des Vorfalls waren, übermittelt.

50  Hernández, »Police Were a Part of George Floyd's Life from Beginning to End«.

51  Berichte des Houston Police Department einschließlich des Archived OLO Incident Report No. 19342804, 5. Februar 2004, die den Autoren zur Verfügung standen.

52  Manny Fernandez, »Probe of Old Drug Cases Raises Questions About 2004 George Floyd Arrest«, *The New York Times*, 19. Juni 2020, https://www.nytimes.com/2020/06/19/us/unrest-george-floyd-houston-goines.html.

53  Nicole Hensley, »Slamming Disgraced Cop's Involvement in Case, DA Kim Ogg Backs Posthumous Pardon for George Floyd«, *Houston Chronicle*, 28. April 2021, https://www.houstonchronicle.com/news/houston-texas/houston/article/Ogg-pens-formal-plea-for-George-Floyd-posthumous-16137063.php.

54  Kim Ogg, Office of District Attorney, Harris County, Texas, »Harding Street Supervisors Charged in Probe of Houston Police Narcotics Division«, Offizielle Stellungnahme, 1. Juli 2020, https://app.dao.hctx.net/harding-street-supervisors-charged-probe-houston-police-narcotics-division.
    In einer Stellungnahme gab Bezirksstaatsanwältin Kim Ogg bekannt, dass die Menschenrechtsabteilung ihrer Behörde Tausende von Fällen überprüfe, in denen die Truppe 15 der Rauschmittelbekämpfungseinheit des HPD Anklage erhoben hatte. Besagte Truppe habe unverhältnismä-

ßig oft Angehörige von Minderheiten wegen geringfügiger Drogendelikte verhaftet. »Diese Ermittlung legt Schicht für Schicht den auf Ab-
wege geratenen Vollzug des Betäubungsmittelgesetzes frei«, sagte Ogg.
»Hierbei wird die Art und Weise in Frage gestellt, wie das HPD Betäu-
bungsmittelgesetze vollstreckte, besonders in Schwarzen Communities.
Der Löwenanteil der durch diese Truppe vorgenommenen Verhaftungen
betraf Männer, die einer Minderheit angehörten und geringfügiger Drogendelikte beschuldigt wurden.«

55  Fernandez, »Probe of Old Drug Cases Raises Questions About
     2004 George Floyd Arrest«.

56  Robert Walters, Michael Marin und Mark Curriden, »Jury of Our Peers:
     An Unfulfilled Constitutional Promise«, *SMU Law Review* 58, Nr. 2 (2005),
     S. 319, https://scholar.smu.edu/smulr/vol58/iss2/5.

57  Verfahrensabsprachedokumente des Harris County District Clerk für
     George Perry Floyd von 1997, 1998, 1998, 2001, 2003, 2004, 2005, und
     2007, die den Autoren vorlagen.

58  Neel U. Sukhatme und Jay Jenkins, »Pay to Play? Campaign Finance and
     the Incentive Gap in the Sixth Amendment's Right to Counsel«, *Duke Law
     Journal* 70 (2020), S. 43 ff., https://ssrn.com/abstract=3611209.

59  Neena Satija, »How Judicial Conflicts of Interest are Denying Poor
     Texans Their Right to an Effective Lawyer«, *Texas Tribune*, 19. August
     2019, https://www.texastribune.org/2019/08/19/unchecked-power-texas-
     judges-indigent-defense.

60  George W. Bush, »Official Memorandum, State of Texas, Office of the
     Governor«, Veto of Senate Bill 247, 20. Juni 1999, https://lrl.texas.gov/
     scanned/vetoes/76/sb247.pdf#navpanes=0; Adam Nagourney, »Bush
     Iowa Trip Signals Real Start of 2000 Race for the Presidency«, *The
     New York Times*, 13. Juni 1999, https://www.nytimes.com/1999/06/13/us/
     bush-iowa-trip-signals-real-start-of-2000-race-for-the-presidency.
     html.

61  Sofern nicht anders angegeben, basiert die Schilderung des Raubüber-
     falls im Jahr 2007 sowie der nachfolgenden strafrechtlichen Ermitt-
     lung auf Berichten des Houston Police Department sowie mehreren
     Interviews, durchgeführt von *Washington Post*-Berichterstatterin Arelis
     Hernández, einschließlich mehrerer Interviews mit Aracely Henriquez,
     die sich während des Raubüberfalls im Haus befunden hatte.

62  Van Terrell Dickerson und Vaughn Terrell Dickerson, Appellants vs. The
     State of Texas, Appellee, Court of Appeals of Texas, Fourth District, San
     Antonio, 87 S. W. 3rd 632 (Tex. App. 2002), 26. Juni 2002, https://casetext.
     com/case/dickerson-v-state-33.

63  Texas Department of Criminal Justice, *Offender Orientation Handbook*,

November 2004, http://www.law.umich.edu/special/policyclearinghouse/
Documents/Texas%20-%20Offender_Orientation_Handbook_English.
pdf.

64 Shane Bauer, *American Prison: A Reporter's Undercover Journey into the
Business of Punishment* (New York: Penguin Books, 2019), S. 461–479; Bruce
Jackson, *Inside the Wire: Photographs from Texas and Arkansas Prisons* (Austin:
University of Texas Press, 2013).

65 Bauer, *American Prison*, S. 691.

66 Alex Friedmann, »Apples-To-Fish: Public and Private Prison Cost Com-
parisons«, *Fordham Urban Law Journal* 42, Nr. 2 (April 2016) S. 544, https://
ir.lawnet.fordham.edu/cgi/viewcontent.cgi?article=2565&amp;context=
ulj#page=43.

67 Texas Department of Criminal Justice, »Annual Review 2010,« Juli
2011, S. 7, https://www.tdcj.texas.gov/documents/Annual_Review_2010.
pdf#page=7. Im Jahr 2010 berichteten Beamt*innen des Texas Department of Criminal Justice, auf Forderung des Gouverneurs 55 Millionen
Dollar eingespart zu haben. Im Jahr 2011 einigten sich Beamt*innen des
TDCJ mit dem Büro des Gouverneurs auf zusätzliche Einsparungen in
Höhe von 40 Millionen Dollar. Ein Teil davon war auf Gefängnisprivati-
sierungen zurückzuführen. Texas Department of Criminal Justice,
»Summary of Fiscal Year 2011 Budget Reductions«, S. 1.

68 Dave Mann, »The Budget Deficit from Hell«, *Texas Observer*, 11. Januar
2011, https://www.texasobserver.org/the-budget-deficit-from-hell.

69 Texas Department of Criminal Justice, »Annual Review 2010«,
S. 56, https://www.tdcj.texas.gov/documents/Annual_Review_2010.
pdf#page=56; Texas Department of Criminal Justice, »Annual Review
2011« 54, https://www.tdcj.texas.gov/documents/Annual_Review_2011.
pdf#page=54. Beamt*innen des TDCJ berichteten, dass im Jahr 2010
texanische Justizvollzugsanstalten von Häftlingen gefertigte Produkte
im Wert von 83,5 Millionen Dollar verkauften. Im Jahr 2011 betrug der
Verkaufswert 77,4 Millionen Dollar.

70 Cleve R. Wootson Jr., »Profiting from Prisoners,« *The Washington Post*,
19. Oktober 2020, https://www.washingtonpost.com/graphics/2020/
national/george-floyd-america/criminal-justice; Chris Rogers, »Local
City Faces Financial Crisis after Jail Closes«, KCEN-TV, 6. Juli 2017,
https://www.kcentv.com/article/news/local/local-city-faces-financial-
crisis-after-jail-closes/454768963.

71 U.S. Census Bureau, »Texas: 2010, Population and Housing Unit Counts«,
September 2012, S. 76, https://www.census.gov/prod/cen2010/cph-2-
45.pdf#page=120; Rogers, »Local City Faces Financial Crisis after Jail
Closes«.

72 Wootson, »Profiting from Prisoners«.

73 James C. Dillard, »Facility Focus: Bartlett State Jail«, *InsideCCA*, 11. Februar 2015, https://web.archive.org/web/20210228152206/http:/staging. cca.com/insidecca/facility-focus-bartlett-state-jail. In diesem Unternehmensbericht merkt der Autor an, »Die Einrichtung unter Führung von Warden Michael Phillips ist Hauptarbeitgeber und wichtiger Corporate Citizen in Bartlett, der über 200 Jobs, 868 000 Dollar jährlich für die Nutzung von Versorgungsanlagen und für Gebühren sowie über 166 000 Dollar für lokale Ausgaben für Güter und Dienste zur Verfügung stellt.«

74 Rogers, »Local City Faces Financial Crisis after Jail Closes«.

75 Wootson, »Profiting from Prisoners«.

76 Corrections Corporation of America, Form 10-K 2010, zuletzt aufgerufen am 6. Januar 2022, S. 2, http://ir.corecivic.com/static-files/940963bd-f49c-435b-8910-58fec39c8c8d.

77 Yahoo! Finance data on stock price of CoreCivic zwischen 31. Dezember 2009 und 1. Januar 2011, https://finance.yahoo.com/quote/CXW/history?period1=1262304000&amp;period2=1296518400&amp;interval=1mo&amp;filter=history&amp;frequency=1mo&amp;includeAdjustedClose=true.

78 David Boucher, »CCA Changes Name to CoreCivic Amid Ongoing Scrutiny«, *The Tennessean*, 28. Oktober 2016, https://www.tennessean.com/story/news/2016/10/28/cca-changes-name-amid-ongoing-scrutiny/92883274.

79 Rick Warren, *The Purpose Driven Life* (Chagrin Falls, OH: Zondervan, 2006), Kindle.

80 Legislative Budget Board Staff, »Statewide Criminal and Juvenile Justice Recidivism and Revocations Rates«, Januar 2017, S. 12, https://www.lbb. state.tx.us/Documents/Publications/Policy_Report/3138_Stwide_Crim_Just_Recid_Revoc.pdf#page=19.

## Kapitel 6: Fixierung

1 Neena Satija, »How Minneapolis Police Handled the In-Custody Death of a Black Man 10 Years Before George Floyd«, *The Washington Post*, 29. August 2020, https://www.washingtonpost.com/investigations/2020/08/29/david-smith-death-minneapolis-police-kneeling.

2 Die Beschreibung des Trainings für die Bauchlage stammt aus Schulungsunterlagen und Anmeldebögen, die den Autoren vorliegen.

3 Manifest of the Antarctic, »New York, U. S., Arriving Passenger and Crew

Lists (including Castle Garden and Ellis Island), 1820–1957«, 16. August 1855, digitales Bild, s. v. »Anton Neideck,« Ancestry.com.

4 Diese Darstellung der Familiengeschichte von Derek Chauvin stützt sich auf öffentliche Aufzeichnungen, darunter Volkszählungsdokumente, Geschäftsbücher, Jahrbücher, Heiratsurkunden, Sterbeurkunden und Zeitungsberichte. Viele der Aufzeichnungen wurden über Ancestry.com bezogen.

5 Volkszählungsbüro, Volkszählung der USA von 1860, Ort: Detroit Revier 4, Wayne, Michigan; Rolle: M653_565; S. 249, digitales Bild, s. v. »Antony Neideck«, Ancestry.com.

6 Staff, »The Chauvin Murder«, The Detroit Free Press, 11. September, https://www.newspapers.com/image/119555548/?terms=charles%20b.%20chauvin&amp;match=1.

7 (Detroit: Manufacturer Publishing Company, 25. Januar 1935), S. 66, https://books.google.com/books?id=JuUTAQAAMAAJ&amp;lpg=RA25-PA66&amp;dq=cadillac%20book%20binding%20co%20williams&amp;pg=RA25-PA66#v=onepage&amp;q&amp;f=false; »Summary for: A. R. Chauvin Co.«, Michigan Department of Licensing and Regulatory Affairs, aufgerufen am 1. November 2021, https://cofs.lara.state.mi.us/CorpWeb/CorpSearch/CorpSummary.aspx?token=nBxIL
n58HwVtv4JMRDwTm1cWblopjmzIgq3FCQzRMH7ZomRAdeXC1NI5
kwbxmQNL5P1KV/usstRZI5w/XS2yLZDgDwmI49hGwZxc85AcGOHl/
NQDjiiMvmoEwGtNYKPmOvkICO2EqSq0VJNRGjV/z2OZFZKxw
TN64yF1mozzMeglcoMUvkQu767ehDcoiTKO27BiTLZdR9pDTzEEldcw
WbBExz5YuLHlG3yIIO3KkDrlLTNPBBEEI1AXlCvA2UdyGy45G8cXJPH
ZHMkEOmRLPVWnoNeU4+Q209bTREKwYja0FRwyto+1VBDRM4dpOs
EcCpnnoGwBesy1LF8WDavDvN1ykQbRnxN8.

8 Kurt Metzger und Jason Booza, »African Americans in the United States, Michigan and Metropolitan Detroit«, Center for Urban Studies, Wayne State University, 9. Februar 2002, https://web.archive.org/web/20060620081451/http://www.cus.wayne.edu/content/publications/AAwork8.pdf#page=9.

9 Metzger und Booza, »African Americans in the United States, Michigan and Metropolitan Detroit«, S. 9.

10 Jahrbuch der Simley Highschool, 1966, U. S., School Yearbooks, 1900–1999, digitales Bild, s. v., »Carolyn Runge«, Ancestry.com.

11 Diese Informationen sind aus Chauvins Schuljahrbüchern entnommen sowie seiner Personalakte bei der Polizei von Minneapolis und aus Gesprächen mit Familienangehörigen und Freunden, die aus Sicherheitsbedenken nicht genannt werden möchten. Einige Interviews wurden von dem in Minneapolis ansässigen Freiberufler Jared Goyette geführt.

12 Community United Against Police Brutality, »Derek M. Chauvin, badge #1087« aufgerufen am 11. Dezember 2021, http://complaints.cuapb.org/ police_archive/officer/2377.

13 »Derek Chauvin Sentencing Hearing«, CNN, 25. Juni 2021, http://www. cnn.com/TRANSCRIPTS/2106/25/cnr.09.html.

14 »Janee Harteau Resigns: A Timeline«, Star Tribune (Minneapolis), 22. Juli 2017, https://www.startribune.com/janee-harteau-resigns-a-timeline/435917263; »Lieutenant Medaria Arradondo, Lieutenant Donald Harris, Sergeant Charles Adams, Sergeant Dennis Hamilton, and Lieutenant Lee Edwards, Plaintiffs, v. City of Minneapolis, the Minneapolis Police Department, and Timothy Dolan, an, individual, Defendants«, Minnesota Public Radio, aufgerufen am 11. Dezember 2021, https:// minnesota.publicradio. org/features/2007/12/03_williamsb_copslawsuit /complaint.pdf.

15 »Timeline«, MPD 150: A People's Project Evaluating Policing, aufgerufen am 14. September 2021, https://www.mpd150.com/report-old/timeline.

16 National Advisory Commission on Civil Disorders, Bericht (1967), U.S. Department of Justice, aufgerufen am 11. 2019, https://www.ojp.gov/ncjrs/ virtual-library/abstracts/national-advisory-commission-civil-disorders-report.

17 Karren Mills, »City Image Tarnished by Allegations of Police Racism«, Associated Press, 21. März 1989, https://apnews.com/article/962eed0dea6 d4ccdadbbe151564b7413.

18 Tim Murphy, »Keith Ellison Is Everything Republicans Thought Obama Was. Maybe He's Just What Democrats Need.«, Mother Jones, März / April 2017, https://www.motherjones.com/politics/2017/02/keith-ellison-democratic-national-committee-chair.

19 Kirsten Delegard, Michael Lansing und Kristen Zschlomer, »The Way Community Center: 1913 Plymouth Avenue North«, Augsburg Digi-Tours, aufgerufen am 11. Dezember 2021, https://digitours.augsburg.edu/ items/show/29.

20 S. M. Chavey, »Refugee Once Shamed for Her Looks Vying to Be the First Hmong Mrs. Minnesota«, Pioneer Press (Minnesota), 2. Juni 2018, https:// www.twincities.com/2018/06/02/refugee-who-was-shamed-for-her-looks-as-a-child-is-vying-to-be-the-first-hmong-mrs-minnesota.

21 Holly Bailey, »Derek Chauvin: Officer's Aggressive Behavior Raises Questions about Excessive Off-Duty Police Work as Trial Approaches«, The Washington Post, 5. März 2021, https://www.washingtonpost.com/ national/derek-chauvin george-floyd/2021/03/05/cd6d37b8-782e-11eb-948d-19472e683521_story.html.

22 Die Einzelheiten zu den Vorfällen, an denen Chauvin beteiligt war, stam-

men aus Gesprächen mit den Betroffenen. Details zu Bürgerbeschwerden sind in Minneapolis nicht öffentlich zugänglich, wenn sie nicht zu disziplinarischen Maßnahmen führen.

23 Office of Justice Programs Diagnostic Center, »Diagnostic Analysis of Minneapolis Police Department, MN«, Januar 2015, aufgerufen am 15. November 2021, https://mn.gov/mdhr/assets/2015.01%20OJP%20 Minneapolis%20Police%20Report_tcm1061-457047.pdf.

24 Bureau of Justice Statistics: Sonderbericht, »Citizen Complaints about Police Use of Force« Juni 2006, https://bjs.ojp.gov/content/pub/pdf/ccpuf.pdf.

25 »Police Use of Force«, Open Minneapolis, aufgerufen am 15. November 2021, https://opendata.minneapolismn.gov/datasets/police-use-of-force/explore.

26 Angela Saini, *Superior: The Return of Race Science* (Boston: Beacon Press, 2019), S. 30 f.

27 Carroll Bogert und Lynnell Hancock, »Superpredators: The Media Myth that Demonized a Generation of Black Youth«, The Marshall Project, 11. November 2020, https://www.themarshallproject.org/2020/11/20/superpredator-the-media-myth-that-demonized-a-generation-of-black-youth.

28 »Excited Delirium Syndrome« (PowerPoint-Präsentation, Minnesota Police Department), aufgerufen am 15. November 2021, https://lims.minneapolismn.gov/download/Agenda/1858/MPDExcitedDeliriumSyndromePowerPointPresentation.pdf/54462/2328/MPD%20Excited%20Delirium%20Syndrome%20PowerPoint%20Presentation.

29 A. J. Ruttenber et al., »Fatal Excited Delirium Following Cocaine Use: Epidemiologic Findings Provide New Evidence for Mechanisms of Cocaine Toxicity«, Journal of Forensic Sciences 42, Nr. 1 (1997): S. 25 – 31.

30 Philippe Gonin, Nicolas Beysard, Bertrand Yersin und Pierre-Nicolas Carron, »Excited Delirium: A Systematic Review«, American Emergency Medicine 25, Nr. 5 (Mai 2018): S. 552 – 565, https://doi.org/10.1111/acem.13330.

31 Jason Szep, Tim Reid und Peter Eisler, »How Taser Inserts Itself into Investigations Involving Its Own Weapons«, Reuters, 24. August 2017, https://www.reuters.com/investigates/special-report/usa-taser-experts.

32 National Law Enforcement Technology Center, »Positional Asphyxia – Sudden Death«, Juni 1995, https://www.ojp.gov/pdffiles/posasph.pdf/.

33 Jeff Hargarten, »Stark Racial Disparities Remain as Police Use-of-Force Rate Rises«, *Star Tribune* (Minneapolis), 5. Juni 2020, https://www.startribune.com/stark-racial-disparities-remain-as-minneapolis-police-use-of-force-rate-rises/568966861.

34 State of Minnesota, »States Supplemental Memorandum of Law in Support of Other Evidence«, 16. November 2020, aufgerufen am 12.2021, https://mncourts.gov/mncourtsgov/media/High-Profile-Cases/27-CR-20-12646/Memorandum11162020.pdf.

35 Die Informationen basieren auf Polizeiprotokollen, die die Autoren erhalten haben, sowie auf den Erinnerungen von Monroe Skinaway.

36 Die Analyse der öffentlich zugänglichen Daten wurde von Steven Rich von der *Washington Post* durchgeführt; Daten verfügbar unter https://opendata.minneapolismn.gov/datasets/police-use-of-force/explore.

## Kapitel 7: Du musst es allein schaffen

1 The State of Texas Legislative Budget Board Staff, »Statewide Criminal and Juvenile Justice Recidivism and Revocations Rates«, Januar 2017, Nr. 12, https://www.lbb.state.tx.us/Documents/Publications/Policy_Report/3138_Stwide_Crim_Just_Recid_Revoc.pdf#page=19

2 Mike Ward, »Second Chances Blocked by State Licensing Rules«, *Houston Chronicle*, 26. Dezember 2014, https://www.houstonchronicle.com/politics/texas/article/Second-chances-blocked-by-state-licensing-rules-5980367.php.

3 Ward, »Second Chances Blocked«.

4 Rebecca Beitsch, »States Rethink Restrictions on Food Stamps, Welfare for Drug Felons«, *Stateline*, The Pew Charitable Trusts, 30. Juli 2015, https://www.pewtrusts.org/en/research-and-analysis/blogs/stateline/2015/07/30/states-rethink-restrictions-on-food-stamps-welfare-for-drug-felons.

5 Austin / Travis County Reentry Roundtable, »Locked Out: Criminal History Barriers to Affordable Rental Housing in Austin & Travis County, Texas«, Oktober 2016, Nr: 10, https://www.reentryroundtable.org/wp-content/uploads/2013/10/Criminal-Background-White-Paper.final_.pdf#page=10.

6 L.M. Sixel, »Working: Ex-Offenders Need Not Apply for Many State Jobs«, *Houston Chronicle*, 26. März 2014, https://www.houstonchronicle.com/business/columnists/sixel/article/Working-Ex-offenders-need-not-apply-for-many-5352145.php.

7 Texas Workforce Commission, »Equal Employment Opportunity and Minority Hiring Practices Report, Fiscal Years 2017 – 2018« 2018, Nr. 5, https://www.twc.texas.gov/files/twc/equal-employment opportunity-minority-hiring-practices-report-2017-2018-twc.pdf#page=6.

8 Lance Murray, »State of Texas Sues over EEOC Guidelines on Hiring Fe-

lons«, *Dallas Business Journal*, 4. November 2013, https://www.bizjournals.
com/dallas/news/2013/11/04/state-of-texas-sues-over-eeoc.html.

9 Sixel, »Working: Ex-Offenders Need Not Apply«.

10 Helen Gaebler, »Criminal Records in the Digital Age: A Review of
Current Practices and Recommendations for Reform in Texas«, William
Wayne Justice Center for Public Interest Law, The University of Texas
School of Law, März 2013, Nr: 2, https://law.utexas.edu/wp-content/
uploads/sites/27/Criminal-Records-in-the-Digital-Age-Report-by-
Helen-Gaebler.pdf#page=3.

11 Stephanie Wash, Sabina Ghebremedhin und Eva Pilgrim, »George
Floyd's 6-Year-Old Daughter Speaks Out About Her Dad: ›I Miss Him,‹
ABC News, 3. Juni 2020, https://abcnews.go.com/GMA/News/george-
floyds-daughter-speaks-dad-time/story?id=71031800.

12 Rapzilla.com, »Corey Paul Did Ministry with George Floyd, Legin Talks
Safe House, Mitch Darrell on Next Gen Leaders,« YouTube Video, 22. Oktober, 2020, 1:22:35, https://youtu.be/GCJp6O-Y5H8?t=2939.

13 Kate Shellnut, »George Floyd Left a Gospel Legacy in Houston«, *Christia-
nity Today*, 28. Mai 2020, https://www.christianitytoday.com/news/2020/
may/george-floyd-ministry-houston-third-ward-church.html

14 Brandon Jenkins, »Season 3, Part 4: Big Floyd«, *Mogul*, Podcast, 14. Juli
2021, https://gimletmedia.com/shows/mogul/v4h6zle/s3-part-4-big-
floyd.

15 Maya Rao, »George Floyd's Search for Salvation«, *Star Tribune* (Minneapolis), 27. Dezember 2020, https://www.startribune.com/george-floyd-
hoped-moving-to-minnesota-would-save-him-what-he-faced-here-
killed-him/573417181.

16 Robert Samuels, »Racism's Hidden Toll«, *The Washington Post*, 22. Oktober
2020, https://www.washingtonpost.com/graphics/2020/national/george-
floyd-america/health-care.

17 Nate Blakeslee, »Hooked on Hard Time«, *Texas Observer*, 16. Februar 2001,
*Texas Observer*, https://www.texasobserver.org/19-hooked-on-hard-time-
perrys-budget-feeds-the-prison-construction-industry-while-drug-
treatment-goes-hungry.

18 »Who Could Medicaid Reach with Expansion in Texas?«, Kaiser Family
Foundation, aufgerufen am 28. Oktober 28 2021, https://files.kff.org/
attachment/fact-sheet-medicaid-expansion-TX

# Kapitel 8: Wendepunkt

1 Sherman A. James, Curriculum Vitae, Duke University, https://sanford-files.cloud.duke.edu/sites/default/files/2021-07/Sherman_James_CV_July_19_2021.pdf.

2 Gene Demby, »Making the Case That Discrimination Is Bad for Your Health«, *Code Switch*, 14. January 2018, https://www.npr.org/sections/codeswitch/2018/01/14/577664626/making-the-case-that-discrimination-is-bad-for-your-health.

3 James S. Jackson, Katherine M. Knight und Jane A. Rafferty, »Race and Unhealthy Behaviors: Chronic Stress, the HPA Axis, and Physical and Mental Health Disparities Over the Life Course«, *American Journal of Public Health* 100, Nr. 5 (2010), S. 933–939, doi:10.2105/AJPH.2008.14 3446.

4 Sirry M. Alang, »Mental Health Care Among Blacks in America: Confronting Racism and Constructing Solutions«, *Health Services Research* 54, Nr. 2 (2019), S. 346–355, doi:10.1111/1475–6773.13115.

5 Elana K. Schwartz et al., »Exploring the Racial Diagnostic Bias of Schizophrenia Using Behavioral and Clinical-Based Measures«, *Journal of Abnormal Psychology* 128, Nr. 3 (2019), S. 263–271, https://doi.org/10.1037/abn0000409.

6 Office of Legislation and Regulations, Office of General Counsel, »Housing and Urban Development Authorities«, 8. February 2001, S. 16, https://www.huduser.gov/portal/Publications/pdf/HUD-11646.pdf.

7 Public Law 114–255, 114th Congress, 13. Dezember 2016, https://www.govinfo.gov/content/pkg/PLAW-114publ255/pdf/PLAW-114publ255.pdf.

8 »Implementation of the Provision of the Comprehensive Addiction and Recovery Act of 2016 Relating to the Dispensing of Narcotic Drugs for Opioid Use Disorder«, Federal Register, 23. Januar 2018, https://www.federalregister.gov/documents/2018/01/23/2018-01173/implementation-of-the-provision-of-the-comprehensive-addiction-and-recovery-act-of-2016-relating-to.

9 Sirry Alang, Donna D. McAlpine und Rachel Hardeman, »Police Brutality and Mistrust in Medical Institutions«, *Journal of Racial and Ethnic Health Disparities* 7 (2020), S. 760–768, doi:10.1007/s40615–020–00706-w.

10 Shervin Assari et al., »Racial Discrimination during Adolescence Predicts Mental Health Deterioration in Adulthood: Gender Differences among Blacks«, *Frontiers in Public Health* 5 (2017), https://doi.org/10.3389/fpubh.2017.00104.

11 Earlise Ward und Maigenete Mengesha, »Depression in African American Men: A Review of What We Know and Where We Need to Go from

Here«, *The American Journal of Orthopsychiatry* 83, Nr. 2, Teil 3 (April –
Juli 2013), S. 386 – 397, doi:10.1111/ajop.12015.

12 Travis A. Hoppe et al, »Topic Choice Contributes to the Lower Rate of
NIH Awards to African-American / Black Scientists«, *Science Advances* 5,
Nr. 10 (Oktober 2019), doi:10.1126/sciadv.aaw7238.

13 Lily, »How Big Is the Mall of America? 10 CRAZY Stats«, *Discover the
Cites*, 2. April 2021, https://discoverthecities.com/how-big-is-the-mall-
of-america.

14 Die Beschreibung der Szene basiert auf Interviews mit Floyds Freunden
und dem offiziellen Bericht des St. Louis Park Police Department.

## Kapitel 9: Die Realität kommt ins Spiel

1 Musste es sehen, um es glauben zu können,
Hab es gesehen, konnte es immer noch nicht glauben,
Enge Freunde in der Sucht, er umgab sich mit Blutsaugern und traut sich
trotzdem noch zu lächeln.

2 Emma Carew, »U's First Black Graduate and 1880 s Race Relations«,
*The Minnesota Daily*, 8. February 2006, https://mndaily.com/198401/
uncategorized/us-first-black-graduate-and-1880s-race-relations.

3 University of Minnesota, »Mapping Prejudice: Data & Maps«, aufgerufen
am 14. Februar 2022, https://mappingprejudice.umn.edu/data-and-map-
launch-page/index.html.

4 Samuel L. Myers Jr., »The Minnesota Paradox«, University of Minnesota
Hubert H. Humphrey School of Public Affairs, aufgerufen am 14. Februar
2022, https://www.hhh.umn.edu/research-centers/roy-wilkins-center-
human-relations-and-social-justice/minnesota-paradox.

5 Rachel R. Hardeman, »Black Maternal Health: Getting at the Root Cause
of Inequity«, Aussage vor dem Minnesota House Health Finance and
Policy Committee, 10. Februar 2021, https://www.house.leg.state.mn.us/
comm/docs/jxcJtsormE6fMILpfcbbcw.pdf.

6 Tracy Jan, »Minneapolis Had Progressive Policies, but Its Economy Still
Left Black Families Behind«, *The Washington Post*, 30. Juni 2020, https://
www.washingtonpost.com/business/2020/06/30/minneapolis-had-
progressive-policies-its-economy-still-left-black-families-behind.

7 Christopher Ingraham, »Racial Inequality in Minneapolis Is Among
the Worst in the Nation«, *The Washington Post*, 30. Mai 2020, https://
www.washingtonpost.com/business/2020/05/30/minneapolis-racial-
inequality/.

8 Rob Grunewald und Anusha Nath, »A Statewide Crisis: Minnesota's

Education Achievement Gaps«, Federal Reserve Bank of Minneapolis,
11. Oktober 2019, https://www.minneapolisfed.org/~/media/assets/pages/
education-acheivement-gaps/achievement-gaps-mn-report.pdf.

9 Jane McClure, »Rondo Neighborhood«, Saint Paul Historical, aufgerufen
am 14. Februar 2022, https://saintpaulhistorical.com/items/show/160?
tour=41&amp;index=11; Myron Medcalf, »Racism, Not a Highway, Tore
Apart St. Paul's Rondo Neighborhood«, *Star Tribune* (Minneapolis),
20. Februar 2021, https://www.startribune.com/a-racism-reckoning-in-
rondo/600025477.

10 Robert Samuels, »In Syracuse, a Road and Reparations«, *The Washington
Post*, 20. Oktober 2019, https://www.washingtonpost.com/nation/2019/
10/20/how-crumbling-bridge-syracuse-is-sparking-conversation-
about-reparations.

11 »Living Near Highways and Air Pollution«, American Lung Association,
aktualisiert am 5. Januar 2021, https://www.lung.org/clean-air/outdoors/
who-is-at-risk/highways.

12 Heather Brown, »What Is the History Behind Minnesota's Somali-Ameri-
can Community?«, WCCO 4, 23. Juli 2019, https://minnesota.cbslocal.com/
2019/07/23/minnesota-somali-american-population-good-question.

13 Karl Vick und Josiah Bates, »Minneapolis Police Were Cleared in the
Killing of Terrance Franklin. Franklin's Family Says a Video Proves He
Was Executed – and Now the Case May Be Reopened«, TIME, 25. Juni
2021, https://time.com/6075094/terrance-franklin-shooting.

14 Mark Berman, »Minneapolis Police Officers Who Fatally Shot Jamar
Clark Won't Face Federal Civil Rights Charges«, *The Washington Post*,
1. Juni 2016, https://www.washingtonpost.com/news/post-nation/
wp/2016/06/01/minneapolis-officers-who-fatally-shot-jamar-clark-
wont-face-federal-civil-rights-charges.

15 FOX 9 Minneapolis-St. Paul, »Mike Freeman: ›DNA is truth serum‹ in
Jamar Clark case«, 1. April 2016, 2 : 25 min, https://www.fox9.com/news/
mike-freeman-dna-is-truth-serum-in-jamar-clark-case.

16 Mark Berman, »Minn. Officer Acquitted in Shooting of Philando Castile
During Traffic Stop, Dismissed from Police Force«, *The Washington Post*,
17. Juni 2017, https://www.washingtonpost.com/news/post-nation/
wp/2017/06/16/minn-officer-acquitted-of-manslaughter-for-shooting-
philando-castile-during-traffic-stop.

17 *Diese Leute können nicht eine Person benennen, die ich ausgeraubt haben soll*
*Ich werde sicherstellen, dass sie alle mitkriegen, dass ich nur mit Liebe erfüllt bin*
*Du kannst sagen, was du willst*
*Du musst sichergehen, dass du sagst, was du weißt*
*Dieses Leben hat verschiedene Ebenen, die nicht alle erreichen*

18 Bella, »Hip-Hop's Unlikeliest Icons: Promethazine Codeine Syrup Manufacturers«.

19 Kim Painter, »Sizzurp: What You Need to Know About Cough Syrup High«, USA Today, 23. Januar 2014, https://www.usatoday.com/story/news/nation/2014/01/23/sizzurp-cough-syrup-drug/4793865/.

20 Keturah James und Ayana Jordan, »The Opioid Crisis in Black Communities«, *The Journal of Law, Medicine & Ethics* 46, Nr. 2 (Juni 2018): S. 404–421, https://doi.org/10.1177/1073110518782949.

21 Mary DeLaquil, »Differences in Rates of Drug Overdose Deaths by Race«, Minnesota Department of Health, 2019, https://www.health.state.mn.us/communities/opioids/documents/raceratedisparity2019prelimfinal.pdf.

22 »Opioid Overdose Deaths by Race / Ethnicity«, Kaiser Family Foundation, 2019, https://www.kff.org/other/state-indicator/opioid-overdose-deaths-by-raceethnicity/?currentTimeframe=0&amp;sortModel=%7B%22colId%22:%22Location%22,%22sort%22:%22asc%22%7D.

23 U.S. Department of Health and Human Services Substance Abuse and Mental Health Services Administration, Office of Behavioral Health Equity, »The Opioid Crisis and the Black / African American Population: An Urgent Issue«, aufgerufen am 14. Februar 2022, https://store.samhsa.gov/sites/default/files/SAMHSA_Digital_Download/PEP20-05-02-001_508%20Final.pdf.

24 *Die Straße ist ein Lifestyle*
*Entweder machst du mit oder nicht*
*Zeit im Gefängnis kann die Folge sein*
*Entweder machst du mit oder nicht*
*Das alles könnte dein Tod sein*
*Entweder du lebst oder nicht*

25 Holly Hedegaard, Merianne Rose Spencer und Matthew F. Garnett, »Increase in Drug Overdose Deaths Involving Cocaine: United States, 2009–2018«, NCHS Data Brief 384 (2020), https://www.cdc.gov/nchs/products/databriefs/db384.htm.

26 »Leading Causes of Death – Males – Non-Hispanic black – United States, 2017«, Centers of Disease Control and Prevention, aufgerufen am 14. Februar 2022, https://www.cdc.gov/healthequity/lcod/men/2017/nonhispanic-black/index.htm.

27 Holly Bailey, »Judge in George Floyd Case Allows Evidence of Prior Arrest, an Incident that Ended Without Violence«, *The Washington Post*, 15. Oktober 2020, https://www.washingtonpost.com/national/george-floyd-minneapolis-previous-arrest-evidence/2020/10/15/8471e296-0f2b-11eb-b1e8-16b59b92b36d_story.html.

28  Ayana Jordan u. a., »An Evaluation of Opioid Use in Black Communities: A Rapid Review of the Literature«, *Harvard Review of Psychiatry* 29, Nr. 2 (März–April 2021), S. 108–130, doi:10.1097/HRP.0000000000000285.

29  State of Minnesota v. Jeffrey Alan McRaven, 27-CR-20–1792, aufgerufen am 14. Februar 2022, https://www.mncourts.gov/Access-Case-Records.aspx.

30  Kavita Kumar, »Half of Black Workers in Minnesota Have Lost Work During Pandemic«, *Star Tribune* (Minneapolis), 18. Juli 2020, https://www.startribune.com/half-of-black-workers-in-minnesota-have-lost-work-during-pandemic/571820441.

31  Mann, ich bin wieder am Tiefpunkt angelangt
Stecke wieder in meiner Sucht fest
Es wird schlimmer, ich hab Corona + 300 Dollar
Mann, das Leben ist beschissen
Aber das Leben ist nie beschissen

## Kapitel 10: Memorial Day

1  Aymann Ismail, »The Store That Called the Cops on George Floyd«, *Slate*, 6. Oktober 2020, https://slate.com/human-interest/2020/10/cup-foods-george-floyd-store-911-history.html.

2  Community Design Group, LLC, »The 38th Street and Chicago Avenue Small Area / Corridor Framework Plan«, eingeführt am 21. März 2008, S. 6 f., https://minneapolis2040.com/media/1496/38th-st-chicago-ave-small-area-corridor-framework-plan.pdf#page=16.

3  Community Design Group, LLC, »38th Street and Chicago Avenue«, S. 21.

4  Ismail, »The Store That Called the Cops on George Floyd«.

5  Peter Martinez, »Minneapolis Releases Transcript of George Floyd 911 Call«, *CBS News*, 29. Mai 2020, https://www.cbsnews.com/news/george-floyd-death-911-transcript-minneapolis-police.

6  Kim Barker, »The Black Officer Who Detained George Floyd Had Pledged to Fix the Police«, *The New York Times*, 27. Juni 2020, https://www.nytimes.com/2020/06/27/us/minneapolis-police-officer-kueng.html.

7  Wo nicht anders angegeben, stammt die Beschreibung des Mordes an George Floyd aus den Interviews der Autoren mit Zeug*innen, Polizeiberichten, Gerichtsakten und Aussagen, Aufzeichnungen von Ermittlungsgesprächen, Bodykamera-Aufnahmen, Autopsieberichten und anderen medizinischen Berichten, Handyvideoaufzeichnungen, Aufnahmen von Überwachungskameras und Presseberichten.

8  Sue Anne Pressley, »Black Man Dragged to Death«, *The Washington*

*Post*, 10. Juni 1998, https://www.washingtonpost.com/wp-srv/national/longterm/jasper/charges061098.htm.

9 Jennifer Brooks, »Hero of Her Own Story: A Young Eyewitness to George Floyd's Killing is Writing a Children's Book«, *Star Tribune* (Minneapolis), 5. Juli 2020, https://www.startribune.com/hero-of-her-own-story-a-young-eyewitness-to-george-floyd-s-killing-is-writing-a-children-s-book/571630222.

10 Darnella Frazier, 2020, »They killed him right in front of cup foods over south on 38th and Chicago!!«, Facebook, 26. Mai 2020, https://www.facebook.com/darnellareallprettymarie/videos/1425398217661280.

11 Bill McCarthy, »What the First Police Statement about George Floyd Got Wrong«, *PolitiFact*, 22. April 2021, https://www.politifact.com/article/2021/apr/22/what-first-police-statement-about-george-floyd-got.

## Kapitel 11: Nichts zu verlieren außer unseren Ketten

1 »Derek Chauvin Trial Week Two«, CNN, 5. April 2021, http://www.cnn.com/TRANSCRIPTS/2104/05/cnr.11.html.

2 Libor Jany @StribJany), MPD / Mayor Frey news conference re the in-custody death, Twitter, 26. Mai 2020, https://twitter.com/i/broadcasts/1YqKDEkAWpBGV.

3 David A. Fahrenthold, »A Woman Killed. An Officer Shot. No One Legally Responsible«, *The Washington Post*, 24. September 2020, https://www.washingtonpost.com/politics/breonna-taylor-castle-doctrine/2020/09/24/44e41eba-fe90-11ea-b555-4d71a9254f4b_story.html.

4 Hannah Knowles, »Georgia's Attorney General Asks DOJ to Investigate Handling of Ahmaud Arbery's Killing«, *The Washington Post*, 11. Mai, 2020, https://www.washingtonpost.com/nation/2020/05/10/ahmaud-arbery-doj-investigation.

5 Max Nesterak, »Minneapolis Mayor Calls for Charges Against Officer Who Killed George Floyd«, *Minnesota Reformer*, 27. Mai 2020, https://minnesotareformer.com/briefs/minneapolis-mayor-calls-for-charges-against-officer-who-killed-george-floyd.

6 Libor Jany (@StribJany), »Afternoon George Floyd new-ser«, Twitter, 26. Mai 2020, https://twitter.com/StribJany/status/1265358407344754689.

7 Holly Bailey, »Reconstructing Seven Days of Protests in Minneapolis after George Floyd's Death«, *The Washington Post*, 9. Oktober 2020, https://www.washingtonpost.com/graphics/2020/national/live-stream-george-floyd-protests.

8 Beschwerde 7-CR-12 – 27954, Scribd, aufgerufen am 30. Dezember 2021, https://www.scribd.com/doc/115096002/Police-report.

9 Nicole Norfleet, »Suspect Is Taken to HCMC after Trading Shots with Minneapolis Police«, *Star Tribune* (Minneapolis), 29. November 2012, https://www.startribune.com/suspect-is-taken-to-hcmc-after-trading-shots-with-minneapolis-police/181317301/.

10 Christi Carras, »Ava Du-Vernay and John Boyega Lead Hollywood's Charge Against George Floyd's Killing«, *Los Angeles Times*, 28. Mai 2020, https://www.latimes.com/entertainment-arts/story/2020-05-28/george-floyd-celebrity-reactions-twitter-instagram.

11 ABC News (@ABC), »BREAKING: Minneapolis Mayor Jacob Frey calls for officer seen in video with his knee on George Floyd's neck to be charged«, Twitter, 27. Mai 2020, https://twitter.com/ABC/status/1265708290362785792.

12 Jennifer Bjorhus und Liz Navratil, »Mayor Frey: Gov. Walz Hesitated to Deploy National Guard during Minneapolis Riots«, *Star Tribune* (Minneapolis), 4. August 2020, https://www.startribune.com/mpls-mayor-says-walz

13 Bailey, »Reconstructing Seven Days of Protests in Minneapolis after George Floyd's Death.«

14 Dan Cooney, »Read the Complaint Charging Ex-Officer Derek Chauvin with George Floyd's Death«, *PBS NewsHour*, 29. Mai 2020, https://www.pbs.org/newshour/nation/read-the-complaint-charging-ex-officer-derek-chauvin-with-george-floyds-death.

15 Libor Jany, »Minneapolis Police Say ›Umbrella Man‹ Was a White Supremacist Trying to Incite George Floyd Rioting«, *Star Tribune* (Minneapolis), 28. Juli, 2020, https://www.startribune.com/police-umbrella-man-was-a-white-supremacist-trying-to-incite-floyd-rioting/571932272.

16 »George Floyd Protests: ›Boogaloo‹ Member Held in Precinct Attack‹«, *BBC News*, 24. October 2020, https://www.bbc.com/news/world-us-canada-54670557.

17 »Minnesota Gov. Tim Walz Press Conference Transcript: Mobilizes Full National Guard« *Rev*, 30. Mai 2020, https://www.rev.com/blog/transcripts/minnesota-gov-tim-walz-press-conference-transcript-mobilizes-full-national-guard.

18 Ben Westcott, Brett McKeehan, Laura Smith-Spark, Fernando Alfonso III, Amir Vera und Daniella Diaz, »May 30 George Floyd Protests News« CNN, 31. Mai 2020, https://www.cnn.com/us/live-news/george-floyd-protests-05-30-20/index.html.

19 Tim Craig und Vanessa Williams, »Atlanta Mayor Keisha Lance Bot-

toms Says She Won't Seek Reelection«, *The Washington Post*, 7. Mai 2021, https://www.washingtonpost.com/politics/georgia-democrats-atlanta-mayor/2021/05/07/34c3bf9e-af2b-11eb-acd3-24b44a57093a_story. html.

20 Colby Itkowitz, »Trump Attacks Rep. Cummings's District, Calling It a ›Disgusting, Rat and Rodent Infested Mess‹«, *The Washington Post*, 27. Juli 2019, https://www.washingtonpost.com/politics/trump-attacks-rep-cummingss-district-calling-it-a-disgusting-rat-and-rodent-infested-mess/2019/07/27/b93c89b2-b073-11e9-bc5c-e73b603e7f38_story.html

21 Cleve R. Wootson Jr., »In Feud with John Lewis, Donald Trump Atta-cked ›One of the Most Respected People in America‹«, *The Washington Post*, 15. Januar 2017, https://www.washingtonpost.com/news/the-fix/wp/2017/01/15/in-feud-with-john-lewis-donald-trump-attacked-one-of-the-most-respected-people-in-america.

22 Jose A. Del Real, Robert Samuels, and Tim Craig, »How the Black Lives Matter Movement Went Mainstream«, *The Washington Post*, 9. Juni 2020, https://www.washingtonpost.com/national/how-the-black-lives-matter-movement-went-mainstream/2020/06/09/201bd6e6-a9c6-11ea-9063-e69bd6520940_story.html.

23 Valerie Wirtschafter, »How George Floyd Changed the Online Conver-sation around BLM«, *Brookings*, 17. Juni 2021, https://www.brookings.edu/techstream/how-george-floyd-changed-the-online-conversation-around-black-lives-matter.

24 Carol D. Leonnig, »Protesters' Breach of Temporary Fences near White House Complex Prompted Secret Service to Move Trump to Secure Bunker«, *The Washington Post*, 3. Juni 2020, https://www.washingtonpost.com/politics/secret-service-moved-trump-to-secure-bunker-friday-after-protesters-breached-temporary-fences-near-white-house-complex/2020/06/03/e4ae77c2-a5b9-11ea-b619-3f9133bbb482_story.html.

25 Zynische Bezeichnung für die USA, welche die Verfehlungen und die Korruption der Regierung hervorheben soll.

26 Robert Costa, Seung Min Kim und Josh Dawsey, »Trump Calls Governors ›Weak‹, Urges Them to Use Force against Unruly Protests«, *The Washing-ton Post*, 1. Juni 2020, https://www.washingtonpost.com/politics/trump-governors-george-floyd-protests/2020/06/01/430a6226-a421-11ea-b619-3f9133bbb482_story.html.

27 Peter Baker und Maggie Haberman, »As Protests and Violence Spill Over, Trump Shrinks Back«, *The New York Times*, 31. Mai 2020, https://www.nytimes.com/2020/05/31/us/politics/trump-protests-george-floyd.html.

28 Dalton Bennett, Sarah Cahlan, Aaron C. Davis und Joyce Sohyun Lee,

»The Crackdown before Trump's Photo Op«, *The Washington Post*, 8. Juni 2020, https://www.washingtonpost.com/investigations/2020/06/08/timeline-trump-church-photo-op.

## Kapitel 12: Hört mich schreien!

1 MSNBC, »Floyd's Brother: Trump ›Didn't Give Me the Opportunity to Even Speak‹«, YouTube-Video, 30. Mai 2020, 5:47, https://www.youtube.com/watch?v=hQvbosfHDX0.

2 Tim Ott, »Joe Biden: The Heartbreaking Car Accident that Killed His Wife and Daughter«, Biography.com, 28. September 2020, https://www.biography.com/news/joe-biden-first-wife-daughter-car-accident-story.

3 Antworten von US-Präsident Joseph R. Biden auf Fragen des Autors per E-Mail, 10. Januar 2021.

4 Mark Berman, »Minn. Officer Acquitted in Shooting of Philando Castile during Traffic Stop, Dismissed from Police Force«, *The Washington Post*, 17. Juni 2017, https://www.washingtonpost.com/news/post-nation/wp/2017/06/16/minn-officer-acquitted-of-manslaughter-for-shooting-philando-castile-during-traffic-stop,

5 U.S. Census Bureau, »QuickFacts, Minnesota«, Zugriff am 14. September 2021, https://www.census.gov/quickfacts/MN/.

6 Jeff Hargarten, Jennifer Bjorhus, MaryJo Webster und Kelly Smith, »Every Police-Involved Death in Minnesota since 2000«, *Star Tribune*, aktualisiert am 3. Januar 2022, https://www.startribune.com/every-police-involved-death-in-minnesota-since-2000/502088871.

7 Dana Theide, »Mohamed Noor Receives Maximum Sentence in Death of Justine Ruszczyk«, KARE 11, 21. Oktober 2021, https://www.kare11.com/article/news/crime/mohamed-noor-resentencing-justine-ruszczyk/89-273c6951-4a3f-4431-8dbf-f84e869665ic.

8 27-CR-20-12646 Complaint, Document Cloud, Zugriff am 9. Dezember 2021, https://www.documentcloud.org/documents/6933248-27-CR-20-12646-Complaint.

9 Jennifer Mayerle, »Derek Chauvin And Wife Kellie Charged with Multiple Felony Tax Crimes«, WCCO 4, 22. Juli 2020, https://minnesota.cbslocal.com/2020/07/22/derek-chauvin-and-wife-charged-with-multiple-felony-tax-crimes.

10 Rochelle Olson, »Derek Chauvin and his Ex-Wife Plead Not Guilty to Tax Evasion«, *Star Tribune* (Minneapolis), 5. November 2021, https://www.startribune.com/derek-chauvin-and-his-ex-wife-plead-not-guilty-to-tax-evasion/600113433.

11  27-CR-20–12646 Complaint, Document Cloud, Zugriff am 9. Dezember 2021, https://www.documentcloud.org/documents/6933248-27-CR-20-12646-Complaint.

12  Reg Chapman, »›He Was Kind, He Was Helpful‹: Friends, Family Say George Floyd Was a Gentle Giant«, WCCO 4, 26. Mai 2020, https://minnesota.cbslocal.com/2020/05/26/he-was-kind-he-was-helpful-friends-family-say-george-floyd-was-a-gentle-giant.

13  Associated Press, »Police Identify Body Found in Inver Grove Heights Recycling Center«, MPR News, 20. August 2009, https://www.mprnews.org/story/2009/08/20/body-found-recycling-center.

14  Mara H. Gottfried, »St. Paul Family of Troubled Man Killed by Police Wants Answers«, Pioneer Press, 15. Dezember 2015, https://www.twincities.com/2015/12/22/st-paul-family-of-troubled-man-killed-by-police-wants-answers/.

15  Siehe https://www.youtube.com/watch?v=YgO2JD35tnM.

16  Unicorn Riot, »[LIVE] Families, Victims of Police Terror Speak Out at MN Governor's Residence«, Facebook, 1. Juni 2020, https://www.facebook.com/watch/live/?ref=watch_permalink&amp;v=542002096471608.

17  KARE 11, »Full George Floyd Memorial Service in Minneapolis«, YouTube-Video, 4. Juni 2020, 2:35:57, https://www.youtube.com/watch?v=EKIFFIRa9zs.

18  Lara Putnam, Erica Chenoweth und Jeremy Pressman, »The Floyd Protests Are the Broadest in U.S. History – and Are Spreading to White, Small-Town America«, The Washington Post, 6. Juni 2020, https://www.washingtonpost.com/politics/2020/06/06/floyd-protests-are-broadest-us-history-are-spreading-white-small-town-america.

19  »Surfers Hold ›Paddle Out‹ Memorial for George Floyd«, TODAY, 6. Juni 2020, https://www.today.com/video/surfers-hold-paddle-out-memorial-for-george-floyd-84562501803.

20  Jennifer Hassan und Rick Noack, »How George Floyd's Killing Sparked a Global Reckoning«, The Washington Post, 25. Mai 2021, https://www.washingtonpost.com/world/2021/05/25/george-floyd-anniversary-global-change/.

21  »Kenya: Police Brutality During Curfew«, Human Rights Watch, 22. April 2020, https://www.hrw.org/news/2020/04/22/kenya-police-brutality-during-curfew#.

22  Michael Neilson, »Police Use of Force Report: Taser Used on Three 15-Year-Olds in 2018, Māori Disproportionately Affected«, New Zealand Herald, 11. November 2019, https://www.nzherald.co.nz/nz/police-use-of-force-report-taser-used-on-three-15-year-olds-in-2018-maori-disproportionately-affected/2JNABU7ZGXCYBNLTIVJGXQVMAU.

23 Diese Anekdote stammt aus einem Interview mit Senatorin Amy Klobuchar, das am 5. Oktober 2021 stattfand.

24 Michelle Boorstein und Hannah Natanson, »Mitt Romney, Marching with Evangelicals, Becomes First GOP Senator to Join George Floyd Protests in D.C.«, *The Washington Post*, 8. Juni 2020, https://www. washingtonpost.com/dc-md-va/2020/06/07/romney-protest-black-lives-matter.

25 Diese Szene wurde nachempfunden anhand der Erinnerungen der Familie, Anwälte und der Berater im Biden-Wahlkampf, die dabei waren.

26 *Good Morning America*, »George Floyd's 6-Year-Old Daughter Opens Up about her Dad | GMA«, YouTube-Video, 3. Juni 2020, 3:34, https://www. youtube.com/watch?v=jxvxYoATF2E.

27 Derek Hawkins, Katie Mettler und Perry Stein, »›Defund the Police‹ Gains Traction as Cities Seek to Respond to Demands for a Major Law Enforcement Shift«, *The Washington Post*, 7. Juni 2020, https://www. washingtonpost.com/nation/2020/06/07/protests-defund-police.

28 Sana Saeed (@SanaSaeed), »Minneapolis Mayor Jacob Frey showed up today at the protests …«, Twitter, 6. Juni 2020, https://twitter.com/ SanaSaeed/status/1269407893406826496.

29 Chris Daniels, »Seattle Mayor Jenny Durkan Will Not Seek Re-election, Prompting Reaction and Speculation«, King5, 7. Dezember 2020, https:// www.king5.com/article/news/local/seattle/durkan-wont-week-re-election/281-594c83dc-3564-43d5-8a1b-4ace0c246758.

30 Keisha Lance Bottoms (@KeishaBottoms), »dearatl.com«, Twitter, 6. Mai 2021, https://twitter.com/KeishaBottoms/status/1390494737967235074.

31 Büro von Cory Booker, »Booker Announces Framework for Comprehensive Police Reform Legislation«, 1. Juni 2020, https://www.booker.senate. gov/news/press/booker-announces-framework-for-comprehensive-police-reform-legislation.

32 »Cory Booker & Kamala Harris Speech Transcript on George Floyd & Racial Injustice«, *Rev*, 2. Juni 2020, https://www.rev.com/blog/transcripts/ cory-booker-kamala-harris-speech-transcript-on-george-floyd-racial-injustice.

33 Paul Kane, »In Shift, Key Republicans Talk Openly of Police Reforms after George Floyd's Death«, *The Washington Post*, 3. Juni 2020, https://www. washingtonpost.com/powerpost/in-shift-key-republicans-talk-openly-of-police-reforms-after-george-floyds-death/2020/06/03/e6a29454-a5ba-11ea-b619-3f9133bbb482_story.html.

34 »Sen. Tim Scott Speech Transcript on Police Reform After JUSTICE Act Vote«, *Rev*, 25 Juni 2020, https://www.rev.com/blog/transcripts/sen-tim-scott-speech-transcript-on-police-reform-after-justice-act-vote.

35 Dr. Baker lehnte es ab, sich an diesem Buchprojekt zu beteiligen.

36 Shayla Dewan und Tim Arango, »How the Medical Examiner's Previous Statements May Help the Defense«, *The New York Times*, 9. April 2021, https://www.nytimes.com/live/2021/04/09/us/derek-chauvin-trial/how-the-medical-examiners-previous-statements-may-help-the-defense.

37 Dieses Zitat stammt aus einer Antwort per E-Mail der Staatsanwalt-schaft von Hennepin County vom 24. November 2021.

38 GBD 2019 Police Violence US Subnational Collaborators, »Fatal Police Violence by Race and State in the USA, 1980 – 2019: A Network Meta-Regression«, *The Lancet* 398 (Oktober 2021): S1239 – 1255, https://www.thelancet.com/journals/lancet/article/PIIS0140-6736(21)01609-3/fulltext#%20.

39 Peter Neufeld, Keith Findley und Dean Strang, »Opinion: Thousands of Missed Police Killings Prove We Must Address Systemic Bias in Forensic Science«, *The Washington Post*, 15. Oktober 2021, https://www.washingtonpost.com/opinions/2021/10/15/medical-examiners-forensics-bias-police-killings.

40 Julie Melinek u. a., »National Association of Medical Examiners Position Paper: Medical Examiner, Coroner, and Forensic Pathologist Indepen-dence«, ME Independence Position Paper, Zugriff am 9. Dezember 2021, https://name.memberclicks.net/assets/docs/00df032d-ccab-48f8-9415-5c27f173cda6.pdf.

41 »2020 March on Washington Event Transcript«, *Rev*, 28. August 2020, https://www.rev.com/blog/transcripts/2020-march-on-washington-event-transcript.

42 CBC News, »Thousands Rally in D.C. for March on Washington 2020«, YouTube-Video, 28. August 2020, 3 : 17 : 06, https://www.youtube.com/watch?v=BZvNNjXuF2Q.

## Kapitel 13: Zeugenaussage

1 Andy Mannix, »Minneapolis Agrees to Pay $20 Million in Death of Jus-tine Ruszczyk Damond«, *Star Tribune* (Minneapolis), 4. Mai 2019, https://www.startribune.com/minneapolis-agrees-to-pay-20-million-in-fatal-police-shooting-of-justine-ruszczyk-damond/509438812.

2 Diese Informationen erhielten die Autoren von Vertreter*innen der Stadt.

3 Mark Berman und Holly Bailey, »The Jurors Who Decided Derek Chau-vin's Fate«, *The Washington Post*, 20. April 2021, https://www.washingtonpost.com/nation/2021/03/28/jury-chauvin-trial-george-floyd.

4 Holly Bailey, »Boarded Up and Lined with Barbed Wire, Minneapolis Braces for Murder Trial in George Floyd's Death«, *The Washington Post*, 7. März 2021, https://www.washingtonpost.com/national/minneapolis-derek-chauvin-trial-george-floyd/2021/03/07/35b37c0a-7a92-11eb-b3d1-9e5aa3d5220c_story.html.

5 Sky News, »Chauvin on trial: George Floyd's Family Take the Knee for Eight Minutes and 46 Seconds«, YouTube-Video, 29. März 2021, 9:41, https://www.youtube.com/watch?v=AYwfw7aYJT8.

6 Law&Crime Network, »MN v. Derek Chauvin Trial – Opening Statements – Prosecution Jerry Blackwell, Defense Eric Nelson«, Youtube-Video, 29. März 2021, 1:35:10, https://www.youtube.com/watch?v=dvCv-soaifo.

7 WCCO – CBS Minnesota, »›He Was Kind, He Was Helpful‹: Family Says George Floyd Was Beloved«, YouTube-Video, 26. Mai 2020, 1:58, https://www.youtube.com/watch?v=y6x-NFvpVrk.

8 Lateshia Beachum, »Chauvin's Lawyer Asked a Black Witness about Anger, Conjuring Centuries-Old Tropes, Scholars Say«, *The Washington Post*, 30. März 2021, https://www.washingtonpost.com/nation/2021/03/30/chauvin-trial-donald-floyd-witness.

9 WCCO-TV, »Protesters Clash with Police in Brooklyn Center after Deadly Officer-Involved Shooting«, 12. April 2021, https://minnesota.cbslocal.com/2021/04/12/bca-reporting-to-officer-involved-shooting-in-brooklyn-center/.

10 *Good Morning America*, »New Video of Ex-Cop Fatally Shooting Daunte Wright Shown in Court | GMA«, YouTube-Video, 9. Dezember 2021, 5:00, https://www.youtube.com/watch?v=P-nTPADiaBs.

11 Steven Zeitchik, »Apple and Will Smith Move Their New Film ›Emancipation‹ about Slavery out of Georgia to Protest Voting-Rights Law«, *The Washington Post*, 12. April 2021, https://www.washingtonpost.com/business/2021/04/12/georgia-voting-rights-boycott-apple-film.

12 KARE 11, »Attorney Ben Crump, Wright and Floyd Families Meet with Reporters«; YouTube-Video, 13. April, 2021, 1:10:01, https://www.youtube.com/watch?v=m35bmCrrZQg.

13 Hannah Knowles, Timothy Bella, Marisa Iati und Meryl Kornfield, »Defense Expert Says Derek Chauvin Did Not Cause George Floyd's Death as Cross-Examination Grows Tense«, *The Washington Post*, 14. April 2021, https://www.washingtonpost.com/nation/2021/04/14/derek-chauvin-trial.

14 Paul Walsh, Abby Simons und Hannah Sayle, »Who Were the Witnesses in the Derek Chauvin Trial?«, *Star Tribune* (Minneapolis), 15. April 2021, https://www.startribune.com/who-are-the-witnesses-in-the-derek-

chauvin-trial-for-the-killing-of-george-floyd-in-minneapolis/6000
42794.

15 »Prosecution Closing Argument Full Transcript: Derek Chauvin Trial
for Murder of George Floyd«, Rev, 19. April 2021, https://www.rev.com/
blog/transcripts/prosecution-closing-argument-full-transcript-derek-
chauvin-trial-for-murder-of-george-floyd.

16 FOX 9 Minneapolis-St. Paul, »Judge Cahill Reads Verdict, Derek Chauvin
Found Guilty on All Three Counts«, YouTube-Video, 20. April, 2021,
3:13, https://www.youtube.com/watch?v=Z5kpgMdRY7M.

17 KHOU 11, »Raw Video: President Biden, Vice President Harris Call
Attorney Ben Crump, George Floyd's Family Aft«, YouTube-Video,
20. April 2021, 3:37, https://www.youtube.com/watch?v=P6eb2u
NUHlU.

18 Das Weiße Haus, »Remarks by President Biden in Address to a Joint
Session of Congress«, 29. April 2021, https://www.whitehouse.gov/
briefing-room/speeches-remarks/2021/04/29/remarks-by-president-
biden-in-address-to-a-joint-session-of-congress.

## Kapitel 14: Amerikas Hoffnung

1 Jackson bezieht sich auf die Polizeimorde an Ma'Khia Bryant in Columbus, Ohio, Jacob Blake in Kenosha, Wisconsin und Roland Greene, bei
Monroe, Louisiana.

2 »Speaker Pelosi and Representative Bass Meeting with George Floyd
Family Members«, C-SPAN, 25. Mai 2021 https://www.c-span.org/
video/?512087-1/speaker-pelosi-representative-bass-meeting-george-
floyd-family-members.

3 Nicholas Fandos und Catie Edmondson, »Policing Reform Negotia-
tions Sputter in Congress Amid Partisan Bickering«, The New York Times,
10. Juni 2021, https://www.nytimes.com/2021/06/10/us/politics/policing-
reform-congress.html.

4 Diese Verhandlungen spiegeln von den Autoren und Mike DeBonis von
The Washington Post geführte Interviews mit Assistent*innen wieder.

5 Tracy Jan, Jena McGregor, Renae Merle und Nitasha Tiku, »As Big Corpo-
rations Say ›Black Lives Matter‹, Their Track Records Raise Scepticism«,
The Washington Post, 13. Juni 2020, https://www.washingtonpost.com/
business/2020/06/13/after-years-marginalizing-black-employees-
customers-corporate-america-says-black-lives-matter.

6 John Daniszewski, »Why We're No Longer Naming Suspects in Minor
Crime Stories«, Associated Press, 15. Juni 2021, https://blog.ap.org/

behind-the-news/why-were-no-longer-naming-suspects-in-minor-crime-stories.

7  Abha Bhattarai, »Walmart Will Stop Locking ›Multicultural‹ Hair and Beauty Products«, *The Washington Post*, 11. Juni 2020, https://www.washingtonpost.com/business/2020/06/11/walmart-will-stop-locking-multicultural-hair-beauty-products/.

8  Tracy Jan, Jena McGregor und Meghan Hoyer, »Corporate America's $50 Billion Promise«, *The Washington Post*, 24. August 2021, https://www.washingtonpost.com/business/interactive/2021/george-floyd-corporate-america-racial-justice/.

9  Giulia McDonnell, Neito del Rio, John Eligon und Adeel Hassan, »A Timeline of What Has Happened in the Year Since George Floyd's Death«, *The New York Times*, 25. Mai 2021, https://www.nytimes.com/2021/05/25/us/george-floyd-protests-unrest-events-timeline.html

10 Steve Eder, Michael H. Keller und Blacki Migliozzi, »As New Police Reform Laws Sweep Across the U.S., Some Ask: Are They Enough?«, *The New York Times*, Update vom 10. Oktober 2021, https://www.nytimes.com/2021/04/18/us/police-reform-bills.html.

11 Deja Thomas und Juliana Menasce Horowitz, »Support for Black Lives Matter Has Decreased since June but Remains Strong among Black Americans«, Pew Research Center, 16. September 2020, https://www.pewresearch.org/fact-tank/2020/09/16/support-for-black-lives-matter-has-decreased-since-june-but-remains-strong-among-black-americans; Juliana Menasce Horowitz, »Support for Black Lives Matter Declined after George Floyd Protests, but Has Remained Unchanged Since«, Pew Research Center, 27. September 2021, https://www.pewresearch.org/fact-tank/2021/09/27/support-for-black-lives-matter-declined-after-george-floyd-protests-but-has-remained-unchanged-since.

12 Marisa Iati, »What Is Critical Race Theory, and Why Do Republicans Want to Ban It in Schools?« *The Washington Post*, 29. Mai 2021, https://www.washingtonpost.com/education/2021/05/29/critical-race-theory-bans-schools

13 The 1619 Project, *The New York Times Magazine*, aufgerufen am 7. Dezember 2021, https://www.nytimes.com/interactive/2019/08/14/magazine/1619-america-slavery.html.

14 »Owens Introduces Legislation to Combat Critical Race Theory«, Office of United States Congressman Burgess Owens, Pressemitttteilung, Update vom 14. Mai 2021, https://owens.house.gov/media/press-releases/owens-introduces-legislation-combat-critical-race-theory

15 Kimberly Kindy, »Dozens of States Have Tried to End Qualified Immunity. Police Officers and Unions Helped Beat Nearly Every Bill«, *The*

*Washington Post*, 7. Oktober 2021, https://www.washingtonpost.com/
politics/qualified-immunity-police-lobbying-state-legislatures/
2021/10/06/60e546bc-0cdf-11ec-aea1-42a8138f132a_story.html.

16  Paulina Villegas, »Sharpton and Crump, High-Profile Advocates for
Black Rights, Take on White Teen Shot by Police«, *The Washington Post*,
15. Juli 2021, https://www.washingtonpost.com/nation/2021/07/15/
sharpton-crump-case-hunter-brittain.

17  Donald Hooker Jr., Facebook, 27. Juni 2021, https://www.facebook.com/
ZD126/videos/10219355414538608

18  Editorial Board, »Abuse of Public Officials Doesn't Further Causes«, *Star
Tribune* (Minneapolis), 30. Juni 2021, https://www.startribune.com/abuse-
of-public-officials-doesnt-further-causes/600073719.

19  Nicholas Bogel-Burroughs und Jack Healy, »Minnesota Lawmakers
Vowed Police Reform. They Couldn't Agree on Any«, *The New York Times*,
20. Juni 2020, https://www.nytimes.com/2020/06/20/us/minnesota-
police-george-floyd.html.

20  Holly Bailey, »A Ballot Initiative on Overhauling Police after George
Floyd's Death Is Tearing Minneapolis Apart«, *The Washington Post*,
22. Oktober 2021, https://www.washingtonpost.com/nation/2021/10/22/
minneapolis-police-reform-ballot-initiative.

21  Johnathon McClellan, »Post Legislative Press Conference June 31st 2021«,
YouTube video, hochgeladen am 1. Juli 2021, Dauer: 38:25, https://www.
youtube.com/watch?v=XKqm4-0ArXM.

22  Holly Bailey, »Derek Chauvin Sentenced to 22½ Years in Prison for the
Murder of George Floyd«, *The Washington Post*, 25. Juni 2021, https://www.
washingtonpost.com/nation/2021/06/25/derek-chauvin-sentencing-
george-floyd.

23  000 Robert Barnes, »Supreme Court Upholds Arizona Voting Laws That
Lower Court Found Were Unfair to Minorities«, *The Washington Post*, 1. Juli
2021, https://www.washingtonpost.com/politics/courts_law/supreme-
court-arizona-voting-laws/2021/07/01/5fef7800-da6b-11eb-9bbb-
37c30dcf9363_story.html.

24  »March on for Voting Rights Rally«, C-SPAN, 28. August 2021, https://
www.c-span.org/video/?514285-1/march-voting-rights-rally.

25  Der Gospel-Song »We shall overcome« ist eines der bekanntesten Protest-
lieder der amerikanischen Bürgerrechtsbewegung.

# BIBLIOGRAPHIE

Alexander, Michelle, *The New Jim Crow: Mass Incarceration in the Age of Colorblindness*, New York: New Press, 2010.

»All Screwed Up | Visual Tribute (Official Version)«, Directed by Isaac Yowman. Houston: Iyo Visuals, 2020, aufgerufen am 15. Oktober 2021, https://www.youtube.com/watch?v=Dh3rz4sE5vg.

Austin, James und Garry Coventry, *Emerging Issues on Privatized Prisons*, US Department of Justice, Bureau of Justice Assistance. Februar 2001, https://www.ojp.gov/pdffiles1/bja/181249.pdf.

Baker, Peter und Susan Glasser, *The Man Who Ran Washington: The Life and Times of James A. Baker III*, New York: Doubleday, 2020.

Baptist, Edward E., *The Half Has Never Been Told: Slavery and the Making of American Capitalism*, New York: Basic Books, 2014.

Bassett, John Spencer, *Slavery in the State of North Carolina*, Baltimore: Johns Hopkins Press, 1899. https://docsouth.unc.edu/nc/bassett99/bassett99.html.

Bauer, Shane, *American Prison: A Reporter's Undercover Journey into the Business of Punishment*, New York: Penguin Books, 2019.

Blackmon, Douglas A., *Slavery by Another Name: The Re-Enslavement of Black Americans from the Civil War to World War II*, New York: Doubleday, 2008.

Brill, Steven, *Class Warfare: Inside the Fight to Fix America's Schools*, New York: Simon & Schuster Paperbacks, 2012.

Bush, George W., *Decision Points*, New York: Crown Publishers, 2010.

Creek, Laverne, Tom Capeheart und Verner Grise, *U.S. Tobacco Statistics, 1935–1992*, Washington, DC: U.S. Department of Agriculture, Commodity Economics Division, Economic Research Service, 1994.

https://www.ers.usda.gov/webdocs/publications/47092/59808_
sb869.pdf.

Desmond, Matthew, *Evicted: Poverty and Profit in the American City*, London: Penguin Books, 2017.

Edmonds, Helen G., *The Negro and Fusion Politics in North Carolina, 1894–1901*, Chapel Hill: University of North Carolina Press, 1951.

Federal Writers' Project: Slave Narrative Project, Vol. 11, North Carolina, Part 1, Adams-Hunter, 1936. Manuscript/Mixed Material. https://www.loc.gov/item/mesn111.

Federal Writers' Project: Slave Narrative Project, Vol. 11, North Carolina, Part 2, Jackson-Yellerday, 1936. Manuscript/Mixed Material. https://www.loc.gov/item/mesn112.

Fowler, Malcolm, *They Passed This Way: A Personal Narrative of Harnett County History*, Lillington, NC: Friends of Harnett County Library, Inc., 1992.

Hasty, Mary Alice, *The Heritage of Harnett County*, North Carolina, Erwin, NC: The Heritage of Harnett Book Committee, in Cooperation with Delmar Printing, 1993.

Hinson, Waymon R., »Land Gains, Land Losses: The Odyssey of African Americans since Reconstruction«, American Journal of Economics and Sociology 77, Nr. 3–4 (Mai 2018), S. 893–939, https://doi.org/10.1111/ajes.12233.

Hobbs, Jeff, *The Short and Tragic Life of Robert Peace: A Brilliant Young Man Who Left Newark for the Ivy League*, New York: Scribner, 2015.

Jackson, Bruce, *Inside the Wire: Photographs from Texas and Arkansas Prisons*, Austin: University of Texas Press, 2013.

Johnson, Guion Griffis, *Ante-Bellum, North Carolina: A Social History*, Chapel Hill: University of North Carolina Press, 1937. https://docsouth.unc.edu/nc/johnson/johnson.html.

Kellar, William Henry, *Make Haste Slowly: Moderates, Conservatives, and School Desegregation in Houston*, College Station: Texas A&M University Press, 1999.

Kendi, Ibram X., *Gebrandmarkt: Die wahre Geschichte des Rassismus in Amerika*, München: C.H.Beck, 2017.

Leonnig, Carol und Philip Rucker, *I Alone Can Fix It: Donald J. Trump's Catastrophic Final Year*, London: Bloomsbury, 2021.

Lincoln, Abraham, Stephen A. Douglas und Edwin Erle Sparks, *The Lincoln-Douglas Debates*, Mineola, NY: Dover Publications, 2018.

Lowery, Wesley, »*They Can't Kill Us All*«: *Ferguson, Baltimore, and a New Era in America's Racial Justice Movement*, Little, Brown & Company, 2017.

McGee, Leo und Robert Boone, *The Black Rural Landowner-Endangered Species: Social, Political, and Economic Implications*, Westport, CT: Greenwood Press, 1979.

Meacham, Jon, *Destiny and Power: The American Odyssey of George Herbert Walker Bush*, New York: Random House, 2016.

Moore, Wes, *The Other Wes Moore: One Name, Two Fates*, New York: Spiegel & Grau Trade Paperbacks, 2011.

Oliver, Melvin L. und Thomas M. Shapiro, *Black Wealth/White Wealth: A New Perspective on Racial Inequality*, New York, Routledge, 2006.

Palmer, John Logan und Isabel V. Sawhill, *The Reagan Record: An Assessment of America's Changing Domestic Priorities*, Cambridge, MA: Ballinger Publishing Co., 1984.

Perkinson, Robert, *Texas Tough: The Rise of America's Prison Empire*, New York: Metropolitan Books, 2010, Kindle.

Rothstein, Richard, *The Color of Law: A Forgotten History of How Our Government Segregated America*, New York; London: Liveright Publishing Corporation, 2017. Kindle.

Schottenstein, Allison E., *Changing Perspectives: Black-Jewish Relations in Houston during the Civil Rights Era*, Denton: University of North Texas Press, 2021.

Schweninger, Loren, *Black Property Owners in the South, 1790–1915*. Urbana: University of Illinois Press, 1990.

Snyder, Thomas D. und Charlene M. Hoffman, *Digest of Education Statistics 1994*, Washington, DC: U.S. Department of Education, Office of Educational Research and Improvement, National Center for Education Statistics, 1994.

Special Staff of Writers, *The History of North Carolina. Vol. VI. North Carolina Biography*, New York: The Lewis Publishing Company.

Texas Department of Criminal Justice, *Offender Orientation Handbook*, November 2004. https://www.tdcj.texas.gov/documentsOffender_ Orientation_Handbook_English.pdf.

»The Great Yates: Thursday Night Lights and the Magical Season«, produced by Donald M. Pinkard und Jocelyn Pinkard, Dallas: Urban Aggregate LLC, 2019, aufgerufen am 4. September 2021, https://jpink98701.gumroad.com.

The Committee on House Administration of the U. S. House of Representatives, *Black Americans in Congress, 1870–2007*, Washington, DC: U. S. Government Printing Office, 2008.

Travis, Jeremy, Bruce Western und Steve Redburn (Hrsg.), *The Growth of Incarceration in the United States: Exploring Causes and Consequences*, Washington, DC: The National Academies Press, 2014.

Umfleet, LeRae, *1898 Wilmington Race Riot Report: 1898 Wilmington Race Riot Commission*, Raleigh, NC: Research Branch, Office of Archives and History, NC Department of Cultural Resources, 2006.

van Wormer, Katherine, David W. Jackson III und Charletta Sudduth, *The Maid Narratives: Black Domestic and White Families in the Jim Crow South*, Baton Rouge: Louisiana State University Press, 2012.

Washington, Booker T., *Up from Slavery: Autobiography of Booker T. Washington*, Lexington, KY: BLN Publishing, 2011.

Wilkerson, Isabel, *Caste: The Origins of Our Discontents*, New York: Random House, 2020.

Wilkerson, Isabel, *The Warmth of Other Suns: The Epic Story of America's Great Migration*, New York: Random House, 2016.

Ta-Nehisi Coates
**We Were Eight Years in Power**
Eine amerikanische Tragödie

Mit Barack Obama sollte die amerikanische Gesellschaft ihren jahrhundertealten Rassismus überwinden. Coates zeichnet ein bestechend kluges und leidenschaftliches Porträt der Obama-Ära und ihres Vermächtnisses – ein essentielles Werk zum Verständnis der Vergangenheit, Gegenwart und Zukunft der USA.

»Ta-Nehisi Coates ist der Autor, den man jetzt lesen muss, wenn man verstehen will, wie die USA funktionieren.«
*Georg Diez, Der Spiegel*

Aus dem Amerikanischen von Britt Somann-Jung
416 Seiten, broschiert

Weitere Informationen finden Sie auf
*www.fischerverlage.de*

AZ 596-70437/1

Carolin Emcke
**Gegen den Hass**

Rassismus, Fanatismus, Demokratiefeindlichkeit – in der zunehmend polarisierten, fragmentierten Öffentlichkeit dominiert vor allem jenes Denken, das Zweifel nur an den Positionen der anderen, aber nicht an den eigenen zulässt. Dem setzt Carolin Emcke in ihrem engagierten Essay ein Lob des Vielstimmigen entgegen – weil so die Freiheit des Individuellen und auch Abweichenden zu schützen ist. Allein mit dem Mut, dem Hass zu widersprechen und der Lust, die Pluralität auszuhalten und zu verhandeln, lässt sich Demokratie verwirklichen. Nur so können wir religiösen und nationalistischen Fanatikern erfolgreich begegnen, weil Differenzierung und Genauigkeit das sind, was sie am meisten ablehnen.

224 Seiten, broschiert

Weitere Informationen finden Sie auf
*www.fischerverlage.de*

AZ 596-29687/1